來情萬歲曆

石淸 鄭大堯 著

弘益出版社

序 文

사람은 자신의 능력으로 달성한 문명의 이기를 최대한 활용하여 삶의 질을 높여가며 살아가고 있지만 풍족한 삶의 이면에 채워지지 않는 공허감으로 일상을 번뇌의 굴레에서 벗어나지 못하는 나약한 존재라는 사실을 모두가 공감하고 있다.

필자는 불확실한 미래에 대한 궁금증 해소를 위해 열과 성으로 매진하여 易學分野 전문가가 되면 어느 정도의 수준에 오를 수 있는지가 늘 궁금하였다.

그래서 관련 분야 강의를 빠지지 않고 수강하였고 한 분야에 몰두하면 연관된 다른 분야에도 참여하여 일정궤도에 진입하려고 나름대로의 정을 쏟았지만 공부를 하면 할수록 그 끝이 어디인지 가늠하기가 더욱 어려웠다.

모르는 것을 알기 위해 공부하지만 아는 것이 쌓이기 보다는 모르는 것이 더 많고 그 끝이 멀게만 보이게 된다는 중요한 사실도 깨닫게 되었다.

지금도 기회가 되면 이웃한 학문에 매진할 준비가 되어 있다는 것은 체력에 비해서 의지가 더 젊었음을 스스로 고맙게 생각하고 있다.

이 책은 출간할 목적이 아니고 평소 필기식으로 정리한 것을 순서대로 출력하여 묶은 것에 지나지 않는다.

해당분야의 난제를 연관된 분야에서 그 해답을 찾아 요약 정리한 것으로 來情正斷에 앞서 필독사항이라 판단하여 본 "來情萬歲曆"을 출간하게 되었다.

오랜 시행착오 끝에 임시묶음이 완성된 책으로 요즈음은 책상 위에 매일같이 펼쳐놓고 수시로 바라 보아야하는 정겨운 친구가 되었다.

책꽂이에 진열하는 책이 아니고 그냥 펼쳐놓는 이상한 책이지만 치워지면 다시 제 위치에 펼쳐져 있어야 마음이 놓이는 귀하신 몸이 되었다.

來情正斷은 正斷者의 얼굴표정이나 외모에서 풍기는 분위기를 최대한 빨리 파악해야 하지만 그 보다 먼저 그날의 旬, 日辰, 月將, 空亡, 星神, 神殺 등을 사전에 신속하게 알지 못하여 당황하는 경우가 많다.

그런 점을 감안하여 책의 내용을 來情正斷에 즉시 활용할 사항이나 필요한 자료를 찾아야 하는 시간을 최대한 줄이는 데 주안점을 두었다.

필자가 正斷時에 경험한 모든 요인을 분석하여 내용설명을 배제한 도표위주로 편집한 결과 신속성과 효용성을 동시에 거양 할 수 있었다.

이 資料가 개인 소유물로 남기 보다는 易學에 邁進하는 모든 분들께 소중한 자료로 활용되기를 바라는 마음에서 때 묻은 書綴을 세상에 내 보내야 하겠다는 결심을 굳히게 되었다.

향후 더욱 邁進하여 기존에 알고 있었던 지식이 未洽하다고 판단되면 즉시 수정 보완하여 보고드릴 것임을 약속한다.

이 책이 슈베르트의 미완성 교향곡[Symphony No.8 'Unfinished'/Schubert]과 같은 運命이지만 세계적인 大作과는 비교할 수 없는 素朴한 책으로 電話正斷, 對面正斷(Facing Consultation), 初投射法(First Observation Technique) 등에 活用할 좋은 Guide Book이 되기를 기대한다.

이번에 출간하는 來情萬歲曆은 2014年부터 2050年까지 자료를 정리하였으나 2051년 이후의 자료정리는 필자의 氣力이 衰殘하여 擧動이 어려울 것으로 예상되므로 後生可畏의 참 뜻과 같이 영명한 後輩님이 신지식으로 보완한 "新來情萬歲曆" 출간을 삼가 당부 드린다.

오늘이 있기까지 큰 힘과 용기를 안겨주신 김상연 교수님, 김보은 교수님, 안승석 교수님, 김헌수 교수님, 이춘목 교수님, 박인태 교수님, 김기선 교수님, 최명우 교수님께 감사의 인사를 드립니다.

감사합니다.

2014. 5.

石淸 鄭 大 堯

目 次

1. 月將表 …… 7

2. 節·氣 循環圖(陰曆基準) …… 8

1) 24節氣 …… 8

3. 時間分類(韓國) …… 9

1) 地支時 …… 9

2) 天干時 …… 10

4. 六親(一般)關係 通變星 …… 11

5. 五行과 通變星 …… 12

6. 天時의 旺相休囚死 …… 13

7. 四柱 세우는 法 …… 14

1) 四柱算定 …… 14

2) 年干으로 月干 찾는 法 …… 14

3) 日干으로 時干 찾는 法 …… 15

4) 標準時 適用의 問題點 補完 …… 15

5) 節入前後 出生 四柱構成 …… 17

8. 宮合 …… 18

9. 擇日(結婚式, 一般擇日) …… 21

10. 十二神殺 …… 30

1) 接觸事故(驛馬) 實例 …… 30

11. 神殺區分 ………………………………………… 31
1) 神殺要約 ………………………………………… 50

12. 十二運星 ………………………………………… 52
1) 十二運星 解析 ………………………………………… 53

13. 年度別 凶方·三災 ………………………………………… 61

14. 葬法 ………………………………………… 63
1) 葬日 擇日·擇時 ………………………………………… 63
2) 呼冲殺 ………………………………………… 64
3) 十二 胞胎法 ………………………………………… 65
4) 龍上八殺 ………………………………………… 67
5) 入·下棺吉時와 凶日 ………………………………………… 68

15. 來情萬歲曆(2014年~2050年) ………………………………………… 71

❖ 參考文獻 ………………………………………… 516

1. 月將表

陰月		1月	2月	3月	4月	5月	6月	7月	8月	9月	10月	11月	12月
月建	月建	寅	卯	辰	巳	午	未	申	酉	戌	亥	子	丑
	陽曆	2/4.6	3/5.6	4/4.6	5/5.6	6/5.7	7/7.8	8/7.9	9/7.9	10/8.9	11/7.8	12/7.8	1/5.6
	節	입춘	경칩	청명	입하	망종	소서	입추	백로	한로	입동	대설	소한
月將	氣	우수	춘분	곡우	소만	하지	대서	처서	추분	상강	소설	동지	대한
	月將	亥	戌	酉	申	未	午	巳	辰	卯	寅	丑	子
	陽曆	2/19.20	3/21.22	4/20.21	5/21.22	6/21.22	7/22.23	8/23/24	9/23.24	10/23.24	11/22.23	12/22.23	1/20.21

陰曆	月建	月建使用時期	節·氣	月將(입절일로부터15 일후 中氣에서 시작)	月將使用時期
1월	寅	입춘에서 경칩일전까지	입춘	子(소한15일후 대한일 부터 시작됨)	대한에서 우수일 전까지
			우수	亥(입춘15일후 우수일 부터 시작됨)	우수에서 춘분일 전까지
2월	卯	경칩에서 청명일 전까지	경칩		
			춘분	戌(경칩15일후 춘분일 부터 시작됨)	춘분에서 곡우일 전까지
3월	辰	청명에서 입하전까지	청명		
			곡우	酉	곡우에서 소만일 전까지
4월	巳	입하에서 망종일 전까지	입하		
			소만	申	소만에서 하지일 전까지
5월	午	망종에서 소서일 전까지	망종		
			하지	未	하지에서 대서일 전까지
6월	未	소서에서 입추일 전까지	소서		
			대서	午	대서에서 처서일 전까지
7월	申	입추에서 백로일 전까지	입추		
			처서	巳(입추15일후 처서일 부터 시작됨)	처서에서 추분일 전까지
8월	酉	백로에서 한로일 전까지	백로		
			추분	辰	추분에서 상강일 전까지
9월	戌	한로에서 입동일전까지	한로		
			상강	卯	상강에서 소설일 전까지
10월	亥	입동에서 대설일 전까지	입동		
			소설	寅	소설에서 동지일 전까지
11월	子	대설에서 소한일 전까지	대설		
			동지	丑(대설15일후 동지일 부터 시작됨)	동지에서 대한일 전까지
12월	丑	소한에서 입춘일 전까지	소한		
			대한	子(소한15일후 대한일 부터 시작됨)	대한에서 우수일 전까지

2. 節•氣 循環圖(陰曆基準)

<table>
<tr><td>巳
처서-추분
(7月)
입하-망종
(4月)</td><td>午
대서-처서
(6月)
망종-소서
(5月)</td><td>未
하지-대서
(5月)
소서-입추
(6月)</td><td>申
소만-하지
(4月)
입추-백로
(7月)</td></tr>
<tr><td>辰
추분-상강
(8月)
청명-입하
(3月)</td><td colspan="2" rowspan="2">月建寅月順行
月將亥月逆行</td><td>酉
곡우-소만
(3月)
백로-한로
(8月)</td></tr>
<tr><td>卯
상강-소설
(9月)
경칩-청명
(2月)</td><td>戌
춘분-곡우
(2月)
한로-입동
(9月)</td></tr>
<tr><td>寅 ↑
소설-동지
(10月)
입춘-경칩
(1月)
↑ 月建</td><td>丑
동지-대한
(11月)
소한-입춘
(12月)</td><td>子
대한-우수
(12月)
대설-소한
(11月)</td><td>亥 ↑
우수-춘분
(1月)
입동-대설
(10月)
↑ 月將</td></tr>
</table>

❖ 節: 月建 (寅에서 順行). 氣 : 月將(亥에서 逆行).

1) 24節氣

立春. 雨水. 驚蟄. 春分. 清明. 穀雨 [立春雨驚春清穀(입춘우경 춘청곡)]
立夏. 小滿. 芒種. 夏至. 小暑. 大暑 [立夏滿芒夏小大(입하만망 하소대)]
立秋. 處暑. 白露. 秋分. 寒露. 霜降 [立秋處白秋寒霜(입추처백 추한상)]
立冬. 小雪. 大雪. 冬至. 小寒. 大寒 [立冬小大冬小大(입동소대 동소대)]

3. 時間分類(韓國)

1) 地支時(東經 135도 00분: 1961년 8월 10일 00시를 00시 30분으로 조정)

朝 子 時	當日00時30分 ~ 01時30分
丑 時	當日01時30分 ~ 03時30分
寅 時	當日03時30分 ~ 05時30分
卯 時	當日05時30分 ~ 07時30分
辰 時	當日07時30分 ~ 09時30分
巳 時	當日09時30分 ~ 11時30分
午 時	當日11時30分 ~ 13時30分
未 時	當日13時30分 ~ 15時30分
申 時	當日15時30分 ~ 17時30分
酉 時	當日17時30分 ~ 19時30分
戌 時	當日19時30分 ~ 21時30分
亥 時	當日21時30分 ~ 23時30分
夜 子 時	當日23時30分 ~ 24時30分

2) 天干時(天干時는 地支時에 一部 包含됨)

順位	干 支	二 十 四 時	時 間
1	癸 時	二十四時의 두 번째 時	00:30 ~ 01:30
2	丑 時	세 번째 時	01:30 ~ 03:30
3	艮 時	네 번째 時	02:30 ~ 03:30
4	寅 時	다섯 번 時	03:30 ~ 05:30
5	甲 時	여섯 번째 時	04:30 ~ 05:30
6	卯 時	일곱 번째 時	05:30 ~ 07:30
7	乙 時	二十四時의 여덟 번째 時	06:30 ~ 07:30
8	辰 時	아홉 번째 時	07:30 ~ 09:30
9	巽 時	열 번째 時	08:30 ~ 09:30
10	巳 時	열한 번째 時	09:30 ~ 11:30
11	丙 時	열두 번째 時	10:30 ~ 11:30
12	午 時	열세 번째 時	11:30 ~ 13:30
13	丁 時	열네 번째 時	12:30 ~ 13:30
14	未 時	二十四時의 열다섯 번째 時	13:30 ~ 15:30
15	坤 時	열여섯 번째 時	14:30 ~ 15:30
16	申 時	열일곱 번째 時	15:30 ~ 17:30
17	庚 時	열여덟 번째 時	16:30 ~ 17:30
18	酉 時	열아홉 번째 時	17:30 ~ 19:30
19	辛 時	二十四時의 스물 번째 時	18:30 ~ 19:30
20	戌 時	스물한 번째 時	19:30 ~ 21:30
21	乾 時	스물두 번째 時	20:30 ~ 21:30
22	亥 時	스물세 번째 時	21:30 ~ 23:30
23	壬 時	스물네 번째 時	22:30 ~ 23:30
24	子 時	二十四時의 첫 번째 時	23:30 ~ 01:30
		(夜子時)	23:30 ~ 24:30
		(朝子時)	00:30(24:30) ~ 01:30

4. 六親(一般)關係 通變星

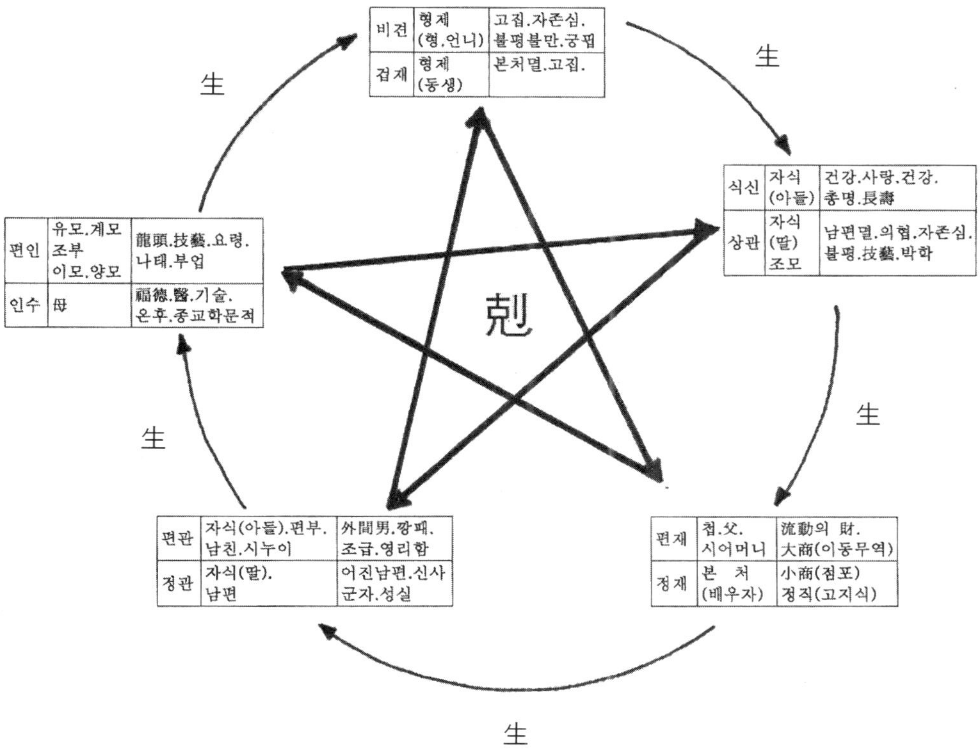

女子	六親星	男子
나. 언니. 자매	比肩	나. 형제. 형
동생. 이복동생	劫財	형제. 동생. 이복동생
자식(아들)	食神	외조부
자식(딸)	傷官	조모
아버지. 시어머니	偏財	아버지. 첩
숙부	正財	숙부. 처(아내)
애인. 남편형제. 시누이	偏官	자식(아들)
남편	正官	자식(딸)
이모. 양모	偏印	이모. 양모. 조부
모친	印綬	모친

5. 五行과 通變星

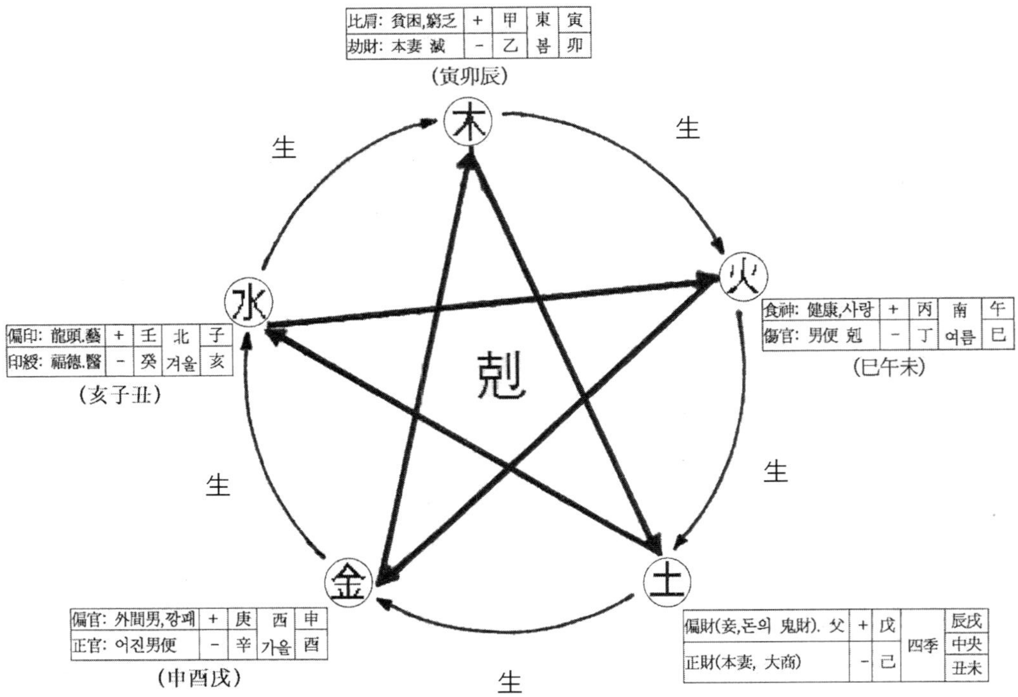
比肩: 貧困,窮乏 + 甲 東 寅
劫財: 本妻 滅 - 乙 봄 卯
(寅卯辰)
木
生
火
食神: 健康,사랑 + 丙 南 午
傷官: 男便 剋 - 丁 여름 巳
(巳午未)
剋
生
土
偏財(妾,돈의 鬼財). 父 + 戊 四季 辰戌
中央
正財(本妻, 大商) - 己 丑未
生
金
偏官: 外間男,깡패 + 庚 西 申
正官: 어진男便 - 辛 가을 酉
(申酉戌)
生
水
偏印: 龍頭.藝 + 壬 北 子
印綬: 福德.醫 - 癸 겨울 亥
(亥子丑)
生

6. 天時의 旺相休囚死

天時 / 年柱·日柱	旺(現季節)	休(지나간 계절)(生받는 계절)	相(다가올 계절)(生하는 계절)	囚(剋받는 계절)	死(剋하는계절)
木(甲.乙: 寅卯)	봄(木)	겨울(水)	여름(火)	가을(金)	사계절(土)
火(丙.丁: 午巳)	여름(火)	봄(木)	사계절(土)	겨울(水)	가을(金)
土(戊.己: 辰戌丑未)	사계절(土)	여름(火)	가을(金)	봄(木)	겨울(水)
金(庚.辛: 申酉)	가을(金)	사계절(土)	겨울(水)	여름(火)	봄(木)
水(壬.癸: 子亥)	겨울(水)	가을(金)	봄(木)	사계절(土)	여름(火)
통변성	비견.겁재	편인.인수	식신.상관	편관.정관	편재.정재

- 四柱元局에서 木(甲.乙)日生의 寅, 卯 月支가 되면 月令을 얻었다고 하여 自身의 힘이 旺盛 해진다.
- 四柱元局의 日干이 戊·己인 사람의 月支가 辰戌丑未이면 土(四季節)로 보고 旺에 該當되나 四柱元局의 日干이 木(甲·乙), 火(丙·丁), 金(庚·辛), 水(壬·癸)인 사람의 月支가 辰(봄:木), 未(여름:火), 戌(가을:金), 丑(겨울:水)으로 配分하여 月令 得失을 判斷한다.

  辰戌丑未를 봄(寅卯辰), 여름(巳午未), 가을(申酉戌), 겨울(亥子丑)의 四季節에 配分한 것이다.
- 土旺用事(土旺之節)란 辰戌丑未月의 該當節氣日(節氣包含)에서 順行 約 12日째, 四立節氣日(節氣包含)에서 逆行 約18日째 날이며 始作當日은 換節日에 包含시켜 흙과 關聯된 일을 삼가하고 四立前 18日間을 四季土用期間, 土旺用事 期間이라 한다.

7. 四柱 세우는 法

(四柱는 陰曆基準이 아니고 地域(經度)時를 勘案한 節入基準임)

1) 四柱算定

- 年柱: 立春節入前이면 前年 年柱適用한다[陽曆1~2月 主意].
- 月柱: 入節後이면 當該月柱를 適用하고 入節前이면 前月 月建을 適用한다.
  (初旬 月建變化 始點에 有意)
- 日柱: 日柱는 入節前後와 關係없이 當日 日柱를 適用한다.
- 時柱: 日柱를 基準으로 時頭法을 適用한다.

2) 年干으로 月干 찾는 法

年干	1月	2月	3月	4月	5月	6月	7月	8月	9月	10月	11月	12月
甲己	丙寅	丁卯	戊辰	己巳	庚午	辛未	壬申	癸酉	甲戌	乙亥	丙子	丁丑
乙庚	戊寅	己卯	庚辰	辛巳	壬午	癸未	甲申	乙酉	丙戌	丁亥	戊子	己丑
丙辛	庚寅	辛卯	壬辰	癸巳	甲午	乙未	丙申	丁酉	戊戌	己亥	庚子	辛丑
丁壬	壬寅	癸卯	甲辰	乙巳	丙午	丁未	戊申	己酉	庚戌	辛亥	壬子	癸丑
戊癸	甲寅	乙卯	丙辰	丁巳	戊午	己未	庚申	辛酉	壬戌	癸亥	甲子	乙丑

❖ 月頭法(月干支早見表. 遁虎法. 年頭法)

年 干	月干
甲己年	丙
乙庚年	戊
丙辛年	庚
丁壬年	壬
戊癸年	甲

❖ 甲己土丙 乙庚金戊 丙辛水庚 丁壬木壬 戊癸火甲
甲己合土에서 土를 生하는 陽干 丙이 月干이다.

3) 日干으로 時干 찾는 法

日干	子時	丑時	寅時	卯時	辰時	巳時	午時	未時	申時	酉時	戌時	亥時
甲己	甲子	乙丑	丙寅	丁卯	戊辰	己巳	庚午	辛未	壬申	癸酉	甲戌	乙亥
乙庚	丙子	丁丑	戊寅	己卯	庚辰	辛巳	壬午	癸未	甲申	乙酉	丙戌	丁亥
丙辛	戊子	己丑	庚寅	辛卯	壬辰	癸巳	甲午	乙未	丙申	丁酉	戊戌	己亥
丁壬	庚子	辛丑	壬寅	癸卯	甲辰	乙巳	丙午	丁未	戊申	己酉	庚戌	辛亥
戊癸	壬子	癸丑	甲寅	乙卯	丙辰	丁巳	戊午	己未	庚申	辛酉	壬戌	癸亥

- 時頭法(生時遁干表.遁時法.遁鼠法)

日 干	時干
甲己日	甲
乙庚日	丙
丙辛日	戊
丁壬日	庚
戊癸日	壬

❖ 甲己土甲 乙庚金丙 丙辛水戊 丁壬木庚 戊癸火壬
甲己土合에서 土를 剋하는 陽干 甲이 時干이다.

4) 標準時 適用의 問題點 補完

時柱 算定時 東經135도를 基準으로 하는 標準時를 一括 適用하여 왔으나 이는 地域別 時差를 勘案하지 못한 時로서 正確性이 떨어지므로 出生地域(時間)을 適用하여야 한다.

목포(126도 23분)와 울릉도(130도 54분)는 經線上으로 18分이나 時差가 發生하여 節入時間 差異로 正確度가 떨어진 四柱로 算定 될 수 있으므로 出生地域을 適用해야 正確한 四柱를 導出 할 수 있다.

우리나라 標準時는 1961.08.10 標準子午線 東經 135도로 變更하여 00時를 00時30分으로 調整하여 現在까지 使用하고 있다.

<table>
<tr><td>生年·月·日·時(男:陽曆)</td><td>出生地</td><td colspan="4">四柱構成</td><td>節入日時</td></tr>
<tr><td rowspan="4">2000. 2. 4. 21:50</td><td rowspan="2">목포(126도 23분)</td><td>時</td><td>日</td><td>月</td><td>年</td><td rowspan="4">立春節入:
2月4日 21:40</td></tr>
<tr><td>辛亥</td><td>壬辰</td><td>戊寅</td><td>庚辰</td></tr>
<tr><td rowspan="2">울릉도(130도 54분)</td><td>時</td><td>日</td><td>月</td><td>年</td></tr>
<tr><td>辛亥</td><td>壬辰</td><td>丁丑</td><td>己卯</td></tr>
<tr><td colspan="7">例) 同一時間 出生이지만 節入時에 따라 두 地域의 四柱構成은 다르게 나타난다.</td></tr>
</table>

❖ 時差解析

區分	經度	동경 135도와의 時差(+늦음.-빠름)	대전 지역과의 時差(+늦음.-빠름)	立春節入 (21시 40분)	四柱算定 (21시 50분)
基準	東經 135도	00분			
대전	127도 25분 23초	+30분 19초	-	立春 21시 40분	當該年度 年·月
목포	126도 23분 27초	+34분 26초	+4분 7초	立春後 21시 44분 7초	當該年度 年·月
울릉도	130도 54분 20초	+16분 22초	-13분 57초	立春前 21시 26분 3초	前年度 年·月

- 대전과 목포는 標準時가 21時 40分으로 같지만 실제 목포의 地域(經度)時는 대전보다 4분 7초 늦은 21시 44분 7초이므로 立春 節入後에 該當되어 當該年度 年·月을 適用한다(地球의 自轉方向이 동쪽이기 때문이다).
- 울릉도의 標準時가 21時 40分으로 대전과 같지만 地域(經度)時는 대전보다 13분 57초가 빠른 21시 26분 3초이므로 立春 節入前에 該當된다.

5) 節入前後 出生 四柱構成(例示)

性別	生·年·月·日(陽曆)	出生地	節入日時
男	2000. 2. 4. 20:00	大邱	立春節入: 2月4日 21:40
	時柱: 庚戌. 日柱: 壬辰. 月柱: 戊寅→丁丑. 年柱: 庚辰→己卯 (節入前) (立春前)		

性別	生·年·月·日(陽曆)	出生地	節入日時
女	2000. 2. 4. 23:00	大邱	立春節入: 2月4日 21:40
	時柱: 辛亥. 日柱: 壬辰. 月柱: 戊寅. 年柱: 庚辰 (節入後) (節入後)		

性別	生·年·月·日(陽曆)	出生地	節入日時
男	1949. 12. 6. 11:01	陜川	大雪節入: 12月7日 19:33
	時柱: 辛巳. 日柱: 庚午. 月柱: 丙子→乙亥 年柱: 己丑 (節入前) (當該年 立春後)		

性別	生·年·月·日(陽曆)	出生地	節入日時
女	1949. 1. 5. 11:01	陜川	小寒節入: 1月6日 00: 41 立春節入: 2月4日 12: 23
	時柱: 辛巳. 日柱: 乙未. 月柱: 乙丑→甲子. 年柱: 己丑→戊子 (節入前) (立春前)		

性別	生·年·月·日(陽曆)	出生地	節入日時
男	1949. 1. 6. 00:59	陜川	小寒節入: 1月6日 00: 41 立春節入: 2月4日 12: 23
	時柱: 戊子. 日柱: 丙申. 月柱: 乙丑. 年柱: 己丑→戊子 (節入後) (立春前)		

性別	生·年·月·日(陽曆)	出生地	節入日時
女	1949. 2. 4. 12:00	대구	立春節入: 2月4日 12:23
	時柱: 壬午. 日柱: 乙丑. 月柱: 丙寅→乙丑. 年柱: 己丑→戊子 (節入前) (立春前)		

性別	生·年·月·日(陽曆)	出生地	節入日時
男	1949. 2. 4. 12:40	대구	立春節入: 2月4日 12:23
	時柱: 壬午. 日柱: 乙丑. 月柱: 丙寅. 年柱: 己丑 (節入後) (立春後)		

8. 宮 合

1) 怨嗔殺

男女四柱를 比較하여 年支(띠)가 子未, 丑午, 寅酉, 卯申, 辰亥, 巳戌이 만나면 怨嗔殺이라 하여 꺼린다.

❖ 怨嗔(元辰)殺의 意味

子未(쥐양) : 苦痛, 離別, 怨恨, 孤獨, 橫厄, 失敗, 産額, 子息謹審, 煩惱, 錯亂
丑午(소말) : 精神病, 離別, 孤獨, 子息失敗, 産厄, 流産, 混亂, 頭痛, 錯亂
寅酉(범닭) : 不自由, 身病, 短命, 不具, 手足傷害, 夫婦 生死離別, 隱遁, 別居
卯申(토원) : 疾病, 短命, 手術, 手足傷害, 不具, 夫婦 生死離別, 障碍, 不便
辰亥(용돼) : 不運, 獨立, 離別, 疾病, 厄運, 子孫厄, 手術, 盜難, 紛失, 失財
巳戌(뱀개) : 憂患, 疾病, 失敗, 孤獨, 火厄, 夫婦離別, 子息失敗, 火魔. 空虛

男子日支가 空亡이 되면 妻의 건강을 나쁘게 만들어 男子보다 앞서 가는 惡運이 있으며, 女子日支가 空亡이 되면, 男子는 結婚하면서 身病이 오고 健康이 弱해져서 男子가 死亡하게 된다.

男女四柱를 年-年, 月-月, 日-日, 時-時를 優先으로 하고 交叉比較도 必要하다.

2) 相對 地支와 合이 되면 良好하나 冲, 害, 破, 刑이 되면 不良하다.

❖ 合冲害破刑

地支	子	丑	寅	卯	辰	巳	午	未	申	酉	戌	亥
合	丑	子	亥	戌	酉	申	未	午	巳	辰	卯	寅
冲	午	未	申	酉	戌	亥	子	丑	寅	卯	辰	巳
害	未	午	巳	辰	卯	寅	丑	子	亥	戌	酉	申
破	酉	辰	亥	午	丑	申	卯	戌	巳	子	未	寅
刑	卯	戌	巳	子	辰	申	午	丑	寅	酉	未	亥

① 子丑合 子午冲 子未害 子酉破 子卯刑 자축합 자오충 자미해 자유파 자묘형
② 丑子合 丑未冲 丑午害 丑辰破 丑戌刑 축자합 축미충 축오해 축진파 축술형
③ 寅亥合 寅申冲 寅巳害 寅亥破 寅巳刑 인해합 인신충 인사해 인해파 인사형
④ 卯戌合 卯酉冲 卯辰害 卯午破 卯子刑 묘술합 묘유충 묘진해 묘오파 묘자형
⑤ 辰酉合 辰戌冲 辰卯害 辰丑破 辰辰刑 진유합 진술충 진묘해 진축파 진진형
⑥ 巳申合 巳亥冲 巳寅害 巳申破 巳申刑 사신합 사해충 사인해 사신파 사신형
⑦ 午未合 午子冲 午丑害 午卯破 午午刑 오미합 오자충 오축해 오묘파 오오형
⑧ 未午合 未丑冲 未子害 未戌破 未丑刑 미오합 미축충 미자해 미술파 미축형

⑨ 申巳合 申寅冲 申亥害 申巳破 申寅刑 신사합 신인충 신해해 신사파 신인형
⑩ 酉辰合 酉卯冲 酉戌害 酉子破 酉酉刑 유진합 유묘충 유술해 유자파 유유형
⑪ 戌卯合 戌辰冲 戌酉害 戌未破 戌未刑 술묘합 술진충 술유해 술미파 술미형
⑫ 亥寅合 亥巳冲 亥申害 亥寅破 亥亥刑 해인합 해사충 해신해 해인파 해해형
⑬ 干冲(天冲: 天干의 干冲作用)
甲庚冲 乙辛冲 丙壬冲 丁癸冲 戊甲冲 己乙冲 庚丙冲 辛丁冲 壬戊冲 癸己冲

3) 日干이 서로 干合하는 境遇는 良好하지만 干冲(天冲)이 되면 不良하다.

4) 五行이 相互 補完되어야 좋은 宮合이 된다.

구 분	木	火	土	金	水
男	2	0	1	3	2
女	1	3	2	0	2

5) 命宮이 같을 境遇는 어려운 世上事를 잘 이겨내고 百年偕老한다.

6) 空亡이 같으면 夫婦琴瑟이 좋다.

7) 年支와 對比 日支와 孤神(男)이나 寡宿(女)에 該當되면 宮合이 좋지 않다.

寡 宿 寡會初逆2位支	年支(三會)	孤 神 孤會末順2位支
丑	寅卯辰(봄)	巳
辰	巳午未(여름)	申
未	申酉戌(가을)	亥
戌	亥子丑(겨울)	寅

8) 陽陰錯殺이 있으면 不良하다(단 日支가 空亡되면 解消된다).

陽錯殺 : 出生日이 丙子, 丙午, 戊寅, 戊申, 壬辰, 壬戌
陰錯殺 : 出生日이 丁丑, 丁未, 辛卯, 辛酉, 癸巳, 癸亥

區分	丙	丁	戊	辛	壬	癸	解 析
陽錯殺	子午		寅申		辰戌		破婚.再婚
陰錯殺		丑未		卯酉		巳亥	破婚.再婚

9) 日柱가 서로 天地德合이 되면 良好하다.

男命의 日柱가 庚午이고 女命의 日柱가 乙未이면 乙庚는 干合이 되고 午未는 支合이 된다. 이런 境遇를 天地德合이라 하여 合宮에 該當된다.

10) 日柱가 甲辰, 乙巳, 壬申, 丙申, 丁亥, 庚辰, 戊戌, 辛巳, 癸亥, 己丑이 되면 十惡大敗라하여 夫婦離別, 損財, 祿空 등이 뒤따른다 하였으나 四柱構成이 良好하면 큰 問題가 되지 않는다.

11) 神殺에 魁罡(괴강), 孤神(고신), 寡宿(과숙), 孤鸞殺(고란살)이 없어야 한다.

① 魁罡(괴강): 男子는 强暴, 威嚴, 權勢를 指向하고 女子는 男便의 運氣를 制壓하여 家庭이 順坦하지 못하지만 女丈夫로써 役割을 잘 한다.
② 孤神(고신), 寡宿(과숙): 孤神은 홀아비, 寡宿은 寡婦의 神殺임.
③ 孤鸞殺(고란살): 女命에 適用되며 男便과 生死別이나 外泊 蓄妾으로 呻吟하는 神殺임.

12) 여기까지 큰 凶殺이 없고 男命日支에 正財(예쁜 아내)가 있고 女命日支에 正官(좋은 男便)이 있으면 좋은 合宮으로 判斷한다.

9. 擇日(結婚式, 一般擇日)

1) 夫婦의 五行이 고르게 分布하지 못할 境遇 結婚當日 命式에서 不足한 五行을 補完 할 수 있고 四柱構成이 良好한 날을 擇日한다.

구 분	木	火	土	金	水
男	3	0	1	3	1
女	1	2	1	2	2
結婚日	1	3	3	0	1
計	5	5	5	5	4

2) 三合大吉日

① 地支三合

地支三合이나 地支方合日이 三合 大吉日에 該當된다.

2014년은 甲午年이다. 甲午年의 午와 三合을 이루는 地支는 寅과 戌이다. 甲午年 寅月에 戌日이나 戌月에 寅日이 三合大吉日에 該當한다.

② 地支方合

甲戌(午)年의 戌과 方合을 이루는 地支는 巳과 未이다.

그러므로 甲午年 巳月에 未日, 甲午年 未月에 巳日이 三合大吉日에 該當되며 公休日에 三合大吉日이 되기는 어려운 편이다.

3) 男女日支와 結婚當日 日支가 相互 三合, 支合, 半合이 되는 날이 吉日이다.

① 三合: 寅午戌. 申子辰. 巳酉丑. 亥卯未

② 半合(半會.朝會: 帝旺星 包含): 寅午-午戌, 申子-子辰, 巳酉-酉丑, 亥卯-卯未

③ 男女日支와 結婚當日 日支와 相互 支合

地支	子	丑	寅	卯	辰	巳	午	未	申	酉	戌	亥
合	丑	子	亥	戌	酉	申	未	午	巳	辰	卯	寅

4) 男女日干 中 結婚當日 日干 相互 干合되는 날이 吉日이다.

- 干合: 甲己土合, 乙庚金合, 丙辛水合, 丁壬木合, 戊癸火合
(結婚日이 干合이 되어 爭合이나 妬合이 되면 안됨)

5) 貴人·德合(吉日)

男女 月支를 基準해서 天德貴人.月德貴人.天德合.月德合이 되는 날은 吉日이며 日干을 基準해서 天乙貴神.福星貴神.天福貴神이 되는 날도 吉日이다. 그러나 男女 日支와 結婚日 日支가 冲.刑.害.破가 되면 안 좋다.

月　建	寅	卯	辰	巳	午	未	申	酉	戌	亥	子	丑
天德貴人	丁	申	壬	申	亥	甲	癸	寅	丙	乙	巳	庚
月德貴人	巳	寅	亥	申	巳	寅	亥	申	巳	寅	亥	申
天德合	壬	巳	丁	丙	寅	巳	戊	亥	申	庚	申	乙
月德合	申	巳	丁	乙	申	巳	丁	乙	申	巳	丁	乙

6) 重殺·復殺·五墓가 되는 날은 避한다(結婚. 移徙. 開業. 建築. 埋葬. 移葬).

月令吉神 / 月支	天喜	天道	天德	月德	天德合	月德合	三合	七冲	重殺	復殺	五墓
寅	未	南	丁	丙	壬	辛	午戌	申	甲	庚	乙未
卯	午	西北	申	甲	巳	己	未亥	酉	乙	辛	戊辰
辰	巳	北	壬	壬	丁	丁	子申	戌	戊	己	
巳	辰	西	辛	庚	丙	乙	丑酉	亥	丙	壬	丙戌
午	卯	西北	亥	丙	寅	辛	寅戌	子	丁	癸	戊辰
未	寅	東	甲	甲	己	己	卯亥	丑	己	戊	
申	丑	北	癸	壬	戊	丁	子辰	寅	庚	甲	辛丑
酉	子	東北	寅	庚	亥	乙	丑巳	卯	辛	乙	戊辰
戌	亥	南	丙	丙	辛	辛	寅午	辰	戊	己	
亥	戌	東	乙	甲	庚	己	卯未	巳	壬	丙	壬辰
子	酉	東北	巳	壬	申	丁	辰申	午	癸	丁	戊辰
丑	申	西	庚	庚	乙	乙	巳酉	未	己	戊	

7) 三甲旬法(結婚. 移徙. 開業. 建築. 埋葬. 移葬)

60甲子를 生甲旬, 病甲旬, 死甲旬으로 分類하고, 當該年의 地支를 基準으로 日辰의 吉凶을 보는 法이다.

❖ 旬·三元·年支別 分類表

三甲旬 / 該當年	生甲旬 (移徙.結婚.開業.建築)	病甲旬 (不可避할 境遇)	死甲旬 (埋葬.移葬)
上旺 仲子午卯酉 年	甲子. 甲午	甲寅. 甲申	甲辰. 甲戌
中生 孟寅申巳亥 年	甲寅. 甲申	甲辰. 甲戌	甲子. 甲午
下墓 季辰戌丑未 年	甲辰. 甲戌	甲子. 甲午	甲寅. 甲申

❖ 旬·年支別 分類表

年	子	丑	寅	卯	辰	巳
生甲旬	甲子旬 甲午旬	甲辰旬 甲戌旬	甲寅旬 甲申旬	甲子旬 甲午旬	甲辰旬 甲戌旬	甲寅旬 甲申旬
病甲旬	甲寅旬 甲申旬	甲子旬 甲午旬	甲辰旬 甲戌旬	甲寅旬 甲申旬	甲子旬 甲午旬	甲辰旬 甲戌旬
死甲旬	甲辰旬 甲戌旬	甲寅旬 甲申旬	甲子旬 甲午旬	甲辰旬 甲戌旬	甲寅旬 甲申旬	甲子旬 甲午旬

年	午	未	申	酉	戌	亥
生甲旬	甲子旬 甲午旬	甲辰旬 甲戌旬	甲寅旬 甲申旬	甲子旬 甲午旬	甲辰旬 甲戌旬	甲寅旬 甲申旬
病甲旬	甲寅旬 甲申旬	甲子旬 甲午旬	甲辰旬 甲戌旬	甲寅旬 甲申旬	甲子旬 甲午旬	甲辰旬 甲戌旬
死甲旬	甲辰旬 甲戌旬	甲寅旬 甲申旬	甲子旬 甲午旬	甲辰旬 甲戌旬	甲寅旬 甲申旬	甲子旬 甲午旬

- 上元旺(四仲): 季節의 中心. 中元生(四盟): 季節의 始作. 下元墓(四季): 季節의 끝
- 生甲旬: 上旺仲子午→中生孟寅申→下墓季辰戌

8) 中宮 地盤數에 依한 擇日(結婚·移徙)

氣(辰.巳日)	體(午日)	命(未.申日)	宜(辰.巳日)	魂(午日)	歸(未.申日)
德(卯日)	一	害(酉日)	害(卯日)	二	德(酉日)
宜(丑.寅日)	歸(子)	魂(戌.亥日)	氣(丑.寅日)	命(子)	體(戌.亥日)

體(辰.巳日)	氣(午日)	害(未.申日)	歸(辰.巳日)	德(午日)	宜(未.申日)
歸(卯日)	三	命(酉日)	體(卯日)	四	魂(酉日)
魂(丑.寅日)	德(子)	宜(戌.亥日)	命(丑.寅日)	氣(子)	害(戌.亥日)

歸(辰.巳日)	德(午日)	宜(未.申日)	害(辰.巳日)	命(午日)	體(未.申日)
體(卯日)	五	魂(酉日)	宜(卯日)	六	氣(酉日)
命(丑.寅日)	氣(子)	害(戌.亥日)	德(丑.寅日)	魂(子)	歸(戌.亥日)

魂(辰.巳日)	宜(午日)	德(未.申日)	命(辰.巳日)	害(午日)	氣(未.申日)
命(卯日)	七	歸(酉日)	魂(卯日)	八	體(酉日)
體(丑.寅日)	害(子)	氣(戌.亥日)	歸(丑.寅日)	宜(子)	德(戌.亥日)

德(辰.巳日)	歸(午日)	魂(未.申日)	4 宮	9 宮	2 宮
氣(卯日)	九	宜(酉日)	3 宮	5 宮	7宮
害(丑.寅日)	體(子)	命(戌.亥日)	8 宮	1宮(宮 位置)	6 宮

- 中宮地盤數가 五일 境遇 四綠木星 巽下絶卦(4宮)가 變化의 出發點이 된다.

❖ 例: 乙 戊 庚 乙　2　5　7　2　= 16/9 = 1...7

　　卯 申 辰 巳　4　9　5　6　= 24/9 = 2...6(中宮地盤數 六適用)

中宮地盤數가 6이므로 酉日, 丑日, 寅日이 吉日이고 西쪽, 北東쪽이 吉方이다.

① 中宮6宮의 布局方法

中宮이 6이고 6宮은 六乾三連(☰)이 基準卦이므로

一上生氣는 六乾三連(☰)에서 上爻를 바꾸면 七兌上絶(☱)이므로 兌宮生氣

二中天宜는 七兌上絶(☱)에서 中爻를 바꾸면 三震下連(☳)이므로 震宮天宜

三下絶體는 三震下連(☳)에서 下爻를 바꾸면 二坤三絶(☷)이므로 坤宮絶體

四中遊魂은 二坤三絶(☷)에서 中爻를 바꾸면 一坎中連(☵)이므로 坎宮遊魂

五上禍害는 一坎中連(☵)에서 上爻를 바꾸면 四巽下絶(☴)이므로 巽宮禍害

六中福德은 四巽下絶(☴)에서 中爻를 바꾸면 八艮上連(☶)이므로 艮宮福德

七下絶命은 八艮上連(☶)에서 下爻를 바꾸면 九離虛中(☲)이므로 離宮絶命

八中歸魂은 九離虛中(☲)에서 中爻를 바꾸면 六乾三連(☰)이므로 乾宮歸魂

② 八卦의 表示

一坎中連(☵). 二坤三絶(☷). 三震下連(☳). 四巽下絶(☴)
六乾三連(☰). 七兌上絶(☱). 八艮上連(☶). 九離虛中(☲)

③ 八卦의 適用意味

八卦	適　用　意　味
生氣(생기)	結婚.喜慶.生活.旺盛.勇氣.迫力.始作.危難打開.自信感.昇進.意慾
天宜(천의)	來名醫.病治療.醫學處方.試驗合格.昇進.榮轉.快癒.好戰.氣力增進
絶體(절체)	부지런함.傷處.變動.判斷.區別.決心.決斷.勇氣.節度.威嚴.威容.氣魄
遊魂(유혼)	마음 들뜸.唐慌.奔走함.虛榮.判斷力이 흐림.昏迷.誘惑,決定保留
禍害(화해)	疾病.投資損失.損財.浪費.焦燥.奪取.盜賊.官災.謀略.損傷.破損.崩落
福德(복덕)	結婚.慶事.橫財.昇進.榮轉.金融融通.經營向上.好轉.財産蓄積.幸運
絶命(절명)	死亡.斷命.失敗.孤立無援.不通.失意.絶望.諦念.四面超過.斷絶.窒息
歸魂(귀혼)	魂飛.職位辭退.隱退.安定.기다림.終末.隱身.丹念.靜淑.隱遁.暗黑

9) 太白殺[陰曆基準(移徙.移動)]

北　西 6. 16. 26	北 7. 17. 27	北　東 8. 18. 28
西 5. 15. 25	손 없는 날 9. 19. 29 10. 20. 30	東 1. 11. 21. 31
南　西 4. 14. 24	南 3. 13. 23	南　東 2. 12. 22

즉 5日. 15日. 25日에는 西쪽에 있으니 西쪽을 避해야 한다.
北東쪽으로 移徙 갈려면 8.18.28日만 避하면 된다.

方向	날　짜			方向	날　짜			
西北	6	16	26	東	1	11	21	31
北	7	17	27	東南	2	12	22	
北東	8	18	28	南	3	13	23	
吉日 (손없는 날)	9	19	29	南西	4	14	24	
	10	20	30	西	5	15	25	

❖ 太白殺에 대한 起源은 佛敎의 一派인 밀교의 宿曜經에서 시작되었다. 宿曜라는 말은 印度의 天文法에서 28수(宿) 12宮 7曜를 말하는 것으로 해와 달의 運行하는 位置와 모든 星宿(성수: 별자리)의 관계에 의해 曆日을 정하고 一生의 禍와 福을 占치는 데 使用하였는데 太白殺을 사람에게 災厄을 안겨주는 귀신으로 여겼다.

10) 鬼門關殺(凶日)

鬼門關殺 (귀문관살)	年支	子	丑	寅	卯	辰	巳	午	未	申	酉	戌	亥
	時支	酉	午	未	申	亥	戌	丑	寅	卯	子	巳	辰

❖ 甲午年 酉時는 鬼門關殺(精神病.神經衰弱.同性戀愛.近親結婚)에 該當 없음

11) 暗金的殺(一名 斧劈殺:凶日)

月支	子	丑	寅	卯	辰	巳	午	未	申	酉	戌	亥
日支.時支	巳	丑	酉	巳	丑	酉	巳	丑	酉	巳	丑	酉

❖ 暗金的殺의 三殺 : 一日 呻吟. 二日 破碎. 三日 白衣
❖ 子午卯酉: 巳. -.寅申巳亥: 酉. -辰戌丑未: 丑이 暗金的殺

12) 伏斷日(인연을 끊는 날: 凶日)

月支	子	丑	寅	卯	辰	巳	午	未	申	酉	戌	亥
日支.時支	巳	丑	酉	巳	丑	酉	巳	丑	酉	巳	丑	酉

伏斷日이란 엎어지고 끊긴다는 뜻으로 大凶하므로 移徙, 婚姻, 旅行 등 百事가 不利한 날이다. 그러나 黃道日과 겹치면 無害하다고 한다.

또 화장실을 새로 짓거나 修理하는 날, 어린 아이 젖 떼는 일, 남과 因緣을 끊는 일에 使用하면 效果가 있다고 한다.

伏斷日은 曜日과도 關係가 있다.

日辰	子	丑	寅	卯	辰	巳	午	未	申	酉	戌	亥
曜日	日	木	火	土	水	日	木	月	金	火	土	水

例를 들어 日辰이 丑日인데 木曜日이면 伏斷日이다.

13) 六壬學의 擇日(時)法

① 萬事喜悅: 三傳이 三合하고 三合中支가 干上이나 支上과 支合하면 吉日에 該當된다.

[壬午日 9局 (空亡:申酉)]

<table>
<tr><td colspan="2">神殺</td><td>月</td><td>亡</td><td>將</td><td>攀</td><td>驛</td><td>六</td><td>華</td><td>劫</td><td>災</td><td>天</td><td>地</td><td>年</td><td colspan="4">癸</td><td colspan="4">乙</td><td colspan="4">己</td></tr>
<tr><td colspan="2">運星</td><td>墓</td><td>絶</td><td>胎</td><td>養</td><td>生</td><td>浴</td><td>冠</td><td>祿</td><td>旺</td><td>衰</td><td>病</td><td>死</td><td colspan="4">勾 未 朱</td><td colspan="4">常 亥 空</td><td colspan="4">貴 卯 陰</td></tr>
<tr><td colspan="2">遁干</td><td>庚</td><td>辛</td><td>壬</td><td>癸</td><td>○</td><td>○</td><td>甲</td><td>乙</td><td>丙</td><td>丁</td><td>戊</td><td>己</td><td colspan="4">卯</td><td colspan="4">未</td><td colspan="4">亥</td></tr>
<tr><td rowspan="2">貴人</td><td>−</td><td>后</td><td>貴</td><td>蛇</td><td>朱</td><td>六</td><td>勾</td><td>青</td><td>空</td><td>白</td><td>常</td><td>玄</td><td>陰</td><td colspan="3">己</td><td colspan="3">癸</td><td colspan="3">甲</td><td colspan="3">戊</td></tr>
<tr><td>+</td><td>蛇</td><td>朱</td><td>六</td><td>勾</td><td>青</td><td>空</td><td>白</td><td>常</td><td>玄</td><td>陰</td><td>后</td><td>貴</td><td colspan="3">貴 卯 陰</td><td colspan="3">勾 未 朱</td><td colspan="3">白 戌 青</td><td colspan="3">后 寅 玄</td></tr>
<tr><td colspan="2">天盤</td><td>辰</td><td>巳</td><td>午</td><td>未</td><td>申</td><td>酉</td><td>戌</td><td>亥</td><td>子</td><td>丑</td><td>寅</td><td>卯</td><td colspan="3">壬 亥</td><td colspan="3">卯</td><td colspan="3">午</td><td colspan="3">戌</td></tr>
<tr><td colspan="2">地盤</td><td>子</td><td>丑</td><td>寅</td><td>卯</td><td>辰</td><td>巳</td><td>午</td><td>未</td><td>申</td><td>酉</td><td>戌</td><td>亥</td><td colspan="3">제1과</td><td colspan="3">제2과</td><td colspan="3">제3과</td><td colspan="3">제4과</td></tr>
</table>

② 貴登天門: 貴人(낮)이 地盤 天門 亥에 타고 있는 境遇로 諸殺이 制壓當하여 이 날을 擇日(時)하면 每事 吉하며 10干日 모두 適用된다(吉日確率 70%).

[庚寅日 11局 空亡(午未)]

<table>
<tr><td colspan="2">神殺</td><td>支</td><td>年</td><td>月</td><td>亡</td><td>將</td><td>攀</td><td>驛</td><td>六</td><td>華</td><td>劫</td><td>災</td><td>天</td><td colspan="4">壬</td><td colspan="4">○</td><td colspan="4">甲</td></tr>
<tr><td colspan="2">運星</td><td>絶</td><td>胎</td><td>養</td><td>生</td><td>浴</td><td>冠</td><td>祿</td><td>旺</td><td>衰</td><td>病</td><td>死</td><td>墓</td><td colspan="4">六 辰 六</td><td colspan="4">青 午 蛇</td><td colspan="4">白 申 后</td></tr>
<tr><td colspan="2">遁干</td><td>庚</td><td>辛</td><td>壬</td><td>癸</td><td>○</td><td>○</td><td>甲</td><td>乙</td><td>丙</td><td>丁</td><td>戊</td><td>己</td><td colspan="4">寅</td><td colspan="4">辰</td><td colspan="4">午○</td></tr>
<tr><td rowspan="2">貴人</td><td>−</td><td>青</td><td>勾</td><td>六</td><td>朱</td><td>蛇</td><td>貴</td><td>后</td><td>陰</td><td>玄</td><td>常</td><td>白</td><td>空</td><td colspan="3">丙</td><td colspan="3">戊</td><td colspan="3">壬</td><td colspan="3">○</td></tr>
<tr><td>+</td><td>蛇</td><td>朱</td><td>六</td><td>勾</td><td>青</td><td>空</td><td>白</td><td>常</td><td>玄</td><td>陰</td><td>后</td><td>貴</td><td colspan="3">玄 戌 玄</td><td colspan="3">后 子 白</td><td colspan="3">六 辰 六</td><td colspan="3">青 午 蛇</td></tr>
<tr><td colspan="2">天盤</td><td>寅</td><td>卯</td><td>辰</td><td>巳</td><td>午</td><td>未</td><td>申</td><td>酉</td><td>戌</td><td>亥</td><td>子</td><td>丑</td><td colspan="3">庚 申</td><td colspan="3">戌</td><td colspan="3">寅</td><td colspan="3">辰</td></tr>
<tr><td colspan="2">地盤</td><td>子</td><td>丑</td><td>寅</td><td>卯</td><td>辰</td><td>巳</td><td>午</td><td>未</td><td>申</td><td>酉</td><td>戌</td><td>亥</td><td colspan="3">제1과</td><td colspan="3">제2과</td><td colspan="3">제3과</td><td colspan="3">제4과</td></tr>
</table>

③ 神藏殺沒: 甲戊庚日에 丑未가 地盤 亥위에 있는 境遇 六凶將이 制壓당하여 吉日·吉時가 되며 甲戊庚日에만 適用된다. 丑이나 未가 地盤 亥 위에 있으면 墓殺(辰戌丑未)이 四生地(寅申巳亥)위에 있으므로 墓殺이 四維에 빠져 힘이 사라지는 날로써 吉日 吉時를 찾는데 매우 重要하게 여기고 있다(吉日確率 100%).

<table>
<tr><td colspan="2">月建</td><td>寅</td><td>卯</td><td>辰</td><td>巳</td><td>午</td><td>未</td><td>申</td><td>酉</td><td>戌</td><td>亥</td><td>子</td><td>丑</td></tr>
<tr><td colspan="2">月將 / 吉日</td><td>亥</td><td>戌</td><td>酉</td><td>申</td><td>未</td><td>午</td><td>巳</td><td>辰</td><td>卯</td><td>寅</td><td>丑</td><td>子</td></tr>
<tr><td rowspan="2">甲日</td><td>陽</td><td>卯</td><td></td><td></td><td></td><td></td><td></td><td>酉</td><td>申</td><td>未</td><td>午</td><td>巳</td><td>辰</td></tr>
<tr><td>陰</td><td>酉</td><td></td><td></td><td></td><td></td><td></td><td>卯</td><td>寅</td><td>丑</td><td>子</td><td>亥</td><td>戌</td></tr>
<tr><td rowspan="2">戊日</td><td>陽</td><td>酉</td><td>申</td><td>未</td><td>午</td><td>巳</td><td>辰</td><td>卯</td><td></td><td></td><td></td><td></td><td></td></tr>
<tr><td>陰</td><td>卯</td><td>寅</td><td>丑</td><td>子</td><td>亥</td><td>戌</td><td>酉</td><td></td><td></td><td></td><td></td><td></td></tr>
<tr><td rowspan="2">庚日</td><td>陽</td><td>酉</td><td>申</td><td>未</td><td>午</td><td>巳</td><td>辰</td><td>卯</td><td></td><td></td><td></td><td></td><td></td></tr>
<tr><td>陰</td><td>卯</td><td>寅</td><td>丑</td><td>子</td><td>亥</td><td>戌</td><td>酉</td><td></td><td></td><td></td><td></td><td></td></tr>
</table>

❖ 酉-月將其間 擇日은 戊·庚日의 晝間 未時가 神藏殺沒하는 吉日·吉時가 되고 戊·庚日의 夜間 丑時가 吉日·吉時에 該當되므로 戊·庚일 中에서 便利한 日字와 時間을 選擇하면 된다(다른 月將期間의 擇日·擇時도 同一).

<解析圖表: 月將基準>

月 將	甲 日		戊 日		庚 日	
	晝 間	夜 間	晝 間	夜 間	晝 間	夜 間
亥	卯時	酉時	酉時	卯時	酉時	卯時
戌	-	-	申	寅	申	寅
酉	-	-	未	丑	未	丑
申	-	-	午	子	午	子
未	-	-	巳	亥	巳	亥
午	-	-	辰	戌	辰	戌
巳	酉	卯	卯	酉	卯	酉
辰	申	寅	-	-	-	-
卯	未	丑	-	-	-	-
寅	午	子	-	-	-	-
丑	巳	亥	-	-	-	-
子	辰	戌				

④ 旺相休囚死[月建基準: 午 月建(季節)일 境遇]

天 時	相	囚	囚	相	休	休	相	旺	旺	相	死	死
天 盤	戌	亥	子	丑	寅	卯	辰	巳	午	未	申	酉
地 盤	子	丑	寅	卯	辰	巳	午	未	申	酉	戌	亥

- 正斷日에 乙未年生의 年命上神 巳는 旺에 該當하므로 吉하고 庚寅生의 年命上神 子는 囚에 該當되어 凶하다.
- 天地盤 相生 相剋을 把握하여 地利의 得 有無를 判斷하는데 天地盤 相生 比和이면 地利를 얻는 것이고 相沖되면 地利를 잃은 것이므로 凶하다.
- 丁未年生, 丙申年生의 天時가 旺이지만 丁未年生의 年命上神 巳는 未를 生하여 地利를 얻었지만 丙申年生의 年命上神 午는 地盤 申을 剋하여 地利를 얻지 못한 境遇이다.
- 天時가 旺相이라도 正斷日이 空亡에 該當되면 天氣가 움직이지 않으므로 쉬어야 한다.

❖ 年命上神으로 보는 것은 正斷者가 아닌 相對(擇日 當事者)의 天時이다.

⑤ 皇恩·天赦日(吉日)

月建	寅	卯	辰	巳	午	未	申	酉	戌	亥	子	丑
皇恩	未	酉	亥	丑	卯	巳	未	酉	亥	丑	卯	巳
天赦	戊寅			甲午			戊申			甲子		

⑥ 生氣·死氣日

神殺 \ 月建	1	2	3	4	5	6	7	8	9	10	11	12
	寅	卯	辰	巳	午	未	申	酉	戌	亥	子	丑
生氣(吉日)	子	丑	寅	卯	辰	巳	午	未	申	酉	戌	亥
死氣(凶日)	午	未	申	酉	戌	亥	子	丑	寅	卯	辰	巳

❖ 月建 寅은 逆行3位地 子가 生氣이고 順行5位地 午가 死氣이다.

10. 十二神殺

日支三合 / 神殺		寅午戌		巳酉丑		申子辰		亥卯未	
		地支	찾 기	地支	찾 기	地支	찾 기	地支	찾 기
劫 殺	劫2	亥	末支 戌의 2位支	寅	末支 丑의 2位支	巳	末支 辰의 2位支	申	末支 未의 2位支
災 殺	災3	子	末支 戌의 3位支	卯	末支 戌의 3位支	午	末支 辰의 3位支	酉	末支 未의 3位支
天 殺	天4	丑	末支 戌의 4位支	辰	末支 丑의 4位支	未	末支 辰의 4位支	戌	末支 未의 4位支
地 殺	地5	寅	末支 戌의 5位支	巳	末支 丑의 5位支	申	末支 辰의 5位支	亥	末支 未의 5位支
年 殺	年6	卯	末支 戌의 6位支	午	末支 丑의 6位支	酉	末支 辰의 6位支	子	末支 未의 6位支
月 殺	月7	辰	末支 戌의 7位支	未	末支 丑의 7位支	戌	末支 辰의 7位支	丑	末支 未의 7位支
亡身殺	亡8	巳	末支 戌의 8位支	申	末支 丑의 8位支	亥	末支 辰의 8位支	寅	末支 未의 8位支
將星殺	將9	午	末支 戌의 9位支	酉	末支 丑의 9位支	子	末支 辰의 9位支	卯	末支 未의 9位支
攀鞍殺	攀10	未	末支 戌의 10位支	戌	末支 丑의 10位支	丑	末支 辰의 10位支	辰	末支 未의 10位支
驛馬殺	驛11	申	末支 戌의 11位支	亥	末支 丑의 11位支	寅	末支 辰의 11位支	巳	末支 未의 11位支
六害殺	六12	酉	末支 戌의 12位支	子	末支 丑의 12位支	卯	末支 辰의 12位支	午	末支 未의 12位支
華蓋殺	華1	戌	末支 戌의 1位支	丑	末支 丑의 1位支	辰	末支 辰의 1位支	未	末支 未의 1位支

1) 接觸事故(驛馬) 實例

① 日 時 : 2013. 6. 26. 09 : 40(日辰 : 癸亥. 發生時刻: 巳時)

② 事故內容 : 出勤時間 信號待期 中 갑자기 뒷차가 衝突하는 輕微한 接觸事故

③ 四柱元局 : 癸 癸 壬 庚
丑 酉 午 寅

④ 12神殺의 驛馬
- 出生日柱 : 癸酉
- 巳酉丑 三合에서 11位支 亥가 驛馬

⑤ 四柱元局 日支基準 亥 驛馬와 沖되는 巳時 交通事故 操心 !

11. 神殺區分

區分	適用基準	干支	解析
白虎大殺	年月日時柱	戊辰 丁丑 丙戌 乙未 甲辰 癸丑 壬戌	橫厄.交通事故(行運에서 오면).印綬와 同住하면 母橫死.男命에서 官星이 同住하면 子息이 橫死
魁罡	日柱	壬辰 壬戌 庚辰 庚戌 戊辰 戊戌	男命:强暴.權威.威嚴.武官 女命:凶星,不和.孤獨.殺傷
湯火殺	日·時支	丑(午未戌) 寅(申巳) 午(丑辰午)	火傷.負傷: 丑日生이 地支에 午未戌이 있으면 成立된다.
十惡大敗	日柱	甲辰 乙巳 壬申 丙申 丁亥 庚辰 戊戌 辛巳 癸亥 己丑	夫婦離別.損財.祿空
三奇貴神	天上三奇	四柱에 甲·戊·庚이 連結(日干包含)	人格者.博學多能.凶害脫皮.難題解決容易. 月德.天乙鬼神과 同住하면 吉이 伸張됨. ① 三奇에 地支가 三合會局이면 한 국가의 礎石(功臣) ② 三奇에 관부.劫殺이 同住하면 氣稟이 遠大하고 卓越하다. ③ 三奇가 空亡되고 生旺하면 意志가 굳건하여 權勢에 不服. ④ 三奇가 元辰·咸池·冲·破·辰戌 등과 함께 있으면 吉이 없어짐. 例) 三奇가 年·月·日의 順으로 있는 것이 가장 高貴함.
	人中三奇	四柱에 辛·壬·癸가 連結(日干包含)	
	地下三奇	四柱에 乙·丙·丁이 連結(日干包含)	
大極貴神 (太極貴神)	年柱		① 先天的인 福이 厚하고 周圍의 後援을 받음. ② 格이 良好하면 立身揚名하여 高位에 오르는 福祿人.

<table>
<tr><th>區 分</th><th>適用基準</th><th>干 支</th><th>解 析</th></tr>
<tr><td>天官貴神</td><td>時柱</td><td></td><td>① 先天的인 福이 厚하고 매사가 順調롭다.
② 윗사람의 도움을 받으며 慶事가 많고 高位에 오른다.
③ 凶殺과 同住하거나 冲·刑되면 福力이 사라진다.</td></tr>
<tr><td>天廚貴神</td><td></td><td></td><td>① 壽·福의 神으로 食神과 비슷하며 衣·食·住를 主管하고 正官·印綬와 同住하면 官職으로 命理가 向上된다.</td></tr>
<tr><td>金神</td><td>時柱</td><td>乙丑·己巳·癸酉 中 하나가 時柱에 있는 것</td><td>① 明敏하며 强한 意志로 目的達成
② 羊刃이나 七殺(偏官)이 되면 力士로 名聲을 얻는다.
③ 火를 보면 世上에 이름을 날린다.
④ 水를 보는 것은 큰 凶이 된다. 運에서도 火運에 發福하지만 水運에 禍를 當한다.
⑤ 刑이나 冲을 가장 싫어한다.</td></tr>
<tr><td>天殺</td><td>年·日
支</td><td>12神殺: 4天生(女命에서 六親의 剋害)</td><td>물·暴風·가뭄·落雷 등으로 被害를 당한다. 孤獨.苦楚.苦難.宗教易術人</td></tr>
<tr><td>月殺
(枯焦殺)</td><td></td><td><table><tr><td>月</td><td>寅午戌</td><td>申子辰</td><td>巳酉丑</td><td>亥卯未</td></tr><tr><td>日支</td><td>辰</td><td>戌</td><td>未</td><td>丑</td></tr></table>女命에 月殺이 2개이거나 偏官과 財가 月殺이면 僧侶.巫女가 된다.</td><td>① 種子消毒.孵化.家畜交尾 등을 避해야 한다.
② 日柱와 時柱에 月殺이 있으면 子女 中 맏이가 건각(蹇脚:절름발이)이 된다.</td></tr>
<tr><td>地殺</td><td>冲-驛馬</td><td><table><tr><td>年支</td><td>子</td><td>丑</td><td>寅</td><td>卯</td><td>辰</td><td>巳</td><td>午</td><td>未</td><td>申</td><td>酉</td><td>戌</td><td>亥</td></tr><tr><td>殺</td><td>申</td><td>巳</td><td>寅</td><td>亥</td><td>申</td><td>巳</td><td>寅</td><td>亥</td><td>申</td><td>巳</td><td>寅</td><td>亥</td></tr></table>보통은 年支 日支를 基準하지만 年月日時支 모두 適用하는 境遇도 있다.</td><td>故鄕을 떠나 他鄕살이를 한다. (長期海外旅行. 移民) 땅과 聯關된 殺로서 땅의 재앙으로 자주 移動. 驛馬와 비슷하지만 그 作用에 따라 吉神 凶神이 될 수 있다.</td></tr>
</table>

<table>
<tr><th>區 分</th><th>適用基準</th><th>干 支</th><th>解 析</th></tr>
<tr><td>災殺
(白虎殺)
(囚獄殺)</td><td></td><td>❖ 災殺은 三合 中間字를 冲하는 것.
<table><tr><th>年 柱</th><th colspan="2">災 殺</th></tr><tr><td>寅午戌生</td><td>子</td><td>午</td></tr><tr><td>巳酉丑生</td><td>卯</td><td>酉</td></tr><tr><td>申子辰生</td><td>午</td><td>子</td></tr><tr><td>亥卯未生</td><td>酉</td><td>卯</td></tr></table>劫財는 敵將이고 災殺은 敵兵이다.
❖ 三殺合會中支冲</td><td>① 拉致.監禁.訴訟.拘束.慢性疾患.
交通事故 등의 災難이 있다.
② 官星과 同住하고 吉神과 함께
있으면 權力機關에 從事한다.
③ 印綬와 同住하면
反體制運動.獨立運動 등으로
拘束되어도 이로 因해
有名해진다.
④ 行運에서도 同一하다.</td></tr>
<tr><td>文昌貴神</td><td>日柱</td><td>陽日生: 12運의 病 地支
陰日生: 12運의 長生 地支</td><td>① 人格이 높고 聰明하며 學文이나
藝術方面에 才能이 있다.
② 記憶力.硏究發明.創造.推進.
企劃의 才質이 있다.
③ 身旺해야 좋고 凶을 당해도
쉽게 解決되지만 身弱하면
低能한 境遇가 많다.
④ 合·冲·刑·空亡되면 人格이 낮고
가난한 선비꼴이 된다.</td></tr>
<tr><td>官貴學館</td><td></td><td>甲乙(木)日生-巳. 丙丁(火)日生-申
戊己(土)日生-亥. 庚辛(金)日生-寅
壬癸(水)日生-寅
例) 官殺의 長生宮</td><td>官職이나 職場生活을 하게 되면
昇進이 남보다 빨라 出世가 빠른
吉神이다.</td></tr>
<tr><td>天羅地網</td><td></td><td>丙丁(火)日生-戌.亥
壬癸(水)日生-辰.巳를 볼 때</td><td>① 監禁.拘束.官災口舌.拉致.是非.
訴訟.女命은 破婚이나 子息을 剋
② 活人業.宗教人.醫師.藥師.看護員.
曆術.法官.警察官 등이 많다.</td></tr>
<tr><td>懸針殺</td><td>日柱. 時柱</td><td>甲午. 甲申. 辛卯</td><td>① 偏官과 同住하고 旺하면 性格이
銳利하고 殘忍하며 官災와
事故를 많이 當한다.
② 醫藥.技術.鍼術.曆術人
③ 羊刃과 同住하면 屠殺業(食肉店
包含)에 從事한다.</td></tr>
<tr><td>平頭殺</td><td>日柱. 時柱</td><td>甲子. 甲寅. 甲辰. 丙寅. 丙辰. 丙戌</td><td>① 羊刃과 平頭殺이 同住하면
殺鬪를 일삼고 破婚,離婚 등
破格이 되며 冲이나 刑이 되면
屠畜業에 從事한다.</td></tr>
</table>

<table>
<tr><th>區 分</th><th>適用基準</th><th>干 支</th><th>解 析</th></tr>
<tr><td>梟神殺
(효신살)</td><td>日柱</td><td>甲子. 乙亥. 丙寅. 丁卯. 戊午. 己巳. 庚辰.
庚戌. 辛丑. 辛未. 壬申. 癸酉</td><td>① 女命에서 日柱·時柱 둘다
梟神이면 子息 두기가 어렵다.
② 어려서 어머니와 生死別이나
어머니로 因하여 걱정이 많다.
그렇지 않으면 客地에서
孤獨하게 보낸다.</td></tr>
<tr><td>天醫星</td><td>月支後
2位支</td><td>日支. 時支</td><td>① 醫師.看護士.藥師.宗敎人.易術人
등에 從事한다.</td></tr>
<tr><td>急脚殺</td><td>日支·時支</td><td>寅卯辰月生-亥·子
巳午未月生-卯·未
申酉戌月生-寅·戌
亥子丑月生-丑·辰</td><td>① 神經疾患.脊椎障碍(곱추.디스크)
小兒痲痺.뼈.齒牙異常.風疾이
있고 時支에 있는 것이 더
重하다.</td></tr>
<tr><td>斷橋關殺</td><td>月支·時支</td><td><table><tr><td>月</td><td>寅</td><td>卯</td><td>辰</td><td>巳</td><td>午</td><td>未</td><td>申</td><td>酉</td><td>戌</td><td>亥</td><td>子</td><td>丑</td></tr><tr><td>時</td><td>寅</td><td>卯</td><td>申</td><td>丑</td><td>戌</td><td>酉</td><td>辰</td><td>巳</td><td>午</td><td>未</td><td>亥</td><td>子</td></tr></table></td><td>① 月支가 丑. 時支에 子가 있으면
斷橋關殺이 된다.
② 事故로 팔다리를 傷하게 한다.
(切斷.심한 흉터 등)
③ 刑과 偏官이 重疊되면
手足不具.小兒痲痺.심한 神經痛
등이 있다.</td></tr>
<tr><td>鬼門關殺</td><td>年支
時支</td><td><table><tr><td>年</td><td>子</td><td>丑</td><td>寅</td><td>卯</td><td>辰</td><td>巳</td><td>午</td><td>未</td><td>申</td><td>酉</td><td>戌</td><td>亥</td></tr><tr><td>時</td><td>酉</td><td>午</td><td>未</td><td>申</td><td>亥</td><td>戌</td><td>丑</td><td>寅</td><td>卯</td><td>子</td><td>巳</td><td>辰</td></tr></table></td><td>① 年支가 丑. 時支가 午이면
鬼門關殺이다.
② 精神病.神經衰弱.近親相姦.
變態性慾者.配偶者의 不姙.
③ 男命이 財星과 同住하거나
女命이 官星과 同住하면 그
配偶者는 變態 내지 精神異常.</td></tr>
<tr><td>落井關殺</td><td>日干·
日-時支</td><td><table><tr><td>日干</td><td>甲·己</td><td>乙·庚</td><td>丙·辛</td><td>丁·壬</td><td>戊·癸</td></tr><tr><td>日時支</td><td>巳</td><td>子</td><td>申</td><td>戌</td><td>卯</td></tr></table></td><td>① 日干이 甲이나 己 일때 日支나
時支에 巳가 있으면 落井關殺이
된다.
② 강.우물.화장실 등에 빠질
可能性이 많다.
③ 남의 謀陷에 걸려든다.
④ 偏官이 旺하면 溺死 可能性이
높다.</td></tr>
</table>

<table>
<tr><th>區 分</th><th>適用基準</th><th>干　　支</th><th>解　　析</th></tr>
<tr><td>孤神(辰)
寡宿</td><td>年支 ·
日支</td><td><table><tr><td>年支</td><td>子</td><td>丑</td><td>寅</td><td>卯</td><td>辰</td><td>巳</td><td>午</td><td>未</td><td>申</td><td>酉</td><td>戌</td><td>亥</td></tr><tr><td>孤神</td><td>寅</td><td>寅</td><td>巳</td><td>巳</td><td>巳</td><td>申</td><td>申</td><td>申</td><td>亥</td><td>亥</td><td>亥</td><td>寅</td></tr><tr><td>寡宿</td><td>戌</td><td>戌</td><td>丑</td><td>丑</td><td>丑</td><td>辰</td><td>辰</td><td>辰</td><td>未</td><td>未</td><td>未</td><td>戌</td></tr></table></td><td>1. 孤神
① 亥子丑-年-日生: 寅(四柱 中)
寅卯辰-年-日生: 巳(四柱 中)
巳午未-年-日生: 申(四柱 中)
申酉戌-年-日生: 亥(四柱 中)
2. 寡宿
① 亥子丑-年-日生: 戌(四柱 中)
寅卯辰-年-日生: 丑(四柱 中)
巳午未-年-日生: 辰(四柱 中)
申酉戌-年-日生: 未(四柱 中)
3. 孤神은 홀아비 八字. 寡宿은 寡婦 八字. 그렇지 않으면 夫婦間 空房數로 情이 없는 凶殺이다.</td></tr>
<tr><td>孤鸞殺
(呻吟殺)</td><td>日柱
(女命)</td><td>甲寅. 乙巳. 丁巳. 戊申. 辛亥.
孤鸞殺이란 孤獨한 夫婦因緣을 말한다. 甲日柱에 寅은 比肩이자 建祿으로 財星을 剋한다. 乙日柱에 巳는 沐浴이며 咸池敗殺이므로 좋지 않다. 丁日柱에 巳는 帝旺 羊刃으로 財物인 金을 서로 다툰다. 戊申日柱에 申은 病이니 배우자가 健全하지 못하다. 辛日柱에 亥는 沐浴이므로 夫婦因緣이 바뀌어진다.</td><td>① 男便과 生·死別
② 男便外泊.蓄妾으로 呻吟</td></tr>
<tr><td>天轉殺</td><td>月支·日柱</td><td><table><tr><td>月支</td><td>寅卯辰</td><td>巳午未</td><td>申酉戌</td><td>亥子丑</td></tr><tr><td>日柱</td><td>乙卯</td><td>丙午</td><td>辛酉</td><td>壬子</td></tr></table></td><td>① 巳月.午月.未月生의 日柱가 丙午가 되면 天轉殺이 된다.
② 放浪하며 하는 일이 모두 失敗한다(특히 自然災害).</td></tr>
<tr><td>地轉殺</td><td>月支·日柱</td><td><table><tr><td>月支</td><td>寅卯辰</td><td>巳午未</td><td>申酉戌</td><td>亥子丑</td></tr><tr><td>日柱</td><td>辛卯</td><td>戊午</td><td>癸酉</td><td>丙子</td></tr></table></td><td>① 每事가 막힘이 있고 時間과 돈의 浪費가 많다.
② 새로운 事業을 찾다가 不意의 地變으로 橫厄을 當한다.</td></tr>
<tr><td>羊刃</td><td>12運</td><td>極旺하므로 自身을 傷하게 하지 않으면 남을 傷하게 한다.</td><td>① 權力과 刑에 該當하므로 格이 良好할 때는 權力과 權威가 되고 凶格일 때는 橫厄이 된다.
② 沐浴과 同住하면 惡疾로 苦生하고 空亡이 되면 거짓말과 거짓행동을 잘 한다.</td></tr>
</table>

區 分	適用基準	干 支	解 析
羊刃			③ 羊刃이 여러 개 있어 極旺하게되면 눈썹이 검고 눈알이 크고 躁急하며 眼下無人.非社交的.官災口舌이 있고 男便.妻.아버지.子息을 傷하게 한다. 타향살이에 큰 수술을 하게 되고 惡死.橫死.打殺.溺死 등을 當하는 凶惡의 命이다. ④ 羊刃은 位置에 따라 作用力이 다르다. - 年柱羊刃: 祖業을 破하고 - 月柱羊刃: 兄弟에 가벼운 被害 - 日柱羊刃: 配偶者에게 害롭고 - 時柱羊刃: 子息에게 害롭고 늙어서 災難을 當한다. ⑤ 女命에서 羊刃이 여러개 있으면 淫蕩하고 傷官과 同住하면 惡死하기 쉽다. ⑥ 羊刃은 偏官과 印綬가 함께 있는 것을 좋아한다. 羊刃없는 偏官은 칼 없는 將帥요. 偏官없는 羊刃은 將帥없는 칼이다. 偏官.印綬.羊刃이 있으면 生死與奪權을 가지게 된다. 身弱한 命에서는 羊刃이 救世主 役割을 한다. ⑦ 羊刃과 劫財가 同住하면 祖家를 떠난다. ⑧ 羊刃과 正財가 同住하면 財物과 妻를 破한다. ⑨ 羊刃.傷官이 同住하면 失職한다. ⑩ 羊刃과 印綬가 同住하면 貴가 되어도 病弱하다. ⑪ 羊刃이 命式中에 3位 以上 있으면 惡死하거나 墜落하여 죽을 수 있고 軍人은 戰死하기 쉽다. ⑫ 羊刃 冲이나 刑이 되면 事故가 많고 財物은 貧寒하다. ⑬ 羊刃이 會局이 되면 祖家를 떠나 他鄕에서 成功한다. ⑭ 羊刃이 冲.刑.合.會局이면 凶이다. ⑮ 羊刃이 建祿과 同住하면 立身富裕 ⑯ 羊刃이 空亡되면 별 害는 없으나 때로는 不測의 災難과 怨恨을 산다 ⑰ 印綬가 羊刃을 生하여 太旺하게 되면 그 禍가 심하다. ⑱ 羊刃과 殺이 있고 거기에 天乙貴人이나 天德.月德이 있으면 大貴의 命이다.

區 分	適用基準	干　　支	解　　析
羊刃			⑲ 羊刃과 殺이 同住하거나 나란히 있으면 기쁜 일이 많고 制伏이 適宜하면 富貴의 命이다. ⑳ 羊刃이 月.日.時柱에 正官이나 偏官과 同住하면 人格이 높고 發達한다. ㉑ 羊刃이 强하여도 財.官이 旺하면 大富貴의 命이다. ㉒ 羊刃格에 官殺이 있음은 좋지 않다. 둘 중 하나를 去해야 淸하게 되어 貴命이 된다. 羊刃이 財星을 剋하므로 그 凶이 심하지만 食神.傷官이 있으면 羊刃은 食神.傷官을 生하고 食.傷은 財星을 生하여 富命이 된다. 通關神 德澤이다. ㉓ 羊刃이 여러 개 있고 亡身과 劫殺이 있으면 大食家 또는 酒色으로 禍가 생긴다. ㉔ 日柱에 羊刃과 華蓋가 同住하면 再婚한 女子와 因緣이 있다. 그렇지 않으면 處女가 아닌 配偶者에 因緣이 있다. ㉕ 羊刃이 白虎와 合하면 피를 흘리는 慘禍가 있고 凶神이 오면 災禍가 겹쳐서 일어난다. ㉖ 羊刃이 있으면서 日干이 强하면 活動的이나 吝嗇하여 財를 모은다. ㉗ 羊刃이 있고 偏官이 없는데 行運에서 財星運이 오면 配偶者.財物 등에 災害가 일어난다. (食神.傷官이 없을 때) ㉘ 羊刃이 行運에서 冲이나 合이 되면 몸에 災害가 일어난다. ㉙ 命式中에 羊刃이 冲이나 合이 되어 있는데 再次 行運에서 冲이나 合이 오면 不測의 災難이 일어난다. ㉚ 羊刃은 羊刃을 冲하는 飛刃運이 좋지 않다. ㉛ 羊刃과 官을 본 境遇는 官을 生扶하는 運이 吉運이다. ㉜ 命式中에 羊刃이 있고 比肩.劫財運이 오면 오랜일로 因하여 災害가 發生한다. 또는 配偶者를 傷하게 하거나 失職의 憂慮가 있다. ㉝ 命式中에 羊刃이 없는 財.官格으로 幸運에서 偏官과 羊刃運이 함께 오면 財物로 因한 兄弟와의 다툼 및 논리. 夫妻相剋 등의 災害가 있다.

區 分	適用基準	干 支	解 析
飛刃	冲羊刃 12運 建祿前支冲	甲日生은 羊刃이 卯. 이 卯를 冲하는 酉(卯酉冲)가 甲日生의 飛刃이다.	羊刃과 비슷하나 每事에 持續性이 없는 龍頭蛇尾格이다.
劫殺	1華絶 2劫胎 3災養 4天生 5地浴 6年帶 7月祿 8亡旺 9將衰 10攀病 11驛死 12六墓	甲申 乙酉 丙戊亥 丁己子 庚寅 辛卯 壬巳 癸午 (陽干順行.陰干逆行) (亥戌酉申未午 巳辰卯寅丑子) ❖ 日支三合 末支에서 2位支	① 劫奪 當한다는 뜻이 包含 ② 盜難.소매치기 등의 損財와 失敗.離散 등의 凶暗示가 있다. 行運에서도 適用된다. ③ 劫殺이 貴神(星)과 함께 있으면 家權을 일으켜 세우는 큰 선비가 되고 官星과 同住하면 兵權을 잡는 큰 人物이 된다. ④ 劫殺과 財星이 同住하면 큰 富者가 되고 偏官과 同住하면 小市民이 된다. ⑤ 劫殺이 日柱나 時柱에 있으면서 合이 되면 英雄殺이라 하여 武官으로 名聲을 얻는다. ⑥ 劫殺이 吉作用을 하면 聰明하고 權威가 있고 技.藝.武에 才能이 있고 橫財도 할 수 있다. 그러나 凶이 되면 橫死.急疾.突拔事故.交通事故. 拘束 등이 있게 된다. ⑦ 身弱한데 劫殺은 强하고 日이나 時에 傷官이 있으면 酒色을 탐하여 信用을 잃게 된다. ⑧ 日干이 干合하고 劫殺이 死.絶에 逢하면 花柳界에 關係한다. ⑨ 劫殺이 亡神.陽刃과 同住하면 凶命이 되고 惡死한다. ⑩ 命式에 劫殺1位가 있고 吉神과 함께 있으면 發福하고 劫殺2位는 盜癖이 있고 劫殺3位는 凶暴한 命이 된다. ⑪ 劫殺이 金이나 火와 同住하면서 凶이 되면 劍難을 當하게 된다.
亡神 (破軍殺)		日支三合 末支에서 8位支	① 每事 失敗의 連續으로 敗家亡身하고 驛馬나 地殺과 同住하면 路上亡身(交通事故 등)을 當한다. ② 六親과의 生·死別·盜難·詐欺·强姦·事業失敗 등에 의한 損財를 當한다. ③ 亡神에서 生日을 生하고 貴神이 日·時에 모여 있으면 精神이 明快하고 家門이 繁榮한다. ④ 日·時에 亡神이 있고 合이 두 개 있으면 顔面에 異狀이 있거나 入墨(살속의 검은 흉터)의 흉터가 있다.

區 分	適用基準	干 支	解 析
亡神 (破軍殺)		日支三合 末支에서 8位支	劫殺과 財星이 同住하면 富裕의 命이나 不仁하고 人格이 낮다. ⑤ 亡神이 있는 柱의 天干이 干合하면 軍人으로 名聲을 높인다. ⑥ 亡神이 生年을 剋하거나 日干이 亡神五行을 剋하게 되는 것을 力停亡神이라 하여 九流術業에 從事하게 된다. ⑦ 亡神이 있고 合이 많으면 酒色으로 亡친다. ⑧ 亡神은 强하고 日干은 弱하면서 合이 되면 花柳界로 進出하여 몸과 노래와 춤을 팔면서 一身을 亡친다. ⑨ 日干이 亡神을 剋하면 내가 이기고 反對이면 相對가 이긴다. 行運도 同一하다. ⑩ 亡身과 長生이 同住하면 壯年에 飛躍發展한다 ⑪ 日干과 亡神이 生旺하면서 貴神을 만나 吉이 되면 容貌가 俊秀하고 威嚴과 謀略이 있어 남과 싸워 이긴다. 壯年以後에 開運한다. 계산이 밝고 신속하며 농담을 잘 하고 문장력과 필력이 좋다. ⑫ 凶作用이 나타나면 마음이 偏狹하고 거짓말을 잘하며 是非를 좋아하고 訴訟을 잘 일으킨다. 또한 酒色에 빠지기도 한다 ⑬ 亡神이 日柱에 있으면 配偶者를 傷하게 하고 時柱에 있으면 子息을 傷하게 한다. ⑭ 亡神이 大運과 年運에서 겹쳐오면 財産上의 損失.拘束...등의 亡身을 當한다. ⑮ 亡神이 1位 있으면 비밀이 많고 2位 있으면 配偶者와 離別하고 3位 있으면 惡疾로 苦生하다 죽는다.
喪門·弔客			① 命式中에 있고 年運이나 月運에 再次 오게 되면 그 해 또는 그 月에 喪服事가 일어난다고 하는 凶星이다.
血刃			① 피를 보는 각종 災厄이 일어난다는 凶殺이다. 女命은 血崩(子宮出血 등)의 病에 걸린다고 한다.
紅艶殺			① 桃花殺과 비슷한 점이 많다. 男女間에 虛榮心이 많고 奢侈와 外情을 좋아한다.

區 分	適用基準	干 支	解 析
紅艶殺			男命은 妾을 거느릴 八字요. 女命은 妓生의 八字다. 특히 女命에서 紅艶이 있고 官殺混雜에 傷官이 있으면 娼女의 八字다.
將星	日柱		① 용맹심이 있고 고난을 이기고 성취한다. 양인과 동주하면 생상대권을 잡을 수 있다. 군이나 관으로 진출하면 크게 성공한다. 관성과 동주하면 관계로 재성과 동주하면 재계로 진출하여 크게 성공할 수 있다. 주관이 뚜렷하고 담이 커서 놀라거나 무서움을 잘 타지 않는다. ② 망신과 동주하면 국가의 큰 재목이 된다.
驛馬	三合初冲支	寅午戌-申 巳酉丑-亥 申子辰-寅 亥卯未-巳 1華絶.2劫胎.3災養.4天生 5.地浴.6年帶.7月祿.8亡旺 9.將衰.10攀病.11驛死 12六墓. ❖ 官符 봄 : 寅卯辰-丑 여름 : 巳午未-辰 가을 : 申酉戌-未 겨울 : 亥子丑-戌 官災口舌이 연이어 發生	① 驛馬가 生旺하면 臨機應變에 能하고 周圍로부터 名聲과 信望을 얻는다. 그러나 死·絶이 되면 性質이 散漫하여 始作은 있어도 끝이 없으며 成敗가 잦다. ② 驛馬가 吉神과 同住하면 外交的 事業.運輸.交通.通信 등의 業務에 從事하며 財利와 名譽가 向上된다. ③ 建祿과 同住하면 福力이 厚한 命이다. ④ 偏官과 同住하면 故鄕을 떠난다. ⑤ 偏印 또는 劫財와 同住하면 人格이 떨어지고 東奔西走해도 所得이 없다. ⑥ 食神과 同住하면 名望과 信用이 높다. ⑦ 官符와 同住하면 官災.口舌.動搖.不安 등이 있다. ⑧ 男命에서 正財와 天乙貴人과 驛馬가 同住하면 妻는 美人이고 賢淑한 女人이다. ⑨ 女命에서 日柱에 正官이 있고 天乙貴人.驛馬가 함께 있으면 人格이 높은 男便에 因緣이 있다. ⑩ 男女間에 日柱에 配偶者星이 있고 驛馬가 同住해 있으면 멀리 떨어진 곳의 配偶者에 因緣이 있다. ⑪ 咸池와 同住하면 色情件으로 奔走하여 艶聞을 많이 풍긴다. ⑫ 偏財와 同住하면 外國을 出入하면서 많은 財物을 모은다.

區 分	適用基準	干 支	解 析
驛馬			⑬ 驛馬 行運은 移動(移徙.職場.轉補.海外出入...)의 徵兆가 있고 驛馬와 合이 되는 運이 오면 榮轉하게 된다. ⑭ 驛馬가 病.絶.空亡.冲.剋이 되면 職分이 매우 낮다. ⑮ 旺한 財星과 驛馬가 同住하면서 吉이 되면 大商으로써 큰 財物을 모은다. ⑯ 10세 前後까지의 驛馬運은 胃腸障碍의 病이. 50세 以後의 驛馬運은 腰痛.四肢通 등의 病이 發生한다. ⑰ 驛馬日에 吉神.吉星이 있으면 移徙.旅行 등을 하면 吉하다. ⑱ 時柱에 驛馬가 있으면 外國移民.海外支社勤務 등의 長期住居를 하게 된다. 물론 格이 良好하여야 한다. ⑲ 大運.年運.月運이 모두 驛馬를 冲하게 되면 자동차.비행기.배...등으로 事故가 發生한다. 合이 되면 免한다. ⑳ 命式中에 未와 辰이 있고 驛馬도 또한 있으면 公職者는 高級公務員이 될 수 있고 社會로 進出하면 社長 또는 高級技師가 될 수 있다. ㉑ 驛馬가 行運에 오면서 日干이나 月을 剋하면 轉職하게 된다. ㉒ 驛輔驛馬가 되면 商業으로 큰 富者가 될 수 있다. 驛輔驛馬란 天干이 財星이고 地支가 驛馬가 되든지. 天干에 食神이 있고 地支가 驛馬가 되든지. 生日納音五行에서 보아 驛馬를 剋하여 財星이 되는 것을 말한다. ㉓ 驛馬가 無力하거나 冲이되면 항상 失職의 憂慮가 있고.憂鬱한 人生살이가 된다. 그러나 氣力이 있고 組織이 良好하면 命理가 通達한다. ㉔ 驛馬가 있는 柱가 天德支合이 되면 驛馬嘶風(역마시풍)이라고 어느 職業을 갖든 名聲을 얻는다. 官職者는 더욱 吉하다. ㉕ 驛馬가 天乙貴神과 同住하면 天馬貴神이라 하고 어느 분야든 高位에 오를 수 있다. ㉖ 年柱가 甲子이고 다른 곳에 丙寅이 있어 驛馬가 되거나 庚午年柱이고 다른 곳에 壬申의 驛馬가 되는 것을 孤孀驛馬라 하여 늙어서 孤獨한

區 分	適用基準	干 支	解 析
驛馬			生活을 免치 못한다. ㉗ 驛馬와 長生이 同住하면 學文과 關係되는 事業으로 大富가 된다. ㉘ 驛馬와 帝旺이 同住하면 一生동안 金錢的으로 不足함이 없다. ㉙ 命式中에 甲이 있으면서 寅의 驛馬가 되는 것. 壬이 있고 亥의 역마가 있는 것. 戊가 있고 申의 驛馬가 있는 것. 丙이 있고 巳의 驛馬가 있는 것을 款假驛馬라고 하며 性格은 野卑하고 生活에 어려움이 많다. ❖ 驛馬가 冲이 되면 吉일 때는 더욱 吉이 되고. 凶일 때는 더욱 凶이 된다.
攀鞍	日支三合	❖ 日支三合 末支에서 10位支(10攀病)	① 攀鞍과 將星과 驛馬가 있는 사람은 武官으로써 크게 出世한다.
夾祿			① 先天的으로 財福을 타고난 命으로서 周圍로부터 도움을 받아 財物을 모은다.
暗祿			① 貴人의 도움을 받기도 하며 周圍의 도움으로 問題가 잘 解決된다.
學堂		日干에서 보아 12運이 長生이 되는 地支 甲申 乙酉 丙戊亥 丁己子 庚寅 辛卯 壬巳 癸午 (陽干順行. 陰干逆行) (亥戌酉申未午 巳辰卯寅丑子)	① 甲의 學堂은 亥. 乙의 學堂은 午 등이다. ② 敎師.學者.硏究家 등이며 智慧가 많고 聰明하며 격이 良好하면 富貴의 命이지만 良好하지 못하면 아무런 의미가 없다. 특히 身弱하거나 冲.刑.害.破.空亡이 되면 아무런 價値가 없다.
官祿 (一名 正祿)			① 國祿을 받는 業務에 從事한다. ② 格이 良好하면 成功하지만 凶神과 同住하거나 冲.刑되면 凶이 된다.
天 乙 貴 神	日干	甲未丑. 乙申子. 丙酉亥 丁亥酉. 戊丑未. 己子申 庚丑未. 辛寅午. 壬卯巳 癸巳卯	① 陽貴人은 陽季節(冬至 다음날부터 夏至까지)에 生하고 陰貴人은 陰季節(夏至 다음날부터 冬至까지)에 出生하면 特有의 性能이 完全히 發揮되고 陽貴人이 陰季節에, 陰貴人이 陽季節에 生하면 그 特有의 性能이 다소 떨어진다고 본다. ② 天乙貴神은 最高의 吉神으로 人格이 뛰어나고 聰明하며 知慧가 있고 公明顯達하며 推仰을 받는다.

<table>
<tr><th>區 分</th><th>適用基準</th><th>干 支</th><th>解 析</th></tr>
<tr><td>天 乙
貴 神</td><td></td><td></td><td>③ 合이 되면 貴人의 도움을 받아 벼락출세를 할 수 있다.
④ 驛馬·長生·建祿·帝旺·正官·印綬·干合이 있으면 더욱 吉이 된다. 그러나 冲·刑·害·破·死·絶·空亡이 되면 吉이 뜬 구름과 같다.
⑤ 魁罡과 同住하면 叡智와 明快한 事理判斷으로 大衆으로부터 尊敬을 받는다.
⑥ 建祿과 同住하면 正直 溫純하며 文章이 뛰어나다.
⑦ 行運에서 天乙貴神이 오면 開運發達하여 命理가 向上되고 每事가 順調롭다.</td></tr>
<tr><td>天德合
月德合</td><td></td><td>❖ 天德合: 天德貴神에 干合이나 支合.
❖ 月德合: 月德貴神에 干合이나 支合.</td><td>
<table>
<tr><td>月建</td><td>寅</td><td>卯</td><td>辰</td><td>巳</td><td>午</td><td>未</td><td>申</td><td>酉</td><td>戌</td><td>亥</td><td>子</td><td>丑</td></tr>
<tr><td>天德貴神</td><td>丁</td><td>申</td><td>壬</td><td>辛</td><td>亥</td><td>甲</td><td>癸</td><td>寅</td><td>丙</td><td>乙</td><td>巳</td><td>庚</td></tr>
<tr><td>月德貴神</td><td>巳</td><td>寅</td><td>亥</td><td>申</td><td>巳</td><td>寅</td><td>亥</td><td>申</td><td>巳</td><td>寅</td><td>亥</td><td>申</td></tr>
<tr><td>天德合</td><td>壬</td><td>巳</td><td>丁</td><td>丙</td><td>寅</td><td>己</td><td>戊</td><td>亥</td><td>辛</td><td>庚</td><td>申</td><td>乙</td></tr>
<tr><td>月德合</td><td>辛</td><td>己</td><td>丁</td><td>乙</td><td>辛</td><td>己</td><td>丁</td><td>乙</td><td>辛</td><td>己</td><td>丁</td><td>乙</td></tr>
</table>
① 月支 寅에서 天德貴人은 丁이다. 이 丁이 干合되는 것은 壬이다. 그러므로 月支 寅에서 天德貴人은 丁. 天德合은 壬이다.
② 月支 卯에서 天德貴人은 申이다. 이 申과 支合되는 것은 巳가 된다. 그러므로 巳가 天德合이 된다.</td></tr>
<tr><td>天德貴神
月德貴神</td><td>日柱</td><td></td><td>
<table>
<tr><td>月 建</td><td>寅</td><td>卯</td><td>辰</td><td>巳</td><td>午</td><td>未</td><td>申</td><td>酉</td><td>戌</td><td>亥</td><td>子</td><td>丑</td></tr>
<tr><td>天德貴神</td><td>丁</td><td>申</td><td>壬</td><td>辛</td><td>亥</td><td>甲</td><td>癸</td><td>寅</td><td>丙</td><td>乙</td><td>巳</td><td>庚</td></tr>
<tr><td>月德貴神</td><td>巳</td><td>寅</td><td>亥</td><td>申</td><td>巳</td><td>寅</td><td>亥</td><td>申</td><td>巳</td><td>寅</td><td>亥</td><td>申</td></tr>
</table>
① 하늘의 恩寵이 있어 吉한 일은 더욱 吉이 되고 凶함은 解消 乃至는 輕減한다.
平生동안 官災.盜難.災難 등이 侵犯하지 못한다.
② 日柱에 있으면 天佑神助가 있고 時柱에 있으면 貴子를 두게 된다.
③ 食神과 同住하면 衣.食.住가 豊足하고 財星과 同住하면 財福이 좋고 官星과 同住하면 官運이 좋고 印星과 同住하면 心性이 어질고 父母德이 厚하다.
④ 月德貴人과 月德合이 同住하면 平生동안 큰 災難을 당하지 않는다. 吉運을 만나면 福力이 倍가 된다.</td></tr>
</table>

區 分	適用基準	干 支	解 析
天德貴神 月德貴神			⑤ 長生과 同住하면 明朗快活하며 福이 많다. ⑥ 地支의 酉가 長生이 되고 命式中에 火가 旺하여 酉를 剋함이 심하면 後嗣가 끊어진다. ⑦ 將星과 同住하면 高位에 오른다. ⑧ 女命에 天德이나 月德이 있으면 人格이 높은 男便에 因緣이 있고 貴子를 둔다. ⑨ 天德.月德은 擇日法에서도 언급하고 各種 吉.凶事에 많이 活用된다. ⑩ 作用力은 天德貴神과 月德貴神은 비슷하다.
福星貴神	時柱優先 日柱次善		① 先天的 福이 厚하고 尊敬을 받으며 윗사람을 부터 後援이 많다. ② 命式이 良好하면 壽福과 吉命을 누린다. ③ 命式이 좋지 않아도 平素 安樂한 命이다.
金輿祿		祿前2位支 (前未後過)	① 高級官吏.王族.貴族...등 富와 貴를 동시에 누린다. ② 溫厚柔順하며 容貌가 뛰어나다. 좋은 配偶者에 因緣이 있다. ③ 日柱나 時柱에 있으면 平生 安樂하고 子孫이 繁昌하며 周圍의 도움을 많이 받는다. ④ 大發明家가 많다. ⑤ 生旺함이 좋고 尊敬을 받는다. ⑥ 孤神.弔客.喪門 등과 同住하면 故鄕을 떠나거나 宗敎家. 外交官 등의 命이다. ⑦ 食神과 同住하면 尊敬을 받고 名譽를 얻는다. ⑧ 行運에서 驛馬와 金輿가 함께 오게 되면 發福한다. 물론 命中에 있어도 吉命이다. ⑨ 金輿와 月將(月支와 合이 되는 것: 例: 寅月生이면 亥月將이 됨)이 同住하면 最高의 吉命이다. 行運에서도 같다.
華蓋			聰明하며 學文과 技藝方面에 素質이 있다. ① 命式에 華蓋가 있으면 文章이 뛰어나고 智慧가 깊다. 官星.印星.天德과 同住하면 命位가 높다. ② 華蓋는 孤淸入聖의 神으로 空亡이되면 子女를 剋한다. 男命은 宗敎家. 女命은 宗敎家가 아니면 花柳界나 妾의 命이다. ③ 格이 良好하면 學文.藝術.技術方面에서 大貴가 된다. ④ 女命은 智慧는 있으나 色情이 强하다.

區 分	適用基準	干 支	解 析
華蓋			⑤ 華蓋가 있으면 兄弟姉妹가 적고 生時나 胎月에 있으면 養子나 庶子의 命이다. ⑥ 羊刃과 同住하면 技藝方面에 才能은 있으나 成功은 못한다. ⑦ 華蓋가 冲이나 害가 되면 매우 聰明하지만 學文. 藝術 등의 方面에 東奔西走해도 結果는 좋지 않다. ⑧ 水日生이 時柱에 華蓋가 있으면 夫妻相剋하고 老年에 子息과 死別한다. ⑨ 庚辰日 庚辰時生은 重金重蓋格이라 하여 精神이 맑고 매우 聰明하다.
元辰	年柱 ∧ 日柱		① 自己 中心的이고 모든 일에 凶暴함이 있다. ② 年運(大運包含)에 元辰運이 오면 安息을 못하고 病 때문에 苦生하지 않으면 집밖에서 어려운 일이 發生한다. ③ 元辰 찾는 方法 ◈ 男陽年-女陰年 年支를 冲하는 地支의 時計方向 첫 번째의 支가 元辰의 支가 되고 干도 역시 年干의 時計方向 첫 번째의 干이 元辰의 干이 된다. 例1).男子 丙寅年生 寅을 冲하는 地支 申. 申의 時計方向 첫 번째 支는 酉가 된다. 干은 丙의 時計方向 첫 번째 干은 丁이다. 이 男子의 元辰은 丁酉가 된다. 例2).女子 丁卯年生 卯를 冲하는 地支 酉. 酉의 時計方向 첫 번째 支는 戌이 된다. 干은 丁의 時計方向 첫 번째 干은 戊이다. 이 女子의 元辰은 戊戌이 된다. ◈.男陰年-女陽年 年支를 冲하는 反 時計方向 첫 번째 支가 元辰의 支가 되고 干도 역시 反 時計方向 첫 번째의 干이 된다. 例1).男子 辛卯年生 卯를 冲하는 地支 寅. 酉의 反 時計方向 첫 번째 支는 申이 된다. 干은 辛의 反 時計方向 첫 번째 干은 庚. 이 男子의 元辰은 庚申이 된다.

區 分	適用基準	干 支	解 析
元辰			例2).女子 壬戌年生 戌을 冲하는 地支 辰. 辰의 反 時計方向 첫 번째 支는 卯가 된다. 干은 壬의 反 時計方向 첫 번째 干은 辛이다. 이 女子의 元辰은 辛卯가 된다. ④ 市中術客 子未: 쥐띠와 양띠 서로 길하지 못함 丑午. 寅酉. 卯申. 辰亥. 辰亥 - 子未丑午 寅酉卯申 辰亥巳戌. - 쥐양.소말.범닭.토원.용돼.뱀개 ⑤ 만약 元辰이 庚申이면 庚申年(60年).庚申月(5年).庚申日(60日)은 口舌.失物.疾病.亡身.突發事故 등 있으므로 勤愼을 要함.
桃花殺 (咸池. 年殺. 敗神)			1華絶.2劫胎.3災養.4天生.5地浴.6年帶.7月祿.8亡旺.9將衰.10攀病.11驛死.12六墓. <日支三合末支의 6位支, 日支三合初支 2位支> ① 組織이 不良하면 淫蕩.色情과 酒色에 耽溺하고 놀기를 좋아하며 賭博.背恩忘德한다. 組織이 良好하면 容貌가 아름답고 多情多感하며 人情이 많다. ② 時柱의 桃花殺이 作用力이 强하다. ③ 桃花殺이 天德.月德과 同住하면 心性은 착하나 風流와 色情을 좋아한다. ④ 組織이 良好하고 桃花殺이 生旺하면 容貌가 아름답다. ⑤ 日柱에 桃花殺이 있고 財星.官星이 旺하면 妻德으로 發展한다. ⑥ 男命에서 桃花殺이 있으면 대체로 慷慨之心(義俠心)이 强하고 女命은 風流를 좋아한다. ⑦ 命式中에 桃花殺이 3個 以上 있는 것을 遍野桃花라 하여 그 凶作用이 심하다. ⑧ 桃花殺은 性質이 躁急한 편이고 秘密을 못지킨다. ⑨ 桃花殺이 吉作用을 하여 賢淑하다 해도 奸巧하고 嫉妬心이 많다. ⑩ 桃花殺이 合(支合은 重하고 干合은 輕하다)이 되는 것을 風流桃花라 하여 淫蕩하고 이로 因해 艶聞을 풍긴다.

<table>
<tr><th>區 分</th><th>適用基準</th><th>干　　支</th><th>解　　析</th></tr>
<tr><td>桃花殺
(咸池.
年殺.
敗神)</td><td></td><td></td><td>⑪ 桃花殺이 驛馬와 同住하는 것을 灢浪桃花라 하여 淫亂함이 極에 달해 부끄러움도 모르고 相對가 누구든 놀아나며 심하면 家出까지 한다. 色情으로 禍를 당한다.
⑫ 桃花殺이 元辰과 合이 되면 作妾에 賭博과 風流에 빠진다.
⑬ 男命에서 財星과 沐浴과 桃花殺이 함께 同住하면 妻가 姦通한다.
⑭ 桃花殺이 12運 帝旺과 同住하면 親族과 다툼(訴訟包含)이 있고 妻妾間에 다툰다.
⑮ 時柱에 桃花殺이 있으면 대체로 色情件으로 艶聞을 많이 풍기며 이로 因해 信用이 失墜된다.
⑯ 身弱하고 桃花殺이 있으면 凶作用이 더욱 심하다.
⑰ 桃花殺이 三合되면 姦淫(近親相姦 包含)을 하고서도 부끄러운 줄 모르는 뻔뻔스러운 命이다. 命式에서 剋泄이 있어 身弱한 사람이 위와 같으면 各種 性病(梅毒.淋疾 등)에 걸리기 쉽다.
⑱ 日柱와 時柱에 桃花殺이 있으면 酒色으로 敗家亡身하고 死.絶 등의 衰弱한 12運과 同住하면 狡猾하고 背恩忘德하며 遊蕩하다.
⑲ 日柱나 時柱에 桃花殺과 羊刃이 同住하면 재주가 있고 學識이 높으나 健康이 좋지 않고 桃花殺이 合이나 刑이 되면 凶이 심하고 空亡되면 凶이 없어진다.
⑳ 桃花殺이 있는 柱에 水가 旺하면 色情이 매우 強하며 이로 因한 禍가 심하다.</td></tr>
<tr><td>天刑殺</td><td>年支
時干</td><td></td><td>① 天刑殺이 있으면 官災나 刑事上 災難을 당한다.
<table><tr><td>年支</td><td>乙</td><td>丙</td><td>丁</td><td>戊</td><td>庚</td><td>辛</td><td>壬</td><td>癸</td></tr><tr><td>時干</td><td>子丑</td><td>申</td><td>酉戌</td><td>亥</td><td>寅</td><td>卯辰</td><td>巳</td><td>午未</td></tr></table></td></tr>
<tr><td>其他</td><td></td><td></td><td>① 命式中에 子午卯酉가 완전히 있는 것을 偏野桃花라 한다 貴命이라도 男女를 不問하고 끼가 있으며 酒色에 빠진다.
② 命式中에 寅申巳亥가 갖추어진 命은 聰明하고 開運한다.
③ 命式中에 寅申巳亥가 完全하여도 長生이나 自生에 逢하지 않으면 短命한다.</td></tr>
</table>

區 分	適用基準	干 支	解 析
其他			④ 戌은 戌. 未는 未. 辰은 辰. 丑은 丑을 보고 時上에 華蓋를 逢하면 孤獨한 命이다. ⑤ 辰戌丑未가 命式中에 있으면 性格이 强하고 執着心이 있으며 德行人이다. 겉으로는 溫和한 듯 하나 속으로는 화내기 쉽고 妻를 剋하지 않으면 子息을 剋한다. ⑥ 命式中에 辰戌丑未가 반 이상 있고 羊刃이 2位 以上이면 聾啞가 되거나 中風에 걸린다. ⑦ 辰戌은 祖上의 터전을 떠나야 吉福이 있고 藝術分野에서 成功한다. 日.時에 辰戌이 있으면 孤獨한 命이다. 이 때 生年에 未나 申이 있으면 그렇지 않다. ⑧ 巳를 雙女. 亥를 雙兒라 한다. 命式中에 雙兒만 나란히 있으면 쌍둥이다. ⑨ 甲乙丙丁이 나란히 있으면 子息과 妻를 剋하고 女命은 男便을 傷하게 한다. ⑩ 甲.申이 3位 以上 있으면 懸針이라 하고 눈병. 刑殺의 被害를 입는다. 軍人이면 얼굴에 刺傷을 당한다. 그 以上으로 많으면 動物의 屠殺業에 從事한다. ⑪ 天干에 乙이 3位 以上이면 俳優.歌手.舞踊手 등이 되고 天乙貴人.天德.月德이 함께 있으면 高官이 될 수 있다. ⑫ 乙.己.癸 3個가 모두 있으면 四肢가 온전치 못하고 눈을 傷하며 中年 후에 刑을 당한다. ⑬ 甲.乙.庚 3個가 모두 있으면 失明하거나 눈을 傷한다. ⑭ 乙.辛과 未가 있거나 庚壬과 戌이 있으면 富貴는 되어도 短命하고 官刑을 당한다. ⑮ 辰과 戌이 함께 있고 凶殺과 同住하면 獄살이를 하게 된다. ⑯ 丑亥.寅戌.卯酉.巳未.申辰을 天屠殺이라 하여 日支와 時支에 있으면 特異한 疾病에 걸린다. ⑰ 命式中에 卯午丑辰이나 子酉未戌이 다 있으면 財物이 흩어지고 手足이 斷絶되는 災難이 있다.

區 分	適用基準	干 支	解 析
其他			⑱ 時에서 日을 剋하고(天干은 天干끼리.地支는 地支끼리). 日은 月을 剋하고.月은 年을 剋하는 것을 下剋上이라 하는데 이런 命은 매우 凶命으로 많은 財産을 물려 받아도 곧 破産한다. - 劫殺이 2位 以上 있으면 물건을 훔치는 盜賊이 되어 刑을 당하고 惡死한다. - 劫殺이 孤辰(神)을 만나면 僧侶나 低質의 九流術業人이 된다. - 劫殺.亡神 중 하나가 있고 咸池와 天乙貴人이 있으면 藝術.醫術.曆術業에 從事한다. ⑲ 合과 沖과 破가 같이 있으면 養子의 命이거나 어머니가 再嫁하여 데릴子息이거나 僧侶의 命이다. ⑳ 華蓋와 咸池와 偏官이 있으면 技術系統.敎職 등에 從事한다.

1) 神殺要約

① 凶殺은 좋은 四柱에서는 權威·威嚴·節度가 되고 나쁜 四柱에서는 禍가 쌓인다.
四柱가 좋으면 神殺이 잘 안 맞고, 四柱가 나쁘면 神殺이 잘 맞는다.
특히 凶殺이 2個 以上이면 敵中度가 높다.

② 吉神이 많으면 좋고, 凶殺이 많으면 나쁘다.
天乙貴人, 天月德, 金輿祿이 있으면 凶殺이 解消된다.

③ 吉神이 三合六合 되면 좋고, 刑冲害破는 좋지 않다.
三合六合이 되면 福이 漸增하고, 刑冲害破가 되면 福의 效力을 減少시킨다.

④ 劫殺 亡身등 凶殺은 合보다는 刑冲害破를 選好한다.
凶殺이 合이 되면 凶한 役割을 하지 못하고 刑冲害破가 되면 凶暴한 作用이 增加하고 羊刃, 魁罡, 白虎大殺은 强性이므로 刑冲害破되면 凶하고 刑冲害破가 없으면 無關하다.

⑤ 凶殺은 空亡을 만나면 凶이 解消되고 祿馬貴人이 空亡이면 福이 減少한다.
空亡은 吉神이건 凶神이건 無力化시킨다.
空亡은 解神의 意味와 脈을 같이한다.

⑥ 合冲刑害破가 있으면 空亡을 主意하여 判斷해야 한다.
凶殺空亡이면 흉살이 제거되고, 凶殺에 合이 있으면 空亡이 凶作用을 한다.

⑦ 神殺은 合冲刑害破, 格의 淸濁, 六親吉凶, 吉凶神을 勘案해야 한다.

⑧ 貴星이 많고 四柱構成이 좋으면 一部의 凶殺은 本來의 힘을 發揮하지 못한다.

事案別 區分	吉 凶 · 星 殺
貴·富星	三奇貴人[天上:甲戊庚, 人中:辛壬癸, 地下:乙丙丁] 正官喜神運, 七殺制壓運, 天乙貴人, 天月德, 大極貴神(年柱), 天廚貴神
慈悲 慈愛, 사랑	印綬運, 比劫, 天月德(印綬同住면 더 確實), 天醫星
權威, 權勢, 威嚴	七殺, 羊刃, 將星, 魁罡, 乙庚合金, 丙辛合水
福祿, 福德, 裕福	食神, 天月德, 建祿, 金輿祿, 暗祿, 公祿, 交祿, 夾錄, 驛馬殺
學問, 文章, 敎職	文昌星, 學堂貴人, 文谷貴人, 官鬼學官, 魁罡
技術, 藝能	偏印, 華蓋殺, 桃花殺
事業(擴·開場)吉運	月·時柱合日(특히 時柱는 事業關係와 未來)
政治, 武官, 法曹寅	傷官破盡格(傷官3位 以上이고 無正官), 節度貴神
移動數, 變動數	年支冲, 月支冲, 驛馬殺, 地殺(他鄕)
六親無德, 孤獨	比劫太旺, 六害殺, 戊癸火壬, 相沖(年月日支), 破害元辰
配偶者 無德, 孤獨	日時羊刃, 日支冲, 孤神殺, 寡宿殺, 陰錯殺, 陽錯殺, 女命孤鸞殺
事故, 官災, 訟事	傷官三刑, 正官冲刑, 劫殺, 財殺, 亡身殺, 暗金的殺(斧劈殺), 相冲, 天殺, 天刑(羊刃, 白虎大殺, 魁罡의 刑冲), 落井關殺, 天羅地網 生年基準 12神殺 驛馬를 冲하는 時間 天轉殺(自然災害), 平頭殺
障碍, 虛事	地轉殺, 偏印 忌神運, 空亡, 月殺
風流好色奢侈, 蕩盡	傷官忌神, 偏財忌神, 七殺忌神, 桃花殺(年殺), 紅艶殺, 攀鞍殺, 丁壬合木
手足損傷, 火傷, 骨傷	急脚殺, 斷橋關殺, 隔角殺, 湯火殺
家庭憂患, 破産	偏印忌神運, 正財忌神運, 喪門, 弔客, 月·日支冲
背恩, 慓毒(표독), 陰險	丑戌未刑, 自刑, 天干吉神에 地支凶神
憑依(神氣, 着鬼)	鬼門關殺, 地殺이 2個 以上

12. 十二運星

區分		甲	乙	丙	丁	戊	己	庚	辛	壬	癸
絶	絶1	申	酉	亥	子	亥	子	寅	卯	巳	午
胎	胎2	酉	申	子	亥	子	亥	卯	寅	午	巳
養	養3	戌	未	丑	戌	丑	戌	辰	丑	未	辰
長生	長4	亥	午	寅	酉	寅	酉	巳	子	申	卯
沐浴	沐5	子	巳	卯	申	卯	申	午	亥	酉	寅
冠帶	冠6	丑	辰	辰	未	辰	未	未	戌	戌	丑
建祿	建7	寅	卯	巳	午	巳	午	申	酉	亥	子
帝旺	帝8	卯	寅	午	巳	午	巳	酉	申	子	亥
衰	衰9	辰	丑	未	辰	未	辰	戌	未	丑	戌
病	病10	巳	子	申	卯	申	卯	亥	午	寅	酉
死	死11	午	亥	酉	寅	酉	寅	子	巳	卯	申
墓	墓12	未	戌	戌	丑	戌	丑	丑	辰	辰	未

❖ 絶神基點: 甲申 乙酉 丙戊亥 丁己子 庚寅 辛卯 壬巳 癸午(陽干順行, 陰干逆行)

1) 十二運星 解析

區 分	適用基準	干 支	解 析
絶	甲申 乙酉 丙戊亥 丁己子 庚 寅 辛 卯 壬 巳 癸 午 地支는 絶神 基準 (陽干順行) (陰干逆行)	出發順序 → 絶胎養 生浴帶 祿旺衰 病死墓 例) 甲申日: 申이 絶 寅이 祿	1) 性格 ① 人情에 弱하고 實利面에서 損害를 보게 되며 女子는 男子의 誘惑에 빠져 몸을 망치기 쉽다. 哲學家.敎育家.思索家 등에 因緣이 있다. 2) 綜合 ① 絶이 比肩.劫財가 되면 兄弟德이 없다. ② 絶이 食神이 되면 衣食住 生活에도 困難을 겪고 活動力도 弱하다. 女命은 子息問題로 隘路가 많다. ③ 絶이 財星이 되면 財物로 因한 隘路가 많고 男命은 妻로 因한 問題(疾病.死亡 등)가 많다. ④ 絶이 官星이 되면 職位가 보잘 것 없고 名譽를 얻기 어렵다. 男命은 子息福이 薄하고 女命은 男便福이 薄하다. ⑤ 絶이 印星이 되면 父母德이 없다. ⑥ 絶이 年柱에 있으면 祖業을 破하고 他鄕살이를 하게 되며 父母德이 없다. ⑦ 絶이 月柱에 있으면 六親無德하고 每事에 損失이 많다. ⑧ 絶이 일주에 있으면 주관이 없어 남의 꼬임에 잘 빠지고 長男이라도 他鄕살이를 하게 된다. 色에 耽溺하여 禍를 당하기 쉽고 配偶者 緣이 薄하다. ⑨ 絶이 時柱에 있으면 子息緣이 薄하다.
胎	甲申 乙酉 丙戊亥 丁己子 庚 寅 辛 卯 壬 巳 癸 午 地支는 絶神 基準 (陽干順行) (陰干逆行)	出發順序 → 絶胎養 生浴帶 祿旺衰 病死墓 例) 乙酉日: 申이 胎 丑이 衰	1) 性格 ① 主觀이 弱하여 남에게 依支하려 하고 靜的인 業務는 잘 하나 動的인 業務는 못한다. 꽃집.産婦人科.託兒所 등과 因緣이 있다. 2) 綜合 ① 胎가 比肩.劫財가 되면 兄弟나 同僚로 因한 發展의 동기가 된다. ② 胎가 食神이 되면 衣食住生活이 向上되고 女命은 孕胎(行運)를 하게 된다. ③ 胎가 財星이 되면 財物이 늘어나거나 妻가 孕胎하게 된다. ④ 胎가 官星이 되면 職務上 發展이 있다. ⑤ 胎가 印星이 되면 硏究精進.學文發展이 있다. ⑥ 胎가 年柱에 있으면 어릴 때 父母에게 變化가 있었고 祖上은 發展하였다.

區 分	適用基準	干 支	解 析
胎	甲申 乙酉 丙戊亥 丁己子 庚 寅 辛 卯 壬 巳 癸 午 (陽干順行) (陰干逆行)		⑦ 胎가 月柱에 있으면 計劃을 자주 바꾸고 青年期에 職業變動이 많다. ⑧ 胎가 日柱에 있으면 어릴 때 虛弱하고 苦生이 많았으나 中年 以後부터는 健康해진다. 六親에 대한 因緣이 薄하고 職業을 자주 바꾼다. 女子는 시어머니와 葛藤이 심하다. ⑨ 胎가 時柱에 있으면 子息이 父母의 業을 이어받지 못한다.
養	甲申 乙酉 丙戊亥 丁己子 庚 寅 辛 卯 壬 巳 癸 午 地支는 絶神 基準 (陽干順行) (陰干逆行)	出發順序 → 絶胎養 生浴帶 祿旺衰 病死墓 例) 丙子日: 丑이 養 午가 旺	1) 性格 ① 穩健 착실하며 樂天的인 氣質이 있다. 남을 이끌어 갈 手腕은 不足하다. 療養所.養老院.養魚場.飼育場 등에 因緣이 있다. 2) 綜合 ① 養이 比肩.劫財가 되면 兄弟들은 溫純하고 異腹兄弟가 있다. ② 養이 食神이 되면 衣食住에 관한 飼育.栽培로 成功할 수 있다. ③ 養이 傷官이 되면 祖母에게 養育되기 쉽다. ④ 養이 財星이 되면 財物이 豊足하지는 못하다. ⑤ 養이 官星이 되면 命理가 별로 높지 않다. ⑥ 養이 偏印이 되면 異腹兄弟와 繼母가 있다. ⑦ 養이 年柱에 있으면 아버지가 養子이거나 自身이 養子가 된다. ⑧ 養이 月柱에 있으면 中年 以後에는 好色으로 災難을 自招한다. ⑨ 養이 日柱에 있으면 幼兒 때 生母가 아닌 다른 사람에 의해 養育된다. 男命은 好色하며 再婚할 가능성이 많으나 女子는 幸福한 命이다. ⑩ 養이 時柱에 있으면 晩年에 子女의 孝養을 잘 받는다.
長生			1) 性格 ① 天性이 穩健하고 영리하며 創造.創意.開拓精神이 强하여 希望과 意慾이 넘친다. 그러므로 發明家.開拓者.學者 등에 因緣이 있다. 2) 綜合 ① 長生이 食神이 되면 衣.食.住의 惠澤이 많고 家業이 隆盛해진다. ② 長生이 財星이 되면 巨富가 된다.

<table>
<tr><th>區 分</th><th>適用基準</th><th>干 支</th><th>解 析</th></tr>
<tr><td>長生</td><td>甲申 乙酉
丙戊亥
丁己子
庚 寅
辛 卯
壬 巳
癸 午

地支는
絶神
基準

(陽干順行)
(陰干逆行)</td><td>出發順序
→
絶胎養
生浴帶
祿旺衰
病死墓

例)
庚寅日:
巳가 生
未가 帶</td><td>③ 長生이 官星이 되면 높은 職責을 얻고 男命은 똑똑한 子息을 두고 女命은 훌륭한 男便에 因緣이 있다.
④ 長生이 印綬가 되면 文章으로 名聲을 얻는다.
⑤ 長生이 偏印이 되면 人氣人으로서 名聲을 얻는다.
⑥ 長生이 年柱에 있으면 웃대가 福祿이 많았다.
그러나 冲.刑.破.空亡이 되면 그렇지 않다.
⑦ 長生이 月柱에 있으면 父母 兄弟의 友愛가 좋고 人德이 있고 윗사람을 잘 모신다.
⑧ 長生이 日柱에 있으면 配偶者 福이 많고 잉꼬 夫婦가 된다. 長子가 아니라도 父母의 惠澤을 많이 받는다.
⑨ 長生이 時柱에 있으면 貴한 子息을 둘 수 있으며 晩年에 더욱 幸福하다.</td></tr>
<tr><td>沐浴</td><td>甲申 乙酉
丙戊亥
丁己子
庚 寅
辛 卯
壬 巳
癸 午

地支는
絶神
基準

(陽干順行)
(陰干逆行)</td><td>出發順序
→
絶胎養
生浴帶
祿旺衰
病死墓

例)
辛卯日:
亥가 浴</td><td>1) 性格
① 咸池와 비슷한 점이 많다. 奢侈.色情.浪費 등에 빠지기 쉽다. 그러므로 술집.賭博 등에 因緣이 많다.
2) 綜合
① 沐浴이 比肩.劫財가 되면 兄弟.姉妹가 酒色에 耽溺한다.
② 沐浴이 食神.傷官이 되면 잘되면 演藝人. 잘못되면 花柳界로 빠지기 쉽다.
③ 沐浴이 財星이 되면 돈을 버는 것 보다 蕩盡하는데 더 積極的이다.
④ 沐浴이 官星이 되면 職業上 어려움이 많고 名譽를 얻는다 해도 뜬 구름과도 같다. 男命은 子息이 放蕩하고 女命은 男便이 放蕩하다.
⑤ 沐浴이 印星이 되면 어머니가 放蕩하다.
⑥ 沐浴이 年柱에 있으면 윗대에서 酒色에 耽溺하여 貧寒한 집안이다.
⑦ 沐浴이 月柱에 있으면 끈기가 없고 어머니의 再嫁 配偶者의 生·離別事 등의 좋지 못한 일이 있다.
⑧ 沐浴이 日柱에 있으면 社交的이긴 하나 父母德이 없고 어린시절부터 苦生이 많다.
酒色雜技로 인한 禍를 操心해야 한다.
⑨ 沐浴이 時柱에 있으면 子息問題로 苦悶이 많고 晩年이 孤獨해진다.</td></tr>
</table>

區 分	適用基準	干 支	解 析
冠帶	甲申 乙酉 丙戊亥 丁己子 庚 寅 辛 卯 壬 巳 癸 午 地支는 絶神 基準 (陽干順行) (陰干逆行)	出發順序 → 絶胎養 生浴帶 祿旺衰 病死墓 例) 癸丑日: 丑이 帶	1) 性格 ① 獨立心과 自信感이 있어 어떤 苦痛이라도 참을 수 있으며 不義를 排斥한다. 그러므로 剛直한 軍人.學者.宗敎人 등에 因緣이 있다. 2) 綜合 ① 冠帶가 食神이 되면 男命은 事業擴張 또는 昇進이 平坦하고 女命은 子女가 發達한다. ② 冠帶가 傷官이 되면 聰明하나 男命은 職場에 隘路가 많고 女命은 男便에 막힘이 많거나 離別할 수 있다. ③ 冠帶가 財星이 되면 財物은 豊足해지나 男命은 妻가 固執이 세고 家權을 잡는다. ④ 冠帶가 官星이 되고 各種 試驗運이 좋고 官職으로 나가면 昇進이 잘 된다. ⑤ 冠帶가 偏印이 되면 技.藝 方面에 素質이 있으나 詐欺(財星이 偏印을 剋함)를 當하기 쉽고 女命은 子息問題로 걱정이 많다. ⑥ 冠帶가 官星이 되면 各種 試驗運이 좋고 官職으로 나가면 昇進이 잘 된다. ⑦ 冠帶가 年支에 있으면 家門이 좋고 裕福하며 일찍 出世길에 접어든다. 간혹 晩年에 再婚을 하는 境遇가 있다 (年柱를 晩年으로 보면 紗帽冠帶로 보는 境遇). ⑧ 冠帶가 月柱에 있으면 固執이 세고 執念이 强하며 出世와 名譽를 위해서라면 물.불을 가리지 않는다. ⑨ 冠帶가 日柱에 있으면 兄弟間 友誼가 좋고 俊才로서 功名을 얻는다. 그러나 住居 變動이 잦거나 愛情問題에 隘路가 많다(높은 官職으로 移動이 잦고 饗應을 提供받아 問題가 頻發함). ⑩ 冠帶가 時柱에 있으면 子息이 榮達한다.
建祿			1) 性格 ① 不義와 不正에 대해 秋霜같고 公明正大하며 人格者로서 責任感이 매우 强하다. 그러므로 公職者.俸給生活.幹部級 등에 因緣이 있다. 2) 綜合 ① 建祿이 比肩.劫財가 되면 兄弟가 發展한다. ② 建祿이 食神이 되면 衣食住가 豊足하고 職場生活이 圓滿하다.

區 分	適用基準	干　　支	解　　析
建祿	甲申 乙酉 丙戊亥 丁己子 庚 寅 辛 卯 壬 巳 癸 午 地支는 絶神 基準 (陽干順行) (陰干逆行)	出發順序 → 絶胎養 生浴帶 祿旺衰 病死墓 例) 壬子日: 亥가 祿	③ 建祿이 財星이 되던 財物이 豊足하고 職場生活이 良好하다. ④ 建祿이 官星이 되던 職場에서 幹部級으로 昇進되어 部下를 많이 두게 된다. ⑤ 建祿이 年柱에 있으면 윗대가 繁昌했거나 父親이 自手成家한 사람이다. ⑥ 建祿이 月柱에 있으면 自立心이 强하고 兄弟는 自手成家한다. 女命은 맞벌이를 하게 된다(女子는 職場生活의 昇進運을 勘案함) ⑦ 建祿이 日柱에 있으면 獨立心이 强하고 健全한 思想으로 成功한다. 그러나 愛情問題는 隘路가 있다. (社會的 成功은 酒色에 가까워지는 現實을 勘案함) ⑧ 男命은 長子가 아니라도 長子 노릇을 하기 쉽고 女命은 男便이 作妾하여 獨守空房하거나 職場生活(장사포함)로 苦生이 많다(女子의 地位向上에 따른 男便의 空虛感). ⑨ 建祿이 時柱에 있으면 子息이 發達하고 晩年이 幸福하다.
帝旺	甲申 乙酉 丙戊亥 丁己子 庚 寅 辛 卯 壬 巳 癸 午 地支는 絶神 基準 (陽干順行) (陰干逆行)	出發順序 → 絶胎養 生浴帶 祿旺衰 病死墓 例) 己巳日: 巳가 旺	1) 性格 ① 每事에 지나친 念慮가 있다. 固執이 세고 周圍의 忠告를 無視하는 傾向이 많다. 그러므로 法官.醫師.軍人.屠殺業者.料理師 등에 因緣이 있다. 2) 綜合 ① 帝旺이 比肩.劫財가 되면 너무 지나쳐서 나 自身이 傷하지 않으면 남을 傷하게 한다. ② 帝旺이 食神이 되면 醫藥業.食料品業 등으로 크게 成功한다. ③ 帝旺이 傷官이 되면 나 自身을 傷하게 하지 않으면 남을 傷하게 한다. ④ 帝旺이 財星이 되면 財物을 모일 대까지 모을 수 있으나 쉽게 나갈 수 있다. ⑤ 帝旺이 官星이 되면 權威가 있는 職業에 從事하게 된다. ⑥ 帝旺이 年柱에 있으면 慈悲心이 많고 윗대는 富貴가 높은 家門이다. ⑦ 帝旺이 月柱에 있으면 固執이 세고 獨立心이 强하며 父母 兄弟와는 因緣이 薄하다. 그러나 手腕이 뛰어나므로 頭領 노릇을 한다.

區 分	適用基準	干 支	解 析
帝旺			⑧ 帝旺이 日柱에 있으면 父母와 配偶者 因緣이 薄하고 故鄕을 떠나게 된다. ⑨ 帝旺이 時柱에 있으면 學文分野에 名聲을 얻을 수 있으며 子息이 發展한다.
衰	甲申 乙酉 丙戊亥 丁己子 庚 寅 辛 卯 壬 巳 癸 午 地支는 絶神 基準 (陽干順行) (陰干逆行)	出發順序 → 絶胎養 生浴帶 祿旺衰 病死墓 例) 丁亥日: 辰이 衰	1) 性格 ① 壯年에 이르러 모든 職에서 물러나야 하는 時期를 의미하므로 內實을 다지는 現狀維持가 좋다. 그러므로 溫純하고 眞實하며 妥協的이다. 思索家.敎師.發明家 등에 因緣이 있다. 2) 綜合 ① 衰가 比肩.劫財가 되면 兄弟가 衰退하고 後援者도 보잘 것 없다. ② 衰가 食神이 되면 活動力과 思考力이 떨어진다. ③ 衰가 財星이 되면 家業이 衰退하여 財物이 흩어진다. ④ 衰가 官星이 되면 職位가 낮고 家門이 繁盛하지 못하며 子息이 柔弱하다. ⑤ 年柱에 衰가 있으면 家庭에서는 誠實해도 社會的으로 立身하기 어렵다. ⑥ 月柱에 衰가 있으면 父母 兄弟德이 없으며 靑年期에 發展이 안되면 남의 形便을 봐주다가(보증 등) 金錢上의 損害를 본다. ⑦ 日柱에 衰가 있으면 經濟觀念이 强하고 차분한 性格이다. 女命은 조용하고 차분한 賢母良妻形이다. ⑧ 時柱에 衰가 있으면 子息에 대한 險路가 많고 晩年에 孤獨하고 苦生이 많다.
病	甲申 乙酉 丙戊亥 丁己子 庚 寅 辛 卯 壬 巳 癸 午 地支는 絶神 基準 (陽干順行) (陰干逆行)	出發順序 → 絶胎養 生浴帶 祿旺衰 病死墓 例) 乙未日: 子가 病	1) 性格 ① 外的인 活動보다 조용히 內實을 다지는데 힘쓴다. 어려움에 부딪치면 挫折을 잘 한다. 그러므로 參謀. 硏究職.技士.哲學家.敎師 등에 因緣이 있다. 2) 綜合 ① 病이 比肩.劫財가 되면 兄弟의 疾病 때문에 걱정한다. ② 病이 食神이 되면 病에 잘 걸리며 특히 消化器 系統의 病에 操心해야 한다. ③ 病이 財星이 되면 男命은 妻가 疾病으로 苦生하거나 財物이 흩어진다. ④ 病이 官星이 되면 身分이나 職位가 微賤하거나 男命은 子息이 잔병으로 걱정을 끼친다.

區 分	適用基準	干 支	解 析
病			⑤ 病이 印星이면 父母德이 없다. ⑥ 病이 年柱에 있으면 윗대가 困窮했으며 本人은 어린 시절에 잔병으로 苦生이 많았다. ⑦ 病이 月柱에 있으면 父母 兄弟中 事故가 있거나 青年期에 病이 많거나 運이 막히고 근심 걱정이 많다. ⑧ 病이 日柱에 있으면 多情多感하지만 어릴 때는 病弱하고 成長後에는 父母德과 配偶者 德이 薄하다. ⑨ 病이 時柱에 있으면 子息으로 인한 근심 걱정이 많고 晩年이 좋지 않다(晩年은 子息을 보고 살기 때문)
死	甲申 乙酉 丙戊亥 丁己子 庚 寅 辛 卯 壬 巳 癸 午 地支는 絶神 基準 (陽干順行) (陰干逆行)	出發順序 → 絶胎養 生浴帶 祿旺衰 病死墓 例) 辛卯日: 巳가 死	1) 性格 ① 天性이 淡白.正直하며 勤勉.誠實.勞力하는 相이다. 每事 順理에 따른다. 그러므로 宗敎人.文藝人.硏究家.學者.孝婦.孝子에 因緣이 있다 2) 綜合 ① 死가 比肩.劫財가 되면 兄弟.姉妹가 遲遲不進하다. ② 死가 食神이 되면 衣食住生活에 困難을 겪는다. ③ 死가 財星이 되면 財物에 어려움이 많다. ④ 死가 官星이 되면 職位가 낮고 名利는 求할 수 없다. ⑤ 死가 印星이 되면 父母德이 없다. ⑥ 死가 年柱에 있으면 윗대가 貧賤하였다. ⑦ 死가 月柱에 있으면 父母兄弟와 因緣이 薄하고 孤獨하다. ⑧ 死가 日柱에 있으면 큰병으로 苦生하거나 遺産을 물려 받기 어렵다. ⑨ 死가 時柱에 있으면 子息緣이 薄하고 晩年이 좋지 않다.
墓	甲申 乙酉 丙戊亥 丁己子 庚 寅 辛 卯 壬 巳 癸 午 地支는 絶神 基準 (陽干順行) (陰干逆行)	出發順序 → 絶胎養 生浴帶 祿旺衰 病死墓 例) 丁酉日: 丑이 墓	1) 性格 ① 沈着하고 每事 安定的이다. 健全한 消費生活로 實利에 밝다. 그래서 자연 吝嗇하다. 典當鋪,倉庫管理人.宗敎人.葬儀社.會計士 등에 因緣이 있다. 2) 綜合 ① 墓가 比肩.劫財가 되면 兄弟 姉妹가 便安히 잘 있으나 간혹 모르는 사이에 監獄에 가거나 죽을 수도 있다. ② 墓가 食神이 되면 財物을 잘 모으나 夭折하기도 한다. ③ 墓가 傷官이 되면 技.藝로서 名聲을 얻으나 夭折하기도 한다. ④ 墓가 財星이 되면 財産을 모으기만 하고 쓸줄 모르는 守錢奴가 된다. ⑤ 墓가 官星이 되면 職位와 命理는 기대할 바 못된다.

區分	適用基準	干 支	解 析
墓			⑥ 墓가 印星이 되면 祖上의 精氣를 받으며 윗사람으로부터 惠澤을 입는다. ⑦ 墓가 年柱에 있으면 祖上의 墓를 잘 돌본다. ⑧ 墓가 月柱에 있으면 父母.兄弟.配偶者의 緣이 薄하고 다른 사람 때문에 支出이 많다. 月과 日이 沖되면 부자집에 태어나서 財祿이 豊富하고 好運이 늦게 오며 長子가 아니라도 墓를 돌보게 된다. ⑨ 墓가 日柱에 있으면 父母.兄弟.配偶者 緣이 薄하고 故鄕을 떠나 살게 된다. ⑩ 墓가 時柱에 있으면 身體가 虛弱하고 子息으로 因한 걱정이 많다.

13. 年度別 凶方 · 三災

年度別	三殺方位 三殺合會中支冲	大將軍方位 大會初後三位支	三災(災生合會末支同)	
			出生年(三合)	該當年(三會)
2013(癸巳年)	巳酉丑→寅卯辰: 東方	巳午未←卯辰巳: 東方	亥卯未生	巳午未年(들:入)
2014(甲午年)	寅午戌→亥子丑: 北方	巳午未←卯辰巳: 東方	亥卯未生	巳午未年(눌)
2015(乙未年)	亥卯未→申酉戌: 西方	巳午未←卯辰巳: 東方	亥卯未生	巳午未年(날:出)
2016(丙申年)	申子辰→巳午未: 南方	申酉戌←午未申: 南方	寅午戌生	申酉戌年(들:入)
2017(丁酉年)	巳酉丑→寅卯辰: 東方	申酉戌←午未申: 南方	寅午戌生	申酉戌年(눌)
2018(戊戌年)	寅午戌→亥子丑: 北方	申酉戌←午未申: 南方	寅午戌生	申酉戌年(날:出)
2019(己亥年)	亥卯未→申酉戌: 西方	亥子丑←酉戌亥: 西方	巳酉丑生	亥子丑年(들:入)
2020(庚子年)	申子辰→巳午未: 南方	亥子丑←酉戌亥: 西方	巳酉丑生	亥子丑年(눌)
2021(辛丑年)	巳酉丑→寅卯辰: 東方	亥子丑←酉戌亥: 西方	巳酉丑生	亥子丑年(날:出)
2022(壬寅年)	寅午戌→:亥子丑 北方	寅卯辰←子丑寅: 北方	申子辰生	寅卯辰年(들:入)
2023(癸卯年)	亥卯未→申酉戌: 西方	寅卯辰←子丑寅: 北方	申子辰生	寅卯辰年(눌)
2024(甲辰年)	申子辰→巳午未: 南方	寅卯辰←子丑寅: 北方	申子辰生	寅卯辰年(날:出)
2025(乙巳年)	巳酉丑→寅卯辰: 東方	巳午未←卯辰巳: 東方	亥卯未生	巳午未年(들:入)
2026(丙午年)	寅午戌→亥子丑: 北方	巳午未←卯辰巳: 東方	亥卯未生	巳午未年(눌)
2027(丁未年)	亥卯未→申酉戌: 西方	巳午未←卯辰巳: 東方	亥卯未生	巳午未年(날:出)
2028(戊申年)	申子辰→巳午未: 南方	申酉戌←午未申: 南方	寅午戌生	申酉戌年(들:入)
2029(己酉年)	巳酉丑→寅卯辰: 東方	申酉戌←午未申: 南方	寅午戌生	申酉戌年(눌)
2030(庚戌年)	寅午戌→亥子丑: 北方	申酉戌←午未申: 南方	寅午戌生	申酉戌年(날:出)
2031(辛亥年)	亥卯未→申酉戌: 西方	亥子丑←酉戌亥: 西方	巳酉丑生	亥子丑年(들:入)
2032(壬子年)	申子辰→巳午未: 南方	亥子丑←酉戌亥: 西方	巳酉丑生	亥子丑年(눌)
2033(癸丑年)	巳酉丑→寅卯辰: 東方	亥子丑←酉戌亥: 西方	巳酉丑生	亥子丑年(날:出)
2034(甲寅年)	寅午戌→亥子丑: 北方	寅卯辰←子丑寅: 北方	申子辰生	寅卯辰年(들:入)
2035(乙卯年)	亥卯未→申酉戌: 西方	寅卯辰←子丑寅: 北方	申子辰生	寅卯辰年(눌)
2036(丙辰年)	申子辰→巳午未: 南方	寅卯辰←子丑寅: 北方	申子辰生	寅卯辰年(날:出)
2037(丁巳年)	巳酉丑→寅卯辰: 東方	巳午未←卯辰巳: 東方	亥卯未生	巳午未年(들:入)
2038(戊午年)	寅午戌→亥子丑: 北方	巳午未←卯辰巳: 東方	亥卯未生	巳午未年(눌)
2039(己未年)	亥卯未→申酉戌: 西方	巳午未←卯辰巳: 東方	亥卯未生	巳午未年(날:出)
2040(庚申年)	申子辰→巳午未: 南方	申酉戌←午未申: 南方	寅午戌生	申酉戌(들:入)

年度別	三殺方位 三殺合會中支冲	大將軍方位 大會初後三位支	三災(災生合會末支同)	
			出生年(三合)	該當年(三會)
2041(辛酉年)	巳酉丑→寅卯辰: 東方	申酉戌←午未申: 南方	寅午戌生	申酉戌年(눌)
2042(壬戌年)	寅午戌→亥子丑: 北方	申酉戌←午未申: 南方	寅午戌生	申酉戌年(날:出)
2043(癸亥年)	亥卯未→申酉戌: 西方	亥子丑←酉戌亥: 西方	巳酉丑生	亥子丑年(들:入)
2044(甲子年)	申子辰→巳午未: 南方	亥子丑←酉戌亥: 西方	巳酉丑生	亥子丑年(눌)
2045(乙丑年)	巳酉丑→寅卯辰: 東方	亥子丑←酉戌亥: 西方	巳酉丑生	亥子丑年(날:出)
2046(丙寅年)	寅午戌→亥子丑: 北方	寅卯辰←子丑寅: 北方	申子辰生	寅卯辰年(들:入)
2047(丁卯年)	亥卯未→申酉戌: 西方	寅卯辰←子丑寅: 北方	申子辰生	寅卯辰年(눌)
2048(戊辰年)	申子辰→巳午未: 南方	寅卯辰←子丑寅: 北方	申子辰生	寅卯辰年(날:出)
2049(己巳年)	巳酉丑→寅卯辰: 東方	巳午未←卯辰巳: 東方	亥卯未生	巳午未年(들:入)
2050(庚午年)	寅午戌→亥子丑 北方	巳午未←卯辰巳: 東方	亥卯未生	巳午未年(눌)
2051(辛未年)	亥卯未→申酉戌: 西方	巳午未←卯辰巳: 東方	亥卯未生	巳午未年(날:出)

14. 葬 法

1) 葬日 擇日·擇時(納音五行 基準)

甲子旬	甲戌旬	甲申旬	甲午旬	甲辰旬	甲寅旬
甲 子	甲 戌	甲 申	甲 午	甲 辰	甲 寅
1924.1984.2044 海中金(火剋金) 凶日: 戊午 火	1934.1994.2054 山頭火(水剋火) 凶日: 壬辰 水	1944.2004.2064 泉中水(土剋水) 凶日: 戊寅 土	1954.2014.2074 沙中金(火剋金) 凶日: 戊子 火	1964.2024.2084 覆燈火(水剋火) 凶日: 壬戌 水	1974.2034.2094 大溪水(土剋水) 凶日: 戊申 土
乙 丑	乙 亥	乙 酉	乙 未	乙 巳	乙 卯
1925.1985.2045 海中金(火剋金) 凶日: 己未 火	1935.1995.2055 山頭火(水剋火) 凶日: 癸巳 水	1945.2005.2065 泉中水(土剋水) 凶日: 己卯 土	1955.2015.2075 沙中金(火剋金) 凶日: 己丑 火	1965.2025.2085 覆燈火(水剋火) 凶日: 癸亥 水	1975.2035.2094 大溪水(土剋水) 凶日: 己酉 土
丙 寅	丙 子	丙 戌	丙 申	丙 午	丙 辰
1926.1986.2046 爐中火(水剋火) 凶日: 甲申 水	1936.1996.2056 澗下水(土剋水) 凶日: 庚午 土	1946.2006.2066 屋上土(木剋土) 凶日: 戊辰 木	1956.2016.2076 山下火(水剋火) 凶日: 甲寅 水	1966.2026.2086 天河水(土剋水) 凶日: 庚子 土	1976.1916.2036 沙中土(木剋土) 凶日: 戊戌 木
丁 卯	丁 丑	丁 亥	丁 酉	丁 未	丁 巳
1927.1987.2047 爐中火(水剋火) 凶日: 乙酉 水	1937.1997.2057 澗下水(土剋水) 凶日: 辛未 土	1947.2007.2067 屋上土(木剋土) 凶日: 己巳 木	1957.2017.2077 山下火(水剋火) 凶日: 乙卯 水	1967.2027.2087 天河水(土剋水) 凶日: 辛丑 土	1977.1917.2037 沙中土(木剋土) 凶日: 己亥 木
戊 辰	戊 寅	戊 子	戊 戌	戊 申	戊 午
1928.1988.2048 大林木(金剋木) 凶日: 庚戌 金	1938.1998.2058 城頭土(木剋土) 凶日: 庚申 木	1948.2008.2068 霹靂火(水剋火) 凶日: 丙午 水	1958.2018.2078 平地木(金剋木) 凶日: 庚辰 金	1968.2028.2088 大驛土(木剋土) 凶日: 庚寅 木	1978.1918.2038 天上火(水剋火) 凶日: 丙子 水
己 巳	己 卯	己 丑	己 亥	己 酉	己 未
1929.1989.2049 大林木(金剋木) 凶日: 辛亥 金	1939.1999.2059 城頭土(木剋土) 凶日: 辛酉 木	1949.2009.2069 霹靂火(水剋火) 凶日: 丁未 水	1959.2019.2079 平地木(金剋木) 凶日: 辛巳 金	1969.2029.2089 大驛土(木剋土) 凶日: 辛卯 木	1979.1919.2039 天上火(水剋火) 凶日: 丁丑 水
庚 午	庚 辰	庚 寅	庚 子	庚 戌	庚 申
1930.1990.2050 路傍土(木剋土) 凶日: 壬子 木	1940.2000.2060 白蠟金(火剋金) 凶日: 甲戌 火	1950.2010.2070 松柏木(金剋木) 凶日: 壬申 金	1960.2020.2080 壁上土(木剋土) 凶日: 壬午 木	1970.2030.2090 釵釧金(火剋金) 凶日: 甲辰 火	1980.1920.2040 石榴木(金剋木) 凶日: 壬寅 金
辛 未	辛 巳	辛 卯	辛 丑	辛 亥	辛 酉
1931.1991.2051 路傍土(木剋土) 凶日: 癸丑 木	1941.2001.2061 白蠟金(火剋金) 凶日: 乙亥 火	1951.2011.2071 松柏木(金剋木) 忌避: 癸酉 金	1961.2021.2081 壁上土(木剋土) 凶日: 癸未 木	1971.2031.2091 釵釧金(火剋金) 凶日: 乙巳 火	1981.1921.2041 石榴木(金剋木) 凶日: 癸卯 金
壬 申	壬 午	壬 辰	壬 寅	壬 子	壬 戌
1932.1992.2052 劍鋒金(火剋金) 凶日:丙寅 火	1942.2002.2062 楊柳木(金剋木) 凶日: 甲子 金	1952.2012 2072 長流水(土剋水) 凶日: 丙戌 土	1962.2022.2082 金箔金(火剋金) 凶日: 丙申 火	1972.2032.2092 桑柘木(金剋木) 凶日: 甲午 金	1982.1922.2042 大海水(土剋水) 凶日: 丙辰 土
癸 酉	癸 未	癸 巳	癸 卯	癸 丑	癸 亥
1933 / 1993 劍鋒金(火剋金) 凶日:丁卯 火	1943.2003.2063 楊柳木(金剋木) 凶日: 乙丑 金	1953.2013.2073 長流水(土剋水) 凶日: 丁亥 土	1963.2023.2083 金箔金(火剋金) 凶日: 丁酉 火	1973.2033.2093 桑柘木(金剋木) 凶日: 乙未 金	1983.1923.2043 大海水(土剋水) 凶日: 丁巳 土

❖ 亡者가 陽曆 1933年 10月 14日 13時 30分 서울出生이라면 癸酉年 壬戌月 癸丑日 壬午時로 丁卯(年),丙辰(月),乙未(日),甲子(時)에 該當하는 凶日을 避하고 祖上山所 移葬時 出生日時가 不分明할 境遇는 葬主의 四柱로 擇日한다.

2) 呼冲殺[下棺時 避할 사람(특히 젊은 사람)]

葬日	避할 사람(出生年)	葬日	避할 사람(出生年)	葬日	避할 사람(出生年)
甲子	庚午·甲午年 出生	甲申	庚寅·甲寅年 出生	甲辰	庚戌·甲戌年 出生
乙丑	辛未·乙未年	乙酉	辛卯·乙卯年	乙巳	辛亥·乙亥年
丙寅	壬申·丙申年	丙戌	壬辰·丙辰年	丙午	壬子·丙子年
丁卯	癸酉·丁酉年	丁亥	癸巳·丁巳年	丁未	癸丑·丁丑年
戊辰	甲戌·戊戌年	戊子	甲午·戊午年	戊申	甲寅·戊寅年
己巳	乙亥·己亥年	己丑	乙未·己未年	己酉	乙卯·己卯年
庚午	丙子·庚子年	庚寅	丙申·庚申年	庚戌	丙辰·庚辰年
辛未	丁丑·辛丑年	辛卯	丁酉·辛酉年	辛亥	丁巳·辛巳年
壬申	戊寅·壬寅年	壬辰	戊戌·壬戌年	壬子	戊午·壬午年
癸酉	己卯·癸卯年	癸巳	己亥·癸亥年	癸丑	己未·癸未年
甲戌	庚辰·甲辰年	甲午	庚子·甲子年	甲寅	庚申·甲申年
乙亥	辛巳·乙巳年	乙未	辛丑·乙丑年	乙卯	辛酉·乙酉年
丙子	壬午·丙午年	丙申	壬寅·丙寅年	丙辰	壬戌·丙戌年
丁丑	癸未·丁未年	丁酉	癸卯·丁卯年	丁巳	癸亥·丁亥年
戊寅	甲申·戊申年	戊戌	甲辰·戊辰年	戊午	甲子·戊子年
己卯	乙酉·己酉年	己亥	乙巳·己巳年	己未	乙丑·己丑年
庚辰	丙戌·庚戌年	庚子	丙午·庚午年	庚申	丙寅·庚寅年
辛巳	丁亥·辛亥年	辛丑	丁未·辛未年	辛酉	丁卯·辛卯年
壬午	戊子·壬子年	壬寅	戊申·壬申年	壬戌	戊辰·壬辰年
癸未	己丑·癸丑年	癸卯	己酉·癸酉年	癸亥	己巳·癸巳年

❖ 葬日(日辰)對比 立會人의 出生干支가 干冲, 支冲(天干比和)일때 呼冲殺이 適用되며 下棺時에만 자리를 避함.

3) 十二 胞胎法

12胞胎法은 得水(破口處)를 基準하여 入首龍(龍脈)方向과 竝行檢討하여 吉凶方을 찾는 方法으로 12運星 布局方法과 同一하다.

局別로 順·逆布하여 生·旺·官(祿)·帶는 大吉, 養·衰는 中吉-半凶, 胞·胎·浴·病·死·藏(墓)은 大凶으로 만약 穴支가 胞胎法상 大凶方位이면 坐不立(穴의 凶方)方에 該當되어 葬地로 不適合한 場所가 된다.

<十二胞胎 布局表>

局	得破口 (12運星)	向	順逆	胞 (絶)	胎 (胎)	養 (養)	生 (生)	浴 (浴)	帶 (帶)	官 (祿)	旺 (旺)	衰 (衰)	病 (病)	死 (死)	藏 (墓)
木局	丁未(局)	水	順	坤申	庚酉	辛戌	乾亥	壬子	癸丑	艮寅	甲卯	乙辰	巽巳	丙午	丁未
		龍	逆	丙午	巽巳	乙辰	甲卯	艮寅	癸丑	壬子	乾亥	辛戌	庚酉	坤申	丁未
火局	辛戌(局)	水	順	乾亥	壬子	癸丑	艮寅	甲卯	乙辰	巽巳	丙午	丁未	坤申	庚酉	辛戌
		龍	逆	庚酉	坤申	丁未	丙午	巽巳	乙辰	甲卯	艮寅	癸丑	壬子	乾亥	辛戌
金局	癸丑(局)	水	順	艮寅	甲卯	乙辰	巽巳	丙午	丁未	坤申	庚酉	辛戌	乾亥	壬子	癸丑
		龍	逆	壬子	乾亥	辛戌	庚酉	坤申	丁未	丙午	巽巳	乙辰	甲卯	艮寅	癸丑
水局	乙辰(局)	水	順	巽巳	丙午	丁未	坤申	庚酉	辛戌	乾亥	壬子	癸丑	艮寅	甲卯	乙辰
		龍	逆	甲卯	艮寅	癸丑	壬子	乾亥	辛戌	庚酉	坤申	丁未	丙午	巽巳	乙辰

① 得水處(破口處)와 入首龍(龍脈)

물은 重力에 의해서 流動하는 陽이므로 該當 局(丁未.辛戌.癸丑.乙辰)의 前2位(順方)에서 順布하고, 入首龍은 停止한 陰이므로 該當 局(丁未.辛戌.癸丑.乙辰)의 後2位(逆方)에서 逆布하여 得水處(破口處)나 入首龍(龍脈)의 方位가 어느 位置에 該當하는지 確認하여 凶方을 찾아낸다.

坐向 選定時 得水나 入首向이 모두가 吉方이면 大吉하나 어느 한쪽이 凶方에 該當되면 좋은 坐向이 되지 못한다.

例를 들어 得水가 艮寅이고 破口가 辛戌이라면 辛戌을 基準하여 火局으로 確定하고 乾亥에서 出發한다.

火局 得水 艮寅은 生, 破口 辛戌은 藏(墓)로서 得水生宮에 破口藏(墓)宮으

로 水向은 吉得吉破에 屬하며 入首龍(龍脈)이 丙午向이면 入首生宮으로 水龍吉地에 該當된다.

여기에서 破口 藏(墓)宮은 凶한 것을 빠져 나가게 하는 去水作用이므로 吉에 屬한다.

佩鐵에서 向·局選定은 4線은 向이고 3線은 局으로 該當局이 없으면 1位 順行하면 局이 明示되어 있지만 빠른 方法은 向의 4庫(辰戌丑未)에서 三合을 찾으면 된다.

만약 破口(得水)가 乙辰이라면 辰의 該當三合은 申子辰으로 水局에 屬하고 癸丑이면 巳酉丑 金局, 辛戌이면 寅午戌 火局에 屬한다.

② 局·向別 出發位置(得水.入首龍)

- 木局[亥卯未(三合). 乾甲丁向]: 坤申[水(胞)], 丙午[龍(胞)]
- 火局[寅午戌(三合). 艮丙辛向]: 乾亥[水(胞)], 庚酉[龍(胞)]
- 金局[巳酉丑(三合). 巽庚癸向]: 艮寅(水(胞)], 壬子[龍(胞)]
- 水局[申子辰(三合). 坤乙壬向]: 巽巳(水(胞)]. 辛卯[龍(胞)]

③ 布局出發(順·逆布)

❖ 順布: 壬子 癸丑 艮寅 甲卯 乙辰 巽巳 丙午 丁未 坤申 庚酉 辛戌 乾亥
逆布: 壬子 乾亥 辛戌 庚酉 坤申 丁未 丙午 巽巳 乙辰 甲卯 艮寅 癸丑

局	破口(得水)	布 局 出 發
木局 亥卯未(三合) 乾甲丁	丁未(局)	1.破口(得水) :丁未에서 順行2位→坤申 2.入首龍(龍脈) : 丁未에서 逆行2位→丙午
火局 寅午戌(三合) 艮丙辛	辛戌(局)	1.破口(得水) : 辛戌에서 順行2位→乾亥 2.入首龍(龍脈) : 辛戌에서 逆行2位→庚酉
金局 巳酉丑(三合) 巽庚癸	癸丑(局)	1.破口(得水) : 癸丑에서 順行2位→艮寅 2.入首龍(龍脈) : 癸丑에서 逆行2位 →壬子
水局 申子辰(三合) 坤壬乙	乙辰(局)	1.破口(得水) : 乙辰에서 順行2位→巽巳 2.入首龍(龍脈) : 乙辰에서 逆行2位→甲卯

④ 破口(得水)가 木局丁未 火局辛戌 金局癸壬 水局乙辰 方向에 한해서 坐向胞(絶)·胎·浴·病·死·藏(墓)向은 凶方이 된다.

⑤ 龍脈을 逆行하는 方位도 凶方에 該當된다.

4) 龍上八殺: 坐向 選定時 最優先 檢討[坐不立向→穴地 不適合(坐向剋龍脈)]

壬子癸龍에 辰向: 坎龍辰(戌)向(土剋水)→子龍不立辰向[次(子)龍辰向]
未坤申龍에 卯向: 坤龍卯向(木剋土)→坤龍不立卯向(坤龍卯向)
甲卯乙龍에 申向: 震龍申向(金剋木)→卯龍不立申向(卯龍申向)
辰巽巳龍에 酉向: 巽龍酉向(金剋木)→巽龍不立酉向(巽龍酉向)
戌乾亥龍에 午向: 乾龍午向(火剋金)→乾龍不立午向(乾龍午向)
庚酉辛龍에 巳向: 兌龍巳向(火剋金)→酉龍不立巳向(酉龍巳向)
丑艮寅龍에 寅向): 艮龍寅向(木剋土)→艮龍不立寅向(艮龍寅向)
丙午丁龍에 亥向: 離龍亥向(水剋火)→午龍不立亥向{離(午)龍亥向}

❖ 龍脈과 向이 相剋되면 不立向으로 殺方位에 該當되어 忌避한다.

5) 入·下棺吉時와 凶日

① 入棺吉時

入棺日	吉時	入棺日	吉時	入棺日	吉時	入棺日	吉時	入棺日	吉時	入棺日	吉時
甲子	午·戌	甲戌	午·申	甲申	酉·戌	甲午	卯·酉	甲辰	卯·戌	甲寅	酉·亥
乙丑	巳·酉	乙亥	巳·酉	乙酉	午·亥	乙未	巳·酉	乙巳	辰·酉	乙卯	午·戌
丙寅	巳·未	丙子	寅·午	丙戌	寅·辰	丙申	巳·午	丙午	巳·酉	丙辰	午·酉
丁卯	寅·午	丁丑	巳·亥	丁亥	巳·亥	丁酉	寅·未	丁未	巳·亥	丁巳	巳·戌
戊辰	寅·巳	戊寅	卯·亥	戊子	寅·申	戊戌	申·戌	戊申	寅·亥	戊午	巳·亥
己巳	午·亥	己卯	寅·申	己丑	未·亥	己亥	未·亥	己酉	卯·申	己未	未·亥
庚午	未·亥	庚辰	申·亥	庚寅	未·酉	庚子	辰·申	庚戌	辰·午	庚申	未·申
辛未	卯·未	辛巳	寅·未	辛卯	辰·申	辛丑	卯·未	辛亥	卯·未	辛酉	辰·酉
壬申	辰·卯	壬午	卯·未	壬辰	辰·未	壬寅	卯·巳	壬子	辰·戌	壬戌	寅·戌
癸酉	巳·戌	癸未	卯·酉	癸巳	卯·申	癸卯	辰·戌	癸丑	卯·酉	癸亥	卯·酉

② 入棺吉時 算出

吉時 基準表에 의거 六甲定時法으로 찾는다.

❖ 表1: 吉時基準

入棺日	子	丑	寅	卯	辰	巳	午	未	申	酉	戌	亥
吉 時	甲庚	乙辛	乙癸	丙壬	丁己	乙庚	丁癸	乙辛	甲癸	丁壬	庚壬	乙辛

❖ 表2: 六甲定時法

時 日辰干合	子	丑	寅	卯	辰	巳	午	未	申	酉	戌	亥
甲己土合	甲子	乙丑	丙寅	丁卯	戊辰	己巳	庚午	辛未	壬申	癸酉	甲戌	乙亥
乙庚金合	丙子	丁丑	戊寅	己卯	庚辰	辛巳	壬午	癸未	甲申	乙酉	丙戌	丁亥
丙辛水合	戊子	己丑	庚寅	辛卯	壬辰	癸巳	甲午	乙未	丙申	丁酉	戊戌	己亥
丁壬木合	庚子	辛丑	壬寅	癸卯	甲辰	乙巳	丙午	丁未	戊申	己酉	庚戌	辛亥
戊癸火合	壬子	癸丑	甲寅	乙卯	丙辰	丁巳	戊午	己未	庚申	辛酉	壬戌	癸亥

<例示>

- 入棺日이 戊申日일 境遇 日支 申日은 甲癸吉時(表1)에 該當되는 時는 日干 戊의 干合인 戊癸火合時(表2)에서 甲癸時를 찾으면 甲寅 癸亥로써 寅時와 亥時가 吉時이다.
- 入棺日이 乙亥日일 境遇 日支 亥는 乙辛吉時(表1)에 該當되는 時는 日干 乙의 干合인 乙庚金合時(表2)에서 乙辛時를 찾으면 乙酉 辛巳로써 酉時와 巳時가 吉時이다.
- 入棺日이 甲子日일 境遇 日支 子는 甲庚吉時(表1)에 該當되는 時는 日干 甲의 干合인 甲己土合時(表2)에서 甲庚時를 찾으면 甲子 甲戌 庚午로써 子時, 戌時, 午時가 吉時이다.
- 入棺日이 壬寅日일 境遇 日支 寅 乙癸吉時(表1)에 該當되는 時는 日干 壬의 干合인 丁壬木合時(表2)에서 乙癸時를 찾으면 乙巳 癸卯로써 巳時와 卯時가 吉時이다.

③ 下棺吉時

黃道時와 天乙貴人時가 吉時에 該當된다.

❖ 黃黑道時(月建·日支基準: 萬歲曆 參照)

黃黑道日	月建 (節氣基準)	寅月(1) 申月(7)	卯月(2) 酉月(8)	辰月(3) 戌月(9)	巳月(4) 亥月(10)	午月(5) 子月(11)	未月(6) 丑月(12)
	日基準 擇時	寅日.申日	卯日.酉日	辰日.戌日	巳日.亥日	午日.子日	未日.丑日
金撌黃道	吉	辰	午	申	戌	子	寅
明堂黃道	吉	丑	卯	巳	未	酉	亥
天德黃道	吉	巳	未	酉	亥	丑	卯
玉堂黃道	吉	未	酉	亥	丑	卯	巳
司命黃道	吉	戌	子	寅	辰	午	申
白虎黑道	凶	午	申	戌	子	寅	辰
天牢黑道	凶	申	戌	子	寅	辰	午
玄武黑道	凶	酉	亥	丑	卯	巳	未
天刑黑道	凶	寅	辰	午	申	戌	子
朱雀黑道	凶	卯	巳	未	酉	亥	丑
句陳黑道	凶	亥	丑	卯	巳	未	酉

❖ 天乙貴人時(天干基準)

葬日	甲	乙	丙	丁	戊	己	庚	辛	壬	癸
吉時	未.丑	申.子	酉.亥	酉.亥	丑.未	子.申	丑.未	寅.午	卯.巳	巳.卯

④ 重喪日, 重日, 復日은 凶日이므로 葬日에는 반드시 避해야하는 日辰이다.

月 / 日辰	寅月	卯月	辰月	巳月	午月	未月	申月	酉月	戌月	亥月	子月	丑月
重喪日	甲	乙	己	丙	丁	己	庚	辛	己	壬	癸	己
重　日	庚	辛	戊	壬	癸	戊	甲	乙	戊	丙	丁	戊
復　日	巳亥	巳亥	巳亥	巳亥	巳亥	巳亥	巳亥	巳亥	巳亥	巳亥	巳亥	巳亥

15. 來 情 萬 歲 曆

(2014年 ~2050年)

2014(甲午)年 1月[陽曆]

❖ 神藏殺沒日(晝間時.夜間時)

日	日辰(空亡)	旬	月建	月將	日	日辰(空亡)	旬	月建	月將
1	壬申(戌亥)	甲子	子	丑	17	戊子(午未)	甲申	丑	丑
2	癸酉(戌亥)	甲子	子	丑	18	己丑(午未)	甲申	丑	丑
3	甲戌(申酉)	甲戌	子	丑 神藏殺沒 (巳亥)	19	庚寅(午未)	甲申	丑	丑
4	乙亥(申酉)	甲戌	子	丑	20	辛卯(午未) (大寒:將變)	甲申	丑	丑·子 丑(12:49:59).子(12:50以後)
5	丙子(申酉) (小寒:建變)	甲戌	子·丑 子(19:22:59).丑(19:23以後)	丑	21	壬辰(午未)	甲申	丑	子
6	丁丑(申酉)	甲戌	丑	丑	22	癸巳(午未)	甲申	丑	子
7	戊寅(申酉)	甲戌	丑	丑	23	甲午(辰巳)	甲午	丑	子 神藏殺沒 (辰戌)
8	己卯(申酉)	甲戌	丑	丑	24	乙未(辰巳)	甲午	丑	子
9	庚辰(申酉)	甲戌	丑	丑	25	丙申(辰巳)	甲午	丑	子
10	辛巳(申酉)	甲戌	丑	丑	26	丁酉(辰巳)	甲午	丑	子
11	壬午(申酉)	甲戌	丑	丑	27	戊戌(辰巳)	甲午	丑	子
12	癸未(申酉)	甲戌	丑	丑	28	己亥(辰巳)	甲午	丑	子
13	甲申(午未)	甲申	丑	丑 神藏殺沒 (巳亥)	29	庚子(辰巳)	甲午	丑	子
14	乙酉(午未)	甲申	丑	丑	30	辛丑(辰巳)	甲午	丑	子
15	丙戌(午未)	甲申	丑	丑	31	壬寅(辰巳)	甲午	丑	子
16	丁亥(午未)	甲申	丑	丑					

2014(甲午)年 2月[陽曆]

日	日辰(空亡)	旬	月建	月將	日	日辰(空亡)	旬	月建	月將
1	癸卯(辰巳)	甲午	丑	子	17	己未(子丑)	甲寅	寅	子
2	甲辰(寅卯)	甲辰	丑	子 神藏殺沒 (辰戌)	18	庚申(子丑)	甲寅	寅	子
3	乙巳(寅卯)	甲辰	丑	子	19	辛酉(子丑) (雨水:將變)	甲寅 子(02:58:59).亥(02:59以後)	寅	子·亥
4	丙午(寅卯) (立春:建變)	甲辰 丑(07:01:59).寅(07:02以後)	丑·寅	子	20	壬戌(子丑)	甲寅	寅	亥
5	丁未(寅卯)	甲辰	寅	子	21	癸亥(子丑)	甲寅	寅	亥
6	戊申(寅卯)	甲辰	寅	子	22	甲子(戌亥)	甲子	寅	亥 神藏殺沒 (卯酉)
7	己酉(寅卯)	甲辰	寅	子	23	乙丑(戌亥)	甲子	寅	亥
8	庚戌(寅卯)	甲辰	寅	子	24	丙寅(戌亥)	甲子	寅	亥
9	辛亥(寅卯)	甲辰	寅	子	25	丁卯(戌亥)	甲子	寅	亥
10	壬子(寅卯)	甲辰	寅	子	26	戊辰(戌亥)	甲子	寅	亥 神藏殺沒 (酉卯)
11	癸丑(寅卯)	甲辰	寅	子	27	己巳(戌亥)	甲子	寅	亥
12	甲寅(子丑)	甲寅	寅	子 神藏殺沒 (辰戌)	28	庚午(戌亥)	甲子	寅	亥 神藏殺沒 (酉卯)
13	乙卯(子丑)	甲寅	寅	子					
14	丙辰(子丑)	甲寅	寅	子					
15	丁巳(子丑)	甲寅	寅	子					
16	戊午(子丑)	甲寅	寅	子					

2014(甲午)年 3月[陽曆]

日	日辰(空亡)	旬	月建	月將	日	日辰(空亡)	旬	月建	月將
1	辛未(戌亥)	甲子	寅	亥	17	丁亥(午未)	甲申	卯	亥
2	壬申(戌亥)	甲子	寅	亥	18	戊子(午未)	甲申	卯	亥 神藏殺沒 (酉卯)
3	癸酉(戌亥)	甲子	寅	亥	19	己丑(午未)	甲申	卯	亥
4	甲戌(申酉)	甲戌	寅	亥 神藏殺沒 (卯酉)	20	庚寅(午未)	甲申	卯	亥 神藏殺沒 (酉卯)
5	乙亥(申酉)	甲戌	寅	亥	21	辛卯(午未) (春分:將變)	甲申	卯	亥·戌 亥(01:55:59).戌(01:56以後)
6	丙子(申酉) (驚蟄:建變)	甲戌	寅·卯 寅(01:00:59).卯(01:01以後)	亥	22	壬辰(午未)	甲申	卯	戌
7	丁丑(申酉)	甲戌	卯	亥	23	癸巳(午未)	甲申	卯	戌
8	戊寅(申酉)	甲戌	卯	亥 神藏殺沒 (酉卯)	24	甲午(辰巳)	甲午	卯	戌
9	己卯(申酉)	甲戌	卯	亥	25	乙未(辰巳)	甲午	卯	戌
10	庚辰(申酉)	甲戌	卯	亥 神藏殺沒 (酉卯)	26	丙申(辰巳)	甲午	卯	戌
11	辛巳(申酉)	甲戌	卯	亥	27	丁酉(辰巳)	甲午	卯	戌
12	壬午(申酉)	甲戌	卯	亥	28	戊戌(辰巳)	甲午	卯	戌 神藏殺沒 (申寅)
13	癸未(申酉)	甲戌	卯	亥	29	己亥(辰巳)	甲午	卯	戌
14	甲申(午未)	甲申	卯	亥 神藏殺沒 (卯酉)	30	庚子(辰巳)	甲午	卯	戌 神藏殺沒 (申寅)
15	乙酉(午未)	甲申	卯	亥	31	辛丑(辰巳)	甲午	卯	戌
16	丙戌(午未)	甲申	卯	亥					

2014(甲午)年 4月[陽曆]

日	日辰(空亡)	旬	月建	月將	日	日辰(空亡)	旬	月建	月將
1	壬寅(辰巳)	甲午	卯	戌	17	戊午(子丑)	甲寅	辰	戌 神藏殺沒 (申寅)
2	癸卯(辰巳)	甲午	卯	戌	18	己未(子丑)	甲寅	辰	戌
3	甲辰(寅卯)	甲辰	卯	戌	19	庚申(子丑)	甲寅	辰	戌 神藏殺沒 (申寅)
4	乙巳(寅卯)	甲辰	卯	戌	20	辛酉(子丑) (穀雨:將變)	甲寅	辰	戌·酉 戌(12:54:59).酉(12:55以後)
5	丙午(寅卯) (淸明:建變)	甲辰	卯·辰 卯(05:45:59).辰(05:46以後)	戌	21	壬戌(子丑)	甲寅	辰	酉
6	丁未(寅卯)	甲辰	辰	戌	22	癸亥(子丑)	甲寅	辰	酉
7	戊申(寅卯)	甲辰	辰	戌 神藏殺沒 (申寅)	23	甲子(戌亥)	甲子	辰	酉
8	己酉(寅卯)	甲辰	辰	戌	24	乙丑(戌亥)	甲子	辰	酉
9	庚戌(寅卯)	甲辰	辰	戌 神藏殺沒 (申寅)	25	丙寅(戌亥)	甲子	辰	酉
10	辛亥(寅卯)	甲辰	辰	戌	26	丁卯(戌亥)	甲子	辰	酉
11	壬子(寅卯)	甲辰	辰	戌	27	戊辰(戌亥)	甲子	辰	酉 神藏殺沒 (未丑)
12	癸丑(寅卯)	甲辰	辰	戌	28	己巳(戌亥)	甲子	辰	酉
13	甲寅(子丑)	甲寅	辰	戌	29	庚午(戌亥)	甲子	辰	酉 神藏殺沒 (未丑)
14	乙卯(子丑)	甲寅	辰	戌	30	辛未(戌亥)	甲子	辰	酉
15	丙辰(子丑)	甲寅	辰	戌					
16	丁巳(子丑)	甲寅	辰	戌					

2014(甲午)年 5月[陽曆]

日	日辰(空亡)	旬	月建	月將	日	日辰(空亡)	旬	月建	月將
1	壬申(戌亥)	甲子	辰	酉	17	戊子(午未)	甲申	巳	酉 神藏殺沒 (未丑)
2	癸酉(戌亥)	甲子	辰	酉	18	己丑(午未)	甲申	巳	酉
3	甲戌(申酉)	甲戌	辰	酉	19	庚寅(午未)	甲申	巳	酉 神藏殺沒 (未丑)
4	乙亥(申酉)	甲戌	辰	酉	20	辛卯(午未)	甲申	巳	酉
5	丙子(申酉) (立夏:建變)	甲戌	辰·巳	酉	21	壬辰(午未) (小滿:將變)	甲申	巳	酉·申
		辰(22:58:59).巳(22:59以後)					酉(11:57:59).申(11:58以後)		
6	丁丑(申酉)	甲戌	巳	酉	22	癸巳(午未)	甲申	巳	申
7	戊寅(申酉)	甲戌	巳	酉 神藏殺沒 (未丑)	23	甲午(辰巳)	甲午	巳	申
8	己卯(申酉)	甲戌	巳	酉	24	乙未(辰巳)	甲午	巳	申
9	庚辰(申酉)	甲戌	巳	酉 神藏殺沒 〔未丑)	25	丙申(辰巳)	甲午	巳	申
10	辛巳(申酉)	甲戌	巳	酉	26	丁酉(辰巳)	甲午	巳	申
11	壬午(申酉)	甲戌	巳	酉	27	戊戌(辰巳)	甲午	巳	申 神藏殺沒 (午子)
12	癸未(申酉)	甲戌	巳	酉	28	己亥(辰巳)	甲午	巳	申
13	甲申(午未)	甲申	巳	酉	29	庚子(辰巳)	甲午	巳	申 神藏殺沒 (午子)
14	乙酉(午未)	甲申	巳	酉	30	辛丑(辰巳)	甲午	巳	申
15	丙戌(午未)	甲申	巳	酉	31	壬寅(辰巳)	甲午	巳	申
16	丁亥(午未)	甲申	巳	酉					

2014(甲午)年 6月[陽曆]

日	日辰(空亡)	旬	月建	月將	日	日辰(空亡)	旬	月建	月將
1	癸卯(辰巳)	甲午	巳	申	17	己未(子丑)	甲寅	午	申
2	甲辰(寅卯)	甲辰	巳	申	18	庚申(子丑)	甲寅	午	申 神藏殺沒 (午子)
3	乙巳(寅卯)	甲辰	巳	申	19	辛酉(子丑)	甲寅	午	申
4	丙午(寅卯)	甲辰	巳	申	20	壬戌(子丑)	甲寅	午	申
5	丁未(寅卯)	甲辰	巳	申	21	癸亥(子丑) (夏至:將變)	甲寅 申(19:49:59).未(19:50以後)	午	申·未
6	戊申(寅卯) (芒種:建變)	甲辰 巳(03:01:59).午(03:02以後) 神藏殺沒(午子)	巳·午	申	22	甲子(戌亥)	甲子	午	未
7	己酉(寅卯)	甲辰	午	申	23	乙丑(戌亥)	甲子	午	未
8	庚戌(寅卯)	甲辰	午	申 神藏殺沒 (午子)	24	丙寅(戌亥)	甲子	午	未
9	辛亥(寅卯)	甲辰	午	申	25	丁卯(戌亥)	甲子	午	未
10	壬子(寅卯)	甲辰	午	申	26	戊辰(戌亥)	甲子	午	未 神藏殺沒 (巳亥)
11	癸丑(寅卯)	甲辰	午	申	27	己巳(戌亥)	甲子	午	未
12	甲寅(子丑)	甲寅	午	申	28	庚午(戌亥)	甲子	午	未 神藏殺沒 (巳亥)
13	乙卯(子丑)	甲寅	午	申	29	辛未(戌亥)	甲子	午	未
14	丙辰(子丑)	甲寅	午	申	30	壬申(戌亥)	甲子	午	未
15	丁巳(子丑)	甲寅	午	申					
16	戊午(子丑)	甲寅	午	申 神藏殺沒 (午子)					

2014(甲午)年 7月[陽曆]

日	日辰(空亡)	旬	月建	月將	日	日辰(空亡)	旬	月建	月將
1	癸酉(戌亥)	甲子	午	未	17	己丑(午未)	甲申	未	未
2	甲戌(申酉)	甲戌	午	未	18	庚寅(午未)	甲申	未	未 神藏殺沒 (巳亥)
3	乙亥(申酉)	甲戌	午	未	19	辛卯(午未)	甲申	未	未
4	丙子(申酉)	甲戌	午	未	20	壬辰(午未)	甲申	未	未
5	丁丑(申酉)	甲戌	午	未	21	癸巳(午未)	甲申	未	未
6	戊寅(申酉)	甲戌	午	未 神藏殺沒 (巳亥)	22	甲午(辰巳)	甲午	未	未
7	己卯(申酉) (小暑:建變)	甲戌 午(13:13:59).未(13:14以後)	午·未	未	23	乙未(辰巳) (大暑:將變)	甲午 未(06:39:59).午(06:40以後)	未	未·午
8	庚辰(申酉)	甲戌	未	未 神藏殺沒 (巳亥)	24	丙申(辰巳)	甲午	未	午
9	辛巳(申酉)	甲戌	未	未	25	丁酉(辰巳)	甲午	未	午
10	壬午(申酉)	甲戌	未	未	26	戊戌(辰巳)	甲午	未	午 神藏殺沒 (辰戌)
11	癸未(申酉)	甲戌	未	未	27	己亥(辰巳)	甲午	未	午
12	甲申(午未)	甲申	未	未	28	庚子(辰巳)	甲午	未	午 神藏殺沒 (辰戌)
13	乙酉(午未)	甲申	未	未	29	辛丑(辰巳)	甲午	未	午
14	丙戌(午未)	甲申	未	未	30	壬寅(辰巳)	甲午	未	午
15	丁亥(午未)	甲申	未	未	31	癸卯(辰巳)	甲午	未	午
16	戊子(午未)	甲申	未	未 神藏殺沒 (巳亥)					

2014(甲午)年 8月[陽曆]

<table>
<tr><th>日</th><th>日辰(空亡)</th><th>旬</th><th>月建</th><th>月將</th><th>日</th><th>日辰(空亡)</th><th>旬</th><th>月建</th><th>月將</th></tr>
<tr><td>1</td><td>甲辰(寅卯)</td><td>甲辰</td><td>未</td><td>午</td><td>17</td><td>庚申(子丑)</td><td>甲寅</td><td>申</td><td>午
神藏殺沒
(辰戌)</td></tr>
<tr><td>2</td><td>乙巳(寅卯)</td><td>甲辰</td><td>未</td><td>午</td><td>18</td><td>辛酉(子丑)</td><td>甲寅</td><td>申</td><td>午</td></tr>
<tr><td>3</td><td>丙午(寅卯)</td><td>甲辰</td><td>未</td><td>午</td><td>19</td><td>壬戌(子丑)</td><td>甲寅</td><td>申</td><td>午</td></tr>
<tr><td>4</td><td>丁未(寅卯)</td><td>甲辰</td><td>未</td><td>午</td><td>20</td><td>癸亥(子丑)</td><td>甲寅</td><td>申</td><td>午</td></tr>
<tr><td>5</td><td>戊申(寅卯)</td><td>甲辰</td><td>未</td><td>午
神藏殺沒
(辰戌)</td><td>21</td><td>甲子(戌亥)</td><td>甲子</td><td>申</td><td>午</td></tr>
<tr><td>6</td><td>己酉(寅卯)</td><td>甲辰</td><td>未</td><td>午</td><td>22</td><td>乙丑(戌亥)</td><td>甲子</td><td>申</td><td>午</td></tr>
<tr><td rowspan="3">7</td><td rowspan="3">庚戌(寅卯)
(立秋:建變)</td><td>甲辰</td><td>未·申</td><td>午</td><td rowspan="3">23</td><td rowspan="3">丙寅(戌亥)
(處暑:將變)</td><td rowspan="2">甲子</td><td rowspan="2">申</td><td rowspan="2">午·巳</td></tr>
<tr><td colspan="3">未(23:01:59).申(23:02以後)</td></tr>
<tr><td colspan="3">神藏殺沒(辰戌)</td><td colspan="3">午(13:44:59).巳(13:45以後)</td></tr>
<tr><td>8</td><td>辛亥(寅卯)</td><td>甲辰</td><td>申</td><td>午</td><td>24</td><td>丁卯(戌亥)</td><td>甲子</td><td>申</td><td>巳</td></tr>
<tr><td>9</td><td>壬子(寅卯)</td><td>甲辰</td><td>申</td><td>午</td><td>25</td><td>戊辰(戌亥)</td><td>甲子</td><td>申</td><td>巳
神藏殺沒
(卯酉)</td></tr>
<tr><td>10</td><td>癸丑(寅卯)</td><td>甲辰</td><td>申</td><td>午</td><td>26</td><td>己巳(戌亥)</td><td>甲子</td><td>申</td><td>巳</td></tr>
<tr><td>11</td><td>甲寅(子丑)</td><td>甲寅</td><td>申</td><td>午</td><td>27</td><td>庚午(戌亥)</td><td>甲子</td><td>申</td><td>巳
神藏殺沒
(卯酉)</td></tr>
<tr><td>12</td><td>乙卯(子丑)</td><td>甲寅</td><td>申</td><td>午</td><td>28</td><td>辛未(戌亥)</td><td>甲子</td><td>申</td><td>巳</td></tr>
<tr><td>13</td><td>丙辰(子丑)</td><td>甲寅</td><td>申</td><td>午</td><td>29</td><td>壬申(戌亥)</td><td>甲子</td><td>申</td><td>巳</td></tr>
<tr><td>14</td><td>丁巳(子丑)</td><td>甲寅</td><td>申</td><td>午</td><td>30</td><td>癸酉(戌亥)</td><td>甲子</td><td>申</td><td>巳</td></tr>
<tr><td>15</td><td>戊午(子丑)</td><td>甲寅</td><td>申</td><td>午
神藏殺沒
(辰戌)</td><td>31</td><td>甲戌(申酉)</td><td>甲戌</td><td>申</td><td>巳
神藏殺沒
(酉卯)</td></tr>
<tr><td>16</td><td>己未(子丑)</td><td>甲寅</td><td>申</td><td>午</td><td></td><td></td><td></td><td></td><td></td></tr>
</table>

2014(甲午)年 9月[陽曆]

日	日辰(空亡)	旬	月建	月將	日	日辰(空亡)	旬	月建	月將
1	乙亥(申酉)	甲戌	申	巳	17	辛卯(午未)	甲申	酉	巳
2	丙子(申酉)	甲戌	申	巳	18	壬辰(午未)	甲申	酉	巳
3	丁丑(申酉)	甲戌	申	巳	19	癸巳(午未)	甲申	酉	巳
4	戊寅(申酉)	甲戌	申	巳 神藏殺沒 (卯酉)	20	甲午(辰巳)	甲午	酉	巳 神藏殺沒 (酉卯)
5	己卯(申酉)	甲戌	申	巳	21	乙未(辰巳)	甲午	酉	巳
6	庚辰(申酉)	甲戌	申	巳 神藏殺沒 (卯酉)	22	丙申(辰巳)	甲午	酉	巳
7	辛巳(申酉)	甲戌	申	巳	23	丁酉(辰巳) (秋分:將變)	甲午	酉	巳·辰 巳(11:27:59).辰(11:28以後)
8	壬午(申酉) (白露:建變)	甲戌	申·酉 申(02:00:59).酉(02:01以後)	巳	24	戊戌(辰巳)	甲午	酉	辰
9	癸未(申酉)	甲戌	酉	巳	25	己亥(辰巳)	甲午	酉	辰
10	甲申(午未)	甲申	酉	巳 神藏殺沒 (酉卯)	26	庚子(辰巳)	甲午	酉	辰
11	乙酉(午未)	甲申	酉	巳	27	辛丑(辰巳)	甲午	酉	辰
12	丙戌(午未)	甲申	酉	巳	28	壬寅(辰巳)	甲午	酉	辰
13	丁亥(午未)	甲申	酉	巳	29	癸卯(辰巳)	甲午	酉	辰
14	戊子(午未)	甲申	酉	巳 神藏殺沒 (卯酉)	30	甲辰(寅卯)	甲辰	酉	辰 神藏殺沒 (申寅)
15	己丑(午未)	甲申	酉	巳					
16	庚寅(午未)	甲申	酉	巳 神藏殺沒 (卯酉)					

2014(甲午)年 10月[陽曆]

<table>
<tr><th>日</th><th>日辰(空亡)</th><th>旬</th><th>月建</th><th>月將</th><th>日</th><th>日辰(空亡)</th><th>旬</th><th>月建</th><th>月將</th></tr>
<tr><td>1</td><td>乙巳(寅卯)</td><td>甲辰</td><td>酉</td><td>辰</td><td>17</td><td>辛酉(子丑)</td><td>甲寅</td><td>戌</td><td>辰</td></tr>
<tr><td>2</td><td>丙午(寅卯)</td><td>甲辰</td><td>酉</td><td>辰</td><td>18</td><td>壬戌(子丑)</td><td>甲寅</td><td>戌</td><td>辰</td></tr>
<tr><td>3</td><td>丁未(寅卯)</td><td>甲辰</td><td>酉</td><td>辰</td><td>19</td><td>癸亥(子丑)</td><td>甲寅</td><td>戌</td><td>辰</td></tr>
<tr><td>4</td><td>戊申(寅卯)</td><td>甲辰</td><td>酉</td><td>辰</td><td>20</td><td>甲子(戌亥)</td><td>甲子</td><td>戌</td><td>辰
神藏殺沒
(申寅)</td></tr>
<tr><td>5</td><td>己酉(寅卯)</td><td>甲辰</td><td>酉</td><td>辰</td><td>21</td><td>乙丑(戌亥)</td><td>甲子</td><td>戌</td><td>辰</td></tr>
<tr><td>6</td><td>庚戌(寅卯)</td><td>甲辰</td><td>酉</td><td>辰</td><td>22</td><td>丙寅(戌亥)</td><td>甲子</td><td>戌</td><td>辰</td></tr>
<tr><td rowspan="2">7</td><td rowspan="2">辛亥(寅卯)</td><td rowspan="2">甲辰</td><td rowspan="2">酉</td><td rowspan="2">辰</td><td rowspan="2">23</td><td rowspan="2">丁卯(戌亥)
(霜降:將變)</td><td>甲子</td><td>戌</td><td>辰·卯</td></tr>
<tr><td colspan="3">辰(20:55:59).卯(20:56以後)</td></tr>
<tr><td rowspan="2">8</td><td rowspan="2">壬子(寅卯)
(寒露:建變)</td><td>甲辰</td><td>酉·戌</td><td>辰</td><td rowspan="2">24</td><td rowspan="2">戊辰(戌亥)</td><td rowspan="2">甲子</td><td rowspan="2">戌</td><td rowspan="2">卯</td></tr>
<tr><td colspan="3">酉(17:46:59).戌(17:47以後)</td></tr>
<tr><td>9</td><td>癸丑(寅卯)</td><td>甲辰</td><td>戌</td><td>辰</td><td>25</td><td>己巳(戌亥)</td><td>甲子</td><td>戌</td><td>卯</td></tr>
<tr><td>10</td><td>甲寅(子丑)</td><td>甲寅</td><td>戌</td><td>辰
神藏殺沒
(申寅)</td><td>26</td><td>庚午(戌亥)</td><td>甲子</td><td>戌</td><td>卯</td></tr>
<tr><td>11</td><td>乙卯(子丑)</td><td>甲寅</td><td>戌</td><td>辰</td><td>27</td><td>辛未(戌亥)</td><td>甲子</td><td>戌</td><td>卯</td></tr>
<tr><td>12</td><td>丙辰(子丑)</td><td>甲寅</td><td>戌</td><td>辰</td><td>28</td><td>壬申(戌亥)</td><td>甲子</td><td>戌</td><td>卯</td></tr>
<tr><td>13</td><td>丁巳(子丑)</td><td>甲寅</td><td>戌</td><td>辰</td><td>29</td><td>癸酉(戌亥)</td><td>甲子</td><td>戌</td><td>卯</td></tr>
<tr><td>14</td><td>戊午(子丑)</td><td>甲寅</td><td>戌</td><td>辰</td><td>30</td><td>甲戌(申酉)</td><td>甲戌</td><td>戌</td><td>卯
神藏殺沒
(未丑)</td></tr>
<tr><td>15</td><td>己未(子丑)</td><td>甲寅</td><td>戌</td><td>辰</td><td>31</td><td>乙亥(申酉)</td><td>甲戌</td><td>戌</td><td>卯</td></tr>
<tr><td>16</td><td>庚申(子丑)</td><td>甲寅</td><td>戌</td><td>辰</td><td></td><td></td><td></td><td></td><td></td></tr>
</table>

2014(甲午)年 11月[陽曆]

日	日辰(空亡)	旬	月建	月將	日	日辰(空亡)	旬	月建	月將
1	丙子(申酉)	甲戌	戌	卯	17	壬辰(午未)	甲申	亥	卯
2	丁丑(申酉)	甲戌	戌	卯	18	癸巳(午未)	甲申	亥	卯
3	戊寅(申酉)	甲戌	戌	卯	19	甲午(辰巳)	甲午	亥	卯 神藏殺沒 (未丑)
4	己卯(申酉)	甲戌	戌	卯	20	乙未(辰巳)	甲午	亥	卯
5	庚辰(申酉)	甲戌	戌	卯	21	丙申(辰巳)	甲午	亥	卯
6	辛巳(申酉)	甲戌	戌	卯	22	丁酉(辰巳) (小雪:將變)	甲午	亥	卯·寅 卯(18:36:59).寅(18:37以後)
7	壬午(申酉) (立冬:建變)	甲戌	戌·亥 戌(21:05:59).亥(21:06以後)	卯	23	戊戌(辰巳)	甲午	亥	寅
8	癸未(申酉)	甲戌	亥	卯	24	己亥(辰巳)	甲午	亥	寅
9	甲申(午未)	甲申	亥	卯 神藏殺沒 (未丑)	25	庚子(辰巳)	甲午	亥	寅
10	乙酉(午未)	甲申	亥	卯	26	辛丑(辰巳)	甲午	亥	寅
11	丙戌(午未)	甲申	亥	卯	27	壬寅(辰巳)	甲午	亥	寅
12	丁亥(午未)	甲申	亥	卯	28	癸卯(辰巳)	甲午	亥	寅
13	戊子(午未)	甲申	亥	卯	29	甲辰(寅卯)	甲辰	亥	寅 神藏殺沒 (午子)
14	己丑(午未)	甲申	亥	卯	30	乙巳(寅卯)	甲辰	亥	寅
15	庚寅(午未)	甲申	亥	卯					
16	辛卯(午未)	甲申	亥	卯					

2014(甲午)年 12月[陽曆]

日	日辰(空亡)	旬	月建	月將	日	日辰(空亡)	旬	月建	月將
1	丙午(寅卯)	甲辰	亥	寅	17	壬戌(子丑)	甲寅	子	寅
2	丁未(寅卯)	甲辰	亥	寅	18	癸亥(子丑)	甲寅	子	寅
3	戊申(寅卯)	甲辰	亥	寅	19	甲子(戌亥)	甲子	子	寅 神藏殺沒 (午子)
4	己酉(寅卯)	甲辰	亥	寅	20	乙丑(戌亥)	甲子	子	寅
5	庚戌(寅卯)	甲辰	亥	寅	21	丙寅(戌亥)	甲子	子	寅
6	辛亥(寅卯)	甲辰	亥	寅	22	丁卯(戌亥) (冬至:將變)	甲子	子	寅·丑 寅(08:01:59).丑(08:02以後)
7	壬子(寅卯) (大雪:建變)	甲辰	亥·子 亥(14:02:59).子(14:03以後)	寅	23	戊辰(戌亥)	甲子	子	丑
8	癸丑(寅卯)	甲辰	子	寅	24	己巳(戌亥)	甲子	子	丑
9	甲寅(子丑)	甲寅	子	寅 神藏殺沒 (午子)	25	庚午(戌亥)	甲子	子	丑
10	乙卯(子丑)	甲寅	子	寅	26	辛未(戌亥)	甲子	子	丑
11	丙辰(子丑)	甲寅	子	寅	27	壬申(戌亥)	甲子	子	丑
12	丁巳(子丑)	甲寅	子	寅	28	癸酉(戌亥)	甲子	子	丑
13	戊午(子丑)	甲寅	子	寅	29	甲戌(申酉)	甲戌	子	丑 神藏殺沒 (巳亥)
14	己未(子丑)	甲寅	子	寅	30	乙亥(申酉)	甲戌	子	丑
15	庚申(子丑)	甲寅	子	寅	31	丙子(申酉)	甲戌	子	丑
16	辛酉(子丑)	甲寅	子	寅					

2015(乙未)年 1月[陽曆]

<table>
<tr><th>日</th><th>日辰(空亡)</th><th>旬</th><th>月建</th><th>月將</th><th>日</th><th>日辰(空亡)</th><th>旬</th><th>月建</th><th>月將</th></tr>
<tr><td>1</td><td>丁丑(申酉)</td><td>甲戌</td><td>子</td><td>丑</td><td>17</td><td>癸巳(午未)</td><td>甲申</td><td>丑</td><td>丑</td></tr>
<tr><td>2</td><td>戊寅(申酉)</td><td>甲戌</td><td>子</td><td>丑</td><td>18</td><td>甲午(辰巳)</td><td>甲午</td><td>丑</td><td>丑
神藏殺沒
(巳亥)</td></tr>
<tr><td>3</td><td>己卯(申酉)</td><td>甲戌</td><td>子</td><td>丑</td><td>19</td><td>乙未(辰巳)</td><td>甲午</td><td>丑</td><td>丑</td></tr>
<tr><td rowspan="2">4</td><td rowspan="2">庚辰(申酉)</td><td rowspan="2">甲戌</td><td rowspan="2">子</td><td rowspan="2">丑</td><td rowspan="2">20</td><td rowspan="2">丙申(辰巳)
(大寒:將變)</td><td>甲午</td><td>丑</td><td>丑·子</td></tr>
<tr><td colspan="3">丑(18:41:59).子(18:42以後)</td></tr>
<tr><td>5</td><td>辛巳(申酉)</td><td>甲戌</td><td>子</td><td>丑</td><td>21</td><td>丁酉(辰巳)</td><td>甲午</td><td>丑</td><td>子</td></tr>
<tr><td rowspan="2">6</td><td rowspan="2">壬午(申酉)
(小寒:建變)</td><td>甲戌</td><td>子·丑</td><td>丑</td><td rowspan="2">22</td><td rowspan="2">戊戌(辰巳)</td><td rowspan="2">甲午</td><td rowspan="2">丑</td><td rowspan="2">子</td></tr>
<tr><td colspan="3">子(01:19:59).丑(01:20以後)</td></tr>
<tr><td>7</td><td>癸未(申酉)</td><td>甲戌</td><td>丑</td><td>丑</td><td>23</td><td>己亥(辰巳)</td><td>甲午</td><td>丑</td><td>子</td></tr>
<tr><td>8</td><td>甲申(午未)</td><td>甲申</td><td>丑</td><td>丑
神藏殺沒
(巳亥)</td><td>24</td><td>庚子(辰巳)</td><td>甲午</td><td>丑</td><td>子</td></tr>
<tr><td>9</td><td>乙酉(午未)</td><td>甲申</td><td>丑</td><td>丑</td><td>25</td><td>辛丑(辰巳)</td><td>甲午</td><td>丑</td><td>子</td></tr>
<tr><td>10</td><td>丙戌(午未)</td><td>甲申</td><td>丑</td><td>丑</td><td>26</td><td>壬寅(辰巳)</td><td>甲午</td><td>丑</td><td>子</td></tr>
<tr><td>11</td><td>丁亥(午未)</td><td>甲申</td><td>丑</td><td>丑</td><td>27</td><td>癸卯(辰巳)</td><td>甲午</td><td>丑</td><td>子</td></tr>
<tr><td>12</td><td>戊子(午未)</td><td>甲申</td><td>丑</td><td>丑</td><td>28</td><td>甲辰(寅卯)</td><td>甲辰</td><td>丑</td><td>子
神藏殺沒
(辰戌)</td></tr>
<tr><td>13</td><td>己丑(午未)</td><td>甲申</td><td>丑</td><td>丑</td><td>29</td><td>乙巳(寅卯)</td><td>甲辰</td><td>丑</td><td>子</td></tr>
<tr><td>14</td><td>庚寅(午未)</td><td>甲申</td><td>丑</td><td>丑</td><td>30</td><td>丙午(寅卯)</td><td>甲辰</td><td>丑</td><td>子</td></tr>
<tr><td>15</td><td>辛卯(午未)</td><td>甲申</td><td>丑</td><td>丑</td><td>31</td><td>丁未(寅卯)</td><td>甲辰</td><td>丑</td><td>子</td></tr>
<tr><td>16</td><td>壬辰(午未)</td><td>甲申</td><td>丑</td><td>丑</td><td></td><td></td><td></td><td></td><td></td></tr>
</table>

2015(乙未)年 2月[陽曆]

日	日辰(空亡)	旬	月建	月將	日	日辰(空亡)	旬	月建	月將
1	戊申(寅卯)	甲辰	丑	子	17	甲子(戌亥)	甲子	寅	子 神藏殺沒 (辰戌)
2	己酉(寅卯)	甲辰	丑	子	18	乙丑(戌亥)	甲子	寅	子
3	庚戌(寅卯)	甲辰	丑	子	19	丙寅(戌亥) (雨水:將變)	甲子	寅	子·亥 子(08:48:59).亥(08:49以後)
4	辛亥(寅卯) (立春:建變)	甲辰	丑·寅 丑(12:57:59).寅(12:58以後)	子	20	丁卯(戌亥)	甲子	寅	亥
5	壬子(寅卯)	甲辰	寅	子	21	戊辰(戌亥)	甲子	寅	亥 神藏殺沒 (酉卯)
6	癸丑(寅卯)	甲辰	寅	子	22	己巳(戌亥)	甲子	寅	亥
7	甲寅(子丑)	甲寅	寅	子 神藏殺沒 (辰戌)	23	庚午(戌亥)	甲子	寅	亥 神藏殺沒 (酉卯)
8	乙卯(子丑)	甲寅	寅	子	24	辛未(戌亥)	甲子	寅	亥
9	丙辰(子丑)	甲寅	寅	子	25	壬申(戌亥)	甲子	寅	亥
10	丁巳(子丑)	甲寅	寅	子	26	癸酉(戌亥)	甲子	寅	亥
11	戊午(子丑)	甲寅	寅	子	27	甲戌(申酉)	甲戌	寅	亥 神藏殺沒 (卯酉)
12	己未(子丑)	甲寅	寅	子	28	乙亥(申酉)	甲戌	寅	亥
13	庚申(子丑)	甲寅	寅	子					
14	辛酉(子丑)	甲寅	寅	子					
15	壬戌(子丑)	甲寅	寅	子					
16	癸亥(子丑)	甲寅	寅	子					

2015(乙未)年 3月[陽曆]

<table>
<tr><th>日</th><th>日辰(空亡)</th><th>旬</th><th>月建</th><th>月將</th><th>日</th><th>日辰(空亡)</th><th>旬</th><th>月建</th><th>月將</th></tr>
<tr><td>1</td><td>丙子(申酉)</td><td>甲戌</td><td>寅</td><td>亥</td><td>17</td><td>壬辰(午未)</td><td>甲申</td><td>卯</td><td>亥</td></tr>
<tr><td>2</td><td>丁丑(申酉)</td><td>甲戌</td><td>寅</td><td>亥</td><td>18</td><td>癸巳(午未)</td><td>甲申</td><td>卯</td><td>亥</td></tr>
<tr><td>3</td><td>戊寅(申酉)</td><td>甲戌</td><td>寅</td><td>亥
神藏殺沒
(酉卯)</td><td>19</td><td>甲午(辰巳)</td><td>甲午</td><td>卯</td><td>亥
神藏殺沒
(卯酉)</td></tr>
<tr><td>4</td><td>己卯(申酉)</td><td>甲戌</td><td>寅</td><td>亥</td><td>20</td><td>乙未(辰巳)</td><td>甲午</td><td>卯</td><td>亥</td></tr>
<tr><td rowspan="2">5</td><td rowspan="2">庚辰(申酉)</td><td rowspan="2">甲戌</td><td rowspan="2">寅</td><td rowspan="2">亥
神藏殺沒
(酉卯)</td><td rowspan="2">21</td><td rowspan="2">丙申(辰巳)
(春分:將變)</td><td>甲午</td><td>卯</td><td>亥·戌</td></tr>
<tr><td colspan="3">亥(07:43:59).戌(07:44以後)</td></tr>
<tr><td rowspan="2">6</td><td rowspan="2">辛巳(申酉)
(驚蟄:建變)</td><td>甲戌</td><td>寅·卯</td><td>亥</td><td rowspan="2">22</td><td rowspan="2">丁酉(辰巳)</td><td rowspan="2">甲午</td><td rowspan="2">卯</td><td rowspan="2">戌</td></tr>
<tr><td colspan="3">寅(06:54:59).卯(06:55以後)</td></tr>
<tr><td>7</td><td>壬午(申酉)</td><td>甲戌</td><td>卯</td><td>亥</td><td>23</td><td>戊戌(辰巳)</td><td>甲午</td><td>卯</td><td>戌
神藏殺沒
(申寅)</td></tr>
<tr><td>8</td><td>癸未(申酉)</td><td>甲戌</td><td>卯</td><td>亥</td><td>24</td><td>己亥(辰巳)</td><td>甲午</td><td>卯</td><td>戌</td></tr>
<tr><td>9</td><td>甲申(午未)</td><td>甲申</td><td>卯</td><td>亥
神藏殺沒
(卯酉)</td><td>25</td><td>庚子(辰巳)</td><td>甲午</td><td>卯</td><td>戌
神藏殺沒
(申寅)</td></tr>
<tr><td>10</td><td>乙酉(午未)</td><td>甲申</td><td>卯</td><td>亥</td><td>26</td><td>辛丑(辰巳)</td><td>甲午</td><td>卯</td><td>戌</td></tr>
<tr><td>11</td><td>丙戌(午未)</td><td>甲申</td><td>卯</td><td>亥</td><td>27</td><td>壬寅(辰巳)</td><td>甲午</td><td>卯</td><td>戌</td></tr>
<tr><td>12</td><td>丁亥(午未)</td><td>甲申</td><td>卯</td><td>亥</td><td>28</td><td>癸卯(辰巳)</td><td>甲午</td><td>卯</td><td>戌</td></tr>
<tr><td>13</td><td>戊子(午未)</td><td>甲申</td><td>卯</td><td>亥
神藏殺沒
(酉卯)</td><td>29</td><td>甲辰(寅卯)</td><td>甲辰</td><td>卯</td><td>戌</td></tr>
<tr><td>14</td><td>己丑(午未)</td><td>甲申</td><td>卯</td><td>亥</td><td>30</td><td>乙巳(寅卯)</td><td>甲辰</td><td>卯</td><td>戌</td></tr>
<tr><td>15</td><td>庚寅(午未)</td><td>甲申</td><td>卯</td><td>亥
神藏殺沒
(酉卯)</td><td>31</td><td>丙午(寅卯)</td><td>甲辰</td><td>卯</td><td>戌</td></tr>
<tr><td>16</td><td>辛卯(午未)</td><td>甲申</td><td>卯</td><td>亥</td><td></td><td></td><td></td><td></td><td></td></tr>
</table>

2015(乙未)年 4月[陽曆]

<table>
<tr><th>日</th><th>日辰(空亡)</th><th>旬</th><th>月建</th><th>月將</th><th>日</th><th>日辰(空亡)</th><th>旬</th><th>月建</th><th>月將</th></tr>
<tr><td>1</td><td>丁未(寅卯)</td><td>甲辰</td><td>卯</td><td>戌</td><td>17</td><td>癸亥(子丑)</td><td>甲寅</td><td>辰</td><td>戌</td></tr>
<tr><td>2</td><td>戊申(寅卯)</td><td>甲辰</td><td>卯</td><td>戌
神藏殺沒
(申寅)</td><td>18</td><td>甲子(戌亥)</td><td>甲子</td><td>辰</td><td>戌</td></tr>
<tr><td>3</td><td>己酉(寅卯)</td><td>甲辰</td><td>卯</td><td>戌</td><td>19</td><td>乙丑(戌亥)</td><td>甲子</td><td>辰</td><td>戌</td></tr>
<tr><td rowspan="2">4</td><td rowspan="2">庚戌(寅卯)</td><td rowspan="2">甲辰</td><td rowspan="2">卯</td><td rowspan="2">戌
神藏殺沒
(申寅)</td><td rowspan="2">20</td><td rowspan="2">丙寅(戌亥)
(穀雨:將變)</td><td>甲子</td><td>辰</td><td>戌·酉</td></tr>
<tr><td colspan="3">戌(18:40:59).酉(18:41以後)</td></tr>
<tr><td rowspan="2">5</td><td rowspan="2">辛亥(寅卯)
(淸明:建變)</td><td>甲辰</td><td>卯·辰</td><td>戌</td><td rowspan="2">21</td><td rowspan="2">丁卯(戌亥)</td><td rowspan="2">甲子</td><td rowspan="2">辰</td><td rowspan="2">酉</td></tr>
<tr><td colspan="3">卯(11:37:59).辰(11:38以後)</td></tr>
<tr><td>6</td><td>壬子(寅卯)</td><td>甲辰</td><td>辰</td><td>戌</td><td>22</td><td>戊辰(戌亥)</td><td>甲子</td><td>辰</td><td>酉
神藏殺沒
(未丑)</td></tr>
<tr><td>7</td><td>癸丑(寅卯)</td><td>甲辰</td><td>辰</td><td>戌</td><td>23</td><td>己巳(戌亥)</td><td>甲子</td><td>辰</td><td>酉</td></tr>
<tr><td>8</td><td>甲寅(子丑)</td><td>甲寅</td><td>辰</td><td>戌</td><td>24</td><td>庚午(戌亥)</td><td>甲子</td><td>辰</td><td>酉
神藏殺沒
(未丑)</td></tr>
<tr><td>9</td><td>乙卯(子丑)</td><td>甲寅</td><td>辰</td><td>戌</td><td>25</td><td>辛未(戌亥)</td><td>甲子</td><td>辰</td><td>酉</td></tr>
<tr><td>10</td><td>丙辰(子丑)</td><td>甲寅</td><td>辰</td><td>戌</td><td>26</td><td>壬申(戌亥)</td><td>甲子</td><td>辰</td><td>酉</td></tr>
<tr><td>11</td><td>丁巳(子丑)</td><td>甲寅</td><td>辰</td><td>戌</td><td>27</td><td>癸酉(戌亥)</td><td>甲子</td><td>辰</td><td>酉</td></tr>
<tr><td>12</td><td>戊午(子丑)</td><td>甲寅</td><td>辰</td><td>戌
神藏殺沒
(申寅)</td><td>28</td><td>甲戌(申酉)</td><td>甲戌</td><td>辰</td><td>酉</td></tr>
<tr><td>13</td><td>己未(子丑)</td><td>甲寅</td><td>辰</td><td>戌</td><td>29</td><td>乙亥(申酉)</td><td>甲戌</td><td>辰</td><td>酉</td></tr>
<tr><td>14</td><td>庚申(子丑)</td><td>甲寅</td><td>辰</td><td>戌
神藏殺沒
(申寅)</td><td>30</td><td>丙子(申酉)</td><td>甲戌</td><td>辰</td><td>酉</td></tr>
<tr><td>15</td><td>辛酉(子丑)</td><td>甲寅</td><td>辰</td><td>戌</td><td></td><td></td><td></td><td></td><td></td></tr>
<tr><td>16</td><td>壬戌(子丑)</td><td>甲寅</td><td>辰</td><td>戌</td><td></td><td></td><td></td><td></td><td></td></tr>
</table>

2015(乙未)年 5月[陽曆]

日	日辰(空亡)	旬	月建	月將	日	日辰(空亡)	旬	月建	月將
1	丁丑(申酉)	甲戌	辰	酉	17	癸巳(午未)	甲申	巳	酉
2	戊寅(申酉)	甲戌	辰	酉 神藏殺沒 (未丑)	18	甲午(辰巳)	甲午	巳	酉
3	己卯(申酉)	甲戌	辰	酉	19	乙未(辰巳)	甲午	巳	酉
4	庚辰(申酉)	甲戌	辰	酉 神藏殺沒 (未丑)	20	丙申(辰巳)	甲午	巳	酉
5	辛巳(申酉)	甲戌	辰	酉	21	丁酉(辰巳) (小滿:將變)	甲午 酉(17:43:59).申(17:44以後)	巳	酉·申
6	壬午(申酉) (立夏:建變)	甲戌 辰(04:51:59).巳(04:52以後)	辰·巳	酉	22	戊戌(辰巳)	甲午	巳	申 神藏殺沒 (午子)
7	癸未(申酉)	甲戌	巳	酉	23	己亥(辰巳)	甲午	巳	申
8	甲申(午未)	甲申	巳	酉	24	庚子(辰巳)	甲午	巳	申 神藏殺沒 (午子)
9	乙酉(午未)	甲申	巳	酉	25	辛丑(辰巳)	甲午	巳	申
10	丙戌(午未)	甲申	巳	酉	26	壬寅(辰巳)	甲午	巳	申
11	丁亥(午未)	甲申	巳	酉	27	癸卯(辰巳)	甲午	巳	申
12	戊子(午未)	甲申	巳	酉 神藏殺沒 (未丑)	28	甲辰(寅卯)	甲辰	巳	申
13	己丑(午未)	甲申	巳	酉	29	乙巳(寅卯)	甲辰	巳	申
14	庚寅(午未)	甲申	巳	酉 神藏殺沒 (未丑)	30	丙午(寅卯)	甲辰	巳	申
15	辛卯(午未)	甲申	巳	酉	31	丁未(寅卯)	甲辰	巳	申
16	壬辰(午未)	甲申	巳	酉					

2015(乙未)年 6月[陽曆]

日	日辰(空亡)	旬	月建	月將	日	日辰(空亡)	旬	月建	月將
1	戊申(寅卯)	甲辰	巳	申 神藏殺沒 (午子)	17	甲子(戌亥)	甲子	午	申
2	己酉(寅卯)	甲辰	巳	申	18	乙丑(戌亥)	甲子	午	申
3	庚戌(寅卯)	甲辰	巳	申 神藏殺沒 (午子)	19	丙寅(戌亥)	甲子	午	申
4	辛亥(寅卯)	甲辰	巳	申	20	丁卯(戌亥)	甲子	午	申
5	壬子(寅卯)	甲辰	巳	申	21	戊辰(戌亥)	甲子	午	申 神藏殺沒 (午子)
6	癸丑(寅卯) (芒種:建變)	甲辰	巳·午	申	22	己巳(戌亥) (夏至:將變)	甲子	午	申·未
		巳(08:56:59).午(08:57以後)					申(01:36:59).未(01:37以後)		
7	甲寅(子丑)	甲寅	午	申	23	庚午(戌亥)	甲子	午	未 神藏殺沒 (巳亥)
8	乙卯(子丑)	甲寅	午	申	24	辛未(戌亥)	甲子	午	未
9	丙辰(子丑)	甲寅	午	申	25	壬申(戌亥)	甲子	午	未
10	丁巳(子丑)	甲寅	午	申	26	癸酉(戌亥)	甲子	午	未
11	戊午(子丑)	甲寅	午	申 神藏殺沒 (午子)	27	甲戌(申酉)	甲戌	午	未
12	己未(子丑)	甲寅	午	申	28	乙亥(申酉)	甲戌	午	未
13	庚申(子丑)	甲寅	午	申 神藏殺沒 (午子)	29	丙子(申酉)	甲戌	午	未
14	辛酉(子丑)	甲寅	午	申	30	丁丑(申酉)	甲戌	午	未
15	壬戌(子丑)	甲寅	午	申					
16	癸亥(子丑)	甲寅	午	申					

2015(乙未)年 7月[陽曆]

日	日辰(空亡)	旬	月建	月將	日	日辰(空亡)	旬	月建	月將
1	戊寅(申酉)	甲戌	午	未 神藏殺沒 (巳亥)	17	甲午(辰巳)	甲午	未	未
2	己卯(申酉)	甲戌	午	未	18	乙未(辰巳)	甲午	未	未
3	庚辰(申酉)	甲戌	午	未 神藏殺沒 (巳亥)	19	丙申(辰巳)	甲午	未	未
4	辛巳(申酉)	甲戌	午	未	20	丁酉(辰巳)	甲午	未	未
5	壬午(申酉)	甲戌	午	未	21	戊戌(辰巳)	甲午	未	未 神藏殺沒 (巳亥)
6	癸未(申酉)	甲戌	午	未	22	己亥(辰巳)	甲午	未	未
7	甲申(午未) (小暑:建變)	甲申 午(19:10:59).未(19:11以後)	午·未	未	23	庚子(辰巳) (大暑:將變)	甲午 未(12:29:59).午(12:30以後) 神藏殺沒 (未月將:巳亥. 午月將:辰戌)	未	未·午
8	乙酉(午未)	甲申	未	未	24	辛丑(辰巳)	甲午	未	午
9	丙戌(午未)	甲申	未	未	25	壬寅(辰巳)	甲午	未	午
10	丁亥(午未)	甲申	未	未	26	癸卯(辰巳)	甲午	未	午
11	戊子(午未)	甲申	未	未 神藏殺沒 (巳亥)	27	甲辰(寅卯)	甲辰	未	午
12	己丑(午未)	甲申	未	未	28	乙巳(寅卯)	甲辰	未	午
13	庚寅(午未)	甲申	未	未 神藏殺沒 (巳亥)	29	丙午(寅卯)	甲辰	未	午
14	辛卯(午未)	甲申	未	未	30	丁未(寅卯)	甲辰	未	午
15	壬辰(午未)	甲申	未	未	31	戊申(寅卯)	甲辰	未	午 神藏殺沒 (辰戌)
16	癸巳(午未)	甲申	未	未					

2015(乙未)年 8月[陽曆]

日	日辰(空亡)	旬	月建	月將	日	日辰(空亡)	旬	月建	月將
1	己酉(寅卯)	甲辰	未	午	17	乙丑(戌亥)	甲子	申	午
2	庚戌(寅卯)	甲辰	未	午 神藏殺沒 (辰戌)	18	丙寅(戌亥)	甲子	申	午
3	辛亥(寅卯)	甲辰	未	午	19	丁卯(戌亥)	甲子	申	午
4	壬子(寅卯)	甲辰	未	午	20	戊辰(戌亥)	甲子	申	午 神藏殺沒 (辰戌)
5	癸丑(寅卯)	甲辰	未	午	21	己巳(戌亥)	甲子	申	午
6	甲寅(子丑)	甲寅	未	午	22	庚午(戌亥)	甲子	申	午 神藏殺沒 (辰戌)
7	乙卯(子丑)	甲寅	未	午	23	辛未(戌亥) (處暑:將變)	甲子	申	午·巳 午(19:35:59).巳(19:36以後)
8	丙辰(子丑) (立秋:建變)	甲寅	未·申	午 未(04:59:59).申(05:00以後)	24	壬申(戌亥)	甲子	申	巳
9	丁巳(子丑)	甲寅	申	午	25	癸酉(戌亥)	甲子	申	巳
10	戊午(子丑)	甲寅	申	午 神藏殺沒 (辰戌)	26	甲戌(申酉)	甲戌	申	巳 神藏殺沒 (酉卯)
11	己未(子丑)	甲寅	申	午	27	乙亥(申酉)	甲戌	申	巳
12	庚申(子丑)	甲寅	申	午 神藏殺沒 (辰戌)	28	丙子(申酉)	甲戌	申	巳
13	辛酉(子丑)	甲寅	申	午	29	丁丑(申酉)	甲戌	申	巳
14	壬戌(子丑)	甲寅	申	午	30	戊寅(申酉)	甲戌	申	巳 神藏殺沒 (卯酉)
15	癸亥(子丑)	甲寅	申	午	31	己卯(申酉)	甲戌	申	巳
16	甲子(戌亥)	甲子	申	午					

2015(乙未)年 9月[陽曆]

日	日辰(空亡)	旬	月建	月將	日	日辰(空亡)	旬	月建	月將
1	庚辰(申酉)	甲戌	申	巳 神藏殺沒 (卯酉)	17	丙申(辰巳)	甲午	酉	巳
2	辛巳(申酉)	甲戌	申	巳	18	丁酉(辰巳)	甲午	酉	巳
3	壬午(申酉)	甲戌	申	巳	19	戊戌(辰巳)	甲午	酉	巳 神藏殺沒 (卯酉)
4	癸未(申酉)	甲戌	申	巳	20	己亥(辰巳)	甲午	酉	巳
5	甲申(午未)	甲申	申	巳 神藏殺沒 (酉卯)	21	庚子(辰巳)	甲午	酉	巳 神藏殺沒 (卯酉)
6	乙酉(午未)	甲申	申	巳	22	辛丑(辰巳)	甲午	酉	巳
7	丙戌(午未)	甲申	申	巳	23	壬寅(辰巳) (秋分:將變)	甲午	酉	巳·辰 巳(17:19:59).辰(17:20以後)
8	丁亥(午未) (白露:建變)	甲申	申·酉 申(07:58:59).酉(07:59以後)	巳	24	癸卯(辰巳)	甲午	酉	辰
9	戊子(午未)	甲申	酉	巳 神藏殺沒 (卯酉)	25	甲辰(寅卯)	甲辰	酉	辰 神藏殺沒 (申寅)
10	己丑(午未)	甲申	酉	巳	26	乙巳(寅卯)	甲辰	酉	辰
11	庚寅(午未)	甲申	酉	巳 神藏殺沒 (卯酉)	27	丙午(寅卯)	甲辰	酉	辰
12	辛卯(午未)	甲申	酉	巳	28	丁未(寅卯)	甲辰	酉	辰
13	壬辰(午未)	甲申	酉	巳	29	戊申(寅卯)	甲辰	酉	辰
14	癸巳(午未)	甲申	酉	巳	30	己酉(寅卯)	甲辰	酉	辰
15	甲午(辰巳)	甲午	酉	巳 神藏殺沒 (酉卯)					
16	乙未(辰巳)	甲午	酉	巳					

2015(乙未)年 10月[陽曆]

日	日辰(空亡)	旬	月建	月將	日	日辰(空亡)	旬	月建	月將
1	庚戌(寅卯)	甲辰	酉	辰	17	丙寅(戌亥)	甲子	戌	辰
2	辛亥(寅卯)	甲辰	酉	辰	18	丁卯(戌亥)	甲子	戌	辰
3	壬子(寅卯)	甲辰	酉	辰	19	戊辰(戌亥)	甲子	戌	辰
4	癸丑(寅卯)	甲辰	酉	辰	20	己巳(戌亥)	甲子	戌	辰
5	甲寅(子丑)	甲寅	酉	辰 神藏殺沒 (申寅)	21	庚午(戌亥)	甲子	戌	辰
6	乙卯(子丑)	甲寅	酉	辰	22	辛未(戌亥)	甲子	戌	辰
7	丙辰(子丑)	甲寅	酉	辰	23	壬申(戌亥)	甲子	戌	辰
8	丁巳(子丑) (寒露:建變)	甲寅	酉·戌	辰	24	癸酉(戌亥) (霜降:將變)	甲子	戌	辰·卯
		酉(23:41:59).戌(23:42以後)					辰(02:45:59).卯(02:46以後)		
9	戊午(子丑)	甲寅	戌	辰	25	甲戌(申酉)	甲戌	戌	卯 神藏殺沒 (未丑)
10	己未(子丑)	甲寅	戌	辰	26	乙亥(申酉)	甲戌	戌	卯
11	庚申(子丑)	甲寅	戌	辰	27	丙子(申酉)	甲戌	戌	卯
12	辛酉(子丑)	甲寅	戌	辰	28	丁丑(申酉)	甲戌	戌	卯
13	壬戌(子丑)	甲寅	戌	辰	29	戊寅(申酉)	甲戌	戌	卯
14	癸亥(子丑)	甲寅	戌	辰	30	己卯(申酉)	甲戌	戌	卯
15	甲子(戌亥)	甲子	戌	辰 神藏殺沒 (申寅)	31	庚辰(申酉)	甲戌	戌	卯
16	乙丑(戌亥)	甲子	戌	辰					

2015(乙未)年 11月[陽曆]

<table>
<tr><th>日</th><th>日辰(空亡)</th><th>旬</th><th>月建</th><th>月將</th><th>日</th><th>日辰(空亡)</th><th>旬</th><th>月建</th><th>月將</th></tr>
<tr><td>1</td><td>辛巳(申酉)</td><td>甲戌</td><td>戌</td><td>卯</td><td>17</td><td>丁酉(辰巳)</td><td>甲午</td><td>亥</td><td>卯</td></tr>
<tr><td>2</td><td>壬午(申酉)</td><td>甲戌</td><td>戌</td><td>卯</td><td>18</td><td>戊戌(辰巳)</td><td>甲午</td><td>亥</td><td>卯</td></tr>
<tr><td>3</td><td>癸未(申酉)</td><td>甲戌</td><td>戌</td><td>卯</td><td>19</td><td>己亥(辰巳)</td><td>甲午</td><td>亥</td><td>卯</td></tr>
<tr><td>4</td><td>甲申(午未)</td><td>甲申</td><td>戌</td><td>卯
神藏殺沒
(未丑)</td><td>20</td><td>庚子(辰巳)</td><td>甲午</td><td>亥</td><td>卯</td></tr>
<tr><td>5</td><td>乙酉(午未)</td><td>甲申</td><td>戌</td><td>卯</td><td>21</td><td>辛丑(辰巳)</td><td>甲午</td><td>亥</td><td>卯</td></tr>
<tr><td>6</td><td>丙戌(午未)</td><td>甲申</td><td>戌</td><td>卯</td><td>22</td><td>壬寅(辰巳)</td><td>甲午</td><td>亥</td><td>卯</td></tr>
<tr><td rowspan="2">7</td><td rowspan="2">丁亥(午未)</td><td rowspan="2">甲申</td><td rowspan="2">戌</td><td rowspan="2">卯</td><td rowspan="2">23</td><td rowspan="2">癸卯(辰巳)
(小雪:將變)</td><td>甲午</td><td>亥</td><td>卯·寅</td></tr>
<tr><td colspan="3">卯(00:23:59).寅(00:24以後)</td></tr>
<tr><td rowspan="2">8</td><td rowspan="2">戊子(午未)
(立冬:建變)</td><td>甲申</td><td>戌·亥</td><td>卯</td><td rowspan="2">24</td><td rowspan="2">甲辰(寅卯)</td><td rowspan="2">甲辰</td><td rowspan="2">亥</td><td rowspan="2">寅
神藏殺沒
(午子)</td></tr>
<tr><td colspan="3">戌(02:57:59).亥(02:58以後)</td></tr>
<tr><td>9</td><td>己丑(午未)</td><td>甲申</td><td>亥</td><td>卯</td><td>25</td><td>乙巳(寅卯)</td><td>甲辰</td><td>亥</td><td>寅</td></tr>
<tr><td>10</td><td>庚寅(午未)</td><td>甲申</td><td>亥</td><td>卯</td><td>26</td><td>丙午(寅卯)</td><td>甲辰</td><td>亥</td><td>寅</td></tr>
<tr><td>11</td><td>辛卯(午未)</td><td>甲申</td><td>亥</td><td>卯</td><td>27</td><td>丁未(寅卯)</td><td>甲辰</td><td>亥</td><td>寅</td></tr>
<tr><td>12</td><td>壬辰(午未)</td><td>甲申</td><td>亥</td><td>卯</td><td>28</td><td>戊申(寅卯)</td><td>甲辰</td><td>亥</td><td>寅</td></tr>
<tr><td>13</td><td>癸巳(午未)</td><td>甲申</td><td>亥</td><td>卯</td><td>29</td><td>己酉(寅卯)</td><td>甲辰</td><td>亥</td><td>寅</td></tr>
<tr><td>14</td><td>甲午(辰巳)</td><td>甲午</td><td>亥</td><td>卯
神藏殺沒
(未丑)</td><td>30</td><td>庚戌(寅卯)</td><td>甲辰</td><td>亥</td><td>寅</td></tr>
<tr><td>15</td><td>乙未(辰巳)</td><td>甲午</td><td>亥</td><td>卯</td><td></td><td></td><td></td><td></td><td></td></tr>
<tr><td>16</td><td>丙申(辰巳)</td><td>甲午</td><td>亥</td><td>卯</td><td></td><td></td><td></td><td></td><td></td></tr>
</table>

2015(乙未)年 12月[陽曆]

日	日辰(空亡)	旬	月建	月將	日	日辰(空亡)	旬	月建	月將
1	辛亥(寅卯)	甲辰	亥	寅	17	丁卯(戌亥)	甲子	子	寅
2	壬子(寅卯)	甲辰	亥	寅	18	戊辰(戌亥)	甲子	子	寅
3	癸丑(寅卯)	甲辰	亥	寅	19	己巳(戌亥)	甲子	子	寅
4	甲寅(子丑)	甲寅	亥	寅 神藏殺沒 (午子)	20	庚午(戌亥)	甲子	子	寅
5	乙卯(子丑)	甲寅	亥	寅	21	辛未(戌亥)	甲子	子	寅
6	丙辰(子丑)	甲寅	亥	寅	22	壬申(戌亥) (冬至:將變)	甲子 寅(13:46:59).丑(13:47以後)	子	寅·丑
7	丁巳(子丑) (大雪:建變)	甲寅 亥(19:51:59).子(19:52以後)	亥·子	寅	23	癸酉(戌亥)	甲子	子	丑
8	戊午(子丑)	甲寅	子	寅	24	甲戌(申酉)	甲戌	子	丑 神藏殺沒 (巳亥)
9	己未(子丑)	甲寅	子	寅	25	乙亥(申酉)	甲戌	子	丑
10	庚申(子丑)	甲寅	子	寅	26	丙子(申酉)	甲戌	子	丑
11	辛酉(子丑)	甲寅	子	寅	27	丁丑(申酉)	甲戌	子	丑
12	壬戌(子丑)	甲寅	子	寅	28	戊寅(申酉)	甲戌	子	丑
13	癸亥(子丑)	甲寅	子	寅	29	己卯(申酉)	甲戌	子	丑
14	甲子(戌亥)	甲子	子	寅 神藏殺沒 (午子)	30	庚辰(申酉)	甲戌	子	丑
15	乙丑(戌亥)	甲子	子	寅	31	辛巳(申酉)	甲戌	子	丑
16	丙寅(戌亥)	甲子	子	寅					

2016(丙申)年 1月[陽曆]

<table>
<tr><th>日</th><th>日辰(空亡)</th><th>旬</th><th>月建</th><th>月將</th><th>日</th><th>日辰(空亡)</th><th>旬</th><th>月建</th><th>月將</th></tr>
<tr><td>1</td><td>壬午(申酉)</td><td>甲戌</td><td>子</td><td>丑</td><td>17</td><td>戊戌(辰巳)</td><td>甲午</td><td>丑</td><td>丑</td></tr>
<tr><td>2</td><td>癸未(申酉)</td><td>甲戌</td><td>子</td><td>丑</td><td>18</td><td>己亥(辰巳)</td><td>甲午</td><td>丑</td><td>丑</td></tr>
<tr><td>3</td><td>甲申(午未)</td><td>甲申</td><td>子</td><td>丑
神藏殺沒
(巳亥)</td><td>19</td><td>庚子(辰巳)</td><td>甲午</td><td>丑</td><td>丑</td></tr>
<tr><td>4</td><td>乙酉(午未)</td><td>甲申</td><td>子</td><td>丑</td><td>20</td><td>辛丑(辰巳)</td><td>甲午</td><td>丑</td><td>丑</td></tr>
<tr><td rowspan="2">5</td><td rowspan="2">丙戌(午未)</td><td rowspan="2">甲申</td><td rowspan="2">子</td><td rowspan="2">丑</td><td rowspan="2">21</td><td rowspan="2">壬寅(辰巳)
(大寒:將變)</td><td>甲午</td><td>丑</td><td>丑·子</td></tr>
<tr><td colspan="3">丑(00:25:59).子(00:26以後)</td></tr>
<tr><td rowspan="2">6</td><td rowspan="2">丁亥(午未)
(小寒:建變)</td><td>甲申</td><td>子·丑</td><td>丑</td><td rowspan="2">22</td><td rowspan="2">癸卯(辰巳)</td><td rowspan="2">甲午</td><td rowspan="2">丑</td><td rowspan="2">子</td></tr>
<tr><td colspan="3">子(07:06:59).丑(07:07以後)</td></tr>
<tr><td>7</td><td>戊子(午未)</td><td>甲申</td><td>丑</td><td>丑</td><td>23</td><td>甲辰(寅卯)</td><td>甲辰</td><td>丑</td><td>子
神藏殺沒
(辰戌)</td></tr>
<tr><td>8</td><td>己丑(午未)</td><td>甲申</td><td>丑</td><td>丑</td><td>24</td><td>乙巳(寅卯)</td><td>甲辰</td><td>丑</td><td>子</td></tr>
<tr><td>9</td><td>庚寅(午未)</td><td>甲申</td><td>丑</td><td>丑</td><td>25</td><td>丙午(寅卯)</td><td>甲辰</td><td>丑</td><td>子</td></tr>
<tr><td>10</td><td>辛卯(午未)</td><td>甲申</td><td>丑</td><td>丑</td><td>26</td><td>丁未(寅卯)</td><td>甲辰</td><td>丑</td><td>子</td></tr>
<tr><td>11</td><td>壬辰(午未)</td><td>甲申</td><td>丑</td><td>丑</td><td>27</td><td>戊申(寅卯)</td><td>甲辰</td><td>丑</td><td>子</td></tr>
<tr><td>12</td><td>癸巳(午未)</td><td>甲申</td><td>丑</td><td>丑</td><td>28</td><td>己酉(寅卯)</td><td>甲辰</td><td>丑</td><td>子</td></tr>
<tr><td>13</td><td>甲午(辰巳)</td><td>甲午</td><td>丑</td><td>丑
神藏殺沒
(巳亥)</td><td>29</td><td>庚戌(寅卯)</td><td>甲辰</td><td>丑</td><td>子</td></tr>
<tr><td>14</td><td>乙未(辰巳)</td><td>甲午</td><td>丑</td><td>丑</td><td>30</td><td>辛亥(寅卯)</td><td>甲辰</td><td>丑</td><td>子</td></tr>
<tr><td>15</td><td>丙申(辰巳)</td><td>甲午</td><td>丑</td><td>丑</td><td>31</td><td>壬子(寅卯)</td><td>甲辰</td><td>丑</td><td>子</td></tr>
<tr><td>16</td><td>丁酉(辰巳)</td><td>甲午</td><td>丑</td><td>丑</td><td></td><td></td><td></td><td></td><td></td></tr>
</table>

2016(丙申)年 2月[陽曆]

<table>
<tr><th>日</th><th>日辰(空亡)</th><th>旬</th><th>月建</th><th>月將</th><th>日</th><th>日辰(空亡)</th><th>旬</th><th>月建</th><th>月將</th></tr>
<tr><td>1</td><td>癸丑(寅卯)</td><td>甲辰</td><td>丑</td><td>子</td><td>17</td><td>己巳(戌亥)</td><td>甲子</td><td>寅</td><td>子</td></tr>
<tr><td>2</td><td>甲寅(子丑)</td><td>甲寅</td><td>丑</td><td>子
神藏殺沒
(辰戌)</td><td>18</td><td>庚午(戌亥)</td><td>甲子</td><td>寅</td><td>子</td></tr>
<tr><td rowspan="2">3</td><td rowspan="2">乙卯(子丑)</td><td rowspan="2">甲寅</td><td rowspan="2">丑</td><td rowspan="2">子</td><td rowspan="2">19</td><td rowspan="2">辛未(戌亥)
(雨水:將變)</td><td>甲子</td><td>寅</td><td>子·亥</td></tr>
<tr><td colspan="3">子(14:32:59).亥(14:33以後)</td></tr>
<tr><td rowspan="2">4</td><td rowspan="2">丙辰(子丑)
(立春:建變)</td><td>甲寅</td><td>丑·寅</td><td>子</td><td rowspan="2">20</td><td rowspan="2">壬申(戌亥)</td><td rowspan="2">甲子</td><td rowspan="2">寅</td><td rowspan="2">亥</td></tr>
<tr><td colspan="3">丑(18:44:59).寅(18:45以後)</td></tr>
<tr><td>5</td><td>丁巳(子丑)</td><td>甲寅</td><td>寅</td><td>子</td><td>21</td><td>癸酉(戌亥)</td><td>甲子</td><td>寅</td><td>亥</td></tr>
<tr><td>6</td><td>戊午(子丑)</td><td>甲寅</td><td>寅</td><td>子</td><td>22</td><td>甲戌(申酉)</td><td>甲戌</td><td>寅</td><td>亥
神藏殺沒
(卯酉)</td></tr>
<tr><td>7</td><td>己未(子丑)</td><td>甲寅</td><td>寅</td><td>子</td><td>23</td><td>乙亥(申酉)</td><td>甲戌</td><td>寅</td><td>亥</td></tr>
<tr><td>8</td><td>庚申(子丑)</td><td>甲寅</td><td>寅</td><td>子</td><td>24</td><td>丙子(申酉)</td><td>甲戌</td><td>寅</td><td>亥</td></tr>
<tr><td>9</td><td>辛酉(子丑)</td><td>甲寅</td><td>寅</td><td>子</td><td>25</td><td>丁丑(申酉)</td><td>甲戌</td><td>寅</td><td>亥</td></tr>
<tr><td>10</td><td>壬戌(子丑)</td><td>甲寅</td><td>寅</td><td>子</td><td>26</td><td>戊寅(申酉)</td><td>甲戌</td><td>寅</td><td>亥
神藏殺沒
(酉卯)</td></tr>
<tr><td>11</td><td>癸亥(子丑)</td><td>甲寅</td><td>寅</td><td>子</td><td>27</td><td>己卯(申酉)</td><td>甲戌</td><td>寅</td><td>亥</td></tr>
<tr><td>12</td><td>甲子(戌亥)</td><td>甲子</td><td>寅</td><td>子
神藏殺沒
(辰戌)</td><td>28</td><td>庚辰(申酉)</td><td>甲戌</td><td>寅</td><td>亥
神藏殺沒
(酉卯)</td></tr>
<tr><td>13</td><td>乙丑(戌亥)</td><td>甲子</td><td>寅</td><td>子</td><td>29</td><td>辛巳(申酉)</td><td>甲戌</td><td>寅</td><td>亥</td></tr>
<tr><td>14</td><td>丙寅(戌亥)</td><td>甲子</td><td>寅</td><td>子</td><td>30</td><td></td><td></td><td></td><td></td></tr>
<tr><td>15</td><td>丁卯(戌亥)</td><td>甲子</td><td>寅</td><td>子</td><td>31</td><td></td><td></td><td></td><td></td></tr>
<tr><td>16</td><td>戊辰(戌亥)</td><td>甲子</td><td>寅</td><td>子</td><td></td><td></td><td></td><td></td><td></td></tr>
</table>

2016(丙申)年 3月[陽曆]

日	日辰(空亡)	旬	月建	月將	日	日辰(空亡)	旬	月建	月將
1	壬午(申酉)	甲戌	寅	亥	17	戊戌(辰巳)	甲午	卯	亥 神藏殺沒 (酉卯)
2	癸未(申酉)	甲戌	寅	亥	18	己亥(辰巳)	甲午	卯	亥
3	甲申(午未)	甲申	寅	亥 神藏殺沒 (卯酉)	19	庚子(辰巳)	甲午	卯	亥 神藏殺沒 (酉卯)
4	乙酉(午未)	甲申	寅	亥	20	辛丑(辰巳) (春分:將變)	甲午	卯	亥·戌 亥(13:28:59).戌(13:29以後)
5	丙戌(午未) (驚蟄:建變)	甲申	寅·卯 寅(12:42:59).卯(12:43以後)	亥	21	壬寅(辰巳)	甲午	卯	戌
6	丁亥(午未)	甲申	卯	亥	22	癸卯(辰巳)	甲午	卯	戌
7	戊子(午未)	甲申	卯	亥 神藏殺沒 (酉卯)	23	甲辰(寅卯)	甲辰	卯	戌
8	己丑(午未)	甲申	卯	亥	24	乙巳(寅卯)	甲辰	卯	戌
9	庚寅(午未)	甲申	卯	亥 神藏殺沒 (酉卯)	25	丙午(寅卯)	甲辰	卯	戌
10	辛卯(午未)	甲申	卯	亥	26	丁未(寅卯)	甲辰	卯	戌
11	壬辰(午未)	甲申	卯	亥	27	戊申(寅卯)	甲辰	卯	戌 神藏殺沒 (申寅)
12	癸巳(午未)	甲申	卯	亥	28	己酉(寅卯)	甲辰	卯	戌
13	甲午(辰巳)	甲午	卯	亥 神藏殺沒 (卯酉)	29	庚戌(寅卯)	甲辰	卯	戌 神藏殺沒 (申寅)
14	乙未(辰巳)	甲午	卯	亥	30	辛亥(寅卯)	甲辰	卯	戌
15	丙申(辰巳)	甲午	卯	亥	31	壬子(寅卯)	甲辰	卯	戌
16	丁酉(辰巳)	甲午	卯	亥					

2016(丙申)年 4月[陽曆]

日	日辰(空亡)	旬	月建	月將	日	日辰(空亡)	旬	月建	月將
1	癸丑(寅卯)	甲辰	卯	戌	17	己巳(戌亥)	甲子	辰	戌
2	甲寅(子丑)	甲寅	卯	戌	18	庚午(戌亥)	甲子	辰	戌 神藏殺沒 (申寅)
3	乙卯(子丑)	甲寅	卯	戌	19	辛未(戌亥)	甲子	辰	戌
4	丙辰(子丑) (清明:建變)	甲寅 卯(17:26:59).辰(17:27以後)	卯·辰	戌	20	壬申(戌亥) (穀雨:將變)	甲子 戌(00:28:59).酉(00:29以後)	辰	戌·酉
5	丁巳(子丑)	甲寅	辰	戌	21	癸酉(戌亥)	甲子	辰	酉
6	戊午(子丑)	甲寅	辰	戌 神藏殺沒 (申寅)	22	甲戌(申酉)	甲戌	辰	酉
7	己未(子丑)	甲寅	辰	戌	23	乙亥(申酉)	甲戌	辰	酉
8	庚申(子丑)	甲寅	辰	戌 神藏殺沒 (申寅)	24	丙子(申酉)	甲戌	辰	酉
9	辛酉(子丑)	甲寅	辰	戌	25	丁丑(申酉)	甲戌	辰	酉
10	壬戌(子丑)	甲寅	辰	戌	26	戊寅(申酉)	甲戌	辰	酉 神藏殺沒 (未丑)
11	癸亥(子丑)	甲寅	辰	戌	27	己卯(申酉)	甲戌	辰	酉
12	甲子(戌亥)	甲子	辰	戌	28	庚辰(申酉)	甲戌	辰	酉 神藏殺沒 (未丑)
13	乙丑(戌亥)	甲子	辰	戌	29	辛巳(申酉)	甲戌	辰	酉
14	丙寅(戌亥)	甲子	辰	戌	30	壬午(申酉)	甲戌	辰	酉
15	丁卯(戌亥)	甲子	辰	戌					
16	戊辰(戌亥)	甲子	辰	戌 神藏殺沒 (申寅)					

2016(丙申)年 5月[陽曆]

日	日辰(空亡)	旬	月建	月將	日	日辰(空亡)	旬	月建	月將
1	癸未(申酉)	甲戌	辰	酉	17	己亥(辰巳)	甲午	巳	酉
2	甲申(午未)	甲申	辰	酉	18	庚子(辰巳)	甲午	巳	酉 神藏殺沒 (未丑)
3	乙酉(午未)	甲申	辰	酉	19	辛丑(辰巳)	甲午	巳	酉
4	丙戌(午未)	甲申	辰	酉	20	壬寅(辰巳) (小滿:將變)	甲午	巳	酉·申 酉(23:35:59).申(23:36以後)
5	丁亥(午未) (立夏:建變)	甲申	辰·巳 辰(10:40:59).巳(10:41以後)	酉	21	癸卯(辰巳)	甲午	巳	申
6	戊子(午未)	甲申	巳	酉 神藏殺沒 (未丑)	22	甲辰(寅卯)	甲辰	巳	申
7	己丑(午未)	甲申	巳	酉	23	乙巳(寅卯)	甲辰	巳	申
8	庚寅(午未)	甲申	巳	酉 神藏殺沒 (未丑)	24	丙午(寅卯)	甲辰	巳	申
9	辛卯(午未)	甲申	巳	酉	25	丁未(寅卯)	甲辰	巳	申
10	壬辰(午未)	甲申	巳	酉	26	戊申(寅卯)	甲辰	巳	申 神藏殺沒 (午子)
11	癸巳(午未)	甲申	巳	酉	27	己酉(寅卯)	甲辰	巳	申
12	甲午(辰巳)	甲午	巳	酉	28	庚戌(寅卯)	甲辰	巳	申 神藏殺沒 (午子)
13	乙未(辰巳)	甲午	巳	酉	29	辛亥(寅卯)	甲辰	巳	申
14	丙申(辰巳)	甲午	巳	酉	30	壬子(寅卯)	甲辰	巳	申
15	丁酉(辰巳)	甲午	巳	酉	31	癸丑(寅卯)	甲辰	巳	申
16	戊戌(辰巳)	甲午	巳	酉 神藏殺沒 (未丑)					

2016(丙申)年 6月[陽曆]

日	日辰(空亡)	旬	月建	月將	日	日辰(空亡)	旬	月建	月將
1	甲寅(子丑)	甲寅	巳	申	17	庚午(戌亥)	甲子	午	申 神藏殺沒 (午子)
2	乙卯(子丑)	甲寅	巳	申	18	辛未(戌亥)	甲子	午	申
3	丙辰(子丑)	甲寅	巳	申	19	壬申(戌亥)	甲子	午	申
4	丁巳(子丑)	甲寅	巳	申	20	癸酉(戌亥)	甲子	午	申
5	戊午(子丑) (芒種:建變)	甲寅	巳·午 巳(14:47:59).午(14:48以後) 神藏殺沒(午子)	申	21	甲戌(申酉) (夏至:將變)	甲戌	午	申·未 申(07:32:59).未(07:33以後)
6	己未(子丑)	甲寅	午	申	22	乙亥(申酉)	甲戌	午	未
7	庚申(子丑)	甲寅	午	申 神藏殺沒 (午子)	23	丙子(申酉)	甲戌	午	未
8	辛酉(子丑)	甲寅	午	申	24	丁丑(申酉)	甲戌	午	未
9	壬戌(子丑)	甲寅	午	申	25	戊寅(申酉)	甲戌	午	未 神藏殺沒 (巳亥)
10	癸亥(子丑)	甲寅	午	申	26	己卯(申酉)	甲戌	午	未
11	甲子(戌亥)	甲子	午	申	27	庚辰(申酉)	甲戌	午	未 神藏殺沒 (巳亥)
12	乙丑(戌亥)	甲子	午	申	28	辛巳(申酉)	甲戌	午	未
13	丙寅(戌亥)	甲子	午	申	29	壬午(申酉)	甲戌	午	未
14	丁卯(戌亥)	甲子	午	申	30	癸未(申酉)	甲戌	午	未
15	戊辰(戌亥)	甲子	午	申 神藏殺沒 (午子)					
16	己巳(戌亥)	甲子	午	申					

2016(丙申)年 7月[陽曆]

日	日辰(空亡)	旬	月建	月將	日	日辰(空亡)	旬	月建	月將
1	甲申(午未)	甲申	午	未	17	庚子(辰巳)	甲午	未	未 神藏殺沒 (巳亥)
2	乙酉(午未)	甲申	午	未	18	辛丑(辰巳)	甲午	未	未
3	丙戌(午未)	甲申	午	未	19	壬寅(辰巳)	甲午	未	未
4	丁亥(午未)	甲申	午	未	20	癸卯(辰巳)	甲午	未	未
5	戊子(午未)	甲申	午	未 神藏殺沒 (巳亥)	21	甲辰(寅卯)	甲辰	未	未
6	己丑(午未)	甲申	午	未	22	乙巳(寅卯) (大暑:將變)	甲辰 未(18:28:59).午(18:29以後)	未	未·午
7	庚寅(午未) (小暑:建變)	甲申 午(01:01:59).未(01:02以後) 神藏殺沒(巳亥)	午·未	未	23	丙午(寅卯)	甲辰	未	午
8	辛卯(午未)	甲申	未	未	24	丁未(寅卯)	甲辰	未	午
9	壬辰(午未)	甲申	未	未	25	戊申(寅卯)	甲辰	未	午 神藏殺沒 (辰戌)
10	癸巳(午未)	甲申	未	未	26	己酉(寅卯)	甲辰	未	午
11	甲午(辰巳)	甲午	未	未	27	庚戌(寅卯)	甲辰	未	午 神藏殺沒 (辰戌)
12	乙未(辰巳)	甲午	未	未	28	辛亥(寅卯)	甲辰	未	午
13	丙申(辰巳)	甲午	未	未	29	壬子(寅卯)	甲辰	未	午
14	丁酉(辰巳)	甲午	未	未	30	癸丑(寅卯)	甲辰	未	午
15	戊戌(辰巳)	甲午	未	未 神藏殺沒 (巳亥)	31	甲寅(子丑)	甲寅	未	午
16	己亥(辰巳)	甲午	未	未					

2016(丙申)年 8月[陽曆]

日	日辰(空亡)	旬	月建	月將	日	日辰(空亡)	旬	月建	月將
1	乙卯(子丑)	甲寅	未	午	17	辛未(戌亥)	甲子	申	午
2	丙辰(子丑)	甲寅	未	午	18	壬申(戌亥)	甲子	申	午
3	丁巳(子丑)	甲寅	未	午	19	癸酉(戌亥)	甲子	申	午
4	戊午(子丑)	甲寅	未	午 神藏殺沒 (辰戌)	20	甲戌(申酉)	甲戌	申	午
5	己未(子丑)	甲寅	未	午	21	乙亥(申酉)	甲戌	申	午
6	庚申(子丑)	甲寅	未	午 神藏殺沒 (辰戌)	22	丙子(申酉)	甲戌	申	午
7	辛酉(子丑) (立秋:建變)	甲寅	未·申	午	23	丁丑(申酉) (處暑:將變)	甲戌	申	午·巳
		未(10:51:59).申(10:52以後)					午(01:37:59).巳(01:38以後)		
8	壬戌(子丑)	甲寅	申	午	24	戊寅(申酉)	甲戌	申	巳 神藏殺沒 (卯酉)
9	癸亥(子丑)	甲寅	申	午	25	己卯(申酉)	甲戌	申	巳
10	甲子(戌亥)	甲子	申	午	26	庚辰(申酉)	甲戌	申	巳 神藏殺沒 (卯酉)
11	乙丑(戌亥)	甲子	申	午	27	辛巳(申酉)	甲戌	申	巳
12	丙寅(戌亥)	甲子	申	午	28	壬午(申酉)	甲戌	申	巳
13	丁卯(戌亥)	甲子	申	午	29	癸未(申酉)	甲戌	申	巳
14	戊辰(戌亥)	甲子	申	午 神藏殺沒 (辰戌)	30	甲申(午未)	甲申	申	巳 神藏殺沒 (酉卯)
15	己巳(戌亥)	甲子	申	午	31	乙酉(午未)	甲申	申	巳
16	庚午(戌亥)	甲子	申	午 神藏殺沒 (辰戌)					

2016(丙申)年 9月[陽曆]

日	日辰(空亡)	旬	月建	月將	日	日辰(空亡)	旬	月建	月將
1	丙戌(午未)	甲申	申	巳	17	壬寅(辰巳)	甲午	酉	巳
2	丁亥(午未)	甲申	申	巳	18	癸卯(辰巳)	甲午	酉	巳
3	戊子(午未)	甲申	申	巳 神藏殺沒 (卯酉)	19	甲辰(寅卯)	甲辰	酉	巳 神藏殺沒 (酉卯)
4	己丑(午未)	甲申	申	巳	20	乙巳(寅卯)	甲辰	酉	巳
5	庚寅(午未)	甲申	申	巳 神藏殺沒 (卯酉)	21	丙午(寅卯)	甲辰	酉	巳
6	辛卯(午未)	甲申	申	巳	22	丁未(寅卯) (秋分:將變)	甲辰	酉	巳·辰 巳(23:19:59).辰(23:20以後)
7	壬辰(午未) (白露:建變)	甲申	申·酉 申(13:49:59).酉(13:50以後)	巳	23	戊申(寅卯)	甲辰	酉	辰
8	癸巳(午未)	甲申	酉	巳	24	己酉(寅卯)	甲辰	酉	辰
9	甲午(辰巳)	甲午	酉	巳 神藏殺沒 (酉卯)	25	庚戌(寅卯)	甲辰	酉	辰
10	乙未(辰巳)	甲午	酉	巳	26	辛亥(寅卯)	甲辰	酉	辰
11	丙申(辰巳)	甲午	酉	巳	27	壬子(寅卯)	甲辰	酉	辰
12	丁酉(辰巳)	甲午	酉	巳	28	癸丑(寅卯)	甲辰	酉	辰
13	戊戌(辰巳)	甲午	酉	巳 神藏殺沒 (卯酉)	29	甲寅(子丑)	甲寅	酉	辰 神藏殺沒 (申寅)
14	己亥(辰巳)	甲午	酉	巳	30	乙卯(子丑)	甲寅	酉	辰
15	庚子(辰巳)	甲午	酉	巳 神藏殺沒 (卯酉)					
16	辛丑(辰巳)	甲午	酉	巳					

2016(丙申)年 10月[陽曆]

日	日辰(空亡)	旬	月建	月將	日	日辰(空亡)	旬	月建	月將
1	丙辰(子丑)	甲寅	酉	辰	17	壬申(戌亥)	甲子	戌	辰
2	丁巳(子丑)	甲寅	酉	辰	18	癸酉(戌亥)	甲子	戌	辰
3	戊午(子丑)	甲寅	酉	辰	19	甲戌(申酉)	甲戌	戌	辰 神藏殺沒 (申寅)
4	己未(子丑)	甲寅	酉	辰	20	乙亥(申酉)	甲戌	戌	辰
5	庚申(子丑)	甲寅	酉	辰	21	丙子(申酉)	甲戌	戌	辰
6	辛酉(子丑)	甲寅	酉	辰	22	丁丑(申酉)	甲戌	戌	辰
7	壬戌(子丑)	甲寅	酉	辰	23	戊寅(申酉) (霜降:將變)	甲戌	戌	辰·卯 辰(08:44:59).卯(08:45以後)
8	癸亥(子丑) (寒露:建變)	甲寅	酉·戌 酉(05:31:59).戌(05:32以後)	辰	24	己卯(申酉)	甲戌	戌	卯
9	甲子(戌亥)	甲子	戌	辰 神藏殺沒 (申寅)	25	庚辰(申酉)	甲戌	戌	卯
10	乙丑(戌亥)	甲子	戌	辰	26	辛巳(申酉)	甲戌	戌	卯
11	丙寅(戌亥)	甲子	戌	辰	27	壬午(申酉)	甲戌	戌	卯
12	丁卯(戌亥)	甲子	戌	辰	28	癸未(申酉)	甲戌	戌	卯
13	戊辰(戌亥)	甲子	戌	辰	29	甲申(午未)	甲申	戌	卯 神藏殺沒 (未丑)
14	己巳(戌亥)	甲子	戌	辰	30	乙酉(午未)	甲申	戌	卯
15	庚午(戌亥)	甲子	戌	辰	31	丙戌(午未)	甲申	戌	卯
16	辛未(戌亥)	甲子	戌	辰					

2016(丙申)年 11月[陽曆]

日	日辰(空亡)	旬	月建	月將	日	日辰(空亡)	旬	月建	月將
1	丁亥(午未)	甲申	戌	卯	17	癸卯(辰巳)	甲午	亥	卯
2	戊子(午未)	甲申	戌	卯	18	甲辰(寅卯)	甲辰	亥	卯 神藏殺沒 (未丑)
3	己丑(午未)	甲申	戌	卯	19	乙巳(寅卯)	甲辰	亥	卯
4	庚寅(午未)	甲申	戌	卯	20	丙午(寅卯)	甲辰	亥	卯
5	辛卯(午未)	甲申	戌	卯	21	丁未(寅卯)	甲辰	亥	卯
6	壬辰(午未)	甲申	戌	卯	22	戊申(寅卯) (小雪:將變)	甲辰	亥	卯·寅 卯(06:20:59).寅(06:21以後)
7	癸巳(午未) (立冬:建變)	甲申	戌·亥 戌(08:46:59).亥(08:47以後)	卯	23	己酉(寅卯)	甲辰	亥	寅
8	甲午(辰巳)	甲午	亥	卯 神藏殺沒 (未丑)	24	庚戌(寅卯)	甲辰	亥	寅
9	乙未(辰巳)	甲午	亥	卯	25	辛亥(寅卯)	甲辰	亥	寅
10	丙申(辰巳)	甲午	亥	卯	26	壬子(寅卯)	甲辰	亥	寅
11	丁酉(辰巳)	甲午	亥	卯	27	癸丑(寅卯)	甲辰	亥	寅
12	戊戌(辰巳)	甲午	亥	卯	28	甲寅(子丑)	甲寅	亥	寅 神藏殺沒 (午子)
13	己亥(辰巳)	甲午	亥	卯	29	乙卯(子丑)	甲寅	亥	寅
14	庚子(辰巳)	甲午	亥	卯	30	丙辰(子丑)	甲寅	亥	寅
15	辛丑(辰巳)	甲午	亥	卯					
16	壬寅(辰巳)	甲午	亥	卯					

2016(丙申)年 12月[陽曆]

日	日辰(空亡)	旬	月建	月將	日	日辰(空亡)	旬	月建	月將
1	丁巳(子丑)	甲寅	亥	寅	17	癸酉(戌亥)	甲子	子	寅
2	戊午(子丑)	甲寅	亥	寅	18	甲戌(申酉)	甲戌	子	寅 神藏殺沒 (午子)
3	己未(子丑)	甲寅	亥	寅	19	乙亥(申酉)	甲戌	子	寅
4	庚申(子丑)	甲寅	亥	寅	20	丙子(申酉)	甲戌	子	寅
5	辛酉(子丑)	甲寅	亥	寅	21	丁丑(申酉) (冬至:將變)	甲戌	子	寅·丑 寅(19:42:59).丑(19:43以後)
6	壬戌(子丑)	甲寅	亥	寅	22	戊寅(申酉)	甲戌	子	丑
7	癸亥(子丑) (大雪:建變)	甲寅	亥·子 亥(01:39:59).子(01:40以後)	寅	23	己卯(申酉)	甲戌	子	丑
8	甲子(戌亥)	甲子	子	寅 神藏殺沒 (午子)	24	庚辰(申酉)	甲戌	子	丑
9	乙丑(戌亥)	甲子	子	寅	25	辛巳(申酉)	甲戌	子	丑
10	丙寅(戌亥)	甲子	子	寅	26	壬午(申酉)	甲戌	子	丑
11	丁卯(戌亥)	甲子	子	寅	27	癸未(申酉)	甲戌	子	丑
12	戊辰(戌亥)	甲子	子	寅	28	甲申(午未)	甲申	子	丑 神藏殺沒 (巳亥)
13	己巳(戌亥)	甲子	子	寅	29	乙酉(午未)	甲申	子	丑
14	庚午(戌亥)	甲子	子	寅	30	丙戌(午未)	甲申	子	丑
15	辛未(戌亥)	甲子	子	寅	31	丁亥(午未)	甲申	子	丑
16	壬申(戌亥)	甲子	子	寅					

2017(丁酉)年 1月[陽曆]

日	日辰(空亡)	旬	月建	月將	日	日辰(空亡)	旬	月建	月將
1	戊子(午未)	甲申	子	丑	17	甲辰(寅卯)	甲辰	丑	丑 神藏殺沒 (巳亥)
2	己丑(午未)	甲申	子	丑	18	乙巳(寅卯)	甲辰	丑	丑
3	庚寅(午未)	甲申	子	丑	19	丙午(寅卯)	甲辰	丑	丑
4	辛卯(午未)	甲申	子	丑	20	丁未(寅卯) (大寒:將變)	甲辰	丑	丑·子
							丑(06:22:59).子(06:23以後)		
5	壬辰(午未) (小寒:建變)	甲申	子·丑	丑	21	戊申(寅卯)	甲辰	丑	子
		子(12:54:59).丑(12:55以後)							
6	癸巳(午未)	甲申	丑	丑	22	己酉(寅卯)	甲辰	丑	子
7	甲午(辰巳)	甲午	丑	丑 神藏殺沒 (巳亥)	23	庚戌(寅卯)	甲辰	丑	子
8	乙未(辰巳)	甲午	丑	丑	24	辛亥(寅卯)	甲辰	丑	子
9	丙申(辰巳)	甲午	丑	丑	25	壬子(寅卯)	甲辰	丑	子
10	丁酉(辰巳)	甲午	丑	丑	26	癸丑(寅卯)	甲辰	丑	子
11	戊戌(辰巳)	甲午	丑	丑	27	甲寅(子丑)	甲寅	丑	子 神藏殺沒 (辰戌)
12	己亥(辰巳)	甲午	丑	丑	28	乙卯(子丑)	甲寅	丑	子
13	庚子(辰巳)	甲午	丑	丑	29	丙辰(子丑)	甲寅	丑	子
14	辛丑(辰巳)	甲午	丑	丑	30	丁巳(子丑)	甲寅	丑	子
15	壬寅(辰巳)	甲午	丑	丑	31	戊午(子丑)	甲寅	丑	子
16	癸卯(辰巳)	甲午	丑	丑					

2017(丁酉)年 2月[陽曆]

日	日辰(空亡)	旬	月建	月將	日	日辰(空亡)	旬	月建	月將
1	己未(子丑)	甲寅	丑	子	17	乙亥(申酉)	甲戌	寅	子
2	庚申(子丑)	甲寅	丑	子	18	丙子(申酉) (雨水:將變)	甲戌	寅	子·亥 子(20:29:59).亥(20:30以後)
3	辛酉(子丑)	甲寅	丑	子	19	丁丑(申酉)	甲戌	寅	亥
4	壬戌(子丑) (立春:建變)	甲寅	丑·寅 丑(00:32:59).寅(00:33以後)	子	20	戊寅(申酉)	甲戌	寅	亥 神藏殺沒 (酉卯)
5	癸亥(子丑)	甲寅	寅	子	21	己卯(申酉)	甲戌	寅	亥
6	甲子(戌亥)	甲子	寅	子 神藏殺沒 (辰戌)	22	庚辰(申酉)	甲戌	寅	亥 神藏殺沒 (酉卯)
7	乙丑(戌亥)	甲子	寅	子	23	辛巳(申酉)	甲戌	寅	亥
8	丙寅(戌亥)	甲子	寅	子	24	壬午(申酉)	甲戌	寅	亥
9	丁卯(戌亥)	甲子	寅	子	25	癸未(申酉)	甲戌	寅	亥
10	戊辰(戌亥)	甲子	寅	子	26	甲申(午未)	甲申	寅	亥 神藏殺沒 (卯酉)
11	己巳(戌亥)	甲子	寅	子	27	乙酉(午未)	甲申	寅	亥
12	庚午(戌亥)	甲子	寅	子	28	丙戌(午未)	甲申	寅	亥
13	辛未(戌亥)	甲子	寅	子					
14	壬申(戌亥)	甲子	寅	子					
15	癸酉(戌亥)	甲子	寅	子					
16	甲戌(申酉)	甲戌	寅	子 神藏殺沒 (辰戌)					

2017(丁酉)年 3月[陽曆]

日	日辰(空亡)	旬	月建	月將	日	日辰(空亡)	旬	月建	月將
1	丁亥(午未)	甲申	寅	亥	17	癸卯(辰巳)	甲午	卯	亥
2	戊子(午未)	甲申	寅	亥 神藏殺沒 (酉卯)	18	甲辰(寅卯)	甲辰	卯	亥 神藏殺沒 (卯酉)
3	己丑(午未)	甲申	寅	亥	19	乙巳(寅卯)	甲辰	卯	亥
4	庚寅(午未)	甲申	寅	亥 神藏殺沒 (酉卯)	20	丙午(寅卯) (春分:將變)	甲辰 亥(19:27:59).戌(19:28以後)	卯	亥·戌
5	辛卯(午未) (驚蟄:建變)	甲申 寅(18:31:59).卯(18:32以後)	寅·卯	亥	21	丁未(寅卯)	甲辰	卯	戌
6	壬辰(午未)	甲申	卯	亥	22	戊申(寅卯)	甲辰	卯	戌 神藏殺沒 (申寅)
7	癸巳(午未)	甲申	卯	亥	23	己酉(寅卯)	甲辰	卯	戌
8	甲午(辰巳)	甲午	卯	亥 神藏殺沒 (卯酉)	24	庚戌(寅卯)	甲辰	卯	戌 神藏殺沒 (申寅)
9	乙未(辰巳)	甲午	卯	亥	25	辛亥(寅卯)	甲辰	卯	戌
10	丙申(辰巳)	甲午	卯	亥	26	壬子(寅卯)	甲辰	卯	戌
11	丁酉(辰巳)	甲午	卯	亥	27	癸丑(寅卯)	甲辰	卯	戌
12	戊戌(辰巳)	甲午	卯	亥 神藏殺沒 (酉卯)	28	甲寅(子丑)	甲寅	卯	戌
13	己亥(辰巳)	甲午	卯	亥	29	乙卯(子丑)	甲寅	卯	戌
14	庚子(辰巳)	甲午	卯	亥 神藏殺沒 (酉卯)	30	丙辰(子丑)	甲寅	卯	戌
15	辛丑(辰巳)	甲午	卯	亥	31	丁巳(子丑)	甲寅	卯	戌
16	壬寅(辰巳)	甲午	卯	亥					

2017(丁酉)年 4月[陽曆]

日	日辰(空亡)	旬	月建	月將	日	日辰(空亡)	旬	月建	月將
1	戊午(子丑)	甲寅	卯	戌 神藏殺沒 (申寅)	17	甲戌(申酉)	甲戌	辰	戌
2	己未(子丑)	甲寅	卯	戌	18	乙亥(申酉)	甲戌	辰	戌
3	庚申(子丑)	甲寅	卯	戌 神藏殺沒 (申寅)	19	丙子(申酉)	甲戌	辰	戌
4	辛酉(子丑) (淸明:建變)	甲寅	卯·辰	戌	20	丁丑(申酉) (穀雨:將變)	甲戌	辰	戌·酉
		卯(23:15:59).辰(23:16以後)					戌(06:25:59).酉(06:26以後)		
5	壬戌(子丑)	甲寅	辰	戌	21	戊寅(申酉)	甲戌	辰	酉 神藏殺沒 (未丑)
6	癸亥(子丑)	甲寅	辰	戌	22	己卯(申酉)	甲戌	辰	酉
7	甲子(戌亥)	甲子	辰	戌	23	庚辰(申酉)	甲戌	辰	酉 神藏殺沒 (未丑)
8	乙丑(戌亥)	甲子	辰	戌	24	辛巳(申酉)	甲戌	辰	酉
9	丙寅(戌亥)	甲子	辰	戌	25	壬午(申酉)	甲戌	辰	酉
10	丁卯(戌亥)	甲子	辰	戌	26	癸未(申酉)	甲戌	辰	酉
11	戊辰(戌亥)	甲子	辰	戌 神藏殺沒 (申寅)	27	甲申(午未)	甲申	辰	酉
12	己巳(戌亥)	甲子	辰	戌	28	乙酉(午未)	甲申	辰	酉
13	庚午(戌亥)	甲子	辰	戌 神藏殺沒 (申寅)	29	丙戌(午未)	甲申	辰	酉
14	辛未(戌亥)	甲子	辰	戌	30	丁亥(午未)	甲申	辰	酉
15	壬申(戌亥)	甲子	辰	戌					
16	癸酉(戌亥)	甲子	辰	戌					

2017(丁酉)年 5月[陽曆]

日	日辰(空亡)	旬	月建	月將	日	日辰(空亡)	旬	月建	月將
1	戊子(午未)	甲申	辰	酉 神藏殺沒 (未丑)	17	甲辰(寅卯)	甲辰	巳	酉
2	己丑(午未)	甲申	辰	酉	18	乙巳(寅卯)	甲辰	巳	酉
3	庚寅(午未)	甲申	辰	酉 神藏殺沒 (未丑)	19	丙午(寅卯)	甲辰	巳	酉
4	辛卯(午未)	甲申	辰	酉	20	丁未(寅卯)	甲辰	巳	酉
5	壬辰(午未) (立夏:建變)	甲申 辰(16:29:59).巳(16:30以後)	辰·巳	酉	21	戊申(寅卯) (小滿:將變)	甲辰 酉(05:29:59).申(05:30以後) 神藏殺沒 (酉月將:未丑. 申月將:午子)	巳	酉·申
6	癸巳(午未)	甲申	巳	酉	22	己酉(寅卯)	甲辰	巳	申
7	甲午(辰巳)	甲午	巳	酉	23	庚戌(寅卯)	甲辰	巳	申 神藏殺沒 (午子)
8	乙未(辰巳)	甲午	巳	酉	24	辛亥(寅卯)	甲辰	巳	申
9	丙申(辰巳)	甲午	巳	酉	25	壬子(寅卯)	甲辰	巳	申
10	丁酉(辰巳)	甲午	巳	酉	26	癸丑(寅卯)	甲辰	巳	申
11	戊戌(辰巳)	甲午	巳	酉 神藏殺沒 (未丑)	27	甲寅(子丑)	甲寅	巳	申
12	己亥(辰巳)	甲午	巳	酉	28	乙卯(子丑)	甲寅	巳	申
13	庚子(辰巳)	甲午	巳	酉 神藏殺沒 (未丑)	29	丙辰(子丑)	甲寅	巳	申
14	辛丑(辰巳)	甲午	巳	酉	30	丁巳(子丑)	甲寅	巳	申
15	壬寅(辰巳)	甲午	巳	酉	31	戊午(子丑)	甲寅	巳	申 神藏殺沒 (午子)
16	癸卯(辰巳)	甲午	巳	酉					

2017(丁酉)年 6月[陽曆]

日	日辰(空亡)	旬	月建	月將	日	日辰(空亡)	旬	月建	月將
1	己未(子丑)	甲寅	巳	申	17	乙亥(申酉)	甲戌	午	申
2	庚申(子丑)	甲寅	巳	申 神藏殺沒 (午子)	18	丙子(申酉)	甲戌	午	申
3	辛酉(子丑)	甲寅	巳	申	19	丁丑(申酉)	甲戌	午	申
4	壬戌(子丑)	甲寅	巳	申	20	戊寅(申酉)	甲戌	午	申 神藏殺沒 (午子)
5	癸亥(子丑) (芒種:建變)	甲寅	巳·午	申	21	己卯(申酉) (夏至:將變)	甲戌	午	申·未
		巳(20:35:59).午(20:36以後)					申(13:22:59).未(13:23以後)		
6	甲子(戌亥)	甲子	午	申	22	庚辰(申酉)	甲戌	午	未 神藏殺沒 (巳亥)
7	乙丑(戌亥)	甲子	午	申	23	辛巳(申酉)	甲戌	午	未
8	丙寅(戌亥)	甲子	午	申	24	壬午(申酉)	甲戌	午	未
9	丁卯(戌亥)	甲子	午	申	25	癸未(申酉)	甲戌	午	未
10	戊辰(戌亥)	甲子	午	申 神藏殺沒 (午子)	26	甲申(午未)	甲申	午	未
11	己巳(戌亥)	甲子	午	申	27	乙酉(午未)	甲申	午	未
12	庚午(戌亥)	甲子	午	申 神藏殺沒 (午子)	28	丙戌(午未)	甲申	午	未
13	辛未(戌亥)	甲子	午	申	29	丁亥(午未)	甲申	午	未
14	壬申(戌亥)	甲子	午	申	30	戊子(午未)	甲申	午	未 神藏殺沒 (巳亥)
15	癸酉(戌亥)	甲子	午	申					
16	甲戌(申酉)	甲戌	午	申					

2017(丁酉)年 7月[陽曆]

日	日辰(空亡)	旬	月建	月將	日	日辰(空亡)	旬	月建	月將
1	己丑(午未)	甲申	午	未	17	乙巳(寅卯)	甲辰	未	未
2	庚寅(午未)	甲申	午	未 神藏殺沒 (巳亥)	18	丙午(寅卯)	甲辰	未	未
3	辛卯(午未)	甲申	午	未	19	丁未(寅卯)	甲辰	未	未
4	壬辰(午未)	甲申	午	未	20	戊申(寅卯)	甲辰	未	未 神藏殺沒 (巳亥)
5	癸巳(午未)	甲申	午	未	21	己酉(寅卯)	甲辰	未	未
6	甲午(辰巳)	甲午	午	未	22	庚戌(寅卯)	甲辰	未	未 神藏殺沒 (巳亥)
7	乙未(辰巳) (小暑:建變)	甲午	午·未	未	23	辛亥(寅卯) (大暑:將變)	甲辰	未	未·午
		午(06:49:59).未(06:50以後)					未(00:13:59).午(00:14以後)		
8	丙申(辰巳)	甲午	未	未	24	壬子(寅卯)	甲辰	未	午
9	丁酉(辰巳)	甲午	未	未	25	癸丑(寅卯)	甲辰	未	午
10	戊戌(辰巳)	甲午	未	未 神藏殺沒 (巳亥)	26	甲寅(子丑)	甲寅	未	午
11	己亥(辰巳)	甲午	未	未	27	乙卯(子丑)	甲寅	未	午
12	庚子(辰巳)	甲午	未	未 神藏殺沒 (巳亥)	28	丙辰(子丑)	甲寅	未	午
13	辛丑(辰巳)	甲午	未	未	29	丁巳(子丑)	甲寅	未	午
14	壬寅(辰巳)	甲午	未	未	30	戊午(子丑)	甲寅	未	午 神藏殺沒 (辰戌)
15	癸卯(辰巳)	甲午	未	未	31	己未(子丑)	甲寅	未	午
16	甲辰(寅卯)	甲辰	未	未					

2017(丁酉)年 8月[陽曆]

<table>
<tr><th>日</th><th>日辰(空亡)</th><th>旬</th><th>月建</th><th>月將</th><th>日</th><th>日辰(空亡)</th><th>旬</th><th>月建</th><th>月將</th></tr>
<tr><td>1</td><td>庚申(子丑)</td><td>甲寅</td><td>未</td><td>午
神藏殺沒
(辰戌)</td><td>17</td><td>丙子(申酉)</td><td>甲戌</td><td>申</td><td>午</td></tr>
<tr><td>2</td><td>辛酉(子丑)</td><td>甲寅</td><td>未</td><td>午</td><td>18</td><td>丁丑(申酉)</td><td>甲戌</td><td>申</td><td>午</td></tr>
<tr><td>3</td><td>壬戌(子丑)</td><td>甲寅</td><td>未</td><td>午</td><td>19</td><td>戊寅(申酉)</td><td>甲戌</td><td>申</td><td>午
神藏殺沒
(辰戌)</td></tr>
<tr><td>4</td><td>癸亥(子丑)</td><td>甲寅</td><td>未</td><td>午</td><td>20</td><td>己卯(申酉)</td><td>甲戌</td><td>申</td><td>午</td></tr>
<tr><td>5</td><td>甲子(戌亥)</td><td>甲子</td><td>未</td><td>午</td><td>21</td><td>庚辰(申酉)</td><td>甲戌</td><td>申</td><td>午
神藏殺沒
(辰戌)</td></tr>
<tr><td>6</td><td>乙丑(戌亥)</td><td>甲子</td><td>未</td><td>午</td><td>22</td><td>辛巳(申酉)</td><td>甲戌</td><td>申</td><td>午</td></tr>
<tr><td rowspan="2">7</td><td rowspan="2">丙寅(戌亥)
(立秋:建變)</td><td>甲子</td><td>未·申</td><td>午</td><td rowspan="2">23</td><td rowspan="2">壬午(申酉)
(處暑:將變)</td><td>甲戌</td><td>申</td><td>午·巳</td></tr>
<tr><td colspan="3">未(16:38:59).申(16:39以後)</td><td colspan="3">午(07:18:59).巳(07:19以後)</td></tr>
<tr><td>8</td><td>丁卯(戌亥)</td><td>甲子</td><td>申</td><td>午</td><td>24</td><td>癸未(申酉)</td><td>甲戌</td><td>申</td><td>巳</td></tr>
<tr><td>9</td><td>戊辰(戌亥)</td><td>甲子</td><td>申</td><td>午
神藏殺沒
(辰戌)</td><td>25</td><td>甲申(午未)</td><td>甲申</td><td>申</td><td>巳
神藏殺沒
(酉卯)</td></tr>
<tr><td>10</td><td>己巳(戌亥)</td><td>甲子</td><td>申</td><td>午</td><td>26</td><td>乙酉(午未)</td><td>甲申</td><td>申</td><td>巳</td></tr>
<tr><td>11</td><td>庚午(戌亥)</td><td>甲子</td><td>申</td><td>午
神藏殺沒
(辰戌)</td><td>27</td><td>丙戌(午未)</td><td>甲申</td><td>申</td><td>巳</td></tr>
<tr><td>12</td><td>辛未(戌亥)</td><td>甲子</td><td>申</td><td>午</td><td>28</td><td>丁亥(午未)</td><td>甲申</td><td>申</td><td>巳</td></tr>
<tr><td>13</td><td>壬申(戌亥)</td><td>甲子</td><td>申</td><td>午</td><td>29</td><td>戊子(午未)</td><td>甲申</td><td>申</td><td>巳
神藏殺沒
(卯酉)</td></tr>
<tr><td>14</td><td>癸酉(戌亥)</td><td>甲子</td><td>申</td><td>午</td><td>30</td><td>己丑(午未)</td><td>甲申</td><td>申</td><td>巳</td></tr>
<tr><td>15</td><td>甲戌(申酉)</td><td>甲戌</td><td>申</td><td>午</td><td>31</td><td>庚寅(午未)</td><td>甲申</td><td>申</td><td>巳
神藏殺沒
(卯酉)</td></tr>
<tr><td>16</td><td>乙亥(申酉)</td><td>甲戌</td><td>申</td><td>午</td><td></td><td></td><td></td><td></td><td></td></tr>
</table>

2017(丁酉)年 9月[陽曆]

日	日辰(空亡)	旬	月建	月將	日	日辰(空亡)	旬	月建	月將
1	辛卯(午未)	甲申	申	巳	17	丁未(寅卯)	甲辰	酉	巳
2	壬辰(午未)	甲申	申	巳	18	戊申(寅卯)	甲辰	酉	巳 神藏殺沒 (卯酉)
3	癸巳(午未)	甲申	申	巳	19	己酉(寅卯)	甲辰	酉	巳
4	甲午(辰巳)	甲午	申	巳 神藏殺沒 (酉卯)	20	庚戌(寅卯)	甲辰	酉	巳 神藏殺沒 (卯酉)
5	乙未(辰巳)	甲午	申	巳	21	辛亥(寅卯)	甲辰	酉	巳
6	丙申(辰巳)	甲午	申	巳	22	壬子(寅卯)	甲辰	酉	巳
7	丁酉(辰巳) (白露:建變)	甲午	申·酉	巳	23	癸丑(寅卯) (秋分:將變)	甲辰	酉	巳·辰
		申(19:37:59).酉(19:38以後)					巳(05:00:59).辰(05:01以後)		
8	戊戌(辰巳)	甲午	酉	巳 神藏殺沒 (卯酉)	24	甲寅(子丑)	甲寅	酉	辰 神藏殺沒 (申寅)
9	己亥(辰巳)	甲午	酉	巳	25	乙卯(子丑)	甲寅	酉	辰
10	庚子(辰巳)	甲午	酉	巳 神藏殺沒 (卯酉)	26	丙辰(子丑)	甲寅	酉	辰
11	辛丑(辰巳)	甲午	酉	巳	27	丁巳(子丑)	甲寅	酉	辰
12	壬寅(辰巳)	甲午	酉	巳	28	戊午(子丑)	甲寅	酉	辰
13	癸卯(辰巳)	甲午	酉	巳	29	己未(子丑)	甲寅	酉	辰
14	甲辰(寅卯)	甲辰	酉	巳 神藏殺沒 (酉卯)	30	庚申(子丑)	甲寅	酉	辰
15	乙巳(寅卯)	甲辰	酉	巳					
16	丙午(寅卯)	甲辰	酉	巳					

2017(丁酉)年 10月[陽曆]

<table>
<tr><th>日</th><th>日辰(空亡)</th><th>旬</th><th>月建</th><th>月將</th><th>日</th><th>日辰(空亡)</th><th>旬</th><th>月建</th><th>月將</th></tr>
<tr><td>1</td><td>辛酉(子丑)</td><td>甲寅</td><td>酉</td><td>辰</td><td>17</td><td>丁丑(申酉)</td><td>甲戌</td><td>戌</td><td>辰</td></tr>
<tr><td>2</td><td>壬戌(子丑)</td><td>甲寅</td><td>酉</td><td>辰</td><td>18</td><td>戊寅(申酉)</td><td>甲戌</td><td>戌</td><td>辰</td></tr>
<tr><td>3</td><td>癸亥(子丑)</td><td>甲寅</td><td>酉</td><td>辰</td><td>19</td><td>己卯(申酉)</td><td>甲戌</td><td>戌</td><td>辰</td></tr>
<tr><td>4</td><td>甲子(戌亥)</td><td>甲子</td><td>酉</td><td>辰
神藏殺沒
(申寅)</td><td>20</td><td>庚辰(申酉)</td><td>甲戌</td><td>戌</td><td>辰</td></tr>
<tr><td>5</td><td>乙丑(戌亥)</td><td>甲子</td><td>酉</td><td>辰</td><td>21</td><td>辛巳(申酉)</td><td>甲戌</td><td>戌</td><td>辰</td></tr>
<tr><td>6</td><td>丙寅(戌亥)</td><td>甲子</td><td>酉</td><td>辰</td><td>22</td><td>壬午(申酉)</td><td>甲戌</td><td>戌</td><td>辰</td></tr>
<tr><td rowspan="2">7</td><td rowspan="2">丁卯(戌亥)</td><td rowspan="2">甲子</td><td rowspan="2">酉</td><td rowspan="2">辰</td><td rowspan="2">23</td><td rowspan="2">癸未(申酉)
(霜降:將變)</td><td>甲戌</td><td>戌</td><td>辰·卯</td></tr>
<tr><td colspan="3">辰(14:25:59).卯(14:26以後)</td></tr>
<tr><td rowspan="2">8</td><td rowspan="2">戊辰(戌亥)
(寒露:建變)</td><td>甲子</td><td>酉·戌</td><td>辰</td><td rowspan="2">24</td><td rowspan="2">甲申(午未)</td><td rowspan="2">甲申</td><td rowspan="2">戌</td><td rowspan="2">卯
神藏殺沒
(未丑)</td></tr>
<tr><td colspan="3">酉(11:20:59).戌(11:21以後)</td></tr>
<tr><td>9</td><td>己巳(戌亥)</td><td>甲子</td><td>戌</td><td>辰</td><td>25</td><td>乙酉(午未)</td><td>甲申</td><td>戌</td><td>卯</td></tr>
<tr><td>10</td><td>庚午(戌亥)</td><td>甲子</td><td>戌</td><td>辰</td><td>26</td><td>丙戌(午未)</td><td>甲申</td><td>戌</td><td>卯</td></tr>
<tr><td>11</td><td>辛未(戌亥)</td><td>甲子</td><td>戌</td><td>辰</td><td>27</td><td>丁亥(午未)</td><td>甲申</td><td>戌</td><td>卯</td></tr>
<tr><td>12</td><td>壬申(戌亥)</td><td>甲子</td><td>戌</td><td>辰</td><td>28</td><td>戊子(午未)</td><td>甲申</td><td>戌</td><td>卯</td></tr>
<tr><td>13</td><td>癸酉(戌亥)</td><td>甲子</td><td>戌</td><td>辰</td><td>29</td><td>己丑(午未)</td><td>甲申</td><td>戌</td><td>卯</td></tr>
<tr><td>14</td><td>甲戌(申酉)</td><td>甲戌</td><td>戌</td><td>辰
神藏殺沒
(申寅)</td><td>30</td><td>庚寅(午未)</td><td>甲申</td><td>戌</td><td>卯</td></tr>
<tr><td>15</td><td>乙亥(申酉)</td><td>甲戌</td><td>戌</td><td>辰</td><td>31</td><td>辛卯(午未)</td><td>甲申</td><td>戌</td><td>卯</td></tr>
<tr><td>16</td><td>丙子(申酉)</td><td>甲戌</td><td>戌</td><td>辰</td><td></td><td></td><td></td><td></td><td></td></tr>
</table>

2017(丁酉)年 11月[陽曆]

<table>
<tr><th>日</th><th>日辰(空亡)</th><th>旬</th><th>月建</th><th>月將</th><th>日</th><th>日辰(空亡)</th><th>旬</th><th>月建</th><th>月將</th></tr>
<tr><td>1</td><td>壬辰(午未)</td><td>甲申</td><td>戌</td><td>卯</td><td>17</td><td>戊申(寅卯)</td><td>甲辰</td><td>亥</td><td>卯</td></tr>
<tr><td>2</td><td>癸巳(午未)</td><td>甲申</td><td>戌</td><td>卯</td><td>18</td><td>己酉(寅卯)</td><td>甲辰</td><td>亥</td><td>卯</td></tr>
<tr><td>3</td><td>甲午(辰巳)</td><td>甲午</td><td>戌</td><td>卯
神藏殺沒
(未丑)</td><td>19</td><td>庚戌(寅卯)</td><td>甲辰</td><td>亥</td><td>卯</td></tr>
<tr><td>4</td><td>乙未(辰巳)</td><td>甲午</td><td>戌</td><td>卯</td><td>20</td><td>辛亥(寅卯)</td><td>甲辰</td><td>亥</td><td>卯</td></tr>
<tr><td>5</td><td>丙申(辰巳)</td><td>甲午</td><td>戌</td><td>卯</td><td>21</td><td>壬子(寅卯)</td><td>甲辰</td><td>亥</td><td>卯</td></tr>
<tr><td rowspan="2">6</td><td rowspan="2">丁酉(辰巳)</td><td rowspan="2">甲午</td><td rowspan="2">戌</td><td rowspan="2">卯</td><td rowspan="2">22</td><td rowspan="2">癸丑(寅卯)
(小雪:將變)</td><td>甲辰</td><td>亥</td><td>卯·寅</td></tr>
<tr><td colspan="3">卯(12:03:59).寅(12:04以後)</td></tr>
<tr><td rowspan="2">7</td><td rowspan="2">戊戌(辰巳)
(立冬:建變)</td><td>甲午</td><td>戌·亥</td><td>卯</td><td rowspan="2">23</td><td rowspan="2">甲寅(子丑)</td><td rowspan="2">甲寅</td><td rowspan="2">亥</td><td rowspan="2">寅
神藏殺沒
(午子)</td></tr>
<tr><td colspan="3">戌(14:36:59).亥(14:37以後)</td></tr>
<tr><td>8</td><td>己亥(辰巳)</td><td>甲午</td><td>亥</td><td>卯</td><td>24</td><td>乙卯(子丑)</td><td>甲寅</td><td>亥</td><td>寅</td></tr>
<tr><td>9</td><td>庚子(辰巳)</td><td>甲午</td><td>亥</td><td>卯</td><td>25</td><td>丙辰(子丑)</td><td>甲寅</td><td>亥</td><td>寅</td></tr>
<tr><td>10</td><td>辛丑(辰巳)</td><td>甲午</td><td>亥</td><td>卯</td><td>26</td><td>丁巳(子丑)</td><td>甲寅</td><td>亥</td><td>寅</td></tr>
<tr><td>11</td><td>壬寅(辰巳)</td><td>甲午</td><td>亥</td><td>卯</td><td>27</td><td>戊午(子丑)</td><td>甲寅</td><td>亥</td><td>寅</td></tr>
<tr><td>12</td><td>癸卯(辰巳)</td><td>甲午</td><td>亥</td><td>卯</td><td>28</td><td>己未(子丑)</td><td>甲寅</td><td>亥</td><td>寅</td></tr>
<tr><td>13</td><td>甲辰(寅卯)</td><td>甲辰</td><td>亥</td><td>卯
神藏殺沒
(未丑)</td><td>29</td><td>庚申(子丑)</td><td>甲寅</td><td>亥</td><td>寅</td></tr>
<tr><td>14</td><td>乙巳(寅卯)</td><td>甲辰</td><td>亥</td><td>卯</td><td>30</td><td>辛酉(子丑)</td><td>甲寅</td><td>亥</td><td>寅</td></tr>
<tr><td>15</td><td>丙午(寅卯)</td><td>甲辰</td><td>亥</td><td>卯</td><td></td><td></td><td></td><td></td><td></td></tr>
<tr><td>16</td><td>丁未(寅卯)</td><td>甲辰</td><td>亥</td><td>卯</td><td></td><td></td><td></td><td></td><td></td></tr>
</table>

2017(丁酉)年 12月[陽曆]

<table>
<tr><th>日</th><th>日辰(空亡)</th><th>旬</th><th>月建</th><th>月將</th><th>日</th><th>日辰(空亡)</th><th>旬</th><th>月建</th><th>月將</th></tr>
<tr><td>1</td><td>壬戌(子丑)</td><td>甲寅</td><td>亥</td><td>寅</td><td>17</td><td>戊寅(申酉)</td><td>甲戌</td><td>子</td><td>寅</td></tr>
<tr><td>2</td><td>癸亥(子丑)</td><td>甲寅</td><td>亥</td><td>寅</td><td>18</td><td>己卯(申酉)</td><td>甲戌</td><td>子</td><td>寅</td></tr>
<tr><td>3</td><td>甲子(戌亥)</td><td>甲子</td><td>亥</td><td>寅
神藏殺沒
(午子)</td><td>19</td><td>庚辰(申酉)</td><td>甲戌</td><td>子</td><td>寅</td></tr>
<tr><td>4</td><td>乙丑(戌亥)</td><td>甲子</td><td>亥</td><td>寅</td><td>20</td><td>辛巳(申酉)</td><td>甲戌</td><td>子</td><td>寅</td></tr>
<tr><td>5</td><td>丙寅(戌亥)</td><td>甲子</td><td>亥</td><td>寅</td><td>21</td><td>壬午(申酉)</td><td>甲戌</td><td>子</td><td>寅</td></tr>
<tr><td rowspan="2">6</td><td rowspan="2">丁卯(戌亥)</td><td rowspan="2">甲子</td><td rowspan="2">亥</td><td rowspan="2">寅</td><td rowspan="2">22</td><td rowspan="2">癸未(申酉)
(冬至:將變)</td><td>甲戌</td><td>子</td><td>寅·丑</td></tr>
<tr><td colspan="3">寅(01:26:59).丑(01:27以後)</td></tr>
<tr><td rowspan="2">7</td><td rowspan="2">戊辰(戌亥)
(大雪:建變)</td><td>甲子</td><td>亥·子</td><td>寅</td><td rowspan="2">23</td><td rowspan="2">甲申(午未)</td><td rowspan="2">甲申</td><td rowspan="2">子</td><td rowspan="2">丑
神藏殺沒
(巳亥)</td></tr>
<tr><td colspan="3">亥(07:31:59).子(07:32以後)</td></tr>
<tr><td>8</td><td>己巳(戌亥)</td><td>甲子</td><td>子</td><td>寅</td><td>24</td><td>乙酉(午未)</td><td>甲申</td><td>子</td><td>丑</td></tr>
<tr><td>9</td><td>庚午(戌亥)</td><td>甲子</td><td>子</td><td>寅</td><td>25</td><td>丙戌(午未)</td><td>甲申</td><td>子</td><td>丑</td></tr>
<tr><td>10</td><td>辛未(戌亥)</td><td>甲子</td><td>子</td><td>寅</td><td>26</td><td>丁亥(午未)</td><td>甲申</td><td>子</td><td>丑</td></tr>
<tr><td>11</td><td>壬申(戌亥)</td><td>甲子</td><td>子</td><td>寅</td><td>27</td><td>戊子(午未)</td><td>甲申</td><td>子</td><td>丑</td></tr>
<tr><td>12</td><td>癸酉(戌亥)</td><td>甲子</td><td>子</td><td>寅</td><td>28</td><td>己丑(午未)</td><td>甲申</td><td>子</td><td>丑</td></tr>
<tr><td>13</td><td>甲戌(申酉)</td><td>甲戌</td><td>子</td><td>寅
神藏殺沒
(午子)</td><td>29</td><td>庚寅(午未)</td><td>甲申</td><td>子</td><td>丑</td></tr>
<tr><td>14</td><td>乙亥(申酉)</td><td>甲戌</td><td>子</td><td>寅</td><td>30</td><td>辛卯(午未)</td><td>甲申</td><td>子</td><td>丑</td></tr>
<tr><td>15</td><td>丙子(申酉)</td><td>甲戌</td><td>子</td><td>寅</td><td>31</td><td>壬辰(午未)</td><td>甲申</td><td>子</td><td>丑</td></tr>
<tr><td>16</td><td>丁丑(申酉)</td><td>甲戌</td><td>子</td><td>寅</td><td></td><td></td><td></td><td></td><td></td></tr>
</table>

2018(戊戌)年 1月[陽曆]

<table>
<tr><th>日</th><th>日辰(空亡)</th><th>旬</th><th>月建</th><th>月將</th><th>日</th><th>日辰(空亡)</th><th>旬</th><th>月建</th><th>月將</th></tr>
<tr><td>1</td><td>癸巳(午未)</td><td>甲申</td><td>子</td><td>丑</td><td>17</td><td>己酉(寅卯)</td><td>甲辰</td><td>丑</td><td>丑</td></tr>
<tr><td>2</td><td>甲午(辰巳)</td><td>甲午</td><td>子</td><td>丑
神藏殺沒
(巳亥)</td><td>18</td><td>庚戌(寅卯)</td><td>甲辰</td><td>丑</td><td>丑</td></tr>
<tr><td>3</td><td>乙未(辰巳)</td><td>甲午</td><td>子</td><td>丑</td><td>19</td><td>辛亥(寅卯)</td><td>甲辰</td><td>丑</td><td>丑</td></tr>
<tr><td rowspan="2">4</td><td rowspan="2">丙申(辰巳)</td><td rowspan="2">甲午</td><td rowspan="2">子</td><td rowspan="2">丑</td><td rowspan="2">20</td><td rowspan="2">壬子(寅卯)
(大寒:將變)</td><td>甲辰</td><td>丑</td><td>丑·子</td></tr>
<tr><td colspan="3">丑(12:07:59).子(12:08以後)</td></tr>
<tr><td rowspan="2">5</td><td rowspan="2">丁酉(辰巳)
(小寒:建變)</td><td>甲午</td><td>子·丑</td><td>丑</td><td rowspan="2">21</td><td rowspan="2">癸丑(寅卯)</td><td rowspan="2">甲辰</td><td rowspan="2">丑</td><td rowspan="2">子</td></tr>
<tr><td colspan="3">子(18:47:59).丑(18:48以後)</td></tr>
<tr><td>6</td><td>戊戌(辰巳)</td><td>甲午</td><td>丑</td><td>丑</td><td>22</td><td>甲寅(子丑)</td><td>甲寅</td><td>丑</td><td>子
神藏殺沒
(辰戌)</td></tr>
<tr><td>7</td><td>己亥(辰巳)</td><td>甲午</td><td>丑</td><td>丑</td><td>23</td><td>乙卯(子丑)</td><td>甲寅</td><td>丑</td><td>子</td></tr>
<tr><td>8</td><td>庚子(辰巳)</td><td>甲午</td><td>丑</td><td>丑</td><td>24</td><td>丙辰(子丑)</td><td>甲寅</td><td>丑</td><td>子</td></tr>
<tr><td>9</td><td>辛丑(辰巳)</td><td>甲午</td><td>丑</td><td>丑</td><td>25</td><td>丁巳(子丑)</td><td>甲寅</td><td>丑</td><td>子</td></tr>
<tr><td>10</td><td>壬寅(辰巳)</td><td>甲午</td><td>丑</td><td>丑</td><td>26</td><td>戊午(子丑)</td><td>甲寅</td><td>丑</td><td>子</td></tr>
<tr><td>11</td><td>癸卯(辰巳)</td><td>甲午</td><td>丑</td><td>丑</td><td>27</td><td>己未(子丑)</td><td>甲寅</td><td>丑</td><td>子</td></tr>
<tr><td>12</td><td>甲辰(寅卯)</td><td>甲辰</td><td>丑</td><td>丑
神藏殺沒
(巳亥)</td><td>28</td><td>庚申(子丑)</td><td>甲寅</td><td>丑</td><td>子</td></tr>
<tr><td>13</td><td>乙巳(寅卯)</td><td>甲辰</td><td>丑</td><td>丑</td><td>29</td><td>辛酉(子丑)</td><td>甲寅</td><td>丑</td><td>子</td></tr>
<tr><td>14</td><td>丙午(寅卯)</td><td>甲辰</td><td>丑</td><td>丑</td><td>30</td><td>壬戌(子丑)</td><td>甲寅</td><td>丑</td><td>子</td></tr>
<tr><td>15</td><td>丁未(寅卯)</td><td>甲辰</td><td>丑</td><td>丑</td><td>31</td><td>癸亥(子丑)</td><td>甲寅</td><td>丑</td><td>子</td></tr>
<tr><td>16</td><td>戊申(寅卯)</td><td>甲辰</td><td>丑</td><td>丑</td><td></td><td></td><td></td><td></td><td></td></tr>
</table>

2018(戊戌)年 2月[陽曆]

<table>
<tr><th>日</th><th>日辰(空亡)</th><th>旬</th><th>月建</th><th>月將</th><th>日</th><th>日辰(空亡)</th><th>旬</th><th>月建</th><th>月將</th></tr>
<tr><td>1</td><td>甲子(戌亥)</td><td>甲子</td><td>丑</td><td>子
神藏殺沒
(辰戌)</td><td>17</td><td>庚辰(申酉)</td><td>甲戌</td><td>寅</td><td>子</td></tr>
<tr><td>2</td><td>乙丑(戌亥)</td><td>甲子</td><td>丑</td><td>子</td><td>18</td><td>辛巳(申酉)</td><td>甲戌</td><td>寅</td><td>子</td></tr>
<tr><td rowspan="2">3</td><td rowspan="2">丙寅(戌亥)</td><td rowspan="2">甲子</td><td rowspan="2">丑</td><td rowspan="2">子</td><td rowspan="2">19</td><td rowspan="2">壬午(申酉)
(雨水:將變)</td><td>甲戌</td><td>寅</td><td>子·亥</td></tr>
<tr><td colspan="3">子(02:16:59).亥(02:17以後)</td></tr>
<tr><td rowspan="2">4</td><td rowspan="2">丁卯(戌亥)
(立春:建變)</td><td>甲子</td><td>丑·寅</td><td>子</td><td rowspan="2">20</td><td rowspan="2">癸未(申酉)</td><td rowspan="2">甲戌</td><td rowspan="2">寅</td><td rowspan="2">亥</td></tr>
<tr><td colspan="3">丑(06:27:59).寅(06:28以後)</td></tr>
<tr><td>5</td><td>戊辰(戌亥)</td><td>甲子</td><td>寅</td><td>子</td><td>21</td><td>甲申(午未)</td><td>甲申</td><td>寅</td><td>亥
神藏殺沒
(卯酉)</td></tr>
<tr><td>6</td><td>己巳(戌亥)</td><td>甲子</td><td>寅</td><td>子</td><td>22</td><td>乙酉(午未)</td><td>甲申</td><td>寅</td><td>亥</td></tr>
<tr><td>7</td><td>庚午(戌亥)</td><td>甲子</td><td>寅</td><td>子</td><td>23</td><td>丙戌(午未)</td><td>甲申</td><td>寅</td><td>亥</td></tr>
<tr><td>8</td><td>辛未(戌亥)</td><td>甲子</td><td>寅</td><td>子</td><td>24</td><td>丁亥(午未)</td><td>甲申</td><td>寅</td><td>亥</td></tr>
<tr><td>9</td><td>壬申(戌亥)</td><td>甲子</td><td>寅</td><td>子</td><td>25</td><td>戊子(午未)</td><td>甲申</td><td>寅</td><td>亥
神藏殺沒
(酉卯)</td></tr>
<tr><td>10</td><td>癸酉(戌亥)</td><td>甲子</td><td>寅</td><td>子</td><td>26</td><td>己丑(午未)</td><td>甲申</td><td>寅</td><td>亥</td></tr>
<tr><td>11</td><td>甲戌(申酉)</td><td>甲戌</td><td>寅</td><td>子
神藏殺沒
(辰戌)</td><td>27</td><td>庚寅(午未)</td><td>甲申</td><td>寅</td><td>亥
神藏殺沒
(酉卯)</td></tr>
<tr><td>12</td><td>乙亥(申酉)</td><td>甲戌</td><td>寅</td><td>子</td><td>28</td><td>辛卯(午未)</td><td>甲申</td><td>寅</td><td>亥</td></tr>
<tr><td>13</td><td>丙子(申酉)</td><td>甲戌</td><td>寅</td><td>子</td><td></td><td></td><td></td><td></td><td></td></tr>
<tr><td>14</td><td>丁丑(申酉)</td><td>甲戌</td><td>寅</td><td>子</td><td></td><td></td><td></td><td></td><td></td></tr>
<tr><td>15</td><td>戊寅(申酉)</td><td>甲戌</td><td>寅</td><td>子</td><td></td><td></td><td></td><td></td><td></td></tr>
<tr><td>16</td><td>己卯(申酉)</td><td>甲戌</td><td>寅</td><td>子</td><td></td><td></td><td></td><td></td><td></td></tr>
</table>

2018(戊戌)年 3月[陽曆]

日	日辰(空亡)	旬	月建	月將	日	日辰(空亡)	旬	月建	月將
1	壬辰(午未)	甲申	寅	亥	17	戊申(寅卯)	甲辰	卯	亥 神藏殺沒 (酉卯)
2	癸巳(午未)	甲申	寅	亥	18	己酉(寅卯)	甲辰	卯	亥
3	甲午(辰巳)	甲午	寅	亥 神藏殺沒 (卯酉)	19	庚戌(寅卯)	甲辰	卯	亥 神藏殺沒 (酉卯)
4	乙未(辰巳)	甲午	寅	亥	20	辛亥(寅卯)	甲辰	卯	亥
5	丙申(辰巳)	甲午	寅	亥	21	壬子(寅卯) (春分:將變)	甲辰	卯	亥·戌 亥(01:13:59).戌(01:14以後)
6	丁酉(辰巳) (驚蟄:建變)	甲午	寅·卯 寅(00:26:59).卯(00:27以後)	亥	22	癸丑(寅卯)	甲辰	卯	戌
7	戊戌(辰巳)	甲午	卯	亥 神藏殺沒 (酉卯)	23	甲寅(子丑)	甲寅	卯	戌
8	己亥(辰巳)	甲午	卯	亥	24	乙卯(子丑)	甲寅	卯	戌
9	庚子(辰巳)	甲午	卯	亥 神藏殺沒 (酉卯)	25	丙辰(子丑)	甲寅	卯	戌
10	辛丑(辰巳)	甲午	卯	亥	26	丁巳(子丑)	甲寅	卯	戌
11	壬寅(辰巳)	甲午	卯	亥	27	戊午(子丑)	甲寅	卯	戌 神藏殺沒 (申寅)
12	癸卯(辰巳)	甲午	卯	亥	28	己未(子丑)	甲寅	卯	戌
13	甲辰(寅卯)	甲辰	卯	亥 神藏殺沒 (卯酉)	29	庚申(子丑)	甲寅	卯	戌 神藏殺沒 (申寅)
14	乙巳(寅卯)	甲辰	卯	亥	30	辛酉(子丑)	甲寅	卯	戌
15	丙午(寅卯)	甲辰	卯	亥	31	壬戌(子丑)	甲寅	卯	戌
16	丁未(寅卯)	甲辰	卯	亥					

2018(戊戌)年 4月[陽曆]

日	日辰(空亡)	旬	月建	月將	日	日辰(空亡)	旬	月建	月將
1	癸亥(子丑)	甲寅	卯	戌	17	己卯(申酉)	甲戌	辰	戌
2	甲子(戌亥)	甲子	卯	戌	18	庚辰(申酉)	甲戌	辰	戌 神藏殺沒 (申寅)
3	乙丑(戌亥)	甲子	卯	戌	19	辛巳(申酉)	甲戌	辰	戌
4	丙寅(戌亥)	甲子	卯	戌	20	壬午(申酉) (穀雨:將變)	甲戌	辰	戌·酉 戌(12:11:59).酉(12:12以後)
5	丁卯(戌亥) (淸明:建變)	甲子	卯·辰 卯(05:11:59).辰(05:12以後)	戌	21	癸未(申酉)	甲戌	辰	酉
6	戊辰(戌亥)	甲子	辰	戌 神藏殺沒 (申寅)	22	甲申(午未)	甲申	辰	酉
7	己巳(戌亥)	甲子	辰	戌	23	乙酉(午未)	甲申	辰	酉
8	庚午(戌亥)	甲子	辰	戌 神藏殺沒 (申寅)	24	丙戌(午未)	甲申	辰	酉
9	辛未(戌亥)	甲子	辰	戌	25	丁亥(午未)	甲申	辰	酉
10	壬申(戌亥)	甲子	辰	戌	26	戊子(午未)	甲申	辰	酉 神藏殺沒 (未丑)
11	癸酉(戌亥)	甲子	辰	戌	27	己丑(午未)	甲申	辰	酉
12	甲戌(申酉)	甲戌	辰	戌	28	庚寅(午未)	甲申	辰	酉 神藏殺沒 (未丑)
13	乙亥(申酉)	甲戌	辰	戌	29	辛卯(午未)	甲申	辰	酉
14	丙子(申酉)	甲戌	辰	戌	30	壬辰(午未)	甲申	辰	酉
15	丁丑(申酉)	甲戌	辰	戌					
16	戊寅(申酉)	甲戌	辰	戌 神藏殺沒 (申寅)					

2018(戊戌)年 5月[陽曆]

日	日辰(空亡)	旬	月建	月將	日	日辰(空亡)	旬	月建	月將
1	癸巳(午未)	甲申	辰	酉	17	己酉(寅卯)	甲辰	巳	酉
2	甲午(辰巳)	甲午	辰	酉	18	庚戌(寅卯)	甲辰	巳	酉 神藏殺沒 (未丑)
3	乙未(辰巳)	甲午	辰	酉	19	辛亥(寅卯)	甲辰	巳	酉
4	丙申(辰巳)	甲午	辰	酉	20	壬子(寅卯)	甲辰	巳	酉
5	丁酉(辰巳) (立夏:建變)	甲午 辰(22:23:59).巳(22:24以後)	辰·巳	酉	21	癸丑(寅卯) (小滿:將變)	甲辰 酉(11:13:59).申(11:14以後)	巳	酉·申
6	戊戌(辰巳)	甲午	巳	酉 神藏殺沒 (未丑)	22	甲寅(子丑)	甲寅	巳	申
7	己亥(辰巳)	甲午	巳	酉	23	乙卯(子丑)	甲寅	巳	申
8	庚子(辰巳)	甲午	巳	酉 神藏殺沒 (未丑)	24	丙辰(子丑)	甲寅	巳	申
9	辛丑(辰巳)	甲午	巳	酉	25	丁巳(子丑)	甲寅	巳	申
10	壬寅(辰巳)	甲午	巳	酉	26	戊午(子丑)	甲寅	巳	申 神藏殺沒 (午子)
11	癸卯(辰巳)	甲午	巳	酉	27	己未(子丑)	甲寅	巳	申
12	甲辰(寅卯)	甲辰	巳	酉	28	庚申(子丑)	甲寅	巳	申 神藏殺沒 (午子)
13	乙巳(寅卯)	甲辰	巳	酉	29	辛酉(子丑)	甲寅	巳	申
14	丙午(寅卯)	甲辰	巳	酉	30	壬戌(子丑)	甲寅	巳	申
15	丁未(寅卯)	甲辰	巳	酉	31	癸亥(子丑)	甲寅	巳	申
16	戊申(寅卯)	甲辰	巳	酉 神藏殺沒 (未丑)					

2018(戊戌)年 6月[陽曆]

日	日辰(空亡)	旬	月建	月將	日	日辰(空亡)	旬	月建	月將
1	甲子(戌亥)	甲子	巳	申	17	庚辰(申酉)	甲戌	午	申 神藏殺沒 (午子)
2	乙丑(戌亥)	甲子	巳	申	18	辛巳(申酉)	甲戌	午	申
3	丙寅(戌亥)	甲子	巳	申	19	壬午(申酉)	甲戌	午	申
4	丁卯(戌亥)	甲子	巳	申	20	癸未(申酉)	甲戌	午	申
5	戊辰(戌亥)	甲子	巳	申 神藏殺沒 (午子)	21	甲申(午未) (夏至:將變)	甲申	午	申·未 申(19:05:59).未(19:06以後)
6	己巳(戌亥) (芒種:建變)	甲子	巳·午 巳(02:27:59).午(02:28以後)	申	22	乙酉(午未)	甲申	午	未
7	庚午(戌亥)	甲子	午	申 神藏殺沒 (午子)	23	丙戌(午未)	甲申	午	未
8	辛未(戌亥)	甲子	午	申	24	丁亥(午未)	甲申	午	未
9	壬申(戌亥)	甲子	午	申	25	戊子(午未)	甲申	午	未 神藏殺沒 (巳亥)
10	癸酉(戌亥)	甲子	午	申	26	己丑(午未)	甲申	午	未
11	甲戌(申酉)	甲戌	午	申	27	庚寅(午未)	甲申	午	未 神藏殺沒 (巳亥)
12	乙亥(申酉)	甲戌	午	申	28	辛卯(午未)	甲申	午	未
13	丙子(申酉)	甲戌	午	申	29	壬辰(午未)	甲申	午	未
14	丁丑(申酉)	甲戌	午	申	30	癸巳(午未)	甲申	午	未
15	戊寅(申酉)	甲戌	午	申 神藏殺沒 (午子)					
16	己卯(申酉)	甲戌	午	申					

2018(戊戌)年 7月[陽曆]

<table>
<tr><th>日</th><th>日辰(空亡)</th><th>旬</th><th>月建</th><th>月將</th><th>日</th><th>日辰(空亡)</th><th>旬</th><th>月建</th><th>月將</th></tr>
<tr><td>1</td><td>甲午(辰巳)</td><td>甲午</td><td>午</td><td>未</td><td>17</td><td>庚戌(寅卯)</td><td>甲辰</td><td>未</td><td>未
神藏殺沒
(巳亥)</td></tr>
<tr><td>2</td><td>乙未(辰巳)</td><td>甲午</td><td>午</td><td>未</td><td>18</td><td>辛亥(寅卯)</td><td>甲辰</td><td>未</td><td>未</td></tr>
<tr><td>3</td><td>丙申(辰巳)</td><td>甲午</td><td>午</td><td>未</td><td>19</td><td>壬子(寅卯)</td><td>甲辰</td><td>未</td><td>未</td></tr>
<tr><td>4</td><td>丁酉(辰巳)</td><td>甲午</td><td>午</td><td>未</td><td>20</td><td>癸丑(寅卯)</td><td>甲辰</td><td>未</td><td>未</td></tr>
<tr><td>5</td><td>戊戌(辰巳)</td><td>甲午</td><td>午</td><td>未
神藏殺沒
(巳亥)</td><td>21</td><td>甲寅(子丑)</td><td>甲寅</td><td>未</td><td>未</td></tr>
<tr><td>6</td><td>己亥(辰巳)</td><td>甲午</td><td>午</td><td>未</td><td>22</td><td>乙卯(子丑)</td><td>甲寅</td><td>未</td><td>未</td></tr>
<tr><td rowspan="3">7</td><td rowspan="3">庚子(辰巳)
(小暑:建變)</td><td>甲午</td><td>午·未</td><td>未</td><td rowspan="3">23</td><td rowspan="3">丙辰(子丑)
(大暑:將變)</td><td rowspan="2">甲寅</td><td rowspan="2">未</td><td rowspan="2">未·午</td></tr>
<tr><td colspan="3">午(12:40:59).未(12:41以後)</td></tr>
<tr><td colspan="3">神藏殺沒(巳亥)</td><td colspan="3">未(05:58:59).午(05:59以後)</td></tr>
<tr><td>8</td><td>辛丑(辰巳)</td><td>甲午</td><td>未</td><td>未</td><td>24</td><td>丁巳(子丑)</td><td>甲寅</td><td>未</td><td>午</td></tr>
<tr><td>9</td><td>壬寅(辰巳)</td><td>甲午</td><td>未</td><td>未</td><td>25</td><td>戊午(子丑)</td><td>甲寅</td><td>未</td><td>午
神藏殺沒
(辰戌)</td></tr>
<tr><td>10</td><td>癸卯(辰巳)</td><td>甲午</td><td>未</td><td>未</td><td>26</td><td>己未(子丑)</td><td>甲寅</td><td>未</td><td>午</td></tr>
<tr><td>11</td><td>甲辰(寅卯)</td><td>甲辰</td><td>未</td><td>未</td><td>27</td><td>庚申(子丑)</td><td>甲寅</td><td>未</td><td>午
神藏殺沒
(辰戌)</td></tr>
<tr><td>12</td><td>乙巳(寅卯)</td><td>甲辰</td><td>未</td><td>未</td><td>28</td><td>辛酉(子丑)</td><td>甲寅</td><td>未</td><td>午</td></tr>
<tr><td>13</td><td>丙午(寅卯)</td><td>甲辰</td><td>未</td><td>未</td><td>29</td><td>壬戌(子丑)</td><td>甲寅</td><td>未</td><td>午</td></tr>
<tr><td>14</td><td>丁未(寅卯)</td><td>甲辰</td><td>未</td><td>未</td><td>30</td><td>癸亥(子丑)</td><td>甲寅</td><td>未</td><td>午</td></tr>
<tr><td>15</td><td>戊申(寅卯)</td><td>甲辰</td><td>未</td><td>未
神藏殺沒
(巳亥)</td><td>31</td><td>甲子(戌亥)</td><td>甲子</td><td>未</td><td>午</td></tr>
<tr><td>16</td><td>己酉(寅卯)</td><td>甲辰</td><td>未</td><td>未</td><td></td><td></td><td></td><td></td><td></td></tr>
</table>

2018(戊戌)年 8月[陽曆]

日	日辰(空亡)	旬	月建	月將	日	日辰(空亡)	旬	月建	月將
1	乙丑(戌亥)	甲子	未	午	17	辛巳(申酉)	甲戌	申	午
2	丙寅(戌亥)	甲子	未	午	18	壬午(申酉)	甲戌	申	午
3	丁卯(戌亥)	甲子	未	午	19	癸未(申酉)	甲戌	申	午
4	戊辰(戌亥)	甲子	未	午 神藏殺沒 (辰戌)	20	甲申(午未)	甲申	申	午
5	己巳(戌亥)	甲子	未	午	21	乙酉(午未)	甲申	申	午
6	庚午(戌亥)	甲子	未	午 神藏殺沒 (辰戌)	22	丙戌(午未)	甲申	申	午
7	辛未(戌亥) (立秋:建變)	甲子	未·申	午	23	丁亥(午未) (處暑:將變)	甲申	申	午·巳
		未(22:29:59).申(22:30以後)					午(13:07:59).巳(13:08以後)		
8	壬申(戌亥)	甲子	申	午	24	戊子(午未)	甲申	申	巳 神藏殺沒 (卯酉)
9	癸酉(戌亥)	甲子	申	午	25	己丑(午未)	甲申	申	巳
10	甲戌(申酉)	甲戌	申	午	26	庚寅(午未)	甲申	申	巳 神藏殺沒 (卯酉)
11	乙亥(申酉)	甲戌	申	午	27	辛卯(午未)	甲申	申	巳
12	丙子(申酉)	甲戌	申	午	28	壬辰(午未)	甲申	申	巳
13	丁丑(申酉)	甲戌	申	午	29	癸巳(午未)	甲申	申	巳
14	戊寅(申酉)	甲戌	申	午 神藏殺沒 (辰戌)	30	甲午(辰巳)	甲午	申	巳 神藏殺沒 (酉卯)
15	己卯(申酉)	甲戌	申	午	31	乙未(辰巳)	甲午	申	巳
16	庚辰(申酉)	甲戌	申	午 神藏殺沒 (辰戌)					

2018(戊戌)年 9月[陽曆]

日	日辰(空亡)	旬	月建	月將	日	日辰(空亡)	旬	月建	月將
1	丙申(辰巳)	甲午	申	巳	17	壬子(寅卯)	甲辰	酉	巳
2	丁酉(辰巳)	甲午	申	巳	18	癸丑(寅卯)	甲辰	酉	巳
3	戊戌(辰巳)	甲午	申	巳 神藏殺沒 (卯酉)	19	甲寅(子丑)	甲寅	酉	巳 神藏殺沒 (酉卯)
4	己亥(辰巳)	甲午	申	巳	20	乙卯(子丑)	甲寅	酉	巳
5	庚子(辰巳)	甲午	申	巳 神藏殺沒 (卯酉)	21	丙辰(子丑)	甲寅	酉	巳
6	辛丑(辰巳)	甲午	申	巳	22	丁巳(子丑)	甲寅	酉	巳
7	壬寅(辰巳)	甲午	申	巳	23	戊午(子丑) (秋分:將變)	甲寅	酉	巳·辰 巳(10:52:59).辰(10:53以後) 神藏殺沒(巳月將: 卯酉)
8	癸卯(辰巳) (白露:建變)	甲午	申·酉 申(01:28:59).酉(01:29以後)	巳	24	己未(子丑)	甲寅	酉	辰
9	甲辰(寅卯)	甲辰	酉	巳 神藏殺沒 (酉卯)	25	庚申(子丑)	甲寅	酉	辰
10	乙巳(寅卯)	甲辰	酉	巳	26	辛酉(子丑)	甲寅	酉	辰
11	丙午(寅卯)	甲辰	酉	巳	27	壬戌(子丑)	甲寅	酉	辰
12	丁未(寅卯)	甲辰	酉	巳	28	癸亥(子丑)	甲寅	酉	辰
13	戊申(寅卯)	甲辰	酉	巳 神藏殺沒 (卯酉)	29	甲子(戌亥)	甲子	酉	辰 神藏殺沒 (申寅)
14	己酉(寅卯)	甲辰	酉	巳	30	乙丑(戌亥)	甲子	酉	辰
15	庚戌(寅卯)	甲辰	酉	巳 神藏殺沒 (卯酉)					
16	辛亥(寅卯)	甲辰	酉	巳					

2018(戊戌)年 10月[陽曆]

<table>
<tr><th>日</th><th>日辰(空亡)</th><th>旬</th><th>月建</th><th>月將</th><th>日</th><th>日辰(空亡)</th><th>旬</th><th>月建</th><th>月將</th></tr>
<tr><td>1</td><td>丙寅(戌亥)</td><td>甲子</td><td>酉</td><td>辰</td><td>17</td><td>壬午(申酉)</td><td>甲戌</td><td>戌</td><td>辰</td></tr>
<tr><td>2</td><td>丁卯(戌亥)</td><td>甲子</td><td>酉</td><td>辰</td><td>18</td><td>癸未(申酉)</td><td>甲戌</td><td>戌</td><td>辰</td></tr>
<tr><td>3</td><td>戊辰(戌亥)</td><td>甲子</td><td>酉</td><td>辰</td><td>19</td><td>甲申(午未)</td><td>甲申</td><td>戌</td><td>辰
神藏殺沒
(申寅)</td></tr>
<tr><td>4</td><td>己巳(戌亥)</td><td>甲子</td><td>酉</td><td>辰</td><td>20</td><td>乙酉(午未)</td><td>甲申</td><td>戌</td><td>辰</td></tr>
<tr><td>5</td><td>庚午(戌亥)</td><td>甲子</td><td>酉</td><td>辰</td><td>21</td><td>丙戌(午未)</td><td>甲申</td><td>戌</td><td>辰</td></tr>
<tr><td>6</td><td>辛未(戌亥)</td><td>甲子</td><td>酉</td><td>辰</td><td>22</td><td>丁亥(午未)</td><td>甲申</td><td>戌</td><td>辰</td></tr>
<tr><td rowspan="2">7</td><td rowspan="2">壬申(戌亥)</td><td rowspan="2">甲子</td><td rowspan="2">酉</td><td rowspan="2">辰</td><td rowspan="2">23</td><td rowspan="2">戊子(午未)
(霜降:將變)</td><td>甲申</td><td>戌</td><td>辰·卯</td></tr>
<tr><td colspan="3">辰(20:20:59).卯(20:21以後)</td></tr>
<tr><td rowspan="2">8</td><td rowspan="2">癸酉(戌亥)
(寒露:建變)</td><td>甲子</td><td>酉·戌</td><td>辰</td><td rowspan="2">24</td><td rowspan="2">己丑(午未)</td><td rowspan="2">甲申</td><td rowspan="2">戌</td><td rowspan="2">卯</td></tr>
<tr><td colspan="3">酉(17:13:59).戌(17:14以後)</td></tr>
<tr><td>9</td><td>甲戌(申酉)</td><td>甲戌</td><td>戌</td><td>辰
神藏殺沒
(申寅)</td><td>25</td><td>庚寅(午未)</td><td>甲申</td><td>戌</td><td>卯</td></tr>
<tr><td>10</td><td>乙亥(申酉)</td><td>甲戌</td><td>戌</td><td>辰</td><td>26</td><td>辛卯(午未)</td><td>甲申</td><td>戌</td><td>卯</td></tr>
<tr><td>11</td><td>丙子(申酉)</td><td>甲戌</td><td>戌</td><td>辰</td><td>27</td><td>壬辰(午未)</td><td>甲申</td><td>戌</td><td>卯</td></tr>
<tr><td>12</td><td>丁丑(申酉)</td><td>甲戌</td><td>戌</td><td>辰</td><td>28</td><td>癸巳(午未)</td><td>甲申</td><td>戌</td><td>卯</td></tr>
<tr><td>13</td><td>戊寅(申酉)</td><td>甲戌</td><td>戌</td><td>辰</td><td>29</td><td>甲午(辰巳)</td><td>甲午</td><td>戌</td><td>卯
神藏殺沒
(未丑)</td></tr>
<tr><td>14</td><td>己卯(申酉)</td><td>甲戌</td><td>戌</td><td>辰</td><td>30</td><td>乙未(辰巳)</td><td>甲午</td><td>戌</td><td>卯</td></tr>
<tr><td>15</td><td>庚辰(申酉)</td><td>甲戌</td><td>戌</td><td>辰</td><td>31</td><td>丙申(辰巳)</td><td>甲午</td><td>戌</td><td>卯</td></tr>
<tr><td>16</td><td>辛巳(申酉)</td><td>甲戌</td><td>戌</td><td>辰</td><td></td><td></td><td></td><td></td><td></td></tr>
</table>

2018(戊戌)年 11月[陽曆]

日	日辰(空亡)	旬	月建	月將	日	日辰(空亡)	旬	月建	月將
1	丁酉(辰巳)	甲午	戌	卯	17	癸丑(寅卯)	甲辰	亥	卯
2	戊戌(辰巳)	甲午	戌	卯	18	甲寅(子丑)	甲寅	亥	卯 神藏殺沒 (未丑)
3	己亥(辰巳)	甲午	戌	卯	19	乙卯(子丑)	甲寅	亥	卯
4	庚子(辰巳)	甲午	戌	卯	20	丙辰(子丑)	甲寅	亥	卯
5	辛丑(辰巳)	甲午	戌	卯	21	丁巳(子丑)	甲寅	亥	卯
6	壬寅(辰巳)	甲午	戌	卯	22	戊午(子丑) (小雪:將變)	甲寅	亥	卯·寅 卯(18:00:59).寅(18:01以後)
7	癸卯(辰巳) (立冬:建變)	甲午	戌·亥 戌(20:30:59).亥(20:31以後)	卯	23	己未(子丑)	甲寅	亥	寅
8	甲辰(寅卯)	甲辰	亥	卯 神藏殺沒 (未丑)	24	庚申(子丑)	甲寅	亥	寅
9	乙巳(寅卯)	甲辰	亥	卯	25	辛酉(子丑)	甲寅	亥	寅
10	丙午(寅卯)	甲辰	亥	卯	26	壬戌(子丑)	甲寅	亥	寅
11	丁未(寅卯)	甲辰	亥	卯	27	癸亥(子丑)	甲寅	亥	寅
12	戊申(寅卯)	甲辰	亥	卯	28	甲子(戌亥)	甲子	亥	寅 神藏殺沒 (午子)
13	己酉(寅卯)	甲辰	亥	卯	29	乙丑(戌亥)	甲子	亥	寅
14	庚戌(寅卯)	甲辰	亥	卯	30	丙寅(戌亥)	甲子	亥	寅
15	辛亥(寅卯)	甲辰	亥	卯					
16	壬子(寅卯)	甲辰	亥	卯					

2018(戊戌)年 12月[陽曆]

日	日辰(空亡)	旬	月建	月將	日	日辰(空亡)	旬	月建	月將
1	丁卯(戌亥)	甲子	亥	寅	17	癸未(申酉)	甲戌	子	寅
2	戊辰(戌亥)	甲子	亥	寅	18	甲申(午未)	甲申	子	寅 神藏殺沒 (午子)
3	己巳(戌亥)	甲子	亥	寅	19	乙酉(午未)	甲申	子	寅
4	庚午(戌亥)	甲子	亥	寅	20	丙戌(午未)	甲申	子	寅
5	辛未(戌亥)	甲子	亥	寅	21	丁亥(午未)	甲申	子	寅
6	壬申(戌亥)	甲子	亥	寅	22	戊子(午未) (冬至:將變)	甲申	子	寅·丑 寅(07:21:59).丑(07:22以後)
7	癸酉(戌亥) (大雪:建變)	甲子	亥·子 亥(13:24:59).子(13:25以後)	寅	23	己丑(午未)	甲申	子	丑
8	甲戌(申酉)	甲戌	子	寅 神藏殺沒 (午子)	24	庚寅(午未)	甲申	子	丑
9	乙亥(申酉)	甲戌	子	寅	25	辛卯(午未)	甲申	子	丑
10	丙子(申酉)	甲戌	子	寅	26	壬辰(午未)	甲申	子	丑
11	丁丑(申酉)	甲戌	子	寅	27	癸巳(午未)	甲申	子	丑
12	戊寅(申酉)	甲戌	子	寅	28	甲午(辰巳)	甲午	子	丑 神藏殺沒 (巳亥)
13	己卯(申酉)	甲戌	子	寅	29	乙未(辰巳)	甲午	子	丑
14	庚辰(申酉)	甲戌	子	寅	30	丙申(辰巳)	甲午	子	丑
15	辛巳(申酉)	甲戌	子	寅	31	丁酉(辰巳)	甲午	子	丑
16	壬午(申酉)	甲戌	子	寅					

2019(己亥)年 1月[陽曆]

<table>
<tr><th>日</th><th>日辰(空亡)</th><th>旬</th><th>月建</th><th>月將</th><th>日</th><th>日辰(空亡)</th><th>旬</th><th>月建</th><th>月將</th></tr>
<tr><td>1</td><td>戊戌(辰巳)</td><td>甲午</td><td>子</td><td>丑</td><td>17</td><td>甲寅(子丑)</td><td>甲寅</td><td>丑</td><td>丑
神藏殺沒
(巳亥)</td></tr>
<tr><td>2</td><td>己亥(辰巳)</td><td>甲午</td><td>子</td><td>丑</td><td>18</td><td>乙卯(子丑)</td><td>甲寅</td><td>丑</td><td>丑</td></tr>
<tr><td>3</td><td>庚子(辰巳)</td><td>甲午</td><td>子</td><td>丑</td><td>19</td><td>丙辰(子丑)</td><td>甲寅</td><td>丑</td><td>丑</td></tr>
<tr><td rowspan="2">4</td><td rowspan="2">辛丑(辰巳)</td><td rowspan="2">甲午</td><td rowspan="2">子</td><td rowspan="2">丑</td><td rowspan="2">20</td><td rowspan="2">丁巳(子丑)
(大寒:將變)</td><td>甲寅</td><td>丑</td><td>丑·子</td></tr>
<tr><td colspan="3">丑(17:58:59).子(17:59以後)</td></tr>
<tr><td>5</td><td>壬寅(辰巳)</td><td>甲午</td><td>子</td><td>丑</td><td>21</td><td>戊午(子丑)</td><td>甲寅</td><td>丑</td><td>子</td></tr>
<tr><td rowspan="2">6</td><td rowspan="2">癸卯(辰巳)
(小寒:建變)</td><td>甲午</td><td>子·丑</td><td>丑</td><td rowspan="2">22</td><td rowspan="2">己未(子丑)</td><td rowspan="2">甲寅</td><td rowspan="2">丑</td><td rowspan="2">子</td></tr>
<tr><td colspan="3">子(00:37:59).丑(00:38以後)</td></tr>
<tr><td>7</td><td>甲辰(寅卯)</td><td>甲辰</td><td>丑</td><td>丑
神藏殺沒
(巳亥)</td><td>23</td><td>庚申(子丑)</td><td>甲寅</td><td>丑</td><td>子</td></tr>
<tr><td>8</td><td>乙巳(寅卯)</td><td>甲辰</td><td>丑</td><td>丑</td><td>24</td><td>辛酉(子丑)</td><td>甲寅</td><td>丑</td><td>子</td></tr>
<tr><td>9</td><td>丙午(寅卯)</td><td>甲辰</td><td>丑</td><td>丑</td><td>25</td><td>壬戌(子丑)</td><td>甲寅</td><td>丑</td><td>子</td></tr>
<tr><td>10</td><td>丁未(寅卯)</td><td>甲辰</td><td>丑</td><td>丑</td><td>26</td><td>癸亥(子丑)</td><td>甲寅</td><td>丑</td><td>子</td></tr>
<tr><td>11</td><td>戊申(寅卯)</td><td>甲辰</td><td>丑</td><td>丑</td><td>27</td><td>甲子(戌亥)</td><td>甲子</td><td>丑</td><td>子
神藏殺沒
(辰戌)</td></tr>
<tr><td>12</td><td>己酉(寅卯)</td><td>甲辰</td><td>丑</td><td>丑</td><td>28</td><td>乙丑(戌亥)</td><td>甲子</td><td>丑</td><td>子</td></tr>
<tr><td>13</td><td>庚戌(寅卯)</td><td>甲辰</td><td>丑</td><td>丑</td><td>29</td><td>丙寅(戌亥)</td><td>甲子</td><td>丑</td><td>子</td></tr>
<tr><td>14</td><td>辛亥(寅卯)</td><td>甲辰</td><td>丑</td><td>丑</td><td>30</td><td>丁卯(戌亥)</td><td>甲子</td><td>丑</td><td>子</td></tr>
<tr><td>15</td><td>壬子(寅卯)</td><td>甲辰</td><td>丑</td><td>丑</td><td>31</td><td>戊辰(戌亥)</td><td>甲子</td><td>丑</td><td>子</td></tr>
<tr><td>16</td><td>癸丑(寅卯)</td><td>甲辰</td><td>丑</td><td>丑</td><td></td><td></td><td></td><td></td><td></td></tr>
</table>

2019(己亥)年 2月[陽曆]

<table>
<tr><th>日</th><th>日辰(空亡)</th><th>旬</th><th>月建</th><th>月將</th><th>日</th><th>日辰(空亡)</th><th>旬</th><th>月建</th><th>月將</th></tr>
<tr><td>1</td><td>己巳(戌亥)</td><td>甲子</td><td>丑</td><td>子</td><td>17</td><td>乙酉(午未)</td><td>甲申</td><td>寅</td><td>子</td></tr>
<tr><td>2</td><td>庚午(戌亥)</td><td>甲子</td><td>丑</td><td>子</td><td>18</td><td>丙戌(午未)</td><td>甲申</td><td>寅</td><td>子</td></tr>
<tr><td rowspan="2">3</td><td rowspan="2">辛未(戌亥)</td><td rowspan="2">甲子</td><td rowspan="2">丑</td><td rowspan="2">子</td><td rowspan="2">19</td><td rowspan="2">丁亥(午未)
(雨水:將變)</td><td>甲申</td><td>寅</td><td>子·亥</td></tr>
<tr><td colspan="3">子(08:02:59).亥(08:03以後)</td></tr>
<tr><td rowspan="2">4</td><td rowspan="2">壬申(戌亥)
(立春:建變)</td><td>甲子</td><td>丑·寅</td><td>子</td><td rowspan="2">20</td><td rowspan="2">戊子(午未)</td><td rowspan="2">甲申</td><td rowspan="2">寅</td><td rowspan="2">亥
神藏殺沒
(酉卯)</td></tr>
<tr><td colspan="3">丑(12:12:59).寅(12:13以後)</td></tr>
<tr><td>5</td><td>癸酉(戌亥)</td><td>甲子</td><td>寅</td><td>子</td><td>21</td><td>己丑(午未)</td><td>甲申</td><td>寅</td><td>亥</td></tr>
<tr><td>6</td><td>甲戌(申酉)</td><td>甲戌</td><td>寅</td><td>子
神藏殺沒
(辰戌)</td><td>22</td><td>庚寅(午未)</td><td>甲申</td><td>寅</td><td>亥
神藏殺沒
(酉卯)</td></tr>
<tr><td>7</td><td>乙亥(申酉)</td><td>甲戌</td><td>寅</td><td>子</td><td>23</td><td>辛卯(午未)</td><td>甲申</td><td>寅</td><td>亥</td></tr>
<tr><td>8</td><td>丙子(申酉)</td><td>甲戌</td><td>寅</td><td>子</td><td>24</td><td>壬辰(午未)</td><td>甲申</td><td>寅</td><td>亥</td></tr>
<tr><td>9</td><td>丁丑(申酉)</td><td>甲戌</td><td>寅</td><td>子</td><td>25</td><td>癸巳(午未)</td><td>甲申</td><td>寅</td><td>亥</td></tr>
<tr><td>10</td><td>戊寅(申酉)</td><td>甲戌</td><td>寅</td><td>子</td><td>26</td><td>甲午(辰巳)</td><td>甲午</td><td>寅</td><td>亥
神藏殺沒
(卯酉)</td></tr>
<tr><td>11</td><td>己卯(申酉)</td><td>甲戌</td><td>寅</td><td>子</td><td>27</td><td>乙未(辰巳)</td><td>甲午</td><td>寅</td><td>亥</td></tr>
<tr><td>12</td><td>庚辰(申酉)</td><td>甲戌</td><td>寅</td><td>子</td><td>28</td><td>丙申(辰巳)</td><td>甲午</td><td>寅</td><td>亥</td></tr>
<tr><td>13</td><td>辛巳(申酉)</td><td>甲戌</td><td>寅</td><td>子</td><td></td><td></td><td></td><td></td><td></td></tr>
<tr><td>14</td><td>壬午(申酉)</td><td>甲戌</td><td>寅</td><td>子</td><td></td><td></td><td></td><td></td><td></td></tr>
<tr><td>15</td><td>癸未(申酉)</td><td>甲戌</td><td>寅</td><td>子</td><td></td><td></td><td></td><td></td><td></td></tr>
<tr><td>16</td><td>甲申(午未)</td><td>甲申</td><td>寅</td><td>子
神藏殺沒
(辰戌)</td><td></td><td></td><td></td><td></td><td></td></tr>
</table>

2019(己亥)年 3月[陽曆]

<table>
<tr><th>日</th><th>日辰(空亡)</th><th>旬</th><th>月建</th><th>月將</th><th>日</th><th>日辰(空亡)</th><th>旬</th><th>月建</th><th>月將</th></tr>
<tr><td>1</td><td>丁酉(辰巳)</td><td>甲午</td><td>寅</td><td>亥</td><td>17</td><td>癸丑(寅卯)</td><td>甲辰</td><td>卯</td><td>亥</td></tr>
<tr><td>2</td><td>戊戌(辰巳)</td><td>甲午</td><td>寅</td><td>亥
神藏殺沒
(酉卯)</td><td>18</td><td>甲寅(子丑)</td><td>甲寅</td><td>卯</td><td>亥
神藏殺沒
(卯酉)</td></tr>
<tr><td>3</td><td>己亥(辰巳)</td><td>甲午</td><td>寅</td><td>亥</td><td>19</td><td>乙卯(子丑)</td><td>甲寅</td><td>卯</td><td>亥</td></tr>
<tr><td>4</td><td>庚子(辰巳)</td><td>甲午</td><td>寅</td><td>亥
神藏殺沒
(酉卯)</td><td>20</td><td>丙辰(子丑)</td><td>甲寅</td><td>卯</td><td>亥</td></tr>
<tr><td rowspan="2">5</td><td rowspan="2">辛丑(辰巳)</td><td rowspan="2">甲午</td><td rowspan="2">寅</td><td rowspan="2">亥</td><td rowspan="2">21</td><td rowspan="2">丁巳(子丑)
(春分:將變)</td><td>甲寅</td><td>卯</td><td>亥·戌</td></tr>
<tr><td colspan="3">亥(06:56:59).戌(06:57以後)</td></tr>
<tr><td rowspan="2">6</td><td rowspan="2">壬寅(辰巳)
(驚蟄:建變)</td><td>甲午</td><td>寅·卯</td><td>亥</td><td rowspan="2">22</td><td rowspan="2">戊午(子丑)</td><td rowspan="2">甲寅</td><td rowspan="2">卯</td><td rowspan="2">戌
神藏殺沒
(申寅)</td></tr>
<tr><td colspan="3">寅(06:08:59).卯(06:09以後)</td></tr>
<tr><td>7</td><td>癸卯(辰巳)</td><td>甲午</td><td>卯</td><td>亥</td><td>23</td><td>己未(子丑)</td><td>甲寅</td><td>卯</td><td>戌</td></tr>
<tr><td>8</td><td>甲辰(寅卯)</td><td>甲辰</td><td>卯</td><td>亥
神藏殺沒
(卯酉)</td><td>24</td><td>庚申(子丑)</td><td>甲寅</td><td>卯</td><td>戌
神藏殺沒
(申寅)</td></tr>
<tr><td>9</td><td>乙巳(寅卯)</td><td>甲辰</td><td>卯</td><td>亥</td><td>25</td><td>辛酉(子丑)</td><td>甲寅</td><td>卯</td><td>戌</td></tr>
<tr><td>10</td><td>丙午(寅卯)</td><td>甲辰</td><td>卯</td><td>亥</td><td>26</td><td>壬戌(子丑)</td><td>甲寅</td><td>卯</td><td>戌</td></tr>
<tr><td>11</td><td>丁未(寅卯)</td><td>甲辰</td><td>卯</td><td>亥</td><td>27</td><td>癸亥(子丑)</td><td>甲寅</td><td>卯</td><td>戌</td></tr>
<tr><td>12</td><td>戊申(寅卯)</td><td>甲辰</td><td>卯</td><td>亥
神藏殺沒
(酉卯)</td><td>28</td><td>甲子(戌亥)</td><td>甲子</td><td>卯</td><td>戌</td></tr>
<tr><td>13</td><td>己酉(寅卯)</td><td>甲辰</td><td>卯</td><td>亥</td><td>29</td><td>乙丑(戌亥)</td><td>甲子</td><td>卯</td><td>戌</td></tr>
<tr><td>14</td><td>庚戌(寅卯)</td><td>甲辰</td><td>卯</td><td>亥
神藏殺沒
(酉卯)</td><td>30</td><td>丙寅(戌亥)</td><td>甲子</td><td>卯</td><td>戌</td></tr>
<tr><td>15</td><td>辛亥(寅卯)</td><td>甲辰</td><td>卯</td><td>亥</td><td>31</td><td>丁卯(戌亥)</td><td>甲子</td><td>卯</td><td>戌</td></tr>
<tr><td>16</td><td>壬子(寅卯)</td><td>甲辰</td><td>卯</td><td>亥</td><td></td><td></td><td></td><td></td><td></td></tr>
</table>

2019(己亥)年 4月[陽曆]

<table>
<tr><th>日</th><th>日辰(空亡)</th><th>旬</th><th>月建</th><th>月將</th><th>日</th><th>日辰(空亡)</th><th>旬</th><th>月建</th><th>月將</th></tr>
<tr><td>1</td><td>戊辰(戌亥)</td><td>甲子</td><td>卯</td><td>戌
神藏殺沒
(申寅)</td><td>17</td><td>甲申(午未)</td><td>甲申</td><td>辰</td><td>戌</td></tr>
<tr><td>2</td><td>己巳(戌亥)</td><td>甲子</td><td>卯</td><td>戌</td><td>18</td><td>乙酉(午未)</td><td>甲申</td><td>辰</td><td>戌</td></tr>
<tr><td>3</td><td>庚午(戌亥)</td><td>甲子</td><td>卯</td><td>戌
神藏殺沒
(申寅)</td><td>19</td><td>丙戌(午未)</td><td>甲申</td><td>辰</td><td>戌</td></tr>
<tr><td rowspan="2">4</td><td rowspan="2">辛未(戌亥)</td><td rowspan="2">甲子</td><td rowspan="2">卯</td><td rowspan="2">戌</td><td rowspan="2">20</td><td rowspan="2">丁亥(午未)
(穀雨:將變)</td><td>甲申</td><td>辰</td><td>戌·酉</td></tr>
<tr><td colspan="3">戌(17:53:59).酉(17:54以後)</td></tr>
<tr><td rowspan="2">5</td><td rowspan="2">壬申(戌亥)
(清明:建變)</td><td>甲子</td><td>卯·辰</td><td>戌</td><td rowspan="2">21</td><td rowspan="2">戊子(午未)</td><td rowspan="2">甲申</td><td rowspan="2">辰</td><td rowspan="2">酉
神藏殺沒
(未丑)</td></tr>
<tr><td colspan="3">卯(10:49:59).辰(10:50以後)</td></tr>
<tr><td>6</td><td>癸酉(戌亥)</td><td>甲子</td><td>辰</td><td>戌</td><td>22</td><td>己丑(午未)</td><td>甲申</td><td>辰</td><td>酉</td></tr>
<tr><td>7</td><td>甲戌(申酉)</td><td>甲戌</td><td>辰</td><td>戌</td><td>23</td><td>庚寅(午未)</td><td>甲申</td><td>辰</td><td>酉
神藏殺沒
(未丑)</td></tr>
<tr><td>8</td><td>乙亥(申酉)</td><td>甲戌</td><td>辰</td><td>戌</td><td>24</td><td>辛卯(午未)</td><td>甲申</td><td>辰</td><td>酉</td></tr>
<tr><td>9</td><td>丙子(申酉)</td><td>甲戌</td><td>辰</td><td>戌</td><td>25</td><td>壬辰(午未)</td><td>甲申</td><td>辰</td><td>酉</td></tr>
<tr><td>10</td><td>丁丑(申酉)</td><td>甲戌</td><td>辰</td><td>戌</td><td>26</td><td>癸巳(午未)</td><td>甲申</td><td>辰</td><td>酉</td></tr>
<tr><td>11</td><td>戊寅(申酉)</td><td>甲戌</td><td>辰</td><td>戌
神藏殺沒
(申寅)</td><td>27</td><td>甲午(辰巳)</td><td>甲午</td><td>辰</td><td>酉</td></tr>
<tr><td>12</td><td>己卯(申酉)</td><td>甲戌</td><td>辰</td><td>戌</td><td>28</td><td>乙未(辰巳)</td><td>甲午</td><td>辰</td><td>酉</td></tr>
<tr><td>13</td><td>庚辰(申酉)</td><td>甲戌</td><td>辰</td><td>戌
神藏殺沒
(申寅)</td><td>29</td><td>丙申(辰巳)</td><td>甲午</td><td>辰</td><td>酉</td></tr>
<tr><td>14</td><td>辛巳(申酉)</td><td>甲戌</td><td>辰</td><td>戌</td><td>30</td><td>丁酉(辰巳)</td><td>甲午</td><td>辰</td><td>酉</td></tr>
<tr><td>15</td><td>壬午(申酉)</td><td>甲戌</td><td>辰</td><td>戌</td><td></td><td></td><td></td><td></td><td></td></tr>
<tr><td>16</td><td>癸未(申酉)</td><td>甲戌</td><td>辰</td><td>戌</td><td></td><td></td><td></td><td></td><td></td></tr>
</table>

2019(己亥)年 5月[陽曆]

日	日辰(空亡)	旬	月建	月將	日	日辰(空亡)	旬	月建	月將
1	戊戌(辰巳)	甲午	辰	酉 神藏殺沒 (未丑)	17	甲寅(子丑)	甲寅	巳	酉
2	己亥(辰巳)	甲午	辰	酉	18	乙卯(子丑)	甲寅	巳	酉
3	庚子(辰巳)	甲午	辰	酉 神藏殺沒 (未丑)	19	丙辰(子丑)	甲寅	巳	酉
4	辛丑(辰巳)	甲午	辰	酉	20	丁巳(子丑)	甲寅	巳	酉
5	壬寅(辰巳)	甲午	辰	酉	21	戊午(子丑) (小滿:將變)	甲寅 酉(16:57:59).申(16:58以後) 神藏殺沒 (酉月將:未丑. 申月將:午子)	巳	酉·申
6	癸卯(辰巳) (立夏:建變)	甲午 辰(04:01:59).巳(04:02以後)	辰·巳	酉	22	己未(子丑)	甲寅	巳	申
7	甲辰(寅卯)	甲辰	巳	酉	23	庚申(子丑)	甲寅	巳	申 神藏殺沒 (午子)
8	乙巳(寅卯)	甲辰	巳	酉	24	辛酉(子丑)	甲寅	巳	申
9	丙午(寅卯)	甲辰	巳	酉	25	壬戌(子丑)	甲寅	巳	申
10	丁未(寅卯)	甲辰	巳	酉	26	癸亥(子丑)	甲寅	巳	申
11	戊申(寅卯)	甲辰	巳	酉 神藏殺沒 (未丑)	27	甲子(戌亥)	甲子	巳	申
12	己酉(寅卯)	甲辰	巳	酉	28	乙丑(戌亥)	甲子	巳	申
13	庚戌(寅卯)	甲辰	巳	酉 神藏殺沒 (未丑)	29	丙寅(戌亥)	甲子	巳	申
14	辛亥(寅卯)	甲辰	巳	酉	30	丁卯(戌亥)	甲子	巳	申
15	壬子(寅卯)	甲辰	巳	酉	31	戊辰(戌亥)	甲子	巳	申 神藏殺沒 (午子)
16	癸丑(寅卯)	甲辰	巳	酉					

2019(己亥)年 6月[陽曆]

日	日辰(空亡)	旬	月建	月將	日	日辰(空亡)	旬	月建	月將
1	己巳(戌亥)	甲子	巳	申	17	乙酉(午未)	甲申	午	申
2	庚午(戌亥)	甲子	巳	申 神藏殺沒 (午子)	18	丙戌(午未)	甲申	午	申
3	辛未(戌亥)	甲子	巳	申	19	丁亥(午未)	甲申	午	申
4	壬申(戌亥)	甲子	巳	申	20	戊子(午未)	甲申	午	申 神藏殺沒 (午子)
5	癸酉(戌亥)	甲子	巳	申	21	己丑(午未)	甲申	午	申
6	甲戌(申酉) (芒種:建變)	甲戌	巳·午	申	22	庚寅(午未) (夏至:將變)	甲申	午	申·未
		巳(08:04:59).午(08:05以後)					申(00:52:59).未(00:53以後)		
7	乙亥(申酉)	甲戌	午	申	23	辛卯(午未)	甲申	午	未
8	丙子(申酉)	甲戌	午	申	24	壬辰(午未)	甲申	午	未
9	丁丑(申酉)	甲戌	午	申	25	癸巳(午未)	甲申	午	未
10	戊寅(申酉)	甲戌	午	申 神藏殺沒 (午子)	26	甲午(辰巳)	甲午	午	未
11	己卯(申酉)	甲戌	午	申	27	乙未(辰巳)	甲午	午	未
12	庚辰(申酉)	甲戌	午	申 神藏殺沒 (午子)	28	丙申(辰巳)	甲午	午	未
13	辛巳(申酉)	甲戌	午	申	29	丁酉(辰巳)	甲午	午	未
14	壬午(申酉)	甲戌	午	申	30	戊戌(辰巳)	甲午	午	未 神藏殺沒 (巳亥)
15	癸未(申酉)	甲戌	午	申					
16	甲申(午未)	甲申	午	申					

2019(己亥)年 7月[陽曆]

日	日辰(空亡)	旬	月建	月將	日	日辰(空亡)	旬	月建	月將
1	己亥(辰巳)	甲午	午	未	17	乙卯(子丑)	甲寅	未	未
2	庚子(辰巳)	甲午	午	未 神藏殺沒 (巳亥)	18	丙辰(子丑)	甲寅	未	未
3	辛丑(辰巳)	甲午	午	未	19	丁巳(子丑)	甲寅	未	未
4	壬寅(辰巳)	甲午	午	未	20	戊午(子丑)	甲寅	未	未 神藏殺沒 (巳亥)
5	癸卯(辰巳)	甲午	午	未	21	己未(子丑)	甲寅	未	未
6	甲辰(寅卯)	甲辰	午	未	22	庚申(子丑)	甲寅	未	未 神藏殺沒 (巳亥)
7	乙巳(寅卯) (小暑:建變)	甲辰	午·未	未	23	辛酉(子丑) (大暑:將變)	甲寅	未	未·午
		午(18:19:59).未(18:20以後)					未(11:48:59).午(11:49以後)		
8	丙午(寅卯)	甲辰	未	未	24	壬戌(子丑)	甲寅	未	午
9	丁未(寅卯)	甲辰	未	未	25	癸亥(子丑)	甲寅	未	午
10	戊申(寅卯)	甲辰	未	未 神藏殺沒 (巳亥)	26	甲子(戌亥)	甲子	未	午
11	己酉(寅卯)	甲辰	未	未	27	乙丑(戌亥)	甲子	未	午
12	庚戌(寅卯)	甲辰	未	未 神藏殺沒 (巳亥)	28	丙寅(戌亥)	甲子	未	午
13	辛亥(寅卯)	甲辰	未	未	29	丁卯(戌亥)	甲子	未	午
14	壬子(寅卯)	甲辰	未	未	30	戊辰(戌亥)	甲子	未	午 神藏殺沒 (辰戌)
15	癸丑(寅卯)	甲辰	未	未	31	己巳(戌亥)	甲子	未	午
16	甲寅(子丑)	甲寅	未	未					

2019(己亥)年 8月[陽曆]

日	日辰(空亡)	旬	月建	月將	日	日辰(空亡)	旬	月建	月將
1	庚午(戌亥)	甲子	未	午 神藏殺沒 (辰戌)	17	丙戌(午未)	甲申	申	午
2	辛未(戌亥)	甲子	未	午	18	丁亥(午未)	甲申	申	午
3	壬申(戌亥)	甲子	未	午	19	戊子(午未)	甲申	申	午 神藏殺沒 (辰戌)
4	癸酉(戌亥)	甲子	未	午	20	己丑(午未)	甲申	申	午
5	甲戌(申酉)	甲戌	未	午	21	庚寅(午未)	甲申	申	午 神藏殺沒 (辰戌)
6	乙亥(申酉)	甲戌	未	午	22	辛卯(午未)	甲申	申	午
7	丙子(申酉)	甲戌	未	午	23	壬辰(午未) (處暑:將變)	甲申 午(19:00:59).巳(19:01以後)	申	午·巳
8	丁丑(申酉) (立秋:建變)	甲戌 未(04:11:59).申(04:12以後)	未·申	午	24	癸巳(午未)	甲申	申	巳
9	戊寅(申酉)	甲戌	申	午 神藏殺沒 (辰戌)	25	甲午(辰巳)	甲午	申	巳 神藏殺沒 (酉卯)
10	己卯(申酉)	甲戌	申	午	26	乙未(辰巳)	甲午	申	巳
11	庚辰(申酉)	甲戌	申	午 神藏殺沒 (辰戌)	27	丙申(辰巳)	甲午	申	巳
12	辛巳(申酉)	甲戌	申	午	28	丁酉(辰巳)	甲午	申	巳
13	壬午(申酉)	甲戌	申	午	29	戊戌(辰巳)	甲午	申	巳 神藏殺沒 (卯酉)
14	癸未(申酉)	甲戌	申	午	30	己亥(辰巳)	甲午	申	巳
15	甲申(午未)	甲申	申	午	31	庚子(辰巳)	甲午	申	巳 神藏殺沒 (卯酉)
16	乙酉(午未)	甲申	申	午					

2019(己亥)年 9月[陽曆]

日	日辰(空亡)	旬	月建	月將	日	日辰(空亡)	旬	月建	月將
1	辛丑(辰巳)	甲午	申	巳	17	丁巳(子丑)	甲寅	酉	巳
2	壬寅(辰巳)	甲午	申	巳	18	戊午(子丑)	甲寅	酉	巳 神藏殺沒 (卯酉)
3	癸卯(辰巳)	甲午	申	巳	19	己未(子丑)	甲寅	酉	巳
4	甲辰(寅卯)	甲辰	申	巳 神藏殺沒 (酉卯)	20	庚申(子丑)	甲寅	酉	巳 神藏殺沒 (卯酉)
5	乙巳(寅卯)	甲辰	申	巳	21	辛酉(子丑)	甲寅	酉	巳
6	丙午(寅卯)	甲辰	申	巳	22	壬戌(子丑)	甲寅	酉	巳
7	丁未(寅卯)	甲辰	申	巳	23	癸亥(子丑) (秋分:將變)	甲寅	酉	巳·辰 巳(16:48:59).辰(16:49以後)
8	戊申(寅卯) (白露:建變)	甲辰	申·酉 申(07:15:59).酉(07:16以後)	巳 神藏殺沒(卯酉)	24	甲子(戌亥)	甲子	酉	辰 神藏殺沒 (申寅)
9	己酉(寅卯)	甲辰	酉	巳	25	乙丑(戌亥)	甲子	酉	辰
10	庚戌(寅卯)	甲辰	酉	巳 神藏殺沒 (卯酉)	26	丙寅(戌亥)	甲子	酉	辰
11	辛亥(寅卯)	甲辰	酉	巳	27	丁卯(戌亥)	甲子	酉	辰
12	壬子(寅卯)	甲辰	酉	巳	28	戊辰(戌亥)	甲子	酉	辰
13	癸丑(寅卯)	甲辰	酉	巳	29	己巳(戌亥)	甲子	酉	辰
14	甲寅(子丑)	甲寅	酉	巳 神藏殺沒 (酉卯)	30	庚午(戌亥)	甲子	酉	辰
15	乙卯(子丑)	甲寅	酉	巳					
16	丙辰(子丑)	甲寅	酉	巳					

2019(己亥)年 10月[陽曆]

日	日辰(空亡)	旬	月建	月將	日	日辰(空亡)	旬	月建	月將
1	辛未(戌亥)	甲子	酉	辰	17	丁亥(午未)	甲申	戌	辰
2	壬申(戌亥)	甲子	酉	辰	18	戊子(午未)	甲申	戌	辰
3	癸酉(戌亥)	甲子	酉	辰	19	己丑(午未)	甲申	戌	辰
4	甲戌(申酉)	甲戌	酉	辰 神藏殺沒 (申寅)	20	庚寅(午未)	甲申	戌	辰
5	乙亥(申酉)	甲戌	酉	辰	21	辛卯(午未)	甲申	戌	辰
6	丙子(申酉)	甲戌	酉	辰	22	壬辰(午未)	甲申	戌	辰
7	丁丑(申酉)	甲戌	酉	辰	23	癸巳(午未)	甲申	戌	辰
8	戊寅(申酉) (寒露:建變)	甲戌	酉·戌	辰	24	甲午(辰巳) (霜降:將變)	甲午	戌	辰·卯
		酉(23:04:59).戌(23:05以後)					辰(02:18:59).卯(02:19以後) 神藏殺沒 (辰月將:申寅. 卯月將:未丑)		
9	己卯(申酉)	甲戌	戌	辰	25	乙未(辰巳)	甲午	戌	卯
10	庚辰(申酉)	甲戌	戌	辰	26	丙申(辰巳)	甲午	戌	卯
11	辛巳(申酉)	甲戌	戌	辰	27	丁酉(辰巳)	甲午	戌	卯
12	壬午(申酉)	甲戌	戌	辰	28	戊戌(辰巳)	甲午	戌	卯
13	癸未(申酉)	甲戌	戌	辰	29	己亥(辰巳)	甲午	戌	卯
14	甲申(午未)	甲申	戌	辰 神藏殺沒 (申寅)	30	庚子(辰巳)	甲午	戌	卯
15	乙酉(午未)	甲申	戌	辰	31	辛丑(辰巳)	甲午	戌	卯
16	丙戌(午未)	甲申	戌	辰					

2019(己亥)年 11月[陽曆]

日	日辰(空亡)	旬	月建	月將	日	日辰(空亡)	旬	月建	月將
1	壬寅(辰巳)	甲午	戌	卯	17	戊午(子丑)	甲寅	亥	卯
2	癸卯(辰巳)	甲午	戌	卯	18	己未(子丑)	甲寅	亥	卯
3	甲辰(寅卯)	甲辰	戌	卯 神藏殺沒 (未丑)	19	庚申(子丑)	甲寅	亥	卯
4	乙巳(寅卯)	甲辰	戌	卯	20	辛酉(子丑)	甲寅	亥	卯
5	丙午(寅卯)	甲辰	戌	卯	21	壬戌(子丑)	甲寅	亥	卯
6	丁未(寅卯)	甲辰	戌	卯	22	癸亥(子丑) (小雪:將變)	甲寅	亥	卯·寅 卯(23:57:59).寅(23:58以後)
7	戊申(寅卯)	甲辰	戌	卯	23	甲子(戌亥)	甲子	亥	寅 神藏殺沒 (午子)
8	己酉(寅卯) (立冬:建變)	甲辰	戌·亥 戌(02:22:59).亥(02:23以後)	卯	24	乙丑(戌亥)	甲子	亥	寅
9	庚戌(寅卯)	甲辰	亥	卯	25	丙寅(戌亥)	甲子	亥	寅
10	辛亥(寅卯)	甲辰	亥	卯	26	丁卯(戌亥)	甲子	亥	寅
11	壬子(寅卯)	甲辰	亥	卯	27	戊辰(戌亥)	甲子	亥	寅
12	癸丑(寅卯)	甲辰	亥	卯	28	己巳(戌亥)	甲子	亥	寅
13	甲寅(子丑)	甲寅	亥	卯 神藏殺沒 (未丑)	29	庚午(戌亥)	甲子	亥	寅
14	乙卯(子丑)	甲寅	亥	卯	30	辛未(戌亥)	甲子	亥	寅
15	丙辰(子丑)	甲寅	亥	卯					
16	丁巳(子丑)	甲寅	亥	卯					

2019(己亥)年 12月[陽曆]

日	日辰(空亡)	旬	月建	月將	日	日辰(空亡)	旬	月建	月將
1	壬申(戌亥)	甲子	亥	寅	17	戊子(午未)	甲申	子	寅
2	癸酉(戌亥)	甲子	亥	寅	18	己丑(午未)	甲申	子	寅
3	甲戌(申酉)	甲戌	亥	寅 神藏殺沒 (午子)	19	庚寅(午未)	甲申	子	寅
4	乙亥(申酉)	甲戌	亥	寅	20	辛卯(午未)	甲申	子	寅
5	丙子(申酉)	甲戌	亥	寅	21	壬辰(午未)	甲申	子	寅
6	丁丑(申酉)	甲戌	亥	寅	22	癸巳(午未) (冬至:將變)	甲申	子	寅·丑 寅(13:17:59).丑(13:18以後)
7	戊寅(申酉) (大雪:建變)	甲戌	亥·子 亥(19:16:59).子(19:17以後)	寅	23	甲午(辰巳)	甲午	子	丑 神藏殺沒 (巳亥)
8	己卯(申酉)	甲戌	子	寅	24	乙未(辰巳)	甲午	子	丑
9	庚辰(申酉)	甲戌	子	寅	25	丙申(辰巳)	甲午	子	丑
10	辛巳(申酉)	甲戌	子	寅	26	丁酉(辰巳)	甲午	子	丑
11	壬午(申酉)	甲戌	子	寅	27	戊戌(辰巳)	甲午	子	丑
12	癸未(申酉)	甲戌	子	寅	28	己亥(辰巳)	甲午	子	丑
13	甲申(午未)	甲申	子	寅 神藏殺沒 (午子)	29	庚子(辰巳)	甲午	子	丑
14	乙酉(午未)	甲申	子	寅	30	辛丑(辰巳)	甲午	子	丑
15	丙戌(午未)	甲申	子	寅	31	壬寅(辰巳)	甲午	子	丑
16	丁亥(午未)	甲申	子	寅					

2020(庚子)年 1月[陽曆]

<table>
<tr><th>日</th><th>日辰(空亡)</th><th>旬</th><th>月建</th><th>月將</th><th>日</th><th>日辰(空亡)</th><th>旬</th><th>月建</th><th>月將</th></tr>
<tr><td>1</td><td>癸卯(辰巳)</td><td>甲午</td><td>子</td><td>丑</td><td>17</td><td>己未(子丑)</td><td>甲寅</td><td>丑</td><td>丑</td></tr>
<tr><td>2</td><td>甲辰(寅卯)</td><td>甲辰</td><td>子</td><td>丑
神藏殺沒
(巳亥)</td><td>18</td><td>庚申(子丑)</td><td>甲寅</td><td>丑</td><td>丑</td></tr>
<tr><td>3</td><td>乙巳(寅卯)</td><td>甲辰</td><td>子</td><td>丑</td><td>19</td><td>辛酉(子丑)</td><td>甲寅</td><td>丑</td><td>丑</td></tr>
<tr><td rowspan="2">4</td><td rowspan="2">丙午(寅卯)</td><td rowspan="2">甲辰</td><td rowspan="2">子</td><td rowspan="2">丑</td><td rowspan="2">20</td><td rowspan="2">壬戌(子丑)
(大寒:將變)</td><td>甲寅</td><td>丑</td><td>丑·子</td></tr>
<tr><td colspan="3">丑(23:53:59).子(23:54以後)</td></tr>
<tr><td>5</td><td>丁未(寅卯)</td><td>甲辰</td><td>子</td><td>丑</td><td>21</td><td>癸亥(子丑)</td><td>甲寅</td><td>丑</td><td>子</td></tr>
<tr><td rowspan="2">6</td><td rowspan="2">戊申(寅卯)
(小寒:建變)</td><td>甲辰</td><td>子·丑</td><td>丑</td><td rowspan="2">22</td><td rowspan="2">甲子(戌亥)</td><td rowspan="2">甲子</td><td rowspan="2">丑</td><td rowspan="2">子
神藏殺沒
(辰戌)</td></tr>
<tr><td colspan="3">子(06:28:59).丑(06:29以後)</td></tr>
<tr><td>7</td><td>己酉(寅卯)</td><td>甲辰</td><td>丑</td><td>丑</td><td>23</td><td>乙丑(戌亥)</td><td>甲子</td><td>丑</td><td>子</td></tr>
<tr><td>8</td><td>庚戌(寅卯)</td><td>甲辰</td><td>丑</td><td>丑</td><td>24</td><td>丙寅(戌亥)</td><td>甲子</td><td>丑</td><td>子</td></tr>
<tr><td>9</td><td>辛亥(寅卯)</td><td>甲辰</td><td>丑</td><td>丑</td><td>25</td><td>丁卯(戌亥)</td><td>甲子</td><td>丑</td><td>子</td></tr>
<tr><td>10</td><td>壬子(寅卯)</td><td>甲辰</td><td>丑</td><td>丑</td><td>26</td><td>戊辰(戌亥)</td><td>甲子</td><td>丑</td><td>子</td></tr>
<tr><td>11</td><td>癸丑(寅卯)</td><td>甲辰</td><td>丑</td><td>丑</td><td>27</td><td>己巳(戌亥)</td><td>甲子</td><td>丑</td><td>子</td></tr>
<tr><td>12</td><td>甲寅(子丑)</td><td>甲寅</td><td>丑</td><td>丑
神藏殺沒
(巳亥)</td><td>28</td><td>庚午(戌亥)</td><td>甲子</td><td>丑</td><td>子</td></tr>
<tr><td>13</td><td>乙卯(子丑)</td><td>甲寅</td><td>丑</td><td>丑</td><td>29</td><td>辛未(戌亥)</td><td>甲子</td><td>丑</td><td>子</td></tr>
<tr><td>14</td><td>丙辰(子丑)</td><td>甲寅</td><td>丑</td><td>丑</td><td>30</td><td>壬申(戌亥)</td><td>甲子</td><td>丑</td><td>子</td></tr>
<tr><td>15</td><td>丁巳(子丑)</td><td>甲寅</td><td>丑</td><td>丑</td><td>31</td><td>癸酉(戌亥)</td><td>甲子</td><td>丑</td><td>子</td></tr>
<tr><td>16</td><td>戊午(子丑)</td><td>甲寅</td><td>丑</td><td>丑</td><td></td><td></td><td></td><td></td><td></td></tr>
</table>

2020(庚子)年 2月[陽曆]

日	日辰(空亡)	旬	月建	月將	日	日辰(空亡)	旬	月建	月將
1	甲戌(申酉)	甲戌	丑	子 神藏殺沒 (辰戌)	17	庚寅(午未)	甲申	寅	子
2	乙亥(申酉)	甲戌	丑	子	18	辛卯(午未)	甲申	寅	子
3	丙子(申酉)	甲戌	丑	子	19	壬辰(午未) (雨水:將變)	甲申 子(13:55:59).亥(13:56以後)	寅	子·亥
4	丁丑(申酉) (立春:建變)	甲戌 丑(18:01:59).寅(18:02以後)	丑·寅	子	20	癸巳(午未)	甲申	寅	亥
5	戊寅(申酉)	甲戌	寅	子	21	甲午(辰巳)	甲午	寅	亥 神藏殺沒 (卯酉)
6	己卯(申酉)	甲戌	寅	子	22	乙未(辰巳)	甲午	寅	亥
7	庚辰(申酉)	甲戌	寅	子	23	丙申(辰巳)	甲午	寅	亥
8	辛巳(申酉)	甲戌	寅	子	24	丁酉(辰巳)	甲午	寅	亥
9	壬午(申酉)	甲戌	寅	子	25	戊戌(辰巳)	甲午	寅	亥 神藏殺沒 (酉卯)
10	癸未(申酉)	甲戌	寅	子	26	己亥(辰巳)	甲午	寅	亥
11	甲申(午未)	甲申	寅	子 神藏殺沒 (辰戌)	27	庚子(辰巳)	甲午	寅	亥 神藏殺沒 (酉卯)
12	乙酉(午未)	甲申	寅	子	28	辛丑(辰巳)	甲午	寅	亥
13	丙戌(午未)	甲申	寅	子	29	壬寅(辰巳)	甲午	寅	亥
14	丁亥(午未)	甲申	寅	子					
15	戊子(午未)	甲申	寅	子					
16	己丑(午未)	甲申	寅	子					

2020(庚子)年 3月[陽曆]

日	日辰(空亡)	旬	月建	月將	日	日辰(空亡)	旬	月建	月將
1	癸卯(辰巳)	甲午	寅	亥	17	己未(子丑)	甲寅	卯	亥
2	甲辰(寅卯)	甲辰	寅	亥 神藏殺沒 (卯酉)	18	庚申(子丑)	甲寅	卯	亥 神藏殺沒 (酉卯)
3	乙巳(寅卯)	甲辰	寅	亥	19	辛酉(子丑)	甲寅	卯	亥
4	丙午(寅卯)	甲辰	寅	亥	20	壬戌(子丑) (春分:將變)	甲寅	卯	亥·戌 亥(12:48:59).戌(12:49以後)
5	丁未(寅卯) (驚蟄:建變)	甲辰	寅·卯 寅(11:55:59).卯(11:56以後)	亥	21	癸亥(子丑)	甲寅	卯	戌
6	戊申(寅卯)	甲辰	卯	亥 神藏殺沒 (酉卯)	22	甲子(戌亥)	甲子	卯	戌
7	己酉(寅卯)	甲辰	卯	亥	23	乙丑(戌亥)	甲子	卯	戌
8	庚戌(寅卯)	甲辰	卯	亥 神藏殺沒 (酉卯)	24	丙寅(戌亥)	甲子	卯	戌
9	辛亥(寅卯)	甲辰	卯	亥	25	丁卯(戌亥)	甲子	卯	戌
10	壬子(寅卯)	甲辰	卯	亥	26	戊辰(戌亥)	甲子	卯	戌 神藏殺沒 (申寅)
11	癸丑(寅卯)	甲辰	卯	亥	27	己巳(戌亥)	甲子	卯	戌
12	甲寅(子丑)	甲寅	卯	亥 神藏殺沒 (卯酉)	28	庚午(戌亥)	甲子	卯	戌 神藏殺沒 (申寅)
13	乙卯(子丑)	甲寅	卯	亥	29	辛未(戌亥)	甲子	卯	戌
14	丙辰(子丑)	甲寅	卯	亥	30	壬申(戌亥)	甲子	卯	戌
15	丁巳(子丑)	甲寅	卯	亥	31	癸酉(戌亥)	甲子	卯	戌
16	戊午(子丑)	甲寅	卯	亥 神藏殺沒 (酉卯)					

2020(庚子)年 4月[陽曆]

日	日辰(空亡)	旬	月建	月將	日	日辰(空亡)	旬	月建	月將
1	甲戌(申酉)	甲戌	卯	戌	17	庚寅(午未)	甲申	辰	戌 神藏殺沒 (申寅)
2	乙亥(申酉)	甲戌	卯	戌	18	辛卯(午未)	甲申	辰	戌
3	丙子(申酉)	甲戌	卯	戌	19	壬辰(午未) (穀雨:將變)	甲申	辰	戌·酉 戌(23:43:59).酉(23:44以後)
4	丁丑(申酉) (淸明:建變)	甲戌	卯·辰 卯(16:36:59).辰(16:37以後)	戌	20	癸巳(午未)	甲申	辰	酉
5	戊寅(申酉)	甲戌	辰	戌 神藏殺沒 (申寅)	21	甲午(辰巳)	甲午	辰	酉
6	己卯(申酉)	甲戌	辰	戌	22	乙未(辰巳)	甲午	辰	酉
7	庚辰(申酉)	甲戌	辰	戌 神藏殺沒 (申寅)	23	丙申(辰巳)	甲午	辰	酉
8	辛巳(申酉)	甲戌	辰	戌	24	丁酉(辰巳)	甲午	辰	酉
9	壬午(申酉)	甲戌	辰	戌	25	戊戌(辰巳)	甲午	辰	酉 神藏殺沒 (未丑)
10	癸未(申酉)	甲戌	辰	戌	26	己亥(辰巳)	甲午	辰	酉
11	甲申(午未)	甲申	辰	戌	27	庚子(辰巳)	甲午	辰	酉 神藏殺沒 (未丑)
12	乙酉(午未)	甲申	辰	戌	28	辛丑(辰巳)	甲午	辰	酉
13	丙戌(午未)	甲申	辰	戌	29	壬寅(辰巳)	甲午	辰	酉
14	丁亥(午未)	甲申	辰	戌	30	癸卯(辰巳)	甲午	辰	酉
15	戊子(午未)	甲申	辰	戌 神藏殺沒 (申寅)					
16	己丑(午未)	甲申	辰	戌					

2020(庚子)年 5月[陽曆]

日	日辰(空亡)	旬	月建	月將	日	日辰(空亡)	旬	月建	月將
1	甲辰(寅卯)	甲辰	辰	酉	17	庚申(子丑)	甲寅	巳	酉 神藏殺沒 (未丑)
2	乙巳(寅卯)	甲辰	辰	酉	18	辛酉(子丑)	甲寅	巳	酉
3	丙午(寅卯)	甲辰	辰	酉	19	壬戌(子丑)	甲寅	巳	酉
4	丁未(寅卯)	甲辰	辰	酉	20	癸亥(子丑) (小滿:將變)	甲寅 酉(22:47:59).申(22:48以後)	巳	酉·申
5	戊申(寅卯) (立夏:建變)	甲辰 辰(09:49:59).巳(09:50以後) 神藏殺沒(未丑)	辰·巳	酉	21	甲子(戌亥)	甲子	巳	申
6	己酉(寅卯)	甲辰	巳	酉	22	乙丑(戌亥)	甲子	巳	申
7	庚戌(寅卯)	甲辰	巳	酉 神藏殺沒 (未丑)	23	丙寅(戌亥)	甲子	巳	申
8	辛亥(寅卯)	甲辰	巳	酉	24	丁卯(戌亥)	甲子	巳	申
9	壬子(寅卯)	甲辰	巳	酉	25	戊辰(戌亥)	甲子	巳	申 神藏殺沒 (午子)
10	癸丑(寅卯)	甲辰	巳	酉	26	己巳(戌亥)	甲子	巳	申
11	甲寅(子丑)	甲寅	巳	酉	27	庚午(戌亥)	甲子	巳	申 神藏殺沒 (午子)
12	乙卯(子丑)	甲寅	巳	酉	28	辛未(戌亥)	甲子	巳	申
13	丙辰(子丑)	甲寅	巳	酉	29	壬申(戌亥)	甲子	巳	申
14	丁巳(子丑)	甲寅	巳	酉	30	癸酉(戌亥)	甲子	巳	申
15	戊午(子丑)	甲寅	巳	酉 神藏殺沒 (未丑)	31	甲戌(申酉)	甲戌	巳	申
16	己未(子丑)	甲寅	巳	酉					

2020(庚子)年 6月[陽曆]

日	日辰(空亡)	旬	月建	月將	日	日辰(空亡)	旬	月建	月將
1	乙亥(申酉)	甲戌	巳	申	17	辛卯(午未)	甲申	午	申
2	丙子(申酉)	甲戌	巳	申	18	壬辰(午未)	甲申	午	申
3	丁丑(申酉)	甲戌	巳	申	19	癸巳(午未)	甲申	午	申
4	戊寅(申酉)	甲戌	巳	申 神藏殺沒 (午子)	20	甲午(辰巳)	甲午	午	申
5	己卯(申酉) (芒種:建變)	甲戌	巳·午 巳(13:56:59).午(13:57以後)	申	21	乙未(辰巳) (夏至:將變)	甲午	午	申·未 申(06:42:59).未(06:43以後)
6	庚辰(申酉)	甲戌	午	申 神藏殺沒 (午子)	22	丙申(辰巳)	甲午	午	未
7	辛巳(申酉)	甲戌	午	申	23	丁酉(辰巳)	甲午	午	未
8	壬午(申酉)	甲戌	午	申	24	戊戌(辰巳)	甲午	午	未 神藏殺沒 (巳亥)
9	癸未(申酉)	甲戌	午	申	25	己亥(辰巳)	甲午	午	未
10	甲申(午未)	甲申	午	申	26	庚子(辰巳)	甲午	午	未 神藏殺沒 (巳亥)
11	乙酉(午未)	甲申	午	申	27	辛丑(辰巳)	甲午	午	未
12	丙戌(午未)	甲申	午	申	28	壬寅(辰巳)	甲午	午	未
13	丁亥(午未)	甲申	午	申	29	癸卯(辰巳)	甲午	午	未
14	戊子(午未)	甲申	午	申 神藏殺沒 (午子)	30	甲辰(寅卯)	甲辰	午	未
15	己丑(午未)	甲申	午	申					
16	庚寅(午未)	甲申	午	申 神藏殺沒 (午子)					

2020(庚子)年 7月[陽曆]

日	日辰(空亡)	旬	月建	月將	日	日辰(空亡)	旬	月建	月將
1	乙巳(寅卯)	甲辰	午	未	17	辛酉(子丑)	甲寅	未	未
2	丙午(寅卯)	甲辰	午	未	18	壬戌(子丑)	甲寅	未	未
3	丁未(寅卯)	甲辰	午	未	19	癸亥(子丑)	甲寅	未	未
4	戊申(寅卯)	甲辰	午	未 神藏殺沒 (巳亥)	20	甲子(戌亥)	甲子	未	未
5	己酉(寅卯)	甲辰	午	未	21	乙丑(戌亥)	甲子	未	未
6	庚戌(寅卯)	甲辰	午	未 神藏殺沒 (巳亥)	22	丙寅(戌亥) (大暑:將變)	甲子	未	未·午 未(17:35:59).午(17:36以後)
7	辛亥(寅卯) (小暑:建變)	甲辰	午·未 午(00:12:59).未(00:13以後)	未	23	丁卯(戌亥)	甲子	未	午
8	壬子(寅卯)	甲辰	未	未	24	戊辰(戌亥)	甲子	未	午 神藏殺沒 (辰戌)
9	癸丑(寅卯)	甲辰	未	未	25	己巳(戌亥)	甲子	未	午
10	甲寅(子丑)	甲寅	未	未	26	庚午(戌亥)	甲子	未	午 神藏殺沒 (辰戌)
11	乙卯(子丑)	甲寅	未	未	27	辛未(戌亥)	甲子	未	午
12	丙辰(子丑)	甲寅	未	未	28	壬申(戌亥)	甲子	未	午
13	丁巳(子丑)	甲寅	未	未	29	癸酉(戌亥)	甲子	未	午
14	戊午(子丑)	甲寅	未	未 神藏殺沒 (巳亥)	30	甲戌(申酉)	甲戌	未	午
15	己未(子丑)	甲寅	未	未	31	乙亥(申酉)	甲戌	未	午
16	庚申(子丑)	甲寅	未	未 神藏殺沒 (巳亥)					

2020(庚子)年 8月[陽曆]

日	日辰(空亡)	旬	月建	月將	日	日辰(空亡)	旬	月建	月將
1	丙子(申酉)	甲戌	未	午	17	壬辰(午未)	甲申	申	午
2	丁丑(申酉)	甲戌	未	午	18	癸巳(午未)	甲申	申	午
3	戊寅(申酉)	甲戌	未	午 神藏殺沒 (辰戌)	19	甲午(辰巳)	甲午	申	午
4	己卯(申酉)	甲戌	未	午	20	乙未(辰巳)	甲午	申	午
5	庚辰(申酉)	甲戌	未	午 神藏殺沒 (辰戌)	21	丙申(辰巳)	甲午	申	午
6	辛巳(申酉)	甲戌	未	午	22	丁酉(辰巳)	甲午	申	午
7	壬午(申酉) (立秋:建變)	甲戌	未·申	午	23	戊戌(辰巳) (處暑:將變)	甲午	申	午·巳
		未(10:04:59).申(10:05以後)					午(00:43:59).巳(00:44以後)		
							神藏殺沒 (午月將:辰戌. 巳月將:卯酉)		
8	癸未(申酉)	甲戌	申	午	24	己亥(辰巳)	甲午	申	巳
9	甲申(午未)	甲申	申	午	25	庚子(辰巳)	甲午	申	巳 神藏殺沒 (卯酉)
10	乙酉(午未)	甲申	申	午	26	辛丑(辰巳)	甲午	申	巳
11	丙戌(午未)	甲申	申	午	27	壬寅(辰巳)	甲午	申	巳
12	丁亥(午未)	甲申	申	午	28	癸卯(辰巳)	甲午	申	巳
13	戊子(午未)	甲申	申	午 神藏殺沒 (辰戌)	29	甲辰(寅卯)	甲辰	申	巳 神藏殺沒 (酉卯)
14	己丑(午未)	甲申	申	午	30	乙巳(寅卯)	甲辰	申	巳
15	庚寅(午未)	甲申	申	午 神藏殺沒 (辰戌)	31	丙午(寅卯)	甲辰	申	巳
16	辛卯(午未)	甲申	申	午					

2020(庚子)年 9月[陽曆]

<table>
<tr><th>日</th><th>日辰(空亡)</th><th>旬</th><th>月建</th><th>月將</th><th>日</th><th>日辰(空亡)</th><th>旬</th><th>月建</th><th>月將</th></tr>
<tr><td>1</td><td>丁未(寅卯)</td><td>甲辰</td><td>申</td><td>巳</td><td>17</td><td>癸亥(子丑)</td><td>甲寅</td><td>酉</td><td>巳</td></tr>
<tr><td>2</td><td>戊申(寅卯)</td><td>甲辰</td><td>申</td><td>巳
神藏殺沒
(卯酉)</td><td>18</td><td>甲子(戌亥)</td><td>甲子</td><td>酉</td><td>巳
神藏殺沒
(酉卯)</td></tr>
<tr><td>3</td><td>己酉(寅卯)</td><td>甲辰</td><td>申</td><td>巳</td><td>19</td><td>乙丑(戌亥)</td><td>甲子</td><td>酉</td><td>巳</td></tr>
<tr><td>4</td><td>庚戌(寅卯)</td><td>甲辰</td><td>申</td><td>巳
神藏殺沒
(卯酉)</td><td>20</td><td>丙寅(戌亥)</td><td>甲子</td><td>酉</td><td>巳</td></tr>
<tr><td>5</td><td>辛亥(寅卯)</td><td>甲辰</td><td>申</td><td>巳</td><td>21</td><td>丁卯(戌亥)</td><td>甲子</td><td>酉</td><td>巳</td></tr>
<tr><td rowspan="3">6</td><td rowspan="3">壬子(寅卯)</td><td rowspan="3">甲辰</td><td rowspan="3">申</td><td rowspan="3">巳</td><td rowspan="3">22</td><td rowspan="3">戊辰(戌亥)
(秋分:將變)</td><td>甲子</td><td>酉</td><td>巳·辰</td></tr>
<tr><td colspan="3">巳(22:29:59).辰(22:30以後)</td></tr>
<tr><td colspan="3">神藏殺沒(巳月將: 卯酉)</td></tr>
<tr><td rowspan="2">7</td><td rowspan="2">癸丑(寅卯)
(白露:建變)</td><td>甲辰</td><td>申·酉</td><td>巳</td><td rowspan="2">23</td><td rowspan="2">己巳(戌亥)</td><td rowspan="2">甲子</td><td rowspan="2">酉</td><td rowspan="2">辰</td></tr>
<tr><td colspan="3">申(13:06:59).酉(13:07以後)</td></tr>
<tr><td>8</td><td>甲寅(子丑)</td><td>甲寅</td><td>酉</td><td>巳
神藏殺沒
(酉卯)</td><td>24</td><td>庚午(戌亥)</td><td>甲子</td><td>酉</td><td>辰</td></tr>
<tr><td>9</td><td>乙卯(子丑)</td><td>甲寅</td><td>酉</td><td>巳</td><td>25</td><td>辛未(戌亥)</td><td>甲子</td><td>酉</td><td>辰</td></tr>
<tr><td>10</td><td>丙辰(子丑)</td><td>甲寅</td><td>酉</td><td>巳</td><td>26</td><td>壬申(戌亥)</td><td>甲子</td><td>酉</td><td>辰</td></tr>
<tr><td>11</td><td>丁巳(子丑)</td><td>甲寅</td><td>酉</td><td>巳</td><td>27</td><td>癸酉(戌亥)</td><td>甲子</td><td>酉</td><td>辰</td></tr>
<tr><td>12</td><td>戊午(子丑)</td><td>甲寅</td><td>酉</td><td>巳
神藏殺沒
(卯酉)</td><td>28</td><td>甲戌(申酉)</td><td>甲戌</td><td>酉</td><td>辰
神藏殺沒
(申寅)</td></tr>
<tr><td>13</td><td>己未(子丑)</td><td>甲寅</td><td>酉</td><td>巳</td><td>29</td><td>乙亥(申酉)</td><td>甲戌</td><td>酉</td><td>辰</td></tr>
<tr><td>14</td><td>庚申(子丑)</td><td>甲寅</td><td>酉</td><td>巳
神藏殺沒
(卯酉)</td><td>30</td><td>丙子(申酉)</td><td>甲戌</td><td>酉</td><td>辰</td></tr>
<tr><td>15</td><td>辛酉(子丑)</td><td>甲寅</td><td>酉</td><td>巳</td><td></td><td></td><td></td><td></td><td></td></tr>
<tr><td>16</td><td>壬戌(子丑)</td><td>甲寅</td><td>酉</td><td>巳</td><td></td><td></td><td></td><td></td><td></td></tr>
</table>

2020(庚子)年 10月[陽曆]

<table>
<tr><th>日</th><th>日辰(空亡)</th><th>旬</th><th>月建</th><th>月將</th><th>日</th><th>日辰(空亡)</th><th>旬</th><th>月建</th><th>月將</th></tr>
<tr><td>1</td><td>丁丑(申酉)</td><td>甲戌</td><td>酉</td><td>辰</td><td>17</td><td>癸巳(午未)</td><td>甲申</td><td>戌</td><td>辰</td></tr>
<tr><td>2</td><td>戊寅(申酉)</td><td>甲戌</td><td>酉</td><td>辰</td><td>18</td><td>甲午(辰巳)</td><td>甲午</td><td>戌</td><td>辰
神藏殺沒
(申寅)</td></tr>
<tr><td>3</td><td>己卯(申酉)</td><td>甲戌</td><td>酉</td><td>辰</td><td>19</td><td>乙未(辰巳)</td><td>甲午</td><td>戌</td><td>辰</td></tr>
<tr><td>4</td><td>庚辰(申酉)</td><td>甲戌</td><td>酉</td><td>辰</td><td>20</td><td>丙申(辰巳)</td><td>甲午</td><td>戌</td><td>辰</td></tr>
<tr><td>5</td><td>辛巳(申酉)</td><td>甲戌</td><td>酉</td><td>辰</td><td>21</td><td>丁酉(辰巳)</td><td>甲午</td><td>戌</td><td>辰</td></tr>
<tr><td>6</td><td>壬午(申酉)</td><td>甲戌</td><td>酉</td><td>辰</td><td>22</td><td>戊戌(辰巳)</td><td>甲午</td><td>戌</td><td>辰</td></tr>
<tr><td rowspan="2">7</td><td rowspan="2">癸未(申酉)</td><td rowspan="2">甲戌</td><td rowspan="2">酉</td><td rowspan="2">辰</td><td rowspan="2">23</td><td rowspan="2">己亥(辰巳)
(霜降:將變)</td><td>甲午</td><td>戌</td><td>辰·卯</td></tr>
<tr><td colspan="3">辰(07:58:59).卯(07:59以後)</td></tr>
<tr><td rowspan="3">8</td><td rowspan="3">甲申(午未)
(寒露:建變)</td><td>甲申</td><td>酉·戌</td><td>辰</td><td rowspan="3">24</td><td rowspan="3">庚子(辰巳)</td><td rowspan="3">甲午</td><td rowspan="3">戌</td><td rowspan="3">卯</td></tr>
<tr><td colspan="3">酉(04:53:59).戌(04:54以後)</td></tr>
<tr><td colspan="3">神藏殺沒(申寅)</td></tr>
<tr><td>9</td><td>乙酉(午未)</td><td>甲申</td><td>戌</td><td>辰</td><td>25</td><td>辛丑(辰巳)</td><td>甲午</td><td>戌</td><td>卯</td></tr>
<tr><td>10</td><td>丙戌(午未)</td><td>甲申</td><td>戌</td><td>辰</td><td>26</td><td>壬寅(辰巳)</td><td>甲午</td><td>戌</td><td>卯</td></tr>
<tr><td>11</td><td>丁亥(午未)</td><td>甲申</td><td>戌</td><td>辰</td><td>27</td><td>癸卯(辰巳)</td><td>甲午</td><td>戌</td><td>卯</td></tr>
<tr><td>12</td><td>戊子(午未)</td><td>甲申</td><td>戌</td><td>辰</td><td>28</td><td>甲辰(寅卯)</td><td>甲辰</td><td>戌</td><td>卯
神藏殺沒
(未丑)</td></tr>
<tr><td>13</td><td>己丑(午未)</td><td>甲申</td><td>戌</td><td>辰</td><td>29</td><td>乙巳(寅卯)</td><td>甲辰</td><td>戌</td><td>卯</td></tr>
<tr><td>14</td><td>庚寅(午未)</td><td>甲申</td><td>戌</td><td>辰</td><td>30</td><td>丙午(寅卯)</td><td>甲辰</td><td>戌</td><td>卯</td></tr>
<tr><td>15</td><td>辛卯(午未)</td><td>甲申</td><td>戌</td><td>辰</td><td>31</td><td>丁未(寅卯)</td><td>甲辰</td><td>戌</td><td>卯</td></tr>
<tr><td>16</td><td>壬辰(午未)</td><td>甲申</td><td>戌</td><td>辰</td><td></td><td></td><td></td><td></td><td></td></tr>
</table>

2020(庚子)年 11月[陽曆]

日	日辰(空亡)	旬	月建	月將	日	日辰(空亡)	旬	月建	月將
1	戊申(寅卯)	甲辰	戌	卯	17	甲子(戌亥)	甲子	亥	卯 神藏殺沒 (未丑)
2	己酉(寅卯)	甲辰	戌	卯	18	乙丑(戌亥)	甲子	亥	卯
3	庚戌(寅卯)	甲辰	戌	卯	19	丙寅(戌亥)	甲子	亥	卯
4	辛亥(寅卯)	甲辰	戌	卯	20	丁卯(戌亥)	甲子	亥	卯
5	壬子(寅卯)	甲辰	戌	卯	21	戊辰(戌亥)	甲子	亥	卯
6	癸丑(寅卯)	甲辰	戌	卯	22	己巳(戌亥) (小雪:將變)	甲子 卯(05:38:59).寅(05:39以後)	亥	卯·寅
7	甲寅(子丑) (立冬:建變)	甲寅 戌(08:12:59).亥(08:13以後) 神藏殺沒(未丑)	戌·亥	卯	23	庚午(戌亥)	甲子	亥	寅
8	乙卯(子丑)	甲寅	亥	卯	24	辛未(戌亥)	甲子	亥	寅
9	丙辰(子丑)	甲寅	亥	卯	25	壬申(戌亥)	甲子	亥	寅
10	丁巳(子丑)	甲寅	亥	卯	26	癸酉(戌亥)	甲子	亥	寅
11	戊午(子丑)	甲寅	亥	卯	27	甲戌(申酉)	甲戌	亥	寅 神藏殺沒 (午子)
12	己未(子丑)	甲寅	亥	卯	28	乙亥(申酉)	甲戌	亥	寅
13	庚申(子丑)	甲寅	亥	卯	29	丙子(申酉)	甲戌	亥	寅
14	辛酉(子丑)	甲寅	亥	卯	30	丁丑(申酉)	甲戌	亥	寅
15	壬戌(子丑)	甲寅	亥	卯					
16	癸亥(子丑)	甲寅	亥	卯					

2020(庚子)年 12月[陽曆]

<table>
<tr><th>日</th><th>日辰(空亡)</th><th>旬</th><th>月建</th><th>月將</th><th>日</th><th>日辰(空亡)</th><th>旬</th><th>月建</th><th>月將</th></tr>
<tr><td>1</td><td>戊寅(申酉)</td><td>甲戌</td><td>亥</td><td>寅</td><td>17</td><td>甲午(辰巳)</td><td>甲午</td><td>子</td><td>寅
神藏殺沒
(午子)</td></tr>
<tr><td>2</td><td>己卯(申酉)</td><td>甲戌</td><td>亥</td><td>寅</td><td>18</td><td>乙未(辰巳)</td><td>甲午</td><td>子</td><td>寅</td></tr>
<tr><td>3</td><td>庚辰(申酉)</td><td>甲戌</td><td>亥</td><td>寅</td><td>19</td><td>丙申(辰巳)</td><td>甲午</td><td>子</td><td>寅</td></tr>
<tr><td>4</td><td>辛巳(申酉)</td><td>甲戌</td><td>亥</td><td>寅</td><td>20</td><td>丁酉(辰巳)</td><td>甲午</td><td>子</td><td>寅</td></tr>
<tr><td rowspan="2">5</td><td rowspan="2">壬午(申酉)</td><td rowspan="2">甲戌</td><td rowspan="2">亥</td><td rowspan="2">寅</td><td rowspan="2">21</td><td rowspan="2">戊戌(辰巳)
(冬至:將變)</td><td>甲午</td><td>子</td><td>寅·丑</td></tr>
<tr><td colspan="3">寅(19:00:59).丑(19:01以後)</td></tr>
<tr><td>6</td><td>癸未(申酉)</td><td>甲戌</td><td>亥</td><td>寅</td><td>22</td><td>己亥(辰巳)</td><td>甲午</td><td>子</td><td>丑</td></tr>
<tr><td rowspan="3">7</td><td rowspan="3">甲申(午未)
(大雪:建變)</td><td>甲申</td><td>亥·子</td><td>寅</td><td rowspan="3">23</td><td rowspan="3">庚子(辰巳)</td><td rowspan="3">甲午</td><td rowspan="3">子</td><td rowspan="3">丑</td></tr>
<tr><td colspan="3">亥(01:07:59).子(01:08以後)</td></tr>
<tr><td colspan="3">神藏殺沒(午子)</td></tr>
<tr><td>8</td><td>乙酉(午未)</td><td>甲申</td><td>子</td><td>寅</td><td>24</td><td>辛丑(辰巳)</td><td>甲午</td><td>子</td><td>丑</td></tr>
<tr><td>9</td><td>丙戌(午未)</td><td>甲申</td><td>子</td><td>寅</td><td>25</td><td>壬寅(辰巳)</td><td>甲午</td><td>子</td><td>丑</td></tr>
<tr><td>10</td><td>丁亥(午未)</td><td>甲申</td><td>子</td><td>寅</td><td>26</td><td>癸卯(辰巳)</td><td>甲午</td><td>子</td><td>丑</td></tr>
<tr><td>11</td><td>戊子(午未)</td><td>甲申</td><td>子</td><td>寅</td><td>27</td><td>甲辰(寅卯)</td><td>甲辰</td><td>子</td><td>丑
神藏殺沒
(巳亥)</td></tr>
<tr><td>12</td><td>己丑(午未)</td><td>甲申</td><td>子</td><td>寅</td><td>28</td><td>乙巳(寅卯)</td><td>甲辰</td><td>子</td><td>丑</td></tr>
<tr><td>13</td><td>庚寅(午未)</td><td>甲申</td><td>子</td><td>寅</td><td>29</td><td>丙午(寅卯)</td><td>甲辰</td><td>子</td><td>丑</td></tr>
<tr><td>14</td><td>辛卯(午未)</td><td>甲申</td><td>子</td><td>寅</td><td>30</td><td>丁未(寅卯)</td><td>甲辰</td><td>子</td><td>丑</td></tr>
<tr><td>15</td><td>壬辰(午未)</td><td>甲申</td><td>子</td><td>寅</td><td>31</td><td>戊申(寅卯)</td><td>甲辰</td><td>子</td><td>丑</td></tr>
<tr><td>16</td><td>癸巳(午未)</td><td>甲申</td><td>子</td><td>寅</td><td></td><td></td><td></td><td></td><td></td></tr>
</table>

2021(辛丑)年 1月[陽曆]

<table>
<tr><th>日</th><th>日辰(空亡)</th><th>旬</th><th>月建</th><th>月將</th><th>日</th><th>日辰(空亡)</th><th>旬</th><th>月建</th><th>月將</th></tr>
<tr><td>1</td><td>己酉(寅卯)</td><td>甲辰</td><td>子</td><td>丑</td><td>17</td><td>乙丑(戌亥)</td><td>甲子</td><td>丑</td><td>丑</td></tr>
<tr><td>2</td><td>庚戌(寅卯)</td><td>甲辰</td><td>子</td><td>丑</td><td>18</td><td>丙寅(戌亥)</td><td>甲子</td><td>丑</td><td>丑</td></tr>
<tr><td>3</td><td>辛亥(寅卯)</td><td>甲辰</td><td>子</td><td>丑</td><td>19</td><td>丁卯(戌亥)</td><td>甲子</td><td>丑</td><td>丑</td></tr>
<tr><td rowspan="2">4</td><td rowspan="2">壬子(寅卯)</td><td rowspan="2">甲辰</td><td rowspan="2">子</td><td rowspan="2">丑</td><td rowspan="2">20</td><td rowspan="2">戊辰(戌亥)
(大寒:將變)</td><td>甲子</td><td>丑</td><td>丑·子</td></tr>
<tr><td colspan="3">丑(05:38:59).子(05:39以後)</td></tr>
<tr><td rowspan="2">5</td><td rowspan="2">癸丑(寅卯)
(小寒:建變)</td><td>甲辰</td><td>子·丑</td><td>丑</td><td rowspan="2">21</td><td rowspan="2">己巳(戌亥)</td><td rowspan="2">甲子</td><td rowspan="2">丑</td><td rowspan="2">子</td></tr>
<tr><td colspan="3">子(12:21:59).丑(12:22以後)</td></tr>
<tr><td>6</td><td>甲寅(子丑)</td><td>甲寅</td><td>丑</td><td>丑
神藏殺沒
(巳亥)</td><td>22</td><td>庚午(戌亥)</td><td>甲子</td><td>丑</td><td>子</td></tr>
<tr><td>7</td><td>乙卯(子丑)</td><td>甲寅</td><td>丑</td><td>丑</td><td>23</td><td>辛未(戌亥)</td><td>甲子</td><td>丑</td><td>子</td></tr>
<tr><td>8</td><td>丙辰(子丑)</td><td>甲寅</td><td>丑</td><td>丑</td><td>24</td><td>壬申(戌亥)</td><td>甲子</td><td>丑</td><td>子</td></tr>
<tr><td>9</td><td>丁巳(子丑)</td><td>甲寅</td><td>丑</td><td>丑</td><td>25</td><td>癸酉(戌亥)</td><td>甲子</td><td>丑</td><td>子</td></tr>
<tr><td>10</td><td>戊午(子丑)</td><td>甲寅</td><td>丑</td><td>丑</td><td>26</td><td>甲戌(申酉)</td><td>甲戌</td><td>丑</td><td>子
神藏殺沒
(辰戌)</td></tr>
<tr><td>11</td><td>己未(子丑)</td><td>甲寅</td><td>丑</td><td>丑</td><td>27</td><td>乙亥(申酉)</td><td>甲戌</td><td>丑</td><td>子</td></tr>
<tr><td>12</td><td>庚申(子丑)</td><td>甲寅</td><td>丑</td><td>丑</td><td>28</td><td>丙子(申酉)</td><td>甲戌</td><td>丑</td><td>子</td></tr>
<tr><td>13</td><td>辛酉(子丑)</td><td>甲寅</td><td>丑</td><td>丑</td><td>29</td><td>丁丑(申酉)</td><td>甲戌</td><td>丑</td><td>子</td></tr>
<tr><td>14</td><td>壬戌(子丑)</td><td>甲寅</td><td>丑</td><td>丑</td><td>30</td><td>戊寅(申酉)</td><td>甲戌</td><td>丑</td><td>子</td></tr>
<tr><td>15</td><td>癸亥(子丑)</td><td>甲寅</td><td>丑</td><td>丑</td><td>31</td><td>己卯(申酉)</td><td>甲戌</td><td>丑</td><td>子</td></tr>
<tr><td>16</td><td>甲子(戌亥)</td><td>甲子</td><td>丑</td><td>丑
神藏殺沒
(巳亥)</td><td></td><td></td><td></td><td></td><td></td></tr>
</table>

2021(辛丑)年 2月[陽曆]

<table>
<tr><th>日</th><th>日辰(空亡)</th><th>旬</th><th>月建</th><th>月將</th><th>日</th><th>日辰(空亡)</th><th>旬</th><th>月建</th><th>月將</th></tr>
<tr><td>1</td><td>庚辰(申酉)</td><td>甲戌</td><td>丑</td><td>子</td><td>17</td><td>丙申(辰巳)</td><td>甲午</td><td>寅</td><td>子</td></tr>
<tr><td rowspan="2">2</td><td rowspan="2">辛巳(申酉)</td><td rowspan="2">甲戌</td><td rowspan="2">丑</td><td rowspan="2">子</td><td rowspan="2">18</td><td rowspan="2">丁酉(辰巳)
(雨水:將變)</td><td>甲午</td><td>寅</td><td>子·亥</td></tr>
<tr><td colspan="3">子(19:42:59).亥(19:43以後)</td></tr>
<tr><td rowspan="2">3</td><td rowspan="2">壬午(申酉)
(立春:建變)</td><td>甲戌</td><td>丑·寅</td><td>子</td><td rowspan="2">19</td><td rowspan="2">戊戌(辰巳)</td><td rowspan="2">甲午</td><td rowspan="2">寅</td><td rowspan="2">亥
神藏殺沒
(酉卯)</td></tr>
<tr><td colspan="3">丑(23:57:59).寅(23:58以後)</td></tr>
<tr><td>4</td><td>癸未(申酉)</td><td>甲戌</td><td>寅</td><td>子</td><td>20</td><td>己亥(辰巳)</td><td>甲午</td><td>寅</td><td>亥</td></tr>
<tr><td>5</td><td>甲申(午未)</td><td>甲申</td><td>寅</td><td>子
神藏殺沒
(辰戌)</td><td>21</td><td>庚子(辰巳)</td><td>甲午</td><td>寅</td><td>亥
神藏殺沒
(酉卯)</td></tr>
<tr><td>6</td><td>乙酉(午未)</td><td>甲申</td><td>寅</td><td>子</td><td>22</td><td>辛丑(辰巳)</td><td>甲午</td><td>寅</td><td>亥</td></tr>
<tr><td>7</td><td>丙戌(午未)</td><td>甲申</td><td>寅</td><td>子</td><td>23</td><td>壬寅(辰巳)</td><td>甲午</td><td>寅</td><td>亥</td></tr>
<tr><td>8</td><td>丁亥(午未)</td><td>甲申</td><td>寅</td><td>子</td><td>24</td><td>癸卯(辰巳)</td><td>甲午</td><td>寅</td><td>亥</td></tr>
<tr><td>9</td><td>戊子(午未)</td><td>甲申</td><td>寅</td><td>子</td><td>25</td><td>甲辰(寅卯)</td><td>甲辰</td><td>寅</td><td>亥
神藏殺沒
(卯酉)</td></tr>
<tr><td>10</td><td>己丑(午未)</td><td>甲申</td><td>寅</td><td>子</td><td>26</td><td>乙巳(寅卯)</td><td>甲辰</td><td>寅</td><td>亥</td></tr>
<tr><td>11</td><td>庚寅(午未)</td><td>甲申</td><td>寅</td><td>子</td><td>27</td><td>丙午(寅卯)</td><td>甲辰</td><td>寅</td><td>亥</td></tr>
<tr><td>12</td><td>辛卯(午未)</td><td>甲申</td><td>寅</td><td>子</td><td>28</td><td>丁未(寅卯)</td><td>甲辰</td><td>寅</td><td>亥</td></tr>
<tr><td>13</td><td>壬辰(午未)</td><td>甲申</td><td>寅</td><td>子</td><td></td><td></td><td></td><td></td><td></td></tr>
<tr><td>14</td><td>癸巳(午未)</td><td>甲申</td><td>寅</td><td>子</td><td></td><td></td><td></td><td></td><td></td></tr>
<tr><td>15</td><td>甲午(辰巳)</td><td>甲午</td><td>寅</td><td>子
神藏殺沒
(辰戌)</td><td></td><td></td><td></td><td></td><td></td></tr>
<tr><td>16</td><td>乙未(辰巳)</td><td>甲午</td><td>寅</td><td>子</td><td></td><td></td><td></td><td></td><td></td></tr>
</table>

2021(辛丑)年 3月[陽曆]

日	日辰(空亡)	旬	月建	月將	日	日辰(空亡)	旬	月建	月將
1	戊申(寅卯)	甲辰	寅	亥 神藏殺沒 (酉卯)	17	甲子(戌亥)	甲子	卯	亥 神藏殺沒 (卯酉)
2	己酉(寅卯)	甲辰	寅	亥	18	乙丑(戌亥)	甲子	卯	亥
3	庚戌(寅卯)	甲辰	寅	亥 神藏殺沒 (酉卯)	19	丙寅(戌亥)	甲子	卯	亥
4	辛亥(寅卯)	甲辰	寅	亥	20	丁卯(戌亥) (春分:將變)	甲子	卯	亥·戌 亥(18:35:59).戌(18:36以後)
5	壬子(寅卯) (驚蟄:建變)	甲辰	寅·卯 寅(17:52:59).卯(17:53以後)	亥	21	戊辰(戌亥)	甲子	卯	戌 神藏殺沒 (申寅)
6	癸丑(寅卯)	甲辰	卯	亥	22	己巳(戌亥)	甲子	卯	戌
7	甲寅(子丑)	甲寅	卯	亥 神藏殺沒 (卯酉)	23	庚午(戌亥)	甲子	卯	戌 神藏殺沒 (申寅)
8	乙卯(子丑)	甲寅	卯	亥	24	辛未(戌亥)	甲子	卯	戌
9	丙辰(子丑)	甲寅	卯	亥	25	壬申(戌亥)	甲子	卯	戌
10	丁巳(子丑)	甲寅	卯	亥	26	癸酉(戌亥)	甲子	卯	戌
11	戊午(子丑)	甲寅	卯	亥 神藏殺沒 (酉卯)	27	甲戌(申酉)	甲戌	卯	戌
12	己未(子丑)	甲寅	卯	亥	28	乙亥(申酉)	甲戌	卯	戌
13	庚申(子丑)	甲寅	卯	亥 神藏殺沒 (酉卯)	29	丙子(申酉)	甲戌	卯	戌
14	辛酉(子丑)	甲寅	卯	亥	30	丁丑(申酉)	甲戌	卯	戌
15	壬戌(子丑)	甲寅	卯	亥	31	戊寅(申酉)	甲戌	卯	戌 神藏殺沒 (申寅)
16	癸亥(子丑)	甲寅	卯	亥					

2021(辛丑)年 4月[陽曆]

<table>
<tr><th>日</th><th>日辰(空亡)</th><th>旬</th><th>月建</th><th>月將</th><th>日</th><th>日辰(空亡)</th><th>旬</th><th>月建</th><th>月將</th></tr>
<tr><td>1</td><td>己卯(申酉)</td><td>甲戌</td><td>卯</td><td>戌</td><td>17</td><td>乙未(辰巳)</td><td>甲午</td><td>辰</td><td>戌</td></tr>
<tr><td>2</td><td>庚辰(申酉)</td><td>甲戌</td><td>卯</td><td>戌
神藏殺沒
(申寅)</td><td>18</td><td>丙申(辰巳)</td><td>甲午</td><td>辰</td><td>戌</td></tr>
<tr><td>3</td><td>辛巳(申酉)</td><td>甲戌</td><td>卯</td><td>戌</td><td>19</td><td>丁酉(辰巳)</td><td>甲午</td><td>辰</td><td>戌</td></tr>
<tr><td rowspan="3">4</td><td rowspan="3">壬午(申酉)
(清明:建變)</td><td rowspan="2">甲戌</td><td rowspan="2">卯·辰</td><td rowspan="2">戌</td><td rowspan="3">20</td><td rowspan="3">戊戌(辰巳)
(穀雨:將變)</td><td>甲午</td><td>辰</td><td>戌·酉</td></tr>
<tr><td colspan="3">戌(05:31:59).酉(05:32以後)</td></tr>
<tr><td colspan="3">卯(22:33:59).辰(22:34以後)</td><td colspan="3">神藏殺沒
(戌月將:申寅. 酉月將:未丑)</td></tr>
<tr><td>5</td><td>癸未(申酉)</td><td>甲戌</td><td>辰</td><td>戌</td><td>21</td><td>己亥(辰巳)</td><td>甲午</td><td>辰</td><td>酉</td></tr>
<tr><td>6</td><td>甲申(午未)</td><td>甲申</td><td>辰</td><td>戌</td><td>22</td><td>庚子(辰巳)</td><td>甲午</td><td>辰</td><td>酉
神藏殺沒
(未丑)</td></tr>
<tr><td>7</td><td>乙酉(午未)</td><td>甲申</td><td>辰</td><td>戌</td><td>23</td><td>辛丑(辰巳)</td><td>甲午</td><td>辰</td><td>酉</td></tr>
<tr><td>8</td><td>丙戌(午未)</td><td>甲申</td><td>辰</td><td>戌</td><td>24</td><td>壬寅(辰巳)</td><td>甲午</td><td>辰</td><td>酉</td></tr>
<tr><td>9</td><td>丁亥(午未)</td><td>甲申</td><td>辰</td><td>戌</td><td>25</td><td>癸卯(辰巳)</td><td>甲午</td><td>辰</td><td>酉</td></tr>
<tr><td>10</td><td>戊子(午未)</td><td>甲申</td><td>辰</td><td>戌
神藏殺沒
(申寅)</td><td>26</td><td>甲辰(寅卯)</td><td>甲辰</td><td>辰</td><td>酉</td></tr>
<tr><td>11</td><td>己丑(午未)</td><td>甲申</td><td>辰</td><td>戌</td><td>27</td><td>乙巳(寅卯)</td><td>甲辰</td><td>辰</td><td>酉</td></tr>
<tr><td>12</td><td>庚寅(午未)</td><td>甲申</td><td>辰</td><td>戌
神藏殺沒
(申寅)</td><td>28</td><td>丙午(寅卯)</td><td>甲辰</td><td>辰</td><td>酉</td></tr>
<tr><td>13</td><td>辛卯(午未)</td><td>甲申</td><td>辰</td><td>戌</td><td>29</td><td>丁未(寅卯)</td><td>甲辰</td><td>辰</td><td>酉</td></tr>
<tr><td>14</td><td>壬辰(午未)</td><td>甲申</td><td>辰</td><td>戌</td><td>30</td><td>戊申(寅卯)</td><td>甲辰</td><td>辰</td><td>酉
神藏殺沒
(未丑)</td></tr>
<tr><td>15</td><td>癸巳(午未)</td><td>甲申</td><td>辰</td><td>戌</td><td></td><td></td><td></td><td></td><td></td></tr>
<tr><td>16</td><td>甲午(辰巳)</td><td>甲午</td><td>辰</td><td>戌</td><td></td><td></td><td></td><td></td><td></td></tr>
</table>

2021(辛丑)年 5月[陽曆]

日	日辰(空亡)	旬	月建	月將	日	日辰(空亡)	旬	月建	月將
1	己酉(寅卯)	甲辰	辰	酉	17	乙丑(戌亥)	甲子	巳	酉
2	庚戌(寅卯)	甲辰	辰	酉 神藏殺沒 (未丑)	18	丙寅(戌亥)	甲子	巳	酉
3	辛亥(寅卯)	甲辰	辰	酉	19	丁卯(戌亥)	甲子	巳	酉
4	壬子(寅卯)	甲辰	辰	酉	20	戊辰(戌亥)	甲子	巳	酉 神藏殺沒 (未丑)
5	癸丑(寅卯) (立夏:建變)	甲辰	辰·巳	酉	21	己巳(戌亥) (小滿:將變)	甲子	巳	酉·申
		辰(15:45:59).巳(15:46以後)					酉(04:35:59).申(04:36以後)		
6	甲寅(子丑)	甲寅	巳	酉	22	庚午(戌亥)	甲子	巳	申 神藏殺沒 (午子)
7	乙卯(子丑)	甲寅	巳	酉	23	辛未(戌亥)	甲子	巳	申
8	丙辰(子丑)	甲寅	巳	酉	24	壬申(戌亥)	甲子	巳	申
9	丁巳(子丑)	甲寅	巳	酉	25	癸酉(戌亥)	甲子	巳	申
10	戊午(子丑)	甲寅	巳	酉 神藏殺沒 (未丑)	26	甲戌(申酉)	甲戌	巳	申
11	己未(子丑)	甲寅	巳	酉	27	乙亥(申酉)	甲戌	巳	申
12	庚申(子丑)	甲寅	巳	酉 神藏殺沒 (未丑)	28	丙子(申酉)	甲戌	巳	申
13	辛酉(子丑)	甲寅	巳	酉	29	丁丑(申酉)	甲戌	巳	申
14	壬戌(子丑)	甲寅	巳	酉	30	戊寅(申酉)	甲戌	巳	申 神藏殺沒 (午子)
15	癸亥(子丑)	甲寅	巳	酉	31	己卯(申酉)	甲戌	巳	申
16	甲子(戌亥)	甲子	巳	酉					

2021(辛丑)年 6月[陽曆]

日	日辰(空亡)	旬	月建	月將	日	日辰(空亡)	旬	月建	月將
1	庚辰(申酉)	甲戌	巳	申 神藏殺沒 (午子)	17	丙申(辰巳)	甲午	午	申
2	辛巳(申酉)	甲戌	巳	申	18	丁酉(辰巳)	甲午	午	申
3	壬午(申酉)	甲戌	巳	申	19	戊戌(辰巳)	甲午	午	申 神藏殺沒 (午子)
4	癸未(申酉)	甲戌	巳	申	20	己亥(辰巳)	甲午	午	申
5	甲申(午未) (芒種:建變)	甲申	巳·午 巳(19:50:59).午(19:51以後)	申	21	庚子(辰巳) (夏至:將變)	甲午	午	申·未 申(12:30:59).未(12:31以後) 神藏殺沒 (申月將:午子.未月將:巳亥)
6	乙酉(午未)	甲申	午	申	22	辛丑(辰巳)	甲午	午	未
7	丙戌(午未)	甲申	午	申	23	壬寅(辰巳)	甲午	午	未
8	丁亥(午未)	甲申	午	申	24	癸卯(辰巳)	甲午	午	未
9	戊子(午未)	甲申	午	申 神藏殺沒 (午子)	25	甲辰(寅卯)	甲辰	午	未
10	己丑(午未)	甲申	午	申	26	乙巳(寅卯)	甲辰	午	未
11	庚寅(午未)	甲申	午	申 神藏殺沒 (午子)	27	丙午(寅卯)	甲辰	午	未
12	辛卯(午未)	甲申	午	申	28	丁未(寅卯)	甲辰	午	未
13	壬辰(午未)	甲申	午	申	29	戊申(寅卯)	甲辰	午	未 神藏殺沒 (巳亥)
14	癸巳(午未)	甲申	午	申	30	己酉(寅卯)	甲辰	午	未
15	甲午(辰巳)	甲午	午	申					
16	乙未(辰巳)	甲午	午	申					

2021(辛丑)年 7月[陽曆]

日	日辰(空亡)	旬	月建	月將	日	日辰(空亡)	旬	月建	月將
1	庚戌(寅卯)	甲辰	午	未 神藏殺沒 (巳亥)	17	丙寅(戌亥)	甲子	未	未
2	辛亥(寅卯)	甲辰	午	未	18	丁卯(戌亥)	甲子	未	未
3	壬子(寅卯)	甲辰	午	未	19	戊辰(戌亥)	甲子	未	未 神藏殺沒 (巳亥)
4	癸丑(寅卯)	甲辰	午	未	20	己巳(戌亥)	甲子	未	未
5	甲寅(子丑)	甲寅	午	未	21	庚午(戌亥)	甲子	未	未 神藏殺沒 (巳亥)
6	乙卯(子丑)	甲寅	午	未	22	辛未(戌亥) (大暑:將變)	甲子	未	未·午 未(23:24:59).午(23:25以後)
7	丙辰(子丑) (小暑:建變)	甲寅	午·未 午(06:03:59).未(06:04以後)	未	23	壬申(戌亥)	甲子	未	午
8	丁巳(子丑)	甲寅	未	未	24	癸酉(戌亥)	甲子	未	午
9	戊午(子丑)	甲寅	未	未 神藏殺沒 (巳亥)	25	甲戌(申酉)	甲戌	未	午
10	己未(子丑)	甲寅	未	未	26	乙亥(申酉)	甲戌	未	午
11	庚申(子丑)	甲寅	未	未 神藏殺沒 (巳亥)	27	丙子(申酉)	甲戌	未	午
12	辛酉(子丑)	甲寅	未	未	28	丁丑(申酉)	甲戌	未	午
13	壬戌(子丑)	甲寅	未	未	29	戊寅(申酉)	甲戌	未	午 神藏殺沒 (辰戌)
14	癸亥(子丑)	甲寅	未	未	30	己卯(申酉)	甲戌	未	午
15	甲子(戌亥)	甲子	未	未	31	庚辰(申酉)	甲戌	未	午 神藏殺沒 (辰戌)
16	乙丑(戌亥)	甲子	未	未					

2021(辛丑)年 8月[陽曆]

日	日辰(空亡)	旬	月建	月將	日	日辰(空亡)	旬	月建	月將
1	辛巳(申酉)	甲戌	未	午	17	丁酉(辰巳)	甲午	申	午
2	壬午(申酉)	甲戌	未	午	18	戊戌(辰巳)	甲午	申	午 神藏殺沒 (辰戌)
3	癸未(申酉)	甲戌	未	午	19	己亥(辰巳)	甲午	申	午
4	甲申(午未)	甲申	未	午	20	庚子(辰巳)	甲午	申	午 神藏殺沒 (辰戌)
5	乙酉(午未)	甲申	未	午	21	辛丑(辰巳)	甲午	申	午
6	丙戌(午未)	甲申	未	午	22	壬寅(辰巳)	甲午	申	午
7	丁亥(午未) (立秋:建變)	甲申	未·申	午	23	癸卯(辰巳) (處暑:將變)	甲午	申	午·巳
		未(15:52:59).申(15:53以後)					午(06:33:59).巳(06:34以後)		
8	戊子(午未)	甲申	申	午 神藏殺沒 (辰戌)	24	甲辰(寅卯)	甲辰	申	巳 神藏殺沒 (酉卯)
9	己丑(午未)	甲申	申	午	25	乙巳(寅卯)	甲辰	申	巳
10	庚寅(午未)	甲申	申	午 神藏殺沒 (辰戌)	26	丙午(寅卯)	甲辰	申	巳
11	辛卯(午未)	甲申	申	午	27	丁未(寅卯)	甲辰	申	巳
12	壬辰(午未)	甲申	申	午	28	戊申(寅卯)	甲辰	申	巳 神藏殺沒 (卯酉)
13	癸巳(午未)	甲申	申	午	29	己酉(寅卯)	甲辰	申	巳
14	甲午(辰巳)	甲午	申	午	30	庚戌(寅卯)	甲辰	申	巳 神藏殺沒 (卯酉)
15	乙未(辰巳)	甲午	申	午	31	辛亥(寅卯)	甲辰	申	巳
16	丙申(辰巳)	甲午	申	午					

2021(辛丑)年 9月[陽曆]

日	日辰(空亡)	旬	月建	月將	日	日辰(空亡)	旬	月建	月將
1	壬子(寅卯)	甲辰	申	巳	17	戊辰(戌亥)	甲子	酉	巳 神藏殺沒 (卯酉)
2	癸丑(寅卯)	甲辰	申	巳	18	己巳(戌亥)	甲子	酉	巳
3	甲寅(子丑)	甲寅	申	巳 神藏殺沒 (酉卯)	19	庚午(戌亥)	甲子	酉	巳 神藏殺沒 (卯酉)
4	乙卯(子丑)	甲寅	申	巳	20	辛未(戌亥)	甲子	酉	巳
5	丙辰(子丑)	甲寅	申	巳	21	壬申(戌亥)	甲子	酉	巳
6	丁巳(子丑)	甲寅	申	巳	22	癸酉(戌亥)	甲子	酉	巳
7	戊午(子丑) (白露:建變)	甲寅	申·酉	巳	23	甲戌(申酉) (秋分:將變)	甲戌	酉	巳·辰
		申(18:51:59).酉(18:52以後)					巳(04:19:59).辰(04:20以後)		
		神藏殺沒(卯酉)					神藏殺沒 (巳月將:酉卯. 辰月將:申寅)		
8	己未(子丑)	甲寅	酉	巳	24	乙亥(申酉)	甲戌	酉	辰
9	庚申(子丑)	甲寅	酉	巳 神藏殺沒 (卯酉)	25	丙子(申酉)	甲戌	酉	辰
10	辛酉(子丑)	甲寅	酉	巳	26	丁丑(申酉)	甲戌	酉	辰
11	壬戌(子丑)	甲寅	酉	巳	27	戊寅(申酉)	甲戌	酉	辰
12	癸亥(子丑)	甲寅	酉	巳	28	己卯(申酉)	甲戌	酉	辰
13	甲子(戌亥)	甲子	酉	巳 神藏殺沒 (酉卯)	29	庚辰(申酉)	甲戌	酉	辰
14	乙丑(戌亥)	甲子	酉	巳	30	辛巳(申酉)	甲戌	酉	辰
15	丙寅(戌亥)	甲子	酉	巳					
16	丁卯(戌亥)	甲子	酉	巳					

2021(辛丑)年 10月[陽曆]

日	日辰(空亡)	旬	月建	月將	日	日辰(空亡)	旬	月建	月將
1	壬午(申酉)	甲戌	酉	辰	17	戊戌(辰巳)	甲午	戌	辰
2	癸未(申酉)	甲戌	酉	辰	18	己亥(辰巳)	甲午	戌	辰
3	甲申(午未)	甲申	酉	辰 神藏殺沒 (申寅)	19	庚子(辰巳)	甲午	戌	辰
4	乙酉(午未)	甲申	酉	辰	20	辛丑(辰巳)	甲午	戌	辰
5	丙戌(午未)	甲申	酉	辰	21	壬寅(辰巳)	甲午	戌	辰
6	丁亥(午未)	甲申	酉	辰	22	癸卯(辰巳)	甲午	戌	辰
7	戊子(午未)	甲申	酉	辰	23	甲辰(寅卯) (霜降:將變)	甲辰	戌	辰·卯 辰(13:49:59).卯(13:50以後) 神藏殺沒 (辰月將:申寅. 卯月將:未丑)
8	己丑(午未) (寒露:建變)	甲申	酉·戌 酉(10:37:59).戌(10:38以後)	辰	24	乙巳(寅卯)	甲辰	戌	卯
9	庚寅(午未)	甲申	戌	辰	25	丙午(寅卯)	甲辰	戌	卯
10	辛卯(午未)	甲申	戌	辰	26	丁未(寅卯)	甲辰	戌	卯
11	壬辰(午未)	甲申	戌	辰	27	戊申(寅卯)	甲辰	戌	卯
12	癸巳(午未)	甲申	戌	辰	28	己酉(寅卯)	甲辰	戌	卯
13	甲午(辰巳)	甲午	戌	辰 神藏殺沒 (申寅)	29	庚戌(寅卯)	甲辰	戌	卯
14	乙未(辰巳)	甲午	戌	辰	30	辛亥(寅卯)	甲辰	戌	卯
15	丙申(辰巳)	甲午	戌	辰	31	壬子(寅卯)	甲辰	戌	卯
16	丁酉(辰巳)	甲午	戌	辰					

2021(辛丑)年 11月[陽曆]

<table>
<tr><th>日</th><th>日辰(空亡)</th><th>旬</th><th>月建</th><th>月將</th><th>日</th><th>日辰(空亡)</th><th>旬</th><th>月建</th><th>月將</th></tr>
<tr><td>1</td><td>癸丑(寅卯)</td><td>甲辰</td><td>戌</td><td>卯</td><td>17</td><td>己巳(戌亥)</td><td>甲子</td><td>亥</td><td>卯</td></tr>
<tr><td>2</td><td>甲寅(子丑)</td><td>甲寅</td><td>戌</td><td>卯
神藏殺沒
(未丑)</td><td>18</td><td>庚午(戌亥)</td><td>甲子</td><td>亥</td><td>卯</td></tr>
<tr><td>3</td><td>乙卯(子丑)</td><td>甲寅</td><td>戌</td><td>卯</td><td>19</td><td>辛未(戌亥)</td><td>甲子</td><td>亥</td><td>卯</td></tr>
<tr><td>4</td><td>丙辰(子丑)</td><td>甲寅</td><td>戌</td><td>卯</td><td>20</td><td>壬申(戌亥)</td><td>甲子</td><td>亥</td><td>卯</td></tr>
<tr><td>5</td><td>丁巳(子丑)</td><td>甲寅</td><td>戌</td><td>卯</td><td>21</td><td>癸酉(戌亥)</td><td>甲子</td><td>亥</td><td>卯</td></tr>
<tr><td rowspan="3">6</td><td rowspan="3">戊午(子丑)</td><td rowspan="3">甲寅</td><td rowspan="3">戌</td><td rowspan="3">卯</td><td rowspan="3">22</td><td rowspan="3">甲戌(申酉)
(小雪:將變)</td><td>甲戌</td><td>亥</td><td>卯·寅</td></tr>
<tr><td colspan="3">卯(11:32:59).寅(11:33以後)</td></tr>
<tr><td colspan="3">神藏殺沒
(卯月將:未丑. 寅月將:午子)</td></tr>
<tr><td rowspan="2">7</td><td rowspan="2">己未(子丑)
(立冬:建變)</td><td>甲寅</td><td>戌·亥</td><td>卯</td><td rowspan="2">23</td><td rowspan="2">乙亥(申酉)</td><td rowspan="2">甲戌</td><td rowspan="2">亥</td><td rowspan="2">寅</td></tr>
<tr><td colspan="3">戌(13:57:59).亥(13:58以後)</td></tr>
<tr><td>8</td><td>庚申(子丑)</td><td>甲寅</td><td>亥</td><td>卯</td><td>24</td><td>丙子(申酉)</td><td>甲戌</td><td>亥</td><td>寅</td></tr>
<tr><td>9</td><td>辛酉(子丑)</td><td>甲寅</td><td>亥</td><td>卯</td><td>25</td><td>丁丑(申酉)</td><td>甲戌</td><td>亥</td><td>寅</td></tr>
<tr><td>10</td><td>壬戌(子丑)</td><td>甲寅</td><td>亥</td><td>卯</td><td>26</td><td>戊寅(申酉)</td><td>甲戌</td><td>亥</td><td>寅</td></tr>
<tr><td>11</td><td>癸亥(子丑)</td><td>甲寅</td><td>亥</td><td>卯</td><td>27</td><td>己卯(申酉)</td><td>甲戌</td><td>亥</td><td>寅</td></tr>
<tr><td>12</td><td>甲子(戌亥)</td><td>甲子</td><td>亥</td><td>卯
神藏殺沒
(未丑)</td><td>28</td><td>庚辰(申酉)</td><td>甲戌</td><td>亥</td><td>寅</td></tr>
<tr><td>13</td><td>乙丑(戌亥)</td><td>甲子</td><td>亥</td><td>卯</td><td>29</td><td>辛巳(申酉)</td><td>甲戌</td><td>亥</td><td>寅</td></tr>
<tr><td>14</td><td>丙寅(戌亥)</td><td>甲子</td><td>亥</td><td>卯</td><td>30</td><td>壬午(申酉)</td><td>甲戌</td><td>亥</td><td>寅</td></tr>
<tr><td>15</td><td>丁卯(戌亥)</td><td>甲子</td><td>亥</td><td>卯</td><td></td><td></td><td></td><td></td><td></td></tr>
<tr><td>16</td><td>戊辰(戌亥)</td><td>甲子</td><td>亥</td><td>卯</td><td></td><td></td><td></td><td></td><td></td></tr>
</table>

2021(辛丑)年 12月[陽曆]

日	日辰(空亡)	旬	月建	月將	日	日辰(空亡)	旬	月建	月將
1	癸未(申酉)	甲戌	亥	寅	17	己亥(辰巳)	甲午	子	寅
2	甲申(午未)	甲申	亥	寅 神藏殺沒 (午子)	18	庚子(辰巳)	甲午	子	寅
3	乙酉(午未)	甲申	亥	寅	19	辛丑(辰巳)	甲午	子	寅
4	丙戌(午未)	甲申	亥	寅	20	壬寅(辰巳)	甲午	子	寅
5	丁亥(午未)	甲申	亥	寅	21	癸卯(辰巳)	甲午	子	寅
6	戊子(午未)	甲申	亥	寅	22	甲辰(寅卯) (冬至:將變)	甲辰	子	寅·丑 寅(00:57:59).丑(00:58以後) 神藏殺沒 (寅月將:午子. 丑月將:巳亥)
7	己丑(午未) (大雪:建變)	甲申	亥·子 亥(06:55:59).子(06:56以後)	寅	23	乙巳(寅卯)	甲辰	子	丑
8	庚寅(午未)	甲申	子	寅	24	丙午(寅卯)	甲辰	子	丑
9	辛卯(午未)	甲申	子	寅	25	丁未(寅卯)	甲辰	子	丑
10	壬辰(午未)	甲申	子	寅	26	戊申(寅卯)	甲辰	子	丑
11	癸巳(午未)	甲申	子	寅	27	己酉(寅卯)	甲辰	子	丑
12	甲午(辰巳)	甲午	子	寅 神藏殺沒 (午子)	28	庚戌(寅卯)	甲辰	子	丑
13	乙未(辰巳)	甲午	子	寅	29	辛亥(寅卯)	甲辰	子	丑
14	丙申(辰巳)	甲午	子	寅	30	壬子(寅卯)	甲辰	子	丑
15	丁酉(辰巳)	甲午	子	寅	31	癸丑(寅卯)	甲辰	子	丑
16	戊戌(辰巳)	甲午	子	寅					

2022(壬寅)年 1月[陽曆]

<table>
<tr><th>日</th><th>日辰(空亡)</th><th>旬</th><th>月建</th><th>月將</th><th>日</th><th>日辰(空亡)</th><th>旬</th><th>月建</th><th>月將</th></tr>
<tr><td>1</td><td>甲寅(子丑)</td><td>甲寅</td><td>子</td><td>丑
神藏殺沒
(巳亥)</td><td>17</td><td>庚午(戌亥)</td><td>甲子</td><td>丑</td><td>丑</td></tr>
<tr><td>2</td><td>乙卯(子丑)</td><td>甲寅</td><td>子</td><td>丑</td><td>18</td><td>辛未(戌亥)</td><td>甲子</td><td>丑</td><td>丑</td></tr>
<tr><td>3</td><td>丙辰(子丑)</td><td>甲寅</td><td>子</td><td>丑</td><td>19</td><td>壬申(戌亥)</td><td>甲子</td><td>丑</td><td>丑</td></tr>
<tr><td rowspan="2">4</td><td rowspan="2">丁巳(子丑)</td><td rowspan="2">甲寅</td><td rowspan="2">子</td><td rowspan="2">丑</td><td rowspan="2">20</td><td rowspan="2">癸酉(戌亥)
(大寒:將變)</td><td>甲子</td><td>丑</td><td>丑·子</td></tr>
<tr><td colspan="3">丑(11:37:59).子(11:38以後)</td></tr>
<tr><td rowspan="2">5</td><td rowspan="2">戊午(子丑)
(小寒:建變)</td><td>甲寅</td><td>子·丑</td><td>丑</td><td rowspan="2">21</td><td rowspan="2">甲戌(申酉)</td><td rowspan="2">甲戌</td><td rowspan="2">丑</td><td rowspan="2">子
神藏殺沒
(辰戌)</td></tr>
<tr><td colspan="3">子(18:12:59).丑(18:13以後)</td></tr>
<tr><td>6</td><td>己未(子丑)</td><td>甲寅</td><td>丑</td><td>丑</td><td>22</td><td>乙亥(申酉)</td><td>甲戌</td><td>丑</td><td>子</td></tr>
<tr><td>7</td><td>庚申(子丑)</td><td>甲寅</td><td>丑</td><td>丑</td><td>23</td><td>丙子(申酉)</td><td>甲戌</td><td>丑</td><td>子</td></tr>
<tr><td>8</td><td>辛酉(子丑)</td><td>甲寅</td><td>丑</td><td>丑</td><td>24</td><td>丁丑(申酉)</td><td>甲戌</td><td>丑</td><td>子</td></tr>
<tr><td>9</td><td>壬戌(子丑)</td><td>甲寅</td><td>丑</td><td>丑</td><td>25</td><td>戊寅(申酉)</td><td>甲戌</td><td>丑</td><td>子</td></tr>
<tr><td>10</td><td>癸亥(子丑)</td><td>甲寅</td><td>丑</td><td>丑</td><td>26</td><td>己卯(申酉)</td><td>甲戌</td><td>丑</td><td>子</td></tr>
<tr><td>11</td><td>甲子(戌亥)</td><td>甲子</td><td>丑</td><td>丑
神藏殺沒
(巳亥)</td><td>27</td><td>庚辰(申酉)</td><td>甲戌</td><td>丑</td><td>子</td></tr>
<tr><td>12</td><td>乙丑(戌亥)</td><td>甲子</td><td>丑</td><td>丑</td><td>28</td><td>辛巳(申酉)</td><td>甲戌</td><td>丑</td><td>子</td></tr>
<tr><td>13</td><td>丙寅(戌亥)</td><td>甲子</td><td>丑</td><td>丑</td><td>29</td><td>壬午(申酉)</td><td>甲戌</td><td>丑</td><td>子</td></tr>
<tr><td>14</td><td>丁卯(戌亥)</td><td>甲子</td><td>丑</td><td>丑</td><td>30</td><td>癸未(申酉)</td><td>甲戌</td><td>丑</td><td>子</td></tr>
<tr><td>15</td><td>戊辰(戌亥)</td><td>甲子</td><td>丑</td><td>丑</td><td>31</td><td>甲申(午未)</td><td>甲申</td><td>丑</td><td>子
神藏殺沒
(辰戌)</td></tr>
<tr><td>16</td><td>己巳(戌亥)</td><td>甲子</td><td>丑</td><td>丑</td><td></td><td></td><td></td><td></td><td></td></tr>
</table>

2022(壬寅)年 2月[陽曆]

日	日辰(空亡)	旬	月建	月將	日	日辰(空亡)	旬	月建	月將
1	乙酉(午未)	甲申	丑	子	17	辛丑(辰巳)	甲午	寅	子
2	丙戌(午未)	甲申	丑	子	18	壬寅(辰巳)	甲午	寅	子
3	丁亥(午未)	甲申	丑	子	19	癸卯(辰巳) (雨水:將變)	甲午	寅	子·亥 子(01:41:59).亥(01:42以後)
4	戊子(午未) (立春:建變)	甲申	丑·寅	子 丑(05:49:59).寅(05:50以後)	20	甲辰(寅卯)	甲辰	寅	亥 神藏殺沒 (卯酉)
5	己丑(午未)	甲申	寅	子	21	乙巳(寅卯)	甲辰	寅	亥
6	庚寅(午未)	甲申	寅	子	22	丙午(寅卯)	甲辰	寅	亥
7	辛卯(午未)	甲申	寅	子	23	丁未(寅卯)	甲辰	寅	亥
8	壬辰(午未)	甲申	寅	子	24	戊申(寅卯)	甲辰	寅	亥 神藏殺沒 (酉卯)
9	癸巳(午未)	甲申	寅	子	25	己酉(寅卯)	甲辰	寅	亥
10	甲午(辰巳)	甲午	寅	子 神藏殺沒 (辰戌)	26	庚戌(寅卯)	甲辰	寅	亥 神藏殺沒 (酉卯)
11	乙未(辰巳)	甲午	寅	子	27	辛亥(寅卯)	甲辰	寅	亥
12	丙申(辰巳)	甲午	寅	子	28	壬子(寅卯)	甲辰	寅	亥
13	丁酉(辰巳)	甲午	寅	子					
14	戊戌(辰巳)	甲午	寅	子					
15	己亥(辰巳)	甲午	寅	子					
16	庚子(辰巳)	甲午	寅	子					

2022(壬寅)年 3月[陽曆]

日	日辰(空亡)	旬	月建	月將	日	日辰(空亡)	旬	月建	月將
1	癸丑(寅卯)	甲辰	寅	亥	17	己巳(戌亥)	甲子	卯	亥
2	甲寅(子丑)	甲寅	寅	亥 神藏殺沒 (卯酉)	18	庚午(戌亥)	甲子	卯	亥 神藏殺沒 (酉卯)
3	乙卯(子丑)	甲寅	寅	亥	19	辛未(戌亥)	甲子	卯	亥
4	丙辰(子丑)	甲寅	寅	亥	20	壬申(戌亥)	甲子	卯	亥
5	丁巳(子丑) (驚蟄:建變)	甲寅	寅·卯	亥	21	癸酉(戌亥) (春分:將變)	甲子	卯	亥·戌
		寅(23:42:59).卯(23:43以後)					亥(00:31:59).戌(00:32以後)		
6	戊午(子丑)	甲寅	卯	亥 神藏殺沒 (酉卯)	22	甲戌(申酉)	甲戌	卯	戌
7	己未(子丑)	甲寅	卯	亥	23	乙亥(申酉)	甲戌	卯	戌
8	庚申(子丑)	甲寅	卯	亥 神藏殺沒 (酉卯)	24	丙子(申酉)	甲戌	卯	戌
9	辛酉(子丑)	甲寅	卯	亥	25	丁丑(申酉)	甲戌	卯	戌
10	壬戌(子丑)	甲寅	卯	亥	26	戊寅(申酉)	甲戌	卯	戌 神藏殺沒 (申寅)
11	癸亥(子丑)	甲寅	卯	亥	27	己卯(申酉)	甲戌	卯	戌
12	甲子(戌亥)	甲子	卯	亥 神藏殺沒 (卯酉)	28	庚辰(申酉)	甲戌	卯	戌 神藏殺沒 (申寅)
13	乙丑(戌亥)	甲子	卯	亥	29	辛巳(申酉)	甲戌	卯	戌
14	丙寅(戌亥)	甲子	卯	亥	30	壬午(申酉)	甲戌	卯	戌
15	丁卯(戌亥)	甲子	卯	亥	31	癸未(申酉)	甲戌	卯	戌
16	戊辰(戌亥)	甲子	卯	亥 神藏殺沒 (酉卯)					

2022(壬寅)年 4月[陽曆]

日	日辰(空亡)	旬	月建	月將	日	日辰(空亡)	旬	月建	月將
1	甲申(午未)	甲申	卯	戌	17	庚子(辰巳)	甲午	辰	戌 神藏殺沒 (申寅)
2	乙酉(午未)	甲申	卯	戌	18	辛丑(辰巳)	甲午	辰	戌
3	丙戌(午未)	甲申	卯	戌	19	壬寅(辰巳)	甲午	辰	戌
4	丁亥(午未)	甲申	卯	戌	20	癸卯(辰巳) (穀雨:將變)	甲午	辰	戌·酉 戌(11:22:59).酉(11:23以後)
5	戊子(午未) (清明:建變)	甲申	卯·辰 卯(04:18:59).辰(04:19以後)	戌 神藏殺沒(申寅)	21	甲辰(寅卯)	甲辰	辰	酉
6	己丑(午未)	甲申	辰	戌	22	乙巳(寅卯)	甲辰	辰	酉
7	庚寅(午未)	甲申	辰	戌 神藏殺沒 (申寅)	23	丙午(寅卯)	甲辰	辰	酉
8	辛卯(午未)	甲申	辰	戌	24	丁未(寅卯)	甲辰	辰	酉
9	壬辰(午未)	甲申	辰	戌	25	戊申(寅卯)	甲辰	辰	酉 神藏殺沒 (未丑)
10	癸巳(午未)	甲申	辰	戌	26	己酉(寅卯)	甲辰	辰	酉
11	甲午(辰巳)	甲午	辰	戌	27	庚戌(寅卯)	甲辰	辰	酉 神藏殺沒 (未丑)
12	乙未(辰巳)	甲午	辰	戌	28	辛亥(寅卯)	甲辰	辰	酉
13	丙申(辰巳)	甲午	辰	戌	29	壬子(寅卯)	甲辰	辰	酉
14	丁酉(辰巳)	甲午	辰	戌	30	癸丑(寅卯)	甲辰	辰	酉
15	戊戌(辰巳)	甲午	辰	戌 神藏殺沒 (申寅)					
16	己亥(辰巳)	甲午	辰	戌					

2022(壬寅)年 5月[陽曆]

<table>
<tr><th>日</th><th>日辰(空亡)</th><th>旬</th><th>月建</th><th>月將</th><th>日</th><th>日辰(空亡)</th><th>旬</th><th>月建</th><th>月將</th></tr>
<tr><td>1</td><td>甲寅(子丑)</td><td>甲寅</td><td>辰</td><td>酉</td><td>17</td><td>庚午(戌亥)</td><td>甲子</td><td>巳</td><td>酉
神藏殺沒
(未丑)</td></tr>
<tr><td>2</td><td>乙卯(子丑)</td><td>甲寅</td><td>辰</td><td>酉</td><td>18</td><td>辛未(戌亥)</td><td>甲子</td><td>巳</td><td>酉</td></tr>
<tr><td>3</td><td>丙辰(子丑)</td><td>甲寅</td><td>辰</td><td>酉</td><td>19</td><td>壬申(戌亥)</td><td>甲子</td><td>巳</td><td>酉</td></tr>
<tr><td>4</td><td>丁巳(子丑)</td><td>甲寅</td><td>辰</td><td>酉</td><td>20</td><td>癸酉(戌亥)</td><td>甲子</td><td>巳</td><td>酉</td></tr>
<tr><td rowspan="3">5</td><td rowspan="3">戊午(子丑)
(立夏:建變)</td><td>甲寅</td><td>辰·巳</td><td>酉</td><td rowspan="3">21</td><td rowspan="3">甲戌(申酉)
(小滿:將變)</td><td>甲戌</td><td>巳</td><td>酉·申</td></tr>
<tr><td colspan="3">辰(21:24:59).巳(21:25以後)</td><td colspan="3" rowspan="2">酉(10:21:59).申(10:22以後)</td></tr>
<tr><td colspan="3">神藏殺沒(未丑)</td></tr>
<tr><td>6</td><td>己未(子丑)</td><td>甲寅</td><td>巳</td><td>酉</td><td>22</td><td>乙亥(申酉)</td><td>甲戌</td><td>巳</td><td>申</td></tr>
<tr><td>7</td><td>庚申(子丑)</td><td>甲寅</td><td>巳</td><td>酉
神藏殺沒
(未丑)</td><td>23</td><td>丙子(申酉)</td><td>甲戌</td><td>巳</td><td>申</td></tr>
<tr><td>8</td><td>辛酉(子丑)</td><td>甲寅</td><td>巳</td><td>酉</td><td>24</td><td>丁丑(申酉)</td><td>甲戌</td><td>巳</td><td>申</td></tr>
<tr><td>9</td><td>壬戌(子丑)</td><td>甲寅</td><td>巳</td><td>酉</td><td>25</td><td>戊寅(申酉)</td><td>甲戌</td><td>巳</td><td>申
神藏殺沒
(午子)</td></tr>
<tr><td>10</td><td>癸亥(子丑)</td><td>甲寅</td><td>巳</td><td>酉</td><td>26</td><td>己卯(申酉)</td><td>甲戌</td><td>巳</td><td>申</td></tr>
<tr><td>11</td><td>甲子(戌亥)</td><td>甲子</td><td>巳</td><td>酉</td><td>27</td><td>庚辰(申酉)</td><td>甲戌</td><td>巳</td><td>申
神藏殺沒
(午子)</td></tr>
<tr><td>12</td><td>乙丑(戌亥)</td><td>甲子</td><td>巳</td><td>酉</td><td>28</td><td>辛巳(申酉)</td><td>甲戌</td><td>巳</td><td>申</td></tr>
<tr><td>13</td><td>丙寅(戌亥)</td><td>甲子</td><td>巳</td><td>酉</td><td>29</td><td>壬午(申酉)</td><td>甲戌</td><td>巳</td><td>申</td></tr>
<tr><td>14</td><td>丁卯(戌亥)</td><td>甲子</td><td>巳</td><td>酉</td><td>30</td><td>癸未(申酉)</td><td>甲戌</td><td>巳</td><td>申</td></tr>
<tr><td>15</td><td>戊辰(戌亥)</td><td>甲子</td><td>巳</td><td>酉
神藏殺沒
(未丑)</td><td>31</td><td>甲申(午未)</td><td>甲申</td><td>巳</td><td>申</td></tr>
<tr><td>16</td><td>己巳(戌亥)</td><td>甲子</td><td>巳</td><td>酉</td><td></td><td></td><td></td><td></td><td></td></tr>
</table>

2022(壬寅)年 6月[陽曆]

<table>
<tr><th>日</th><th>日辰(空亡)</th><th>旬</th><th>月建</th><th>月將</th><th>日</th><th>日辰(空亡)</th><th>旬</th><th>月建</th><th>月將</th></tr>
<tr><td>1</td><td>乙酉(午未)</td><td>甲申</td><td>巳</td><td>申</td><td>17</td><td>辛丑(辰巳)</td><td>甲午</td><td>午</td><td>申</td></tr>
<tr><td>2</td><td>丙戌(午未)</td><td>甲申</td><td>巳</td><td>申</td><td>18</td><td>壬寅(辰巳)</td><td>甲午</td><td>午</td><td>申</td></tr>
<tr><td>3</td><td>丁亥(午未)</td><td>甲申</td><td>巳</td><td>申</td><td>19</td><td>癸卯(辰巳)</td><td>甲午</td><td>午</td><td>申</td></tr>
<tr><td>4</td><td>戊子(午未)</td><td>甲申</td><td>巳</td><td>申
神藏殺沒
(午子)</td><td>20</td><td>甲辰(寅卯)</td><td>甲辰</td><td>午</td><td>申</td></tr>
<tr><td rowspan="2">5</td><td rowspan="2">己丑(午未)</td><td rowspan="2">甲申</td><td rowspan="2">巳</td><td rowspan="2">申</td><td rowspan="2">21</td><td rowspan="2">乙巳(寅卯)
(夏至:將變)</td><td>甲辰</td><td>午</td><td>申·未</td></tr>
<tr><td colspan="3">申(18:12:59).未(18:13以後)</td></tr>
<tr><td rowspan="3">6</td><td rowspan="3">庚寅(午未)
(芒種:建變)</td><td>甲申</td><td>巳·午</td><td>申</td><td rowspan="3">22</td><td rowspan="3">丙午(寅卯)</td><td rowspan="3">甲辰</td><td rowspan="3">午</td><td rowspan="3">未</td></tr>
<tr><td colspan="3">巳(01:24:59).午(01:25以後)</td></tr>
<tr><td colspan="3">神藏殺沒(午子)</td></tr>
<tr><td>7</td><td>辛卯(午未)</td><td>甲申</td><td>午</td><td>申</td><td>23</td><td>丁未(寅卯)</td><td>甲辰</td><td>午</td><td>未</td></tr>
<tr><td>8</td><td>壬辰(午未)</td><td>甲申</td><td>午</td><td>申</td><td>24</td><td>戊申(寅卯)</td><td>甲辰</td><td>午</td><td>未
神藏殺沒
(巳亥)</td></tr>
<tr><td>9</td><td>癸巳(午未)</td><td>甲申</td><td>午</td><td>申</td><td>25</td><td>己酉(寅卯)</td><td>甲辰</td><td>午</td><td>未</td></tr>
<tr><td>10</td><td>甲午(辰巳)</td><td>甲午</td><td>午</td><td>申</td><td>26</td><td>庚戌(寅卯)</td><td>甲辰</td><td>午</td><td>未
神藏殺沒
(巳亥)</td></tr>
<tr><td>11</td><td>乙未(辰巳)</td><td>甲午</td><td>午</td><td>申</td><td>27</td><td>辛亥(寅卯)</td><td>甲辰</td><td>午</td><td>未</td></tr>
<tr><td>12</td><td>丙申(辰巳)</td><td>甲午</td><td>午</td><td>申</td><td>28</td><td>壬子(寅卯)</td><td>甲辰</td><td>午</td><td>未</td></tr>
<tr><td>13</td><td>丁酉(辰巳)</td><td>甲午</td><td>午</td><td>申</td><td>29</td><td>癸丑(寅卯)</td><td>甲辰</td><td>午</td><td>未</td></tr>
<tr><td>14</td><td>戊戌(辰巳)</td><td>甲午</td><td>午</td><td>申
神藏殺沒
(午子)</td><td>30</td><td>甲寅(子丑)</td><td>甲寅</td><td>午</td><td>未</td></tr>
<tr><td>15</td><td>己亥(辰巳)</td><td>甲午</td><td>午</td><td>申</td><td></td><td></td><td></td><td></td><td></td></tr>
<tr><td>16</td><td>庚子(辰巳)</td><td>甲午</td><td>午</td><td>申
神藏殺沒
(午子)</td><td></td><td></td><td></td><td></td><td></td></tr>
</table>

2022(壬寅)年 7月[陽曆]

日	日辰(空亡)	旬	月建	月將	日	日辰(空亡)	旬	月建	月將
1	乙卯(子丑)	甲寅	午	未	17	辛未(戌亥)	甲子	未	未
2	丙辰(子丑)	甲寅	午	未	18	壬申(戌亥)	甲子	未	未
3	丁巳(子丑)	甲寅	午	未	19	癸酉(戌亥)	甲子	未	未
4	戊午(子丑)	甲寅	午	未 神藏殺沒 (巳亥)	20	甲戌(申酉)	甲戌	未	未
5	己未(子丑)	甲寅	午	未	21	乙亥(申酉)	甲戌	未	未
6	庚申(子丑)	甲寅	午	未 神藏殺沒 (巳亥)	22	丙子(申酉)	甲戌	未	未
7	辛酉(子丑) (小暑:建變)	甲寅	午·未 午(11:36:59).未(11:37以後)	未	23	丁丑(申酉) (大暑:將變)	甲戌	未	未·午 未(05:05:59).午(05:06以後)
8	壬戌(子丑)	甲寅	未	未	24	戊寅(申酉)	甲戌	未	午 神藏殺沒 (辰戌)
9	癸亥(子丑)	甲寅	未	未	25	己卯(申酉)	甲戌	未	午
10	甲子(戌亥)	甲子	未	未	26	庚辰(申酉)	甲戌	未	午 神藏殺沒 (辰戌)
11	乙丑(戌亥)	甲子	未	未	27	辛巳(申酉)	甲戌	未	午
12	丙寅(戌亥)	甲子	未	未	28	壬午(申酉)	甲戌	未	午
13	丁卯(戌亥)	甲子	未	未	29	癸未(申酉)	甲戌	未	午
14	戊辰(戌亥)	甲子	未	未 神藏殺沒 (巳亥)	30	甲申(午未)	甲申	未	午
15	己巳(戌亥)	甲子	未	未	31	乙酉(午未)	甲申	未	午
16	庚午(戌亥)	甲子	未	未 神藏殺沒 (巳亥)					

2022(壬寅)年 8月[陽曆]

<table>
<tr><th>日</th><th>日辰(空亡)</th><th>旬</th><th>月建</th><th>月將</th><th>日</th><th>日辰(空亡)</th><th>旬</th><th>月建</th><th>月將</th></tr>
<tr><td>1</td><td>丙戌(午未)</td><td>甲申</td><td>未</td><td>午</td><td>17</td><td>壬寅(辰巳)</td><td>甲午</td><td>申</td><td>午</td></tr>
<tr><td>2</td><td>丁亥(午未)</td><td>甲申</td><td>未</td><td>午</td><td>18</td><td>癸卯(辰巳)</td><td>甲午</td><td>申</td><td>午</td></tr>
<tr><td>3</td><td>戊子(午未)</td><td>甲申</td><td>未</td><td>午
神藏殺沒
(辰戌)</td><td>19</td><td>甲辰(寅卯)</td><td>甲辰</td><td>申</td><td>午</td></tr>
<tr><td>4</td><td>己丑(午未)</td><td>甲申</td><td>未</td><td>午</td><td>20</td><td>乙巳(寅卯)</td><td>甲辰</td><td>申</td><td>午</td></tr>
<tr><td>5</td><td>庚寅(午未)</td><td>甲申</td><td>未</td><td>午
神藏殺沒
(辰戌)</td><td>21</td><td>丙午(寅卯)</td><td>甲辰</td><td>申</td><td>午</td></tr>
<tr><td>6</td><td>辛卯(午未)</td><td>甲申</td><td>未</td><td>午</td><td>22</td><td>丁未(寅卯)</td><td>甲辰</td><td>申</td><td>午</td></tr>
<tr><td rowspan="3">7</td><td rowspan="3">壬辰(午未)
(立秋:建變)</td><td>甲申</td><td>未·申</td><td>午</td><td rowspan="3">23</td><td rowspan="3">戊申(寅卯)
(處暑:將變)</td><td>甲辰</td><td>申</td><td>午·巳</td></tr>
<tr><td colspan="3" rowspan="2">未(21:27:59).申(21:28以後)</td><td colspan="3">午(12:14:59).巳(12:15以後)</td></tr>
<tr><td colspan="3">神藏殺沒
(午月將:辰戌. 巳月將:卯酉)</td></tr>
<tr><td>8</td><td>癸巳(午未)</td><td>甲申</td><td>申</td><td>午</td><td>24</td><td>己酉(寅卯)</td><td>甲辰</td><td>申</td><td>巳</td></tr>
<tr><td>9</td><td>甲午(辰巳)</td><td>甲午</td><td>申</td><td>午</td><td>25</td><td>庚戌(寅卯)</td><td>甲辰</td><td>申</td><td>巳
神藏殺沒
(卯酉)</td></tr>
<tr><td>10</td><td>乙未(辰巳)</td><td>甲午</td><td>申</td><td>午</td><td>26</td><td>辛亥(寅卯)</td><td>甲辰</td><td>申</td><td>巳</td></tr>
<tr><td>11</td><td>丙申(辰巳)</td><td>甲午</td><td>申</td><td>午</td><td>27</td><td>壬子(寅卯)</td><td>甲辰</td><td>申</td><td>巳</td></tr>
<tr><td>12</td><td>丁酉(辰巳)</td><td>甲午</td><td>申</td><td>午</td><td>28</td><td>癸丑(寅卯)</td><td>甲辰</td><td>申</td><td>巳</td></tr>
<tr><td>13</td><td>戊戌(辰巳)</td><td>甲午</td><td>申</td><td>午
神藏殺沒
(辰戌)</td><td>29</td><td>甲寅(子丑)</td><td>甲寅</td><td>申</td><td>巳
神藏殺沒
(酉卯)</td></tr>
<tr><td>14</td><td>己亥(辰巳)</td><td>甲午</td><td>申</td><td>午</td><td>30</td><td>乙卯(子丑)</td><td>甲寅</td><td>申</td><td>巳</td></tr>
<tr><td>15</td><td>庚子(辰巳)</td><td>甲午</td><td>申</td><td>午
神藏殺沒
(辰戌)</td><td>31</td><td>丙辰(子丑)</td><td>甲寅</td><td>申</td><td>巳</td></tr>
<tr><td>16</td><td>辛丑(辰巳)</td><td>甲午</td><td>申</td><td>午</td><td></td><td></td><td></td><td></td><td></td></tr>
</table>

2022(壬寅)年 9月[陽曆]

日	日辰(空亡)	旬	月建	月將	日	日辰(空亡)	旬	月建	月將
1	丁巳(子丑)	甲寅	申	巳	17	癸酉(戌亥)	甲子	酉	巳
2	戊午(子丑)	甲寅	申	巳 神藏殺沒 (卯酉)	18	甲戌(申酉)	甲戌	酉	巳 神藏殺沒 (酉卯)
3	己未(子丑)	甲寅	申	巳	19	乙亥(申酉)	甲戌	酉	巳
4	庚申(子丑)	甲寅	申	巳 神藏殺沒 (卯酉)	20	丙子(申酉)	甲戌	酉	巳
5	辛酉(子丑)	甲寅	申	巳	21	丁丑(申酉)	甲戌	酉	巳
6	壬戌(子丑)	甲寅	申	巳	22	戊寅(申酉)	甲戌	酉	巳 神藏殺沒 (卯酉)
7	癸亥(子丑)	甲寅	申	巳	23	己卯(申酉) (秋分:將變)	甲戌	酉	巳·辰 巳(10:02:59).辰(10:03以後)
8	甲子(戌亥) (白露:建變)	甲子	申·酉 申(00:30:59).酉(00:31以後)	巳 神藏殺沒(酉卯)	24	庚辰(申酉)	甲戌	酉	辰
9	乙丑(戌亥)	甲子	酉	巳	25	辛巳(申酉)	甲戌	酉	辰
10	丙寅(戌亥)	甲子	酉	巳	26	壬午(申酉)	甲戌	酉	辰
11	丁卯(戌亥)	甲子	酉	巳	27	癸未(申酉)	甲戌	酉	辰
12	戊辰(戌亥)	甲子	酉	巳 神藏殺沒 (卯酉)	28	甲申(午未)	甲申	酉	辰 神藏殺沒 (申寅)
13	己巳(戌亥)	甲子	酉	巳	29	乙酉(午未)	甲申	酉	辰
14	庚午(戌亥)	甲子	酉	巳 神藏殺沒 (卯酉)	30	丙戌(午未)	甲申	酉	辰
15	辛未(戌亥)	甲子	酉	巳					
16	壬申(戌亥)	甲子	酉	巳					

2022(壬寅)年 10月[陽曆]

<table>
<tr><th>日</th><th>日辰(空亡)</th><th>旬</th><th>月建</th><th>月將</th><th>日</th><th>日辰(空亡)</th><th>旬</th><th>月建</th><th>月將</th></tr>
<tr><td>1</td><td>丁亥(午未)</td><td>甲申</td><td>酉</td><td>辰</td><td>17</td><td>癸卯(辰巳)</td><td>甲午</td><td>戌</td><td>辰</td></tr>
<tr><td>2</td><td>戊子(午未)</td><td>甲申</td><td>酉</td><td>辰</td><td>18</td><td>甲辰(寅卯)</td><td>甲辰</td><td>戌</td><td>辰
神藏殺沒
(申寅)</td></tr>
<tr><td>3</td><td>己丑(午未)</td><td>甲申</td><td>酉</td><td>辰</td><td>19</td><td>乙巳(寅卯)</td><td>甲辰</td><td>戌</td><td>辰</td></tr>
<tr><td>4</td><td>庚寅(午未)</td><td>甲申</td><td>酉</td><td>辰</td><td>20</td><td>丙午(寅卯)</td><td>甲辰</td><td>戌</td><td>辰</td></tr>
<tr><td>5</td><td>辛卯(午未)</td><td>甲申</td><td>酉</td><td>辰</td><td>21</td><td>丁未(寅卯)</td><td>甲辰</td><td>戌</td><td>辰</td></tr>
<tr><td>6</td><td>壬辰(午未)</td><td>甲申</td><td>酉</td><td>辰</td><td>22</td><td>戊申(寅卯)</td><td>甲辰</td><td>戌</td><td>辰</td></tr>
<tr><td rowspan="2">7</td><td rowspan="2">癸巳(午未)</td><td rowspan="2">甲申</td><td rowspan="2">酉</td><td rowspan="2">辰</td><td rowspan="2">23</td><td rowspan="2">己酉(寅卯)
(霜降:將變)</td><td>甲辰</td><td>戌</td><td>辰·卯</td></tr>
<tr><td colspan="3">辰(19:34:59).卯(19:35以後)</td></tr>
<tr><td rowspan="3">8</td><td rowspan="3">甲午(辰巳)
(寒露:建變)</td><td>甲午</td><td>酉·戌</td><td>辰</td><td rowspan="3">24</td><td rowspan="3">庚戌(寅卯)</td><td rowspan="3">甲辰</td><td rowspan="3">戌</td><td rowspan="3">卯</td></tr>
<tr><td colspan="3">酉(16:20:59).戌(16:21以後)</td></tr>
<tr><td colspan="3">神藏殺沒(申寅)</td></tr>
<tr><td>9</td><td>乙未(辰巳)</td><td>甲午</td><td>戌</td><td>辰</td><td>25</td><td>辛亥(寅卯)</td><td>甲辰</td><td>戌</td><td>卯</td></tr>
<tr><td>10</td><td>丙申(辰巳)</td><td>甲午</td><td>戌</td><td>辰</td><td>26</td><td>壬子(寅卯)</td><td>甲辰</td><td>戌</td><td>卯</td></tr>
<tr><td>11</td><td>丁酉(辰巳)</td><td>甲午</td><td>戌</td><td>辰</td><td>27</td><td>癸丑(寅卯)</td><td>甲辰</td><td>戌</td><td>卯</td></tr>
<tr><td>12</td><td>戊戌(辰巳)</td><td>甲午</td><td>戌</td><td>辰</td><td>28</td><td>甲寅(子丑)</td><td>甲寅</td><td>戌</td><td>卯
神藏殺沒
(未丑)</td></tr>
<tr><td>13</td><td>己亥(辰巳)</td><td>甲午</td><td>戌</td><td>辰</td><td>29</td><td>乙卯(子丑)</td><td>甲寅</td><td>戌</td><td>卯</td></tr>
<tr><td>14</td><td>庚子(辰巳)</td><td>甲午</td><td>戌</td><td>辰</td><td>30</td><td>丙辰(子丑)</td><td>甲寅</td><td>戌</td><td>卯</td></tr>
<tr><td>15</td><td>辛丑(辰巳)</td><td>甲午</td><td>戌</td><td>辰</td><td>31</td><td>丁巳(子丑)</td><td>甲寅</td><td>戌</td><td>卯</td></tr>
<tr><td>16</td><td>壬寅(辰巳)</td><td>甲午</td><td>戌</td><td>辰</td><td></td><td></td><td></td><td></td><td></td></tr>
</table>

2022(壬寅)年 11月[陽曆]

<table>
<tr><th>日</th><th>日辰(空亡)</th><th>旬</th><th>月建</th><th>月將</th><th>日</th><th>日辰(空亡)</th><th>旬</th><th>月建</th><th>月將</th></tr>
<tr><td>1</td><td>戊午(子丑)</td><td>甲寅</td><td>戌</td><td>卯</td><td>17</td><td>甲戌(申酉)</td><td>甲戌</td><td>亥</td><td>卯
神藏殺沒
(未丑)</td></tr>
<tr><td>2</td><td>己未(子丑)</td><td>甲寅</td><td>戌</td><td>卯</td><td>18</td><td>乙亥(申酉)</td><td>甲戌</td><td>亥</td><td>卯</td></tr>
<tr><td>3</td><td>庚申(子丑)</td><td>甲寅</td><td>戌</td><td>卯</td><td>19</td><td>丙子(申酉)</td><td>甲戌</td><td>亥</td><td>卯</td></tr>
<tr><td>4</td><td>辛酉(子丑)</td><td>甲寅</td><td>戌</td><td>卯</td><td>20</td><td>丁丑(申酉)</td><td>甲戌</td><td>亥</td><td>卯</td></tr>
<tr><td>5</td><td>壬戌(子丑)</td><td>甲寅</td><td>戌</td><td>卯</td><td>21</td><td>戊寅(申酉)</td><td>甲戌</td><td>亥</td><td>卯</td></tr>
<tr><td rowspan="2">6</td><td rowspan="2">癸亥(子丑)</td><td rowspan="2">甲寅</td><td rowspan="2">戌</td><td rowspan="2">卯</td><td rowspan="2">22</td><td rowspan="2">己卯(申酉)
(小雪:將變)</td><td>甲戌</td><td>亥</td><td>卯·寅</td></tr>
<tr><td colspan="3">卯(17:18:59).寅(17:19以後)</td></tr>
<tr><td rowspan="3">7</td><td rowspan="3">甲子(戌亥)
(立冬:建變)</td><td>甲子</td><td>戌·亥</td><td>卯</td><td rowspan="3">23</td><td rowspan="3">庚辰(申酉)</td><td rowspan="3">甲戌</td><td rowspan="3">亥</td><td rowspan="3">寅</td></tr>
<tr><td colspan="3">戌(19:43:59).亥(19:44以後)</td></tr>
<tr><td colspan="3">神藏殺沒(未丑)</td></tr>
<tr><td>8</td><td>乙丑(戌亥)</td><td>甲子</td><td>亥</td><td>卯</td><td>24</td><td>辛巳(申酉)</td><td>甲戌</td><td>亥</td><td>寅</td></tr>
<tr><td>9</td><td>丙寅(戌亥)</td><td>甲子</td><td>亥</td><td>卯</td><td>25</td><td>壬午(申酉)</td><td>甲戌</td><td>亥</td><td>寅</td></tr>
<tr><td>10</td><td>丁卯(戌亥)</td><td>甲子</td><td>亥</td><td>卯</td><td>26</td><td>癸未(申酉)</td><td>甲戌</td><td>亥</td><td>寅</td></tr>
<tr><td>11</td><td>戊辰(戌亥)</td><td>甲子</td><td>亥</td><td>卯</td><td>27</td><td>甲申(午未)</td><td>甲申</td><td>亥</td><td>寅
神藏殺沒
(午子)</td></tr>
<tr><td>12</td><td>己巳(戌亥)</td><td>甲子</td><td>亥</td><td>卯</td><td>28</td><td>乙酉(午未)</td><td>甲申</td><td>亥</td><td>寅</td></tr>
<tr><td>13</td><td>庚午(戌亥)</td><td>甲子</td><td>亥</td><td>卯</td><td>29</td><td>丙戌(午未)</td><td>甲申</td><td>亥</td><td>寅</td></tr>
<tr><td>14</td><td>辛未(戌亥)</td><td>甲子</td><td>亥</td><td>卯</td><td>30</td><td>丁亥(午未)</td><td>甲申</td><td>亥</td><td>寅</td></tr>
<tr><td>15</td><td>壬申(戌亥)</td><td>甲子</td><td>亥</td><td>卯</td><td></td><td></td><td></td><td></td><td></td></tr>
<tr><td>16</td><td>癸酉(戌亥)</td><td>甲子</td><td>亥</td><td>卯</td><td></td><td></td><td></td><td></td><td></td></tr>
</table>

2022(壬寅)年 12月[陽曆]

日	日辰(空亡)	旬	月建	月將	日	日辰(空亡)	旬	月建	月將
1	戊子(午未)	甲申	亥	寅	17	甲辰(寅卯)	甲辰	子	寅 神藏殺沒 (午子)
2	己丑(午未)	甲申	亥	寅	18	乙巳(寅卯)	甲辰	子	寅
3	庚寅(午未)	甲申	亥	寅	19	丙午(寅卯)	甲辰	子	寅
4	辛卯(午未)	甲申	亥	寅	20	丁未(寅卯)	甲辰	子	寅
5	壬辰(午未)	甲申	亥	寅	21	戊申(寅卯)	甲辰	子	寅
6	癸巳(午未)	甲申	亥	寅	22	己酉(寅卯) (冬至:將變)	甲辰 寅(06:46:59).丑(06:47以後)	子	寅·丑
7	甲午(辰巳) (大雪:建變)	甲午 亥(12:44:59).子(12:45以後) 神藏殺沒(午子)	亥·子	寅	23	庚戌(寅卯)	甲辰	子	丑
8	乙未(辰巳)	甲午	子	寅	24	辛亥(寅卯)	甲辰	子	丑
9	丙申(辰巳)	甲午	子	寅	25	壬子(寅卯)	甲辰	子	丑
10	丁酉(辰巳)	甲午	子	寅	26	癸丑(寅卯)	甲辰	子	丑
11	戊戌(辰巳)	甲午	子	寅	27	甲寅(子丑)	甲寅	子	丑 神藏殺沒 (巳亥)
12	己亥(辰巳)	甲午	子	寅	28	乙卯(子丑)	甲寅	子	丑
13	庚子(辰巳)	甲午	子	寅	29	丙辰(子丑)	甲寅	子	丑
14	辛丑(辰巳)	甲午	子	寅	30	丁巳(子丑)	甲寅	子	丑
15	壬寅(辰巳)	甲午	子	寅	31	戊午(子丑)	甲寅	子	丑
16	癸卯(辰巳)	甲午	子	寅					

2023(癸卯)年 1月[陽曆]

日	日辰(空亡)	旬	月建	月將	日	日辰(空亡)	旬	月建	月將
1	己未(子丑)	甲寅	子	丑	17	乙亥(申酉)	甲戌	丑	丑
2	庚申(子丑)	甲寅	子	丑	18	丙子(申酉)	甲戌	丑	丑
3	辛酉(子丑)	甲寅	子	丑	19	丁丑(申酉)	甲戌	丑	丑
4	壬戌(子丑)	甲寅	子	丑	20	戊寅(申酉) (大寒:將變)	甲戌	丑	丑·子 丑(17:27:59).子(17:28以後)
5	癸亥(子丑)	甲寅	子	丑	21	己卯(申酉)	甲戌	丑	子
6	甲子(戌亥) (小寒:建變)	甲子	子·丑 子(00:03:59).丑(00:04以後) 神藏殺沒(巳亥)	丑	22	庚辰(申酉)	甲戌	丑	子
7	乙丑(戌亥)	甲子	丑	丑	23	辛巳(申酉)	甲戌	丑	子
8	丙寅(戌亥)	甲子	丑	丑	24	壬午(申酉)	甲戌	丑	子
9	丁卯(戌亥)	甲子	丑	丑	25	癸未(申酉)	甲戌	丑	子
10	戊辰(戌亥)	甲子	丑	丑	26	甲申(午未)	甲申	丑	子 神藏殺沒 (辰戌)
11	己巳(戌亥)	甲子	丑	丑	27	乙酉(午未)	甲申	丑	子
12	庚午(戌亥)	甲子	丑	丑	28	丙戌(午未)	甲申	丑	子
13	辛未(戌亥)	甲子	丑	丑	29	丁亥(午未)	甲申	丑	子
14	壬申(戌亥)	甲子	丑	丑	30	戊子(午未)	甲申	丑	子
15	癸酉(戌亥)	甲子	丑	丑	31	己丑(午未)	甲申	丑	子
16	甲戌(申酉)	甲戌	丑	丑 神藏殺沒 (巳亥)					

2023(癸卯)年 2月[陽曆]

<table>
<tr><th>日</th><th>日辰(空亡)</th><th>旬</th><th>月建</th><th>月將</th><th>日</th><th>日辰(空亡)</th><th>旬</th><th>月建</th><th>月將</th></tr>
<tr><td>1</td><td>庚寅(午未)</td><td>甲申</td><td>丑</td><td>子</td><td>17</td><td>丙午(寅卯)</td><td>甲辰</td><td>寅</td><td>子</td></tr>
<tr><td>2</td><td>辛卯(午未)</td><td>甲申</td><td>丑</td><td>子</td><td>18</td><td>丁未(寅卯)</td><td>甲辰</td><td>寅</td><td>子</td></tr>
<tr><td rowspan="3">3</td><td rowspan="3">壬辰(午未)</td><td rowspan="3">甲申</td><td rowspan="3">丑</td><td rowspan="3">子</td><td rowspan="3">19</td><td rowspan="3">戊申(寅卯)
(雨水:將變)</td><td>甲辰</td><td>寅</td><td>子·亥</td></tr>
<tr><td colspan="3">子(07:32:59).亥(07:33以後)</td></tr>
<tr><td colspan="3">神藏殺沒(亥月將: 酉卯)</td></tr>
<tr><td rowspan="2">4</td><td rowspan="2">癸巳(午未)
(立春:建變)</td><td>甲申</td><td>丑·寅</td><td>子</td><td rowspan="2">20</td><td rowspan="2">己酉(寅卯)</td><td rowspan="2">甲辰</td><td rowspan="2">寅</td><td rowspan="2">亥</td></tr>
<tr><td colspan="3">丑(11:40:59).寅(11:41以後)</td></tr>
<tr><td>5</td><td>甲午(辰巳)</td><td>甲午</td><td>寅</td><td>子
神藏殺沒
(辰戌)</td><td>21</td><td>庚戌(寅卯)</td><td>甲辰</td><td>寅</td><td>亥
神藏殺沒
(酉卯)</td></tr>
<tr><td>6</td><td>乙未(辰巳)</td><td>甲午</td><td>寅</td><td>子</td><td>22</td><td>辛亥(寅卯)</td><td>甲辰</td><td>寅</td><td>亥</td></tr>
<tr><td>7</td><td>丙申(辰巳)</td><td>甲午</td><td>寅</td><td>子</td><td>23</td><td>壬子(寅卯)</td><td>甲辰</td><td>寅</td><td>亥</td></tr>
<tr><td>8</td><td>丁酉(辰巳)</td><td>甲午</td><td>寅</td><td>子</td><td>24</td><td>癸丑(寅卯)</td><td>甲辰</td><td>寅</td><td>亥</td></tr>
<tr><td>9</td><td>戊戌(辰巳)</td><td>甲午</td><td>寅</td><td>子</td><td>25</td><td>甲寅(子丑)</td><td>甲寅</td><td>寅</td><td>亥
神藏殺沒
(卯酉)</td></tr>
<tr><td>10</td><td>己亥(辰巳)</td><td>甲午</td><td>寅</td><td>子</td><td>26</td><td>乙卯(子丑)</td><td>甲寅</td><td>寅</td><td>亥</td></tr>
<tr><td>11</td><td>庚子(辰巳)</td><td>甲午</td><td>寅</td><td>子</td><td>27</td><td>丙辰(子丑)</td><td>甲寅</td><td>寅</td><td>亥</td></tr>
<tr><td>12</td><td>辛丑(辰巳)</td><td>甲午</td><td>寅</td><td>子</td><td>28</td><td>丁巳(子丑)</td><td>甲寅</td><td>寅</td><td>亥</td></tr>
<tr><td>13</td><td>壬寅(辰巳)</td><td>甲午</td><td>寅</td><td>子</td><td></td><td></td><td></td><td></td><td></td></tr>
<tr><td>14</td><td>癸卯(辰巳)</td><td>甲午</td><td>寅</td><td>子</td><td></td><td></td><td></td><td></td><td></td></tr>
<tr><td>15</td><td>甲辰(寅卯)</td><td>甲辰</td><td>寅</td><td>子
神藏殺沒
(辰戌)</td><td></td><td></td><td></td><td></td><td></td></tr>
<tr><td>16</td><td>乙巳(寅卯)</td><td>甲辰</td><td>寅</td><td>子</td><td></td><td></td><td></td><td></td><td></td></tr>
</table>

2023(癸卯)年 3月[陽曆]

日	日辰(空亡)	旬	月建	月將	日	日辰(空亡)	旬	月建	月將
1	戊午(子丑)	甲寅	寅	亥 神藏殺沒 (酉卯)	17	甲戌(申酉)	甲戌	卯	亥 神藏殺沒 (卯酉)
2	己未(子丑)	甲寅	寅	亥	18	乙亥(申酉)	甲戌	卯	亥
3	庚申(子丑)	甲寅	寅	亥 神藏殺沒 (酉卯)	19	丙子(申酉)	甲戌	卯	亥
4	辛酉(子丑)	甲寅	寅	亥	20	丁丑(申酉)	甲戌	卯	亥
5	壬戌(子丑)	甲寅	寅	亥	21	戊寅(申酉) (春分:將變)	甲戌	卯	亥·戌 亥(06:22:59).戌(06:23以後) 神藏殺沒 (亥月將:酉卯. 戌月將:申寅)
6	癸亥(子丑) (驚蟄:建變)	甲寅	寅·卯 寅(05:34:59).卯(05:35以後)	亥	22	己卯(申酉)	甲戌	卯	戌
7	甲子(戌亥)	甲子	卯	亥 神藏殺沒 (卯酉)	23	庚辰(申酉)	甲戌	卯	戌 神藏殺沒 (申寅)
8	乙丑(戌亥)	甲子	卯	亥	24	辛巳(申酉)	甲戌	卯	戌
9	丙寅(戌亥)	甲子	卯	亥	25	壬午(申酉)	甲戌	卯	戌
10	丁卯(戌亥)	甲子	卯	亥	26	癸未(申酉)	甲戌	卯	戌
11	戊辰(戌亥)	甲子	卯	亥 神藏殺沒 (酉卯)	27	甲申(午未)	甲申	卯	戌
12	己巳(戌亥)	甲子	卯	亥	28	乙酉(午未)	甲申	卯	戌
13	庚午(戌亥)	甲子	卯	亥 神藏殺沒 (酉卯)	29	丙戌(午未)	甲申	卯	戌
14	辛未(戌亥)	甲子	卯	亥	30	丁亥(午未)	甲申	卯	戌
15	壬申(戌亥)	甲子	卯	亥	31	戊子(午未)	甲申	卯	戌 神藏殺沒 (申寅)
16	癸酉(戌亥)	甲子	卯	亥					

2023(癸卯)年 4月[陽曆]

日	日辰(空亡)	旬	月建	月將	日	日辰(空亡)	旬	月建	月將
1	己丑(午未)	甲申	卯	戌	17	乙巳(寅卯)	甲辰	辰	戌
2	庚寅(午未)	甲申	卯	戌 神藏殺沒 (申寅)	18	丙午(寅卯)	甲辰	辰	戌
3	辛卯(午未)	甲申	卯	戌	19	丁未(寅卯)	甲辰	辰	戌
4	壬辰(午未)	甲申	卯	戌	20	戊申(寅卯) (穀雨:將變)	甲辰	辰	戌·酉 戌(17:12:59).酉(17:13以後) 神藏殺沒 (戌月將:申寅. 酉月將:未丑)
5	癸巳(午未) (清明:建變)	甲申	卯·辰 卯(10:11:59).辰(10:12以後)	戌	21	己酉(寅卯)	甲辰	辰	酉
6	甲午(辰巳)	甲午	辰	戌	22	庚戌(寅卯)	甲辰	辰	酉 神藏殺沒 (未丑)
7	乙未(辰巳)	甲午	辰	戌	23	辛亥(寅卯)	甲辰	辰	酉
8	丙申(辰巳)	甲午	辰	戌	24	壬子(寅卯)	甲辰	辰	酉
9	丁酉(辰巳)	甲午	辰	戌	25	癸丑(寅卯)	甲辰	辰	酉
10	戊戌(辰巳)	甲午	辰	戌 神藏殺沒 (申寅)	26	甲寅(子丑)	甲寅	辰	酉
11	己亥(辰巳)	甲午	辰	戌	27	乙卯(子丑)	甲寅	辰	酉
12	庚子(辰巳)	甲午	辰	戌 神藏殺沒 (申寅)	28	丙辰(子丑)	甲寅	辰	酉
13	辛丑(辰巳)	甲午	辰	戌	29	丁巳(子丑)	甲寅	辰	酉
14	壬寅(辰巳)	甲午	辰	戌	30	戊午(子丑)	甲寅	辰	酉 神藏殺沒 (未丑)
15	癸卯(辰巳)	甲午	辰	戌					
16	甲辰(寅卯)	甲辰	辰	戌					

2023(癸卯)年 5月[陽曆]

日	日辰(空亡)	旬	月建	月將	日	日辰(空亡)	旬	月建	月將
1	己未(子丑)	甲寅	辰	酉	17	乙亥(申酉)	甲戌	巳	酉
2	庚申(子丑)	甲寅	辰	酉 神藏殺沒 (未丑)	18	丙子(申酉)	甲戌	巳	酉
3	辛酉(子丑)	甲寅	辰	酉	19	丁丑(申酉)	甲戌	巳	酉
4	壬戌(子丑)	甲寅	辰	酉	20	戊寅(申酉)	甲戌	巳	酉 神藏殺沒 (未丑)
5	癸亥(子丑)	甲寅	辰	酉	21	己卯(申酉) (小滿:將變)	甲戌	巳	酉·申 酉(16:07:59).申(16:08以後)
6	甲子(戌亥) (立夏:建變)	甲子	辰·巳 辰(03:17:59).巳(03:18以後)	酉	22	庚辰(申酉)	甲戌	巳	申 神藏殺沒 (午子)
7	乙丑(戌亥)	甲子	巳	酉	23	辛巳(申酉)	甲戌	巳	申
8	丙寅(戌亥)	甲子	巳	酉	24	壬午(申酉)	甲戌	巳	申
9	丁卯(戌亥)	甲子	巳	酉	25	癸未(申酉)	甲戌	巳	申
10	戊辰(戌亥)	甲子	巳	酉 神藏殺沒 (未丑)	26	甲申(午未)	甲申	巳	申
11	己巳(戌亥)	甲子	巳	酉	27	乙酉(午未)	甲申	巳	申
12	庚午(戌亥)	甲子	巳	酉 神藏殺沒 (未丑)	28	丙戌(午未)	甲申	巳	申
13	辛未(戌亥)	甲子	巳	酉	29	丁亥(午未)	甲申	巳	申
14	壬申(戌亥)	甲子	巳	酉	30	戊子(午未)	甲申	巳	申 神藏殺沒 (午子)
15	癸酉(戌亥)	甲子	巳	酉	31	己丑(午未)	甲申	巳	申
16	甲戌(申酉)	甲戌	巳	酉					

2023(癸卯)年 6月[陽曆]

日	日辰(空亡)	旬	月建	月將	日	日辰(空亡)	旬	月建	月將
1	庚寅(午未)	甲申	巳	申 神藏殺沒 (午子)	17	丙午(寅卯)	甲辰	午	申
2	辛卯(午未)	甲申	巳	申	18	丁未(寅卯)	甲辰	午	申
3	壬辰(午未)	甲申	巳	申	19	戊申(寅卯)	甲辰	午	申 神藏殺沒 (午子)
4	癸巳(午未)	甲申	巳	申	20	己酉(寅卯)	甲辰	午	申
5	甲午(辰巳)	甲午	巳	申	21	庚戌(寅卯) (夏至:將變)	甲辰	午	申·未 申(23:56:59).未(23:57以後) 神藏殺沒 (申月將:午子. 未月將:巳亥)
6	乙未(辰巳) (芒種:建變)	甲午	巳·午 巳(07:16:59).午(07:17以後)	申	22	辛亥(寅卯)	甲辰	午	未
7	丙申(辰巳)	甲午	午	申	23	壬子(寅卯)	甲辰	午	未
8	丁酉(辰巳)	甲午	午	申	24	癸丑(寅卯)	甲辰	午	未
9	戊戌(辰巳)	甲午	午	申 神藏殺沒 (午子)	25	甲寅(子丑)	甲寅	午	未
10	己亥(辰巳)	甲午	午	申	26	乙卯(子丑)	甲寅	午	未
11	庚子(辰巳)	甲午	午	申 神藏殺沒 (午子)	27	丙辰(子丑)	甲寅	午	未
12	辛丑(辰巳)	甲午	午	申	28	丁巳(子丑)	甲寅	午	未
13	壬寅(辰巳)	甲午	午	申	29	戊午(子丑)	甲寅	午	未 神藏殺沒 (巳亥)
14	癸卯(辰巳)	甲午	午	申	30	己未(子丑)	甲寅	午	未
15	甲辰(寅卯)	甲辰	午	申					
16	乙巳(寅卯)	甲辰	午	申					

2023(癸卯)年 7月[陽曆]

日	日辰(空亡)	旬	月建	月將	日	日辰(空亡)	旬	月建	月將
1	庚申(子丑)	甲寅	午	未 神藏殺沒 (巳亥)	17	丙子(申酉)	甲戌	未	未
2	辛酉(子丑)	甲寅	午	未	18	丁丑(申酉)	甲戌	未	未
3	壬戌(子丑)	甲寅	午	未	19	戊寅(申酉)	甲戌	未	未 神藏殺沒 (巳亥)
4	癸亥(子丑)	甲寅	午	未	20	己卯(申酉)	甲戌	未	未
5	甲子(戌亥)	甲子	午	未	21	庚辰(申酉)	甲戌	未	未 神藏殺沒 (巳亥)
6	乙丑(戌亥)	甲子	午	未	22	辛巳(申酉)	甲戌	未	未
7	丙寅(戌亥) (小暑:建變)	甲子	午·未	未	23	壬午(申酉) (大暑:將變)	甲戌	未	未·午
		午(17:29:59).未(17:30以後)					未(10:48:59).午(10:49以後)		
8	丁卯(戌亥)	甲子	未	未	24	癸未(申酉)	甲戌	未	午
9	戊辰(戌亥)	甲子	未	未 神藏殺沒 (巳亥)	25	甲申(午未)	甲申	未	午
10	己巳(戌亥)	甲子	未	未	26	乙酉(午未)	甲申	未	午
11	庚午(戌亥)	甲子	未	未 神藏殺沒 (巳亥)	27	丙戌(午未)	甲申	未	午
12	辛未(戌亥)	甲子	未	未	28	丁亥(午未)	甲申	未	午
13	壬申(戌亥)	甲子	未	未	29	戊子(午未)	甲申	未	午 神藏殺沒 (辰戌)
14	癸酉(戌亥)	甲子	未	未	30	己丑(午未)	甲申	未	午
15	甲戌(申酉)	甲戌	未	未	31	庚寅(午未)	甲申	未	午 神藏殺沒 (辰戌)
16	乙亥(申酉)	甲戌	未	未					

2023(癸卯)年 8月[陽曆]

日	日辰(空亡)	旬	月建	月將	日	日辰(空亡)	旬	月建	月將
1	辛卯(午未)	甲申	未	午	17	丁未(寅卯)	甲辰	申	午
2	壬辰(午未)	甲申	未	午	18	戊申(寅卯)	甲辰	申	午 神藏殺沒 (辰戌)
3	癸巳(午未)	甲申	未	午	19	己酉(寅卯)	甲辰	申	午
4	甲午(辰巳)	甲午	未	午	20	庚戌(寅卯)	甲辰	申	午 神藏殺沒 (辰戌)
5	乙未(辰巳)	甲午	未	午	21	辛亥(寅卯)	甲辰	申	午
6	丙申(辰巳)	甲午	未	午	22	壬子(寅卯)	甲辰	申	午
7	丁酉(辰巳)	甲午	未	午	23	癸丑(寅卯) (處暑:將變)	甲辰	申	午·巳 午(17:59:59).巳(18:00以後)
8	戊戌(辰巳) (立秋:建變)	甲午	未·申 未(03:21:59).申(03:22以後) 神藏殺沒(辰戌)	午	24	甲寅(子丑)	甲寅	申	巳 神藏殺沒 (酉卯)
9	己亥(辰巳)	甲午	申	午	25	乙卯(子丑)	甲寅	申	巳
10	庚子(辰巳)	甲午	申	午 神藏殺沒 (辰戌)	26	丙辰(子丑)	甲寅	申	巳
11	辛丑(辰巳)	甲午	申	午	27	丁巳(子丑)	甲寅	申	巳
12	壬寅(辰巳)	甲午	申	午	28	戊午(子丑)	甲寅	申	巳 神藏殺沒 (卯酉)
13	癸卯(辰巳)	甲午	申	午	29	己未(子丑)	甲寅	申	巳
14	甲辰(寅卯)	甲辰	申	午	30	庚申(子丑)	甲寅	申	巳 神藏殺沒 (卯酉)
15	乙巳(寅卯)	甲辰	申	午	31	辛酉(子丑)	甲寅	申	巳
16	丙午(寅卯)	甲辰	申	午					

2023(癸卯)年 9月[陽曆]

日	日辰(空亡)	旬	月建	月將	日	日辰(空亡)	旬	月建	月將
1	壬戌(子丑)	甲寅	申	巳	17	戊寅(申酉)	甲戌	酉	巳 神藏殺沒 (卯酉)
2	癸亥(子丑)	甲寅	申	巳	18	己卯(申酉)	甲戌	酉	巳
3	甲子(戌亥)	甲子	申	巳 神藏殺沒 (酉卯)	19	庚辰(申酉)	甲戌	酉	巳 神藏殺沒 (卯酉)
4	乙丑(戌亥)	甲子	申	巳	20	辛巳(申酉)	甲戌	酉	巳
5	丙寅(戌亥)	甲子	申	巳	21	壬午(申酉)	甲戌	酉	巳
6	丁卯(戌亥)	甲子	申	巳	22	癸未(申酉)	甲戌	酉	巳
7	戊辰(戌亥)	甲子	申	巳 神藏殺沒 (卯酉)	23	甲申(午未) (秋分:將變)	甲申	酉	巳·辰 巳(15:48:59).辰(15:49以後) 神藏殺沒 (巳月將:酉卯. 辰月將:申寅)
8	己巳(戌亥) (白露:建變)	甲子	申·酉 申(06:25:59).酉(06:26以後)	巳	24	乙酉(午未)	甲申	酉	辰
9	庚午(戌亥)	甲子	酉	巳 神藏殺沒 (卯酉)	25	丙戌(午未)	甲申	酉	辰
10	辛未(戌亥)	甲子	酉	巳	26	丁亥(午未)	甲申	酉	辰
11	壬申(戌亥)	甲子	酉	巳	27	戊子(午未)	甲申	酉	辰
12	癸酉(戌亥)	甲子	酉	巳	28	己丑(午未)	甲申	酉	辰
13	甲戌(申酉)	甲戌	酉	巳 神藏殺沒 (酉卯)	29	庚寅(午未)	甲申	酉	辰
14	乙亥(申酉)	甲戌	酉	巳	30	辛卯(午未)	甲申	酉	辰
15	丙子(申酉)	甲戌	酉	巳					
16	丁丑(申酉)	甲戌	酉	巳					

2023(癸卯)年 10月[陽曆]

日	日辰(空亡)	旬	月建	月將	日	日辰(空亡)	旬	月建	月將
1	壬辰(午未)	甲申	酉	辰	17	戊申(寅卯)	甲辰	戌	辰
2	癸巳(午未)	甲申	酉	辰	18	己酉(寅卯)	甲辰	戌	辰
3	甲午(辰巳)	甲午	酉	辰 神藏殺沒 (申寅)	19	庚戌(寅卯)	甲辰	戌	辰
4	乙未(辰巳)	甲午	酉	辰	20	辛亥(寅卯)	甲辰	戌	辰
5	丙申(辰巳)	甲午	酉	辰	21	壬子(寅卯)	甲辰	戌	辰
6	丁酉(辰巳)	甲午	酉	辰	22	癸丑(寅卯)	甲辰	戌	辰
7	戊戌(辰巳)	甲午	酉	辰	23	甲寅(子丑)	甲寅	戌	辰 神藏殺沒 (申寅)
8	己亥(辰巳) (寒露:建變)	甲午	酉·戌	辰	24	乙卯(子丑) (霜降:將變)	甲寅	戌	辰·卯
		酉(22:13:59).戌(22:14以後)					辰(01:19:59).卯(01:20以後)		
9	庚子(辰巳)	甲午	戌	辰	25	丙辰(子丑)	甲寅	戌	卯
10	辛丑(辰巳)	甲午	戌	辰	26	丁巳(子丑)	甲寅	戌	卯
11	壬寅(辰巳)	甲午	戌	辰	27	戊午(子丑)	甲寅	戌	卯
12	癸卯(辰巳)	甲午	戌	辰	28	己未(子丑)	甲寅	戌	卯
13	甲辰(寅卯)	甲辰	戌	辰 神藏殺沒 (申寅)	29	庚申(子丑)	甲寅	戌	卯
14	乙巳(寅卯)	甲辰	戌	辰	30	辛酉(子丑)	甲寅	戌	卯
15	丙午(寅卯)	甲辰	戌	辰	31	壬戌(子丑)	甲寅	戌	卯
16	丁未(寅卯)	甲辰	戌	辰					

2023(癸卯)年 11月[陽曆]

日	日辰(空亡)	旬	月建	月將	日	日辰(空亡)	旬	月建	月將
1	癸亥(子丑)	甲寅	戌	卯	17	己卯(申酉)	甲戌	亥	卯
2	甲子(戌亥)	甲子	戌	卯 神藏殺沒 (未丑)	18	庚辰(申酉)	甲戌	亥	卯
3	乙丑(戌亥)	甲子	戌	卯	19	辛巳(申酉)	甲戌	亥	卯
4	丙寅(戌亥)	甲子	戌	卯	20	壬午(申酉)	甲戌	亥	卯
5	丁卯(戌亥)	甲子	戌	卯	21	癸未(申酉)	甲戌	亥	卯
6	戊辰(戌亥)	甲子	戌	卯	22	甲申(午未) (小雪:將變)	甲申	亥	卯·寅 卯(23:01:59).寅(23:02以後) 神藏殺沒 (卯月將:未丑. 寅月將:午子)
7	己巳(戌亥)	甲子	戌	卯	23	乙酉(午未)	甲申	亥	寅
8	庚午(戌亥) (立冬:建變)	甲子	戌·亥 戌(01:34:59).亥(01:35以後)	卯	24	丙戌(午未)	甲申	亥	寅
9	辛未(戌亥)	甲子	亥	卯	25	丁亥(午未)	甲申	亥	寅
10	壬申(戌亥)	甲子	亥	卯	26	戊子(午未)	甲申	亥	寅
11	癸酉(戌亥)	甲子	亥	卯	27	己丑(午未)	甲申	亥	寅
12	甲戌(申酉)	甲戌	亥	卯 神藏殺沒 (未丑)	28	庚寅(午未)	甲申	亥	寅
13	乙亥(申酉)	甲戌	亥	卯	29	辛卯(午未)	甲申	亥	寅
14	丙子(申酉)	甲戌	亥	卯	30	壬辰(午未)	甲申	亥	寅
15	丁丑(申酉)	甲戌	亥	卯					
16	戊寅(申酉)	甲戌	亥	卯					

2023(癸卯)年 12月[陽曆]

日	日辰(空亡)	旬	月建	月將	日	日辰(空亡)	旬	月建	月將
1	癸巳(午未)	甲申	亥	寅	17	己酉(寅卯)	甲辰	子	寅
2	甲午(辰巳)	甲午	亥	寅 神藏殺沒 (午子)	18	庚戌(寅卯)	甲辰	子	寅
3	乙未(辰巳)	甲午	亥	寅	19	辛亥(寅卯)	甲辰	子	寅
4	丙申(辰巳)	甲午	亥	寅	20	壬子(寅卯)	甲辰	子	寅
5	丁酉(辰巳)	甲午	亥	寅	21	癸丑(寅卯)	甲辰	子	寅
6	戊戌(辰巳)	甲午	亥	寅	22	甲寅(子丑) (冬至:將變)	甲寅	子	寅·丑 寅(12:25:59).丑(12:26以後) 神藏殺沒 (寅月將:午子. 丑月將:巳亥)
7	己亥(辰巳) (大雪:建變)	甲午	亥·子 亥(18:31:59).子(18:32以後)	寅	23	乙卯(子丑)	甲寅	子	丑
8	庚子(辰巳)	甲午	子	寅	24	丙辰(子丑)	甲寅	子	丑
9	辛丑(辰巳)	甲午	子	寅	25	丁巳(子丑)	甲寅	子	丑
10	壬寅(辰巳)	甲午	子	寅	26	戊午(子丑)	甲寅	子	丑
11	癸卯(辰巳)	甲午	子	寅	27	己未(子丑)	甲寅	子	丑
12	甲辰(寅卯)	甲辰	子	寅 神藏殺沒 (午子)	28	庚申(子丑)	甲寅	子	丑
13	乙巳(寅卯)	甲辰	子	寅	29	辛酉(子丑)	甲寅	子	丑
14	丙午(寅卯)	甲辰	子	寅	30	壬戌(子丑)	甲寅	子	丑
15	丁未(寅卯)	甲辰	子	寅	31	癸亥(子丑)	甲寅	子	丑
16	戊申(寅卯)	甲辰	子	寅					

2024(甲辰)年 1月[陽曆]

日	日辰(空亡)	旬	月建	月將	日	日辰(空亡)	旬	月建	月將
1	甲子(戌亥)	甲子	子	丑 神藏殺沒 (巳亥)	17	庚辰(申酉)	甲戌	丑	丑
2	乙丑(戌亥)	甲子	子	丑	18	辛巳(申酉)	甲戌	丑	丑
3	丙寅(戌亥)	甲子	子	丑	19	壬午(申酉)	甲戌	丑	丑
4	丁卯(戌亥)	甲子	子	丑	20	癸未(申酉) (大寒:將變)	甲戌	丑	丑·子 丑(23:05:59).子(23:06以後)
5	戊辰(戌亥)	甲子	子	丑	21	甲申(午未)	甲申	丑	子 神藏殺沒 (辰戌)
6	己巳(戌亥) (小寒:建變)	甲子	子·丑 子(05:47:59).丑(05:48以後)	丑	22	乙酉(午未)	甲申	丑	子
7	庚午(戌亥)	甲子	丑	丑	23	丙戌(午未)	甲申	丑	子
8	辛未(戌亥)	甲子	丑	丑	24	丁亥(午未)	甲申	丑	子
9	壬申(戌亥)	甲子	丑	丑	25	戊子(午未)	甲申	丑	子
10	癸酉(戌亥)	甲子	丑	丑	26	己丑(午未)	甲申	丑	子
11	甲戌(申酉)	甲戌	丑	丑 神藏殺沒 (巳亥)	27	庚寅(午未)	甲申	丑	子
12	乙亥(申酉)	甲戌	丑	丑	28	辛卯(午未)	甲申	丑	子
13	丙子(申酉)	甲戌	丑	丑	29	壬辰(午未)	甲申	丑	子
14	丁丑(申酉)	甲戌	丑	丑	30	癸巳(午未)	甲申	丑	子
15	戊寅(申酉)	甲戌	丑	丑	31	甲午(辰巳)	甲午	丑	子 神藏殺沒 (辰戌)
16	己卯(申酉)	甲戌	丑	丑					

2024(甲辰)年 2月[陽曆]

日	日辰(空亡)	旬	月建	月將	日	日辰(空亡)	旬	月建	月將
1	乙未(辰巳)	甲午	丑	子	17	辛亥(寅卯)	甲辰	寅	子
2	丙申(辰巳)	甲午	丑	子	18	壬子(寅卯)	甲辰	寅	子
3	丁酉(辰巳)	甲午	丑	子	19	癸丑(寅卯) (雨水:將變)	甲辰	寅	子·亥 子(13:11:59).亥(13:12以後)
4	戊戌(辰巳) (立春:建變)	甲午	丑·寅 丑(17:25:59).寅(17:26以後)	子	20	甲寅(子丑)	甲寅	寅	亥 神藏殺沒 (卯酉)
5	己亥(辰巳)	甲午	寅	子	21	乙卯(子丑)	甲寅	寅	亥
6	庚子(辰巳)	甲午	寅	子	22	丙辰(子丑)	甲寅	寅	亥
7	辛丑(辰巳)	甲午	寅	子	23	丁巳(子丑)	甲寅	寅	亥
8	壬寅(辰巳)	甲午	寅	子	24	戊午(子丑)	甲寅	寅	亥 神藏殺沒 (酉卯)
9	癸卯(辰巳)	甲午	寅	子	25	己未(子丑)	甲寅	寅	亥
10	甲辰(寅卯)	甲辰	寅	子 神藏殺沒 (辰戌)	26	庚申(子丑)	甲寅	寅	亥 神藏殺沒 (酉卯)
11	乙巳(寅卯)	甲辰	寅	子	27	辛酉(子丑)	甲寅	寅	亥
12	丙午(寅卯)	甲辰	寅	子	28	壬戌(子丑)	甲寅	寅	亥
13	丁未(寅卯)	甲辰	寅	子	29	癸亥(子丑)	甲寅	寅	亥
14	戊申(寅卯)	甲辰	寅	子					
15	己酉(寅卯)	甲辰	寅	子					
16	庚戌(寅卯)	甲辰	寅	子					

2024(甲辰)年 3月[陽曆]

日	日辰(空亡)	旬	月建	月將	日	日辰(空亡)	旬	月建	月將
1	甲子(戌亥)	甲子	寅	亥 神藏殺沒 (卯酉)	17	庚辰(申酉)	甲戌	卯	亥 神藏殺沒 (酉卯)
2	乙丑(戌亥)	甲子	寅	亥	18	辛巳(申酉)	甲戌	卯	亥
3	丙寅(戌亥)	甲子	寅	亥	19	壬午(申酉)	甲戌	卯	亥
4	丁卯(戌亥)	甲子	寅	亥	20	癸未(申酉) (春分:將變)	甲戌	卯	亥·戌 亥(12:04:59).戌(12:05以後)
5	戊辰(戌亥) (驚蟄:建變)	甲子	寅·卯 寅(11:21:59).卯(11:22以後) 神藏殺沒(酉卯)	亥	21	甲申(午未)	甲申	卯	戌
6	己巳(戌亥)	甲子	卯	亥	22	乙酉(午未)	甲申	卯	戌
7	庚午(戌亥)	甲子	卯	亥 神藏殺沒 (酉卯)	23	丙戌(午未)	甲申	卯	戌
8	辛未(戌亥)	甲子	卯	亥	24	丁亥(午未)	甲申	卯	戌
9	壬申(戌亥)	甲子	卯	亥	25	戊子(午未)	甲申	卯	戌 神藏殺沒 (申寅)
10	癸酉(戌亥)	甲子	卯	亥	26	己丑(午未)	甲申	卯	戌
11	甲戌(申酉)	甲戌	卯	亥 神藏殺沒 (卯酉)	27	庚寅(午未)	甲申	卯	戌 神藏殺沒 (申寅)
12	乙亥(申酉)	甲戌	卯	亥	28	辛卯(午未)	甲申	卯	戌
13	丙子(申酉)	甲戌	卯	亥	29	壬辰(午未)	甲申	卯	戌
14	丁丑(申酉)	甲戌	卯	亥	30	癸巳(午未)	甲申	卯	戌
15	戊寅(申酉)	甲戌	卯	亥 神藏殺沒 (酉卯)	31	甲午(辰巳)	甲午	卯	戌
16	己卯(申酉)	甲戌	卯	亥					

2024(甲辰)年 4月[陽曆]

<table>
<tr><th>日</th><th>日辰(空亡)</th><th>旬</th><th>月建</th><th>月將</th><th>日</th><th>日辰(空亡)</th><th>旬</th><th>月建</th><th>月將</th></tr>
<tr><td>1</td><td>乙未(辰巳)</td><td>甲午</td><td>卯</td><td>戌</td><td>17</td><td>辛亥(寅卯)</td><td>甲辰</td><td>辰</td><td>戌</td></tr>
<tr><td>2</td><td>丙申(辰巳)</td><td>甲午</td><td>卯</td><td>戌</td><td>18</td><td>壬子(寅卯)</td><td>甲辰</td><td>辰</td><td>戌</td></tr>
<tr><td rowspan="2">3</td><td rowspan="2">丁酉(辰巳)</td><td rowspan="2">甲午</td><td rowspan="2">卯</td><td rowspan="2">戌</td><td rowspan="2">19</td><td rowspan="2">癸丑(寅卯)
(穀雨:將變)</td><td>甲辰</td><td>辰</td><td>戌·酉</td></tr>
<tr><td colspan="3">戌(22:58:59).酉(22:59以後)</td></tr>
<tr><td rowspan="3">4</td><td rowspan="3">戊戌(辰巳)
(淸明:建變)</td><td>甲午</td><td>卯·辰</td><td>戌</td><td rowspan="3">20</td><td rowspan="3">甲寅(子丑)</td><td rowspan="3">甲寅</td><td rowspan="3">辰</td><td rowspan="3">酉</td></tr>
<tr><td colspan="3">卯(16:00:59).辰(16:01以後)</td></tr>
<tr><td colspan="3">神藏殺沒(申寅)</td></tr>
<tr><td>5</td><td>己亥(辰巳)</td><td>甲午</td><td>辰</td><td>戌</td><td>21</td><td>乙卯(子丑)</td><td>甲寅</td><td>辰</td><td>酉</td></tr>
<tr><td>6</td><td>庚子(辰巳)</td><td>甲午</td><td>辰</td><td>戌
神藏殺沒
(申寅)</td><td>22</td><td>丙辰(子丑)</td><td>甲寅</td><td>辰</td><td>酉</td></tr>
<tr><td>7</td><td>辛丑(辰巳)</td><td>甲午</td><td>辰</td><td>戌</td><td>23</td><td>丁巳(子丑)</td><td>甲寅</td><td>辰</td><td>酉</td></tr>
<tr><td>8</td><td>壬寅(辰巳)</td><td>甲午</td><td>辰</td><td>戌</td><td>24</td><td>戊午(子丑)</td><td>甲寅</td><td>辰</td><td>酉
神藏殺沒
(未丑)</td></tr>
<tr><td>9</td><td>癸卯(辰巳)</td><td>甲午</td><td>辰</td><td>戌</td><td>25</td><td>己未(子丑)</td><td>甲寅</td><td>辰</td><td>酉</td></tr>
<tr><td>10</td><td>甲辰(寅卯)</td><td>甲辰</td><td>辰</td><td>戌</td><td>26</td><td>庚申(子丑)</td><td>甲寅</td><td>辰</td><td>酉
神藏殺沒
(未丑)</td></tr>
<tr><td>11</td><td>乙巳(寅卯)</td><td>甲辰</td><td>辰</td><td>戌</td><td>27</td><td>辛酉(子丑)</td><td>甲寅</td><td>辰</td><td>酉</td></tr>
<tr><td>12</td><td>丙午(寅卯)</td><td>甲辰</td><td>辰</td><td>戌</td><td>28</td><td>壬戌(子丑)</td><td>甲寅</td><td>辰</td><td>酉</td></tr>
<tr><td>13</td><td>丁未(寅卯)</td><td>甲辰</td><td>辰</td><td>戌</td><td>29</td><td>癸亥(子丑)</td><td>甲寅</td><td>辰</td><td>酉</td></tr>
<tr><td>14</td><td>戊申(寅卯)</td><td>甲辰</td><td>辰</td><td>戌
神藏殺沒
(申寅)</td><td>30</td><td>甲子(戌亥)</td><td>甲子</td><td>辰</td><td>酉</td></tr>
<tr><td>15</td><td>己酉(寅卯)</td><td>甲辰</td><td>辰</td><td>戌</td><td></td><td></td><td></td><td></td><td></td></tr>
<tr><td>16</td><td>庚戌(寅卯)</td><td>甲辰</td><td>辰</td><td>戌
神藏殺沒
(申寅)</td><td></td><td></td><td></td><td></td><td></td></tr>
</table>

2024(甲辰)年 5月[陽曆]

<table>
<tr><th>日</th><th>日辰(空亡)</th><th>旬</th><th>月建</th><th>月將</th><th>日</th><th>日辰(空亡)</th><th>旬</th><th>月建</th><th>月將</th></tr>
<tr><td>1</td><td>乙丑(戌亥)</td><td>甲子</td><td>辰</td><td>酉</td><td>17</td><td>辛巳(申酉)</td><td>甲戌</td><td>巳</td><td>酉</td></tr>
<tr><td>2</td><td>丙寅(戌亥)</td><td>甲子</td><td>辰</td><td>酉</td><td>18</td><td>壬午(申酉)</td><td>甲戌</td><td>巳</td><td>酉</td></tr>
<tr><td>3</td><td>丁卯(戌亥)</td><td>甲子</td><td>辰</td><td>酉</td><td>19</td><td>癸未(申酉)</td><td>甲戌</td><td>巳</td><td>酉</td></tr>
<tr><td rowspan="2">4</td><td rowspan="2">戊辰(戌亥)</td><td rowspan="2">甲子</td><td rowspan="2">辰</td><td rowspan="2">酉
神藏殺沒
(未丑)</td><td rowspan="2">20</td><td rowspan="2">甲申(午未)
(小滿:將變)</td><td>甲申</td><td>巳</td><td>酉·申</td></tr>
<tr><td colspan="3">酉(21:57:59).申(21:58以後)</td></tr>
<tr><td rowspan="2">5</td><td rowspan="2">己巳(戌亥)
(立夏:建變)</td><td>甲子</td><td>辰·巳</td><td>酉</td><td rowspan="2">21</td><td rowspan="2">乙酉(午未)</td><td rowspan="2">甲申</td><td rowspan="2">巳</td><td rowspan="2">申</td></tr>
<tr><td colspan="3">辰(09:08:59).巳(09:09以後)</td></tr>
<tr><td>6</td><td>庚午(戌亥)</td><td>甲子</td><td>巳</td><td>酉
神藏殺沒
(未丑)</td><td>22</td><td>丙戌(午未)</td><td>甲申</td><td>巳</td><td>申</td></tr>
<tr><td>7</td><td>辛未(戌亥)</td><td>甲子</td><td>巳</td><td>酉</td><td>23</td><td>丁亥(午未)</td><td>甲申</td><td>巳</td><td>申</td></tr>
<tr><td>8</td><td>壬申(戌亥)</td><td>甲子</td><td>巳</td><td>酉</td><td>24</td><td>戊子(午未)</td><td>甲申</td><td>巳</td><td>申
神藏殺沒
(午子)</td></tr>
<tr><td>9</td><td>癸酉(戌亥)</td><td>甲子</td><td>巳</td><td>酉</td><td>25</td><td>己丑(午未)</td><td>甲申</td><td>巳</td><td>申</td></tr>
<tr><td>10</td><td>甲戌(申酉)</td><td>甲戌</td><td>巳</td><td>酉</td><td>26</td><td>庚寅(午未)</td><td>甲申</td><td>巳</td><td>申
神藏殺沒
(午子)</td></tr>
<tr><td>11</td><td>乙亥(申酉)</td><td>甲戌</td><td>巳</td><td>酉</td><td>27</td><td>辛卯(午未)</td><td>甲申</td><td>巳</td><td>申</td></tr>
<tr><td>12</td><td>丙子(申酉)</td><td>甲戌</td><td>巳</td><td>酉</td><td>28</td><td>壬辰(午未)</td><td>甲申</td><td>巳</td><td>申</td></tr>
<tr><td>13</td><td>丁丑(申酉)</td><td>甲戌</td><td>巳</td><td>酉</td><td>29</td><td>癸巳(午未)</td><td>甲申</td><td>巳</td><td>申</td></tr>
<tr><td>14</td><td>戊寅(申酉)</td><td>甲戌</td><td>巳</td><td>酉
神藏殺沒
(未丑)</td><td>30</td><td>甲午(辰巳)</td><td>甲午</td><td>巳</td><td>申</td></tr>
<tr><td>15</td><td>己卯(申酉)</td><td>甲戌</td><td>巳</td><td>酉</td><td>31</td><td>乙未(辰巳)</td><td>甲午</td><td>巳</td><td>申</td></tr>
<tr><td>16</td><td>庚辰(申酉)</td><td>甲戌</td><td>巳</td><td>酉
神藏殺沒
(未丑)</td><td></td><td></td><td></td><td></td><td></td></tr>
</table>

2024(甲辰)年 6月[陽曆]

日	日辰(空亡)	旬	月建	月將	日	日辰(空亡)	旬	月建	月將
1	丙申(辰巳)	甲午	巳	申	17	壬子(寅卯)	甲辰	午	申
2	丁酉(辰巳)	甲午	巳	申	18	癸丑(寅卯)	甲辰	午	申
3	戊戌(辰巳)	甲午	巳	申 神藏殺沒 (午子)	19	甲寅(子丑)	甲寅	午	申
4	己亥(辰巳)	甲午	巳	申	20	乙卯(子丑)	甲寅	午	申
5	庚子(辰巳) (芒種:建變)	甲午	巳·午 巳(13:08:59).午(13:09以後)	申 神藏殺沒(午子)	21	丙辰(子丑) (夏至:將變)	甲寅	午	申·未 申(05:49:59).未(05:50以後)
6	辛丑(辰巳)	甲午	午	申	22	丁巳(子丑)	甲寅	午	未
7	壬寅(辰巳)	甲午	午	申	23	戊午(子丑)	甲寅	午	未 神藏殺沒 (巳亥)
8	癸卯(辰巳)	甲午	午	申	24	己未(子丑)	甲寅	午	未
9	甲辰(寅卯)	甲辰	午	申	25	庚申(子丑)	甲寅	午	未 神藏殺沒 (巳亥)
10	乙巳(寅卯)	甲辰	午	申	26	辛酉(子丑)	甲寅	午	未
11	丙午(寅卯)	甲辰	午	申	27	壬戌(子丑)	甲寅	午	未
12	丁未(寅卯)	甲辰	午	申	28	癸亥(子丑)	甲寅	午	未
13	戊申(寅卯)	甲辰	午	申 神藏殺沒 (午子)	29	甲子(戌亥)	甲子	午	未
14	己酉(寅卯)	甲辰	午	申	30	乙丑(戌亥)	甲子	午	未
15	庚戌(寅卯)	甲辰	午	申 神藏殺沒 (午子)					
16	辛亥(寅卯)	甲辰	午	申					

2024(甲辰)年 7月[陽曆]

日	日辰(空亡)	旬	月建	月將	日	日辰(空亡)	旬	月建	月將
1	丙寅(戌亥)	甲子	午	未	17	壬午(申酉)	甲戌	未	未
2	丁卯(戌亥)	甲子	午	未	18	癸未(申酉)	甲戌	未	未
3	戊辰(戌亥)	甲子	午	未 神藏殺沒 (巳亥)	19	甲申(午未)	甲申	未	未
4	己巳(戌亥)	甲子	午	未	20	乙酉(午未)	甲申	未	未
5	庚午(戌亥)	甲子	午	未 神藏殺沒 (巳亥)	21	丙戌(午未)	甲申	未	未
6	辛未(戌亥) (小暑:建變)	甲子	午·未	未	22	丁亥(午未) (大暑:將變)	甲申	未	未·午
		午(23:18:59).未(23:19以後)					未(16:42:59).午(16:43以後)		
7	壬申(戌亥)	甲子	未	未	23	戊子(午未)	甲申	未	午 神藏殺沒 (辰戌)
8	癸酉(戌亥)	甲子	未	未	24	己丑(午未)	甲申	未	午
9	甲戌(申酉)	甲戌	未	未	25	庚寅(午未)	甲申	未	午 神藏殺沒 (辰戌)
10	乙亥(申酉)	甲戌	未	未	26	辛卯(午未)	甲申	未	午
11	丙子(申酉)	甲戌	未	未	27	壬辰(午未)	甲申	未	午
12	丁丑(申酉)	甲戌	未	未	28	癸巳(午未)	甲申	未	午
13	戊寅(申酉)	甲戌	未	未 神藏殺沒 (巳亥)	29	甲午(辰巳)	甲午	未	午
14	己卯(申酉)	甲戌	未	未	30	乙未(辰巳)	甲午	未	午
15	庚辰(申酉)	甲戌	未	未 神藏殺沒 (巳亥)	31	丙申(辰巳)	甲午	未	午
16	辛巳(申酉)	甲戌	未	未					

2024(甲辰)年 8月[陽曆]

日	日辰(空亡)	旬	月建	月將	日	日辰(空亡)	旬	月建	月將
1	丁酉(辰巳)	甲午	未	午	17	癸丑(寅卯)	甲辰	申	午
2	戊戌(辰巳)	甲午	未	午 神藏殺沒 (辰戌)	18	甲寅(子丑)	甲寅	申	午
3	己亥(辰巳)	甲午	未	午	19	乙卯(子丑)	甲寅	申	午
4	庚子(辰巳)	甲午	未	午 神藏殺沒 (辰戌)	20	丙辰(子丑)	甲寅	申	午
5	辛丑(辰巳)	甲午	未	午	21	丁巳(子丑)	甲寅	申	午
6	壬寅(辰巳)	甲午	未	午	22	戊午(子丑) (處暑:將變)	甲寅	申	午·巳 午(23:53:59).巳(23:54以後) 神藏殺沒 (午月將:辰戌. 巳月將:卯酉)
7	癸卯(辰巳) (立秋:建變)	甲午	未·申 未(09:07:59).申(09:08以後)	午	23	己未(子丑)	甲寅	申	巳
8	甲辰(寅卯)	甲辰	申	午	24	庚申(子丑)	甲寅	申	巳 神藏殺沒 (卯酉)
9	乙巳(寅卯)	甲辰	申	午	25	辛酉(子丑)	甲寅	申	巳
10	丙午(寅卯)	甲辰	申	午	26	壬戌(子丑)	甲寅	申	巳
11	丁未(寅卯)	甲辰	申	午	27	癸亥(子丑)	甲寅	申	巳
12	戊申(寅卯)	甲辰	申	午 神藏殺沒 (辰戌)	28	甲子(戌亥)	甲子	申	巳 神藏殺沒 (酉卯)
13	己酉(寅卯)	甲辰	申	午	29	乙丑(戌亥)	甲子	申	巳
14	庚戌(寅卯)	甲辰	申	午 神藏殺沒 (辰戌)	30	丙寅(戌亥)	甲子	申	巳
15	辛亥(寅卯)	甲辰	申	午	31	丁卯(戌亥)	甲子	申	巳
16	壬子(寅卯)	甲辰	申	午					

2024(甲辰)年 9月[陽曆]

日	日辰(空亡)	旬	月建	月將	日	日辰(空亡)	旬	月建	月將
1	戊辰(戌亥)	甲子	申	巳 神藏殺沒 (卯酉)	17	甲申(午未)	甲申	酉	巳 神藏殺沒 (酉卯)
2	己巳(戌亥)	甲子	申	巳	18	乙酉(午未)	甲申	酉	巳
3	庚午(戌亥)	甲子	申	巳 神藏殺沒 (卯酉)	19	丙戌(午未)	甲申	酉	巳
4	辛未(戌亥)	甲子	申	巳	20	丁亥(午未)	甲申	酉	巳
5	壬申(戌亥)	甲子	申	巳	21	戊子(午未)	甲申	酉	巳 神藏殺沒 (卯酉)
6	癸酉(戌亥)	甲子	申	巳	22	己丑(午未) (秋分:將變)	甲申	酉	巳·辰 巳(21:42:59).辰(21:43以後)
7	甲戌(申酉) (白露:建變)	甲戌	申·酉 申(12:09:59).酉(12:10以後)	巳 神藏殺沒(酉卯)	23	庚寅(午未)	甲申	酉	辰
8	乙亥(申酉)	甲戌	酉	巳	24	辛卯(午未)	甲申	酉	辰
9	丙子(申酉)	甲戌	酉	巳	25	壬辰(午未)	甲申	酉	辰
10	丁丑(申酉)	甲戌	酉	巳	26	癸巳(午未)	甲申	酉	辰
11	戊寅(申酉)	甲戌	酉	巳 神藏殺沒 (卯酉)	27	甲午(辰巳)	甲午	酉	辰 神藏殺沒 (申寅)
12	己卯(申酉)	甲戌	酉	巳	28	乙未(辰巳)	甲午	酉	辰
13	庚辰(申酉)	甲戌	酉	巳 神藏殺沒 (卯酉)	29	丙申(辰巳)	甲午	酉	辰
14	辛巳(申酉)	甲戌	酉	巳	30	丁酉(辰巳)	甲午	酉	辰
15	壬午(申酉)	甲戌	酉	巳					
16	癸未(申酉)	甲戌	酉	巳					

2024(甲辰)年 10月[陽曆]

<table>
<tr><th>日</th><th>日辰(空亡)</th><th>旬</th><th>月建</th><th>月將</th><th>日</th><th>日辰(空亡)</th><th>旬</th><th>月建</th><th>月將</th></tr>
<tr><td>1</td><td>戊戌(辰巳)</td><td>甲午</td><td>酉</td><td>辰</td><td>17</td><td>甲寅(子丑)</td><td>甲寅</td><td>戌</td><td>辰
神藏殺沒
(申寅)</td></tr>
<tr><td>2</td><td>己亥(辰巳)</td><td>甲午</td><td>酉</td><td>辰</td><td>18</td><td>乙卯(子丑)</td><td>甲寅</td><td>戌</td><td>辰</td></tr>
<tr><td>3</td><td>庚子(辰巳)</td><td>甲午</td><td>酉</td><td>辰</td><td>19</td><td>丙辰(子丑)</td><td>甲寅</td><td>戌</td><td>辰</td></tr>
<tr><td>4</td><td>辛丑(辰巳)</td><td>甲午</td><td>酉</td><td>辰</td><td>20</td><td>丁巳(子丑)</td><td>甲寅</td><td>戌</td><td>辰</td></tr>
<tr><td>5</td><td>壬寅(辰巳)</td><td>甲午</td><td>酉</td><td>辰</td><td>21</td><td>戊午(子丑)</td><td>甲寅</td><td>戌</td><td>辰</td></tr>
<tr><td>6</td><td>癸卯(辰巳)</td><td>甲午</td><td>酉</td><td>辰</td><td>22</td><td>己未(子丑)</td><td>甲寅</td><td>戌</td><td>辰</td></tr>
<tr><td rowspan="2">7</td><td rowspan="2">甲辰(寅卯)</td><td rowspan="2">甲辰</td><td rowspan="2">酉</td><td rowspan="2">辰
神藏殺沒
(申寅)</td><td rowspan="2">23</td><td rowspan="2">庚申(子丑)
(霜降:將變)</td><td>甲寅</td><td>戌</td><td>辰·卯</td></tr>
<tr><td colspan="3">辰(07:13:59).卯(07:14以後)</td></tr>
<tr><td rowspan="2">8</td><td rowspan="2">乙巳(寅卯)
(寒露:建變)</td><td>甲辰</td><td>酉·戌</td><td>辰</td><td rowspan="2">24</td><td rowspan="2">辛酉(子丑)</td><td rowspan="2">甲寅</td><td rowspan="2">戌</td><td rowspan="2">卯</td></tr>
<tr><td colspan="3">酉(03:58:59).戌(03:59以後)</td></tr>
<tr><td>9</td><td>丙午(寅卯)</td><td>甲辰</td><td>戌</td><td>辰</td><td>25</td><td>壬戌(子丑)</td><td>甲寅</td><td>戌</td><td>卯</td></tr>
<tr><td>10</td><td>丁未(寅卯)</td><td>甲辰</td><td>戌</td><td>辰</td><td>26</td><td>癸亥(子丑)</td><td>甲寅</td><td>戌</td><td>卯</td></tr>
<tr><td>11</td><td>戊申(寅卯)</td><td>甲辰</td><td>戌</td><td>辰</td><td>27</td><td>甲子(戌亥)</td><td>甲子</td><td>戌</td><td>卯
神藏殺沒
(未丑)</td></tr>
<tr><td>12</td><td>己酉(寅卯)</td><td>甲辰</td><td>戌</td><td>辰</td><td>28</td><td>乙丑(戌亥)</td><td>甲子</td><td>戌</td><td>卯</td></tr>
<tr><td>13</td><td>庚戌(寅卯)</td><td>甲辰</td><td>戌</td><td>辰</td><td>29</td><td>丙寅(戌亥)</td><td>甲子</td><td>戌</td><td>卯</td></tr>
<tr><td>14</td><td>辛亥(寅卯)</td><td>甲辰</td><td>戌</td><td>辰</td><td>30</td><td>丁卯(戌亥)</td><td>甲子</td><td>戌</td><td>卯</td></tr>
<tr><td>15</td><td>壬子(寅卯)</td><td>甲辰</td><td>戌</td><td>辰</td><td>31</td><td>戊辰(戌亥)</td><td>甲子</td><td>戌</td><td>卯</td></tr>
<tr><td>16</td><td>癸丑(寅卯)</td><td>甲辰</td><td>戌</td><td>辰</td><td></td><td></td><td></td><td></td><td></td></tr>
</table>

2024(甲辰)年 11月[陽曆]

<table>
<tr><th>日</th><th>日辰(空亡)</th><th>旬</th><th>月建</th><th>月將</th><th>日</th><th>日辰(空亡)</th><th>旬</th><th>月建</th><th>月將</th></tr>
<tr><td>1</td><td>己巳(戌亥)</td><td>甲子</td><td>戌</td><td>卯</td><td>17</td><td>乙酉(午未)</td><td>甲申</td><td>亥</td><td>卯</td></tr>
<tr><td>2</td><td>庚午(戌亥)</td><td>甲子</td><td>戌</td><td>卯</td><td>18</td><td>丙戌(午未)</td><td>甲申</td><td>亥</td><td>卯</td></tr>
<tr><td>3</td><td>辛未(戌亥)</td><td>甲子</td><td>戌</td><td>卯</td><td>19</td><td>丁亥(午未)</td><td>甲申</td><td>亥</td><td>卯</td></tr>
<tr><td>4</td><td>壬申(戌亥)</td><td>甲子</td><td>戌</td><td>卯</td><td>20</td><td>戊子(午未)</td><td>甲申</td><td>亥</td><td>卯</td></tr>
<tr><td>5</td><td>癸酉(戌亥)</td><td>甲子</td><td>戌</td><td>卯</td><td>21</td><td>己丑(午未)</td><td>甲申</td><td>亥</td><td>卯</td></tr>
<tr><td rowspan="2">6</td><td rowspan="2">甲戌(申酉)</td><td rowspan="2">甲戌</td><td rowspan="2">戌</td><td rowspan="2">卯
神藏殺沒
(未丑)</td><td rowspan="2">22</td><td rowspan="2">庚寅(午未)
(小雪:將變)</td><td>甲申</td><td>亥</td><td>卯·寅</td></tr>
<tr><td colspan="3">卯(04:54:59).寅(04:55以後)</td></tr>
<tr><td rowspan="2">7</td><td rowspan="2">乙亥(申酉)
(立冬:建變)</td><td>甲戌</td><td>戌·亥</td><td>卯</td><td rowspan="2">23</td><td rowspan="2">辛卯(午未)</td><td rowspan="2">甲申</td><td rowspan="2">亥</td><td rowspan="2">寅</td></tr>
<tr><td colspan="3">戌(07:18:59).亥(07:19以後)</td></tr>
<tr><td>8</td><td>丙子(申酉)</td><td>甲戌</td><td>亥</td><td>卯</td><td>24</td><td>壬辰(午未)</td><td>甲申</td><td>亥</td><td>寅</td></tr>
<tr><td>9</td><td>丁丑(申酉)</td><td>甲戌</td><td>亥</td><td>卯</td><td>25</td><td>癸巳(午未)</td><td>甲申</td><td>亥</td><td>寅</td></tr>
<tr><td>10</td><td>戊寅(申酉)</td><td>甲戌</td><td>亥</td><td>卯</td><td>26</td><td>甲午(辰巳)</td><td>甲午</td><td>亥</td><td>寅
神藏殺沒
(午子)</td></tr>
<tr><td>11</td><td>己卯(申酉)</td><td>甲戌</td><td>亥</td><td>卯</td><td>27</td><td>乙未(辰巳)</td><td>甲午</td><td>亥</td><td>寅</td></tr>
<tr><td>12</td><td>庚辰(申酉)</td><td>甲戌</td><td>亥</td><td>卯</td><td>28</td><td>丙申(辰巳)</td><td>甲午</td><td>亥</td><td>寅</td></tr>
<tr><td>13</td><td>辛巳(申酉)</td><td>甲戌</td><td>亥</td><td>卯</td><td>29</td><td>丁酉(辰巳)</td><td>甲午</td><td>亥</td><td>寅</td></tr>
<tr><td>14</td><td>壬午(申酉)</td><td>甲戌</td><td>亥</td><td>卯</td><td>30</td><td>戊戌(辰巳)</td><td>甲午</td><td>亥</td><td>寅</td></tr>
<tr><td>15</td><td>癸未(申酉)</td><td>甲戌</td><td>亥</td><td>卯</td><td></td><td></td><td></td><td></td><td></td></tr>
<tr><td>16</td><td>甲申(午未)</td><td>甲申</td><td>亥</td><td>卯
神藏殺沒
(未丑)</td><td></td><td></td><td></td><td></td><td></td></tr>
</table>

2024(甲辰)年 12月[陽曆]

日	日辰(空亡)	旬	月建	月將	日	日辰(空亡)	旬	月建	月將
1	己亥(辰巳)	甲午	亥	寅	17	乙卯(子丑)	甲寅	子	寅
2	庚子(辰巳)	甲午	亥	寅	18	丙辰(子丑)	甲寅	子	寅
3	辛丑(辰巳)	甲午	亥	寅	19	丁巳(子丑)	甲寅	子	寅
4	壬寅(辰巳)	甲午	亥	寅	20	戊午(子丑)	甲寅	子	寅
5	癸卯(辰巳)	甲午	亥	寅	21	己未(子丑) (冬至:將變)	甲寅	子	寅·丑
							寅(18:18:59).丑(18:19以後)		
6	甲辰(寅卯)	甲辰	亥	寅 神藏殺沒 (午子)	22	庚申(子丑)	甲寅	子	丑
7	乙巳(寅卯) (大雪:建變)	甲辰	亥·子	寅	23	辛酉(子丑)	甲寅	子	丑
		亥(00:15:59).子(00:16以後)							
8	丙午(寅卯)	甲辰	子	寅	24	壬戌(子丑)	甲寅	子	丑
9	丁未(寅卯)	甲辰	子	寅	25	癸亥(子丑)	甲寅	子	丑
10	戊申(寅卯)	甲辰	子	寅	26	甲子(戌亥)	甲子	子	丑 神藏殺沒 (巳亥)
11	己酉(寅卯)	甲辰	子	寅	27	乙丑(戌亥)	甲子	子	丑
12	庚戌(寅卯)	甲辰	子	寅	28	丙寅(戌亥)	甲子	子	丑
13	辛亥(寅卯)	甲辰	子	寅	29	丁卯(戌亥)	甲子	子	丑
14	壬子(寅卯)	甲辰	子	寅	30	戊辰(戌亥)	甲子	子	丑
15	癸丑(寅卯)	甲辰	子	寅	31	己巳(戌亥)	甲子	子	丑
16	甲寅(子丑)	甲寅	子	寅 神藏殺沒 (午子)					

2025(乙巳)年 1月[陽曆]

日	日辰(空亡)	旬	月建	月將	日	日辰(空亡)	旬	月建	月將
1	庚午(戌亥)	甲子	子	丑	17	丙戌(午未)	甲申	丑	丑
2	辛未(戌亥)	甲子	子	丑	18	丁亥(午未)	甲申	丑	丑
3	壬申(戌亥)	甲子	子	丑	19	戊子(午未)	甲申	丑	丑
4	癸酉(戌亥)	甲子	子	丑	20	己丑(午未) (大寒:將變)	甲申	丑	丑·子 丑(04:58:59).子(04:59以後)
5	甲戌(申酉) (小寒:建變)	甲戌	子·丑	丑 子(11:31:59).丑(11:32以後) 神藏殺沒(巳亥)	21	庚寅(午未)	甲申	丑	子
6	乙亥(申酉)	甲戌	丑	丑	22	辛卯(午未)	甲申	丑	子
7	丙子(申酉)	甲戌	丑	丑	23	壬辰(午未)	甲申	丑	子
8	丁丑(申酉)	甲戌	丑	丑	24	癸巳(午未)	甲申	丑	子
9	戊寅(申酉)	甲戌	丑	丑	25	甲午(辰巳)	甲午	丑	子 神藏殺沒 (辰戌)
10	己卯(申酉)	甲戌	丑	丑	26	乙未(辰巳)	甲午	丑	子
11	庚辰(申酉)	甲戌	丑	丑	27	丙申(辰巳)	甲午	丑	子
12	辛巳(申酉)	甲戌	丑	丑	28	丁酉(辰巳)	甲午	丑	子
13	壬午(申酉)	甲戌	丑	丑	29	戊戌(辰巳)	甲午	丑	子
14	癸未(申酉)	甲戌	丑	丑	30	己亥(辰巳)	甲午	丑	子
15	甲申(午未)	甲申	丑	丑 神藏殺沒 (巳亥)	31	庚子(辰巳)	甲午	丑	子
16	乙酉(午未)	甲申	丑	丑					

2025(乙巳)年 2月[陽曆]

日	日辰(空亡)	旬	月建	月將	日	日辰(空亡)	旬	月建	月將
1	辛丑(辰巳)	甲午	丑	子	17	丁巳(子丑)	甲寅	寅	子
2	壬寅(辰巳)	甲午	丑	子	18	戊午(子丑) (雨水:將變)	甲寅	寅	子·亥 子(19:04:59).亥(19:05以後)
3	癸卯(辰巳) (立春:建變)	甲午	丑·寅 丑(23:08:59).寅(23:09以後)	子	19	己未(子丑)	甲寅	寅	亥
4	甲辰(寅卯)	甲辰	寅	子 神藏殺沒 (辰戌)	20	庚申(子丑)	甲寅	寅	亥
5	乙巳(寅卯)	甲辰	寅	子	21	辛酉(子丑)	甲寅	寅	亥
6	丙午(寅卯)	甲辰	寅	子	22	壬戌(子丑)	甲寅	寅	亥
7	丁未(寅卯)	甲辰	寅	子	23	癸亥(子丑)	甲寅	寅	亥
8	戊申(寅卯)	甲辰	寅	子	24	甲子(戌亥)	甲子	寅	亥 神藏殺沒 (卯酉)
9	己酉(寅卯)	甲辰	寅	子	25	乙丑(戌亥)	甲子	寅	亥
10	庚戌(寅卯)	甲辰	寅	子	26	丙寅(戌亥)	甲子	寅	亥
11	辛亥(寅卯)	甲辰	寅	子	27	丁卯(戌亥)	甲子	寅	亥
12	壬子(寅卯)	甲辰	寅	子	28	戊辰(戌亥)	甲子	寅	亥 神藏殺沒 (酉卯)
13	癸丑(寅卯)	甲辰	寅	子					
14	甲寅(子丑)	甲寅	寅	子 神藏殺沒 (辰戌)					
15	乙卯(子丑)	甲寅	寅	子					
16	丙辰(子丑)	甲寅	寅	子					

2025(乙巳)年 3月[陽曆]

日	日辰(空亡)	旬	月建	月將	日	日辰(空亡)	旬	月建	月將
1	己巳(戌亥)	甲子	寅	亥	17	乙酉(午未)	甲申	卯	亥
2	庚午(戌亥)	甲子	寅	亥 神藏殺沒 (酉卯)	18	丙戌(午未)	甲申	卯	亥
3	辛未(戌亥)	甲子	寅	亥	19	丁亥(午未)	甲申	卯	亥
4	壬申(戌亥)	甲子	寅	亥	20	戊子(午未) (春分:將變)	甲申	卯	亥·戌 亥(17:59:59).戌(18:00以後) 神藏殺沒 (亥月將:酉卯. 戌月將:申寅)
5	癸酉(戌亥) (驚蟄:建變)	甲子	寅·卯 寅(17:05:59).卯(17:06以後)	亥	21	己丑(午未)	甲申	卯	戌
6	甲戌(申酉)	甲戌	卯	亥 神藏殺沒 (卯酉)	22	庚寅(午未)	甲申	卯	戌 神藏殺沒 (申寅)
7	乙亥(申酉)	甲戌	卯	亥	23	辛卯(午未)	甲申	卯	戌
8	丙子(申酉)	甲戌	卯	亥	24	壬辰(午未)	甲申	卯	戌
9	丁丑(申酉)	甲戌	卯	亥	25	癸巳(午未)	甲申	卯	戌
10	戊寅(申酉)	甲戌	卯	亥 神藏殺沒 (酉卯)	26	甲午(辰巳)	甲午	卯	戌
11	己卯(申酉)	甲戌	卯	亥	27	乙未(辰巳)	甲午	卯	戌
12	庚辰(申酉)	甲戌	卯	亥 神藏殺沒 (酉卯)	28	丙申(辰巳)	甲午	卯	戌
13	辛巳(申酉)	甲戌	卯	亥	29	丁酉(辰巳)	甲午	卯	戌
14	壬午(申酉)	甲戌	卯	亥	30	戊戌(辰巳)	甲午	卯	戌 神藏殺沒 (申寅)
15	癸未(申酉)	甲戌	卯	亥	31	己亥(辰巳)	甲午	卯	戌
16	甲申(午未)	甲申	卯	亥 神藏殺沒 (卯酉)					

2025(乙巳)年 4月[陽曆]

日	日辰(空亡)	旬	月建	月將	日	日辰(空亡)	旬	月建	月將
1	庚子(辰巳)	甲午	卯	戌 神藏殺沒 (申寅)	17	丙辰(子丑)	甲寅	辰	戌
2	辛丑(辰巳)	甲午	卯	戌	18	丁巳(子丑)	甲寅	辰	戌
3	壬寅(辰巳)	甲午	卯	戌	19	戊午(子丑)	甲寅	辰	戌 神藏殺沒 (申寅)
4	癸卯(辰巳) (清明:建變)	甲午	卯·辰	戌	20	己未(子丑) (穀雨:將變)	甲寅	辰	戌·酉
		卯(21:46:59).辰(21:47以後)					戌(04:54:59).酉(04:55以後)		
5	甲辰(寅卯)	甲辰	辰	戌	21	庚申(子丑)	甲寅	辰	酉 神藏殺沒 (未丑)
6	乙巳(寅卯)	甲辰	辰	戌	22	辛酉(子丑)	甲寅	辰	酉
7	丙午(寅卯)	甲辰	辰	戌	23	壬戌(子丑)	甲寅	辰	酉
8	丁未(寅卯)	甲辰	辰	戌	24	癸亥(子丑)	甲寅	辰	酉
9	戊申(寅卯)	甲辰	辰	戌 神藏殺沒 (申寅)	25	甲子(戌亥)	甲子	辰	酉
10	己酉(寅卯)	甲辰	辰	戌	26	乙丑(戌亥)	甲子	辰	酉
11	庚戌(寅卯)	甲辰	辰	戌 神藏殺沒 (申寅)	27	丙寅(戌亥)	甲子	辰	酉
12	辛亥(寅卯)	甲辰	辰	戌	28	丁卯(戌亥)	甲子	辰	酉
13	壬子(寅卯)	甲辰	辰	戌	29	戊辰(戌亥)	甲子	辰	酉 神藏殺沒 (未丑)
14	癸丑(寅卯)	甲辰	辰	戌	30	己巳(戌亥)	甲子	辰	酉
15	甲寅(子丑)	甲寅	辰	戌					
16	乙卯(子丑)	甲寅	辰	戌					

2025(乙巳)年 5月[陽曆]

日	日辰(空亡)	旬	月建	月將	日	日辰(空亡)	旬	月建	月將
1	庚午(戌亥)	甲子	辰	酉 神藏殺沒 (未丑)	17	丙戌(午未)	甲申	巳	酉
2	辛未(戌亥)	甲子	辰	酉	18	丁亥(午未)	甲申	巳	酉
3	壬申(戌亥)	甲子	辰	酉	19	戊子(午未)	甲申	巳	酉 神藏殺沒 (未丑)
4	癸酉(戌亥)	甲子	辰	酉	20	己丑(午未)	甲申	巳	酉
5	甲戌(申酉) (立夏:建變)	甲戌	辰·巳	酉	21	庚寅(午未) (小滿:將變)	甲申	巳	酉·申
		辰(14:55:59).巳(14:56以後)					酉(03:53:59).申(03:54以後)		
							神藏殺沒 (酉月將:未丑. 申月將:午子)		
6	乙亥(申酉)	甲戌	巳	酉	22	辛卯(午未)	甲申	巳	申
7	丙子(申酉)	甲戌	巳	酉	23	壬辰(午未)	甲申	巳	申
8	丁丑(申酉)	甲戌	巳	酉	24	癸巳(午未)	甲申	巳	申
9	戊寅(申酉)	甲戌	巳	酉 神藏殺沒 (未丑)	25	甲午(辰巳)	甲午	巳	申
10	己卯(申酉)	甲戌	巳	酉	26	乙未(辰巳)	甲午	巳	申
11	庚辰(申酉)	甲戌	巳	酉 神藏殺沒 (未丑)	27	丙申(辰巳)	甲午	巳	申
12	辛巳(申酉)	甲戌	巳	酉	28	丁酉(辰巳)	甲午	巳	申
13	壬午(申酉)	甲戌	巳	酉	29	戊戌(辰巳)	甲午	巳	申 神藏殺沒 (午子)
14	癸未(申酉)	甲戌	巳	酉	30	己亥(辰巳)	甲午	巳	申
15	甲申(午未)	甲申	巳	酉	31	庚子(辰巳)	甲午	巳	申 神藏殺沒 (午子)
16	乙酉(午未)	甲申	巳	酉					

2025(乙巳)年 6月[陽曆]

<table>
<tr><th>日</th><th>日辰(空亡)</th><th>旬</th><th>月建</th><th>月將</th><th>日</th><th>日辰(空亡)</th><th>旬</th><th>月建</th><th>月將</th></tr>
<tr><td>1</td><td>辛丑(辰巳)</td><td>甲午</td><td>巳</td><td>申</td><td>17</td><td>丁巳(子丑)</td><td>甲寅</td><td>午</td><td>申</td></tr>
<tr><td>2</td><td>壬寅(辰巳)</td><td>甲午</td><td>巳</td><td>申</td><td>18</td><td>戊午(子丑)</td><td>甲寅</td><td>午</td><td>申
神藏殺沒
(午子)</td></tr>
<tr><td>3</td><td>癸卯(辰巳)</td><td>甲午</td><td>巳</td><td>申</td><td>19</td><td>己未(子丑)</td><td>甲寅</td><td>午</td><td>申</td></tr>
<tr><td>4</td><td>甲辰(寅卯)</td><td>甲辰</td><td>巳</td><td>申</td><td>20</td><td>庚申(子丑)</td><td>甲寅</td><td>午</td><td>申
神藏殺沒
(午子)</td></tr>
<tr><td rowspan="2">5</td><td rowspan="2">乙巳(寅卯)
(芒種:建變)</td><td>甲辰</td><td>巳·午</td><td>申</td><td rowspan="2">21</td><td rowspan="2">辛酉(子丑)
(夏至:將變)</td><td>甲寅</td><td>午</td><td>申·未</td></tr>
<tr><td colspan="3">巳(18:54:59).午(18:55以後)</td><td colspan="3">申(11:40:59).未(11:41以後)</td></tr>
<tr><td>6</td><td>丙午(寅卯)</td><td>甲辰</td><td>午</td><td>申</td><td>22</td><td>壬戌(子丑)</td><td>甲寅</td><td>午</td><td>未</td></tr>
<tr><td>7</td><td>丁未(寅卯)</td><td>甲辰</td><td>午</td><td>申</td><td>23</td><td>癸亥(子丑)</td><td>甲寅</td><td>午</td><td>未</td></tr>
<tr><td>8</td><td>戊申(寅卯)</td><td>甲辰</td><td>午</td><td>申
神藏殺沒
(午子)</td><td>24</td><td>甲子(戌亥)</td><td>甲子</td><td>午</td><td>未</td></tr>
<tr><td>9</td><td>己酉(寅卯)</td><td>甲辰</td><td>午</td><td>申</td><td>25</td><td>乙丑(戌亥)</td><td>甲子</td><td>午</td><td>未</td></tr>
<tr><td>10</td><td>庚戌(寅卯)</td><td>甲辰</td><td>午</td><td>申
神藏殺沒
(午子)</td><td>26</td><td>丙寅(戌亥)</td><td>甲子</td><td>午</td><td>未</td></tr>
<tr><td>11</td><td>辛亥(寅卯)</td><td>甲辰</td><td>午</td><td>申</td><td>27</td><td>丁卯(戌亥)</td><td>甲子</td><td>午</td><td>未</td></tr>
<tr><td>12</td><td>壬子(寅卯)</td><td>甲辰</td><td>午</td><td>申</td><td>28</td><td>戊辰(戌亥)</td><td>甲子</td><td>午</td><td>未
神藏殺沒
(巳亥)</td></tr>
<tr><td>13</td><td>癸丑(寅卯)</td><td>甲辰</td><td>午</td><td>申</td><td>29</td><td>己巳(戌亥)</td><td>甲子</td><td>午</td><td>未</td></tr>
<tr><td>14</td><td>甲寅(子丑)</td><td>甲寅</td><td>午</td><td>申</td><td>30</td><td>庚午(戌亥)</td><td>甲子</td><td>午</td><td>未
神藏殺沒
(巳亥)</td></tr>
<tr><td>15</td><td>乙卯(子丑)</td><td>甲寅</td><td>午</td><td>申</td><td></td><td></td><td></td><td></td><td></td></tr>
<tr><td>16</td><td>丙辰(子丑)</td><td>甲寅</td><td>午</td><td>申</td><td></td><td></td><td></td><td></td><td></td></tr>
</table>

2025(乙巳)年 7月[陽曆]

<table>
<tr><th>日</th><th>日辰(空亡)</th><th>旬</th><th>月建</th><th>月將</th><th>日</th><th>日辰(空亡)</th><th>旬</th><th>月建</th><th>月將</th></tr>
<tr><td>1</td><td>辛未(戌亥)</td><td>甲子</td><td>午</td><td>未</td><td>17</td><td>丁亥(午未)</td><td>甲申</td><td>未</td><td>未</td></tr>
<tr><td>2</td><td>壬申(戌亥)</td><td>甲子</td><td>午</td><td>未</td><td>18</td><td>戊子(午未)</td><td>甲申</td><td>未</td><td>未
神藏殺沒
(巳亥)</td></tr>
<tr><td>3</td><td>癸酉(戌亥)</td><td>甲子</td><td>午</td><td>未</td><td>19</td><td>己丑(午未)</td><td>甲申</td><td>未</td><td>未</td></tr>
<tr><td>4</td><td>甲戌(申酉)</td><td>甲戌</td><td>午</td><td>未</td><td>20</td><td>庚寅(午未)</td><td>甲申</td><td>未</td><td>未
神藏殺沒
(巳亥)</td></tr>
<tr><td>5</td><td>乙亥(申酉)</td><td>甲戌</td><td>午</td><td>未</td><td>21</td><td>辛卯(午未)</td><td>甲申</td><td>未</td><td>未</td></tr>
<tr><td rowspan="2">6</td><td rowspan="2">丙子(申酉)</td><td rowspan="2">甲戌</td><td rowspan="2">午</td><td rowspan="2">未</td><td rowspan="2">22</td><td rowspan="2">壬辰(午未)
(大暑:將變)</td><td>甲申</td><td>未</td><td>未·午</td></tr>
<tr><td colspan="3">未(22:27:59).午(22:28以後)</td></tr>
<tr><td rowspan="2">7</td><td rowspan="2">丁丑(申酉)
(小暑:建變)</td><td>甲戌</td><td>午·未</td><td>未</td><td rowspan="2">23</td><td rowspan="2">癸巳(午未)</td><td rowspan="2">甲申</td><td rowspan="2">未</td><td rowspan="2">午</td></tr>
<tr><td colspan="3">午(05:03:59).未(05:04以後)</td></tr>
<tr><td>8</td><td>戊寅(申酉)</td><td>甲戌</td><td>未</td><td>未
神藏殺沒
(巳亥)</td><td>24</td><td>甲午(辰巳)</td><td>甲午</td><td>未</td><td>午</td></tr>
<tr><td>9</td><td>己卯(申酉)</td><td>甲戌</td><td>未</td><td>未</td><td>25</td><td>乙未(辰巳)</td><td>甲午</td><td>未</td><td>午</td></tr>
<tr><td>10</td><td>庚辰(申酉)</td><td>甲戌</td><td>未</td><td>未
神藏殺沒
(巳亥)</td><td>26</td><td>丙申(辰巳)</td><td>甲午</td><td>未</td><td>午</td></tr>
<tr><td>11</td><td>辛巳(申酉)</td><td>甲戌</td><td>未</td><td>未</td><td>27</td><td>丁酉(辰巳)</td><td>甲午</td><td>未</td><td>午</td></tr>
<tr><td>12</td><td>壬午(申酉)</td><td>甲戌</td><td>未</td><td>未</td><td>28</td><td>戊戌(辰巳)</td><td>甲午</td><td>未</td><td>午
神藏殺沒
(辰戌)</td></tr>
<tr><td>13</td><td>癸未(申酉)</td><td>甲戌</td><td>未</td><td>未</td><td>29</td><td>己亥(辰巳)</td><td>甲午</td><td>未</td><td>午</td></tr>
<tr><td>14</td><td>甲申(午未)</td><td>甲申</td><td>未</td><td>未</td><td>30</td><td>庚子(辰巳)</td><td>甲午</td><td>未</td><td>午
神藏殺沒
(辰戌)</td></tr>
<tr><td>15</td><td>乙酉(午未)</td><td>甲申</td><td>未</td><td>未</td><td>31</td><td>辛丑(辰巳)</td><td>甲午</td><td>未</td><td>午</td></tr>
<tr><td>16</td><td>丙戌(午未)</td><td>甲申</td><td>未</td><td>未</td><td></td><td></td><td></td><td></td><td></td></tr>
</table>

2025(乙巳)年 8月[陽曆]

<table>
<tr><th>日</th><th>日辰(空亡)</th><th>旬</th><th>月建</th><th>月將</th><th>日</th><th>日辰(空亡)</th><th>旬</th><th>月建</th><th>月將</th></tr>
<tr><td>1</td><td>壬寅(辰巳)</td><td>甲午</td><td>未</td><td>午</td><td>17</td><td>戊午(子丑)</td><td>甲寅</td><td>申</td><td>午
神藏殺沒
(辰戌)</td></tr>
<tr><td>2</td><td>癸卯(辰巳)</td><td>甲午</td><td>未</td><td>午</td><td>18</td><td>己未(子丑)</td><td>甲寅</td><td>申</td><td>午</td></tr>
<tr><td>3</td><td>甲辰(寅卯)</td><td>甲辰</td><td>未</td><td>午</td><td>19</td><td>庚申(子丑)</td><td>甲寅</td><td>申</td><td>午
神藏殺沒
(辰戌)</td></tr>
<tr><td>4</td><td>乙巳(寅卯)</td><td>甲辰</td><td>未</td><td>午</td><td>20</td><td>辛酉(子丑)</td><td>甲寅</td><td>申</td><td>午</td></tr>
<tr><td>5</td><td>丙午(寅卯)</td><td>甲辰</td><td>未</td><td>午</td><td>21</td><td>壬戌(子丑)</td><td>甲寅</td><td>申</td><td>午</td></tr>
<tr><td>6</td><td>丁未(寅卯)</td><td>甲辰</td><td>未</td><td>午</td><td>22</td><td>癸亥(子丑)</td><td>甲寅</td><td>申</td><td>午</td></tr>
<tr><td rowspan="3">7</td><td rowspan="3">戊申(寅卯)
(立秋:建變)</td><td>甲辰</td><td>未·申</td><td>午</td><td rowspan="3">23</td><td rowspan="3">甲子(戌亥)
(處暑:將變)</td><td>甲子</td><td>申</td><td>午·巳</td></tr>
<tr><td colspan="3">未(14:49:59).申(14:50以後)</td><td colspan="3">午(05:32:59).巳(05:33以後)</td></tr>
<tr><td colspan="3">神藏殺沒(辰戌)</td><td colspan="3">神藏殺沒(巳月將: 酉卯)</td></tr>
<tr><td>8</td><td>己酉(寅卯)</td><td>甲辰</td><td>申</td><td>午</td><td>24</td><td>乙丑(戌亥)</td><td>甲子</td><td>申</td><td>巳</td></tr>
<tr><td>9</td><td>庚戌(寅卯)</td><td>甲辰</td><td>申</td><td>午
神藏殺沒
(辰戌)</td><td>25</td><td>丙寅(戌亥)</td><td>甲子</td><td>申</td><td>巳</td></tr>
<tr><td>10</td><td>辛亥(寅卯)</td><td>甲辰</td><td>申</td><td>午</td><td>26</td><td>丁卯(戌亥)</td><td>甲子</td><td>申</td><td>巳</td></tr>
<tr><td>11</td><td>壬子(寅卯)</td><td>甲辰</td><td>申</td><td>午</td><td>27</td><td>戊辰(戌亥)</td><td>甲子</td><td>申</td><td>巳
神藏殺沒
(卯酉)</td></tr>
<tr><td>12</td><td>癸丑(寅卯)</td><td>甲辰</td><td>申</td><td>午</td><td>28</td><td>己巳(戌亥)</td><td>甲子</td><td>申</td><td>巳</td></tr>
<tr><td>13</td><td>甲寅(子丑)</td><td>甲寅</td><td>申</td><td>午</td><td>29</td><td>庚午(戌亥)</td><td>甲子</td><td>申</td><td>巳
神藏殺沒
(卯酉)</td></tr>
<tr><td>14</td><td>乙卯(子丑)</td><td>甲寅</td><td>申</td><td>午</td><td>30</td><td>辛未(戌亥)</td><td>甲子</td><td>申</td><td>巳</td></tr>
<tr><td>15</td><td>丙辰(子丑)</td><td>甲寅</td><td>申</td><td>午</td><td>31</td><td>壬申(戌亥)</td><td>甲子</td><td>申</td><td>巳</td></tr>
<tr><td>16</td><td>丁巳(子丑)</td><td>甲寅</td><td>申</td><td>午</td><td></td><td></td><td></td><td></td><td></td></tr>
</table>

2025(乙巳)年 9月[陽曆]

日	日辰(空亡)	旬	月建	月將	日	日辰(空亡)	旬	月建	月將
1	癸酉(戌亥)	甲子	申	巳	17	己丑(午未)	甲申	酉	巳
2	甲戌(申酉)	甲戌	申	巳 神藏殺沒 (酉卯)	18	庚寅(午未)	甲申	酉	巳 神藏殺沒 (卯酉)
3	乙亥(申酉)	甲戌	申	巳	19	辛卯(午未)	甲申	酉	巳
4	丙子(申酉)	甲戌	申	巳	20	壬辰(午未)	甲申	酉	巳
5	丁丑(申酉)	甲戌	申	巳	21	癸巳(午未)	甲申	酉	巳
6	戊寅(申酉)	甲戌	申	巳 神藏殺沒 (卯酉)	22	甲午(辰巳)	甲午	酉	巳 神藏殺沒 (酉卯)
7	己卯(申酉) (白露:建變)	甲戌	申·酉	巳	23	乙未(辰巳) (秋分:將變)	甲午	酉	巳·辰
		申(17:50:59).酉(17:51以後)					巳(03:17:59).辰(03:18以後)		
8	庚辰(申酉)	甲戌	酉	巳 神藏殺沒 (卯酉)	24	丙申(辰巳)	甲午	酉	辰
9	辛巳(申酉)	甲戌	酉	巳	25	丁酉(辰巳)	甲午	酉	辰
10	壬午(申酉)	甲戌	酉	巳	26	戊戌(辰巳)	甲午	酉	辰
11	癸未(申酉)	甲戌	酉	巳	27	己亥(辰巳)	甲午	酉	辰
12	甲申(午未)	甲申	酉	巳 神藏殺沒 (酉卯)	28	庚子(辰巳)	甲午	酉	辰
13	乙酉(午未)	甲申	酉	巳	29	辛丑(辰巳)	甲午	酉	辰
14	丙戌(午未)	甲申	酉	巳	30	壬寅(辰巳)	甲午	酉	辰
15	丁亥(午未)	甲申	酉	巳					
16	戊子(午未)	甲申	酉	巳 神藏殺沒 (卯酉)					

2025(乙巳)年 10月[陽曆]

<table>
<tr><th>日</th><th>日辰(空亡)</th><th>旬</th><th>月建</th><th>月將</th><th>日</th><th>日辰(空亡)</th><th>旬</th><th>月建</th><th>月將</th></tr>
<tr><td>1</td><td>癸卯(辰巳)</td><td>甲午</td><td>酉</td><td>辰</td><td>17</td><td>己未(子丑)</td><td>甲寅</td><td>戌</td><td>辰</td></tr>
<tr><td>2</td><td>甲辰(寅卯)</td><td>甲辰</td><td>酉</td><td>辰
神藏殺沒
(申寅)</td><td>18</td><td>庚申(子丑)</td><td>甲寅</td><td>戌</td><td>辰</td></tr>
<tr><td>3</td><td>乙巳(寅卯)</td><td>甲辰</td><td>酉</td><td>辰</td><td>19</td><td>辛酉(子丑)</td><td>甲寅</td><td>戌</td><td>辰</td></tr>
<tr><td>4</td><td>丙午(寅卯)</td><td>甲辰</td><td>酉</td><td>辰</td><td>20</td><td>壬戌(子丑)</td><td>甲寅</td><td>戌</td><td>辰</td></tr>
<tr><td>5</td><td>丁未(寅卯)</td><td>甲辰</td><td>酉</td><td>辰</td><td>21</td><td>癸亥(子丑)</td><td>甲寅</td><td>戌</td><td>辰</td></tr>
<tr><td>6</td><td>戊申(寅卯)</td><td>甲辰</td><td>酉</td><td>辰</td><td>22</td><td>甲子(戌亥)</td><td>甲子</td><td>戌</td><td>辰
神藏殺沒
(申寅)</td></tr>
<tr><td rowspan="2">7</td><td rowspan="2">己酉(寅卯)</td><td rowspan="2">甲辰</td><td rowspan="2">酉</td><td rowspan="2">辰</td><td rowspan="2">23</td><td rowspan="2">乙丑(戌亥)
(霜降:將變)</td><td>甲子</td><td>戌</td><td>辰·卯</td></tr>
<tr><td colspan="3">辰(12:49:59).卯(12:50以後)</td></tr>
<tr><td rowspan="2">8</td><td rowspan="2">庚戌(寅卯)
(寒露:建變)</td><td>甲辰</td><td>酉·戌</td><td>辰</td><td rowspan="2">24</td><td rowspan="2">丙寅(戌亥)</td><td rowspan="2">甲子</td><td rowspan="2">戌</td><td rowspan="2">卯</td></tr>
<tr><td colspan="3">酉(09:39:59).戌(09:40以後)</td></tr>
<tr><td>9</td><td>辛亥(寅卯)</td><td>甲辰</td><td>戌</td><td>辰</td><td>25</td><td>丁卯(戌亥)</td><td>甲子</td><td>戌</td><td>卯</td></tr>
<tr><td>10</td><td>壬子(寅卯)</td><td>甲辰</td><td>戌</td><td>辰</td><td>26</td><td>戊辰(戌亥)</td><td>甲子</td><td>戌</td><td>卯</td></tr>
<tr><td>11</td><td>癸丑(寅卯)</td><td>甲辰</td><td>戌</td><td>辰</td><td>27</td><td>己巳(戌亥)</td><td>甲子</td><td>戌</td><td>卯</td></tr>
<tr><td>12</td><td>甲寅(子丑)</td><td>甲寅</td><td>戌</td><td>辰
神藏殺沒
(申寅)</td><td>28</td><td>庚午(戌亥)</td><td>甲子</td><td>戌</td><td>卯</td></tr>
<tr><td>13</td><td>乙卯(子丑)</td><td>甲寅</td><td>戌</td><td>辰</td><td>29</td><td>辛未(戌亥)</td><td>甲子</td><td>戌</td><td>卯</td></tr>
<tr><td>14</td><td>丙辰(子丑)</td><td>甲寅</td><td>戌</td><td>辰</td><td>30</td><td>壬申(戌亥)</td><td>甲子</td><td>戌</td><td>卯</td></tr>
<tr><td>15</td><td>丁巳(子丑)</td><td>甲寅</td><td>戌</td><td>辰</td><td>31</td><td>癸酉(戌亥)</td><td>甲子</td><td>戌</td><td>卯</td></tr>
<tr><td>16</td><td>戊午(子丑)</td><td>甲寅</td><td>戌</td><td>辰</td><td></td><td></td><td></td><td></td><td></td></tr>
</table>

2025(乙巳)年 11月[陽曆]

<table>
<tr><th>日</th><th>日辰(空亡)</th><th>旬</th><th>月建</th><th>月將</th><th>日</th><th>日辰(空亡)</th><th>旬</th><th>月建</th><th>月將</th></tr>
<tr><td>1</td><td>甲戌(申酉)</td><td>甲戌</td><td>戌</td><td>卯
神藏殺沒
(未丑)</td><td>17</td><td>庚寅(午未)</td><td>甲申</td><td>亥</td><td>卯</td></tr>
<tr><td>2</td><td>乙亥(申酉)</td><td>甲戌</td><td>戌</td><td>卯</td><td>18</td><td>辛卯(午未)</td><td>甲申</td><td>亥</td><td>卯</td></tr>
<tr><td>3</td><td>丙子(申酉)</td><td>甲戌</td><td>戌</td><td>卯</td><td>19</td><td>壬辰(午未)</td><td>甲申</td><td>亥</td><td>卯</td></tr>
<tr><td>4</td><td>丁丑(申酉)</td><td>甲戌</td><td>戌</td><td>卯</td><td>20</td><td>癸巳(午未)</td><td>甲申</td><td>亥</td><td>卯</td></tr>
<tr><td>5</td><td>戊寅(申酉)</td><td>甲戌</td><td>戌</td><td>卯</td><td>21</td><td>甲午(辰巳)</td><td>甲午</td><td>亥</td><td>卯
神藏殺沒
(未丑)</td></tr>
<tr><td rowspan="2">6</td><td rowspan="2">己卯(申酉)</td><td rowspan="2">甲戌</td><td rowspan="2">戌</td><td rowspan="2">卯</td><td rowspan="2">22</td><td rowspan="2">乙未(辰巳)
(小雪:將變)</td><td>甲午</td><td>亥</td><td>卯·寅</td></tr>
<tr><td colspan="3">卯(10:33:59).寅(10:34以後)</td></tr>
<tr><td rowspan="2">7</td><td rowspan="2">庚辰(申酉)
(立冬:建變)</td><td>甲戌</td><td>戌·亥</td><td>卯</td><td rowspan="2">23</td><td rowspan="2">丙申(辰巳)</td><td rowspan="2">甲午</td><td rowspan="2">亥</td><td rowspan="2">寅</td></tr>
<tr><td colspan="3">戌(13:02:59).亥(13:03以後)</td></tr>
<tr><td>8</td><td>辛巳(申酉)</td><td>甲戌</td><td>亥</td><td>卯</td><td>24</td><td>丁酉(辰巳)</td><td>甲午</td><td>亥</td><td>寅</td></tr>
<tr><td>9</td><td>壬午(申酉)</td><td>甲戌</td><td>亥</td><td>卯</td><td>25</td><td>戊戌(辰巳)</td><td>甲午</td><td>亥</td><td>寅</td></tr>
<tr><td>10</td><td>癸未(申酉)</td><td>甲戌</td><td>亥</td><td>卯</td><td>26</td><td>己亥(辰巳)</td><td>甲午</td><td>亥</td><td>寅</td></tr>
<tr><td>11</td><td>甲申(午未)</td><td>甲申</td><td>亥</td><td>卯
神藏殺沒
(未丑)</td><td>27</td><td>庚子(辰巳)</td><td>甲午</td><td>亥</td><td>寅</td></tr>
<tr><td>12</td><td>乙酉(午未)</td><td>甲申</td><td>亥</td><td>卯</td><td>28</td><td>辛丑(辰巳)</td><td>甲午</td><td>亥</td><td>寅</td></tr>
<tr><td>13</td><td>丙戌(午未)</td><td>甲申</td><td>亥</td><td>卯</td><td>29</td><td>壬寅(辰巳)</td><td>甲午</td><td>亥</td><td>寅</td></tr>
<tr><td>14</td><td>丁亥(午未)</td><td>甲申</td><td>亥</td><td>卯</td><td>30</td><td>癸卯(辰巳)</td><td>甲午</td><td>亥</td><td>寅</td></tr>
<tr><td>15</td><td>戊子(午未)</td><td>甲申</td><td>亥</td><td>卯</td><td></td><td></td><td></td><td></td><td></td></tr>
<tr><td>16</td><td>己丑(午未)</td><td>甲申</td><td>亥</td><td>卯</td><td></td><td></td><td></td><td></td><td></td></tr>
</table>

2025(乙巳)年 12月[陽曆]

日	日辰(空亡)	旬	月建	月將	日	日辰(空亡)	旬	月建	月將
1	甲辰(寅卯)	甲辰	亥	寅 神藏殺沒 (午子)	17	庚申(子丑)	甲寅	子	寅
2	乙巳(寅卯)	甲辰	亥	寅	18	辛酉(子丑)	甲寅	子	寅
3	丙午(寅卯)	甲辰	亥	寅	19	壬戌(子丑)	甲寅	子	寅
4	丁未(寅卯)	甲辰	亥	寅	20	癸亥(子丑)	甲寅	子	寅
5	戊申(寅卯)	甲辰	亥	寅	21	甲子(戌亥)	甲子	子	寅 神藏殺沒 (午子)
6	己酉(寅卯)	甲辰	亥	寅	22	乙丑(戌亥) (冬至:將變)	甲子	子	寅·丑 寅(00:01:59).丑(00:02以後)
7	庚戌(寅卯) (大雪:建變)	甲辰	亥·子 亥(06:02:59).子(06:03以後)	寅	23	丙寅(戌亥)	甲子	子	丑
8	辛亥(寅卯)	甲辰	子	寅	24	丁卯(戌亥)	甲子	子	丑
9	壬子(寅卯)	甲辰	子	寅	25	戊辰(戌亥)	甲子	子	丑
10	癸丑(寅卯)	甲辰	子	寅	26	己巳(戌亥)	甲子	子	丑
11	甲寅(子丑)	甲寅	子	寅 神藏殺沒 (午子)	27	庚午(戌亥)	甲子	子	丑
12	乙卯(子丑)	甲寅	子	寅	28	辛未(戌亥)	甲子	子	丑
13	丙辰(子丑)	甲寅	子	寅	29	壬申(戌亥)	甲子	子	丑
14	丁巳(子丑)	甲寅	子	寅	30	癸酉(戌亥)	甲子	子	丑
15	戊午(子丑)	甲寅	子	寅	31	甲戌(申酉)	甲戌	子	丑 神藏殺沒 (巳亥)
16	己未(子丑)	甲寅	子	寅					

2026(丙午)年 1月[陽曆]

<table>
<tr><th>日</th><th>日辰(空亡)</th><th>旬</th><th>月建</th><th>月將</th><th>日</th><th>日辰(空亡)</th><th>旬</th><th>月建</th><th>月將</th></tr>
<tr><td>1</td><td>乙亥(申酉)</td><td>甲戌</td><td>子</td><td>丑</td><td>17</td><td>辛卯(午未)</td><td>甲申</td><td>丑</td><td>丑</td></tr>
<tr><td>2</td><td>丙子(申酉)</td><td>甲戌</td><td>子</td><td>丑</td><td>18</td><td>壬辰(午未)</td><td>甲申</td><td>丑</td><td>丑</td></tr>
<tr><td>3</td><td>丁丑(申酉)</td><td>甲戌</td><td>子</td><td>丑</td><td>19</td><td>癸巳(午未)</td><td>甲申</td><td>丑</td><td>丑</td></tr>
<tr><td rowspan="3">4</td><td rowspan="3">戊寅(申酉)</td><td rowspan="3">甲戌</td><td rowspan="3">子</td><td rowspan="3">丑</td><td rowspan="3">20</td><td rowspan="3">甲午(辰巳)
(大寒:將變)</td><td>甲午</td><td>丑</td><td>丑·子</td></tr>
<tr><td colspan="3">丑(10:43:59).子(10:44以後)</td></tr>
<tr><td colspan="3">神藏殺沒
(丑月將:巳亥. 子月將:辰戌)</td></tr>
<tr><td rowspan="2">5</td><td rowspan="2">己卯(申酉)
(小寒:建變)</td><td>甲戌</td><td>子·丑</td><td>丑</td><td rowspan="2">21</td><td rowspan="2">乙未(辰巳)</td><td rowspan="2">甲午</td><td rowspan="2">丑</td><td rowspan="2">子</td></tr>
<tr><td colspan="3">子(17:21:59).丑(17:22以後)</td></tr>
<tr><td>6</td><td>庚辰(申酉)</td><td>甲戌</td><td>丑</td><td>丑</td><td>22</td><td>丙申(辰巳)</td><td>甲午</td><td>丑</td><td>子</td></tr>
<tr><td>7</td><td>辛巳(申酉)</td><td>甲戌</td><td>丑</td><td>丑</td><td>23</td><td>丁酉(辰巳)</td><td>甲午</td><td>丑</td><td>子</td></tr>
<tr><td>8</td><td>壬午(申酉)</td><td>甲戌</td><td>丑</td><td>丑</td><td>24</td><td>戊戌(辰巳)</td><td>甲午</td><td>丑</td><td>子</td></tr>
<tr><td>9</td><td>癸未(申酉)</td><td>甲戌</td><td>丑</td><td>丑</td><td>25</td><td>己亥(辰巳)</td><td>甲午</td><td>丑</td><td>子</td></tr>
<tr><td>10</td><td>甲申(午未)</td><td>甲申</td><td>丑</td><td>丑
神藏殺沒
(巳亥)</td><td>26</td><td>庚子(辰巳)</td><td>甲午</td><td>丑</td><td>子</td></tr>
<tr><td>11</td><td>乙酉(午未)</td><td>甲申</td><td>丑</td><td>丑</td><td>27</td><td>辛丑(辰巳)</td><td>甲午</td><td>丑</td><td>子</td></tr>
<tr><td>12</td><td>丙戌(午未)</td><td>甲申</td><td>丑</td><td>丑</td><td>28</td><td>壬寅(辰巳)</td><td>甲午</td><td>丑</td><td>子</td></tr>
<tr><td>13</td><td>丁亥(午未)</td><td>甲申</td><td>丑</td><td>丑</td><td>29</td><td>癸卯(辰巳)</td><td>甲午</td><td>丑</td><td>子</td></tr>
<tr><td>14</td><td>戊子(午未)</td><td>甲申</td><td>丑</td><td>丑</td><td>30</td><td>甲辰(寅卯)</td><td>甲辰</td><td>丑</td><td>子
神藏殺沒
(辰戌)</td></tr>
<tr><td>15</td><td>己丑(午未)</td><td>甲申</td><td>丑</td><td>丑</td><td>31</td><td>乙巳(寅卯)</td><td>甲辰</td><td>丑</td><td>子</td></tr>
<tr><td>16</td><td>庚寅(午未)</td><td>甲申</td><td>丑</td><td>丑</td><td></td><td></td><td></td><td></td><td></td></tr>
</table>

2026(丙午)年 2月[陽曆]

<table>
<tr><th>日</th><th>日辰(空亡)</th><th>旬</th><th>月建</th><th>月將</th><th>日</th><th>日辰(空亡)</th><th>旬</th><th>月建</th><th>月將</th></tr>
<tr><td>1</td><td>丙午(寅卯)</td><td>甲辰</td><td>丑</td><td>子</td><td>17</td><td>壬戌(子丑)</td><td>甲寅</td><td>寅</td><td>子</td></tr>
<tr><td>2</td><td>丁未(寅卯)</td><td>甲辰</td><td>丑</td><td>子</td><td>18</td><td>癸亥(子丑)</td><td>甲寅</td><td>寅</td><td>子</td></tr>
<tr><td rowspan="3">3</td><td rowspan="3">戊申(寅卯)</td><td rowspan="3">甲辰</td><td rowspan="3">丑</td><td rowspan="3">子</td><td rowspan="3">19</td><td rowspan="3">甲子(戌亥)
(雨水:將變)</td><td>甲子</td><td>寅</td><td>子·亥</td></tr>
<tr><td colspan="3">子(00:50:59).亥(00:51以後)</td></tr>
<tr><td colspan="3">神藏殺沒
(子月將:辰戌. 亥月將:卯酉)</td></tr>
<tr><td rowspan="2">4</td><td rowspan="2">己酉(寅卯)
(立春:建變)</td><td>甲辰</td><td>丑·寅</td><td>子</td><td rowspan="2">20</td><td rowspan="2">乙丑(戌亥)</td><td rowspan="2">甲子</td><td rowspan="2">寅</td><td rowspan="2">亥</td></tr>
<tr><td colspan="3">丑(05:00:59).寅(05:01以後)</td></tr>
<tr><td>5</td><td>庚戌(寅卯)</td><td>甲辰</td><td>寅</td><td>子</td><td>21</td><td>丙寅(戌亥)</td><td>甲子</td><td>寅</td><td>亥</td></tr>
<tr><td>6</td><td>辛亥(寅卯)</td><td>甲辰</td><td>寅</td><td>子</td><td>22</td><td>丁卯(戌亥)</td><td>甲子</td><td>寅</td><td>亥</td></tr>
<tr><td>7</td><td>壬子(寅卯)</td><td>甲辰</td><td>寅</td><td>子</td><td>23</td><td>戊辰(戌亥)</td><td>甲子</td><td>寅</td><td>亥
神藏殺沒
(酉卯)</td></tr>
<tr><td>8</td><td>癸丑(寅卯)</td><td>甲辰</td><td>寅</td><td>子</td><td>24</td><td>己巳(戌亥)</td><td>甲子</td><td>寅</td><td>亥</td></tr>
<tr><td>9</td><td>甲寅(子丑)</td><td>甲寅</td><td>寅</td><td>子
神藏殺沒
(辰戌)</td><td>25</td><td>庚午(戌亥)</td><td>甲子</td><td>寅</td><td>亥
神藏殺沒
(酉卯)</td></tr>
<tr><td>10</td><td>乙卯(子丑)</td><td>甲寅</td><td>寅</td><td>子</td><td>26</td><td>辛未(戌亥)</td><td>甲子</td><td>寅</td><td>亥</td></tr>
<tr><td>11</td><td>丙辰(子丑)</td><td>甲寅</td><td>寅</td><td>子</td><td>27</td><td>壬申(戌亥)</td><td>甲子</td><td>寅</td><td>亥</td></tr>
<tr><td>12</td><td>丁巳(子丑)</td><td>甲寅</td><td>寅</td><td>子</td><td>28</td><td>癸酉(戌亥)</td><td>甲子</td><td>寅</td><td>亥</td></tr>
<tr><td>13</td><td>戊午(子丑)</td><td>甲寅</td><td>寅</td><td>子</td><td></td><td></td><td></td><td></td><td></td></tr>
<tr><td>14</td><td>己未(子丑)</td><td>甲寅</td><td>寅</td><td>子</td><td></td><td></td><td></td><td></td><td></td></tr>
<tr><td>15</td><td>庚申(子丑)</td><td>甲寅</td><td>寅</td><td>子</td><td></td><td></td><td></td><td></td><td></td></tr>
<tr><td>16</td><td>辛酉(子丑)</td><td>甲寅</td><td>寅</td><td>子</td><td></td><td></td><td></td><td></td><td></td></tr>
</table>

2026(丙午)年 3月[陽曆]

日	日辰(空亡)	旬	月建	月將	日	日辰(空亡)	旬	月建	月將
1	甲戌(申酉)	甲戌	寅	亥 神藏殺沒 (卯酉)	17	庚寅(午未)	甲申	卯	亥 神藏殺沒 (酉卯)
2	乙亥(申酉)	甲戌	寅	亥	18	辛卯(午未)	甲申	卯	亥
3	丙子(申酉)	甲戌	寅	亥	19	壬辰(午未)	甲申	卯	亥
4	丁丑(申酉)	甲戌	寅	亥	20	癸巳(午未) (春分:將變)	甲申	卯	亥·戌 亥(23:44:59).戌(23:45以後)
5	戊寅(申酉) (驚蟄:建變)	甲戌	寅·卯 寅(22:57:59).卯(22:58以後) 神藏殺沒(酉卯)	亥	21	甲午(辰巳)	甲午	卯	戌
6	己卯(申酉)	甲戌	卯	亥	22	乙未(辰巳)	甲午	卯	戌
7	庚辰(申酉)	甲戌	卯	亥 神藏殺沒 (酉卯)	23	丙申(辰巳)	甲午	卯	戌
8	辛巳(申酉)	甲戌	卯	亥	24	丁酉(辰巳)	甲午	卯	戌
9	壬午(申酉)	甲戌	卯	亥	25	戊戌(辰巳)	甲午	卯	戌 神藏殺沒 (申寅)
10	癸未(申酉)	甲戌	卯	亥	26	己亥(辰巳)	甲午	卯	戌
11	甲申(午未)	甲申	卯	亥 神藏殺沒 (卯酉)	27	庚子(辰巳)	甲午	卯	戌 神藏殺沒 (申寅)
12	乙酉(午未)	甲申	卯	亥	28	辛丑(辰巳)	甲午	卯	戌
13	丙戌(午未)	甲申	卯	亥	29	壬寅(辰巳)	甲午	卯	戌
14	丁亥(午未)	甲申	卯	亥	30	癸卯(辰巳)	甲午	卯	戌
15	戊子(午未)	甲申	卯	亥 神藏殺沒 (酉卯)	31	甲辰(寅卯)	甲辰	卯	戌
16	己丑(午未)	甲申	卯	亥					

2026(丙午)年 4月[陽曆]

日	日辰(空亡)	旬	月建	月將	日	日辰(空亡)	旬	月建	月將
1	乙巳(寅卯)	甲辰	卯	戌	17	辛酉(子丑)	甲寅	辰	戌
2	丙午(寅卯)	甲辰	卯	戌	18	壬戌(子丑)	甲寅	辰	戌
3	丁未(寅卯)	甲辰	卯	戌	19	癸亥(子丑)	甲寅	辰	戌
4	戊申(寅卯)	甲辰	卯	戌 神藏殺沒 (申寅)	20	甲子(戌亥) (穀雨:將變)	甲子	辰	戌·酉 戌(10:37:59).酉(10:38以後)
5	己酉(寅卯) (淸明:建變)	甲辰	卯·辰 卯(03:38:59).辰(03:39以後)	戌	21	乙丑(戌亥)	甲子	辰	酉
6	庚戌(寅卯)	甲辰	辰	戌 神藏殺沒 (申寅)	22	丙寅(戌亥)	甲子	辰	酉
7	辛亥(寅卯)	甲辰	辰	戌	23	丁卯(戌亥)	甲子	辰	酉
8	壬子(寅卯)	甲辰	辰	戌	24	戊辰(戌亥)	甲子	辰	酉 神藏殺沒 (未丑)
9	癸丑(寅卯)	甲辰	辰	戌	25	己巳(戌亥)	甲子	辰	酉
10	甲寅(子丑)	甲寅	辰	戌	26	庚午(戌亥)	甲子	辰	酉 神藏殺沒 (未丑)
11	乙卯(子丑)	甲寅	辰	戌	27	辛未(戌亥)	甲子	辰	酉
12	丙辰(子丑)	甲寅	辰	戌	28	壬申(戌亥)	甲子	辰	酉
13	丁巳(子丑)	甲寅	辰	戌	29	癸酉(戌亥)	甲子	辰	酉
14	戊午(子丑)	甲寅	辰	戌 神藏殺沒 (申寅)	30	甲戌(申酉)	甲戌	辰	酉
15	己未(子丑)	甲寅	辰	戌					
16	庚申(子丑)	甲寅	辰	戌 神藏殺沒 (申寅)					

2026(丙午)年 5月[陽曆]

日	日辰(空亡)	旬	月建	月將	日	日辰(空亡)	旬	月建	月將
1	乙亥(申酉)	甲戌	辰	酉	17	辛卯(午未)	甲申	巳	酉
2	丙子(申酉)	甲戌	辰	酉	18	壬辰(午未)	甲申	巳	酉
3	丁丑(申酉)	甲戌	辰	酉	19	癸巳(午未)	甲申	巳	酉
4	戊寅(申酉)	甲戌	辰	酉 神藏殺沒 (未丑)	20	甲午(辰巳)	甲午	巳	酉
5	己卯(申酉) (立夏:建變)	甲戌	辰·巳	酉	21	乙未(辰巳) (小滿:將變)	甲午	巳	酉·申
		辰(20:47:59).巳(20:48以後)					酉(09:35:59).申(09:36以後)		
6	庚辰(申酉)	甲戌	巳	酉 神藏殺沒 (未丑)	22	丙申(辰巳)	甲午	巳	申
7	辛巳(申酉)	甲戌	巳	酉	23	丁酉(辰巳)	甲午	巳	申
8	壬午(申酉)	甲戌	巳	酉	24	戊戌(辰巳)	甲午	巳	申 神藏殺沒 (午子)
9	癸未(申酉)	甲戌	巳	酉	25	己亥(辰巳)	甲午	巳	申
10	甲申(午未)	甲申	巳	酉	26	庚子(辰巳)	甲午	巳	申 神藏殺沒 (午子)
11	乙酉(午未)	甲申	巳	酉	27	辛丑(辰巳)	甲午	巳	申
12	丙戌(午未)	甲戌	巳	酉	28	壬寅(辰巳)	甲午	巳	申
13	丁亥(午未)	甲申	巳	酉	29	癸卯(辰巳)	甲午	巳	申
14	戊子(午未)	甲申	巳	酉 神藏殺沒 (未丑)	30	甲辰(寅卯)	甲辰	巳	申
15	己丑(午未)	甲申	巳	酉	31	乙巳(寅卯)	甲辰	巳	申
16	庚寅(午未)	甲申	巳	酉 神藏殺沒 (未丑)					

2026(丙午)年 6月[陽曆]

日	日辰(空亡)	旬	月建	月將	日	日辰(空亡)	旬	月建	月將
1	丙午(寅卯)	甲辰	巳	申	17	壬戌(子丑)	甲寅	午	申
2	丁未(寅卯)	甲辰	巳	申	18	癸亥(子丑)	甲寅	午	申
3	戊申(寅卯)	甲辰	巳	申 神藏殺沒 (午子)	19	甲子(戌亥)	甲子	午	申
4	己酉(寅卯)	甲辰	巳	申	20	乙丑(戌亥)	甲子	午	申
5	庚戌(寅卯)	甲辰	巳	申 神藏殺沒 (午子)	21	丙寅(戌亥) (夏至:將變)	甲子	午	申·未 申(17:22:59).未(17:23以後)
6	辛亥(寅卯) (芒種:建變)	甲辰	巳·午 巳(00:46:59).午(00:47以後)	申	22	丁卯(戌亥)	甲子	午	未
7	壬子(寅卯)	甲辰	午	申	23	戊辰(戌亥)	甲子	午	未 神藏殺沒 (巳亥)
8	癸丑(寅卯)	甲辰	午	申	24	己巳(戌亥)	甲子	午	未
9	甲寅(子丑)	甲寅	午	申	25	庚午(戌亥)	甲子	午	未 神藏殺沒 (巳亥)
10	乙卯(子丑)	甲寅	午	申	26	辛未(戌亥)	甲子	午	未
11	丙辰(子丑)	甲寅	午	申	27	壬申(戌亥)	甲子	午	未
12	丁巳(子丑)	甲寅	午	申	28	癸酉(戌亥)	甲子	午	未
13	戊午(子丑)	甲寅	午	申 神藏殺沒 (午子)	29	甲戌(申酉)	甲戌	午	未
14	己未(子丑)	甲寅	午	申	30	乙亥(申酉)	甲戌	午	未
15	庚申(子丑)	甲寅	午	申 神藏殺沒 (午子)					
16	辛酉(子丑)	甲寅	午	申					

2026(丙午)年 7月[陽曆]

日	日辰(空亡)	旬	月建	月將	日	日辰(空亡)	旬	月建	月將
1	丙子(申酉)	甲戌	午	未	17	壬辰(午未)	甲申	未	未
2	丁丑(申酉)	甲戌	午	未	18	癸巳(午未)	甲申	未	未
3	戊寅(申酉)	甲戌	午	未 神藏殺沒 (巳亥)	19	甲午(辰巳)	甲午	未	未
4	己卯(申酉)	甲戌	午	未	20	乙未(辰巳)	甲午	未	未
5	庚辰(申酉)	甲戌	午	未 神藏殺沒 (巳亥)	21	丙申(辰巳)	甲午	未	未
6	辛巳(申酉)	甲戌	午	未	22	丁酉(辰巳)	甲午	未	未
7	壬午(申酉) (小暑:建變)	甲戌	午·未	未	23	戊戌(辰巳) (大暑:將變)	甲午	未	未·午
		午(10:55:59).未(10:56以後)					未(04:11:59).午(04:12以後) 神藏殺沒 (未月將:巳亥. 午月將:辰戌)		
8	癸未(申酉)	甲戌	未	未	24	己亥(辰巳)	甲午	未	午
9	甲申(午未)	甲申	未	未	25	庚子(辰巳)	甲午	未	午 神藏殺沒 (辰戌)
10	乙酉(午未)	甲申	未	未	26	辛丑(辰巳)	甲午	未	午
11	丙戌(午未)	甲申	未	未	27	壬寅(辰巳)	甲午	未	午
12	丁亥(午未)	甲申	未	未	28	癸卯(辰巳)	甲午	未	午
13	戊子(午未)	甲申	未	未 神藏殺沒 (巳亥)	29	甲辰(寅卯)	甲辰	未	午
14	己丑(午未)	甲申	未	未	30	乙巳(寅卯)	甲辰	未	午
15	庚寅(午未)	甲申	未	未 神藏殺沒 (巳亥)	31	丙午(寅卯)	甲辰	未	午
16	辛卯(午未)	甲申	未	未					

2026(丙午)年 8月[陽曆]

日	日辰(空亡)	旬	月建	月將	日	日辰(空亡)	旬	月建	月將
1	丁未(寅卯)	甲辰	未	午	17	癸亥(子丑)	甲寅	申	午
2	戊申(寅卯)	甲辰	未	午 神藏殺沒 (辰戌)	18	甲子(戌亥)	甲子	申	午
3	己酉(寅卯)	甲辰	未	午	19	乙丑(戌亥)	甲子	申	午
4	庚戌(寅卯)	甲辰	未	午 神藏殺沒 (辰戌)	20	丙寅(戌亥)	甲子	申	午
5	辛亥(寅卯)	甲辰	未	午	21	丁卯(戌亥)	甲子	申	午
6	壬子(寅卯)	甲辰	未	午	22	戊辰(戌亥)	甲子	申	午 神藏殺沒 (辰戌)
7	癸丑(寅卯) (立秋:建變)	甲辰	未·申	午	23	己巳(戌亥) (處暑:將變)	甲子	申	午·巳
		未(20:41:59).申(20:42以後)					午(11:17:59).巳(11:18以後)		
8	甲寅(子丑)	甲寅	申	午	24	庚午(戌亥)	甲子	申	巳 神藏殺沒 (卯酉)
9	乙卯(子丑)	甲寅	申	午	25	辛未(戌亥)	甲子	申	巳
10	丙辰(子丑)	甲寅	申	午	26	壬申(戌亥)	甲子	申	巳
11	丁巳(子丑)	甲寅	申	午	27	癸酉(戌亥)	甲子	申	巳
12	戊午(子丑)	甲寅	申	午 神藏殺沒 (辰戌)	28	甲戌(申酉)	甲戌	申	巳 神藏殺沒 (酉卯)
13	己未(子丑)	甲寅	申	午	29	乙亥(申酉)	甲戌	申	巳
14	庚申(子丑)	甲寅	申	午 神藏殺沒 (辰戌)	30	丙子(申酉)	甲戌	申	巳
15	辛酉(子丑)	甲寅	申	午	31	丁丑(申酉)	甲戌	申	巳
16	壬戌(子丑)	甲寅	申	午					

2026(丙午)年 9月[陽曆]

日	日辰(空亡)	旬	月建	月將	日	日辰(空亡)	旬	月建	月將
1	戊寅(申酉)	甲戌	申	巳 神藏殺沒 (卯酉)	17	甲午(辰巳)	甲午	酉	巳 神藏殺沒 (酉卯)
2	己卯(申酉)	甲戌	申	巳	18	乙未(辰巳)	甲午	酉	巳
3	庚辰(申酉)	甲戌	申	巳 神藏殺沒 (卯酉)	19	丙申(辰巳)	甲午	酉	巳
4	辛巳(申酉)	甲戌	申	巳	20	丁酉(辰巳)	甲午	酉	巳
5	壬午(申酉)	甲戌	申	巳	21	戊戌(辰巳)	甲午	酉	巳 神藏殺沒 (卯酉)
6	癸未(申酉)	甲戌	申	巳	22	己亥(辰巳)	甲午	酉	巳
7	甲申(午未) (白露:建變)	甲申	申·酉 申(23:39:59).酉(23:40以後)	巳 神藏殺沒(酉卯)	23	庚子(辰巳) (秋分:將變)	甲午	酉	巳·辰 巳(09:03:59).辰(09:04以後) 神藏殺沒(巳月將: 卯酉)
8	乙酉(午未)	甲申	酉	巳	24	辛丑(辰巳)	甲午	酉	辰
9	丙戌(午未)	甲申	酉	巳	25	壬寅(辰巳)	甲午	酉	辰
10	丁亥(午未)	甲申	酉	巳	26	癸卯(辰巳)	甲午	酉	辰
11	戊子(午未)	甲申	酉	巳 神藏殺沒 (卯酉)	27	甲辰(寅卯)	甲辰	酉	辰 神藏殺沒 (申寅)
12	己丑(午未)	甲申	酉	巳	28	乙巳(寅卯)	甲辰	酉	辰
13	庚寅(午未)	甲申	酉	巳 神藏殺沒 (卯酉)	29	丙午(寅卯)	甲辰	酉	辰
14	辛卯(午未)	甲申	酉	巳	30	丁未(寅卯)	甲辰	酉	辰
15	壬辰(午未)	甲申	酉	巳					
16	癸巳(午未)	甲申	酉	巳					

2026(丙午)年 10月[陽曆]

<table>
<tr><th>日</th><th>日辰(空亡)</th><th>旬</th><th>月建</th><th>月將</th><th>日</th><th>日辰(空亡)</th><th>旬</th><th>月建</th><th>月將</th></tr>
<tr><td>1</td><td>戊申(寅卯)</td><td>甲辰</td><td>酉</td><td>辰</td><td>17</td><td>甲子(戌亥)</td><td>甲子</td><td>戌</td><td>辰
神藏殺沒
(申寅)</td></tr>
<tr><td>2</td><td>己酉(寅卯)</td><td>甲辰</td><td>酉</td><td>辰</td><td>18</td><td>乙丑(戌亥)</td><td>甲子</td><td>戌</td><td>辰</td></tr>
<tr><td>3</td><td>庚戌(寅卯)</td><td>甲辰</td><td>酉</td><td>辰</td><td>19</td><td>丙寅(戌亥)</td><td>甲子</td><td>戌</td><td>辰</td></tr>
<tr><td>4</td><td>辛亥(寅卯)</td><td>甲辰</td><td>酉</td><td>辰</td><td>20</td><td>丁卯(戌亥)</td><td>甲子</td><td>戌</td><td>辰</td></tr>
<tr><td>5</td><td>壬子(寅卯)</td><td>甲辰</td><td>酉</td><td>辰</td><td>21</td><td>戊辰(戌亥)</td><td>甲子</td><td>戌</td><td>辰</td></tr>
<tr><td>6</td><td>癸丑(寅卯)</td><td>甲辰</td><td>酉</td><td>辰</td><td>22</td><td>己巳(戌亥)</td><td>甲子</td><td>戌</td><td>辰</td></tr>
<tr><td rowspan="2">7</td><td rowspan="2">甲寅(子丑)</td><td rowspan="2">甲寅</td><td rowspan="2">酉</td><td rowspan="2">辰
神藏殺沒
(申寅)</td><td rowspan="2">23</td><td rowspan="2">庚午(戌亥)
(霜降:將變)</td><td>甲子</td><td>戌</td><td>辰·卯</td></tr>
<tr><td colspan="3">辰(18:36:59).卯(18:37以後)</td></tr>
<tr><td rowspan="2">8</td><td rowspan="2">乙卯(子丑)
(寒露:建變)</td><td>甲寅</td><td>酉·戌</td><td>辰</td><td rowspan="2">24</td><td rowspan="2">辛未(戌亥)</td><td rowspan="2">甲子</td><td rowspan="2">戌</td><td rowspan="2">卯</td></tr>
<tr><td colspan="3">酉(15:27:59).戌(15:28以後)</td></tr>
<tr><td>9</td><td>丙辰(子丑)</td><td>甲寅</td><td>戌</td><td>辰</td><td>25</td><td>壬申(戌亥)</td><td>甲子</td><td>戌</td><td>卯</td></tr>
<tr><td>10</td><td>丁巳(子丑)</td><td>甲寅</td><td>戌</td><td>辰</td><td>26</td><td>癸酉(戌亥)</td><td>甲子</td><td>戌</td><td>卯</td></tr>
<tr><td>11</td><td>戊午(子丑)</td><td>甲寅</td><td>戌</td><td>辰</td><td>27</td><td>甲戌(申酉)</td><td>甲戌</td><td>戌</td><td>卯
神藏殺沒
(未丑)</td></tr>
<tr><td>12</td><td>己未(子丑)</td><td>甲寅</td><td>戌</td><td>辰</td><td>28</td><td>乙亥(申酉)</td><td>甲戌</td><td>戌</td><td>卯</td></tr>
<tr><td>13</td><td>庚申(子丑)</td><td>甲寅</td><td>戌</td><td>辰</td><td>29</td><td>丙子(申酉)</td><td>甲戌</td><td>戌</td><td>卯</td></tr>
<tr><td>14</td><td>辛酉(子丑)</td><td>甲寅</td><td>戌</td><td>辰</td><td>30</td><td>丁丑(申酉)</td><td>甲戌</td><td>戌</td><td>卯</td></tr>
<tr><td>15</td><td>壬戌(子丑)</td><td>甲寅</td><td>戌</td><td>辰</td><td>31</td><td>戊寅(申酉)</td><td>甲戌</td><td>戌</td><td>卯</td></tr>
<tr><td>16</td><td>癸亥(子丑)</td><td>甲寅</td><td>戌</td><td>辰</td><td></td><td></td><td></td><td></td><td></td></tr>
</table>

2026(丙午)年 11月[陽曆]

日	日辰(空亡)	旬	月建	月將	日	日辰(空亡)	旬	月建	月將
1	己卯(申酉)	甲戌	戌	卯	17	乙未(辰巳)	甲午	亥	卯
2	庚辰(申酉)	甲戌	戌	卯	18	丙申(辰巳)	甲午	亥	卯
3	辛巳(申酉)	甲戌	戌	卯	19	丁酉(辰巳)	甲午	亥	卯
4	壬午(申酉)	甲戌	戌	卯	20	戊戌(辰巳)	甲午	亥	卯
5	癸未(申酉)	甲戌	戌	卯	21	己亥(辰巳)	甲午	亥	卯
6	甲申(午未)	甲申	戌	卯 神藏殺沒 (未丑)	22	庚子(辰巳) (小雪:將變)	甲午	亥	卯·寅 卯(16:21:59).寅(16:22以後)
7	乙酉(午未) (立冬:建變)	甲申	戌·亥 戌(18:50:59).亥(18:51以後)	卯	23	辛丑(辰巳)	甲午	亥	寅
8	丙戌(午未)	甲申	亥	卯	24	壬寅(辰巳)	甲午	亥	寅
9	丁亥(午未)	甲申	亥	卯	25	癸卯(辰巳)	甲午	亥	寅
10	戊子(午未)	甲申	亥	卯	26	甲辰(寅卯)	甲辰	亥	寅 神藏殺沒 (午子)
11	己丑(午未)	甲申	亥	卯	27	乙巳(寅卯)	甲辰	亥	寅
12	庚寅(午未)	甲申	亥	卯	28	丙午(寅卯)	甲辰	亥	寅
13	辛卯(午未)	甲申	亥	卯	29	丁未(寅卯)	甲辰	亥	寅
14	壬辰(午未)	甲申	亥	卯	30	戊申(寅卯)	甲辰	亥	寅
15	癸巳(午未)	甲申	亥	卯					
16	甲午(辰巳)	甲午	亥	卯 神藏殺沒 (未丑)					

2026(丙午)年 12月[陽曆]

日	日辰(空亡)	旬	月建	月將	日	日辰(空亡)	旬	月建	月將
1	己酉(寅卯)	甲辰	亥	寅	17	乙丑(戌亥)	甲子	子	寅
2	庚戌(寅卯)	甲辰	亥	寅	18	丙寅(戌亥)	甲子	子	寅
3	辛亥(寅卯)	甲辰	亥	寅	19	丁卯(戌亥)	甲子	子	寅
4	壬子(寅卯)	甲辰	亥	寅	20	戊辰(戌亥)	甲子	子	寅
5	癸丑(寅卯)	甲辰	亥	寅	21	己巳(戌亥)	甲子	子	寅
6	甲寅(子丑)	甲寅	亥	寅 神藏殺沒 (午子)	22	庚午(戌亥) (冬至:將變)	甲子	子	寅·丑 寅(05:48:59).丑(05:49以後)
7	乙卯(子丑) (大雪:建變)	甲寅	亥·子 亥(11:50:59).子(11:51以後)	寅	23	辛未(戌亥)	甲子	子	丑
8	丙辰(子丑)	甲寅	子	寅	24	壬申(戌亥)	甲子	子	丑
9	丁巳(子丑)	甲寅	子	寅	25	癸酉(戌亥)	甲子	子	丑
10	戊午(子丑)	甲寅	子	寅	26	甲戌(申酉)	甲戌	子	丑 神藏殺沒 (巳亥)
11	己未(子丑)	甲寅	子	寅	27	乙亥(申酉)	甲戌	子	丑
12	庚申(子丑)	甲寅	子	寅	28	丙子(申酉)	甲戌	子	丑
13	辛酉(子丑)	甲寅	子	寅	29	丁丑(申酉)	甲戌	子	丑
14	壬戌(子丑)	甲寅	子	寅	30	戊寅(申酉)	甲戌	子	丑
15	癸亥(子丑)	甲寅	子	寅	31	己卯(申酉)	甲戌	子	丑
16	甲子(戌亥)	甲子	子	寅 神藏殺沒 (午子)					

2027(丁未)年 1月[陽曆]

日	日辰(空亡)	旬	月建	月將	日	日辰(空亡)	旬	月建	月將
1	庚辰(申酉)	甲戌	子	丑	17	丙申(辰巳)	甲午	丑	丑
2	辛巳(申酉)	甲戌	子	丑	18	丁酉(辰巳)	甲午	丑	丑
3	壬午(申酉)	甲戌	子	丑	19	戊戌(辰巳)	甲午	丑	丑
4	癸未(申酉)	甲戌	子	丑	20	己亥(辰巳) (大寒:將變)	甲午	丑	丑·子 丑(16:28:59).子(16:29以後)
5	甲申(午未) (小寒:建變)	甲申	子·丑 子(23:08:59).丑(23:09以後)	丑 神藏殺沒(巳亥)	21	庚子(辰巳)	甲午	丑	子
6	乙酉(午未)	甲申	丑	丑	22	辛丑(辰巳)	甲午	丑	子
7	丙戌(午未)	甲申	丑	丑	23	壬寅(辰巳)	甲午	丑	子
8	丁亥(午未)	甲申	丑	丑	24	癸卯(辰巳)	甲午	丑	子
9	戊子(午未)	甲申	丑	丑	25	甲辰(寅卯)	甲辰	丑	子 神藏殺沒 (辰戌)
10	己丑(午未)	甲申	丑	丑	26	乙巳(寅卯)	甲辰	丑	子
11	庚寅(午未)	甲申	丑	丑	27	丙午(寅卯)	甲辰	丑	子
12	辛卯(午未)	甲申	丑	丑	28	丁未(寅卯)	甲辰	丑	子
13	壬辰(午未)	甲申	丑	丑	29	戊申(寅卯)	甲辰	丑	子
14	癸巳(午未)	甲申	丑	丑	30	己酉(寅卯)	甲辰	丑	子
15	甲午(辰巳)	甲午	丑	丑 神藏殺沒 (巳亥)	31	庚戌(寅卯)	甲辰	丑	子
16	乙未(辰巳)	甲午	丑	丑					

2027(丁未)年 2月[陽曆]

日	日辰(空亡)	旬	月建	月將	日	日辰(空亡)	旬	月建	月將
1	辛亥(寅卯)	甲辰	丑	子	17	丁卯(戌亥)	甲子	寅	子
2	壬子(寅卯)	甲辰	丑	子	18	戊辰(戌亥)	甲子	寅	子
3	癸丑(寅卯)	甲辰	丑	子	19	己巳(戌亥) (雨水:將變)	甲子	寅	子·亥 子(06:31:59).亥(06:32以後)
4	甲寅(子丑) (立春:建變)	甲寅	丑·寅 丑(10:44:59).寅(10:45以後)	子 神藏殺沒(辰戌)	20	庚午(戌亥)	甲子	寅	亥
5	乙卯(子丑)	甲寅	寅	子	21	辛未(戌亥)	甲子	寅	亥
6	丙辰(子丑)	甲寅	寅	子	22	壬申(戌亥)	甲子	寅	亥
7	丁巳(子丑)	甲寅	寅	子	23	癸酉(戌亥)	甲子	寅	亥
8	戊午(子丑)	甲寅	寅	子	24	甲戌(申酉)	甲戌	寅	亥 神藏殺沒 (卯酉)
9	己未(子丑)	甲寅	寅	子	25	乙亥(申酉)	甲戌	寅	亥
10	庚申(子丑)	甲寅	寅	子	26	丙子(申酉)	甲戌	寅	亥
11	辛酉(子丑)	甲辰	寅	子	27	丁丑(申酉)	甲戌	寅	亥
12	壬戌(子丑)	甲寅	寅	子	28	戊寅(申酉)	甲戌	寅	亥 神藏殺沒 (酉卯)
13	癸亥(子丑)	甲寅	寅	子					
14	甲子(戌亥)	甲子	寅	子 神藏殺沒 (辰戌)					
15	乙丑(戌亥)	甲子	寅	子					
16	丙寅(戌亥)	甲子	寅	子					

2027(丁未)年 3月[陽曆]

<table>
<tr><th>日</th><th>日辰(空亡)</th><th>旬</th><th>月建</th><th>月將</th><th>日</th><th>日辰(空亡)</th><th>旬</th><th>月建</th><th>月將</th></tr>
<tr><td>1</td><td>己卯(申酉)</td><td>甲戌</td><td>寅</td><td>亥</td><td>17</td><td>乙未(辰巳)</td><td>甲午</td><td>卯</td><td>亥</td></tr>
<tr><td>2</td><td>庚辰(申酉)</td><td>甲戌</td><td>寅</td><td>亥
神藏殺沒
(酉卯)</td><td>18</td><td>丙申(辰巳)</td><td>甲午</td><td>卯</td><td>亥</td></tr>
<tr><td>3</td><td>辛巳(申酉)</td><td>甲戌</td><td>寅</td><td>亥</td><td>19</td><td>丁酉(辰巳)</td><td>甲午</td><td>卯</td><td>亥</td></tr>
<tr><td>4</td><td>壬午(申酉)</td><td>甲戌</td><td>寅</td><td>亥</td><td>20</td><td>戊戌(辰巳)</td><td>甲午</td><td>卯</td><td>亥
神藏殺沒
(酉卯)</td></tr>
<tr><td rowspan="2">5</td><td rowspan="2">癸未(申酉)</td><td rowspan="2">甲戌</td><td rowspan="2">寅</td><td rowspan="2">亥</td><td rowspan="2">21</td><td rowspan="2">己亥(辰巳)
(春分:將變)</td><td>甲午</td><td>卯</td><td>亥·戌</td></tr>
<tr><td colspan="3">亥(05:23:59).戌(05:24以後)</td></tr>
<tr><td rowspan="3">6</td><td rowspan="3">甲申(午未)
(驚蟄:建變)</td><td>甲申</td><td>寅·卯</td><td>亥</td><td rowspan="3">22</td><td rowspan="3">庚子(辰巳)</td><td rowspan="3">甲午</td><td rowspan="3">卯</td><td rowspan="3">戌
神藏殺沒
(申寅)</td></tr>
<tr><td colspan="3">寅(04:37:59).卯(04:38以後)</td></tr>
<tr><td colspan="3">神藏殺沒(卯酉)</td></tr>
<tr><td>7</td><td>乙酉(午未)</td><td>甲申</td><td>卯</td><td>亥</td><td>23</td><td>辛丑(辰巳)</td><td>甲午</td><td>卯</td><td>戌</td></tr>
<tr><td>8</td><td>丙戌(午未)</td><td>甲申</td><td>卯</td><td>亥</td><td>24</td><td>壬寅(辰巳)</td><td>甲午</td><td>卯</td><td>戌</td></tr>
<tr><td>9</td><td>丁亥(午未)</td><td>甲申</td><td>卯</td><td>亥</td><td>25</td><td>癸卯(辰巳)</td><td>甲午</td><td>卯</td><td>戌</td></tr>
<tr><td>10</td><td>戊子(午未)</td><td>甲申</td><td>卯</td><td>亥
神藏殺沒
(酉卯)</td><td>26</td><td>甲辰(寅卯)</td><td>甲辰</td><td>卯</td><td>戌</td></tr>
<tr><td>11</td><td>己丑(午未)</td><td>甲申</td><td>卯</td><td>亥</td><td>27</td><td>乙巳(寅卯)</td><td>甲辰</td><td>卯</td><td>戌</td></tr>
<tr><td>12</td><td>庚寅(午未)</td><td>甲申</td><td>卯</td><td>亥
神藏殺沒
(酉卯)</td><td>28</td><td>丙午(寅卯)</td><td>甲辰</td><td>卯</td><td>戌</td></tr>
<tr><td>13</td><td>辛卯(午未)</td><td>甲申</td><td>卯</td><td>亥</td><td>29</td><td>丁未(寅卯)</td><td>甲辰</td><td>卯</td><td>戌</td></tr>
<tr><td>14</td><td>壬辰(午未)</td><td>甲申</td><td>卯</td><td>亥</td><td>30</td><td>戊申(寅卯)</td><td>甲辰</td><td>卯</td><td>戌
神藏殺沒
(申寅)</td></tr>
<tr><td>15</td><td>癸巳(午未)</td><td>甲申</td><td>卯</td><td>亥</td><td>31</td><td>己酉(寅卯)</td><td>甲辰</td><td>卯</td><td>戌</td></tr>
<tr><td>16</td><td>甲午(辰巳)</td><td>甲午</td><td>卯</td><td>亥
神藏殺沒
(卯酉)</td><td></td><td></td><td></td><td></td><td></td></tr>
</table>

2027(丁未)年 4月[陽曆]

日	日辰(空亡)	旬	月建	月將	日	日辰(空亡)	旬	月建	月將
1	庚戌(寅卯)	甲辰	卯	戌 神藏殺沒 (申寅)	17	丙寅(戌亥)	甲子	辰	戌
2	辛亥(寅卯)	甲辰	卯	戌	18	丁卯(戌亥)	甲子	辰	戌
3	壬子(寅卯)	甲辰	卯	戌	19	戊辰(戌亥)	甲子	辰	戌 神藏殺沒 (申寅)
4	癸丑(寅卯)	甲辰	卯	戌	20	己巳(戌亥) (穀雨:將變)	甲子	辰	戌·酉 戌(16:15:59).酉(16:16以後)
5	甲寅(子丑) (淸明:建變)	甲寅	卯·辰 卯(09:15:59).辰(09:16以後)	戌	21	庚午(戌亥)	甲子	辰	酉 神藏殺沒 (未丑)
6	乙卯(子丑)	甲寅	辰	戌	22	辛未(戌亥)	甲子	辰	酉
7	丙辰(子丑)	甲寅	辰	戌	23	壬申(戌亥)	甲子	辰	酉
8	丁巳(子丑)	甲寅	辰	戌	24	癸酉(戌亥)	甲子	辰	酉
9	戊午(子丑)	甲寅	辰	戌 神藏殺沒 (申寅)	25	甲戌(申酉)	甲戌	辰	酉
10	己未(子丑)	甲寅	辰	戌	26	乙亥(申酉)	甲戌	辰	酉
11	庚申(子丑)	甲寅	辰	戌 神藏殺沒 (申寅)	27	丙子(申酉)	甲戌	辰	酉
12	辛酉(子丑)	甲寅	辰	戌	28	丁丑(申酉)	甲戌	辰	酉
13	壬戌(子丑)	甲寅	辰	戌	29	戊寅(申酉)	甲戌	辰	酉 神藏殺沒 (未丑)
14	癸亥(子丑)	甲寅	辰	戌	30	己卯(申酉)	甲戌	辰	酉
15	甲子(戌亥)	甲子	辰	戌					
16	乙丑(戌亥)	甲子	辰	戌					

2027(丁未)年 5月[陽曆]

日	日辰(空亡)	旬	月建	月將	日	日辰(空亡)	旬	月建	月將
1	庚辰(申酉)	甲戌	辰	酉 神藏殺沒 (未丑)	17	丙申(辰巳)	甲午	巳	酉
2	辛巳(申酉)	甲戌	辰	酉	18	丁酉(辰巳)	甲午	巳	酉
3	壬午(申酉)	甲戌	辰	酉	19	戊戌(辰巳)	甲午	巳	酉 神藏殺沒 (未丑)
4	癸未(申酉)	甲戌	辰	酉	20	己亥(辰巳)	甲午	巳	酉
5	甲申(午未)	甲申	辰	酉	21	庚子(辰巳) (小滿:將變)	甲午 酉(15:16:59).申(15:17以後) 神藏殺沒 (酉月將:未丑. 申月將:午子)	巳	酉·申
6	乙酉(午未) (立夏:建變)	甲申 辰(02:23:59).巳(02:24以後)	辰·巳	酉	22	辛丑(辰巳)	甲午	巳	申
7	丙戌(午未)	甲申	巳	酉	23	壬寅(辰巳)	甲午	巳	申
8	丁亥(午未)	甲申	巳	酉	24	癸卯(辰巳)	甲午	巳	申
9	戊子(午未)	甲申	巳	酉 神藏殺沒 (未丑)	25	甲辰(寅卯)	甲辰	巳	申
10	己丑(午未)	甲申	巳	酉	26	乙巳(寅卯)	甲辰	巳	申
11	庚寅(午未)	甲申	巳	酉 神藏殺沒 (未丑)	27	丙午(寅卯)	甲辰	巳	申
12	辛卯(午未)	甲申	巳	酉	28	丁未(寅卯)	甲辰	巳	申
13	壬辰(午未)	甲申	巳	酉	29	戊申(寅卯)	甲辰	巳	申 神藏殺沒 (午子)
14	癸巳(午未)	甲申	巳	酉	30	己酉(寅卯)	甲辰	巳	申
15	甲午(辰巳)	甲午	巳	酉	31	庚戌(寅卯)	甲辰	巳	申 神藏殺沒 (午子)
16	乙未(辰巳)	甲午	巳	酉					

2027(丁未)年 6月[陽曆]

日	日辰(空亡)	旬	月建	月將	日	日辰(空亡)	旬	月建	月將
1	辛亥(寅卯)	甲辰	巳	申	17	丁卯(戌亥)	甲子	午	申
2	壬子(寅卯)	甲辰	巳	申	18	戊辰(戌亥)	甲子	午	申 神藏殺沒 (午子)
3	癸丑(寅卯)	甲辰	巳	申	19	己巳(戌亥)	甲子	午	申
4	甲寅(子丑)	甲寅	巳	申	20	庚午(戌亥)	甲子	午	申 神藏殺沒 (午子)
5	乙卯(子丑)	甲寅	巳	申	21	辛未(戌亥) (夏至:將變)	甲子	午	申·未 申(23:09:59).未(23:10以後)
6	丙辰(子丑) (芒種:建變)	甲寅	巳·午 巳(06:24:59).午(06:25以後)	申	22	壬申(戌亥)	甲子	午	未
7	丁巳(子丑)	甲寅	午	申	23	癸酉(戌亥)	甲子	午	未
8	戊午(子丑)	甲寅	午	申 神藏殺沒 (午子)	24	甲戌(申酉)	甲戌	午	未
9	己未(子丑)	甲寅	午	申	25	乙亥(申酉)	甲戌	午	未
10	庚申(子丑)	甲寅	午	申 神藏殺沒 (午子)	26	丙子(申酉)	甲戌	午	未
11	辛酉(子丑)	甲寅	午	申	27	丁丑(申酉)	甲戌	午	未
12	壬戌(子丑)	甲寅	午	申	28	戊寅(申酉)	甲戌	午	未 神藏殺沒 (巳亥)
13	癸亥(子丑)	甲寅	午	申	29	己卯(申酉)	甲戌	午	未
14	甲子(戌亥)	甲子	午	申	30	庚辰(申酉)	甲戌	午	未 神藏殺沒 (巳亥)
15	乙丑(戌亥)	甲子	午	申					
16	丙寅(戌亥)	甲子	午	申					

2027(丁未)年 7月[陽曆]

<table>
<tr><th>日</th><th>日辰(空亡)</th><th>旬</th><th>月建</th><th>月將</th><th>日</th><th>日辰(空亡)</th><th>旬</th><th>月建</th><th>月將</th></tr>
<tr><td>1</td><td>辛巳(申酉)</td><td>甲戌</td><td>午</td><td>未</td><td>17</td><td>丁酉(辰巳)</td><td>甲午</td><td>未</td><td>未</td></tr>
<tr><td>2</td><td>壬午(申酉)</td><td>甲戌</td><td>午</td><td>未</td><td>18</td><td>戊戌(辰巳)</td><td>甲午</td><td>未</td><td>未
神藏殺沒
(巳亥)</td></tr>
<tr><td>3</td><td>癸未(申酉)</td><td>甲戌</td><td>午</td><td>未</td><td>19</td><td>己亥(辰巳)</td><td>甲午</td><td>未</td><td>未</td></tr>
<tr><td>4</td><td>甲申(午未)</td><td>甲申</td><td>午</td><td>未</td><td>20</td><td>庚子(辰巳)</td><td>甲午</td><td>未</td><td>未
神藏殺沒
(巳亥)</td></tr>
<tr><td>5</td><td>乙酉(午未)</td><td>甲申</td><td>午</td><td>未</td><td>21</td><td>辛丑(辰巳)</td><td>甲午</td><td>未</td><td>未</td></tr>
<tr><td>6</td><td>丙戌(午未)</td><td>甲申</td><td>午</td><td>未</td><td>22</td><td>壬寅(辰巳)</td><td>甲午</td><td>未</td><td>未</td></tr>
<tr><td rowspan="2">7</td><td rowspan="2">丁亥(午未)
(小暑:建變)</td><td>甲申</td><td>午·未</td><td>未</td><td rowspan="2">23</td><td rowspan="2">癸卯(辰巳)
(大暑:將變)</td><td>甲午</td><td>未</td><td>未·午</td></tr>
<tr><td colspan="3">午(16:35:59).未(16:36以後)</td><td colspan="3">未(10:02:59).午(10:03以後)</td></tr>
<tr><td>8</td><td>戊子(午未)</td><td>甲申</td><td>未</td><td>未
神藏殺沒
(巳亥)</td><td>24</td><td>甲辰(寅卯)</td><td>甲辰</td><td>未</td><td>午</td></tr>
<tr><td>9</td><td>己丑(午未)</td><td>甲申</td><td>未</td><td>未</td><td>25</td><td>乙巳(寅卯)</td><td>甲辰</td><td>未</td><td>午</td></tr>
<tr><td>10</td><td>庚寅(午未)</td><td>甲申</td><td>未</td><td>未
神藏殺沒
(巳亥)</td><td>26</td><td>丙午(寅卯)</td><td>甲辰</td><td>未</td><td>午</td></tr>
<tr><td>11</td><td>辛卯(午未)</td><td>甲申</td><td>未</td><td>未</td><td>27</td><td>丁未(寅卯)</td><td>甲辰</td><td>未</td><td>午</td></tr>
<tr><td>12</td><td>壬辰(午未)</td><td>甲申</td><td>未</td><td>未</td><td>28</td><td>戊申(寅卯)</td><td>甲辰</td><td>未</td><td>午
神藏殺沒
(辰戌)</td></tr>
<tr><td>13</td><td>癸巳(午未)</td><td>甲申</td><td>未</td><td>未</td><td>29</td><td>己酉(寅卯)</td><td>甲辰</td><td>未</td><td>午</td></tr>
<tr><td>14</td><td>甲午(辰巳)</td><td>甲午</td><td>未</td><td>未</td><td>30</td><td>庚戌(寅卯)</td><td>甲辰</td><td>未</td><td>午
神藏殺沒
(辰戌)</td></tr>
<tr><td>15</td><td>乙未(辰巳)</td><td>甲午</td><td>未</td><td>未</td><td>31</td><td>辛亥(寅卯)</td><td>甲辰</td><td>未</td><td>午</td></tr>
<tr><td>16</td><td>丙申(辰巳)</td><td>甲午</td><td>未</td><td>未</td><td></td><td></td><td></td><td></td><td></td></tr>
</table>

2027(丁未)年 8月[陽曆]

<table>
<tr><th>日</th><th>日辰(空亡)</th><th>旬</th><th>月建</th><th>月將</th><th>日</th><th>日辰(空亡)</th><th>旬</th><th>月建</th><th>月將</th></tr>
<tr><td>1</td><td>壬子(寅卯)</td><td>甲辰</td><td>未</td><td>午</td><td>17</td><td>戊辰(戌亥)</td><td>甲子</td><td>申</td><td>午
神藏殺沒
(辰戌)</td></tr>
<tr><td>2</td><td>癸丑(寅卯)</td><td>甲辰</td><td>未</td><td>午</td><td>18</td><td>己巳(戌亥)</td><td>甲子</td><td>申</td><td>午</td></tr>
<tr><td>3</td><td>甲寅(子丑)</td><td>甲寅</td><td>未</td><td>午</td><td>19</td><td>庚午(戌亥)</td><td>甲子</td><td>申</td><td>午
神藏殺沒
(辰戌)</td></tr>
<tr><td>4</td><td>乙卯(子丑)</td><td>甲寅</td><td>未</td><td>午</td><td>20</td><td>辛未(戌亥)</td><td>甲子</td><td>申</td><td>午</td></tr>
<tr><td>5</td><td>丙辰(子丑)</td><td>甲寅</td><td>未</td><td>午</td><td>21</td><td>壬申(戌亥)</td><td>甲子</td><td>申</td><td>午</td></tr>
<tr><td>6</td><td>丁巳(子丑)</td><td>甲寅</td><td>未</td><td>午</td><td>22</td><td>癸酉(戌亥)</td><td>甲子</td><td>申</td><td>午</td></tr>
<tr><td rowspan="3">7</td><td rowspan="3">戊午(子丑)</td><td rowspan="3">甲寅</td><td rowspan="3">未</td><td rowspan="3">午
神藏殺沒
(辰戌)</td><td rowspan="3">23</td><td rowspan="3">甲戌(申酉)
(處暑:將變)</td><td>甲戌</td><td>申</td><td>午·巳</td></tr>
<tr><td colspan="3">午(17:12:59).巳(17:13以後)</td></tr>
<tr><td colspan="3">神藏殺沒(巳月將: 酉卯)</td></tr>
<tr><td rowspan="2">8</td><td rowspan="2">己未(子丑)
(立秋:建變)</td><td>甲寅</td><td>未·申</td><td>午</td><td rowspan="2">24</td><td rowspan="2">乙亥(申酉)</td><td rowspan="2">甲戌</td><td rowspan="2">申</td><td rowspan="2">巳</td></tr>
<tr><td colspan="3">未(02:25:59).申(02:26以後)</td></tr>
<tr><td>9</td><td>庚申(子丑)</td><td>甲寅</td><td>申</td><td>午
神藏殺沒
(辰戌)</td><td>25</td><td>丙子(申酉)</td><td>甲戌</td><td>申</td><td>巳</td></tr>
<tr><td>10</td><td>辛酉(子丑)</td><td>甲寅</td><td>申</td><td>午</td><td>26</td><td>丁丑(申酉)</td><td>甲戌</td><td>申</td><td>巳</td></tr>
<tr><td>11</td><td>壬戌(子丑)</td><td>甲寅</td><td>申</td><td>午</td><td>27</td><td>戊寅(申酉)</td><td>甲戌</td><td>申</td><td>巳
神藏殺沒
(卯酉)</td></tr>
<tr><td>12</td><td>癸亥(子丑)</td><td>甲寅</td><td>申</td><td>午</td><td>28</td><td>己卯(申酉)</td><td>甲戌</td><td>申</td><td>巳</td></tr>
<tr><td>13</td><td>甲子(戌亥)</td><td>甲子</td><td>申</td><td>午</td><td>29</td><td>庚辰(申酉)</td><td>甲戌</td><td>申</td><td>巳
神藏殺沒
(卯酉)</td></tr>
<tr><td>14</td><td>乙丑(戌亥)</td><td>甲子</td><td>申</td><td>午</td><td>30</td><td>辛巳(申酉)</td><td>甲戌</td><td>申</td><td>巳</td></tr>
<tr><td>15</td><td>丙寅(戌亥)</td><td>甲子</td><td>申</td><td>午</td><td>31</td><td>壬午(申酉)</td><td>甲戌</td><td>申</td><td>巳</td></tr>
<tr><td>16</td><td>丁卯(戌亥)</td><td>甲子</td><td>申</td><td>午</td><td></td><td></td><td></td><td></td><td></td></tr>
</table>

2027(丁未)年 9月[陽曆]

<table>
<tr><th>日</th><th>日辰(空亡)</th><th>旬</th><th>月建</th><th>月將</th><th>日</th><th>日辰(空亡)</th><th>旬</th><th>月建</th><th>月將</th></tr>
<tr><td>1</td><td>癸未(申酉)</td><td>甲戌</td><td>申</td><td>巳</td><td>17</td><td>己亥(辰巳)</td><td>甲午</td><td>酉</td><td>巳</td></tr>
<tr><td>2</td><td>甲申(午未)</td><td>甲申</td><td>申</td><td>巳
神藏殺沒
(酉卯)</td><td>18</td><td>庚子(辰巳)</td><td>甲午</td><td>酉</td><td>巳
神藏殺沒
(卯酉)</td></tr>
<tr><td>3</td><td>乙酉(午未)</td><td>甲申</td><td>申</td><td>巳</td><td>19</td><td>辛丑(辰巳)</td><td>甲午</td><td>酉</td><td>巳</td></tr>
<tr><td>4</td><td>丙戌(午未)</td><td>甲申</td><td>申</td><td>巳</td><td>20</td><td>壬寅(辰巳)</td><td>甲午</td><td>酉</td><td>巳</td></tr>
<tr><td>5</td><td>丁亥(午未)</td><td>甲申</td><td>申</td><td>巳</td><td>21</td><td>癸卯(辰巳)</td><td>甲午</td><td>酉</td><td>巳</td></tr>
<tr><td>6</td><td>戊子(午未)</td><td>甲申</td><td>申</td><td>巳
神藏殺沒
(卯酉)</td><td>22</td><td>甲辰(寅卯)</td><td>甲辰</td><td>酉</td><td>巳
神藏殺沒
(酉卯)</td></tr>
<tr><td rowspan="2">7</td><td rowspan="2">己丑(午未)</td><td rowspan="2">甲申</td><td rowspan="2">申</td><td rowspan="2">巳</td><td rowspan="2">23</td><td rowspan="2">乙巳(寅卯)
(秋分:將變)</td><td>甲辰</td><td>酉</td><td>巳·辰</td></tr>
<tr><td colspan="3">巳(15:00:59).辰(15:01以後)</td></tr>
<tr><td rowspan="3">8</td><td rowspan="3">庚寅(午未)
(白露:建變)</td><td>甲申</td><td>申·酉</td><td>巳</td><td rowspan="3">24</td><td rowspan="3">丙午(寅卯)</td><td rowspan="3">甲辰</td><td rowspan="3">酉</td><td rowspan="3">辰</td></tr>
<tr><td colspan="3">申(05:26:59).酉(05:27以後)</td></tr>
<tr><td colspan="3">神藏殺沒(卯酉)</td></tr>
<tr><td>9</td><td>辛卯(午未)</td><td>甲申</td><td>酉</td><td>巳</td><td>25</td><td>丁未(寅卯)</td><td>甲辰</td><td>酉</td><td>辰</td></tr>
<tr><td>10</td><td>壬辰(午未)</td><td>甲申</td><td>酉</td><td>巳</td><td>26</td><td>戊申(寅卯)</td><td>甲辰</td><td>酉</td><td>辰</td></tr>
<tr><td>11</td><td>癸巳(午未)</td><td>甲申</td><td>酉</td><td>巳</td><td>27</td><td>己酉(寅卯)</td><td>甲辰</td><td>酉</td><td>辰</td></tr>
<tr><td>12</td><td>甲午(辰巳)</td><td>甲午</td><td>酉</td><td>巳
神藏殺沒
(酉卯)</td><td>28</td><td>庚戌(寅卯)</td><td>甲辰</td><td>酉</td><td>辰</td></tr>
<tr><td>13</td><td>乙未(辰巳)</td><td>甲午</td><td>酉</td><td>巳</td><td>29</td><td>辛亥(寅卯)</td><td>甲辰</td><td>酉</td><td>辰</td></tr>
<tr><td>14</td><td>丙申(辰巳)</td><td>甲午</td><td>酉</td><td>巳</td><td>30</td><td>壬子(寅卯)</td><td>甲辰</td><td>酉</td><td>辰</td></tr>
<tr><td>15</td><td>丁酉(辰巳)</td><td>甲午</td><td>酉</td><td>巳</td><td></td><td></td><td></td><td></td><td></td></tr>
<tr><td>16</td><td>戊戌(辰巳)</td><td>甲午</td><td>酉</td><td>巳
神藏殺沒
(卯酉)</td><td></td><td></td><td></td><td></td><td></td></tr>
</table>

2027(丁未)年 10月[陽曆]

<table>
<tr><th>日</th><th>日辰(空亡)</th><th>旬</th><th>月建</th><th>月將</th><th>日</th><th>日辰(空亡)</th><th>旬</th><th>月建</th><th>月將</th></tr>
<tr><td>1</td><td>癸丑(寅卯)</td><td>甲辰</td><td>酉</td><td>辰</td><td>17</td><td>己巳(戌亥)</td><td>甲子</td><td>戌</td><td>辰</td></tr>
<tr><td>2</td><td>甲寅(子丑)</td><td>甲寅</td><td>酉</td><td>辰
神藏殺沒
(申寅)</td><td>18</td><td>庚午(戌亥)</td><td>甲子</td><td>戌</td><td>辰</td></tr>
<tr><td>3</td><td>乙卯(子丑)</td><td>甲寅</td><td>酉</td><td>辰</td><td>19</td><td>辛未(戌亥)</td><td>甲子</td><td>戌</td><td>辰</td></tr>
<tr><td>4</td><td>丙辰(子丑)</td><td>甲寅</td><td>酉</td><td>辰</td><td>20</td><td>壬申(戌亥)</td><td>甲子</td><td>戌</td><td>辰</td></tr>
<tr><td>5</td><td>丁巳(子丑)</td><td>甲寅</td><td>酉</td><td>辰</td><td>21</td><td>癸酉(戌亥)</td><td>甲子</td><td>戌</td><td>辰</td></tr>
<tr><td>6</td><td>戊午(子丑)</td><td>甲寅</td><td>酉</td><td>辰</td><td>22</td><td>甲戌(申酉)</td><td>甲戌</td><td>戌</td><td>辰
神藏殺沒
(申寅)</td></tr>
<tr><td>7</td><td>己未(子丑)</td><td>甲寅</td><td>酉</td><td>辰</td><td>23</td><td>乙亥(申酉)</td><td>甲戌</td><td>戌</td><td>辰</td></tr>
<tr><td rowspan="2">8</td><td rowspan="2">庚申(子丑)
(寒露:建變)</td><td>甲寅</td><td>酉·戌</td><td>辰</td><td rowspan="2">24</td><td rowspan="2">丙子(申酉)
(霜降:將變)</td><td>甲戌</td><td>戌</td><td>辰·卯</td></tr>
<tr><td colspan="3">酉(21:15:59).戌(21:16以後)</td><td colspan="3">辰(00:31:59).卯(00:32以後)</td></tr>
<tr><td>9</td><td>辛酉(子丑)</td><td>甲寅</td><td>戌</td><td>辰</td><td>25</td><td>丁丑(申酉)</td><td>甲戌</td><td>戌</td><td>卯</td></tr>
<tr><td>10</td><td>壬戌(子丑)</td><td>甲寅</td><td>戌</td><td>辰</td><td>26</td><td>戊寅(申酉)</td><td>甲戌</td><td>戌</td><td>卯</td></tr>
<tr><td>11</td><td>癸亥(子丑)</td><td>甲寅</td><td>戌</td><td>辰</td><td>27</td><td>己卯(申酉)</td><td>甲戌</td><td>戌</td><td>卯</td></tr>
<tr><td>12</td><td>甲子(戌亥)</td><td>甲子</td><td>戌</td><td>辰
神藏殺沒
(申寅)</td><td>28</td><td>庚辰(申酉)</td><td>甲戌</td><td>戌</td><td>卯</td></tr>
<tr><td>13</td><td>乙丑(戌亥)</td><td>甲子</td><td>戌</td><td>辰</td><td>29</td><td>辛巳(申酉)</td><td>甲戌</td><td>戌</td><td>卯</td></tr>
<tr><td>14</td><td>丙寅(戌亥)</td><td>甲子</td><td>戌</td><td>辰</td><td>30</td><td>壬午(申酉)</td><td>甲戌</td><td>戌</td><td>卯</td></tr>
<tr><td>15</td><td>丁卯(戌亥)</td><td>甲子</td><td>戌</td><td>辰</td><td>31</td><td>癸未(申酉)</td><td>甲戌</td><td>戌</td><td>卯</td></tr>
<tr><td>16</td><td>戊辰(戌亥)</td><td>甲子</td><td>戌</td><td>辰</td><td></td><td></td><td></td><td></td><td></td></tr>
</table>

2027(丁未)年 11月[陽曆]

日	日辰(空亡)	旬	月建	月將	日	日辰(空亡)	旬	月建	月將
1	甲申(午未)	甲申	戌	卯 神藏殺沒 (未丑)	17	庚子(辰巳)	甲午	亥	卯
2	乙酉(午未)	甲申	戌	卯	18	辛丑(辰巳)	甲午	亥	卯
3	丙戌(午未)	甲申	戌	卯	19	壬寅(辰巳)	甲午	亥	卯
4	丁亥(午未)	甲申	戌	卯	20	癸卯(辰巳)	甲午	亥	卯
5	戊子(午未)	甲申	戌	卯	21	甲辰(寅卯)	甲辰	亥	卯 神藏殺沒 (未丑)
6	己丑(午未)	甲申	戌	卯	22	乙巳(寅卯) (小雪:將變)	甲辰	亥	卯·寅 卯(22:14:59).寅(22:15以後)
7	庚寅(午未)	甲申	戌	卯	23	丙午(寅卯)	甲辰	亥	寅
8	辛卯(午未) (立冬:建變)	甲申	戌·亥 戌(00:36:59).亥(00:37以後)	卯	24	丁未(寅卯)	甲辰	亥	寅
9	壬辰(午未)	甲申	亥	卯	25	戊申(寅卯)	甲辰	亥	寅
10	癸巳(午未)	甲申	亥	卯	26	己酉(寅卯)	甲辰	亥	寅
11	甲午(辰巳)	甲午	亥	卯 神藏殺沒 (未丑)	27	庚戌(寅卯)	甲辰	亥	寅
12	乙未(辰巳)	甲午	亥	卯	28	辛亥(寅卯)	甲辰	亥	寅
13	丙申(辰巳)	甲午	亥	卯	29	壬子(寅卯)	甲辰	亥	寅
14	丁酉(辰巳)	甲午	亥	卯	30	癸丑(寅卯)	甲辰	亥	寅
15	戊戌(辰巳)	甲午	亥	卯					
16	己亥(辰巳)	甲午	亥	卯					

2027(丁未)年 12月[陽曆]

日	日辰(空亡)	旬	月建	月將	日	日辰(空亡)	旬	月建	月將
1	甲寅(子丑)	甲寅	亥	寅 神藏殺沒 (午子)	17	庚午(戌亥)	甲子	子	寅
2	乙卯(子丑)	甲寅	亥	寅	18	辛未(戌亥)	甲子	子	寅
3	丙辰(子丑)	甲寅	亥	寅	19	壬申(戌亥)	甲子	子	寅
4	丁巳(子丑)	甲寅	亥	寅	20	癸酉(戌亥)	甲子	子	寅
5	戊午(子丑)	甲寅	亥	寅	21	甲戌(申酉)	甲戌	子	寅 神藏殺沒 (午子)
6	己未(子丑)	甲寅	亥	寅	22	乙亥(申酉) (冬至:將變)	甲戌 寅(11:40:59).丑(11:41以後)	子	寅·丑
7	庚申(子丑) (大雪:建變)	甲寅 亥(17:35:59).子(17:36以後)	亥·子	寅	23	丙子(申酉)	甲戌	子	丑
8	辛酉(子丑)	甲寅	子	寅	24	丁丑(申酉)	甲戌	子	丑
9	壬戌(子丑)	甲寅	子	寅	25	戊寅(申酉)	甲戌	子	丑
10	癸亥(子丑)	甲寅	子	寅	26	己卯(申酉)	甲戌	子	丑
11	甲子(戌亥)	甲子	子	寅 神藏殺沒 (午子)	27	庚辰(申酉)	甲戌	子	丑
12	乙丑(戌亥)	甲子	子	寅	28	辛巳(申酉)	甲戌	子	丑
13	丙寅(戌亥)	甲子	子	寅	29	壬午(申酉)	甲戌	子	丑
14	丁卯(戌亥)	甲子	子	寅	30	癸未(申酉)	甲戌	子	丑
15	戊辰(戌亥)	甲子	子	寅	31	甲申(午未)	甲申	子	丑 神藏殺沒 (巳亥)
16	己巳(戌亥)	甲子	子	寅					

2028(戊申)年 1月[陽曆]

<table>
<tr><th>日</th><th>日辰(空亡)</th><th>旬</th><th>月建</th><th>月將</th><th>日</th><th>日辰(空亡)</th><th>旬</th><th>月建</th><th>月將</th></tr>
<tr><td>1</td><td>乙酉(午未)</td><td>甲申</td><td>子</td><td>丑</td><td>17</td><td>辛丑(辰巳)</td><td>甲午</td><td>丑</td><td>丑</td></tr>
<tr><td>2</td><td>丙戌(午未)</td><td>甲申</td><td>子</td><td>丑</td><td>18</td><td>壬寅(辰巳)</td><td>甲午</td><td>丑</td><td>丑</td></tr>
<tr><td>3</td><td>丁亥(午未)</td><td>甲申</td><td>子</td><td>丑</td><td>19</td><td>癸卯(辰巳)</td><td>甲午</td><td>丑</td><td>丑</td></tr>
<tr><td rowspan="3">4</td><td rowspan="3">戊子(午未)</td><td rowspan="3">甲申</td><td rowspan="3">子</td><td rowspan="3">丑</td><td rowspan="3">20</td><td rowspan="3">甲辰(寅卯)
(大寒:將變)</td><td>甲辰</td><td>丑</td><td>丑·子</td></tr>
<tr><td colspan="3">丑(22:20:59).子(22:21以後)</td></tr>
<tr><td colspan="3">神藏殺沒
(丑月將:巳亥. 子月將:辰戌)</td></tr>
<tr><td>5</td><td>己丑(午未)</td><td>甲申</td><td>子</td><td>丑</td><td>21</td><td>乙巳(寅卯)</td><td>甲辰</td><td>丑</td><td>子</td></tr>
<tr><td rowspan="2">6</td><td rowspan="2">庚寅(午未)
(小寒:建變)</td><td>甲申</td><td>子·丑</td><td>丑</td><td rowspan="2">22</td><td rowspan="2">丙午(寅卯)</td><td rowspan="2">甲辰</td><td rowspan="2">丑</td><td rowspan="2">子</td></tr>
<tr><td colspan="3">子(04:52:59).丑(04:53以後)</td></tr>
<tr><td>7</td><td>辛卯(午未)</td><td>甲申</td><td>丑</td><td>丑</td><td>23</td><td>丁未(寅卯)</td><td>甲辰</td><td>丑</td><td>子</td></tr>
<tr><td>8</td><td>壬辰(午未)</td><td>甲申</td><td>丑</td><td>丑</td><td>24</td><td>戊申(寅卯)</td><td>甲辰</td><td>丑</td><td>子</td></tr>
<tr><td>9</td><td>癸巳(午未)</td><td>甲申</td><td>丑</td><td>丑</td><td>25</td><td>己酉(寅卯)</td><td>甲辰</td><td>丑</td><td>子</td></tr>
<tr><td>10</td><td>甲午(辰巳)</td><td>甲午</td><td>丑</td><td>丑
神藏殺沒
(巳亥)</td><td>26</td><td>庚戌(寅卯)</td><td>甲辰</td><td>丑</td><td>子</td></tr>
<tr><td>11</td><td>乙未(辰巳)</td><td>甲午</td><td>丑</td><td>丑</td><td>27</td><td>辛亥(寅卯)</td><td>甲辰</td><td>丑</td><td>子</td></tr>
<tr><td>12</td><td>丙申(辰巳)</td><td>甲午</td><td>丑</td><td>丑</td><td>28</td><td>壬子(寅卯)</td><td>甲辰</td><td>丑</td><td>子</td></tr>
<tr><td>13</td><td>丁酉(辰巳)</td><td>甲午</td><td>丑</td><td>丑</td><td>29</td><td>癸丑(寅卯)</td><td>甲辰</td><td>丑</td><td>子</td></tr>
<tr><td>14</td><td>戊戌(辰巳)</td><td>甲午</td><td>丑</td><td>丑</td><td>30</td><td>甲寅(子丑)</td><td>甲寅</td><td>丑</td><td>子
神藏殺沒
(辰戌)</td></tr>
<tr><td>15</td><td>己亥(辰巳)</td><td>甲午</td><td>丑</td><td>丑</td><td>31</td><td>乙卯(子丑)</td><td>甲寅</td><td>丑</td><td>子</td></tr>
<tr><td>16</td><td>庚子(辰巳)</td><td>甲午</td><td>丑</td><td>丑</td><td></td><td></td><td></td><td></td><td></td></tr>
</table>

2028(戊申)年 2月[陽曆]

日	日辰(空亡)	旬	月建	月將	日	日辰(空亡)	旬	月建	月將
1	丙辰(子丑)	甲寅	丑	子	17	壬申(戌亥)	甲子	寅	子
2	丁巳(子丑)	甲寅	丑	子	18	癸酉(戌亥)	甲子	寅	子 神藏殺沒 (辰戌)
3	戊午(子丑)	甲寅	丑	子	19	甲戌(申酉) (雨水:將變)	甲戌 子(12:24:59).亥(12:25以後)	寅	子·亥 神藏殺沒 (子月將:辰戌. 亥月將:卯酉)
4	己未(子丑) (立春:建變)	甲寅 丑(16:29:59).寅(16:30以後)	丑·寅	子	20	乙亥(申酉)	甲戌	寅	亥
5	庚申(子丑)	甲寅	寅	子	21	丙子(申酉)	甲戌	寅	亥
6	辛酉(子丑)	甲寅	寅	子	22	丁丑(申酉)	甲戌	寅	亥
7	壬戌(子丑)	甲寅	寅	子	23	戊寅(申酉)	甲戌	寅	亥 神藏殺沒 (酉卯)
8	癸亥(子丑)	甲寅	寅	子	24	己卯(申酉)	甲戌	寅	亥
9	甲子(戌亥)	甲子	寅	子 神藏殺沒 (辰戌)	25	庚辰(申酉)	甲戌	寅	亥 神藏殺沒 (酉卯)
10	乙丑(戌亥)	甲子	寅	子	26	辛巳(申酉)	甲戌	寅	亥
11	丙寅(戌亥)	甲子	寅	子	27	壬午(申酉)	甲戌	寅	亥
12	丁卯(戌亥)	甲子	寅	子	28	癸未(申酉)	甲戌	寅	亥
13	戊辰(戌亥)	甲子	寅	子	29	甲申(午未)	甲申	寅	亥 神藏殺沒 (卯酉)
14	己巳(戌亥)	甲子	寅	子					
15	庚午(戌亥)	甲子	寅	子					
16	辛未(戌亥)	甲子	寅	子					

2028(戊申)年 3月[陽曆]

日	日辰(空亡)	旬	月建	月將	日	日辰(空亡)	旬	月建	月將
1	乙酉(午未)	甲申	寅	亥	17	辛丑(辰巳)	甲午	卯	亥
2	丙戌(午未)	甲申	寅	亥	18	壬寅(辰巳)	甲午	卯	亥
3	丁亥(午未)	甲申	寅	亥	19	癸卯(辰巳)	甲午	卯	亥
4	戊子(午未)	甲申	寅	亥 神藏殺沒 (酉卯)	20	甲辰(寅卯) (春分:將變)	甲辰 亥(11:15:59).戌(11:16以後) 神藏殺沒(亥月將: 卯酉)	卯	亥.戌
5	己丑(午未) (驚蟄:建變)	甲申 寅(10:23:59).卯(10:24以後)	寅·卯	亥	21	乙巳(寅卯)	甲辰	卯	戌
6	庚寅(午未)	甲申	卯	亥 神藏殺沒 (酉卯)	22	丙午(寅卯)	甲辰	卯	戌
7	辛卯(午未)	甲申	卯	亥	23	丁未(寅卯)	甲辰	卯	戌
8	壬辰(午未)	甲申	卯	亥	24	戊申(寅卯)	甲辰	卯	戌 神藏殺沒 (申寅)
9	癸巳(午未)	甲申	卯	亥	25	己酉(寅卯)	甲辰	卯	戌
10	甲午(辰巳)	甲午	卯	亥 神藏殺沒 (卯酉)	26	庚戌(寅卯)	甲辰	卯	戌 神藏殺沒 (申寅)
11	乙未(辰巳)	甲午	卯	亥	27	辛亥(寅卯)	甲辰	卯	戌
12	丙申(辰巳)	甲午	卯	亥	28	壬子(寅卯)	甲辰	卯	戌
13	丁酉(辰巳)	甲午	卯	亥	29	癸丑(寅卯)	甲辰	卯	戌
14	戊戌(辰巳)	甲午	卯	亥 神藏殺沒 (酉卯)	30	甲寅(子丑)	甲寅	卯	戌
15	己亥(辰巳)	甲午	卯	亥	31	乙卯(子丑)	甲寅	卯	戌
16	庚子(辰巳)	甲午	卯	亥 神藏殺沒 (酉卯)					

2028(戊申)年 4月[陽曆]

日	日辰(空亡)	旬	月建	月將	日	日辰(空亡)	旬	月建	月將
1	丙辰(子丑)	甲寅	卯	戌	17	壬申(戌亥)	甲子	辰	戌
2	丁巳(子丑)	甲寅	卯	戌	18	癸酉(戌亥)	甲子	辰	戌
3	戊午(子丑)	甲寅	卯	戌 神藏殺沒 (申寅)	19	甲戌(申酉) (穀雨:將變)	甲戌	辰	戌·酉 戌(22:07:59).酉(22:08以後)
4	己未(子丑) (清明:建變)	甲寅	卯·辰 卯(15:01:59).辰(15:02以後)	戌	20	乙亥(申酉)	甲戌	辰	酉
5	庚申(子丑)	甲寅	辰	戌 神藏殺沒 (申寅)	21	丙子(申酉)	甲戌	辰	酉
6	辛酉(子丑)	甲寅	辰	戌	22	丁丑(申酉)	甲戌	辰	酉
7	壬戌(子丑)	甲寅	辰	戌	23	戊寅(申酉)	甲戌	辰	酉 神藏殺沒 (未丑)
8	癸亥(子丑)	甲寅	辰	戌	24	己卯(申酉)	甲戌	辰	酉
9	甲子(戌亥)	甲子	辰	戌	25	庚辰(申酉)	甲戌	辰	酉 神藏殺沒 (未丑)
10	乙丑(戌亥)	甲子	辰	戌	26	辛巳(申酉)	甲戌	辰	酉
11	丙寅(戌亥)	甲子	辰	戌	27	壬午(申酉)	甲戌	辰	酉
12	丁卯(戌亥)	甲子	辰	戌	28	癸未(申酉)	甲戌	辰	酉
13	戊辰(戌亥)	甲子	辰	戌 神藏殺沒 (申寅)	29	甲申(午未)	甲申	辰	酉
14	己巳(戌亥)	甲子	辰	戌	30	乙酉(午未)	甲申	辰	酉
15	庚午(戌亥)	甲子	辰	戌 神藏殺沒 (申寅)					
16	辛未(戌亥)	甲子	辰	戌					

2028(戊申)年 5月[陽曆]

日	日辰(空亡)	旬	月建	月將	日	日辰(空亡)	旬	月建	月將
1	丙戌(午未)	甲申	辰	酉	17	壬寅(辰巳)	甲午	巳	酉
2	丁亥(午未)	甲申	辰	酉	18	癸卯(辰巳)	甲午	巳	酉
3	戊子(午未)	甲申	辰	酉 神藏殺沒 (未丑)	19	甲辰(寅卯)	甲辰	巳	酉
4	己丑(午未)	甲申	辰	酉	20	乙巳(寅卯) (小滿:將變)	甲辰	巳	酉·申 酉(21:08:59).申(21:09以後)
5	庚寅(午未) (立夏:建變)	甲申	辰·巳 辰(08:10:59).巳(08:11以後)	酉 神藏殺沒(未丑)	21	丙午(寅卯)	甲辰	巳	申
6	辛卯(午未)	甲申	巳	酉	22	丁未(寅卯)	甲辰	巳	申
7	壬辰(午未)	甲申	巳	酉	23	戊申(寅卯)	甲辰	巳	申 神藏殺沒 (午子)
8	癸巳(午未)	甲申	巳	酉	24	己酉(寅卯)	甲辰	巳	申
9	甲午(辰巳)	甲午	巳	酉	25	庚戌(寅卯)	甲辰	巳	申 神藏殺沒 (午子)
10	乙未(辰巳)	甲午	巳	酉	26	辛亥(寅卯)	甲辰	巳	申
11	丙申(辰巳)	甲午	巳	酉	27	壬子(寅卯)	甲辰	巳	申
12	丁酉(辰巳)	甲午	巳	酉	28	癸丑(寅卯)	甲辰	巳	申
13	戊戌(辰巳)	甲午	巳	酉 神藏殺沒 (未丑)	29	甲寅(子丑)	甲寅	巳	申
14	己亥(辰巳)	甲午	巳	酉	30	乙卯(子丑)	甲寅	巳	申
15	庚子(辰巳)	甲午	巳	酉 神藏殺沒 (未丑)	31	丙辰(子丑)	甲寅	巳	申
16	辛丑(辰巳)	甲午	巳	酉					

2028(戊申)年 6月[陽曆]

日	日辰(空亡)	旬	月建	月將	日	日辰(空亡)	旬	月建	月將
1	丁巳(子丑)	甲寅	巳	申	17	癸酉(戌亥)	甲子	午	申
2	戊午(子丑)	甲寅	巳	申 神藏殺沒 (午子)	18	甲戌(申酉)	甲戌	午	申
3	己未(子丑)	甲寅	巳	申	19	乙亥(申酉)	甲戌	午	申
4	庚申(子丑)	甲寅	巳	申 神藏殺沒 (午子)	20	丙子(申酉)	甲戌	午	申
5	辛酉(子丑) (芒種:建變)	甲寅	巳·午	申	21	丁丑(申酉) (夏至:將變)	甲戌	午	申·未
		巳(12:14:59).午(12:15以後)					申(05:00:59).未(05:01以後)		
6	壬戌(子丑)	甲寅	午	申	22	戊寅(申酉)	甲戌	午	未 神藏殺沒 (巳亥)
7	癸亥(子丑)	甲寅	午	申	23	己卯(申酉)	甲戌	午	未
8	甲子(戌亥)	甲子	午	申	24	庚辰(申酉)	甲戌	午	未 神藏殺沒 (巳亥)
9	乙丑(戌亥)	甲子	午	申	25	辛巳(申酉)	甲戌	午	未
10	丙寅(戌亥)	甲子	午	申	26	壬午(申酉)	甲戌	午	未
11	丁卯(戌亥)	甲子	午	申	27	癸未(申酉)	甲戌	午	未
12	戊辰(戌亥)	甲子	午	申 神藏殺沒 (午子)	28	甲申(午未)	甲申	午	未
13	己巳(戌亥)	甲子	午	申	29	乙酉(午未)	甲申	午	未
14	庚午(戌亥)	甲子	午	申 神藏殺沒 (午子)	30	丙戌(午未)	甲申	午	未
15	辛未(戌亥)	甲子	午	申					
16	壬申(戌亥)	甲子	午	申					

2028(戊申)年 7月[陽曆]

日	日辰(空亡)	旬	月建	月將	日	日辰(空亡)	旬	月建	月將
1	丁亥(午未)	甲申	午	未	17	癸卯(辰巳)	甲午	未	未
2	戊子(午未)	甲申	午	未 神藏殺沒 (巳亥)	18	甲辰(寅卯)	甲辰	未	未
3	己丑(午未)	甲申	午	未	19	乙巳(寅卯)	甲辰	未	未
4	庚寅(午未)	甲申	午	未 神藏殺沒 (巳亥)	20	丙午(寅卯)	甲辰	未	未
5	辛卯(午未)	甲申	午	未	21	丁未(寅卯)	甲辰	未	未
6	壬辰(午未) (小暑:建變)	甲申	午·未	未 午(22:28:59).未(22:29以後)	22	戊申(寅卯) (大暑:將變)	甲辰	未	未·午 未(15:52:59).午(15:53以後) 神藏殺沒 (未月將:巳亥. 午月將:辰戌)
7	癸巳(午未)	甲申	未	未	23	己酉(寅卯)	甲辰	未	午
8	甲午(辰巳)	甲午	未	未	24	庚戌(寅卯)	甲辰	未	午 神藏殺沒 (辰戌)
9	乙未(辰巳)	甲午	未	未	25	辛亥(寅卯)	甲辰	未	午
10	丙申(辰巳)	甲午	未	未	26	壬子(寅卯)	甲辰	未	午
11	丁酉(辰巳)	甲午	未	未	27	癸丑(寅卯)	甲辰	未	午
12	戊戌(辰巳)	甲午	未	未 神藏殺沒 (巳亥)	28	甲寅(子丑)	甲寅	未	午
13	己亥(辰巳)	甲午	未	未	29	乙卯(子丑)	甲寅	未	午
14	庚子(辰巳)	甲午	未	未 神藏殺沒 (巳亥)	30	丙辰(子丑)	甲寅	未	午
15	辛丑(辰巳)	甲午	未	未	31	丁巳(子丑)	甲寅	未	午
16	壬寅(辰巳)	甲午	未	未					

2028(戊申)年 8月[陽曆]

日	日辰(空亡)	旬	月建	月將	日	日辰(空亡)	旬	月建	月將
1	戊午(子丑)	甲寅	未	午 神藏殺沒 (辰戌)	17	甲戌(申酉)	甲戌	申	午
2	己未(子丑)	甲寅	未	午	18	乙亥(申酉)	甲戌	申	午
3	庚申(子丑)	甲寅	未	午 神藏殺沒 (辰戌)	19	丙子(申酉)	甲戌	申	午
4	辛酉(子丑)	甲寅	未	午	20	丁丑(申酉)	甲戌	申	午
5	壬戌(子丑)	甲寅	未	午	21	戊寅(申酉)	甲戌	申	午 神藏殺沒 (辰戌)
6	癸亥(子丑)	甲寅	未	午	22	己卯(申酉) (處暑:將變)	甲戌	申	午·巳 午(22:59:59).巳(23:00以後)
7	甲子(戌亥) (立秋:建變)	甲子	未·申 未(08:19:59).申(08:20以後)	午	23	庚辰(申酉)	甲戌	申	巳 神藏殺沒 (卯酉)
8	乙丑(戌亥)	甲子	申	午	24	辛巳(申酉)	甲戌	申	巳
9	丙寅(戌亥)	甲子	申	午	25	壬午(申酉)	甲戌	申	巳
10	丁卯(戌亥)	甲子	申	午	26	癸未(申酉)	甲戌	申	巳
11	戊辰(戌亥)	甲子	申	午 神藏殺沒 (辰戌)	27	甲申(午未)	甲申	申	巳 神藏殺沒 (酉卯)
12	己巳(戌亥)	甲子	申	午	28	乙酉(午未)	甲申	申	巳
13	庚午(戌亥)	甲子	申	午 神藏殺沒 (辰戌)	29	丙戌(午未)	甲申	申	巳
14	辛未(戌亥)	甲子	申	午	30	丁亥(午未)	甲申	申	巳
15	壬申(戌亥)	甲子	申	午	31	戊子(午未)	甲申	申	巳 神藏殺沒 (卯酉)
16	癸酉(戌亥)	甲子	申	午					

2028(戊申)年 9月[陽曆]

日	日辰(空亡)	旬	月建	月將	日	日辰(空亡)	旬	月建	月將
1	己丑(午未)	甲申	申	巳	17	乙巳(寅卯)	甲辰	酉	巳
2	庚寅(午未)	甲申	申	巳 神藏殺沒 (卯酉)	18	丙午(寅卯)	甲辰	酉	巳
3	辛卯(午未)	甲申	申	巳	19	丁未(寅卯)	甲辰	酉	巳
4	壬辰(午未)	甲申	申	巳	20	戊申(寅卯)	甲辰	酉	巳 神藏殺沒 (卯酉)
5	癸巳(午未)	甲申	申	巳	21	己酉(寅卯)	甲辰	酉	巳
6	甲午(辰巳)	甲午	申	巳 神藏殺沒 (酉卯)	22	庚戌(寅卯) (秋分:將變)	甲辰	酉	巳·辰 巳(20:43:59).辰(20:44以後) 神藏殺沒(巳月將: 卯酉)
7	乙未(辰巳) (白露:建變)	甲午	申·酉 申(11:20:59).酉(11:21以後)	巳	23	辛亥(寅卯)	甲辰	酉	辰
8	丙申(辰巳)	甲午	酉	巳	24	壬子(寅卯)	甲辰	酉	辰
9	丁酉(辰巳)	甲午	酉	巳	25	癸丑(寅卯)	甲辰	酉	辰
10	戊戌(辰巳)	甲午	酉	巳 神藏殺沒 (卯酉)	26	甲寅(子丑)	甲寅	酉	辰 神藏殺沒 (申寅)
11	己亥(辰巳)	甲午	酉	巳	27	乙卯(子丑)	甲寅	酉	辰
12	庚子(辰巳)	甲午	酉	巳 神藏殺沒 (卯酉)	28	丙辰(子丑)	甲寅	酉	辰
13	辛丑(辰巳)	甲午	酉	巳	29	丁巳(子丑)	甲寅	酉	辰
14	壬寅(辰巳)	甲午	酉	巳	30	戊午(子丑)	甲寅	酉	辰
15	癸卯(辰巳)	甲午	酉	巳					
16	甲辰(寅卯)	甲辰	酉	巳 神藏殺沒 (酉卯)					

2028(戊申)年 10月[陽曆]

日	日辰(空亡)	旬	月建	月將	日	日辰(空亡)	旬	月建	月將
1	己未(子丑)	甲寅	酉	辰	17	乙亥(申酉)	甲戌	戌	辰
2	庚申(子丑)	甲寅	酉	辰	18	丙子(申酉)	甲戌	戌	辰
3	辛酉(子丑)	甲寅	酉	辰	19	丁丑(申酉)	甲戌	戌	辰
4	壬戌(子丑)	甲寅	酉	辰	20	戊寅(申酉)	甲戌	戌	辰
5	癸亥(子丑)	甲寅	酉	辰	21	己卯(申酉)	甲戌	戌	辰
6	甲子(戌亥)	甲子	酉	辰 神藏殺沒 (申寅)	22	庚辰(申酉)	甲戌	戌	辰
7	乙丑(戌亥)	甲子	酉	辰	23	辛巳(申酉) (霜降:將變)	甲戌	戌	辰·卯 辰(06:11:59).卯(06:12以後)
8	丙寅(戌亥) (寒露:建變)	甲子	酉·戌 酉(03:06:59).戌(03:07以後)	辰	24	壬午(申酉)	甲戌	戌	卯
9	丁卯(戌亥)	甲子	戌	辰	25	癸未(申酉)	甲戌	戌	卯
10	戊辰(戌亥)	甲子	戌	辰	26	甲申(午未)	甲申	戌	卯 神藏殺沒 (未丑)
11	己巳(戌亥)	甲子	戌	辰	27	乙酉(午未)	甲申	戌	卯
12	庚午(戌亥)	甲子	戌	辰	28	丙戌(午未)	甲申	戌	卯
13	辛未(戌亥)	甲子	戌	辰	29	丁亥(午未)	甲申	戌	卯
14	壬申(戌亥)	甲子	戌	辰	30	戊子(午未)	甲申	戌	卯
15	癸酉(戌亥)	甲子	戌	辰	31	己丑(午未)	甲申	戌	卯
16	甲戌(申酉)	甲戌	戌	辰 神藏殺沒 (申寅)					

2028(戊申)年 11月[陽曆]

日	日辰(空亡)	旬	月建	月將	日	日辰(空亡)	旬	月建	月將
1	庚寅(午未)	甲申	戊	卯	17	丙午(寅卯)	甲辰	亥	卯
2	辛卯(午未)	甲申	戊	卯	18	丁未(寅卯)	甲辰	亥	卯
3	壬辰(午未)	甲申	戊	卯	19	戊申(寅卯)	甲辰	亥	卯
4	癸巳(午未)	甲申	戊	卯	20	己酉(寅卯)	甲辰	亥	卯
5	甲午(辰巳)	甲午	戊	卯 神藏殺沒 (未丑)	21	庚戌(寅卯)	甲辰	亥	卯
6	乙未(辰巳)	甲午	戊	卯	22	辛亥(寅卯) (小雪:將變)	甲辰	亥	卯·寅 卯(03:52:59).寅(03:53以後)
7	丙申(辰巳) (立冬:建變)	甲午	戊·亥 戊(06:25:59).亥(06:26以後)	卯	23	壬子(寅卯)	甲辰	亥	寅
8	丁酉(辰巳)	甲午	亥	卯	24	癸丑(寅卯)	甲辰	亥	寅
9	戊戌(辰巳)	甲午	亥	卯	25	甲寅(子丑)	甲寅	亥	寅 神藏殺沒 (午子)
10	己亥(辰巳)	甲午	亥	卯	26	乙卯(子丑)	甲寅	亥	寅
11	庚子(辰巳)	甲午	亥	卯	27	丙辰(子丑)	甲寅	亥	寅
12	辛丑(辰巳)	甲午	亥	卯	28	丁巳(子丑)	甲寅	亥	寅
13	壬寅(辰巳)	甲午	亥	卯	29	戊午(子丑)	甲寅	亥	寅
14	癸卯(辰巳)	甲午	亥	卯	30	己未(子丑)	甲寅	亥	寅
15	甲辰(寅卯)	甲辰	亥	卯 神藏殺沒 (未丑)					
16	乙巳(寅卯)	甲辰	亥	卯					

2028(戊申)年 12月[陽曆]

日	日辰(空亡)	旬	月建	月將	日	日辰(空亡)	旬	月建	月將
1	庚申(子丑)	甲寅	亥	寅	17	丙子(申酉)	甲戌	子	寅
2	辛酉(子丑)	甲寅	亥	寅	18	丁丑(申酉)	甲戌	子	寅
3	壬戌(子丑)	甲寅	亥	寅	19	戊寅(申酉)	甲戌	子	寅
4	癸亥(子丑)	甲寅	亥	寅	20	己卯(申酉)	甲戌	子	寅
5	甲子(戌亥)	甲子	亥	寅 神藏殺沒 (午子)	21	庚辰(申酉) (冬至:將變)	甲戌	子	寅·丑 寅(17:17:59).丑(17:18以後)
6	乙丑(戌亥) (大雪:建變)	甲子	亥·子 亥(23:22:59).子(23:23以後)	寅	22	辛巳(申酉)	甲戌	子	丑
7	丙寅(戌亥)	甲子	子	寅	23	壬午(申酉)	甲戌	子	丑
8	丁卯(戌亥)	甲子	子	寅	24	癸未(申酉)	甲戌	子	丑
9	戊辰(戌亥)	甲子	子	寅	25	甲申(午未)	甲申	子	丑 神藏殺沒 (巳亥)
10	己巳(戌亥)	甲子	子	寅	26	乙酉(午未)	甲申	子	丑
11	庚午(戌亥)	甲子	子	寅	27	丙戌(午未)	甲申	子	丑
12	辛未(戌亥)	甲子	子	寅	28	丁亥(午未)	甲申	子	丑
13	壬申(戌亥)	甲子	子	寅	29	戊子(午未)	甲申	子	丑
14	癸酉(戌亥)	甲子	子	寅	30	己丑(午未)	甲申	子	丑
15	甲戌(申酉)	甲戌	子	寅 神藏殺沒 (午子)	31	庚寅(午未)	甲申	子	丑
16	乙亥(申酉)	甲戌	子	寅					

2029(己酉)年 1月[陽曆]

<table>
<tr><th>日</th><th>日辰(空亡)</th><th>旬</th><th>月建</th><th>月將</th><th>日</th><th>日辰(空亡)</th><th>旬</th><th>月建</th><th>月將</th></tr>
<tr><td>1</td><td>辛卯(午未)</td><td>甲申</td><td>子</td><td>丑</td><td>17</td><td>丁未(寅卯)</td><td>甲辰</td><td>丑</td><td>丑</td></tr>
<tr><td>2</td><td>壬辰(午未)</td><td>甲申</td><td>子</td><td>丑</td><td>18</td><td>戊申(寅卯)</td><td>甲辰</td><td>丑</td><td>丑</td></tr>
<tr><td>3</td><td>癸巳(午未)</td><td>甲申</td><td>子</td><td>丑</td><td>19</td><td>己酉(寅卯)</td><td>甲辰</td><td>丑</td><td>丑</td></tr>
<tr><td rowspan="2">4</td><td rowspan="2">甲午(辰巳)</td><td rowspan="2">甲午</td><td rowspan="2">子</td><td rowspan="2">丑
神藏殺沒
(巳亥)</td><td rowspan="2">20</td><td rowspan="2">庚戌(寅卯)
(大寒:將變)</td><td>甲辰</td><td>丑</td><td>丑·子</td></tr>
<tr><td colspan="3">丑(03:59:59).子(04:00以後)</td></tr>
<tr><td rowspan="2">5</td><td rowspan="2">乙未(辰巳)
(小寒:建變)</td><td>甲午</td><td>子·丑</td><td>丑</td><td rowspan="2">21</td><td rowspan="2">辛亥(寅卯)</td><td rowspan="2">甲辰</td><td rowspan="2">丑</td><td rowspan="2">子</td></tr>
<tr><td colspan="3">子(10:40:59).丑(10:41以後)</td></tr>
<tr><td>6</td><td>丙申(辰巳)</td><td>甲午</td><td>丑</td><td>丑</td><td>22</td><td>壬子(寅卯)</td><td>甲辰</td><td>丑</td><td>子</td></tr>
<tr><td>7</td><td>丁酉(辰巳)</td><td>甲午</td><td>丑</td><td>丑</td><td>23</td><td>癸丑(寅卯)</td><td>甲辰</td><td>丑</td><td>子</td></tr>
<tr><td>8</td><td>戊戌(辰巳)</td><td>甲午</td><td>丑</td><td>丑</td><td>24</td><td>甲寅(子丑)</td><td>甲寅</td><td>丑</td><td>子
神藏殺沒
(辰戌)</td></tr>
<tr><td>9</td><td>己亥(辰巳)</td><td>甲午</td><td>丑</td><td>丑</td><td>25</td><td>乙卯(子丑)</td><td>甲寅</td><td>丑</td><td>子</td></tr>
<tr><td>10</td><td>庚子(辰巳)</td><td>甲午</td><td>丑</td><td>丑</td><td>26</td><td>丙辰(子丑)</td><td>甲寅</td><td>丑</td><td>子</td></tr>
<tr><td>11</td><td>辛丑(辰巳)</td><td>甲午</td><td>丑</td><td>丑</td><td>27</td><td>丁巳(子丑)</td><td>甲寅</td><td>丑</td><td>子</td></tr>
<tr><td>12</td><td>壬寅(辰巳)</td><td>甲午</td><td>丑</td><td>丑</td><td>28</td><td>戊午(子丑)</td><td>甲寅</td><td>丑</td><td>子</td></tr>
<tr><td>13</td><td>癸卯(辰巳)</td><td>甲午</td><td>丑</td><td>丑</td><td>29</td><td>己未(子丑)</td><td>甲寅</td><td>丑</td><td>子</td></tr>
<tr><td>14</td><td>甲辰(寅卯)</td><td>甲辰</td><td>丑</td><td>丑
神藏殺沒
(巳亥)</td><td>30</td><td>庚申(子丑)</td><td>甲寅</td><td>丑</td><td>子</td></tr>
<tr><td>15</td><td>乙巳(寅卯)</td><td>甲辰</td><td>丑</td><td>丑</td><td>31</td><td>辛酉(子丑)</td><td>甲寅</td><td>丑</td><td>子</td></tr>
<tr><td>16</td><td>丙午(寅卯)</td><td>甲辰</td><td>丑</td><td>丑</td><td></td><td></td><td></td><td></td><td></td></tr>
</table>

2029(己酉)年 2月[陽曆]

日	日辰(空亡)	旬	月建	月將	日	日辰(空亡)	旬	月建	月將
1	壬戌(子丑)	甲寅	丑	子	17	戊寅(申酉)	甲戌	寅	子
2	癸亥(子丑)	甲寅	丑	子	18	己卯(申酉) (雨水:將變)	甲戌 子(18:06:59).亥(18:07以後)	寅	子·亥
3	甲子(戌亥) (立春:建變)	甲子 丑(22:19:59).寅(22:20以後) 神藏殺沒(辰戌)	丑·寅	子	19	庚辰(申酉)	甲戌	寅	亥 神藏殺沒 (酉卯)
4	乙丑(戌亥)	甲子	寅	子	20	辛巳(申酉)	甲戌	寅	亥
5	丙寅(戌亥)	甲子	寅	子	21	壬午(申酉)	甲戌	寅	亥
6	丁卯(戌亥)	甲子	寅	子	22	癸未(申酉)	甲戌	寅	亥
7	戊辰(戌亥)	甲子	寅	子	23	甲申(午未)	甲申	寅	亥 神藏殺沒 (卯酉)
8	己巳(戌亥)	甲子	寅	子	24	乙酉(午未)	甲申	寅	亥
9	庚午(戌亥)	甲子	寅	子	25	丙戌(午未)	甲申	寅	亥
10	辛未(戌亥)	甲子	寅	子	26	丁亥(午未)	甲申	寅	亥
11	壬申(戌亥)	甲子	寅	子	27	戊子(午未)	甲申	寅	亥 神藏殺沒 (酉卯)
12	癸酉(戌亥)	甲子	寅	子	28	己丑(午未)	甲申	寅	亥
13	甲戌(申酉)	甲戌	寅	子 神藏殺沒 (辰戌)					
14	乙亥(申酉)	甲戌	寅	子					
15	丙子(申酉)	甲戌	寅	子					
16	丁丑(申酉)	甲戌	寅	子					

2029(己酉)年 3月[陽曆]

日	日辰(空亡)	旬	月建	月將	日	日辰(空亡)	旬	月建	月將
1	庚寅(午未)	甲申	寅	亥 神藏殺沒 (酉卯)	17	丙午(寅卯)	甲辰	卯	亥
2	辛卯(午未)	甲申	寅	亥	18	丁未(寅卯)	甲辰	卯	亥
3	壬辰(午未)	甲申	寅	亥	19	戊申(寅卯)	甲辰	卯	亥 神藏殺沒 (酉卯)
4	癸巳(午未)	甲申	寅	亥	20	己酉(寅卯) (春分:將變)	甲辰 亥(17:00:59).戌(17:01以後)	卯	亥·戌
5	甲午(辰巳) (驚蟄:建變)	甲午 寅(16:15:59).卯(16:16以後) 神藏殺沒(卯酉)	寅·卯	亥	21	庚戌(寅卯)	甲辰	卯	戌 神藏殺沒 (申寅)
6	乙未(辰巳)	甲午	卯	亥	22	辛亥(寅卯)	甲辰	卯	戌
7	丙申(辰巳)	甲午	卯	亥	23	壬子(寅卯)	甲辰	卯	戌
8	丁酉(辰巳)	甲午	卯	亥	24	癸丑(寅卯)	甲辰	卯	戌
9	戊戌(辰巳)	甲午	卯	亥 神藏殺沒 (酉卯)	25	甲寅(子丑)	甲寅	卯	戌
10	己亥(辰巳)	甲午	卯	亥	26	乙卯(子丑)	甲寅	卯	戌
11	庚子(辰巳)	甲午	卯	亥 神藏殺沒 (酉卯)	27	丙辰(子丑)	甲寅	卯	戌
12	辛丑(辰巳)	甲午	卯	亥	28	丁巳(子丑)	甲寅	卯	戌
13	壬寅(辰巳)	甲午	卯	亥	29	戊午(子丑)	甲寅	卯	戌 神藏殺沒 (申寅)
14	癸卯(辰巳)	甲午	卯	亥	30	己未(子丑)	甲寅	卯	戌
15	甲辰(寅卯)	甲辰	卯	亥 神藏殺沒 (卯酉)	31	庚申(子丑)	甲寅	卯	戌 神藏殺沒 (申寅)
16	乙巳(寅卯)	甲辰	卯	亥					

2029(己酉)年 4月[陽曆]

<table>
<tr><th>日</th><th>日辰(空亡)</th><th>旬</th><th>月建</th><th>月將</th><th>日</th><th>日辰(空亡)</th><th>旬</th><th>月建</th><th>月將</th></tr>
<tr><td>1</td><td>辛酉(子丑)</td><td>甲寅</td><td>卯</td><td>戌</td><td>17</td><td>丁丑(申酉)</td><td>甲戌</td><td>辰</td><td>戌</td></tr>
<tr><td>2</td><td>壬戌(子丑)</td><td>甲寅</td><td>卯</td><td>戌</td><td>18</td><td>戊寅(申酉)</td><td>甲戌</td><td>辰</td><td>戌
神藏殺沒
(申寅)</td></tr>
<tr><td>3</td><td>癸亥(子丑)</td><td>甲寅</td><td>卯</td><td>戌</td><td>19</td><td>己卯(申酉)</td><td>甲戌</td><td>辰</td><td>戌</td></tr>
<tr><td rowspan="3">4</td><td rowspan="3">甲子(戌亥)
(淸明:建變)</td><td rowspan="2">甲子</td><td rowspan="2">卯·辰</td><td rowspan="2">戌</td><td rowspan="3">20</td><td rowspan="3">庚辰(申酉)
(穀雨:將變)</td><td>甲戌</td><td>辰</td><td>戌·酉</td></tr>
<tr><td colspan="3">戌(03:53:59).酉(03:54以後)</td></tr>
<tr><td colspan="3">卯(20:56:59).辰(20:57以後)</td><td colspan="3">神藏殺沒
(戌月將: 申寅. 酉月將:未丑)</td></tr>
<tr><td>5</td><td>乙丑(戌亥)</td><td>甲子</td><td>辰</td><td>戌</td><td>21</td><td>辛巳(申酉)</td><td>甲戌</td><td>辰</td><td>酉</td></tr>
<tr><td>6</td><td>丙寅(戌亥)</td><td>甲子</td><td>辰</td><td>戌</td><td>22</td><td>壬午(申酉)</td><td>甲戌</td><td>辰</td><td>酉</td></tr>
<tr><td>7</td><td>丁卯(戌亥)</td><td>甲子</td><td>辰</td><td>戌</td><td>23</td><td>癸未(申酉)</td><td>甲戌</td><td>辰</td><td>酉</td></tr>
<tr><td>8</td><td>戊辰(戌亥)</td><td>甲子</td><td>辰</td><td>戌
神藏殺沒
(申寅)</td><td>24</td><td>甲申(午未)</td><td>甲申</td><td>辰</td><td>酉</td></tr>
<tr><td>9</td><td>己巳(戌亥)</td><td>甲子</td><td>辰</td><td>戌</td><td>25</td><td>乙酉(午未)</td><td>甲申</td><td>辰</td><td>酉</td></tr>
<tr><td>10</td><td>庚午(戌亥)</td><td>甲子</td><td>辰</td><td>戌
神藏殺沒
(申寅)</td><td>26</td><td>丙戌(午未)</td><td>甲申</td><td>辰</td><td>酉</td></tr>
<tr><td>11</td><td>辛未(戌亥)</td><td>甲子</td><td>辰</td><td>戌</td><td>27</td><td>丁亥(午未)</td><td>甲申</td><td>辰</td><td>酉</td></tr>
<tr><td>12</td><td>壬申(戌亥)</td><td>甲子</td><td>辰</td><td>戌</td><td>28</td><td>戊子(午未)</td><td>甲申</td><td>辰</td><td>酉
神藏殺沒
(未丑)</td></tr>
<tr><td>13</td><td>癸酉(戌亥)</td><td>甲子</td><td>辰</td><td>戌</td><td>29</td><td>己丑(午未)</td><td>甲申</td><td>辰</td><td>酉</td></tr>
<tr><td>14</td><td>甲戌(申酉)</td><td>甲戌</td><td>辰</td><td>戌</td><td>30</td><td>庚寅(午未)</td><td>甲申</td><td>辰</td><td>酉
神藏殺沒
(未丑)</td></tr>
<tr><td>15</td><td>乙亥(申酉)</td><td>甲戌</td><td>辰</td><td>戌</td><td></td><td></td><td></td><td></td><td></td></tr>
<tr><td>16</td><td>丙子(申酉)</td><td>甲戌</td><td>辰</td><td>戌</td><td></td><td></td><td></td><td></td><td></td></tr>
</table>

2029(己酉)年 5月[陽曆]

日	日辰(空亡)	旬	月建	月將	日	日辰(空亡)	旬	月建	月將
1	辛卯(午未)	甲申	辰	酉	17	丁未(寅卯)	甲辰	巳	酉
2	壬辰(午未)	甲申	辰	酉	18	戊申(寅卯)	甲辰	巳	酉 神藏殺沒 (未丑)
3	癸巳(午未)	甲申	辰	酉	19	己酉(寅卯)	甲辰	巳	酉
4	甲午(辰巳)	甲午	辰	酉	20	庚戌(寅卯)	甲辰	巳	酉 神藏殺沒 (未丑)
5	乙未(辰巳) (立夏:建變)	甲午	辰·巳 辰(14:06:59).巳(14:07以後)	酉	21	辛亥(寅卯) (小滿:將變)	甲辰	巳	酉·申 酉(02:54:59).申(02:55以後)
6	丙申(辰巳)	甲午	巳	酉	22	壬子(寅卯)	甲辰	巳	申
7	丁酉(辰巳)	甲午	巳	酉	23	癸丑(寅卯)	甲辰	巳	申
8	戊戌(辰巳)	甲午	巳	酉 神藏殺沒 (未丑)	24	甲寅(子丑)	甲寅	巳	申
9	己亥(辰巳)	甲午	巳	酉	25	乙卯(子丑)	甲寅	巳	申
10	庚子(辰巳)	甲午	巳	酉 神藏殺沒 (未丑)	26	丙辰(子丑)	甲寅	巳	申
11	辛丑(辰巳)	甲午	巳	酉	27	丁巳(子丑)	甲寅	巳	申
12	壬寅(辰巳)	甲午	巳	酉	28	戊午(子丑)	甲寅	巳	申 神藏殺沒 (午子)
13	癸卯(辰巳)	甲午	巳	酉	29	己未(子丑)	甲寅	巳	申
14	甲辰(寅卯)	甲辰	巳	酉	30	庚申(子丑)	甲寅	巳	申 神藏殺沒 (午子)
15	乙巳(寅卯)	甲辰	巳	酉	31	辛酉(子丑)	甲寅	巳	申
16	丙午(寅卯)	甲辰	巳	酉					

2029(己酉)年 6月[陽曆]

<table>
<tr><th>日</th><th>日辰(空亡)</th><th>旬</th><th>月建</th><th>月將</th><th>日</th><th>日辰(空亡)</th><th>旬</th><th>月建</th><th>月將</th></tr>
<tr><td>1</td><td>壬戌(子丑)</td><td>甲寅</td><td>巳</td><td>申</td><td>17</td><td>戊寅(申酉)</td><td>甲戌</td><td>午</td><td>申
神藏殺沒
(午子)</td></tr>
<tr><td>2</td><td>癸亥(子丑)</td><td>甲寅</td><td>巳</td><td>申</td><td>18</td><td>己卯(申酉)</td><td>甲戌</td><td>午</td><td>申</td></tr>
<tr><td>3</td><td>甲子(戌亥)</td><td>甲子</td><td>巳</td><td>申</td><td>19</td><td>庚辰(申酉)</td><td>甲戌</td><td>午</td><td>申
神藏殺沒
(午子)</td></tr>
<tr><td>4</td><td>乙丑(戌亥)</td><td>甲子</td><td>巳</td><td>申</td><td>20</td><td>辛巳(申酉)</td><td>甲戌</td><td>午</td><td>申</td></tr>
<tr><td rowspan="2">5</td><td rowspan="2">丙寅(戌亥)
(芒種:建變)</td><td>甲子</td><td>巳·午</td><td>申</td><td rowspan="2">21</td><td rowspan="2">壬午(申酉)
(夏至:將變)</td><td>甲戌</td><td>午</td><td>申·未</td></tr>
<tr><td colspan="3">巳(18:08:59).午(18:09以後)</td><td colspan="3">申(10:46:59).未(10:47以後)</td></tr>
<tr><td>6</td><td>丁卯(戌亥)</td><td>甲子</td><td>午</td><td>申</td><td>22</td><td>癸未(申酉)</td><td>甲戌</td><td>午</td><td>未</td></tr>
<tr><td>7</td><td>戊辰(戌亥)</td><td>甲子</td><td>午</td><td>申
神藏殺沒
(午子)</td><td>23</td><td>甲申(午未)</td><td>甲申</td><td>午</td><td>未</td></tr>
<tr><td>8</td><td>己巳(戌亥)</td><td>甲子</td><td>午</td><td>申</td><td>24</td><td>乙酉(午未)</td><td>甲申</td><td>午</td><td>未</td></tr>
<tr><td>9</td><td>庚午(戌亥)</td><td>甲子</td><td>午</td><td>申
神藏殺沒
(午子)</td><td>25</td><td>丙戌(午未)</td><td>甲申</td><td>午</td><td>未</td></tr>
<tr><td>10</td><td>辛未(戌亥)</td><td>甲子</td><td>午</td><td>申</td><td>26</td><td>丁亥(午未)</td><td>甲申</td><td>午</td><td>未</td></tr>
<tr><td>11</td><td>壬申(戌亥)</td><td>甲子</td><td>午</td><td>申</td><td>27</td><td>戊子(午未)</td><td>甲申</td><td>午</td><td>未
神藏殺沒
(巳亥)</td></tr>
<tr><td>12</td><td>癸酉(戌亥)</td><td>甲子</td><td>午</td><td>申</td><td>28</td><td>己丑(午未)</td><td>甲申</td><td>午</td><td>未</td></tr>
<tr><td>13</td><td>甲戌(申酉)</td><td>甲戌</td><td>午</td><td>申</td><td>29</td><td>庚寅(午未)</td><td>甲申</td><td>午</td><td>未
神藏殺沒
(巳亥)</td></tr>
<tr><td>14</td><td>乙亥(申酉)</td><td>甲戌</td><td>午</td><td>申</td><td>30</td><td>辛卯(午未)</td><td>甲申</td><td>午</td><td>未</td></tr>
<tr><td>15</td><td>丙子(申酉)</td><td>甲戌</td><td>午</td><td>申</td><td></td><td></td><td></td><td></td><td></td></tr>
<tr><td>16</td><td>丁丑(申酉)</td><td>甲戌</td><td>午</td><td>申</td><td></td><td></td><td></td><td></td><td></td></tr>
</table>

2029(己酉)年 7月[陽曆]

<table>
<tr><th>日</th><th>日辰(空亡)</th><th>旬</th><th>月建</th><th>月將</th><th>日</th><th>日辰(空亡)</th><th>旬</th><th>月建</th><th>月將</th></tr>
<tr><td>1</td><td>壬辰(午未)</td><td>甲申</td><td>午</td><td>未</td><td>17</td><td>戊申(寅卯)</td><td>甲辰</td><td>未</td><td>未
神藏殺沒
(巳亥)</td></tr>
<tr><td>2</td><td>癸巳(午未)</td><td>甲申</td><td>午</td><td>未</td><td>18</td><td>己酉(寅卯)</td><td>甲辰</td><td>未</td><td>未</td></tr>
<tr><td>3</td><td>甲午(辰巳)</td><td>甲午</td><td>午</td><td>未</td><td>19</td><td>庚戌(寅卯)</td><td>甲辰</td><td>未</td><td>未
神藏殺沒
(巳亥)</td></tr>
<tr><td>4</td><td>乙未(辰巳)</td><td>甲午</td><td>午</td><td>未</td><td>20</td><td>辛亥(寅卯)</td><td>甲辰</td><td>未</td><td>未</td></tr>
<tr><td>5</td><td>丙申(辰巳)</td><td>甲午</td><td>午</td><td>未</td><td>21</td><td>壬子(寅卯)</td><td>甲辰</td><td>未</td><td>未</td></tr>
<tr><td rowspan="2">6</td><td rowspan="2">丁酉(辰巳)</td><td rowspan="2">甲午</td><td rowspan="2">午</td><td rowspan="2">未</td><td rowspan="2">22</td><td rowspan="2">癸丑(寅卯)
(大暑:將變)</td><td>甲辰</td><td>未</td><td>未·午</td></tr>
<tr><td colspan="3">未(21:40:59).午(21:41以後)</td></tr>
<tr><td rowspan="3">7</td><td rowspan="3">戊戌(辰巳)
(小暑:建變)</td><td>甲午</td><td>午·未</td><td>未</td><td rowspan="3">23</td><td rowspan="3">甲寅(子丑)</td><td rowspan="3">甲寅</td><td rowspan="3">未</td><td rowspan="3">午</td></tr>
<tr><td colspan="3">午(04:20:59).未(04:21以後)</td></tr>
<tr><td colspan="3">神藏殺沒(巳亥)</td></tr>
<tr><td>8</td><td>己亥(辰巳)</td><td>甲午</td><td>未</td><td>未</td><td>24</td><td>乙卯(子丑)</td><td>甲寅</td><td>未</td><td>午</td></tr>
<tr><td>9</td><td>庚子(辰巳)</td><td>甲午</td><td>未</td><td>未
神藏殺沒
(巳亥)</td><td>25</td><td>丙辰(子丑)</td><td>甲寅</td><td>未</td><td>午</td></tr>
<tr><td>10</td><td>辛丑(辰巳)</td><td>甲午</td><td>未</td><td>未</td><td>26</td><td>丁巳(子丑)</td><td>甲寅</td><td>未</td><td>午</td></tr>
<tr><td>11</td><td>壬寅(辰巳)</td><td>甲午</td><td>未</td><td>未</td><td>27</td><td>戊午(子丑)</td><td>甲寅</td><td>未</td><td>午
神藏殺沒
(辰戌)</td></tr>
<tr><td>12</td><td>癸卯(辰巳)</td><td>甲午</td><td>未</td><td>未</td><td>28</td><td>己未(子丑)</td><td>甲寅</td><td>未</td><td>午</td></tr>
<tr><td>13</td><td>甲辰(寅卯)</td><td>甲辰</td><td>未</td><td>未</td><td>29</td><td>庚申(子丑)</td><td>甲寅</td><td>未</td><td>午
神藏殺沒
(辰戌)</td></tr>
<tr><td>14</td><td>乙巳(寅卯)</td><td>甲辰</td><td>未</td><td>未</td><td>30</td><td>辛酉(子丑)</td><td>甲寅</td><td>未</td><td>午</td></tr>
<tr><td>15</td><td>丙午(寅卯)</td><td>甲辰</td><td>未</td><td>未</td><td>31</td><td>壬戌(子丑)</td><td>甲寅</td><td>未</td><td>午</td></tr>
<tr><td>16</td><td>丁未(寅卯)</td><td>甲辰</td><td>未</td><td>未</td><td></td><td></td><td></td><td></td><td></td></tr>
</table>

2029(己酉)年 8月[陽曆]

日	日辰(空亡)	旬	月建	月將	日	日辰(空亡)	旬	月建	月將
1	癸亥(子丑)	甲寅	未	午	17	己卯(申酉)	甲戌	申	午
2	甲子(戌亥)	甲子	未	午	18	庚辰(申酉)	甲戌	申	午 神藏殺沒 (辰戌)
3	乙丑(戌亥)	甲子	未	午	19	辛巳(申酉)	甲戌	申	午
4	丙寅(戌亥)	甲子	未	午	20	壬午(申酉)	甲戌	申	午
5	丁卯(戌亥)	甲子	未	午	21	癸未(申酉)	甲戌	申	午
6	戊辰(戌亥)	甲子	未	午 神藏殺沒 (辰戌)	22	甲申(午未)	甲申	申	午
7	己巳(戌亥) (立秋:建變)	甲子	未·申	午	23	乙酉(午未) (處暑:將變)	甲申	申	午·巳
		未(14:10:59).申(14:11以後)					午(04:49:59).巳(04:50以後)		
8	庚午(戌亥)	甲子	申	午 神藏殺沒 (辰戌)	24	丙戌(午未)	甲申	申	巳
9	辛未(戌亥)	甲子	申	午	25	丁亥(午未)	甲申	申	巳
10	壬申(戌亥)	甲子	申	午	26	戊子(午未)	甲申	申	巳 神藏殺沒 (卯酉)
11	癸酉(戌亥)	甲子	申	午	27	己丑(午未)	甲申	申	巳
12	甲戌(申酉)	甲戌	申	午	28	庚寅(午未)	甲申	申	巳 神藏殺沒 (卯酉)
13	乙亥(申酉)	甲戌	申	午	29	辛卯(午未)	甲申	申	巳
14	丙子(申酉)	甲戌	申	午	30	壬辰(午未)	甲申	申	巳
15	丁丑(申酉)	甲戌	申	午	31	癸巳(午未)	甲申	申	巳
16	戊寅(申酉)	甲戌	申	午 神藏殺沒 (辰戌)					

2029(己酉)年 9月[陽曆]

日	日辰(空亡)	旬	月建	月將	日	日辰(空亡)	旬	月建	月將
1	甲午(辰巳)	甲午	申	巳 神藏殺沒 (酉卯)	17	庚戌(寅卯)	甲辰	酉	巳 神藏殺沒 (卯酉)
2	乙未(辰巳)	甲午	申	巳	18	辛亥(寅卯)	甲辰	酉	巳
3	丙申(辰巳)	甲午	申	巳	19	壬子(寅卯)	甲辰	酉	巳
4	丁酉(辰巳)	甲午	申	巳	20	癸丑(寅卯)	甲辰	酉	巳
5	戊戌(辰巳)	甲午	申	巳 神藏殺沒 (卯酉)	21	甲寅(子丑)	甲寅	酉	巳 神藏殺沒 (酉卯)
6	己亥(辰巳)	甲午	申	巳	22	乙卯(子丑)	甲寅	酉	巳
7	庚子(辰巳) (白露:建變)	甲午	申·酉	巳	23	丙辰(子丑) (秋分:將變)	甲寅	酉	巳·辰
		申(17:10:59).酉(17:11以後)					巳(02:36:59).辰(02:37以後)		
		神藏殺沒(卯酉)							
8	辛丑(辰巳)	甲午	酉	巳	24	丁巳(子丑)	甲寅	酉	辰
9	壬寅(辰巳)	甲午	酉	巳	25	戊午(子丑)	甲寅	酉	辰
10	癸卯(辰巳)	甲午	酉	巳	26	己未(子丑)	甲寅	酉	辰
11	甲辰(寅卯)	甲辰	酉	巳 神藏殺沒 (酉卯)	27	庚申(子丑)	甲寅	酉	辰
12	乙巳(寅卯)	甲辰	酉	巳	28	辛酉(子丑)	甲寅	酉	辰
13	丙午(寅卯)	甲辰	酉	巳	29	壬戌(子丑)	甲寅	酉	辰
14	丁未(寅卯)	甲辰	酉	巳	30	癸亥(子丑)	甲寅	酉	辰
15	戊申(寅卯)	甲辰	酉	巳 神藏殺沒 (卯酉)					
16	己酉(寅卯)	甲辰	酉	巳					

2029(己酉)年 10月[陽曆]

日	日辰(空亡)	旬	月建	月將	日	日辰(空亡)	旬	月建	月將
1	甲子(戌亥)	甲子	酉	辰 神藏殺沒 (申寅)	17	庚辰(申酉)	甲戌	戌	辰
2	乙丑(戌亥)	甲子	酉	辰	18	辛巳(申酉)	甲戌	戌	辰
3	丙寅(戌亥)	甲子	酉	辰	19	壬午(申酉)	甲戌	戌	辰
4	丁卯(戌亥)	甲子	酉	辰	20	癸未(申酉)	甲戌	戌	辰
5	戊辰(戌亥)	甲子	酉	辰	21	甲申(午未)	甲申	戌	辰 神藏殺沒 (申寅)
6	己巳(戌亥)	甲子	酉	辰	22	乙酉(午未)	甲申	戌	辰
7	庚午(戌亥)	甲子	酉	辰	23	丙戌(午未) (霜降:將變)	甲申	戌	辰·卯 辰(12:06:59).卯(12:07以後)
8	辛未(戌亥) (寒露:建變)	甲子	酉·戌 酉(08:56:59).戌(08:57以後)	辰	24	丁亥(午未)	甲申	戌	卯
9	壬申(戌亥)	甲子	戌	辰	25	戊子(午未)	甲申	戌	卯
10	癸酉(戌亥)	甲子	戌	辰	26	己丑(午未)	甲申	戌	卯
11	甲戌(申酉)	甲戌	戌	辰 神藏殺沒 (申寅)	27	庚寅(午未)	甲申	戌	卯
12	乙亥(申酉)	甲戌	戌	辰	28	辛卯(午未)	甲申	戌	卯
13	丙子(申酉)	甲戌	戌	辰	29	壬辰(午未)	甲申	戌	卯
14	丁丑(申酉)	甲戌	戌	辰	30	癸巳(午未)	甲申	戌	卯
15	戊寅(申酉)	甲戌	戌	辰	31	甲午(辰巳)	甲午	戌	卯 神藏殺沒 (未丑)
16	己卯(申酉)	甲戌	戌	辰					

2029(己酉)年 11月[陽曆]

日	日辰(空亡)	旬	月建	月將	日	日辰(空亡)	旬	月建	月將
1	乙未(辰巳)	甲午	戌	卯	17	辛亥(寅卯)	甲辰	亥	卯
2	丙申(辰巳)	甲午	戌	卯	18	壬子(寅卯)	甲辰	亥	卯
3	丁酉(辰巳)	甲午	戌	卯	19	癸丑(寅卯)	甲辰	亥	卯
4	戊戌(辰巳)	甲午	戌	卯	20	甲寅(子丑)	甲寅	亥	卯 神藏殺沒 (未丑)
5	己亥(辰巳)	甲午	戌	卯	21	乙卯(子丑)	甲寅	亥	卯
6	庚子(辰巳)	甲午	戌	卯	22	丙辰(子丑) (小雪:將變)	甲寅 卯(09:47:59).寅(09:48以後)	亥	卯·寅
7	辛丑(辰巳) (立冬:建變)	甲午 戌(12:15:59).亥(12:16以後)	戌·亥	卯	23	丁巳(子丑)	甲寅	亥	寅
8	壬寅(辰巳)	甲午	亥	卯	24	戊午(子丑)	甲寅	亥	寅
9	癸卯(辰巳)	甲午	亥	卯	25	己未(子丑)	甲寅	亥	寅
10	甲辰(寅卯)	甲辰	亥	卯 神藏殺沒 (未丑)	26	庚申(子丑)	甲寅	亥	寅
11	乙巳(寅卯)	甲辰	亥	卯	27	辛酉(子丑)	甲寅	亥	寅
12	丙午(寅卯)	甲辰	亥	卯	28	壬戌(子丑)	甲寅	亥	寅
13	丁未(寅卯)	甲辰	亥	卯	29	癸亥(子丑)	甲寅	亥	寅
14	戊申(寅卯)	甲辰	亥	卯	30	甲子(戌亥)	甲子	亥	寅 神藏殺沒 (午子)
15	己酉(寅卯)	甲辰	亥	卯					
16	庚戌(寅卯)	甲辰	亥	卯					

2029(己酉)年 12月[陽曆]

日	日辰(空亡)	旬	月建	月將	日	日辰(空亡)	旬	月建	月將
1	乙丑(戌亥)	甲子	亥	寅	17	辛巳(申酉)	甲戌	子	寅
2	丙寅(戌亥)	甲子	亥	寅	18	壬午(申酉)	甲戌	子	寅
3	丁卯(戌亥)	甲子	亥	寅	19	癸未(申酉)	甲戌	子	寅
4	戊辰(戌亥)	甲子	亥	寅	20	甲申(午未)	甲申	子	寅 神藏殺沒 (午子)
5	己巳(戌亥)	甲子	亥	寅	21	乙酉(午未) (冬至:將變)	甲申	子	寅.丑 寅(23:12:59).丑(23:13以後)
6	庚午(戌亥)	甲子	亥	寅	22	丙戌(午未)	甲申	子	丑
7	辛未(戌亥) (大雪:建變)	甲子	亥·子 亥(05:12:59).子(05:13以後)	寅	23	丁亥(午未)	甲申	子	丑
8	壬申(戌亥)	甲子	子	寅	24	戊子(午未)	甲申	子	丑
9	癸酉(戌亥)	甲子	子	寅	25	己丑(午未)	甲申	子	丑
10	甲戌(申酉)	甲戌	子	寅 神藏殺沒 (午子)	26	庚寅(午未)	甲申	子	丑
11	乙亥(申酉)	甲戌	子	寅	27	辛卯(午未)	甲申	子	丑
12	丙子(申酉)	甲戌	子	寅	28	壬辰(午未)	甲申	子	丑
13	丁丑(申酉)	甲戌	子	寅	29	癸巳(午未)	甲申	子	丑
14	戊寅(申酉)	甲戌	子	寅	30	甲午(辰巳)	甲午	子	丑 神藏殺沒 (巳亥)
15	己卯(申酉)	甲戌	子	寅	31	乙未(辰巳)	甲午	子	丑
16	庚辰(申酉)	甲戌	子	寅					

2030(庚戌)年 1月[陽曆]

<table>
<tr><th>日</th><th>日辰(空亡)</th><th>旬</th><th>月建</th><th>月將</th><th>日</th><th>日辰(空亡)</th><th>旬</th><th>月建</th><th>月將</th></tr>
<tr><td>1</td><td>丙申(辰巳)</td><td>甲午</td><td>子</td><td>丑</td><td>17</td><td>壬子(寅卯)</td><td>甲辰</td><td>丑</td><td>丑</td></tr>
<tr><td>2</td><td>丁酉(辰巳)</td><td>甲午</td><td>子</td><td>丑</td><td>18</td><td>癸丑(寅卯)</td><td>甲辰</td><td>丑</td><td>丑</td></tr>
<tr><td>3</td><td>戊戌(辰巳)</td><td>甲午</td><td>子</td><td>丑</td><td>19</td><td>甲寅(子丑)</td><td>甲寅</td><td>丑</td><td>丑
神藏殺沒
(巳亥)</td></tr>
<tr><td rowspan="2">4</td><td rowspan="2">己亥(辰巳)</td><td rowspan="2">甲午</td><td rowspan="2">子</td><td rowspan="2">丑</td><td rowspan="2">20</td><td rowspan="2">乙卯(子丑)
(大寒:將變)</td><td>甲寅</td><td>丑</td><td>丑·子</td></tr>
<tr><td colspan="3">丑(09:52:59).子(09:53以後)</td></tr>
<tr><td rowspan="2">5</td><td rowspan="2">庚子(辰巳)
(小寒:建變)</td><td>甲午</td><td>子·丑</td><td>丑</td><td rowspan="2">21</td><td rowspan="2">丙辰(子丑)</td><td rowspan="2">甲寅</td><td rowspan="2">丑</td><td rowspan="2">子</td></tr>
<tr><td colspan="3">子(16:28:59).丑(16:29以後)</td></tr>
<tr><td>6</td><td>辛丑(辰巳)</td><td>甲午</td><td>丑</td><td>丑</td><td>22</td><td>丁巳(子丑)</td><td>甲寅</td><td>丑</td><td>子</td></tr>
<tr><td>7</td><td>壬寅(辰巳)</td><td>甲午</td><td>丑</td><td>丑</td><td>23</td><td>戊午(子丑)</td><td>甲寅</td><td>丑</td><td>子</td></tr>
<tr><td>8</td><td>癸卯(辰巳)</td><td>甲午</td><td>丑</td><td>丑</td><td>24</td><td>己未(子丑)</td><td>甲寅</td><td>丑</td><td>子</td></tr>
<tr><td>9</td><td>甲辰(寅卯)</td><td>甲辰</td><td>丑</td><td>丑
神藏殺沒
(巳亥)</td><td>25</td><td>庚申(子丑)</td><td>甲寅</td><td>丑</td><td>子</td></tr>
<tr><td>10</td><td>乙巳(寅卯)</td><td>甲辰</td><td>丑</td><td>丑</td><td>26</td><td>辛酉(子丑)</td><td>甲寅</td><td>丑</td><td>子</td></tr>
<tr><td>11</td><td>丙午(寅卯)</td><td>甲辰</td><td>丑</td><td>丑</td><td>27</td><td>壬戌(子丑)</td><td>甲寅</td><td>丑</td><td>子</td></tr>
<tr><td>12</td><td>丁未(寅卯)</td><td>甲辰</td><td>丑</td><td>丑</td><td>28</td><td>癸亥(子丑)</td><td>甲寅</td><td>丑</td><td>子</td></tr>
<tr><td>13</td><td>戊申(寅卯)</td><td>甲辰</td><td>丑</td><td>丑</td><td>29</td><td>甲子(戌亥)</td><td>甲子</td><td>丑</td><td>子
神藏殺沒
(辰戌)</td></tr>
<tr><td>14</td><td>己酉(寅卯)</td><td>甲辰</td><td>丑</td><td>丑</td><td>30</td><td>乙丑(戌亥)</td><td>甲子</td><td>丑</td><td>子</td></tr>
<tr><td>15</td><td>庚戌(寅卯)</td><td>甲辰</td><td>丑</td><td>丑</td><td>31</td><td>丙寅(戌亥)</td><td>甲子</td><td>丑</td><td>子</td></tr>
<tr><td>16</td><td>辛亥(寅卯)</td><td>甲辰</td><td>丑</td><td>丑</td><td></td><td></td><td></td><td></td><td></td></tr>
</table>

2030(庚戌)年 2月[陽曆]

日	日辰(空亡)	旬	月建	月將	日	日辰(空亡)	旬	月建	月將
1	丁卯(戌亥)	甲子	丑	子	17	癸亥(申酉)	甲戌	寅	子
2	戊辰(戌亥)	甲子	丑	子	18	甲子(午未) (雨水:將變)	甲申	寅	子·亥 子(23:58:59).亥(23:59以後) 神藏殺沒 (子月將: 辰戌. 亥月將: 卯酉)
3	己巳(戌亥)	甲子	丑	子	19	乙酉(午未)	甲申	寅	亥
4	庚午(戌亥) (立春:建變)	甲子	丑·寅	子 丑(04:06:59).寅(04:07以後)	20	丙戌(午未)	甲申	寅	亥
5	辛未(戌亥)	甲子	寅	子	21	丁亥(午未)	甲申	寅	亥
6	壬申(戌亥)	甲子	寅	子	22	戊子(午未)	甲申	寅	亥 神藏殺沒 (酉卯)
7	癸酉(戌亥)	甲子	寅	子	23	己丑(午未)	甲申	寅	亥
8	甲戌(申酉)	甲戌	寅	子 神藏殺沒 (辰戌)	24	庚寅(午未)	甲申	寅	亥 神藏殺沒 (酉卯)
9	乙亥(申酉)	甲戌	寅	子	25	辛卯(午未)	甲申	寅	亥
10	丙子(申酉)	甲戌	寅	子	26	壬辰(午未)	甲申	寅	亥
11	丁丑(申酉)	甲戌	寅	子	27	癸巳(午未)	甲申	寅	亥
12	戊寅(申酉)	甲戌	寅	子	28	甲午(辰巳)	甲午	寅	亥 神藏殺沒 (卯酉)
13	己卯(申酉)	甲戌	寅	子					
14	庚辰(申酉)	甲戌	寅	子					
15	辛巳(申酉)	甲戌	寅	子					
16	壬午(申酉)	甲戌	寅	子					

2030(庚戌)年 3月[陽曆]

日	日辰(空亡)	旬	月建	月將	日	日辰(空亡)	旬	月建	月將
1	乙未(辰巳)	甲午	寅	亥	17	辛亥(寅卯)	甲辰	卯	亥
2	丙申(辰巳)	甲午	寅	亥	18	壬子(寅卯)	甲辰	卯	亥
3	丁酉(辰巳)	甲午	寅	亥	19	癸丑(寅卯)	甲辰	卯	亥
4	戊戌(辰巳)	甲午	寅	亥 神藏殺沒 (酉卯)	20	甲寅(子丑) (春分:將變)	甲寅 亥(22:50:59).戌(22:51以後) 神藏殺沒(亥月將: 卯酉)	卯	亥·戌
5	己亥(辰巳) (驚蟄:建變)	甲午 寅(22:01:59).卯(22:02以後)	寅·卯	亥	21	乙卯(子丑)	甲寅	卯	戌
6	庚子(辰巳)	甲午	卯	亥 神藏殺沒 (酉卯)	22	丙辰(子丑)	甲寅	卯	戌
7	辛丑(辰巳)	甲午	卯	亥	23	丁巳(子丑)	甲寅	卯	戌
8	壬寅(辰巳)	甲午	卯	亥	24	戊午(子丑)	甲寅	卯	戌 神藏殺沒 (申寅)
9	癸卯(辰巳)	甲午	卯	亥	25	己未(子丑)	甲寅	卯	戌
10	甲辰(寅卯)	甲辰	卯	亥 神藏殺沒 (卯酉)	26	庚申(子丑)	甲寅	卯	戌 神藏殺沒 (申寅)
11	乙巳(寅卯)	甲辰	卯	亥	27	辛酉(子丑)	甲寅	卯	戌
12	丙午(寅卯)	甲辰	卯	亥	28	壬戌(子丑)	甲寅	卯	戌
13	丁未(寅卯)	甲辰	卯	亥	29	癸亥(子丑)	甲寅	卯	戌
14	戊申(寅卯)	甲辰	卯	亥 神藏殺沒 (酉卯)	30	甲子(戌亥)	甲子	卯	戌
15	己酉(寅卯)	甲辰	卯	亥	31	乙丑(戌亥)	甲子	卯	戌
16	庚戌(寅卯)	甲辰	卯	亥 神藏殺沒 (酉卯)					

2030(庚戌)年 4月[陽曆]

<table>
<tr><th>日</th><th>日辰(空亡)</th><th>旬</th><th>月建</th><th>月將</th><th>日</th><th>日辰(空亡)</th><th>旬</th><th>月建</th><th>月將</th></tr>
<tr><td>1</td><td>丙寅(戌亥)</td><td>甲子</td><td>卯</td><td>戌</td><td>17</td><td>壬午(申酉)</td><td>甲戌</td><td>辰</td><td>戌</td></tr>
<tr><td>2</td><td>丁卯(戌亥)</td><td>甲子</td><td>卯</td><td>戌</td><td>18</td><td>癸未(申酉)</td><td>甲戌</td><td>辰</td><td>戌</td></tr>
<tr><td>3</td><td>戊辰(戌亥)</td><td>甲子</td><td>卯</td><td>戌
神藏殺沒
(申寅)</td><td>19</td><td>甲申(午未)</td><td>甲申</td><td>辰</td><td>戌</td></tr>
<tr><td rowspan="2">4</td><td rowspan="2">己巳(戌亥)</td><td rowspan="2">甲子</td><td rowspan="2">卯</td><td rowspan="2">戌</td><td rowspan="2">20</td><td rowspan="2">乙酉(午未)
(穀雨:將變)</td><td>甲申</td><td>辰</td><td>戌·酉</td></tr>
<tr><td colspan="3">戌(09:41:59).酉(09:42以後)</td></tr>
<tr><td rowspan="3">5</td><td rowspan="3">庚午(戌亥)
(清明:建變)</td><td>甲子</td><td>卯·辰</td><td>戌</td><td rowspan="3">21</td><td rowspan="3">丙戌(午未)</td><td rowspan="3">甲申</td><td rowspan="3">辰</td><td rowspan="3">酉</td></tr>
<tr><td colspan="3">卯(02:39:59).辰(02:40以後)</td></tr>
<tr><td colspan="3">神藏殺沒(申寅)</td></tr>
<tr><td>6</td><td>辛未(戌亥)</td><td>甲子</td><td>辰</td><td>戌</td><td>22</td><td>丁亥(午未)</td><td>甲申</td><td>辰</td><td>酉</td></tr>
<tr><td>7</td><td>壬申(戌亥)</td><td>甲子</td><td>辰</td><td>戌</td><td>23</td><td>戊子(午未)</td><td>甲申</td><td>辰</td><td>酉
神藏殺沒
(未丑)</td></tr>
<tr><td>8</td><td>癸酉(戌亥)</td><td>甲子</td><td>辰</td><td>戌</td><td>24</td><td>己丑(午未)</td><td>甲申</td><td>辰</td><td>酉</td></tr>
<tr><td>9</td><td>甲戌(申酉)</td><td>甲戌</td><td>辰</td><td>戌</td><td>25</td><td>庚寅(午未)</td><td>甲申</td><td>辰</td><td>酉
神藏殺沒
(未丑)</td></tr>
<tr><td>10</td><td>乙亥(申酉)</td><td>甲戌</td><td>辰</td><td>戌</td><td>26</td><td>辛卯(午未)</td><td>甲申</td><td>辰</td><td>酉</td></tr>
<tr><td>11</td><td>丙子(申酉)</td><td>甲戌</td><td>辰</td><td>戌</td><td>27</td><td>壬辰(午未)</td><td>甲申</td><td>辰</td><td>酉</td></tr>
<tr><td>12</td><td>丁丑(申酉)</td><td>甲戌</td><td>辰</td><td>戌</td><td>28</td><td>癸巳(午未)</td><td>甲申</td><td>辰</td><td>酉</td></tr>
<tr><td>13</td><td>戊寅(申酉)</td><td>甲戌</td><td>辰</td><td>戌
神藏殺沒
(申寅)</td><td>29</td><td>甲午(辰巳)</td><td>甲午</td><td>辰</td><td>酉</td></tr>
<tr><td>14</td><td>己卯(申酉)</td><td>甲戌</td><td>辰</td><td>戌</td><td>30</td><td>乙未(辰巳)</td><td>甲午</td><td>辰</td><td>酉</td></tr>
<tr><td>15</td><td>庚辰(申酉)</td><td>甲戌</td><td>辰</td><td>戌
神藏殺沒
(申寅)</td><td></td><td></td><td></td><td></td><td></td></tr>
<tr><td>16</td><td>辛巳(申酉)</td><td>甲戌</td><td>辰</td><td>戌</td><td></td><td></td><td></td><td></td><td></td></tr>
</table>

2030(庚戌)年 5月[陽曆]

日	日辰(空亡)	旬	月建	月將	日	日辰(空亡)	旬	月建	月將
1	丙申(辰巳)	甲午	辰	酉	17	壬子(寅卯)	甲辰	巳	酉
2	丁酉(辰巳)	甲午	辰	酉	18	癸丑(寅卯)	甲辰	巳	酉
3	戊戌(辰巳)	甲午	辰	酉 神藏殺沒 (未丑)	19	甲寅(子丑)	甲寅	巳	酉
4	己亥(辰巳)	甲午	辰	酉	20	乙卯(子丑)	甲寅	巳	酉
5	庚子(辰巳) (立夏:建變)	甲午	辰·巳	酉	21	丙辰(子丑) (小滿:將變)	甲寅	巳	酉·申
		辰(19:44:59).巳(19:45以後)					酉(08:39:59).申(08:40以後)		
		神藏殺沒(未丑)							
6	辛丑(辰巳)	甲午	巳	酉	22	丁巳(子丑)	甲寅	巳	申
7	壬寅(辰巳)	甲午	巳	酉	23	戊午(子丑)	甲寅	巳	申 神藏殺沒 (午子)
8	癸卯(辰巳)	甲午	巳	酉	24	己未(子丑)	甲寅	巳	申
9	甲辰(寅卯)	甲辰	巳	酉	25	庚申(子丑)	甲寅	巳	申 神藏殺沒 (午子)
10	乙巳(寅卯)	甲辰	巳	酉	26	辛酉(子丑)	甲寅	巳	申
11	丙午(寅卯)	甲辰	巳	酉	27	壬戌(子丑)	甲寅	巳	申
12	丁未(寅卯)	甲辰	巳	酉	28	癸亥(子丑)	甲寅	巳	申
13	戊申(寅卯)	甲辰	巳	酉 神藏殺沒 (未丑)	29	甲子(戌亥)	甲子	巳	申
14	己酉(寅卯)	甲辰	巳	酉	30	乙丑(戌亥)	甲子	巳	申
15	庚戌(寅卯)	甲辰	巳	酉 神藏殺沒 (未丑)	31	丙寅(戌亥)	甲子	巳	申
16	辛亥(寅卯)	甲辰	巳	酉					

2030(庚戌)年 6月[陽曆]

日	日辰(空亡)	旬	月建	月將	日	日辰(空亡)	旬	月建	月將
1	丁卯(戌亥)	甲子	巳	申	17	癸未(申酉)	甲戌	午	申
2	戊辰(戌亥)	甲子	巳	申 神藏殺沒 (午子)	18	甲申(午未)	甲申	午	申
3	己巳(戌亥)	甲子	巳	申	19	乙酉(午未)	甲申	午	申
4	庚午(戌亥)	甲子	巳	申 神藏殺沒 (午子)	20	丙戌(午未)	甲申	午	申
5	辛未(戌亥) (芒種:建變)	甲子	巳·午	申	21	丁亥(午未) (夏至:將變)	甲申	午	申·未
		巳(23:42:59).午(23:43以後)					申(16:29:59).未(16:30以後)		
6	壬申(戌亥)	甲子	午	申	22	戊子(午未)	甲申	午	未 神藏殺沒 (巳亥)
7	癸酉(戌亥)	甲子	午	申	23	己丑(午未)	甲申	午	未
8	甲戌(申酉)	甲戌	午	申	24	庚寅(午未)	甲申	午	未 神藏殺沒 (巳亥)
9	乙亥(申酉)	甲戌	午	申	25	辛卯(午未)	甲申	午	未
10	丙子(申酉)	甲戌	午	申	26	壬辰(午未)	甲申	午	未
11	丁丑(申酉)	甲戌	午	申	27	癸巳(午未)	甲申	午	未
12	戊寅(申酉)	甲戌	午	申 神藏殺沒 (午子)	28	甲午(辰巳)	甲午	午	未
13	己卯(申酉)	甲戌	午	申	29	乙未(辰巳)	甲午	午	未
14	庚辰(申酉)	甲戌	午	申 神藏殺沒 (午子)	30	丙申(辰巳)	甲午	午	未
15	辛巳(申酉)	甲戌	午	申					
16	壬午(申酉)	甲戌	午	申					

2030(庚戌)年 7月[陽曆]

<table>
<tr><th>日</th><th>日辰(空亡)</th><th>旬</th><th>月建</th><th>月將</th><th>日</th><th>日辰(空亡)</th><th>旬</th><th>月建</th><th>月將</th></tr>
<tr><td>1</td><td>丁酉(辰巳)</td><td>甲午</td><td>午</td><td>未</td><td>17</td><td>癸丑(寅卯)</td><td>甲辰</td><td>未</td><td>未</td></tr>
<tr><td>2</td><td>戊戌(辰巳)</td><td>甲午</td><td>午</td><td>未
神藏殺沒
(巳亥)</td><td>18</td><td>甲寅(子丑)</td><td>甲寅</td><td>未</td><td>未</td></tr>
<tr><td>3</td><td>己亥(辰巳)</td><td>甲午</td><td>午</td><td>未</td><td>19</td><td>乙卯(子丑)</td><td>甲寅</td><td>未</td><td>未</td></tr>
<tr><td>4</td><td>庚子(辰巳)</td><td>甲午</td><td>午</td><td>未
神藏殺沒
(巳亥)</td><td>20</td><td>丙辰(子丑)</td><td>甲寅</td><td>未</td><td>未</td></tr>
<tr><td>5</td><td>辛丑(辰巳)</td><td>甲午</td><td>午</td><td>未</td><td>21</td><td>丁巳(子丑)</td><td>甲寅</td><td>未</td><td>未</td></tr>
<tr><td>6</td><td>壬寅(辰巳)</td><td>甲午</td><td>午</td><td>未</td><td>22</td><td>戊午(子丑)</td><td>甲寅</td><td>未</td><td>未
神藏殺沒
(巳亥)</td></tr>
<tr><td rowspan="2">7</td><td rowspan="2">癸卯(辰巳)
(小暑:建變)</td><td>甲午</td><td>午·未</td><td>未</td><td rowspan="2">23</td><td rowspan="2">己未(子丑)
(大暑:將變)</td><td>甲寅</td><td>未</td><td>未·午</td></tr>
<tr><td colspan="3">午(09:53:59).未(09:54以後)</td><td colspan="3">未(03:23:59).午(03:24以後)</td></tr>
<tr><td>8</td><td>甲辰(寅卯)</td><td>甲辰</td><td>未</td><td>未</td><td>24</td><td>庚申(子丑)</td><td>甲寅</td><td>未</td><td>午
神藏殺沒
(辰戌)</td></tr>
<tr><td>9</td><td>乙巳(寅卯)</td><td>甲辰</td><td>未</td><td>未</td><td>25</td><td>辛酉(子丑)</td><td>甲寅</td><td>未</td><td>午</td></tr>
<tr><td>10</td><td>丙午(寅卯)</td><td>甲辰</td><td>未</td><td>未</td><td>26</td><td>壬戌(子丑)</td><td>甲寅</td><td>未</td><td>午</td></tr>
<tr><td>11</td><td>丁未(寅卯)</td><td>甲辰</td><td>未</td><td>未</td><td>27</td><td>癸亥(子丑)</td><td>甲寅</td><td>未</td><td>午</td></tr>
<tr><td>12</td><td>戊申(寅卯)</td><td>甲辰</td><td>未</td><td>未
神藏殺沒
(巳亥)</td><td>28</td><td>甲子(戌亥)</td><td>甲子</td><td>未</td><td>午</td></tr>
<tr><td>13</td><td>己酉(寅卯)</td><td>甲辰</td><td>未</td><td>未</td><td>29</td><td>乙丑(戌亥)</td><td>甲子</td><td>未</td><td>午</td></tr>
<tr><td>14</td><td>庚戌(寅卯)</td><td>甲辰</td><td>未</td><td>未
神藏殺沒
(巳亥)</td><td>30</td><td>丙寅(戌亥)</td><td>甲子</td><td>未</td><td>午</td></tr>
<tr><td>15</td><td>辛亥(寅卯)</td><td>甲辰</td><td>未</td><td>未</td><td>31</td><td>丁卯(戌亥)</td><td>甲子</td><td>未</td><td>午</td></tr>
<tr><td>16</td><td>壬子(寅卯)</td><td>甲辰</td><td>未</td><td>未</td><td></td><td></td><td></td><td></td><td></td></tr>
</table>

2030(庚戌)年 8月[陽曆]

日	日辰(空亡)	旬	月建	月將	日	日辰(空亡)	旬	月建	月將
1	戊辰(戌亥)	甲子	未	午 神藏殺沒 (辰戌)	17	甲申(午未)	甲申	申	午
2	己巳(戌亥)	甲子	未	午	18	乙酉(午未)	甲申	申	午
3	庚午(戌亥)	甲子	未	午 神藏殺沒 (辰戌)	19	丙戌(午未)	甲申	申	午
4	辛未(戌亥)	甲子	未	午	20	丁亥(午未)	甲申	申	午
5	壬申(戌亥)	甲子	未	午	21	戊子(午未)	甲申	申	午 神藏殺沒 (辰戌)
6	癸酉(戌亥)	甲子	未	午	22	己丑(午未)	甲申	申	午
7	甲戌(申酉) (立秋:建變)	甲戌	未·申	午	23	庚寅(午未) (處暑:將變)	甲申	申	午·巳
		未(19:45:59).申(19:46以後)					午(10:34:59).巳(10:35以後) 神藏殺沒 (午月將: 辰戌. 巳月將:卯酉)		
8	乙亥(申酉)	甲戌	申	午	24	辛卯(午未)	甲申	申	巳
9	丙子(申酉)	甲戌	申	午	25	壬辰(午未)	甲申	申	巳
10	丁丑(申酉)	甲戌	申	午	26	癸巳(午未)	甲申	申	巳
11	戊寅(申酉)	甲戌	申	午 神藏殺沒 (辰戌)	27	甲午(辰巳)	甲午	申	巳 神藏殺沒 (酉卯)
12	己卯(申酉)	甲戌	申	午	28	乙未(辰巳)	甲午	申	巳
13	庚辰(申酉)	甲戌	申	午 神藏殺沒 (辰戌)	29	丙申(辰巳)	甲午	申	巳
14	辛巳(申酉)	甲戌	申	午	30	丁酉(辰巳)	甲午	申	巳
15	壬午(申酉)	甲戌	申	午	31	戊戌(辰巳)	甲午	申	巳 神藏殺沒 (卯酉)
16	癸未(申酉)	甲戌	申	午					

2030(庚戌)年 9月[陽曆]

日	日辰(空亡)	旬	月建	月將	日	日辰(空亡)	旬	月建	月將
1	己亥(辰巳)	甲午	申	巳	17	乙卯(子丑)	甲寅	酉	巳
2	庚子(辰巳)	甲午	申	巳 神藏殺沒 (卯酉)	18	丙辰(子丑)	甲寅	酉	巳
3	辛丑(辰巳)	甲午	申	巳	19	丁巳(子丑)	甲寅	酉	巳
4	壬寅(辰巳)	甲午	申	巳	20	戊午(子丑)	甲寅	酉	巳 神藏殺沒 (卯酉)
5	癸卯(辰巳)	甲午	申	巳	21	己未(子丑)	甲寅	酉	巳
6	甲辰(寅卯)	甲辰	申	巳 神藏殺沒 (酉卯)	22	庚申(子丑)	甲寅	酉	巳 神藏殺沒 (卯酉)
7	乙巳(寅卯) (白露:建變)	甲辰	申·酉 申(22:51:59).酉(22:52以後)	巳	23	辛酉(子丑) (秋分:將變)	甲寅	酉	巳·辰 巳(08:25:59).辰(08:26以後)
8	丙午(寅卯)	甲辰	酉	巳	24	壬戌(子丑)	甲寅	酉	辰
9	丁未(寅卯)	甲辰	酉	巳	25	癸亥(子丑)	甲寅	酉	辰
10	戊申(寅卯)	甲辰	酉	巳 神藏殺沒 (卯酉)	26	甲子(戌亥)	甲子	酉	辰 神藏殺沒 (申寅)
11	己酉(寅卯)	甲辰	酉	巳	27	乙丑(戌亥)	甲子	酉	辰
12	庚戌(寅卯)	甲辰	酉	巳 神藏殺沒 (卯酉)	28	丙寅(戌亥)	甲子	酉	辰
13	辛亥(寅卯)	甲辰	酉	巳	29	丁卯(戌亥)	甲子	酉	辰
14	壬子(寅卯)	甲辰	酉	巳	30	戊辰(戌亥)	甲子	酉	辰
15	癸丑(寅卯)	甲辰	酉	巳					
16	甲寅(子丑)	甲寅	酉	巳 神藏殺沒 (酉卯)					

2030(庚戌)年 10月[陽曆]

日	日辰(空亡)	旬	月建	月將	日	日辰(空亡)	旬	月建	月將
1	己巳(戌亥)	甲子	酉	辰	17	乙酉(午未)	甲申	戌	辰
2	庚午(戌亥)	甲子	酉	辰	18	丙戌(午未)	甲申	戌	辰
3	辛未(戌亥)	甲子	酉	辰	19	丁亥(午未)	甲申	戌	辰
4	壬申(戌亥)	甲子	酉	辰	20	戊子(午未)	甲申	戌	辰
5	癸酉(戌亥)	甲子	酉	辰	21	己丑(午未)	甲申	戌	辰
6	甲戌(申酉)	甲戌	酉	辰 神藏殺沒 (申寅)	22	庚寅(午未)	甲申	戌	辰
7	乙亥(申酉)	甲戌	酉	辰	23	辛卯(午未) (霜降:將變)	甲申	戌	辰·卯 辰(17:58:59).卯(17:59以後)
8	丙子(申酉) (寒露:建變)	甲戌	酉·戌 酉(14:43:59).戌(14:44以後)	辰	24	壬辰(午未)	甲申	戌	卯
9	丁丑(申酉)	甲戌	戌	辰	25	癸巳(午未)	甲申	戌	卯
10	戊寅(申酉)	甲戌	戌	辰	26	甲午(辰巳)	甲午	戌	卯 神藏殺沒 (未丑)
11	己卯(申酉)	甲戌	戌	辰	27	乙未(辰巳)	甲午	戌	卯
12	庚辰(申酉)	甲戌	戌	辰	28	丙申(辰巳)	甲午	戌	卯
13	辛巳(申酉)	甲戌	戌	辰	29	丁酉(辰巳)	甲午	戌	卯
14	壬午(申酉)	甲戌	戌	辰	30	戊戌(辰巳)	甲午	戌	卯
15	癸未(申酉)	甲戌	戌	辰	31	己亥(辰巳)	甲午	戌	卯
16	甲申(午未)	甲申	戌	辰 神藏殺沒 (申寅)					

2030(庚戌)年 11月[陽曆]

日	日辰(空亡)	旬	月建	月將	日	日辰(空亡)	旬	月建	月將
1	庚子(辰巳)	甲午	戌	卯	17	丙辰(子丑)	甲寅	亥	卯
2	辛丑(辰巳)	甲午	戌	卯	18	丁巳(子丑)	甲寅	亥	卯
3	壬寅(辰巳)	甲午	戌	卯	19	戊午(子丑)	甲寅	亥	卯
4	癸卯(辰巳)	甲午	戌	卯	20	己未(子丑)	甲寅	亥	卯
5	甲辰(寅卯)	甲辰	戌	卯 神藏殺沒 (未丑)	21	庚申(子丑)	甲寅	亥	卯
6	乙巳(寅卯)	甲辰	戌	卯	22	辛酉(子丑) (小雪:將變)	甲寅	亥	卯·寅 卯(15:42:59).寅(15:43以後)
7	丙午(寅卯) (立冬:建變)	甲辰	戌·亥 戌(18:06:59).亥(18:07以後)	卯	23	壬戌(子丑)	甲寅	亥	寅
8	丁未(寅卯)	甲辰	亥	卯	24	癸亥(子丑)	甲寅	亥	寅
9	戊申(寅卯)	甲辰	亥	卯	25	甲子(戌亥)	甲子	亥	寅 神藏殺沒 (午子)
10	己酉(寅卯)	甲辰	亥	卯	26	乙丑(戌亥)	甲子	亥	寅
11	庚戌(寅卯)	甲辰	亥	卯	27	丙寅(戌亥)	甲子	亥	寅
12	辛亥(寅卯)	甲辰	亥	卯	28	丁卯(戌亥)	甲子	亥	寅
13	壬子(寅卯)	甲辰	亥	卯	29	戊辰(戌亥)	甲子	亥	寅
14	癸丑(寅卯)	甲辰	亥	卯	30	己巳(戌亥)	甲子	亥	寅
15	甲寅(子丑)	甲寅	亥	卯 神藏殺沒 (未丑)					
16	乙卯(子丑)	甲寅	亥	卯					

2030(庚戌)年 12月[陽曆]

日	日辰(空亡)	旬	月建	月將	日	日辰(空亡)	旬	月建	月將
1	庚午(戌亥)	甲子	亥	寅	17	丙戌(午未)	甲申	子	寅
2	辛未(戌亥)	甲子	亥	寅	18	丁亥(午未)	甲申	子	寅
3	壬申(戌亥)	甲子	亥	寅	19	戊子(午未)	甲申	子	寅
4	癸酉(戌亥)	甲子	亥	寅	20	己丑(午未)	甲申	子	寅
5	甲戌(申酉)	甲戌	亥	寅 神藏殺沒 (午子)	21	庚寅(午未)	甲申	子	寅
6	乙亥(申酉)	甲戌	亥	寅	22	辛卯(午未) (冬至:將變)	甲申	子	寅·丑 寅(05:07:59).丑(05:08以後)
7	丙子(申酉) (大雪:建變)	甲戌	亥·子 亥(11:05:59).子(11:06以後)	寅	23	壬辰(午未)	甲申	子	丑
8	丁丑(申酉)	甲戌	子	寅	24	癸巳(午未)	甲申	子	丑
9	戊寅(申酉)	甲戌	子	寅	25	甲午(辰巳)	甲午	子	丑 神藏殺沒 (巳亥)
10	己卯(申酉)	甲戌	子	寅	26	乙未(辰巳)	甲午	子	丑
11	庚辰(申酉)	甲戌	子	寅	27	丙申(辰巳)	甲午	子	丑
12	辛巳(申酉)	甲戌	子	寅	28	丁酉(辰巳)	甲午	子	丑
13	壬午(申酉)	甲戌	子	寅	29	戊戌(辰巳)	甲午	子	丑
14	癸未(申酉)	甲戌	子	寅	30	己亥(辰巳)	甲午	子	丑
15	甲申(午未)	甲申	子	寅 神藏殺沒 (午子)	31	庚子(辰巳)	甲午	子	丑
16	乙酉(午未)	甲申	子	寅					

2031(辛亥)年 1月[陽曆]

<table>
<tr><th>日</th><th>日辰(空亡)</th><th>旬</th><th>月建</th><th>月將</th><th>日</th><th>日辰(空亡)</th><th>旬</th><th>月建</th><th>月將</th></tr>
<tr><td>1</td><td>辛丑(辰巳)</td><td>甲午</td><td>子</td><td>丑</td><td>17</td><td>丁巳(子丑)</td><td>甲寅</td><td>丑</td><td>丑</td></tr>
<tr><td>2</td><td>壬寅(辰巳)</td><td>甲午</td><td>子</td><td>丑</td><td>18</td><td>戊午(子丑)</td><td>甲寅</td><td>丑</td><td>丑</td></tr>
<tr><td>3</td><td>癸卯(辰巳)</td><td>甲午</td><td>子</td><td>丑</td><td>19</td><td>己未(子丑)</td><td>甲寅</td><td>丑</td><td>丑</td></tr>
<tr><td rowspan="2">4</td><td rowspan="2">甲辰(寅卯)</td><td rowspan="2">甲辰</td><td rowspan="2">子</td><td rowspan="2">丑
神藏殺沒
(巳亥)</td><td rowspan="2">20</td><td rowspan="2">庚申(子丑)
(大寒:將變)</td><td>甲寅</td><td>丑</td><td>丑·子</td></tr>
<tr><td colspan="3">丑(15:46:59).子(15:47以後)</td></tr>
<tr><td rowspan="2">5</td><td rowspan="2">乙巳(寅卯)
(小寒:建變)</td><td>甲辰</td><td>子·丑</td><td>丑</td><td rowspan="2">21</td><td rowspan="2">辛酉(子丑)</td><td rowspan="2">甲寅</td><td rowspan="2">丑</td><td rowspan="2">子</td></tr>
<tr><td colspan="3">子(22:21:59).丑(22:22以後)</td></tr>
<tr><td>6</td><td>丙午(寅卯)</td><td>甲辰</td><td>丑</td><td>丑</td><td>22</td><td>壬戌(子丑)</td><td>甲寅</td><td>丑</td><td>子</td></tr>
<tr><td>7</td><td>丁未(寅卯)</td><td>甲辰</td><td>丑</td><td>丑</td><td>23</td><td>癸亥(子丑)</td><td>甲寅</td><td>丑</td><td>子</td></tr>
<tr><td>8</td><td>戊申(寅卯)</td><td>甲辰</td><td>丑</td><td>丑</td><td>24</td><td>甲子(戌亥)</td><td>甲子</td><td>丑</td><td>子
神藏殺沒
(辰戌)</td></tr>
<tr><td>9</td><td>己酉(寅卯)</td><td>甲辰</td><td>丑</td><td>丑</td><td>25</td><td>乙丑(戌亥)</td><td>甲子</td><td>丑</td><td>子</td></tr>
<tr><td>10</td><td>庚戌(寅卯)</td><td>甲辰</td><td>丑</td><td>丑</td><td>26</td><td>丙寅(戌亥)</td><td>甲子</td><td>丑</td><td>子</td></tr>
<tr><td>11</td><td>辛亥(寅卯)</td><td>甲辰</td><td>丑</td><td>丑</td><td>27</td><td>丁卯(戌亥)</td><td>甲子</td><td>丑</td><td>子</td></tr>
<tr><td>12</td><td>壬子(寅卯)</td><td>甲辰</td><td>丑</td><td>丑</td><td>28</td><td>戊辰(戌亥)</td><td>甲子</td><td>丑</td><td>子</td></tr>
<tr><td>13</td><td>癸丑(寅卯)</td><td>甲辰</td><td>丑</td><td>丑</td><td>29</td><td>己巳(戌亥)</td><td>甲子</td><td>丑</td><td>子</td></tr>
<tr><td>14</td><td>甲寅(子丑)</td><td>甲寅</td><td>丑</td><td>丑
神藏殺沒
(巳亥)</td><td>30</td><td>庚午(戌亥)</td><td>甲子</td><td>丑</td><td>子</td></tr>
<tr><td>15</td><td>乙卯(子丑)</td><td>甲寅</td><td>丑</td><td>丑</td><td>31</td><td>辛未(戌亥)</td><td>甲子</td><td>丑</td><td>子</td></tr>
<tr><td>16</td><td>丙辰(子丑)</td><td>甲寅</td><td>丑</td><td>丑</td><td></td><td></td><td></td><td></td><td></td></tr>
</table>

2031(辛亥)年 2月[陽曆]

日	日辰(空亡)	旬	月建	月將	日	日辰(空亡)	旬	月建	月將
1	壬申(戌亥)	甲子	丑	子	17	戊子(午未)	甲申	寅	子
2	癸酉(戌亥)	甲子	丑	子	18	己丑(午未)	甲申	寅	子
3	甲戌(申酉)	甲戌	丑	子 神藏殺沒 (辰戌)	19	庚寅(午未) (雨水:將變)	甲申	寅	子·亥 子(05:49:59).亥(05:50以後)
4	乙亥(申酉) (立春:建變)	甲戌	丑·寅 丑(09:56:59).寅(09:57以後)	子	20	辛卯(午未)	甲申	寅	亥
5	丙子(申酉)	甲戌	寅	子	21	壬辰(午未)	甲申	寅	亥
6	丁丑(申酉)	甲戌	寅	子	22	癸巳(午未)	甲申	寅	亥
7	戊寅(申酉)	甲戌	寅	子	23	甲午(辰巳)	甲午	寅	亥 神藏殺沒 (卯酉)
8	己卯(申酉)	甲戌	寅	子	24	乙未(辰巳)	甲午	寅	亥
9	庚辰(申酉)	甲戌	寅	子	25	丙申(辰巳)	甲午	寅	亥
10	辛巳(申酉)	甲戌	寅	子	26	丁酉(辰巳)	甲午	寅	亥
11	壬午(申酉)	甲戌	寅	子	27	戊戌(辰巳)	甲午	寅	亥 神藏殺沒 (酉卯)
12	癸未(申酉)	甲戌	寅	子	28	己亥(辰巳)	甲午	寅	亥
13	甲申(午未)	甲申	寅	子 神藏殺沒 (辰戌)					
14	乙酉(午未)	甲申	寅	子					
15	丙戌(午未)	甲申	寅	子					
16	丁亥(午未)	甲申	寅	子					

2031(辛亥)年 3月[陽曆]

日	日辰(空亡)	旬	月建	月將	日	日辰(空亡)	旬	月建	月將
1	庚子(辰巳)	甲午	寅	亥 神藏殺沒 (酉卯)	17	丙辰(子丑)	甲寅	卯	亥
2	辛丑(辰巳)	甲午	寅	亥	18	丁巳(子丑)	甲寅	卯	亥
3	壬寅(辰巳)	甲午	寅	亥	19	戊午(子丑)	甲寅	卯	亥 神藏殺沒 (酉卯)
4	癸卯(辰巳)	甲午	寅	亥	20	己未(子丑)	甲寅	卯	亥
5	甲辰(寅卯)	甲辰	寅	亥 神藏殺沒 (卯酉)	21	庚申(子丑) (春分:將變)	甲寅	卯	亥·戌 亥(04:39:59).戌(04:40以後) 神藏殺沒(亥月將: 酉卯)
6	乙巳(寅卯) (驚蟄:建變)	甲辰	寅·卯 寅(03:49:59).卯(03:50以後)	亥	22	辛酉(子丑)	甲寅	卯	戌
7	丙午(寅卯)	甲辰	卯	亥	23	壬戌(子丑)	甲寅	卯	戌
8	丁未(寅卯)	甲辰	卯	亥	24	癸亥(子丑)	甲寅	卯	戌
9	戊申(寅卯)	甲辰	卯	亥 神藏殺沒 (酉卯)	25	甲子(戌亥)	甲子	卯	戌
10	己酉(寅卯)	甲辰	卯	亥	26	乙丑(戌亥)	甲子	卯	戌
11	庚戌(寅卯)	甲辰	卯	亥 神藏殺沒 (酉卯)	27	丙寅(戌亥)	甲子	卯	戌
12	辛亥(寅卯)	甲辰	卯	亥	28	丁卯(戌亥)	甲子	卯	戌
13	壬子(寅卯)	甲辰	卯	亥	29	戊辰(戌亥)	甲子	卯	戌 神藏殺沒 (申寅)
14	癸丑(寅卯)	甲辰	卯	亥	30	己巳(戌亥)	甲子	卯	戌
15	甲寅(子丑)	甲寅	卯	亥 神藏殺沒 (卯酉)	31	庚午(戌亥)	甲子	卯	戌 神藏殺沒 (申寅)
16	乙卯(子丑)	甲寅	卯	亥					

2031(辛亥)年 4月[陽曆]

日	日辰(空亡)	旬	月建	月將	日	日辰(空亡)	旬	月建	月將
1	辛未(戌亥)	甲子	卯	戌	17	丁亥(午未)	甲申	辰	戌
2	壬申(戌亥)	甲子	卯	戌	18	戊子(午未)	甲申	辰	戌 神藏殺沒 (申寅)
3	癸酉(戌亥)	甲子	卯	戌	19	己丑(午未)	甲申	辰	戌
4	甲戌(申酉)	甲戌	卯	戌	20	庚寅(午未) (穀雨:將變)	甲申	辰	戌·酉 戌(15:29:59).酉(15:30以後) 神藏殺沒 (戌月將:申寅. 酉月將:未丑)
5	乙亥(申酉) (清明:建變)	甲戌	卯·辰 卯(08:26:59).辰(08:27以後)	戌	21	辛卯(午未)	甲申	辰	酉
6	丙子(申酉)	甲戌	辰	戌	22	壬辰(午未)	甲申	辰	酉
7	丁丑(申酉)	甲戌	辰	戌	23	癸巳(午未)	甲申	辰	酉
8	戊寅(申酉)	甲戌	辰	戌 神藏殺沒 (申寅)	24	甲午(辰巳)	甲午	辰	酉
9	己卯(申酉)	甲戌	辰	戌	25	乙未(辰巳)	甲午	辰	酉
10	庚辰(申酉)	甲戌	辰	戌 神藏殺沒 (申寅)	26	丙申(辰巳)	甲午	辰	酉
11	辛巳(申酉)	甲戌	辰	戌	27	丁酉(辰巳)	甲午	辰	酉
12	壬午(申酉)	甲戌	辰	戌	28	戊戌(辰巳)	甲午	辰	酉 神藏殺沒 (未丑)
13	癸未(申酉)	甲戌	辰	戌	29	己亥(辰巳)	甲午	辰	酉
14	甲申(午未)	甲申	辰	戌	30	庚子(辰巳)	甲午	辰	酉 神藏殺沒 (未丑)
15	乙酉(午未)	甲申	辰	戌					
16	丙戌(午未)	甲申	辰	戌					

2031(辛亥)年 5月[陽曆]

日	日辰(空亡)	旬	月建	月將	日	日辰(空亡)	旬	月建	月將
1	辛丑(辰巳)	甲午	辰	酉	17	丁巳(子丑)	甲寅	巳	酉
2	壬寅(辰巳)	甲午	辰	酉	18	戊午(子丑)	甲寅	巳	酉 神藏殺沒(未丑)
3	癸卯(辰巳)	甲午	辰	酉	19	己未(子丑)	甲寅	巳	酉
4	甲辰(寅卯)	甲辰	辰	酉	20	庚申(子丑)	甲寅	巳	酉 神藏殺沒(未丑)
5	乙巳(寅卯)	甲辰	辰	酉	21	辛酉(子丑) (小滿:將變)	甲寅	巳	酉·申 酉(14:26:59).申(14:27以後)
6	丙午(寅卯) (立夏:建變)	甲辰	辰·巳 辰(01:33:59).巳(01:34以後)	酉	22	壬戌(子丑)	甲寅	巳	申
7	丁未(寅卯)	甲辰	巳	酉	23	癸亥(子丑)	甲寅	巳	申
8	戊申(寅卯)	甲辰	巳	酉 神藏殺沒(未丑)	24	甲子(戌亥)	甲子	巳	申
9	己酉(寅卯)	甲辰	巳	酉	25	乙丑(戌亥)	甲子	巳	申
10	庚戌(寅卯)	甲辰	巳	酉 神藏殺沒(未丑)	26	丙寅(戌亥)	甲子	巳	申
11	辛亥(寅卯)	甲辰	巳	酉	27	丁卯(戌亥)	甲子	巳	申
12	壬子(寅卯)	甲辰	巳	酉	28	戊辰(戌亥)	甲子	巳	申 神藏殺沒(午子)
13	癸丑(寅卯)	甲辰	巳	酉	29	己巳(戌亥)	甲子	巳	申
14	甲寅(子丑)	甲寅	巳	酉	30	庚午(戌亥)	甲子	巳	申 神藏殺沒(午子)
15	乙卯(子丑)	甲寅	巳	酉	31	辛未(戌亥)	甲子	巳	申
16	丙辰(子丑)	甲寅	巳	酉					

2031(辛亥)年 6月[陽曆]

<table>
<tr><th>日</th><th>日辰(空亡)</th><th>旬</th><th>月建</th><th>月將</th><th>日</th><th>日辰(空亡)</th><th>旬</th><th>月建</th><th>月將</th></tr>
<tr><td>1</td><td>壬申(戌亥)</td><td>甲子</td><td>巳</td><td>申</td><td>17</td><td>戊子(午未)</td><td>甲申</td><td>午</td><td>申
神藏殺沒
(午子)</td></tr>
<tr><td>2</td><td>癸酉(戌亥)</td><td>甲子</td><td>巳</td><td>申</td><td>18</td><td>己丑(午未)</td><td>甲申</td><td>午</td><td>申</td></tr>
<tr><td>3</td><td>甲戌(申酉)</td><td>甲戌</td><td>巳</td><td>申</td><td>19</td><td>庚寅(午未)</td><td>甲申</td><td>午</td><td>申
神藏殺沒
(午子)</td></tr>
<tr><td>4</td><td>乙亥(申酉)</td><td>甲戌</td><td>巳</td><td>申</td><td>20</td><td>辛卯(午未)</td><td>甲申</td><td>午</td><td>申</td></tr>
<tr><td rowspan="2">5</td><td rowspan="2">丙子(申酉)</td><td rowspan="2">甲戌</td><td rowspan="2">巳</td><td rowspan="2">申</td><td rowspan="2">21</td><td rowspan="2">壬辰(午未)
(夏至:將變)</td><td>甲申</td><td>午</td><td>申·未</td></tr>
<tr><td colspan="3">申(22:15:59).未(22:16以後)</td></tr>
<tr><td rowspan="2">6</td><td rowspan="2">丁丑(申酉)
(芒種:建變)</td><td>甲戌</td><td>巳·午</td><td>申</td><td rowspan="2">22</td><td rowspan="2">癸巳(午未)</td><td rowspan="2">甲申</td><td rowspan="2">午</td><td rowspan="2">未</td></tr>
<tr><td colspan="3">巳(05:33:59).午(05:34以後)</td></tr>
<tr><td>7</td><td>戊寅(申酉)</td><td>甲戌</td><td>午</td><td>申
神藏殺沒
(午子)</td><td>23</td><td>甲午(辰巳)</td><td>甲午</td><td>午</td><td>未</td></tr>
<tr><td>8</td><td>己卯(申酉)</td><td>甲戌</td><td>午</td><td>申</td><td>24</td><td>乙未(辰巳)</td><td>甲午</td><td>午</td><td>未</td></tr>
<tr><td>9</td><td>庚辰(申酉)</td><td>甲戌</td><td>午</td><td>申
神藏殺沒
(午子)</td><td>25</td><td>丙申(辰巳)</td><td>甲午</td><td>午</td><td>未</td></tr>
<tr><td>10</td><td>辛巳(申酉)</td><td>甲戌</td><td>午</td><td>申</td><td>26</td><td>丁酉(辰巳)</td><td>甲午</td><td>午</td><td>未</td></tr>
<tr><td>11</td><td>壬午(申酉)</td><td>甲戌</td><td>午</td><td>申</td><td>27</td><td>戊戌(辰巳)</td><td>甲午</td><td>午</td><td>未
神藏殺沒
(巳亥)</td></tr>
<tr><td>12</td><td>癸未(申酉)</td><td>甲戌</td><td>午</td><td>申</td><td>28</td><td>己亥(辰巳)</td><td>甲午</td><td>午</td><td>未</td></tr>
<tr><td>13</td><td>甲申(午未)</td><td>甲申</td><td>午</td><td>申</td><td>29</td><td>庚子(辰巳)</td><td>甲午</td><td>午</td><td>未
神藏殺沒
(巳亥)</td></tr>
<tr><td>14</td><td>乙酉(午未)</td><td>甲申</td><td>午</td><td>申</td><td>30</td><td>辛丑(辰巳)</td><td>甲午</td><td>午</td><td>未</td></tr>
<tr><td>15</td><td>丙戌(午未)</td><td>甲申</td><td>午</td><td>申</td><td></td><td></td><td></td><td></td><td></td></tr>
<tr><td>16</td><td>丁亥(午未)</td><td>甲申</td><td>午</td><td>申</td><td></td><td></td><td></td><td></td><td></td></tr>
</table>

2031(辛亥)年 7月[陽曆]

<table>
<tr><th>日</th><th>日辰(空亡)</th><th>旬</th><th>月建</th><th>月將</th><th>日</th><th>日辰(空亡)</th><th>旬</th><th>月建</th><th>月將</th></tr>
<tr><td>1</td><td>壬寅(辰巳)</td><td>甲午</td><td>午</td><td>未</td><td>17</td><td>戊午(子丑)</td><td>甲寅</td><td>未</td><td>未
神藏殺沒
(巳亥)</td></tr>
<tr><td>2</td><td>癸卯(辰巳)</td><td>甲午</td><td>午</td><td>未</td><td>18</td><td>己未(子丑)</td><td>甲寅</td><td>未</td><td>未</td></tr>
<tr><td>3</td><td>甲辰(寅卯)</td><td>甲辰</td><td>午</td><td>未</td><td>19</td><td>庚申(子丑)</td><td>甲寅</td><td>未</td><td>未
神藏殺沒
(巳亥)</td></tr>
<tr><td>4</td><td>乙巳(寅卯)</td><td>甲辰</td><td>午</td><td>未</td><td>20</td><td>辛酉(子丑)</td><td>甲寅</td><td>未</td><td>未</td></tr>
<tr><td>5</td><td>丙午(寅卯)</td><td>甲辰</td><td>午</td><td>未</td><td>21</td><td>壬戌(子丑)</td><td>甲寅</td><td>未</td><td>未</td></tr>
<tr><td>6</td><td>丁未(寅卯)</td><td>甲辰</td><td>午</td><td>未</td><td>22</td><td>癸亥(子丑)</td><td>甲寅</td><td>未</td><td>未</td></tr>
<tr><td rowspan="3">7</td><td rowspan="3">戊申(寅卯)
(小暑:建變)</td><td>甲辰</td><td>午·未</td><td>未</td><td rowspan="3">23</td><td rowspan="3">甲子(戌亥)
(大暑:將變)</td><td>甲子</td><td>未</td><td>未·午</td></tr>
<tr><td colspan="3">午(15:47:59).未(15:48以後)</td><td colspan="3" rowspan="2">未(09:08:59).午(09:09以後)</td></tr>
<tr><td colspan="3">神藏殺沒(巳亥)</td></tr>
<tr><td>8</td><td>己酉(寅卯)</td><td>甲辰</td><td>未</td><td>未</td><td>24</td><td>乙丑(戌亥)</td><td>甲子</td><td>未</td><td>午</td></tr>
<tr><td>9</td><td>庚戌(寅卯)</td><td>甲辰</td><td>未</td><td>未
神藏殺沒
(巳亥)</td><td>25</td><td>丙寅(戌亥)</td><td>甲子</td><td>未</td><td>午</td></tr>
<tr><td>10</td><td>辛亥(寅卯)</td><td>甲辰</td><td>未</td><td>未</td><td>26</td><td>丁卯(戌亥)</td><td>甲子</td><td>未</td><td>午</td></tr>
<tr><td>11</td><td>壬子(寅卯)</td><td>甲辰</td><td>未</td><td>未</td><td>27</td><td>戊辰(戌亥)</td><td>甲子</td><td>未</td><td>午
神藏殺沒
(辰戌)</td></tr>
<tr><td>12</td><td>癸丑(寅卯)</td><td>甲辰</td><td>未</td><td>未</td><td>28</td><td>己巳(戌亥)</td><td>甲子</td><td>未</td><td>午</td></tr>
<tr><td>13</td><td>甲寅(子丑)</td><td>甲寅</td><td>未</td><td>未</td><td>29</td><td>庚午(戌亥)</td><td>甲子</td><td>未</td><td>午
神藏殺沒
(辰戌)</td></tr>
<tr><td>14</td><td>乙卯(子丑)</td><td>甲寅</td><td>未</td><td>未</td><td>30</td><td>辛未(戌亥)</td><td>甲子</td><td>未</td><td>午</td></tr>
<tr><td>15</td><td>丙辰(子丑)</td><td>甲寅</td><td>未</td><td>未</td><td>31</td><td>壬申(戌亥)</td><td>甲子</td><td>未</td><td>午</td></tr>
<tr><td>16</td><td>丁巳(子丑)</td><td>甲寅</td><td>未</td><td>未</td><td></td><td></td><td></td><td></td><td></td></tr>
</table>

2031(辛亥)年 8月[陽曆]

<table>
<tr><th>日</th><th>日辰(空亡)</th><th>旬</th><th>月建</th><th>月將</th><th>日</th><th>日辰(空亡)</th><th>旬</th><th>月建</th><th>月將</th></tr>
<tr><td>1</td><td>癸酉(戌亥)</td><td>甲子</td><td>未</td><td>午</td><td>17</td><td>己丑(午未)</td><td>甲申</td><td>申</td><td>午</td></tr>
<tr><td>2</td><td>甲戌(申酉)</td><td>甲戌</td><td>未</td><td>午</td><td>18</td><td>庚寅(午未)</td><td>甲申</td><td>申</td><td>午
神藏殺沒
(辰戌)</td></tr>
<tr><td>3</td><td>乙亥(申酉)</td><td>甲戌</td><td>未</td><td>午</td><td>19</td><td>辛卯(午未)</td><td>甲申</td><td>申</td><td>午</td></tr>
<tr><td>4</td><td>丙子(申酉)</td><td>甲戌</td><td>未</td><td>午</td><td>20</td><td>壬辰(午未)</td><td>甲申</td><td>申</td><td>午</td></tr>
<tr><td>5</td><td>丁丑(申酉)</td><td>甲戌</td><td>未</td><td>午</td><td>21</td><td>癸巳(午未)</td><td>甲申</td><td>申</td><td>午</td></tr>
<tr><td>6</td><td>戊寅(申酉)</td><td>甲戌</td><td>未</td><td>午
神藏殺沒
(辰戌)</td><td>22</td><td>甲午(辰巳)</td><td>甲午</td><td>申</td><td>午</td></tr>
<tr><td rowspan="2">7</td><td rowspan="2">己卯(申酉)</td><td rowspan="2">甲戌</td><td rowspan="2">未</td><td rowspan="2">午</td><td rowspan="2">23</td><td rowspan="2">乙未(辰巳)
(處暑:將變)</td><td>甲午</td><td>申</td><td>午·巳</td></tr>
<tr><td colspan="3">午(16:21:59).巳(16:22以後)</td></tr>
<tr><td rowspan="3">8</td><td rowspan="3">庚辰(申酉)
(立秋:建變)</td><td>甲戌</td><td>未·申</td><td>午</td><td rowspan="3">24</td><td rowspan="3">丙申(辰巳)</td><td rowspan="3">甲午</td><td rowspan="3">申</td><td rowspan="3">巳</td></tr>
<tr><td colspan="3">未(01:41:59).申(01:42以後)</td></tr>
<tr><td colspan="3">神藏殺沒(辰戌)</td></tr>
<tr><td>9</td><td>辛巳(申酉)</td><td>甲戌</td><td>申</td><td>午</td><td>25</td><td>丁酉(辰巳)</td><td>甲午</td><td>申</td><td>巳</td></tr>
<tr><td>10</td><td>壬午(申酉)</td><td>甲戌</td><td>申</td><td>午</td><td>26</td><td>戊戌(辰巳)</td><td>甲午</td><td>申</td><td>巳
神藏殺沒
(卯酉)</td></tr>
<tr><td>11</td><td>癸未(申酉)</td><td>甲戌</td><td>申</td><td>午</td><td>27</td><td>己亥(辰巳)</td><td>甲午</td><td>申</td><td>巳</td></tr>
<tr><td>12</td><td>甲申(午未)</td><td>甲申</td><td>申</td><td>午</td><td>28</td><td>庚子(辰巳)</td><td>甲午</td><td>申</td><td>巳
神藏殺沒
(卯酉)</td></tr>
<tr><td>13</td><td>乙酉(午未)</td><td>甲申</td><td>申</td><td>午</td><td>29</td><td>辛丑(辰巳)</td><td>甲午</td><td>申</td><td>巳</td></tr>
<tr><td>14</td><td>丙戌(午未)</td><td>甲申</td><td>申</td><td>午</td><td>30</td><td>壬寅(辰巳)</td><td>甲午</td><td>申</td><td>巳</td></tr>
<tr><td>15</td><td>丁亥(午未)</td><td>甲申</td><td>申</td><td>午</td><td>31</td><td>癸卯(辰巳)</td><td>甲午</td><td>申</td><td>巳</td></tr>
<tr><td>16</td><td>戊子(午未)</td><td>甲申</td><td>申</td><td>午
神藏殺沒
(辰戌)</td><td></td><td></td><td></td><td></td><td></td></tr>
</table>

2031(辛亥)年 9月[陽曆]

日	日辰(空亡)	旬	月建	月將	日	日辰(空亡)	旬	月建	月將
1	甲辰(寅卯)	甲辰	申	巳 神藏殺沒 (酉卯)	17	庚申(子丑)	甲寅	酉	巳 神藏殺沒 (卯酉)
2	乙巳(寅卯)	甲辰	申	巳	18	辛酉(子丑)	甲寅	酉	巳
3	丙午(寅卯)	甲辰	申	巳	19	壬戌(子丑)	甲寅	酉	巳
4	丁未(寅卯)	甲辰	申	巳	20	癸亥(子丑)	甲寅	酉	巳
5	戊申(寅卯)	甲辰	申	巳 神藏殺沒 (卯酉)	21	甲子(戌亥)	甲子	酉	巳 神藏殺沒 (酉卯)
6	己酉(寅卯)	甲辰	申	巳	22	乙丑(戌亥)	甲子	酉	巳
7	庚戌(寅卯)	甲辰	申	巳 神藏殺沒 (卯酉)	23	丙寅(戌亥) (秋分:將變)	甲子	酉	巳·辰 巳(14:13:59).辰(14:14以後)
8	辛亥(寅卯) (白露:建變)	甲辰	申·酉 申(04:48:59).酉(04:49以後)	巳	24	丁卯(戌亥)	甲子	酉	辰
9	壬子(寅卯)	甲辰	酉	巳	25	戊辰(戌亥)	甲子	酉	辰
10	癸丑(寅卯)	甲辰	酉	巳	26	己巳(戌亥)	甲子	酉	辰
11	甲寅(子丑)	甲寅	酉	巳 神藏殺沒 (酉卯)	27	庚午(戌亥)	甲子	酉	辰
12	乙卯(子丑)	甲寅	酉	巳	28	辛未(戌亥)	甲子	酉	辰
13	丙辰(子丑)	甲寅	酉	巳	29	壬申(戌亥)	甲子	酉	辰
14	丁巳(子丑)	甲寅	酉	巳	30	癸酉(戌亥)	甲子	酉	辰
15	戊午(子丑)	甲寅	酉	巳 神藏殺沒 (卯酉)					
16	己未(子丑)	甲寅	酉	巳					

2031(辛亥)年 10月[陽曆]

日	日辰(空亡)	旬	月建	月將	日	日辰(空亡)	旬	月建	月將
1	甲戌(申酉)	甲戌	酉	辰 神藏殺沒 (申寅)	17	庚寅(午未)	甲申	戌	辰 神藏殺沒 (申寅)
2	乙亥(申酉)	甲戌	酉	辰	18	辛卯(午未)	甲申	戌	辰
3	丙子(申酉)	甲戌	酉	辰	19	壬辰(午未)	甲申	戌	辰
4	丁丑(申酉)	甲戌	酉	辰	20	癸巳(午未)	甲申	戌	辰
5	戊寅(申酉)	甲戌	酉	辰	21	甲午(辰巳)	甲午	戌	辰 神藏殺沒 (申寅)
6	己卯(申酉)	甲戌	酉	辰	22	乙未(辰巳)	甲午	戌	辰
7	庚辰(申酉)	甲戌	酉	辰	23	丙申(辰巳) (霜降:將變)	甲午	戌	辰·卯
							辰(23:47:59).卯(23:48以後)		
8	辛巳(申酉) (寒露:建變)	甲戌	酉·戌	辰	24	丁酉(辰巳)	甲午	戌	卯
		酉(20:41:59).戌(20:42以後)							
9	壬午(申酉)	甲戌	戌	辰	25	戊戌(辰巳)	甲午	戌	卯
10	癸未(申酉)	甲戌	戌	辰	26	己亥(辰巳)	甲午	戌	卯
11	甲申(午未)	甲申	戌	辰 神藏殺沒 (申寅)	27	庚子(辰巳)	甲午	戌	卯
12	乙酉(午未)	甲申	戌	辰	28	辛丑(辰巳)	甲午	戌	卯
13	丙戌(午未)	甲申	戌	辰	29	壬寅(辰巳)	甲午	戌	卯
14	丁亥(午未)	甲申	戌	辰	30	癸卯(辰巳)	甲午	戌	卯
15	戊子(午未)	甲申	戌	辰	31	甲辰(寅卯)	甲辰	戌	卯 神藏殺沒 (未丑)
16	己丑(午未)	甲申	戌	辰					

2031(辛亥)年 11月[陽曆]

日	日辰(空亡)	旬	月建	月將	日	日辰(空亡)	旬	月建	月將
1	乙巳(寅卯)	甲辰	戌	卯	17	辛酉(子丑)	甲寅	亥	卯
2	丙午(寅卯)	甲辰	戌	卯	18	壬戌(子丑)	甲寅	亥	卯
3	丁未(寅卯)	甲辰	戌	卯	19	癸亥(子丑)	甲寅	亥	卯
4	戊申(寅卯)	甲辰	戌	卯	20	甲子(戌亥)	甲子	亥	卯 神藏殺沒 (未丑)
5	己酉(寅卯)	甲辰	戌	卯	21	乙丑(戌亥)	甲子	亥	卯
6	庚戌(寅卯)	甲辰	戌	卯	22	丙寅(戌亥) (小雪:將變)	甲子	亥	卯·寅 卯(21:30:59).寅(21:31以後)
7	辛亥(寅卯)	甲辰	戌	卯	23	丁卯(戌亥)	甲子	亥	寅
8	壬子(寅卯) (立冬:建變)	甲辰	戌·亥 戌(00:03:59).亥(00:04以後)	卯	24	戊辰(戌亥)	甲子	亥	寅
9	癸丑(寅卯)	甲辰	亥	卯	25	己巳(戌亥)	甲子	亥	寅
10	甲寅(子丑)	甲寅	亥	卯 神藏殺沒 (未丑)	26	庚午(戌亥)	甲子	亥	寅
11	乙卯(子丑)	甲寅	亥	卯	27	辛未(戌亥)	甲子	亥	寅
12	丙辰(子丑)	甲寅	亥	卯	28	壬申(戌亥)	甲子	亥	寅
13	丁巳(子丑)	甲寅	亥	卯	29	癸酉(戌亥)	甲子	亥	寅
14	戊午(子丑)	甲寅	亥	卯	30	甲戌(申酉)	甲戌	亥	寅 神藏殺沒 (午子)
15	己未(子丑)	甲寅	亥	卯					
16	庚申(子丑)	甲寅	亥	卯					

2031(辛亥)年 12月[陽曆]

日	日辰(空亡)	旬	月建	月將	日	日辰(空亡)	旬	月建	月將
1	乙亥(申酉)	甲戌	亥	寅	17	辛卯(午未)	甲申	子	寅
2	丙子(申酉)	甲戌	亥	寅	18	壬辰(午未)	甲申	子	寅
3	丁丑(申酉)	甲戌	亥	寅	19	癸巳(午未)	甲申	子	寅
4	戊寅(申酉)	甲戌	亥	寅	20	甲午(辰巳)	甲午	子	寅 神藏殺沒 (午子)
5	己卯(申酉)	甲戌	亥	寅	21	乙未(辰巳)	甲午	子	寅
6	庚辰(申酉)	甲戌	亥	寅	22	丙申(辰巳) (冬至:將變)	甲午	子	寅·丑 寅(10:53:59).丑(10:54以後)
7	辛巳(申酉) (大雪:建變)	甲戌	亥·子 亥(17:01:59).子(17:02以後)	寅	23	丁酉(辰巳)	甲午	子	丑
8	壬午(申酉)	甲戌	子	寅	24	戊戌(辰巳)	甲午	子	丑
9	癸未(申酉)	甲戌	子	寅	25	己亥(辰巳)	甲午	子	丑
10	甲申(午未)	甲申	子	寅 神藏殺沒 (午子)	26	庚子(辰巳)	甲午	子	丑
11	乙酉(午未)	甲申	子	寅	27	辛丑(辰巳)	甲午	子	丑
12	丙戌(午未)	甲申	子	寅	28	壬寅(辰巳)	甲午	子	丑
13	丁亥(午未)	甲申	子	寅	29	癸卯(辰巳)	甲午	子	丑
14	戊子(午未)	甲申	子	寅	30	甲辰(寅卯)	甲辰	子	丑 神藏殺沒 (巳亥)
15	己丑(午未)	甲申	子	寅	31	乙巳(寅卯)	甲辰	子	丑
16	庚寅(午未)	甲申	子	寅					

2032(壬子)年 1月[陽曆]

日	日辰(空亡)	旬	月建	月將
1	丙午(寅卯)	甲辰	子	丑
2	丁未(寅卯)	甲辰	子	丑
3	戊申(寅卯)	甲辰	子	丑
4	己酉(寅卯)	甲辰	子	丑
5	庚戌(寅卯)	甲辰	子	丑
6	辛亥(寅卯) (小寒:建變)	甲辰 子(04:14:59).丑(04:15以後)	子·丑	丑
7	壬子(寅卯)	甲辰	丑	丑
8	癸丑(寅卯)	甲辰	丑	丑
9	甲寅(子丑)	甲寅	丑	丑 神藏殺沒 (巳亥)
10	乙卯(子丑)	甲寅	丑	丑
11	丙辰(子丑)	甲寅	丑	丑
12	丁巳(子丑)	甲寅	丑	丑
13	戊午(子丑)	甲寅	丑	丑
14	己未(子丑)	甲寅	丑	丑
15	庚申(子丑)	甲寅	丑	丑
16	辛酉(子丑)	甲寅	丑	丑

日	日辰(空亡)	旬	月建	月將
17	壬戌(子丑)	甲寅	丑	丑
18	癸亥(子丑)	甲寅	丑	丑
19	甲子(戌亥)	甲子	丑	丑 神藏殺沒 (巳亥)
20	乙丑(戌亥) (大寒:將變)	甲子 丑(21:29:59).子(21:30以後)	丑	丑·子
21	丙寅(戌亥)	甲子	丑	子
22	丁卯(戌亥)	甲子	丑	子
23	戊辰(戌亥)	甲子	丑	子
24	己巳(戌亥)	甲子	丑	子
25	庚午(戌亥)	甲子	丑	子
26	辛未(戌亥)	甲子	丑	子
27	壬申(戌亥)	甲子	丑	子
28	癸酉(戌亥)	甲子	丑	子
29	甲戌(申酉)	甲戌	丑	子 神藏殺沒 (辰戌)
30	乙亥(申酉)	甲戌	丑	子
31	丙子(申酉)	甲戌	丑	子

2032(壬子)年 2月[陽曆]

日	日辰(空亡)	旬	月建	月將	日	日辰(空亡)	旬	月建	月將
1	丁丑(申酉)	甲戌	丑	子	17	癸巳(午未)	甲申	寅	子
2	戊寅(申酉)	甲戌	丑	子	18	甲午(辰巳)	甲午	寅	子 神藏殺沒 (辰戌)
3	己卯(申酉)	甲戌	丑	子	19	乙未(辰巳) (雨水:將變)	甲午 子(11:30:59).亥(11:31以後)	寅	子·亥
4	庚辰(申酉) (立春:建變)	甲戌 丑(15:47:59).寅(15:48以後)	丑·寅	子	20	丙申(辰巳)	甲午	寅	亥
5	辛巳(申酉)	甲戌	寅	子	21	丁酉(辰巳)	甲午	寅	亥
6	壬午(申酉)	甲戌	寅	子	22	戊戌(辰巳)	甲午	寅	亥 神藏殺沒 (酉卯)
7	癸未(申酉)	甲戌	寅	子	23	己亥(辰巳)	甲午	寅	亥
8	甲申(午未)	甲申	寅	子 神藏殺沒 (辰戌)	24	庚子(辰巳)	甲午	寅	亥 神藏殺沒 (酉卯)
9	乙酉(午未)	甲申	寅	子	25	辛丑(辰巳)	甲午	寅	亥
10	丙戌(午未)	甲申	寅	子	26	壬寅(辰巳)	甲午	寅	亥
11	丁亥(午未)	甲申	寅	子	27	癸卯(辰巳)	甲午	寅	亥
12	戊子(午未)	甲申	寅	子	28	甲辰(寅卯)	甲辰	寅	亥 神藏殺沒 (卯酉)
13	己丑(午未)	甲申	寅	子	29	乙巳(寅卯)	甲辰	寅	亥
14	庚寅(午未)	甲申	寅	子					
15	辛卯(午未)	甲申	寅	子					
16	壬辰(午未)	甲申	寅	子					

2032(壬子)年 3月[陽曆]

日	日辰(空亡)	旬	月建	月將	日	日辰(空亡)	旬	月建	月將
1	丙午(寅卯)	甲辰	寅	亥	17	壬戌(子丑)	甲寅	卯	亥
2	丁未(寅卯)	甲辰	寅	亥	18	癸亥(子丑)	甲寅	卯	亥
3	戊申(寅卯)	甲辰	寅	亥 神藏殺沒 (酉卯)	19	甲子(戌亥)	甲子	卯	亥 神藏殺沒 (卯酉)
4	己酉(寅卯)	甲辰	寅	亥	20	乙丑(戌亥) (春分:將變)	甲子 亥(10:20:59).戌(10:21以後)	卯	亥·戌
5	庚戌(寅卯) (驚蟄:建變)	甲辰 寅(09:38:59).卯(09:39以後) 神藏殺沒(酉卯)	寅·卯	亥	21	丙寅(戌亥)	甲子	卯	戌
6	辛亥(寅卯)	甲辰	卯	亥	22	丁卯(戌亥)	甲子	卯	戌
7	壬子(寅卯)	甲辰	卯	亥	23	戊辰(戌亥)	甲子	卯	戌 神藏殺沒 (申寅)
8	癸丑(寅卯)	甲辰	卯	亥	24	己巳(戌亥)	甲子	卯	戌
9	甲寅(子丑)	甲寅	卯	亥 神藏殺沒 (卯酉)	25	庚午(戌亥)	甲子	卯	戌 神藏殺沒 (申寅)
10	乙卯(子丑)	甲寅	卯	亥	26	辛未(戌亥)	甲子	卯	戌
11	丙辰(子丑)	甲寅	卯	亥	27	壬申(戌亥)	甲子	卯	戌
12	丁巳(子丑)	甲寅	卯	亥	28	癸酉(戌亥)	甲子	卯	戌
13	戊午(子丑)	甲寅	卯	亥 神藏殺沒 (酉卯)	29	甲戌(申酉)	甲戌	卯	戌
14	己未(子丑)	甲寅	卯	亥	30	乙亥(申酉)	甲戌	卯	戌
15	庚申(子丑)	甲寅	卯	亥 神藏殺沒 (酉卯)	31	丙子(申酉)	甲戌	卯	戌
16	辛酉(子丑)	甲寅	卯	亥					

2032(壬子)年 4月[陽曆]

日	日辰(空亡)	旬	月建	月將	日	日辰(空亡)	旬	月建	月將
1	丁丑(申酉)	甲戌	卯	戌	17	癸巳(午未)	甲申	辰	戌
2	戊寅(申酉)	甲戌	卯	戌 神藏殺沒 (申寅)	18	甲午(辰巳)	甲午	辰	戌
3	己卯(申酉)	甲戌	卯	戌	19	乙未(辰巳) (穀雨:將變)	甲午	辰	戌·酉 戌(21:12:59).酉(21:13以後)
4	庚辰(申酉) (清明:建變)	甲戌 卯(14:15:59).辰(14:16以後) 神藏殺沒(申寅)	卯·辰	戌	20	丙申(辰巳)	甲午	辰	酉
5	辛巳(申酉)	甲戌	辰	戌	21	丁酉(辰巳)	甲午	辰	酉
6	壬午(申酉)	甲戌	辰	戌	22	戊戌(辰巳)	甲午	辰	酉 神藏殺沒 (未丑)
7	癸未(申酉)	甲戌	辰	戌	23	己亥(辰巳)	甲午	辰	酉
8	甲申(午未)	甲申	辰	戌	24	庚子(辰巳)	甲午	辰	酉 神藏殺沒 (未丑)
9	乙酉(午未)	甲申	辰	戌	25	辛丑(辰巳)	甲午	辰	酉
10	丙戌(午未)	甲申	辰	戌	26	壬寅(辰巳)	甲午	辰	酉
11	丁亥(午未)	甲申	辰	戌	27	癸卯(辰巳)	甲午	辰	酉
12	戊子(午未)	甲申	辰	戌 神藏殺沒 (申寅)	28	甲辰(寅卯)	甲辰	辰	酉
13	己丑(午未)	甲申	辰	戌	29	乙巳(寅卯)	甲辰	辰	酉
14	庚寅(午未)	甲申	辰	戌 神藏殺沒 (申寅)	30	丙午(寅卯)	甲辰	辰	酉
15	辛卯(午未)	甲申	辰	戌					
16	壬辰(午未)	甲申	辰	戌					

2032(壬子)年 5月[陽曆]

日	日辰(空亡)	旬	月建	月將	日	日辰(空亡)	旬	月建	月將
1	丁未(寅卯)	甲辰	辰	酉	17	癸亥(子丑)	甲寅	巳	酉
2	戊申(寅卯)	甲辰	辰	酉 神藏殺沒 (未丑)	18	甲子(戌亥)	甲子	巳	酉
3	己酉(寅卯)	甲辰	辰	酉	19	乙丑(戌亥)	甲子	巳	酉
4	庚戌(寅卯)	甲辰	辰	酉 神藏殺沒 (未丑)	20	丙寅(戌亥) (小滿:將變)	甲子	巳	酉·申
							酉(20:13:59).申(20:14以後)		
5	辛亥(寅卯) (立夏:建變)	甲辰	辰·巳	酉	21	丁卯(戌亥)	甲子	巳	申
		辰(07:24:59).巳(07:25以後)							
6	壬子(寅卯)	甲辰	巳	酉	22	戊辰(戌亥)	甲子	巳	申 神藏殺沒 (午子)
7	癸丑(寅卯)	甲辰	巳	酉	23	己巳(戌亥)	甲子	巳	申
8	甲寅(子丑)	甲寅	巳	酉	24	庚午(戌亥)	甲子	巳	申 神藏殺沒 (午子)
9	乙卯(子丑)	甲寅	巳	酉	25	辛未(戌亥)	甲子	巳	申
10	丙辰(子丑)	甲寅	巳	酉	26	壬申(戌亥)	甲子	巳	申
11	丁巳(子丑)	甲寅	巳	酉	27	癸酉(戌亥)	甲子	巳	申
12	戊午(子丑)	甲寅	巳	酉 神藏殺沒 (未丑)	28	甲戌(申酉)	甲戌	巳	申
13	己未(子丑)	甲寅	巳	酉	29	乙亥(申酉)	甲戌	巳	申
14	庚申(子丑)	甲寅	巳	酉 神藏殺沒 (未丑)	30	丙子(申酉)	甲戌	巳	申
15	辛酉(子丑)	甲寅	巳	酉	31	丁丑(申酉)	甲戌	巳	申
16	壬戌(子丑)	甲寅	巳	酉					

2032(壬子)年 6月[陽曆]

日	日辰(空亡)	旬	月建	月將	日	日辰(空亡)	旬	月建	月將
1	戊寅(申酉)	甲戌	巳	申 神藏殺沒 (午子)	17	甲午(辰巳)	甲午	午	申
2	己卯(申酉)	甲戌	巳	申	18	乙未(辰巳)	甲午	午	申
3	庚辰(申酉)	甲戌	巳	申 神藏殺沒 (午子)	19	丙申(辰巳)	甲午	午	申
4	辛巳(申酉)	甲戌	巳	申	20	丁酉(辰巳)	甲午	午	申
5	壬午(申酉) (芒種:建變)	甲戌	巳·午	申	21	戊戌(辰巳) (夏至:將變)	甲午	午	申·未
		巳(11:26:59).午(11:27以後)					申(04:06:59).未(04:07以後)		
							神藏殺沒 (申月將: 午子. 未月將: 巳亥)		
6	癸未(申酉)	甲戌	午	申	22	己亥(辰巳)	甲午	午	未
7	甲申(午未)	甲申	午	申	23	庚子(辰巳)	甲午	午	未 神藏殺沒 (巳亥)
8	乙酉(午未)	甲申	午	申	24	辛丑(辰巳)	甲午	午	未
9	丙戌(午未)	甲申	午	申	25	壬寅(辰巳)	甲午	午	未
10	丁亥(午未)	甲申	午	申	26	癸卯(辰巳)	甲午	午	未
11	戊子(午未)	甲申	午	申 神藏殺沒 (午子)	27	甲辰(寅卯)	甲辰	午	未
12	己丑(午未)	甲申	午	申	28	乙巳(寅卯)	甲辰	午	未
13	庚寅(午未)	甲申	午	申 神藏殺沒 (午子)	29	丙午(寅卯)	甲辰	午	未
14	辛卯(午未)	甲申	午	申	30	丁未(寅卯)	甲辰	午	未
15	壬辰(午未)	甲申	午	申					
16	癸巳(午未)	甲申	午	申					

2032(壬子)年 7月[陽曆]

日	日辰(空亡)	旬	月建	月將	日	日辰(空亡)	旬	月建	月將
1	戊申(寅卯)	甲辰	午	未 神藏殺沒 (巳亥)	17	甲子(戌亥)	甲子	未	未
2	己酉(寅卯)	甲辰	午	未	18	乙丑(戌亥)	甲子	未	未
3	庚戌(寅卯)	甲辰	午	未 神藏殺沒 (巳亥)	19	丙寅(戌亥)	甲子	未	未
4	辛亥(寅卯)	甲辰	午	未	20	丁卯(戌亥)	甲子	未	未
5	壬子(寅卯)	甲辰	午	未	21	戊辰(戌亥)	甲子	未	未 神藏殺沒 (巳亥)
6	癸丑(寅卯)	甲辰	午·未	未	22	己巳(戌亥)	甲子	未	未·午
	(小暑:建變)	午(21:39:59).未(21:40以後)				(大暑:將變)	未(15:02:59).午(15:03以後)		
7	甲寅(子丑)	甲寅	未	未	23	庚午(戌亥)	甲子	未	午 神藏殺沒 (辰戌)
8	乙卯(子丑)	甲寅	未	未	24	辛未(戌亥)	甲子	未	午
9	丙辰(子丑)	甲寅	未	未	25	壬申(戌亥)	甲子	未	午
10	丁巳(子丑)	甲寅	未	未	26	癸酉(戌亥)	甲子	未	午
11	戊午(子丑)	甲寅	未	未 神藏殺沒 (巳亥)	27	甲戌(申酉)	甲戌	未	午
12	己未(子丑)	甲寅	未	未	28	乙亥(申酉)	甲戌	未	午
13	庚申(子丑)	甲寅	未	未 神藏殺沒 (巳亥)	29	丙子(申酉)	甲戌	未	午
14	辛酉(子丑)	甲寅	未	未	30	丁丑(申酉)	甲戌	未	午
15	壬戌(子丑)	甲寅	未	未	31	戊寅(申酉)	甲戌	未	午 神藏殺沒 (辰戌)
16	癸亥(子丑)	甲寅	未	未					

2032(壬子)年 8月[陽曆]

日	日辰(空亡)	旬	月建	月將	日	日辰(空亡)	旬	月建	月將
1	己卯(申酉)	甲戌	未	午	17	乙未(辰巳)	甲午	申	午
2	庚辰(申酉)	甲戌	未	午 神藏殺沒 (辰戌)	18	丙申(辰巳)	甲午	申	午
3	辛巳(申酉)	甲戌	未	午	19	丁酉(辰巳)	甲午	申	午
4	壬午(申酉)	甲戌	未	午	20	戊戌(辰巳)	甲午	申	午 神藏殺沒 (辰戌)
5	癸未(申酉)	甲戌	未	午	21	己亥(辰巳)	甲午	申	午
6	甲申(午未)	甲申	未	午	22	庚子(辰巳) (處暑:將變)	甲午 午(22:16:59).巳(22:17以後) 神藏殺沒 (午月將:辰戌. 巳月將:卯酉)	申	午·巳
7	乙酉(午未) (立秋:建變)	甲申 未(07:30:59).申(07:31以後)	未·申	午	23	辛丑(辰巳)	甲午	申	巳
8	丙戌(午未)	甲申	申	午	24	壬寅(辰巳)	甲午	申	巳
9	丁亥(午未)	甲申	申	午	25	癸卯(辰巳)	甲午	申	巳
10	戊子(午未)	甲申	申	午 神藏殺沒 (辰戌)	26	甲辰(寅卯)	甲辰	申	巳 神藏殺沒 (酉卯)
11	己丑(午未)	甲申	申	午	27	乙巳(寅卯)	甲辰	申	巳
12	庚寅(午未)	甲申	申	午 神藏殺沒 (辰戌)	28	丙午(寅卯)	甲辰	申	巳
13	辛卯(午未)	甲申	申	午	29	丁未(寅卯)	甲辰	申	巳
14	壬辰(午未)	甲申	申	午	30	戊申(寅卯)	甲辰	申	巳 神藏殺沒 (卯酉)
15	癸巳(午未)	甲申	申	午	31	己酉(寅卯)	甲辰	申	巳
16	甲午(辰巳)	甲午	申	午					

2032(壬子)年 9月[陽曆]

<table>
<tr><th>日</th><th>日辰(空亡)</th><th>旬</th><th>月建</th><th>月將</th><th>日</th><th>日辰(空亡)</th><th>旬</th><th>月建</th><th>月將</th></tr>
<tr><td>1</td><td>庚戌(寅卯)</td><td>甲辰</td><td>申</td><td>巳
神藏殺沒
(卯酉)</td><td>17</td><td>丙寅(戌亥)</td><td>甲子</td><td>酉</td><td>巳</td></tr>
<tr><td>2</td><td>辛亥(寅卯)</td><td>甲辰</td><td>申</td><td>巳</td><td>18</td><td>丁卯(戌亥)</td><td>甲子</td><td>酉</td><td>巳</td></tr>
<tr><td>3</td><td>壬子(寅卯)</td><td>甲辰</td><td>申</td><td>巳</td><td>19</td><td>戊辰(戌亥)</td><td>甲子</td><td>酉</td><td>巳
神藏殺沒
(卯酉)</td></tr>
<tr><td>4</td><td>癸丑(寅卯)</td><td>甲辰</td><td>申</td><td>巳</td><td>20</td><td>己巳(戌亥)</td><td>甲子</td><td>酉</td><td>巳</td></tr>
<tr><td>5</td><td>甲寅(子丑)</td><td>甲寅</td><td>申</td><td>巳
神藏殺沒
(酉卯)</td><td>21</td><td>庚午(戌亥)</td><td>甲子</td><td>酉</td><td>巳
神藏殺沒
(卯酉)</td></tr>
<tr><td rowspan="2">6</td><td rowspan="2">乙卯(子丑)</td><td rowspan="2">甲寅</td><td rowspan="2">申</td><td rowspan="2">巳</td><td rowspan="2">22</td><td rowspan="2">辛未(戌亥)
(秋分:將變)</td><td>甲子</td><td>酉</td><td>巳·辰</td></tr>
<tr><td colspan="3">巳(20:09:59).辰(20:10以後)</td></tr>
<tr><td rowspan="2">7</td><td rowspan="2">丙辰(子丑)
(白露:建變)</td><td>甲寅</td><td>申·酉</td><td>巳</td><td rowspan="2">23</td><td rowspan="2">壬申(戌亥)</td><td rowspan="2">甲子</td><td rowspan="2">酉</td><td rowspan="2">辰</td></tr>
<tr><td colspan="3">申(10:36:59).酉(10:37以後)</td></tr>
<tr><td>8</td><td>丁巳(子丑)</td><td>甲寅</td><td>酉</td><td>巳</td><td>24</td><td>癸酉(戌亥)</td><td>甲子</td><td>酉</td><td>辰</td></tr>
<tr><td>9</td><td>戊午(子丑)</td><td>甲寅</td><td>酉</td><td>巳
神藏殺沒
(卯酉)</td><td>25</td><td>甲戌(申酉)</td><td>甲戌</td><td>酉</td><td>辰
神藏殺沒
(申寅)</td></tr>
<tr><td>10</td><td>己未(子丑)</td><td>甲寅</td><td>酉</td><td>巳</td><td>26</td><td>乙亥(申酉)</td><td>甲戌</td><td>酉</td><td>辰</td></tr>
<tr><td>11</td><td>庚申(子丑)</td><td>甲寅</td><td>酉</td><td>巳
神藏殺沒
(卯酉)</td><td>27</td><td>丙子(申酉)</td><td>甲戌</td><td>酉</td><td>辰</td></tr>
<tr><td>12</td><td>辛酉(子丑)</td><td>甲寅</td><td>酉</td><td>巳</td><td>28</td><td>丁丑(申酉)</td><td>甲戌</td><td>酉</td><td>辰</td></tr>
<tr><td>13</td><td>壬戌(子丑)</td><td>甲寅</td><td>酉</td><td>巳</td><td>29</td><td>戊寅(申酉)</td><td>甲戌</td><td>酉</td><td>辰</td></tr>
<tr><td>14</td><td>癸亥(子丑)</td><td>甲寅</td><td>酉</td><td>巳</td><td>30</td><td>己卯(申酉)</td><td>甲戌</td><td>酉</td><td>辰</td></tr>
<tr><td>15</td><td>甲子(戌亥)</td><td>甲子</td><td>酉</td><td>巳
神藏殺沒
(酉卯)</td><td></td><td></td><td></td><td></td><td></td></tr>
<tr><td>16</td><td>乙丑(戌亥)</td><td>甲子</td><td>酉</td><td>巳</td><td></td><td></td><td></td><td></td><td></td></tr>
</table>

2032(壬子)年 10月[陽曆]

日	日辰(空亡)	旬	月建	月將	日	日辰(空亡)	旬	月建	月將
1	庚辰(申酉)	甲戌	酉	辰	17	丙申(辰巳)	甲午	戌	辰
2	辛巳(申酉)	甲戌	酉	辰	18	丁酉(辰巳)	甲午	戌	辰
3	壬午(申酉)	甲戌	酉	辰	19	戊戌(辰巳)	甲午	戌	辰
4	癸未(申酉)	甲戌	酉	辰	20	己亥(辰巳)	甲午	戌	辰
5	甲申(午未)	甲申	酉	辰 神藏殺沒 (申寅)	21	庚子(辰巳)	甲午	戌	辰
6	乙酉(午未)	甲申	酉	辰	22	辛丑(辰巳)	甲午	戌	辰
7	丙戌(午未)	甲申	酉	辰	23	壬寅(辰巳) (霜降:將變)	甲午	戌	辰·卯 辰(05:44:59).卯(05:45以後)
8	丁亥(午未) (寒露:建變)	甲申	酉·戌 酉(02:28:59).戌(02:29以後)	辰	24	癸卯(辰巳)	甲午	戌	卯
9	戊子(午未)	甲申	戌	辰	25	甲辰(寅卯)	甲辰	戌	卯 神藏殺沒 (未丑)
10	己丑(午未)	甲申	戌	辰	26	乙巳(寅卯)	甲辰	戌	卯
11	庚寅(午未)	甲申	戌	辰	27	丙午(寅卯)	甲辰	戌	卯
12	辛卯(午未)	甲申	戌	辰	28	丁未(寅卯)	甲辰	戌	卯
13	壬辰(午未)	甲申	戌	辰	29	戊申(寅卯)	甲辰	戌	卯
14	癸巳(午未)	甲申	戌	辰	30	己酉(寅卯)	甲辰	戌	卯
15	甲午(辰巳)	甲午	戌	辰 神藏殺沒 (申寅)	31	庚戌(寅卯)	甲辰	戌	卯
16	乙未(辰巳)	甲午	戌	辰					

2032(壬子)年 11月[陽曆]

日	日辰(空亡)	旬	月建	月將	日	日辰(空亡)	旬	月建	月將
1	辛亥(寅卯)	甲辰	戌	卯	17	丁卯(戌亥)	甲子	亥	卯
2	壬子(寅卯)	甲辰	戌	卯	18	戊辰(戌亥)	甲子	亥	卯
3	癸丑(寅卯)	甲辰	戌	卯	19	己巳(戌亥)	甲子	亥	卯
4	甲寅(子丑)	甲寅	戌	卯 神藏殺沒 (未丑)	20	庚午(戌亥)	甲子	亥	卯
5	乙卯(子丑)	甲寅	戌	卯	21	辛未(戌亥)	甲子	亥	卯
6	丙辰(子丑)	甲寅	戌	卯	22	壬申(戌亥) (小雪:將變)	甲子	亥	卯·寅 卯(03:29:59).寅(03:30以後)
7	丁巳(子丑) (立冬:建變)	甲寅	戌·亥 戌(05:52:59).亥(05:53以後)	卯	23	癸酉(戌亥)	甲子	亥	寅
8	戊午(子丑)	甲寅	亥	卯	24	甲戌(申酉)	甲戌	亥	寅 神藏殺沒 (午子)
9	己未(子丑)	甲寅	亥	卯	25	乙亥(申酉)	甲戌	亥	寅
10	庚申(子丑)	甲寅	亥	卯	26	丙子(申酉)	甲戌	亥	寅
11	辛酉(子丑)	甲寅	亥	卯	27	丁丑(申酉)	甲戌	亥	寅
12	壬戌(子丑)	甲寅	亥	卯	28	戊寅(申酉)	甲戌	亥	寅
13	癸亥(子丑)	甲寅	亥	卯	29	己卯(申酉)	甲戌	亥	寅
14	甲子(戌亥)	甲子	亥	卯 神藏殺沒 (未丑)	30	庚辰(申酉)	甲戌	亥	寅
15	乙丑(戌亥)	甲子	亥	卯					
16	丙寅(戌亥)	甲子	亥	卯					

2032(壬子)年 12月[陽曆]

日	日辰(空亡)	旬	月建	月將	日	日辰(空亡)	旬	月建	月將
1	辛巳(申酉)	甲戌	亥	寅	17	丁酉(辰巳)	甲午	子	寅
2	壬午(申酉)	甲戌	亥	寅	18	戊戌(辰巳)	甲午	子	寅
3	癸未(申酉)	甲戌	亥	寅	19	己亥(辰巳)	甲午	子	寅
4	甲申(午未)	甲申	亥	寅 神藏殺沒 (午子)	20	庚子(辰巳)	甲午	子	寅
5	乙酉(午未)	甲申	亥	寅	21	辛丑(辰巳) (冬至:將變)	甲午	子	寅·丑 寅(16:54:59).丑(16:55以後)
6	丙戌(午未) (大雪:建變)	甲申	亥·子 亥(22:51:59).子(22:52以後)	寅	22	壬寅(辰巳)	甲午	子	丑
7	丁亥(午未)	甲申	子	寅	23	癸卯(辰巳)	甲午	子	丑
8	戊子(午未)	甲申	子	寅	24	甲辰(寅卯)	甲辰	子	丑 神藏殺沒 (巳亥)
9	己丑(午未)	甲申	子	寅	25	乙巳(寅卯)	甲辰	子	丑
10	庚寅(午未)	甲申	子	寅	26	丙午(寅卯)	甲辰	子	丑
11	辛卯(午未)	甲申	子	寅	27	丁未(寅卯)	甲辰	子	丑
12	壬辰(午未)	甲申	子	寅	28	戊申(寅卯)	甲辰	子	丑
13	癸巳(午未)	甲申	子	寅	29	己酉(寅卯)	甲辰	子	丑
14	甲午(辰巳)	甲午	子	寅 神藏殺沒 (午子)	30	庚戌(寅卯)	甲辰	子	丑
15	乙未(辰巳)	甲午	子	寅	31	辛亥(寅卯)	甲辰	子	丑
16	丙申(辰巳)	甲午	子	寅					

2033(癸丑)年 1月[陽曆]

日	日辰(空亡)	旬	月建	月將	日	日辰(空亡)	旬	月建	月將
1	壬子(寅卯)	甲辰	子	丑	17	戊辰(戌亥)	甲子	丑	丑
2	癸丑(寅卯)	甲辰	子	丑	18	己巳(戌亥)	甲子	丑	丑
3	甲寅(子丑)	甲寅	子	丑 神藏殺沒 (巳亥)	19	庚午(戌亥)	甲子	丑	丑
4	乙卯(子丑)	甲寅	子	丑	20	辛未(戌亥) (大寒:將變)	甲子 丑(03:30:59).子(03:31以後)	丑	丑·子
5	丙辰(子丑) (小寒:建變)	甲寅 子(10:06:59).丑(10:07以後)	子·丑	丑	21	壬申(戌亥)	甲子	丑	子
6	丁巳(子丑)	甲寅	丑	丑	22	癸酉(戌亥)	甲子	丑	子
7	戊午(子丑)	甲寅	丑	丑	23	甲戌(申酉)	甲戌	丑	子 神藏殺沒 (辰戌)
8	己未(子丑)	甲寅	丑	丑	24	乙亥(申酉)	甲戌	丑	子
9	庚申(子丑)	甲寅	丑	丑	25	丙子(申酉)	甲戌	丑	子
10	辛酉(子丑)	甲寅	丑	丑	26	丁丑(申酉)	甲戌	丑	子
11	壬戌(子丑)	甲寅	丑	丑	27	戊寅(申酉)	甲戌	丑	子
12	癸亥(子丑)	甲寅	丑	丑	28	己卯(申酉)	甲戌	丑	子
13	甲子(戌亥)	甲子	丑	丑 神藏殺沒 (巳亥)	29	庚辰(申酉)	甲戌	丑	子
14	乙丑(戌亥)	甲子	丑	丑	30	辛巳(申酉)	甲戌	丑	子
15	丙寅(戌亥)	甲子	丑	丑	31	壬午(申酉)	甲戌	丑	子
16	丁卯(戌亥)	甲子	丑	丑					

2033(癸丑)年 2月[陽曆]

日	日辰(空亡)	旬	月建	月將	日	日辰(空亡)	旬	月建	月將
1	癸未(申酉)	甲戌	丑	子	17	己亥(辰巳)	甲午	寅	子
2	甲申(午未)	甲申	丑	子 神藏殺沒 (辰戌)	18	庚子(辰巳) (雨水:將變)	甲午	寅	子·亥 子(17:31:59).亥(17:32以後)
3	乙酉(午未) (立春:建變)	甲申	丑·寅 丑(21:39:59).寅(21:40以後)	子	19	辛丑(辰巳)	甲午	寅	亥
4	丙戌(午未)	甲申	寅	子	20	壬寅(辰巳)	甲午	寅	亥
5	丁亥(午未)	甲申	寅	子	21	癸卯(辰巳)	甲午	寅	亥
6	戊子(午未)	甲申	寅	子	22	甲辰(寅卯)	甲辰	寅	亥 神藏殺沒 (卯酉)
7	己丑(午未)	甲申	寅	子	23	乙巳(寅卯)	甲辰	寅	亥
8	庚寅(午未)	甲申	寅	子	24	丙午(寅卯)	甲辰	寅	亥
9	辛卯(午未)	甲申	寅	子	25	丁未(寅卯)	甲辰	寅	亥
10	壬辰(午未)	甲申	寅	子	26	戊申(寅卯)	甲辰	寅	亥 神藏殺沒 (酉卯)
11	癸巳(午未)	甲申	寅	子	27	己酉(寅卯)	甲辰	寅	亥
12	甲午(辰巳)	甲午	寅	子 神藏殺沒 (辰戌)	28	庚戌(寅卯)	甲辰	寅	亥 神藏殺沒 (酉卯)
13	乙未(辰巳)	甲午	寅	子					
14	丙申(辰巳)	甲午	寅	子					
15	丁酉(辰巳)	甲午	寅	子					
16	戊戌(辰巳)	甲午	寅	子					

2033(癸丑)年 3月[陽曆]

<table>
<tr><th>日</th><th>日辰(空亡)</th><th>旬</th><th>月建</th><th>月將</th><th>日</th><th>日辰(空亡)</th><th>旬</th><th>月建</th><th>月將</th></tr>
<tr><td>1</td><td>辛亥(寅卯)</td><td>甲辰</td><td>寅</td><td>亥</td><td>17</td><td>丁卯(戌亥)</td><td>甲子</td><td>卯</td><td>亥</td></tr>
<tr><td>2</td><td>壬子(寅卯)</td><td>甲辰</td><td>寅</td><td>亥</td><td>18</td><td>戊辰(戌亥)</td><td>甲子</td><td>卯</td><td>亥
神藏殺沒
(酉卯)</td></tr>
<tr><td>3</td><td>癸丑(寅卯)</td><td>甲辰</td><td>寅</td><td>亥</td><td>19</td><td>己巳(戌亥)</td><td>甲子</td><td>卯</td><td>亥</td></tr>
<tr><td rowspan="3">4</td><td rowspan="3">甲寅(子丑)</td><td rowspan="3">甲寅</td><td rowspan="3">寅</td><td rowspan="3">亥
神藏殺沒
(卯酉)</td><td rowspan="3">20</td><td rowspan="3">庚午(戌亥)
(春分:將變)</td><td>甲子</td><td>卯</td><td>亥·戌</td></tr>
<tr><td colspan="3">亥(16:20:59).戌(16:21以後)</td></tr>
<tr><td colspan="3">神藏殺沒
(亥月將:酉卯. 戌月將:申寅)</td></tr>
<tr><td rowspan="2">5</td><td rowspan="2">乙卯(子丑)
(驚蟄:建變)</td><td>甲寅</td><td>寅·卯</td><td>亥</td><td rowspan="2">21</td><td rowspan="2">辛未(戌亥)</td><td rowspan="2">甲子</td><td rowspan="2">卯</td><td rowspan="2">戌</td></tr>
<tr><td colspan="3">寅(15:30:59).卯(15:31以後)</td></tr>
<tr><td>6</td><td>丙辰(子丑)</td><td>甲寅</td><td>卯</td><td>亥</td><td>22</td><td>壬申(戌亥)</td><td>甲子</td><td>卯</td><td>戌</td></tr>
<tr><td>7</td><td>丁巳(子丑)</td><td>甲寅</td><td>卯</td><td>亥</td><td>23</td><td>癸酉(戌亥)</td><td>甲子</td><td>卯</td><td>戌</td></tr>
<tr><td>8</td><td>戊午(子丑)</td><td>甲寅</td><td>卯</td><td>亥
神藏殺沒
(酉卯)</td><td>24</td><td>甲戌(申酉)</td><td>甲戌</td><td>卯</td><td>戌</td></tr>
<tr><td>9</td><td>己未(子丑)</td><td>甲寅</td><td>卯</td><td>亥</td><td>25</td><td>乙亥(申酉)</td><td>甲戌</td><td>卯</td><td>戌</td></tr>
<tr><td>10</td><td>庚申(子丑)</td><td>甲寅</td><td>卯</td><td>亥
神藏殺沒
(酉卯)</td><td>26</td><td>丙子(申酉)</td><td>甲戌</td><td>卯</td><td>戌</td></tr>
<tr><td>11</td><td>辛酉(子丑)</td><td>甲寅</td><td>卯</td><td>亥</td><td>27</td><td>丁丑(申酉)</td><td>甲戌</td><td>卯</td><td>戌</td></tr>
<tr><td>12</td><td>壬戌(子丑)</td><td>甲寅</td><td>卯</td><td>亥</td><td>28</td><td>戊寅(申酉)</td><td>甲戌</td><td>卯</td><td>戌
神藏殺沒
(申寅)</td></tr>
<tr><td>13</td><td>癸亥(子丑)</td><td>甲寅</td><td>卯</td><td>亥</td><td>29</td><td>己卯(申酉)</td><td>甲戌</td><td>卯</td><td>戌</td></tr>
<tr><td>14</td><td>甲子(戌亥)</td><td>甲子</td><td>卯</td><td>亥
神藏殺沒
(卯酉)</td><td>30</td><td>庚辰(申酉)</td><td>甲戌</td><td>卯</td><td>戌
神藏殺沒
(申寅)</td></tr>
<tr><td>15</td><td>乙丑(戌亥)</td><td>甲子</td><td>卯</td><td>亥</td><td>31</td><td>辛巳(申酉)</td><td>甲戌</td><td>卯</td><td>戌</td></tr>
<tr><td>16</td><td>丙寅(戌亥)</td><td>甲子</td><td>卯</td><td>亥</td><td></td><td></td><td></td><td></td><td></td></tr>
</table>

2033(癸丑)年 4月[陽曆]

日	日辰(空亡)	旬	月建	月將	日	日辰(空亡)	旬	月建	月將
1	壬午(申酉)	甲戌	卯	戌	17	戊戌(辰巳)	甲午	辰	戌 神藏殺沒 (申寅)
2	癸未(申酉)	甲戌	卯	戌	18	己亥(辰巳)	甲午	辰	戌
3	甲申(午未)	甲申	卯	戌	19	庚子(辰巳)	甲午	辰	戌 神藏殺沒 (申寅)
4	乙酉(午未) (清明:建變)	甲申	卯·辰	戌	20	辛丑(辰巳) (穀雨:將變)	甲午	辰	戌·酉
		卯(20:06:59).辰(20:07以後)					戌(03:11:59).酉(03:12以後)		
5	丙戌(午未)	甲申	辰	戌	21	壬寅(辰巳)	甲午	辰	酉
6	丁亥(午未)	甲申	辰	戌	22	癸卯(辰巳)	甲午	辰	酉
7	戊子(午未)	甲申	辰	戌 神藏殺沒 (申寅)	23	甲辰(寅卯)	甲辰	辰	酉
8	己丑(午未)	甲申	辰	戌	24	乙巳(寅卯)	甲辰	辰	酉
9	庚寅(午未)	甲申	辰	戌 神藏殺沒 (申寅)	25	丙午(寅卯)	甲辰	辰	酉
10	辛卯(午未)	甲申	辰	戌	26	丁未(寅卯)	甲辰	辰	酉
11	壬辰(午未)	甲申	辰	戌	27	戊申(寅卯)	甲辰	辰	酉 神藏殺沒 (未丑)
12	癸巳(午未)	甲申	辰	戌	28	己酉(寅卯)	甲辰	辰	酉
13	甲午(辰巳)	甲午	辰	戌	29	庚戌(寅卯)	甲辰	辰	酉 神藏殺沒 (未丑)
14	乙未(辰巳)	甲午	辰	戌	30	辛亥(寅卯)	甲辰	辰	酉
15	丙申(辰巳)	甲午	辰	戌					
16	丁酉(辰巳)	甲午	辰	戌					

2033(癸丑)年 5月[陽曆]

日	日辰(空亡)	旬	月建	月將	日	日辰(空亡)	旬	月建	月將
1	壬子(寅卯)	甲辰	辰	酉	17	戊辰(戌亥)	甲子	巳	酉 神藏殺沒 (未丑)
2	癸丑(寅卯)	甲辰	辰	酉	18	己巳(戌亥)	甲子	巳	酉
3	甲寅(子丑)	甲寅	辰	酉	19	庚午(戌亥)	甲子	巳	酉 神藏殺沒 (未丑)
4	乙卯(子丑)	甲寅	辰	酉	20	辛未(戌亥)	甲子	巳	酉
5	丙辰(子丑) (立夏:建變)	甲寅	辰·巳	酉	21	壬申(戌亥) (小滿:將變)	甲子	巳	酉·申
		辰(13:11:59).巳(13:12以後)					酉(02:09:59).申(02:10以後)		
6	丁巳(子丑)	甲寅	巳	酉	22	癸酉(戌亥)	甲子	巳	申
7	戊午(子丑)	甲寅	巳	酉 神藏殺沒 (未丑)	23	甲戌(申酉)	甲戌	巳	申
8	己未(子丑)	甲寅	巳	酉	24	乙亥(申酉)	甲戌	巳	申
9	庚申(子丑)	甲寅	巳	酉 神藏殺沒 (未丑)	25	丙子(申酉)	甲戌	巳	申
10	辛酉(子丑)	甲寅	巳	酉	26	丁丑(申酉)	甲戌	巳	申
11	壬戌(子丑)	甲寅	巳	酉	27	戊寅(申酉)	甲戌	巳	申 神藏殺沒 (午子)
12	癸亥(子丑)	甲寅	巳	酉	28	己卯(申酉)	甲戌	巳	申
13	甲子(戌亥)	甲子	巳	酉	29	庚辰(申酉)	甲戌	巳	申 神藏殺沒 (午子)
14	乙丑(戌亥)	甲子	巳	酉	30	辛巳(申酉)	甲戌	巳	申
15	丙寅(戌亥)	甲子	巳	酉	31	壬午(申酉)	甲戌	巳	申
16	丁卯(戌亥)	甲子	巳	酉					

2033(癸丑)年 6月[陽曆]

日	日辰(空亡)	旬	月建	月將	日	日辰(空亡)	旬	月建	月將
1	癸未(申酉)	甲戌	巳	申	17	己亥(辰巳)	甲午	午	申
2	甲申(午未)	甲申	巳	申	18	庚子(辰巳)	甲午	午	申 神藏殺沒 (午子)
3	乙酉(午未)	甲申	巳	申	19	辛丑(辰巳)	甲午	午	申
4	丙戌(午未)	甲申	巳	申	20	壬寅(辰巳)	甲午	午	申
5	丁亥(午未) (芒種:建變)	甲申 巳(17:11:59).午(17:12以後)	巳·午	申	21	癸卯(辰巳) (夏至:將變)	甲午 申(09:59:59).未(10:00以後)	午	申·未
6	戊子(午未)	甲申	午	申 神藏殺沒 (午子)	22	甲辰(寅卯)	甲辰	午	未
7	己丑(午未)	甲申	午	申	23	乙巳(寅卯)	甲辰	午	未
8	庚寅(午未)	甲申	午	申 神藏殺沒 (午子)	24	丙午(寅卯)	甲辰	午	未
9	辛卯(午未)	甲申	午	申	25	丁未(寅卯)	甲辰	午	未
10	壬辰(午未)	甲申	午	申	26	戊申(寅卯)	甲辰	午	未 神藏殺沒 (巳亥)
11	癸巳(午未)	甲申	午	申	27	己酉(寅卯)	甲辰	午	未
12	甲午(辰巳)	甲午	午	申	28	庚戌(寅卯)	甲辰	午	未 神藏殺沒 (巳亥)
13	乙未(辰巳)	甲午	午	申	29	辛亥(寅卯)	甲辰	午	未
14	丙申(辰巳)	甲午	午	申	30	壬子(寅卯)	甲辰	午	未
15	丁酉(辰巳)	甲午	午	申					
16	戊戌(辰巳)	甲午	午	申 神藏殺沒 (午子)					

2033(癸丑)年 7月[陽曆]

<table>
<tr><th>日</th><th>日辰(空亡)</th><th>旬</th><th>月建</th><th>月將</th><th>日</th><th>日辰(空亡)</th><th>旬</th><th>月建</th><th>月將</th></tr>
<tr><td>1</td><td>癸丑(寅卯)</td><td>甲辰</td><td>午</td><td>未</td><td>17</td><td>己巳(戌亥)</td><td>甲子</td><td>未</td><td>未</td></tr>
<tr><td>2</td><td>甲寅(子丑)</td><td>甲寅</td><td>午</td><td>未</td><td>18</td><td>庚午(戌亥)</td><td>甲子</td><td>未</td><td>未
神藏殺沒
(巳亥)</td></tr>
<tr><td>3</td><td>乙卯(子丑)</td><td>甲寅</td><td>午</td><td>未</td><td>19</td><td>辛未(戌亥)</td><td>甲子</td><td>未</td><td>未</td></tr>
<tr><td>4</td><td>丙辰(子丑)</td><td>甲寅</td><td>午</td><td>未</td><td>20</td><td>壬申(戌亥)</td><td>甲子</td><td>未</td><td>未</td></tr>
<tr><td>5</td><td>丁巳(子丑)</td><td>甲寅</td><td>午</td><td>未</td><td>21</td><td>癸酉(戌亥)</td><td>甲子</td><td>未</td><td>未</td></tr>
<tr><td rowspan="2">6</td><td rowspan="2">戊午(子丑)</td><td rowspan="2">甲寅</td><td rowspan="2">午</td><td rowspan="2">未
神藏殺沒
(巳亥)</td><td rowspan="2">22</td><td rowspan="2">甲戌(申酉)
(大暑:將變)</td><td>甲戌</td><td>未</td><td>未·午</td></tr>
<tr><td colspan="3">未(20:50:59).午(20:51以後)</td></tr>
<tr><td rowspan="2">7</td><td rowspan="2">己未(子丑)
(小暑:建變)</td><td>甲寅</td><td>午·未</td><td>未</td><td rowspan="2">23</td><td rowspan="2">乙亥(申酉)</td><td rowspan="2">甲戌</td><td rowspan="2">未</td><td rowspan="2">午</td></tr>
<tr><td colspan="3">午(03:23:59).未(03:24以後)</td></tr>
<tr><td>8</td><td>庚申(子丑)</td><td>甲寅</td><td>未</td><td>未
神藏殺沒
(巳亥)</td><td>24</td><td>丙子(申酉)</td><td>甲戌</td><td>未</td><td>午</td></tr>
<tr><td>9</td><td>辛酉(子丑)</td><td>甲寅</td><td>未</td><td>未</td><td>25</td><td>丁丑(申酉)</td><td>甲戌</td><td>未</td><td>午</td></tr>
<tr><td>10</td><td>壬戌(子丑)</td><td>甲寅</td><td>未</td><td>未</td><td>26</td><td>戊寅(申酉)</td><td>甲戌</td><td>未</td><td>午
神藏殺沒
(辰戌)</td></tr>
<tr><td>11</td><td>癸亥(子丑)</td><td>甲寅</td><td>未</td><td>未</td><td>27</td><td>己卯(申酉)</td><td>甲戌</td><td>未</td><td>午</td></tr>
<tr><td>12</td><td>甲子(戌亥)</td><td>甲子</td><td>未</td><td>未</td><td>28</td><td>庚辰(申酉)</td><td>甲戌</td><td>未</td><td>午
神藏殺沒
(辰戌)</td></tr>
<tr><td>13</td><td>乙丑(戌亥)</td><td>甲子</td><td>未</td><td>未</td><td>29</td><td>辛巳(申酉)</td><td>甲戌</td><td>未</td><td>午</td></tr>
<tr><td>14</td><td>丙寅(戌亥)</td><td>甲子</td><td>未</td><td>未</td><td>30</td><td>壬午(申酉)</td><td>甲戌</td><td>未</td><td>午</td></tr>
<tr><td>15</td><td>丁卯(戌亥)</td><td>甲子</td><td>未</td><td>未</td><td>31</td><td>癸未(申酉)</td><td>甲戌</td><td>未</td><td>午</td></tr>
<tr><td>16</td><td>戊辰(戌亥)</td><td>甲子</td><td>未</td><td>未
神藏殺沒
(巳亥)</td><td></td><td></td><td></td><td></td><td></td></tr>
</table>

2033(癸丑)年 8月[陽曆]

<table>
<tr><th>日</th><th>日辰(空亡)</th><th>旬</th><th>月建</th><th>月將</th><th>日</th><th>日辰(空亡)</th><th>旬</th><th>月建</th><th>月將</th></tr>
<tr><td>1</td><td>甲申(午未)</td><td>甲申</td><td>未</td><td>午</td><td>17</td><td>庚子(辰巳)</td><td>甲午</td><td>申</td><td>午
神藏殺沒
(辰戌)</td></tr>
<tr><td>2</td><td>乙酉(午未)</td><td>甲申</td><td>未</td><td>午</td><td>18</td><td>辛丑(辰巳)</td><td>甲午</td><td>申</td><td>午</td></tr>
<tr><td>3</td><td>丙戌(午未)</td><td>甲申</td><td>未</td><td>午</td><td>19</td><td>壬寅(辰巳)</td><td>甲午</td><td>申</td><td>午</td></tr>
<tr><td>4</td><td>丁亥(午未)</td><td>甲申</td><td>未</td><td>午</td><td>20</td><td>癸卯(辰巳)</td><td>甲午</td><td>申</td><td>午</td></tr>
<tr><td>5</td><td>戊子(午未)</td><td>甲申</td><td>未</td><td>午
神藏殺沒
(辰戌)</td><td>21</td><td>甲辰(寅卯)</td><td>甲辰</td><td>申</td><td>午</td></tr>
<tr><td>6</td><td>己丑(午未)</td><td>甲申</td><td>未</td><td>午</td><td>22</td><td>乙巳(寅卯)</td><td>甲辰</td><td>申</td><td>午</td></tr>
<tr><td rowspan="3">7</td><td rowspan="3">庚寅(午未)
(立秋:建變)</td><td>甲申</td><td>未·申</td><td>午</td><td rowspan="3">23</td><td rowspan="3">丙午(寅卯)
(處暑:將變)</td><td rowspan="2">甲辰</td><td rowspan="2">申</td><td rowspan="2">午·巳</td></tr>
<tr><td colspan="3">未(13:13:59).申(13:14以後)</td></tr>
<tr><td colspan="3">神藏殺沒(辰戌)</td><td colspan="3">午(04:00:59).巳(04:01以後)</td></tr>
<tr><td>8</td><td>辛卯(午未)</td><td>甲申</td><td>申</td><td>午</td><td>24</td><td>丁未(寅卯)</td><td>甲辰</td><td>申</td><td>巳</td></tr>
<tr><td>9</td><td>壬辰(午未)</td><td>甲申</td><td>申</td><td>午</td><td>25</td><td>戊申(寅卯)</td><td>甲辰</td><td>申</td><td>巳
神藏殺沒
(卯酉)</td></tr>
<tr><td>10</td><td>癸巳(午未)</td><td>甲申</td><td>申</td><td>午</td><td>26</td><td>己酉(寅卯)</td><td>甲辰</td><td>申</td><td>巳</td></tr>
<tr><td>11</td><td>甲午(辰巳)</td><td>甲午</td><td>申</td><td>午</td><td>27</td><td>庚戌(寅卯)</td><td>甲辰</td><td>申</td><td>巳
神藏殺沒
(卯酉)</td></tr>
<tr><td>12</td><td>乙未(辰巳)</td><td>甲午</td><td>申</td><td>午</td><td>28</td><td>辛亥(寅卯)</td><td>甲辰</td><td>申</td><td>巳</td></tr>
<tr><td>13</td><td>丙申(辰巳)</td><td>甲午</td><td>申</td><td>午</td><td>29</td><td>壬子(寅卯)</td><td>甲辰</td><td>申</td><td>巳</td></tr>
<tr><td>14</td><td>丁酉(辰巳)</td><td>甲午</td><td>申</td><td>午</td><td>30</td><td>癸丑(寅卯)</td><td>甲辰</td><td>申</td><td>巳</td></tr>
<tr><td>15</td><td>戊戌(辰巳)</td><td>甲午</td><td>申</td><td>午
神藏殺沒
(辰戌)</td><td>31</td><td>甲寅(子丑)</td><td>甲寅</td><td>申</td><td>巳
神藏殺沒
(酉卯)</td></tr>
<tr><td>16</td><td>己亥(辰巳)</td><td>甲午</td><td>申</td><td>午</td><td></td><td></td><td></td><td></td><td></td></tr>
</table>

2033(癸丑)年 9月[陽曆]

日	日辰(空亡)	旬	月建	月將	日	日辰(空亡)	旬	月建	月將
1	乙卯(子丑)	甲寅	申	巳	17	辛未(戌亥)	甲子	酉	巳
2	丙辰(子丑)	甲寅	申	巳	18	壬申(戌亥)	甲子	酉	巳
3	丁巳(子丑)	甲寅	申	巳	19	癸酉(戌亥)	甲子	酉	巳
4	戊午(子丑)	甲寅	申	巳 神藏殺沒 (卯酉)	20	甲戌(申酉)	甲戌	酉	巳 神藏殺沒 (酉卯)
5	己未(子丑)	甲寅	申	巳	21	乙亥(申酉)	甲戌	酉	巳
6	庚申(子丑)	甲寅	申	巳 神藏殺沒 (卯酉)	22	丙子(申酉)	甲戌	酉	巳
7	辛酉(子丑) (白露:建變)	甲寅	申·酉 申(16:18:59).酉(16:19以後)	巳	23	丁丑(申酉) (秋分:將變)	甲戌	酉	巳·辰 巳(01:49:59).辰(01:50以後)
8	壬戌(子丑)	甲寅	酉	巳	24	戊寅(申酉)	甲戌	酉	辰
9	癸亥(子丑)	甲寅	酉	巳	25	己卯(申酉)	甲戌	酉	辰
10	甲子(戌亥)	甲子	酉	巳 神藏殺沒 (酉卯)	26	庚辰(申酉)	甲戌	酉	辰
11	乙丑(戌亥)	甲子	酉	巳	27	辛巳(申酉)	甲戌	酉	辰
12	丙寅(戌亥)	甲子	酉	巳	28	壬午(申酉)	甲戌	酉	辰
13	丁卯(戌亥)	甲子	酉	巳	29	癸未(申酉)	甲戌	酉	辰
14	戊辰(戌亥)	甲子	酉	巳 神藏殺沒 (卯酉)	30	甲申(午未)	甲申	酉	辰 神藏殺沒 (申寅)
15	己巳(戌亥)	甲子	酉	巳					
16	庚午(戌亥)	甲子	酉	巳 神藏殺沒 (卯酉)					

2033(癸丑)年 10月[陽曆]

<table>
<tr><th>日</th><th>日辰(空亡)</th><th>旬</th><th>月建</th><th>月將</th><th>日</th><th>日辰(空亡)</th><th>旬</th><th>月建</th><th>月將</th></tr>
<tr><td>1</td><td>乙酉(午未)</td><td>甲申</td><td>酉</td><td>辰</td><td>17</td><td>辛丑(辰巳)</td><td>甲午</td><td>戌</td><td>辰</td></tr>
<tr><td>2</td><td>丙戌(午未)</td><td>甲申</td><td>酉</td><td>辰</td><td>18</td><td>壬寅(辰巳)</td><td>甲午</td><td>戌</td><td>辰</td></tr>
<tr><td>3</td><td>丁亥(午未)</td><td>甲申</td><td>酉</td><td>辰</td><td>19</td><td>癸卯(辰巳)</td><td>甲午</td><td>戌</td><td>辰</td></tr>
<tr><td>4</td><td>戊子(午未)</td><td>甲申</td><td>酉</td><td>辰</td><td>20</td><td>甲辰(寅卯)</td><td>甲辰</td><td>戌</td><td>辰
神藏殺沒
(申寅)</td></tr>
<tr><td>5</td><td>己丑(午未)</td><td>甲申</td><td>酉</td><td>辰</td><td>21</td><td>乙巳(寅卯)</td><td>甲辰</td><td>戌</td><td>辰</td></tr>
<tr><td>6</td><td>庚寅(午未)</td><td>甲申</td><td>酉</td><td>辰</td><td>22</td><td>丙午(寅卯)</td><td>甲辰</td><td>戌</td><td>辰</td></tr>
<tr><td rowspan="2">7</td><td rowspan="2">辛卯(午未)</td><td rowspan="2">甲申</td><td rowspan="2">酉</td><td rowspan="2">辰</td><td rowspan="2">23</td><td rowspan="2">丁未(寅卯)
(霜降:將變)</td><td>甲辰</td><td>戌</td><td>辰·卯</td></tr>
<tr><td colspan="3">辰(11:25:59).卯(11:26以後)</td></tr>
<tr><td rowspan="2">8</td><td rowspan="2">壬辰(午未)
(寒露:建變)</td><td>甲申</td><td>酉·戌</td><td>辰</td><td rowspan="2">24</td><td rowspan="2">戊申(寅卯)</td><td rowspan="2">甲辰</td><td rowspan="2">戌</td><td rowspan="2">卯</td></tr>
<tr><td colspan="3">酉(08:12:59).戌(08:13以後)</td></tr>
<tr><td>9</td><td>癸巳(午未)</td><td>甲申</td><td>戌</td><td>辰</td><td>25</td><td>己酉(寅卯)</td><td>甲辰</td><td>戌</td><td>卯</td></tr>
<tr><td>10</td><td>甲午(辰巳)</td><td>甲午</td><td>戌</td><td>辰
神藏殺沒
(申寅)</td><td>26</td><td>庚戌(寅卯)</td><td>甲辰</td><td>戌</td><td>卯</td></tr>
<tr><td>11</td><td>乙未(辰巳)</td><td>甲午</td><td>戌</td><td>辰</td><td>27</td><td>辛亥(寅卯)</td><td>甲辰</td><td>戌</td><td>卯</td></tr>
<tr><td>12</td><td>丙申(辰巳)</td><td>甲午</td><td>戌</td><td>辰</td><td>28</td><td>壬子(寅卯)</td><td>甲辰</td><td>戌</td><td>卯</td></tr>
<tr><td>13</td><td>丁酉(辰巳)</td><td>甲午</td><td>戌</td><td>辰</td><td>29</td><td>癸丑(寅卯)</td><td>甲辰</td><td>戌</td><td>卯</td></tr>
<tr><td>14</td><td>戊戌(辰巳)</td><td>甲午</td><td>戌</td><td>辰</td><td>30</td><td>甲寅(子丑)</td><td>甲寅</td><td>戌</td><td>卯
神藏殺沒
(未丑)</td></tr>
<tr><td>15</td><td>己亥(辰巳)</td><td>甲午</td><td>戌</td><td>辰</td><td>31</td><td>乙卯(子丑)</td><td>甲寅</td><td>戌</td><td>卯</td></tr>
<tr><td>16</td><td>庚子(辰巳)</td><td>甲午</td><td>戌</td><td>辰</td><td></td><td></td><td></td><td></td><td></td></tr>
</table>

2033(癸丑)年 11月[陽曆]

<table>
<tr><th>日</th><th>日辰(空亡)</th><th>旬</th><th>月建</th><th>月將</th><th>日</th><th>日辰(空亡)</th><th>旬</th><th>月建</th><th>月將</th></tr>
<tr><td>1</td><td>丙辰(子丑)</td><td>甲寅</td><td>戌</td><td>卯</td><td>17</td><td>壬申(戌亥)</td><td>甲子</td><td>亥</td><td>卯</td></tr>
<tr><td>2</td><td>丁巳(子丑)</td><td>甲寅</td><td>戌</td><td>卯</td><td>18</td><td>癸酉(戌亥)</td><td>甲子</td><td>亥</td><td>卯</td></tr>
<tr><td>3</td><td>戊午(子丑)</td><td>甲寅</td><td>戌</td><td>卯</td><td>19</td><td>甲戌(申酉)</td><td>甲戌</td><td>亥</td><td>卯
神藏殺沒
(未丑)</td></tr>
<tr><td>4</td><td>己未(子丑)</td><td>甲寅</td><td>戌</td><td>卯</td><td>20</td><td>乙亥(申酉)</td><td>甲戌</td><td>亥</td><td>卯</td></tr>
<tr><td>5</td><td>庚申(子丑)</td><td>甲寅</td><td>戌</td><td>卯</td><td>21</td><td>丙子(申酉)</td><td>甲戌</td><td>亥</td><td>卯</td></tr>
<tr><td rowspan="2">6</td><td rowspan="2">辛酉(子丑)</td><td rowspan="2">甲寅</td><td rowspan="2">戌</td><td rowspan="2">卯</td><td rowspan="2">22</td><td rowspan="2">丁丑(申酉)
(小雪:將變)</td><td>甲戌</td><td>亥</td><td>卯·寅</td></tr>
<tr><td colspan="3">卯(09:14:59).寅(09:15以後)</td></tr>
<tr><td rowspan="2">7</td><td rowspan="2">壬戌(子丑)
(立冬:建變)</td><td>甲寅</td><td>戌·亥</td><td>卯</td><td rowspan="2">23</td><td rowspan="2">戊寅(申酉)</td><td rowspan="2">甲戌</td><td rowspan="2">亥</td><td rowspan="2">寅</td></tr>
<tr><td colspan="3">戌(11:39:59).亥(11:40以後)</td></tr>
<tr><td>8</td><td>癸亥(子丑)</td><td>甲寅</td><td>亥</td><td>卯</td><td>24</td><td>己卯(申酉)</td><td>甲戌</td><td>亥</td><td>寅</td></tr>
<tr><td>9</td><td>甲子(戌亥)</td><td>甲子</td><td>亥</td><td>卯
神藏殺沒
(未丑)</td><td>25</td><td>庚辰(申酉)</td><td>甲戌</td><td>亥</td><td>寅</td></tr>
<tr><td>10</td><td>乙丑(戌亥)</td><td>甲子</td><td>亥</td><td>卯</td><td>26</td><td>辛巳(申酉)</td><td>甲戌</td><td>亥</td><td>寅</td></tr>
<tr><td>11</td><td>丙寅(戌亥)</td><td>甲子</td><td>亥</td><td>卯</td><td>27</td><td>壬午(申酉)</td><td>甲戌</td><td>亥</td><td>寅</td></tr>
<tr><td>12</td><td>丁卯(戌亥)</td><td>甲子</td><td>亥</td><td>卯</td><td>28</td><td>癸未(申酉)</td><td>甲戌</td><td>亥</td><td>寅</td></tr>
<tr><td>13</td><td>戊辰(戌亥)</td><td>甲子</td><td>亥</td><td>卯</td><td>29</td><td>甲申(午未)</td><td>甲申</td><td>亥</td><td>寅
神藏殺沒
(午子)</td></tr>
<tr><td>14</td><td>己巳(戌亥)</td><td>甲子</td><td>亥</td><td>卯</td><td>30</td><td>乙酉(午未)</td><td>甲申</td><td>亥</td><td>寅</td></tr>
<tr><td>15</td><td>庚午(戌亥)</td><td>甲子</td><td>亥</td><td>卯</td><td></td><td></td><td></td><td></td><td></td></tr>
<tr><td>16</td><td>辛未(戌亥)</td><td>甲子</td><td>亥</td><td>卯</td><td></td><td></td><td></td><td></td><td></td></tr>
</table>

2033(癸丑)年 12月[陽曆]

日	日辰(空亡)	旬	月建	月將	日	日辰(空亡)	旬	月建	月將
1	丙戌(午未)	甲申	亥	寅	17	壬寅(辰巳)	甲午	子	寅
2	丁亥(午未)	甲申	亥	寅	18	癸卯(辰巳)	甲午	子	寅
3	戊子(午未)	甲申	亥	寅	19	甲辰(寅卯)	甲辰	子	寅 神藏殺沒 (午子)
4	己丑(午未)	甲申	亥	寅	20	乙巳(寅卯)	甲辰	子	寅
5	庚寅(午未)	甲申	亥	寅	21	丙午(寅卯) (冬至:將變)	甲辰	子	寅·丑 寅(22:44:59).丑(22:45以後)
6	辛卯(午未)	甲申	亥	寅	22	丁未(寅卯)	甲辰	子	丑
7	壬辰(午未) (大雪:建變)	甲申	亥·子 亥(04:43:59).子(04:44以後)	寅	23	戊申(寅卯)	甲辰	子	丑
8	癸巳(午未)	甲申	子	寅	24	己酉(寅卯)	甲辰	子	丑
9	甲午(辰巳)	甲午	子	寅 神藏殺沒 (午子)	25	庚戌(寅卯)	甲辰	子	丑
10	乙未(辰巳)	甲午	子	寅	26	辛亥(寅卯)	甲辰	子	丑
11	丙申(辰巳)	甲午	子	寅	27	壬子(寅卯)	甲辰	子	丑
12	丁酉(辰巳)	甲午	子	寅	28	癸丑(寅卯)	甲辰	子	丑
13	戊戌(辰巳)	甲午	子	寅	29	甲寅(子丑)	甲寅	子	丑 神藏殺沒 (巳亥)
14	己亥(辰巳)	甲午	子	寅	30	乙卯(子丑)	甲寅	子	丑
15	庚子(辰巳)	甲午	子	寅	31	丙辰(子丑)	甲寅	子	丑
16	辛丑(辰巳)	甲午	子	寅					

2034(甲寅)年 1月[陽曆]

日	日辰(空亡)	旬	月建	月將	日	日辰(空亡)	旬	月建	月將
1	丁巳(子丑)	甲寅	子	丑	17	癸酉(戌亥)	甲子	丑	丑
2	戊午(子丑)	甲寅	子	丑	18	甲戌(申酉)	甲戌	丑	丑 神藏殺沒 (巳亥)
3	己未(子丑)	甲寅	子	丑	19	乙亥(申酉)	甲戌	丑	丑
4	庚申(子丑)	甲寅	子	丑	20	丙子(申酉) (大寒:將變)	甲戌 丑(09:25:59).子(09:26以後)	丑	丑·子
5	辛酉(子丑) (小寒:建變)	甲寅 子(16:02:59).丑(16:03以後)	子·丑	丑	21	丁丑(申酉)	甲戌	丑	子
6	壬戌(子丑)	甲寅	丑	丑	22	戊寅(申酉)	甲戌	丑	子
7	癸亥(子丑)	甲寅	丑	丑	23	己卯(申酉)	甲戌	丑	子
8	甲子(戌亥)	甲子	丑	丑 神藏殺沒 (巳亥)	24	庚辰(申酉)	甲戌	丑	子
9	乙丑(戌亥)	甲子	丑	丑	25	辛巳(申酉)	甲戌	丑	子
10	丙寅(戌亥)	甲子	丑	丑	26	壬午(申酉)	甲戌	丑	子
11	丁卯(戌亥)	甲子	丑	丑	27	癸未(申酉)	甲戌	丑	子
12	戊辰(戌亥)	甲子	丑	丑	28	甲申(午未)	甲申	丑	子 神藏殺沒 (辰戌)
13	己巳(戌亥)	甲子	丑	丑	29	乙酉(午未)	甲申	丑	子
14	庚午(戌亥)	甲子	丑	丑	30	丙戌(午未)	甲申	丑	子
15	辛未(戌亥)	甲子	丑	丑	31	丁亥(午未)	甲申	丑	子
16	壬申(戌亥)	甲子	丑	丑					

2034(甲寅)年 2月[陽曆]

<table>
<tr><th>日</th><th>日辰(空亡)</th><th>旬</th><th>月建</th><th>月將</th><th>日</th><th>日辰(空亡)</th><th>旬</th><th>月建</th><th>月將</th></tr>
<tr><td>1</td><td>戊子(午未)</td><td>甲申</td><td>丑</td><td>子</td><td>17</td><td>甲辰(寅卯)</td><td>甲辰</td><td>寅</td><td>子
神藏殺沒
(辰戌)</td></tr>
<tr><td rowspan="2">2</td><td rowspan="2">己丑(午未)</td><td rowspan="2">甲申</td><td rowspan="2">丑</td><td rowspan="2">子</td><td rowspan="2">18</td><td rowspan="2">乙巳(寅卯)
(雨水:將變)</td><td>甲辰</td><td>寅</td><td>子·亥</td></tr>
<tr><td colspan="3">子(23:28:59).亥(23:29以後)</td></tr>
<tr><td>3</td><td>庚寅(午未)</td><td>甲申</td><td>丑</td><td>子</td><td>19</td><td>丙午(寅卯)</td><td>甲辰</td><td>寅</td><td>亥</td></tr>
<tr><td rowspan="2">4</td><td rowspan="2">辛卯(午未)
(立春:建變)</td><td>甲申</td><td>丑·寅</td><td>子</td><td rowspan="2">20</td><td rowspan="2">丁未(寅卯)</td><td rowspan="2">甲辰</td><td rowspan="2">寅</td><td rowspan="2">亥</td></tr>
<tr><td colspan="3">丑(03:39:59).寅(03:40以後)</td></tr>
<tr><td>5</td><td>壬辰(午未)</td><td>甲申</td><td>寅</td><td>子</td><td>21</td><td>戊申(寅卯)</td><td>甲辰</td><td>寅</td><td>亥
神藏殺沒
(酉卯)</td></tr>
<tr><td>6</td><td>癸巳(午未)</td><td>甲申</td><td>寅</td><td>子</td><td>22</td><td>己酉(寅卯)</td><td>甲辰</td><td>寅</td><td>亥</td></tr>
<tr><td>7</td><td>甲午(辰巳)</td><td>甲午</td><td>寅</td><td>子
神藏殺沒
(辰戌)</td><td>23</td><td>庚戌(寅卯)</td><td>甲辰</td><td>寅</td><td>亥
神藏殺沒
(酉卯)</td></tr>
<tr><td>8</td><td>乙未(辰巳)</td><td>甲午</td><td>寅</td><td>子</td><td>24</td><td>辛亥(寅卯)</td><td>甲辰</td><td>寅</td><td>亥</td></tr>
<tr><td>9</td><td>丙申(辰巳)</td><td>甲午</td><td>寅</td><td>子</td><td>25</td><td>壬子(寅卯)</td><td>甲辰</td><td>寅</td><td>亥</td></tr>
<tr><td>10</td><td>丁酉(辰巳)</td><td>甲午</td><td>寅</td><td>子</td><td>26</td><td>癸丑(寅卯)</td><td>甲辰</td><td>寅</td><td>亥</td></tr>
<tr><td>11</td><td>戊戌(辰巳)</td><td>甲午</td><td>寅</td><td>子</td><td>27</td><td>甲寅(子丑)</td><td>甲寅</td><td>寅</td><td>亥
神藏殺沒
(卯酉)</td></tr>
<tr><td>12</td><td>己亥(辰巳)</td><td>甲午</td><td>寅</td><td>子</td><td>28</td><td>乙卯(子丑)</td><td>甲寅</td><td>寅</td><td>亥</td></tr>
<tr><td>13</td><td>庚子(辰巳)</td><td>甲午</td><td>寅</td><td>子</td><td></td><td></td><td></td><td></td><td></td></tr>
<tr><td>14</td><td>辛丑(辰巳)</td><td>甲午</td><td>寅</td><td>子</td><td></td><td></td><td></td><td></td><td></td></tr>
<tr><td>15</td><td>壬寅(辰巳)</td><td>甲午</td><td>寅</td><td>子</td><td></td><td></td><td></td><td></td><td></td></tr>
<tr><td>16</td><td>癸卯(辰巳)</td><td>甲午</td><td>寅</td><td>子</td><td></td><td></td><td></td><td></td><td></td></tr>
</table>

2034(甲寅)年 3月[陽曆]

日	日辰(空亡)	旬	月建	月將	日	日辰(空亡)	旬	月建	月將
1	丙辰(子丑)	甲寅	寅	亥	17	壬申(戌亥)	甲子	卯	亥
2	丁巳(子丑)	甲寅	寅	亥	18	癸酉(戌亥)	甲子	卯	亥
3	戊午(子丑)	甲寅	寅	亥 神藏殺沒 (酉卯)	19	甲戌(申酉)	甲戌	卯	亥 神藏殺沒 (卯酉)
4	己未(子丑)	甲寅	寅	亥	20	乙亥(申酉) (春分:將變)	甲戌 亥(22:15:59).戌(22:16以後)	卯	亥·戌
5	庚申(子丑) (驚蟄:建變)	甲寅 寅(21:30:59).卯(21:31以後) 神藏殺沒(酉卯)	寅·卯	亥	21	丙子(申酉)	甲戌	卯	戌
6	辛酉(子丑)	甲寅	卯	亥	22	丁丑(申酉)	甲戌	卯	戌
7	壬戌(子丑)	甲寅	卯	亥	23	戊寅(申酉)	甲戌	卯	戌 神藏殺沒 (申寅)
8	癸亥(子丑)	甲寅	卯	亥	24	己卯(申酉)	甲戌	卯	戌
9	甲子(戌亥)	甲子	卯	亥 神藏殺沒 (卯酉)	25	庚辰(申酉)	甲戌	卯	戌 神藏殺沒 (申寅)
10	乙丑(戌亥)	甲子	卯	亥	26	辛巳(申酉)	甲戌	卯	戌
11	丙寅(戌亥)	甲子	卯	亥	27	壬午(申酉)	甲戌	卯	戌
12	丁卯(戌亥)	甲子	卯	亥	28	癸未(申酉)	甲戌	卯	戌
13	戊辰(戌亥)	甲子	卯	亥 神藏殺沒 (酉卯)	29	甲申(午未)	甲申	卯	戌
14	己巳(戌亥)	甲子	卯	亥	30	乙酉(午未)	甲申	卯	戌
15	庚午(戌亥)	甲子	卯	亥 神藏殺沒 (酉卯)	31	丙戌(午未)	甲申	卯	戌
16	辛未(戌亥)	甲子	卯	亥					

2034(甲寅)年 4月[陽曆]

<table>
<tr><th>日</th><th>日辰(空亡)</th><th>旬</th><th>月建</th><th>月將</th><th>日</th><th>日辰(空亡)</th><th>旬</th><th>月建</th><th>月將</th></tr>
<tr><td>1</td><td>丁亥(午未)</td><td>甲申</td><td>卯</td><td>戌</td><td>17</td><td>癸卯(辰巳)</td><td>甲午</td><td>辰</td><td>戌</td></tr>
<tr><td>2</td><td>戊子(午未)</td><td>甲申</td><td>卯</td><td>戌
神藏殺沒
(申寅)</td><td>18</td><td>甲辰(寅卯)</td><td>甲辰</td><td>辰</td><td>戌</td></tr>
<tr><td>3</td><td>己丑(午未)</td><td>甲申</td><td>卯</td><td>戌</td><td>19</td><td>乙巳(寅卯)</td><td>甲辰</td><td>辰</td><td>戌</td></tr>
<tr><td rowspan="2">4</td><td rowspan="2">庚寅(午未)</td><td rowspan="2">甲申</td><td rowspan="2">卯</td><td rowspan="2">戌
神藏殺沒
(申寅)</td><td rowspan="2">20</td><td rowspan="2">丙午(寅卯)
(穀雨:將變)</td><td>甲辰</td><td>辰</td><td>戌·酉</td></tr>
<tr><td colspan="3">戌(09:01:59).酉(09:02以後)</td></tr>
<tr><td rowspan="2">5</td><td rowspan="2">辛卯(午未)
(淸明:建變)</td><td>甲申</td><td>卯·辰</td><td>戌</td><td rowspan="2">21</td><td rowspan="2">丁未(寅卯)</td><td rowspan="2">甲辰</td><td rowspan="2">辰</td><td rowspan="2">酉</td></tr>
<tr><td colspan="3">卯(02:04:59).辰(02:05以後)</td></tr>
<tr><td>6</td><td>壬辰(午未)</td><td>甲申</td><td>辰</td><td>戌</td><td>22</td><td>戊申(寅卯)</td><td>甲辰</td><td>辰</td><td>酉
神藏殺沒
(未丑)</td></tr>
<tr><td>7</td><td>癸巳(午未)</td><td>甲申</td><td>辰</td><td>戌</td><td>23</td><td>己酉(寅卯)</td><td>甲辰</td><td>辰</td><td>酉</td></tr>
<tr><td>8</td><td>甲午(辰巳)</td><td>甲午</td><td>辰</td><td>戌</td><td>24</td><td>庚戌(寅卯)</td><td>甲辰</td><td>辰</td><td>酉
神藏殺沒
(未丑)</td></tr>
<tr><td>9</td><td>乙未(辰巳)</td><td>甲午</td><td>辰</td><td>戌</td><td>25</td><td>辛亥(寅卯)</td><td>甲辰</td><td>辰</td><td>酉</td></tr>
<tr><td>10</td><td>丙申(辰巳)</td><td>甲午</td><td>辰</td><td>戌</td><td>26</td><td>壬子(寅卯)</td><td>甲辰</td><td>辰</td><td>酉</td></tr>
<tr><td>11</td><td>丁酉(辰巳)</td><td>甲午</td><td>辰</td><td>戌</td><td>27</td><td>癸丑(寅卯)</td><td>甲辰</td><td>辰</td><td>酉</td></tr>
<tr><td>12</td><td>戊戌(辰巳)</td><td>甲午</td><td>辰</td><td>戌</td><td>28</td><td>甲寅(子丑)</td><td>甲寅</td><td>辰</td><td>酉</td></tr>
<tr><td>13</td><td>己亥(辰巳)</td><td>甲午</td><td>辰</td><td>戌</td><td>29</td><td>乙卯(子丑)</td><td>甲寅</td><td>辰</td><td>酉</td></tr>
<tr><td>14</td><td>庚子(辰巳)</td><td>甲午</td><td>辰</td><td>戌</td><td>30</td><td>丙辰(子丑)</td><td>甲寅</td><td>辰</td><td>酉</td></tr>
<tr><td>15</td><td>辛丑(辰巳)</td><td>甲午</td><td>辰</td><td>戌</td><td></td><td></td><td></td><td></td><td></td></tr>
<tr><td>16</td><td>壬寅(辰巳)</td><td>甲午</td><td>辰</td><td>戌</td><td></td><td></td><td></td><td></td><td></td></tr>
</table>

2034(甲寅)年 5月[陽曆]

<table>
<tr><th>日</th><th>日辰(空亡)</th><th>旬</th><th>月建</th><th>月將</th><th>日</th><th>日辰(空亡)</th><th>旬</th><th>月建</th><th>月將</th></tr>
<tr><td>1</td><td>丁巳(子丑)</td><td>甲寅</td><td>辰</td><td>酉</td><td>17</td><td>癸酉(戌亥)</td><td>甲子</td><td>巳</td><td>酉</td></tr>
<tr><td>2</td><td>戊午(子丑)</td><td>甲寅</td><td>辰</td><td>酉
神藏殺沒
(未丑)</td><td>18</td><td>甲戌(申酉)</td><td>甲戌</td><td>巳</td><td>酉</td></tr>
<tr><td>3</td><td>己未(子丑)</td><td>甲寅</td><td>辰</td><td>酉</td><td>19</td><td>乙亥(申酉)</td><td>甲戌</td><td>巳</td><td>酉</td></tr>
<tr><td>4</td><td>庚申(子丑)</td><td>甲寅</td><td>辰</td><td>酉
神藏殺沒
(未丑)</td><td>20</td><td>丙子(申酉)</td><td>甲戌</td><td>巳</td><td>酉</td></tr>
<tr><td rowspan="2">5</td><td rowspan="2">辛酉(子丑)
(立夏:建變)</td><td>甲寅</td><td>辰·巳</td><td>酉</td><td rowspan="2">21</td><td rowspan="2">丁丑(申酉)
(小滿:將變)</td><td>甲戌</td><td>巳</td><td>酉·申</td></tr>
<tr><td colspan="3">辰(19:07:59).巳(19:08以後)</td><td colspan="3">酉(07:55:59).申(07:56以後)</td></tr>
<tr><td>6</td><td>壬戌(子丑)</td><td>甲寅</td><td>巳</td><td>酉</td><td>22</td><td>戊寅(申酉)</td><td>甲戌</td><td>巳</td><td>申
神藏殺沒
(午子)</td></tr>
<tr><td>7</td><td>癸亥(子丑)</td><td>甲寅</td><td>巳</td><td>酉</td><td>23</td><td>己卯(申酉)</td><td>甲戌</td><td>巳</td><td>申</td></tr>
<tr><td>8</td><td>甲子(戌亥)</td><td>甲子</td><td>巳</td><td>酉</td><td>24</td><td>庚辰(申酉)</td><td>甲戌</td><td>巳</td><td>申
神藏殺沒
(午子)</td></tr>
<tr><td>9</td><td>乙丑(戌亥)</td><td>甲子</td><td>巳</td><td>酉</td><td>25</td><td>辛巳(申酉)</td><td>甲戌</td><td>巳</td><td>申</td></tr>
<tr><td>10</td><td>丙寅(戌亥)</td><td>甲子</td><td>巳</td><td>酉</td><td>26</td><td>壬午(申酉)</td><td>甲戌</td><td>巳</td><td>申</td></tr>
<tr><td>11</td><td>丁卯(戌亥)</td><td>甲子</td><td>巳</td><td>酉</td><td>27</td><td>癸未(申酉)</td><td>甲戌</td><td>巳</td><td>申</td></tr>
<tr><td>12</td><td>戊辰(戌亥)</td><td>甲子</td><td>巳</td><td>酉
神藏殺沒
(未丑)</td><td>28</td><td>甲申(午未)</td><td>甲申</td><td>巳</td><td>申</td></tr>
<tr><td>13</td><td>己巳(戌亥)</td><td>甲子</td><td>巳</td><td>酉</td><td>29</td><td>乙酉(午未)</td><td>甲申</td><td>巳</td><td>申</td></tr>
<tr><td>14</td><td>庚午(戌亥)</td><td>甲子</td><td>巳</td><td>酉
神藏殺沒
(未丑)</td><td>30</td><td>丙戌(午未)</td><td>甲申</td><td>巳</td><td>申</td></tr>
<tr><td>15</td><td>辛未(戌亥)</td><td>甲子</td><td>巳</td><td>酉</td><td>31</td><td>丁亥(午未)</td><td>甲申</td><td>巳</td><td>申</td></tr>
<tr><td>16</td><td>壬申(戌亥)</td><td>甲子</td><td>巳</td><td>酉</td><td></td><td></td><td></td><td></td><td></td></tr>
</table>

2034(甲寅)年 6月[陽曆]

<table>
<tr><th>日</th><th>日辰(空亡)</th><th>旬</th><th>月建</th><th>月將</th><th>日</th><th>日辰(空亡)</th><th>旬</th><th>月建</th><th>月將</th></tr>
<tr><td>1</td><td>戊子(午未)</td><td>甲申</td><td>巳</td><td>申
神藏殺沒
(午子)</td><td>17</td><td>甲辰(寅卯)</td><td>甲辰</td><td>午</td><td>申</td></tr>
<tr><td>2</td><td>己丑(午未)</td><td>甲申</td><td>巳</td><td>申</td><td>18</td><td>乙巳(寅卯)</td><td>甲辰</td><td>午</td><td>申</td></tr>
<tr><td>3</td><td>庚寅(午未)</td><td>甲申</td><td>巳</td><td>申
神藏殺沒
(午子)</td><td>19</td><td>丙午(寅卯)</td><td>甲辰</td><td>午</td><td>申</td></tr>
<tr><td>4</td><td>辛卯(午未)</td><td>甲申</td><td>巳</td><td>申</td><td>20</td><td>丁未(寅卯)</td><td>甲辰</td><td>午</td><td>申</td></tr>
<tr><td rowspan="3">5</td><td rowspan="3">壬辰(午未)
(芒種:建變)</td><td>甲申</td><td>巳·午</td><td>申</td><td rowspan="3">21</td><td rowspan="3">戊申(寅卯)
(夏至:將變)</td><td>甲辰</td><td>午</td><td>申·未</td></tr>
<tr><td colspan="3" rowspan="2">巳(23:04:59).午(23:05以後)</td><td colspan="3">申(15:42:59).未(15:43以後)</td></tr>
<tr><td colspan="3">神藏殺沒
(申月將:午子. 未月將: 巳亥)</td></tr>
<tr><td>6</td><td>癸巳(午未)</td><td>甲申</td><td>午</td><td>申</td><td>22</td><td>己酉(寅卯)</td><td>甲辰</td><td>午</td><td>未</td></tr>
<tr><td>7</td><td>甲午(辰巳)</td><td>甲午</td><td>午</td><td>申</td><td>23</td><td>庚戌(寅卯)</td><td>甲辰</td><td>午</td><td>未
神藏殺沒
(巳亥)</td></tr>
<tr><td>8</td><td>乙未(辰巳)</td><td>甲午</td><td>午</td><td>申</td><td>24</td><td>辛亥(寅卯)</td><td>甲辰</td><td>午</td><td>未</td></tr>
<tr><td>9</td><td>丙申(辰巳)</td><td>甲午</td><td>午</td><td>申</td><td>25</td><td>壬子(寅卯)</td><td>甲辰</td><td>午</td><td>未</td></tr>
<tr><td>10</td><td>丁酉(辰巳)</td><td>甲午</td><td>午</td><td>申</td><td>26</td><td>癸丑(寅卯)</td><td>甲辰</td><td>午</td><td>未</td></tr>
<tr><td>11</td><td>戊戌(辰巳)</td><td>甲午</td><td>午</td><td>申
神藏殺沒
(午子)</td><td>27</td><td>甲寅(子丑)</td><td>甲寅</td><td>午</td><td>未</td></tr>
<tr><td>12</td><td>己亥(辰巳)</td><td>甲午</td><td>午</td><td>申</td><td>28</td><td>乙卯(子丑)</td><td>甲寅</td><td>午</td><td>未</td></tr>
<tr><td>13</td><td>庚子(辰巳)</td><td>甲午</td><td>午</td><td>申
神藏殺沒
(午子)</td><td>29</td><td>丙辰(子丑)</td><td>甲寅</td><td>午</td><td>未</td></tr>
<tr><td>14</td><td>辛丑(辰巳)</td><td>甲午</td><td>午</td><td>申</td><td>30</td><td>丁巳(子丑)</td><td>甲寅</td><td>午</td><td>未</td></tr>
<tr><td>15</td><td>壬寅(辰巳)</td><td>甲午</td><td>午</td><td>申</td><td></td><td></td><td></td><td></td><td></td></tr>
<tr><td>16</td><td>癸卯(辰巳)</td><td>甲午</td><td>午</td><td>申</td><td></td><td></td><td></td><td></td><td></td></tr>
</table>

2034(甲寅)年 7月[陽曆]

<table>
<tr><th>日</th><th>日辰(空亡)</th><th>旬</th><th>月建</th><th>月將</th><th>日</th><th>日辰(空亡)</th><th>旬</th><th>月建</th><th>月將</th></tr>
<tr><td>1</td><td>戊午(子丑)</td><td>甲寅</td><td>午</td><td>未
神藏殺沒
(巳亥)</td><td>17</td><td>甲戌(申酉)</td><td>甲戌</td><td>未</td><td>未</td></tr>
<tr><td>2</td><td>己未(子丑)</td><td>甲寅</td><td>午</td><td>未</td><td>18</td><td>乙亥(申酉)</td><td>甲戌</td><td>未</td><td>未</td></tr>
<tr><td>3</td><td>庚申(子丑)</td><td>甲寅</td><td>午</td><td>未
神藏殺沒
(巳亥)</td><td>19</td><td>丙子(申酉)</td><td>甲戌</td><td>未</td><td>未</td></tr>
<tr><td>4</td><td>辛酉(子丑)</td><td>甲寅</td><td>午</td><td>未</td><td>20</td><td>丁丑(申酉)</td><td>甲戌</td><td>未</td><td>未</td></tr>
<tr><td>5</td><td>壬戌(子丑)</td><td>甲寅</td><td>午</td><td>未</td><td>21</td><td>戊寅(申酉)</td><td>甲戌</td><td>未</td><td>未
神藏殺沒
(巳亥)</td></tr>
<tr><td>6</td><td>癸亥(子丑)</td><td>甲寅</td><td>午</td><td>未</td><td>22</td><td>己卯(申酉)</td><td>甲戌</td><td>未</td><td>未</td></tr>
<tr><td rowspan="2">7</td><td rowspan="2">甲子(戌亥)
(小暑:建變)</td><td>甲子</td><td>午·未</td><td>未</td><td rowspan="2">23</td><td rowspan="2">庚辰(申酉)
(大暑:將變)</td><td>甲戌</td><td>未</td><td>未·午</td></tr>
<tr><td colspan="3">午(09:15:59).未(09:16以後)</td><td colspan="3">未(02:34:59).午(02:35以後)
神藏殺沒
(未月將:巳亥. 午月將:辰戌)</td></tr>
<tr><td>8</td><td>乙丑(戌亥)</td><td>甲子</td><td>未</td><td>未</td><td>24</td><td>辛巳(申酉)</td><td>甲戌</td><td>未</td><td>午</td></tr>
<tr><td>9</td><td>丙寅(戌亥)</td><td>甲子</td><td>未</td><td>未</td><td>25</td><td>壬午(申酉)</td><td>甲戌</td><td>未</td><td>午</td></tr>
<tr><td>10</td><td>丁卯(戌亥)</td><td>甲子</td><td>未</td><td>未</td><td>26</td><td>癸未(申酉)</td><td>甲戌</td><td>未</td><td>午</td></tr>
<tr><td>11</td><td>戊辰(戌亥)</td><td>甲子</td><td>未</td><td>未
神藏殺沒
(巳亥)</td><td>27</td><td>甲申(午未)</td><td>甲申</td><td>未</td><td>午</td></tr>
<tr><td>12</td><td>己巳(戌亥)</td><td>甲子</td><td>未</td><td>未</td><td>28</td><td>乙酉(午未)</td><td>甲申</td><td>未</td><td>午</td></tr>
<tr><td>13</td><td>庚午(戌亥)</td><td>甲子</td><td>未</td><td>未
神藏殺沒
(巳亥)</td><td>29</td><td>丙戌(午未)</td><td>甲申</td><td>未</td><td>午</td></tr>
<tr><td>14</td><td>辛未(戌亥)</td><td>甲子</td><td>未</td><td>未</td><td>30</td><td>丁亥(午未)</td><td>甲申</td><td>未</td><td>午</td></tr>
<tr><td>15</td><td>壬申(戌亥)</td><td>甲子</td><td>未</td><td>未</td><td>31</td><td>戊子(午未)</td><td>甲申</td><td>未</td><td>午
神藏殺沒
(辰戌)</td></tr>
<tr><td>16</td><td>癸酉(戌亥)</td><td>甲子</td><td>未</td><td>未</td><td></td><td></td><td></td><td></td><td></td></tr>
</table>

2034(甲寅)年 8月[陽曆]

日	日辰(空亡)	旬	月建	月將	日	日辰(空亡)	旬	月建	月將
1	己丑(午未)	甲申	未	午	17	乙巳(寅卯)	甲辰	申	午
2	庚寅(午未)	甲申	未	午 神藏殺沒 (辰戌)	18	丙午(寅卯)	甲辰	申	午
3	辛卯(午未)	甲申	未	午	19	丁未(寅卯)	甲辰	申	午
4	壬辰(午未)	甲申	未	午	20	戊申(寅卯)	甲辰	申	午 神藏殺沒 (辰戌)
5	癸巳(午未)	甲申	未	午	21	己酉(寅卯)	甲辰	申	午
6	甲午(辰巳)	甲午	未	午	22	庚戌(寅卯)	甲辰	申	午 神藏殺沒 (辰戌)
7	乙未(辰巳) (立秋:建變)	甲午	未·申	午	23	辛亥(寅卯) (處暑:將變)	甲辰	申	午·巳
		未(19:07:59).申(19:08以後)					午(09:45:59).巳(09:46以後)		
8	丙申(辰巳)	甲午	申	午	24	壬子(寅卯)	甲辰	申	巳
9	丁酉(辰巳)	甲午	申	午	25	癸丑(寅卯)	甲辰	申	巳
10	戊戌(辰巳)	甲午	申	午 神藏殺沒 (辰戌)	26	甲寅(子丑)	甲寅	申	巳 神藏殺沒 (酉卯)
11	己亥(辰巳)	甲午	申	午	27	乙卯(子丑)	甲寅	申	巳
12	庚子(辰巳)	甲午	申	午 神藏殺沒 (辰戌)	28	丙辰(子丑)	甲寅	申	巳
13	辛丑(辰巳)	甲午	申	午	29	丁巳(子丑)	甲寅	申	巳
14	壬寅(辰巳)	甲午	申	午	30	戊午(子丑)	甲寅	申	巳 神藏殺沒 (卯酉)
15	癸卯(辰巳)	甲午	申	午	31	己未(子丑)	甲寅	申	巳
16	甲辰(寅卯)	甲辰	申	午					

2034(甲寅)年 9月[陽曆]

日	日辰(空亡)	旬	月建	月將	日	日辰(空亡)	旬	月建	月將
1	庚申(子丑)	甲寅	申	巳 神藏殺沒 (卯酉)	17	丙子(申酉)	甲戌	酉	巳
2	辛酉(子丑)	甲寅	申	巳	18	丁丑(申酉)	甲戌	酉	巳
3	壬戌(子丑)	甲寅	申	巳	19	戊寅(申酉)	甲戌	酉	巳 神藏殺沒 (卯酉)
4	癸亥(子丑)	甲寅	申	巳	20	己卯(申酉)	甲戌	酉	巳
5	甲子(戌亥)	甲子	申	巳 神藏殺沒 (酉卯)	21	庚辰(申酉)	甲戌	酉	巳 神藏殺沒 (卯酉)
6	乙丑(戌亥)	甲子	申	巳	22	辛巳(申酉)	甲戌	酉	巳
7	丙寅(戌亥) (白露:建變)	甲子	申·酉	巳	23	壬午(申酉) (秋分:將變)	甲戌	酉	巳·辰
		申(22:12:59).酉(22:13以後)					巳(07:37:59).辰(07:38以後)		
8	丁卯(戌亥)	甲子	酉	巳	24	癸未(申酉)	甲戌	酉	辰
9	戊辰(戌亥)	甲子	酉	巳 神藏殺沒 (卯酉)	25	甲申(午未)	甲申	酉	辰 神藏殺沒 (申寅)
10	己巳(戌亥)	甲子	酉	巳	26	乙酉(午未)	甲申	酉	辰
11	庚午(戌亥)	甲子	酉	巳 神藏殺沒 (卯酉)	27	丙戌(午未)	甲申	酉	辰
12	辛未(戌亥)	甲子	酉	巳	28	丁亥(午未)	甲申	酉	辰
13	壬申(戌亥)	甲子	酉	巳	29	戊子(午未)	甲申	酉	辰
14	癸酉(戌亥)	甲子	酉	巳	30	己丑(午未)	甲申	酉	辰
15	甲戌(申酉)	甲戌	酉	巳 神藏殺沒 (酉卯)					
16	乙亥(申酉)	甲戌	酉	巳					

2034(甲寅)年 10月[陽曆]

日	日辰(空亡)	旬	月建	月將	日	日辰(空亡)	旬	月建	月將
1	庚寅(午未)	甲申	酉	辰	17	丙午(寅卯)	甲辰	戌	辰
2	辛卯(午未)	甲申	酉	辰	18	丁未(寅卯)	甲辰	戌	辰
3	壬辰(午未)	甲申	酉	辰	19	戊申(寅卯)	甲辰	戌	辰
4	癸巳(午未)	甲申	酉	辰	20	己酉(寅卯)	甲辰	戌	辰
5	甲午(辰巳)	甲午	酉	辰 神藏殺沒 (申寅)	21	庚戌(寅卯)	甲辰	戌	辰
6	乙未(辰巳)	甲午	酉	辰	22	辛亥(寅卯)	甲辰	戌	辰
7	丙申(辰巳)	甲午	酉	辰	23	壬子(寅卯) (霜降:將變)	甲辰	戌	辰·卯 辰(17:14:59).卯(17:15以後)
8	丁酉(辰巳) (寒露:建變)	甲午	酉·戌 酉(14:05:59).戌(14:06以後)	辰	24	癸丑(寅卯)	甲辰	戌	卯
9	戊戌(辰巳)	甲午	戌	辰	25	甲寅(子丑)	甲寅	戌	卯 神藏殺沒 (未丑)
10	己亥(辰巳)	甲午	戌	辰	26	乙卯(子丑)	甲寅	戌	卯
11	庚子(辰巳)	甲午	戌	辰	27	丙辰(子丑)	甲寅	戌	卯
12	辛丑(辰巳)	甲午	戌	辰	28	丁巳(子丑)	甲寅	戌	卯
13	壬寅(辰巳)	甲午	戌	辰	29	戊午(子丑)	甲寅	戌	卯
14	癸卯(辰巳)	甲午	戌	辰	30	己未(子丑)	甲寅	戌	卯
15	甲辰(寅卯)	甲辰	戌	辰 神藏殺沒 (申寅)	31	庚申(子丑)	甲寅	戌	卯
16	乙巳(寅卯)	甲辰	戌	辰					

2034(甲寅)年 11月[陽曆]

日	日辰(空亡)	旬	月建	月將	日	日辰(空亡)	旬	月建	月將
1	辛酉(子丑)	甲寅	戌	卯	17	丁丑(申酉)	甲戌	亥	卯
2	壬戌(子丑)	甲寅	戌	卯	18	戊寅(申酉)	甲戌	亥	卯
3	癸亥(子丑)	甲寅	戌	卯	19	己卯(申酉)	甲戌	亥	卯
4	甲子(戌亥)	甲子	戌	卯 神藏殺沒 (未丑)	20	庚辰(申酉)	甲戌	亥	卯
5	乙丑(戌亥)	甲子	戌	卯	21	辛巳(申酉)	甲戌	亥	卯
6	丙寅(戌亥)	甲子	戌	卯	22	壬午(申酉) (小雪:將變)	甲戌	亥	卯·寅 卯(15:03:59).寅(15:04以後)
7	丁卯(戌亥) (立冬:建變)	甲子	戌·亥 戌(17:31:59).亥(17:32以後)	卯	23	癸未(申酉)	甲戌	亥	寅
8	戊辰(戌亥)	甲子	亥	卯	24	甲申(午未)	甲申	亥	寅 神藏殺沒 (午子)
9	己巳(戌亥)	甲子	亥	卯	25	乙酉(午未)	甲申	亥	寅
10	庚午(戌亥)	甲子	亥	卯	26	丙戌(午未)	甲申	亥	寅
11	辛未(戌亥)	甲子	亥	卯	27	丁亥(午未)	甲申	亥	寅
12	壬申(戌亥)	甲子	亥	卯	28	戊子(午未)	甲申	亥	寅
13	癸酉(戌亥)	甲子	亥	卯	29	己丑(午未)	甲申	亥	寅
14	甲戌(申酉)	甲戌	亥	卯 神藏殺沒 (未丑)	30	庚寅(午未)	甲申	亥	寅
15	乙亥(申酉)	甲戌	亥	卯					
16	丙子(申酉)	甲戌	亥	卯					

2034(甲寅)年 12月[陽曆]

日	日辰(空亡)	旬	月建	月將	日	日辰(空亡)	旬	月建	月將
1	辛卯(午未)	甲申	亥	寅	17	丁未(寅卯)	甲辰	子	寅
2	壬辰(午未)	甲申	亥	寅	18	戊申(寅卯)	甲辰	子	寅
3	癸巳(午未)	甲申	亥	寅	19	己酉(寅卯)	甲辰	子	寅
4	甲午(辰巳)	甲午	亥	寅 神藏殺沒 (午子)	20	庚戌(寅卯)	甲辰	子	寅
5	乙未(辰巳)	甲午	亥	寅	21	辛亥(寅卯)	甲辰	子	寅
6	丙申(辰巳)	甲午	亥	寅	22	壬子(寅卯) (冬至:將變)	甲辰	子	寅·丑 寅(04:32:59).丑(04:33以後)
7	丁酉(辰巳) (大雪:建變)	甲午	亥·子 亥(10:34:59).子(10:35以後)	寅	23	癸丑(寅卯)	甲辰	子	丑
8	戊戌(辰巳)	甲午	子	寅	24	甲寅(子丑)	甲寅	子	丑 神藏殺沒 (巳亥)
9	己亥(辰巳)	甲午	子	寅	25	乙卯(子丑)	甲寅	子	丑
10	庚子(辰巳)	甲午	子	寅	26	丙辰(子丑)	甲寅	子	丑
11	辛丑(辰巳)	甲午	子	寅	27	丁巳(子丑)	甲寅	子	丑
12	壬寅(辰巳)	甲午	子	寅	28	戊午(子丑)	甲寅	子	丑
13	癸卯(辰巳)	甲午	子	寅	29	己未(子丑)	甲寅	子	丑
14	甲辰(寅卯)	甲辰	子	寅 神藏殺沒 (午子)	30	庚申(子丑)	甲寅	子	丑
15	乙巳(寅卯)	甲辰	子	寅	31	辛酉(子丑)	甲寅	子	丑
16	丙午(寅卯)	甲辰	子	寅					

2035(乙卯)年 1月[陽曆]

日	日辰(空亡)	旬	月建	月將	日	日辰(空亡)	旬	月建	月將
1	壬戌(子丑)	甲寅	子	丑	17	戊寅(申酉)	甲戌	丑	丑
2	癸亥(子丑)	甲寅	子	丑	18	己卯(申酉)	甲戌	丑	丑
3	甲子(戌亥)	甲子	子	丑 神藏殺沒 (巳亥)	19	庚辰(申酉)	甲戌	丑	丑
4	乙丑(戌亥)	甲子	子	丑	20	辛巳(申酉) (大寒:將變)	甲戌	丑	丑·子 丑(15:12:59).子(15:13以後)
5	丙寅(戌亥) (小寒:建變)	甲子	子·丑 子(21:53:59).丑(21:54以後)	丑	21	壬午(申酉)	甲戌	丑	子
6	丁卯(戌亥)	甲子	丑	丑	22	癸未(申酉)	甲戌	丑	子
7	戊辰(戌亥)	甲子	丑	丑	23	甲申(午未)	甲申	丑	子 神藏殺沒 (辰戌)
8	己巳(戌亥)	甲子	丑	丑	24	乙酉(午未)	甲申	丑	子
9	庚午(戌亥)	甲子	丑	丑	25	丙戌(午未)	甲申	丑	子
10	辛未(戌亥)	甲子	丑	丑	26	丁亥(午未)	甲申	丑	子
11	壬申(戌亥)	甲子	丑	丑	27	戊子(午未)	甲申	丑	子
12	癸酉(戌亥)	甲子	丑	丑	28	己丑(午未)	甲申	丑	子
13	甲戌(申酉)	甲戌	丑	丑 神藏殺沒 (巳亥)	29	庚寅(午未)	甲申	丑	子
14	乙亥(申酉)	甲戌	丑	丑	30	辛卯(午未)	甲申	丑	子
15	丙子(申酉)	甲戌	丑	丑	31	壬辰(午未)	甲申	丑	子
16	丁丑(申酉)	甲戌	丑	丑					

2035(乙卯)年 2月[陽曆]

<table>
<tr><th>日</th><th>日辰(空亡)</th><th>旬</th><th>月建</th><th>月將</th><th>日</th><th>日辰(空亡)</th><th>旬</th><th>月建</th><th>月將</th></tr>
<tr><td>1</td><td>癸巳(午未)</td><td>甲申</td><td>丑</td><td>子</td><td>17</td><td>己酉(寅卯)</td><td>甲辰</td><td>寅</td><td>子</td></tr>
<tr><td>2</td><td>甲午(辰巳)</td><td>甲午</td><td>丑</td><td>子
神藏殺沒
(辰戌)</td><td>18</td><td>庚戌(寅卯)</td><td>甲辰</td><td>寅</td><td>子</td></tr>
<tr><td rowspan="2">3</td><td rowspan="2">乙未(辰巳)</td><td rowspan="2">甲午</td><td rowspan="2">丑</td><td rowspan="2">子</td><td rowspan="2">19</td><td rowspan="2">辛亥(寅卯)
(雨水:將變)</td><td>甲辰</td><td>寅</td><td>子·亥</td></tr>
<tr><td colspan="3">子(05:14:59).亥(05:15以後)</td></tr>
<tr><td rowspan="2">4</td><td rowspan="2">丙申(辰巳)
(立春:建變)</td><td>甲午</td><td>丑·寅</td><td>子</td><td rowspan="2">20</td><td rowspan="2">壬子(寅卯)</td><td rowspan="2">甲辰</td><td rowspan="2">寅</td><td rowspan="2">亥</td></tr>
<tr><td colspan="3">丑(09:29:59).寅(09:30以後)</td></tr>
<tr><td>5</td><td>丁酉(辰巳)</td><td>甲午</td><td>寅</td><td>子</td><td>21</td><td>癸丑(寅卯)</td><td>甲辰</td><td>寅</td><td>亥</td></tr>
<tr><td>6</td><td>戊戌(辰巳)</td><td>甲午</td><td>寅</td><td>子</td><td>22</td><td>甲寅(子丑)</td><td>甲寅</td><td>寅</td><td>亥
神藏殺沒
(卯酉)</td></tr>
<tr><td>7</td><td>己亥(辰巳)</td><td>甲午</td><td>寅</td><td>子</td><td>23</td><td>乙卯(子丑)</td><td>甲寅</td><td>寅</td><td>亥</td></tr>
<tr><td>8</td><td>庚子(辰巳)</td><td>甲午</td><td>寅</td><td>子</td><td>24</td><td>丙辰(子丑)</td><td>甲寅</td><td>寅</td><td>亥</td></tr>
<tr><td>9</td><td>辛丑(辰巳)</td><td>甲午</td><td>寅</td><td>子</td><td>25</td><td>丁巳(子丑)</td><td>甲寅</td><td>寅</td><td>亥</td></tr>
<tr><td>10</td><td>壬寅(辰巳)</td><td>甲午</td><td>寅</td><td>子</td><td>26</td><td>戊午(子丑)</td><td>甲寅</td><td>寅</td><td>亥
神藏殺沒
(酉卯)</td></tr>
<tr><td>11</td><td>癸卯(辰巳)</td><td>甲午</td><td>寅</td><td>子</td><td>27</td><td>己未(子丑)</td><td>甲寅</td><td>寅</td><td>亥</td></tr>
<tr><td>12</td><td>甲辰(寅卯)</td><td>甲辰</td><td>寅</td><td>子
神藏殺沒
(辰戌)</td><td>28</td><td>庚申(子丑)</td><td>甲寅</td><td>寅</td><td>亥
神藏殺沒
(酉卯)</td></tr>
<tr><td>13</td><td>乙巳(寅卯)</td><td>甲辰</td><td>寅</td><td>子</td><td></td><td></td><td></td><td></td><td></td></tr>
<tr><td>14</td><td>丙午(寅卯)</td><td>甲辰</td><td>寅</td><td>子</td><td></td><td></td><td></td><td></td><td></td></tr>
<tr><td>15</td><td>丁未(寅卯)</td><td>甲辰</td><td>寅</td><td>子</td><td></td><td></td><td></td><td></td><td></td></tr>
<tr><td>16</td><td>戊申(寅卯)</td><td>甲辰</td><td>寅</td><td>子</td><td></td><td></td><td></td><td></td><td></td></tr>
</table>

2035(乙卯)年 3月[陽曆]

日	日辰(空亡)	旬	月建	月將	日	日辰(空亡)	旬	月建	月將
1	辛酉(子丑)	甲寅	寅	亥	17	丁丑(申酉)	甲戌	卯	亥
2	壬戌(子丑)	甲寅	寅	亥	18	戊寅(申酉)	甲戌	卯	亥 神藏殺沒 (酉卯)
3	癸亥(子丑)	甲寅	寅	亥	19	己卯(申酉)	甲戌	卯	亥
4	甲子(戌亥)	甲子	寅	亥 神藏殺沒 (卯酉)	20	庚辰(申酉)	甲戌	卯	亥 神藏殺沒 (酉卯)
5	乙丑(戌亥)	甲子	寅	亥	21	辛巳(申酉) (春分:將變)	甲戌	卯	亥·戌 亥(04:00:59).戌(04:01以後)
6	丙寅(戌亥) (驚蟄:建變)	甲子	寅·卯 寅(03:19:59).卯(03:20以後)	亥	22	壬午(申酉)	甲戌	卯	戌
7	丁卯(戌亥)	甲子	卯	亥	23	癸未(申酉)	甲戌	卯	戌
8	戊辰(戌亥)	甲子	卯	亥 神藏殺沒 (酉卯)	24	甲申(午未)	甲申	卯	戌
9	己巳(戌亥)	甲子	卯	亥	25	乙酉(午未)	甲申	卯	戌
10	庚午(戌亥)	甲子	卯	亥 神藏殺沒 (酉卯)	26	丙戌(午未)	甲申	卯	戌
11	辛未(戌亥)	甲子	卯	亥	27	丁亥(午未)	甲申	卯	戌
12	壬申(戌亥)	甲子	卯	亥	28	戊子(午未)	甲申	卯	戌 神藏殺沒 (申寅)
13	癸酉(戌亥)	甲子	卯	亥	29	己丑(午未)	甲申	卯	戌
14	甲戌(申酉)	甲戌	卯	亥 神藏殺沒 (卯酉)	30	庚寅(午未)	甲申	卯	戌 神藏殺沒 (申寅)
15	乙亥(申酉)	甲戌	卯	亥	31	辛卯(午未)	甲申	卯	戌
16	丙子(申酉)	甲戌	卯	亥					

2035(乙卯)年 4月[陽曆]

日	日辰(空亡)	旬	月建	月將	日	日辰(空亡)	旬	月建	月將
1	壬辰(午未)	甲申	卯	戌	17	戊申(寅卯)	甲辰	辰	戌 神藏殺沒 (申寅)
2	癸巳(午未)	甲申	卯	戌	18	己酉(寅卯)	甲辰	辰	戌
3	甲午(辰巳)	甲午	卯	戌	19	庚戌(寅卯)	甲辰	辰	戌 神藏殺沒 (申寅)
4	乙未(辰巳)	甲午	卯	戌	20	辛亥(寅卯) (穀雨:將變)	甲辰	辰	戌·酉 戌(14:47:59).酉(14:48以後)
5	丙申(辰巳) (淸明:建變)	甲午	卯·辰 卯(07:51:59).辰(07:52以後)	戌	21	壬子(寅卯)	甲辰	辰	酉
6	丁酉(辰巳)	甲午	辰	戌	22	癸丑(寅卯)	甲辰	辰	酉
7	戊戌(辰巳)	甲午	辰	戌 神藏殺沒 (申寅)	23	甲寅(子丑)	甲寅	辰	酉
8	己亥(辰巳)	甲午	辰	戌	24	乙卯(子丑)	甲寅	辰	酉
9	庚子(辰巳)	甲午	辰	戌 神藏殺沒 (申寅)	25	丙辰(子丑)	甲寅	辰	酉
10	辛丑(辰巳)	甲午	辰	戌	26	丁巳(子丑)	甲寅	辰	酉
11	壬寅(辰巳)	甲午	辰	戌	27	戊午(子丑)	甲寅	辰	酉 神藏殺沒 (未丑)
12	癸卯(辰巳)	甲午	辰	戌	28	己未(子丑)	甲寅	辰	酉
13	甲辰(寅卯)	甲辰	辰	戌	29	庚申(子丑)	甲寅	辰	酉 神藏殺沒 (未丑)
14	乙巳(寅卯)	甲辰	辰	戌	30	辛酉(子丑)	甲寅	辰	酉
15	丙午(寅卯)	甲辰	辰	戌					
16	丁未(寅卯)	甲辰	辰	戌					

2035(乙卯)年 5月[陽曆]

日	日辰(空亡)	旬	月建	月將	日	日辰(空亡)	旬	月建	月將
1	壬戌(子丑)	甲寅	辰	酉	17	戊寅(申酉)	甲戌	巳	酉 神藏殺沒 (未丑)
2	癸亥(子丑)	甲寅	辰	酉	18	己卯(申酉)	甲戌	巳	酉
3	甲子(戌亥)	甲子	辰	酉	19	庚辰(申酉)	甲戌	巳	酉 神藏殺沒 (未丑)
4	乙丑(戌亥)	甲子	辰	酉	20	辛巳(申酉)	甲戌	巳	酉
5	丙寅(戌亥)	甲子	辰	酉	21	壬午(申酉) (小滿:將變)	甲戌 酉(13:41:59).申(13:42以後)	巳	酉·申
6	丁卯(戌亥) (立夏:建變)	甲子 辰(00:53:59).巳(00:54以後)	辰·巳	酉	22	癸未(申酉)	甲戌	巳	申
7	戊辰(戌亥)	甲子	巳	酉 神藏殺沒 (未丑)	23	甲申(午未)	甲申	巳	申
8	己巳(戌亥)	甲子	巳	酉	24	乙酉(午未)	甲申	巳	申
9	庚午(戌亥)	甲子	巳	酉 神藏殺沒 (未丑)	25	丙戌(午未)	甲申	巳	申
10	辛未(戌亥)	甲子	巳	酉	26	丁亥(午未)	甲申	巳	申
11	壬申(戌亥)	甲子	巳	酉	27	戊子(午未)	甲申	巳	申 神藏殺沒 (午子)
12	癸酉(戌亥)	甲子	巳	酉	28	己丑(午未)	甲申	巳	申
13	甲戌(申酉)	甲戌	巳	酉	29	庚寅(午未)	甲申	巳	申 神藏殺沒 (午子)
14	乙亥(申酉)	甲戌	巳	酉	30	辛卯(午未)	甲申	巳	申
15	丙子(申酉)	甲戌	巳	酉	31	壬辰(午未)	甲申	巳	申
16	丁丑(申酉)	甲戌	巳	酉					

2035(乙卯)年 6月[陽曆]

<table>
<tr><th>日</th><th>日辰(空亡)</th><th>旬</th><th>月建</th><th>月將</th><th>日</th><th>日辰(空亡)</th><th>旬</th><th>月建</th><th>月將</th></tr>
<tr><td>1</td><td>癸巳(午未)</td><td>甲申</td><td>巳</td><td>申</td><td>17</td><td>己酉(寅卯)</td><td>甲辰</td><td>午</td><td>申</td></tr>
<tr><td>2</td><td>甲午(辰巳)</td><td>甲午</td><td>巳</td><td>申</td><td>18</td><td>庚戌(寅卯)</td><td>甲辰</td><td>午</td><td>申
神藏殺沒
(午子)</td></tr>
<tr><td>3</td><td>乙未(辰巳)</td><td>甲午</td><td>巳</td><td>申</td><td>19</td><td>辛亥(寅卯)</td><td>甲辰</td><td>午</td><td>申</td></tr>
<tr><td>4</td><td>丙申(辰巳)</td><td>甲午</td><td>巳</td><td>申</td><td>20</td><td>壬子(寅卯)</td><td>甲辰</td><td>午</td><td>申</td></tr>
<tr><td rowspan="2">5</td><td rowspan="2">丁酉(辰巳)</td><td rowspan="2">甲午</td><td rowspan="2">巳</td><td rowspan="2">申</td><td rowspan="2">21</td><td rowspan="2">癸丑(寅卯)
(夏至:將變)</td><td>甲辰</td><td>午</td><td>申·未</td></tr>
<tr><td colspan="3">申(21:31:59).未(21:32以後)</td></tr>
<tr><td rowspan="3">6</td><td rowspan="3">戊戌(辰巳)
(芒種:建變)</td><td>甲午</td><td>巳·午</td><td>申</td><td rowspan="3">22</td><td rowspan="3">甲寅(子丑)</td><td rowspan="3">甲寅</td><td rowspan="3">午</td><td rowspan="3">未</td></tr>
<tr><td colspan="3">巳(04:48:59).午(04:49以後)</td></tr>
<tr><td colspan="3">神藏殺沒(午子)</td></tr>
<tr><td>7</td><td>己亥(辰巳)</td><td>甲午</td><td>午</td><td>申</td><td>23</td><td>乙卯(子丑)</td><td>甲寅</td><td>午</td><td>未</td></tr>
<tr><td>8</td><td>庚子(辰巳)</td><td>甲午</td><td>午</td><td>申
神藏殺沒
(午子)</td><td>24</td><td>丙辰(子丑)</td><td>甲寅</td><td>午</td><td>未</td></tr>
<tr><td>9</td><td>辛丑(辰巳)</td><td>甲午</td><td>午</td><td>申</td><td>25</td><td>丁巳(子丑)</td><td>甲寅</td><td>午</td><td>未</td></tr>
<tr><td>10</td><td>壬寅(辰巳)</td><td>甲午</td><td>午</td><td>申</td><td>26</td><td>戊午(子丑)</td><td>甲寅</td><td>午</td><td>未
神藏殺沒
(巳亥)</td></tr>
<tr><td>11</td><td>癸卯(辰巳)</td><td>甲午</td><td>午</td><td>申</td><td>27</td><td>己未(子丑)</td><td>甲寅</td><td>午</td><td>未</td></tr>
<tr><td>12</td><td>甲辰(寅卯)</td><td>甲辰</td><td>午</td><td>申</td><td>28</td><td>庚申(子丑)</td><td>甲寅</td><td>午</td><td>未
神藏殺沒
(巳亥)</td></tr>
<tr><td>13</td><td>乙巳(寅卯)</td><td>甲辰</td><td>午</td><td>申</td><td>29</td><td>辛酉(子丑)</td><td>甲寅</td><td>午</td><td>未</td></tr>
<tr><td>14</td><td>丙午(寅卯)</td><td>甲辰</td><td>午</td><td>申</td><td>30</td><td>壬戌(子丑)</td><td>甲寅</td><td>午</td><td>未</td></tr>
<tr><td>15</td><td>丁未(寅卯)</td><td>甲辰</td><td>午</td><td>申</td><td></td><td></td><td></td><td></td><td></td></tr>
<tr><td>16</td><td>戊申(寅卯)</td><td>甲辰</td><td>午</td><td>申
神藏殺沒
(午子)</td><td></td><td></td><td></td><td></td><td></td></tr>
</table>

2035(乙卯)年 7月[陽曆]

日	日辰(空亡)	旬	月建	月將	日	日辰(空亡)	旬	月建	月將
1	癸亥(子丑)	甲寅	午	未	17	己卯(申酉)	甲戌	未	未
2	甲子(戌亥)	甲子	午	未	18	庚辰(申酉)	甲戌	未	未 神藏殺沒 (巳亥)
3	乙丑(戌亥)	甲子	午	未	19	辛巳(申酉)	甲戌	未	未
4	丙寅(戌亥)	甲子	午	未	20	壬午(申酉)	甲戌	未	未
5	丁卯(戌亥)	甲子	午	未	21	癸未(申酉)	甲戌	未	未
6	戊辰(戌亥)	甲子	午	未 神藏殺沒 (巳亥)	22	甲申(午未)	甲申	未	未
7	己巳(戌亥) (小暑:建變)	甲子	午·未 午(14:59:59).未(15:00以後)	未	23	乙酉(午未) (大暑:將變)	甲申	未	未·午 未(08:26:59).午(08:27以後)
8	庚午(戌亥)	甲子	未	未 神藏殺沒 (巳亥)	24	丙戌(午未)	甲申	未	午
9	辛未(戌亥)	甲子	未	未	25	丁亥(午未)	甲申	未	午
10	壬申(戌亥)	甲子	未	未	26	戊子(午未)	甲申	未	午 神藏殺沒 (辰戌)
11	癸酉(戌亥)	甲子	未	未	27	己丑(午未)	甲申	未	午
12	甲戌(申酉)	甲戌	未	未	28	庚寅(午未)	甲申	未	午 神藏殺沒 (辰戌)
13	乙亥(申酉)	甲戌	未	未	29	辛卯(午未)	甲申	未	午
14	丙子(申酉)	甲戌	未	未	30	壬辰(午未)	甲申	未	午
15	丁丑(申酉)	甲戌	未	未	31	癸巳(午未)	甲申	未	午
16	戊寅(申酉)	甲戌	未	未 神藏殺沒 (巳亥)					

2035(乙卯)年 8月[陽曆]

日	日辰(空亡)	旬	月建	月將	日	日辰(空亡)	旬	月建	月將
1	甲午(辰巳)	甲午	未	午	17	庚戌(寅卯)	甲辰	申	午 神藏殺沒 (辰戌)
2	乙未(辰巳)	甲午	未	午	18	辛亥(寅卯)	甲辰	申	午
3	丙申(辰巳)	甲午	未	午	19	壬子(寅卯)	甲辰	申	午
4	丁酉(辰巳)	甲午	未	午	20	癸丑(寅卯)	甲辰	申	午
5	戊戌(辰巳)	甲午	未	午 神藏殺沒 (辰戌)	21	甲寅(子丑)	甲寅	申	午
6	己亥(辰巳)	甲午	未	午	22	乙卯(子丑)	甲寅	申	午
7	庚子(辰巳)	甲午	未	午 神藏殺沒 (辰戌)	23	丙辰(子丑) (處暑:將變)	甲寅	申	午·巳 午(15:42:59).巳(15:43以後)
8	辛丑(辰巳) (立秋:建變)	甲午	未·申 未(00:52:59).申(00:53以後)	午	24	丁巳(子丑)	甲寅	申	巳
9	壬寅(辰巳)	甲午	申	午	25	戊午(子丑)	甲寅	申	巳 神藏殺沒 (卯酉)
10	癸卯(辰巳)	甲午	申	午	26	己未(子丑)	甲寅	申	巳
11	甲辰(寅卯)	甲辰	申	午	27	庚申(子丑)	甲寅	申	巳 神藏殺沒 (卯酉)
12	乙巳(寅卯)	甲辰	申	午	28	辛酉(子丑)	甲寅	申	巳
13	丙午(寅卯)	甲辰	申	午	29	壬戌(子丑)	甲寅	申	巳
14	丁未(寅卯)	甲辰	申	午	30	癸亥(子丑)	甲寅	申	巳
15	戊申(寅卯)	甲辰	申	午 神藏殺沒 (辰戌)	31	甲子(戌亥)	甲子	申	巳 神藏殺沒 (酉卯)
16	己酉(寅卯)	甲辰	申	午					

2035(乙卯)年 9月[陽曆]

日	日辰(空亡)	旬	月建	月將	日	日辰(空亡)	旬	月建	月將
1	乙丑(戌亥)	甲子	申	巳	17	辛巳(申酉)	甲戌	酉	巳
2	丙寅(戌亥)	甲子	申	巳	18	壬午(申酉)	甲戌	酉	巳
3	丁卯(戌亥)	甲子	申	巳	19	癸未(申酉)	甲戌	酉	巳
4	戊辰(戌亥)	甲子	申	巳 神藏殺沒 (卯酉)	20	甲申(午未)	甲申	酉	巳 神藏殺沒 (酉卯)
5	己巳(戌亥)	甲子	申	巳	21	乙酉(午未)	甲申	酉	巳
6	庚午(戌亥)	甲子	申	巳 神藏殺沒 (卯酉)	22	丙戌(午未)	甲申	酉	巳
7	辛未(戌亥)	甲子	申	巳	23	丁亥(午未) (秋分:將變)	甲申	酉	巳·辰 巳(13:37:59).辰(13:38以後)
8	壬申(戌亥) (白露:建變)	甲子	申·酉 申(04:00:59).酉(04:01以後)	巳	24	戊子(午未)	甲申	酉	辰
9	癸酉(戌亥)	甲子	酉	巳	25	己丑(午未)	甲申	酉	辰
10	甲戌(申酉)	甲戌	酉	巳 神藏殺沒 (酉卯)	26	庚寅(午未)	甲申	酉	辰
11	乙亥(申酉)	甲戌	酉	巳	27	辛卯(午未)	甲申	酉	辰
12	丙子(申酉)	甲戌	酉	巳	28	壬辰(午未)	甲申	酉	辰
13	丁丑(申酉)	甲戌	酉	巳	29	癸巳(午未)	甲申	酉	辰
14	戊寅(申酉)	甲戌	酉	巳 神藏殺沒 (卯酉)	30	甲午(辰巳)	甲午	酉	辰 神藏殺沒 (申寅)
15	己卯(申酉)	甲戌	酉	巳					
16	庚辰(申酉)	甲戌	酉	巳 神藏殺沒 〔卯酉)					

2035(乙卯)年 10月[陽曆]

日	日辰(空亡)	旬	月建	月將	日	日辰(空亡)	旬	月建	月將
1	乙未(辰巳)	甲午	酉	辰	17	辛亥(寅卯)	甲辰	戌	辰
2	丙申(辰巳)	甲午	酉	辰	18	壬子(寅卯)	甲辰	戌	辰
3	丁酉(辰巳)	甲午	酉	辰	19	癸丑(寅卯)	甲辰	戌	辰
4	戊戌(辰巳)	甲午	酉	辰	20	甲寅(子丑)	甲寅	戌	辰 神藏殺沒 (申寅)
5	己亥(辰巳)	甲午	酉	辰	21	乙卯(子丑)	甲寅	戌	辰
6	庚子(辰巳)	甲午	酉	辰	22	丙辰(子丑)	甲寅	戌	辰
7	辛丑(辰巳)	甲午	酉	辰	23	丁巳(子丑) (霜降:將變)	甲寅	戌	辰·卯
							辰(23:14:59).卯(23:15以後)		
8	壬寅(辰巳) (寒露:建變)	甲午	酉·戌	辰	24	戊午(子丑)	甲寅	戌	卯
		酉(19:55:59).戌(19:56以後)							
9	癸卯(辰巳)	甲午	戌	辰	25	己未(子丑)	甲寅	戌	卯
10	甲辰(寅卯)	甲辰	戌	辰 神藏殺沒 (申寅)	26	庚申(子丑)	甲寅	戌	卯
11	乙巳(寅卯)	甲辰	戌	辰	27	辛酉(子丑)	甲寅	戌	卯
12	丙午(寅卯)	甲辰	戌	辰	28	壬戌(子丑)	甲寅	戌	卯
13	丁未(寅卯)	甲辰	戌	辰	29	癸亥(子丑)	甲寅	戌	卯
14	戊申(寅卯)	甲辰	戌	辰	30	甲子(戌亥)	甲子	戌	卯 神藏殺沒 (未丑)
15	己酉(寅卯)	甲辰	戌	辰	31	乙丑(戌亥)	甲子	戌	卯
16	庚戌(寅卯)	甲辰	戌	辰					

2035(乙卯)年 11月[陽曆]

日	日辰(空亡)	旬	月建	月將	日	日辰(空亡)	旬	月建	月將
1	丙寅(戌亥)	甲子	戌	卯	17	壬午(申酉)	甲戌	亥	卯
2	丁卯(戌亥)	甲子	戌	卯	18	癸未(申酉)	甲戌	亥	卯
3	戊辰(戌亥)	甲子	戌	卯	19	甲申(午未)	甲申	亥	卯 神藏殺沒 (未丑)
4	己巳(戌亥)	甲子	戌	卯	20	乙酉(午未)	甲申	亥	卯
5	庚午(戌亥)	甲子	戌	卯	21	丙戌(午未)	甲申	亥	卯
6	辛未(戌亥)	甲子	戌	卯	22	丁亥(午未) (小雪:將變)	甲申	亥	卯·寅 卯(21:01:59).寅(21:02以後)
7	壬申(戌亥) (立冬:建變)	甲子	戌·亥 戌(23:21:59).亥(23:22以後)	卯	23	戊子(午未)	甲申	亥	寅
8	癸酉(戌亥)	甲子	亥	卯	24	己丑(午未)	甲申	亥	寅
9	甲戌(申酉)	甲戌	亥	卯 神藏殺沒 (未丑)	25	庚寅(午未)	甲申	亥	寅
10	乙亥(申酉)	甲戌	亥	卯	26	辛卯(午未)	甲申	亥	寅
11	丙子(申酉)	甲戌	亥	卯	27	壬辰(午未)	甲申	亥	寅
12	丁丑(申酉)	甲戌	亥	卯	28	癸巳(午未)	甲申	亥	寅
13	戊寅(申酉)	甲戌	亥	卯	29	甲午(辰巳)	甲午	亥	寅 神藏殺沒 (午子)
14	己卯(申酉)	甲戌	亥	卯	30	乙未(辰巳)	甲午	亥	寅
15	庚辰(申酉)	甲戌	亥	卯					
16	辛巳(申酉)	甲戌	亥	卯					

2035(乙卯)年 12月[陽曆]

日	日辰(空亡)	旬	月建	月將	日	日辰(空亡)	旬	月建	月將
1	丙申(辰巳)	甲午	亥	寅	17	壬子(寅卯)	甲辰	子	寅
2	丁酉(辰巳)	甲午	亥	寅	18	癸丑(寅卯)	甲辰	子	寅
3	戊戌(辰巳)	甲午	亥	寅	19	甲寅(子丑)	甲寅	子	寅 神藏殺沒 (午子)
4	己亥(辰巳)	甲午	亥	寅	20	乙卯(子丑)	甲寅	子	寅
5	庚子(辰巳)	甲午	亥	寅	21	丙辰(子丑)	甲寅	子	寅
6	辛丑(辰巳)	甲午	亥	寅	22	丁巳(子丑) (冬至:將變)	甲寅 寅(10:29:59).丑(10:30以後)	子	寅·丑
7	壬寅(辰巳) (大雪:建變)	甲午 亥(16:23:59).子(16:24以後)	亥·子	寅	23	戊午(子丑)	甲寅	子	丑
8	癸卯(辰巳)	甲午	子	寅	24	己未(子丑)	甲寅	子	丑
9	甲辰(寅卯)	甲辰	子	寅 神藏殺沒 (午子)	25	庚申(子丑)	甲寅	子	丑
10	乙巳(寅卯)	甲辰	子	寅	26	辛酉(子丑)	甲寅	子	丑
11	丙午(寅卯)	甲辰	子	寅	27	壬戌(子丑)	甲寅	子	丑
12	丁未(寅卯)	甲辰	子	寅	28	癸亥(子丑)	甲寅	子	丑
13	戊申(寅卯)	甲辰	子	寅	29	甲子(戌亥)	甲子	子	丑 神藏殺沒 (巳亥)
14	己酉(寅卯)	甲辰	子	寅	30	乙丑(戌亥)	甲子	子	丑
15	庚戌(寅卯)	甲辰	子	寅	31	丙寅(戌亥)	甲子	子	丑
16	辛亥(寅卯)	甲辰	子	寅					

2036(丙辰)年 1月[陽曆]

<table>
<tr><th>日</th><th>日辰(空亡)</th><th>旬</th><th>月建</th><th>月將</th><th>日</th><th>日辰(空亡)</th><th>旬</th><th>月建</th><th>月將</th></tr>
<tr><td>1</td><td>丁卯(戌亥)</td><td>甲子</td><td>子</td><td>丑</td><td>17</td><td>癸未(申酉)</td><td>甲戌</td><td>丑</td><td>丑</td></tr>
<tr><td>2</td><td>戊辰(戌亥)</td><td>甲子</td><td>子</td><td>丑</td><td>18</td><td>甲申(午未)</td><td>甲申</td><td>丑</td><td>丑
神藏殺沒
(巳亥)</td></tr>
<tr><td>3</td><td>己巳(戌亥)</td><td>甲子</td><td>子</td><td>丑</td><td>19</td><td>乙酉(午未)</td><td>甲申</td><td>丑</td><td>丑</td></tr>
<tr><td rowspan="2">4</td><td rowspan="2">庚午(戌亥)</td><td rowspan="2">甲子</td><td rowspan="2">子</td><td rowspan="2">丑</td><td rowspan="2">20</td><td rowspan="2">丙戌(午未)
(大寒:將變)</td><td>甲申</td><td>丑</td><td>丑·子</td></tr>
<tr><td colspan="3">丑(21:09:59).子(21:10以後)</td></tr>
<tr><td>5</td><td>辛未(戌亥)</td><td>甲子</td><td>子</td><td>丑</td><td>21</td><td>丁亥(午未)</td><td>甲申</td><td>丑</td><td>子</td></tr>
<tr><td rowspan="2">6</td><td rowspan="2">壬申(戌亥)
(小寒:建變)</td><td>甲子</td><td>子·丑</td><td>丑</td><td rowspan="2">22</td><td rowspan="2">戊子(午未)</td><td rowspan="2">甲申</td><td rowspan="2">丑</td><td rowspan="2">子</td></tr>
<tr><td colspan="3">子(03:41:59).丑(03:42以後)</td></tr>
<tr><td>7</td><td>癸酉(戌亥)</td><td>甲子</td><td>丑</td><td>丑</td><td>23</td><td>己丑(午未)</td><td>甲申</td><td>丑</td><td>子</td></tr>
<tr><td>8</td><td>甲戌(申酉)</td><td>甲戌</td><td>丑</td><td>丑
神藏殺沒
(巳亥)</td><td>24</td><td>庚寅(午未)</td><td>甲申</td><td>丑</td><td>子</td></tr>
<tr><td>9</td><td>乙亥(申酉)</td><td>甲戌</td><td>丑</td><td>丑</td><td>25</td><td>辛卯(午未)</td><td>甲申</td><td>丑</td><td>子</td></tr>
<tr><td>10</td><td>丙子(申酉)</td><td>甲戌</td><td>丑</td><td>丑</td><td>26</td><td>壬辰(午未)</td><td>甲申</td><td>丑</td><td>子</td></tr>
<tr><td>11</td><td>丁丑(申酉)</td><td>甲戌</td><td>丑</td><td>丑</td><td>27</td><td>癸巳(午未)</td><td>甲申</td><td>丑</td><td>子</td></tr>
<tr><td>12</td><td>戊寅(申酉)</td><td>甲戌</td><td>丑</td><td>丑</td><td>28</td><td>甲午(辰巳)</td><td>甲午</td><td>丑</td><td>子
神藏殺沒
(辰戌)</td></tr>
<tr><td>13</td><td>己卯(申酉)</td><td>甲戌</td><td>丑</td><td>丑</td><td>29</td><td>乙未(辰巳)</td><td>甲午</td><td>丑</td><td>子</td></tr>
<tr><td>14</td><td>庚辰(申酉)</td><td>甲戌</td><td>丑</td><td>丑</td><td>30</td><td>丙申(辰巳)</td><td>甲午</td><td>丑</td><td>子</td></tr>
<tr><td>15</td><td>辛巳(申酉)</td><td>甲戌</td><td>丑</td><td>丑</td><td>31</td><td>丁酉(辰巳)</td><td>甲午</td><td>丑</td><td>子</td></tr>
<tr><td>16</td><td>壬午(申酉)</td><td>甲戌</td><td>丑</td><td>丑</td><td></td><td></td><td></td><td></td><td></td></tr>
</table>

2036(丙辰)年 2月[陽曆]

日	日辰(空亡)	旬	月建	月將	日	日辰(空亡)	旬	月建	月將
1	戊戌(辰巳)	甲午	丑	子	17	甲寅(子丑)	甲寅	寅	子 神藏殺沒 (辰戌)
2	己亥(辰巳)	甲午	丑	子	18	乙卯(子丑)	甲寅	寅	子
3	庚子(辰巳)	甲午	丑	子	19	丙辰(子丑) (雨水:將變)	甲寅	寅	子·亥 子(11:12:59).亥(11:13以後)
4	辛丑(辰巳) (立春:建變)	甲午	丑·寅	子 丑(15:18:59).寅(15:19以後)	20	丁巳(子丑)	甲寅	寅	亥
5	壬寅(辰巳)	甲午	寅	子	21	戊午(子丑)	甲寅	寅	亥 神藏殺沒 (酉卯)
6	癸卯(辰巳)	甲午	寅	子	22	己未(子丑)	甲寅	寅	亥
7	甲辰(寅卯)	甲辰	寅	子 神藏殺沒 (辰戌)	23	庚申(子丑)	甲寅	寅	亥 神藏殺沒 (酉卯)
8	乙巳(寅卯)	甲辰	寅	子	24	辛酉(子丑)	甲寅	寅	亥
9	丙午(寅卯)	甲辰	寅	子	25	壬戌(子丑)	甲寅	寅	亥
10	丁未(寅卯)	甲辰	寅	子	26	癸亥(子丑)	甲寅	寅	亥
11	戊申(寅卯)	甲辰	寅	子	27	甲子(戌亥)	甲子	寅	亥 神藏殺沒 (卯酉)
12	己酉(寅卯)	甲辰	寅	子	28	乙丑(戌亥)	甲子	寅	亥
13	庚戌(寅卯)	甲辰	寅	子	29	丙寅(戌亥)	甲子	寅	亥
14	辛亥(寅卯)	甲辰	寅	子					
15	壬子(寅卯)	甲辰	寅	子					
16	癸丑(寅卯)	甲辰	寅	子					

2036(丙辰)年 3月[陽曆]

日	日辰(空亡)	旬	月建	月將	日	日辰(空亡)	旬	月建	月將
1	丁卯(戌亥)	甲子	寅	亥	17	癸未(申酉)	甲戌	卯	亥
2	戊辰(戌亥)	甲子	寅	亥 神藏殺沒 (酉卯)	18	甲申(午未)	甲申	卯	亥 神藏殺沒 (卯酉)
3	己巳(戌亥)	甲子	寅	亥	19	乙酉(午未)	甲申	卯	亥
4	庚午(戌亥)	甲子	寅	亥 神藏殺沒 (酉卯)	20	丙戌(午未) (春分:將變)	甲申	卯	亥·戌 亥(10:00:59).戌(10:01以後)
5	辛未(戌亥) (驚蟄:建變)	甲子	寅·卯 寅(09:09:59).卯(09:10以後)	亥	21	丁亥(午未)	甲申	卯	戌
6	壬申(戌亥)	甲子	卯	亥	22	戊子(午未)	甲申	卯	戌 神藏殺沒 (申寅)
7	癸酉(戌亥)	甲子	卯	亥	23	己丑(午未)	甲申	卯	戌
8	甲戌(申酉)	甲戌	卯	亥 神藏殺沒 (卯酉)	24	庚寅(午未)	甲申	卯	戌 神藏殺沒 (申寅)
9	乙亥(申酉)	甲戌	卯	亥	25	辛卯(午未)	甲申	卯	戌
10	丙子(申酉)	甲戌	卯	亥	26	壬辰(午未)	甲申	卯	戌
11	丁丑(申酉)	甲戌	卯	亥	27	癸巳(午未)	甲申	卯	戌
12	戊寅(申酉)	甲戌	卯	亥 神藏殺沒 (酉卯)	28	甲午(辰巳)	甲午	卯	戌
13	己卯(申酉)	甲戌	卯	亥	29	乙未(辰巳)	甲午	卯	戌
14	庚辰(申酉)	甲戌	卯	亥 神藏殺沒 (酉卯)	30	丙申(辰巳)	甲午	卯	戌
15	辛巳(申酉)	甲戌	卯	亥	31	丁酉(辰巳)	甲午	卯	戌
16	壬午(申酉)	甲戌	卯	亥					

2036(丙辰)年 4月[陽曆]

日	日辰(空亡)	旬	月建	月將	日	日辰(空亡)	旬	月建	月將
1	戊戌(辰巳)	甲午	卯	戌 神藏殺沒 (申寅)	17	甲寅(子丑)	甲寅	辰	戌
2	己亥(辰巳)	甲午	卯	戌	18	乙卯(子丑)	甲寅	辰	戌
3	庚子(辰巳)	甲午	卯	戌 神藏殺沒 (申寅)	19	丙辰(子丑) (穀雨:將變)	甲寅	辰	戌·酉
							戌(20:48:59).酉(20:49以後)		
4	辛丑(辰巳) (淸明:建變)	甲午	卯·辰	戌	20	丁巳(子丑)	甲寅	辰	酉
		卯(13:44:59).辰(13:45以後)							
5	壬寅(辰巳)	甲午	辰	戌	21	戊午(子丑)	甲寅	辰	酉 神藏殺沒 (未丑)
6	癸卯(辰巳)	甲午	辰	戌	22	己未(子丑)	甲寅	辰	酉
7	甲辰(寅卯)	甲辰	辰	戌	23	庚申(子丑)	甲寅	辰	酉 神藏殺沒 (未丑)
8	乙巳(寅卯)	甲辰	辰	戌	24	辛酉(子丑)	甲寅	辰	酉
9	丙午(寅卯)	甲辰	辰	戌	25	壬戌(子丑)	甲寅	辰	酉
10	丁未(寅卯)	甲辰	辰	戌	26	癸亥(子丑)	甲寅	辰	酉
11	戊申(寅卯)	甲辰	辰	戌 神藏殺沒 (申寅)	27	甲子(戌亥)	甲子	辰	酉
12	己酉(寅卯)	甲辰	辰	戌	28	乙丑(戌亥)	甲子	辰	酉
13	庚戌(寅卯)	甲辰	辰	戌 神藏殺沒 (申寅)	29	丙寅(戌亥)	甲子	辰	酉
14	辛亥(寅卯)	甲辰	辰	戌	30	丁卯(戌亥)	甲子	辰	酉
15	壬子(寅卯)	甲辰	辰	戌					
16	癸丑(寅卯)	甲辰	辰	戌					

2036(丙辰)年 5月[陽曆]

日	日辰(空亡)	旬	月建	月將	日	日辰(空亡)	旬	月建	月將
1	戊辰(戌亥)	甲子	辰	酉 神藏殺沒 (未丑)	17	甲申(午未)	甲申	巳	酉
2	己巳(戌亥)	甲子	辰	酉	18	乙酉(午未)	甲申	巳	酉
3	庚午(戌亥)	甲子	辰	酉 神藏殺沒 (未丑)	19	丙戌(午未)	甲申	巳	酉
4	辛未(戌亥)	甲子	辰	酉	20	丁亥(午未) (小滿:將變)	甲申	巳	酉·申 酉(19:42:59).申(19:43以後)
5	壬申(戌亥) (立夏:建變)	甲子	辰·巳 辰(06:47:59).巳(06:48以後)	酉	21	戊子(午未)	甲申	巳	申 神藏殺沒 (午子)
6	癸酉(戌亥)	甲子	巳	酉	22	己丑(午未)	甲申	巳	申
7	甲戌(申酉)	甲戌	巳	酉	23	庚寅(午未)	甲申	巳	申 神藏殺沒 (午子)
8	乙亥(申酉)	甲戌	巳	酉	24	辛卯(午未)	甲申	巳	申
9	丙子(申酉)	甲戌	巳	酉	25	壬辰(午未)	甲申	巳	申
10	丁丑(申酉)	甲戌	巳	酉	26	癸巳(午未)	甲申	巳	申
11	戊寅(申酉)	甲戌	巳	酉 神藏殺沒 (未丑)	27	甲午(辰巳)	甲午	巳	申
12	己卯(申酉)	甲戌	巳	酉	28	乙未(辰巳)	甲午	巳	申
13	庚辰(申酉)	甲戌	巳	酉 神藏殺沒 (未丑)	29	丙申(辰巳)	甲午	巳	申
14	辛巳(申酉)	甲戌	巳	酉	30	丁酉(辰巳)	甲午	巳	申
15	壬午(申酉)	甲戌	巳	酉	31	戊戌(辰巳)	甲午	巳	申 神藏殺沒 (午子)
16	癸未(申酉)	甲戌	巳	酉					

2036(丙辰)年 6月[陽曆]

日	日辰(空亡)	旬	月建	月將	日	日辰(空亡)	旬	月建	月將
1	己亥(辰巳)	甲午	巳	申	17	乙卯(子丑)	甲寅	午	申
2	庚子(辰巳)	甲午	巳	申 神藏殺沒 (午子)	18	丙辰(子丑)	甲寅	午	申
3	辛丑(辰巳)	甲午	巳	申	19	丁巳(子丑)	甲寅	午	申
4	壬寅(辰巳)	甲午	巳	申	20	戊午(子丑)	甲寅	午	申 神藏殺沒 (午子)
5	癸卯(辰巳) (芒種:建變)	甲午	巳·午	申	21	己未(子丑) (夏至:將變)	甲寅	午	申·未
		巳(10:45:59).午(10:46以後)					申(03:30:59).未(03:31以後)		
6	甲辰(寅卯)	甲辰	午	申	22	庚申(子丑)	甲寅	午	未 神藏殺沒 (巳亥)
7	乙巳(寅卯)	甲辰	午	申	23	辛酉(子丑)	甲寅	午	未
8	丙午(寅卯)	甲辰	午	申	24	壬戌(子丑)	甲寅	午	未
9	丁未(寅卯)	甲辰	午	申	25	癸亥(子丑)	甲寅	午	未
10	戊申(寅卯)	甲辰	午	申 神藏殺沒 (午子)	26	甲子(戌亥)	甲子	午	未
11	己酉(寅卯)	甲辰	午	申	27	乙丑(戌亥)	甲子	午	未
12	庚戌(寅卯)	甲辰	午	申 神藏殺沒 (午子)	28	丙寅(戌亥)	甲子	午	未
13	辛亥(寅卯)	甲辰	午	申	29	丁卯(戌亥)	甲子	午	未
14	壬子(寅卯)	甲辰	午	申	30	戊辰(戌亥)	甲子	午	未 神藏殺沒 (巳亥)
15	癸丑(寅卯)	甲辰	午	申					
16	甲寅(子丑)	甲寅	午	申					

2036(丙辰)年 7月[陽曆]

日	日辰(空亡)	旬	月建	月將	日	日辰(空亡)	旬	月建	月將
1	己巳(戌亥)	甲子	午	未	17	乙酉(午未)	甲申	未	未
2	庚午(戌亥)	甲子	午	未 神藏殺沒 (巳亥)	18	丙戌(午未)	甲申	未	未
3	辛未(戌亥)	甲子	午	未	19	丁亥(午未)	甲申	未	未
4	壬申(戌亥)	甲子	午	未	20	戊子(午未)	甲申	未	未 神藏殺沒 (巳亥)
5	癸酉(戌亥)	甲子	午	未	21	己丑(午未)	甲申	未	未
6	甲戌(申酉) (小暑:建變)	甲戌	午·未	未	22	庚寅(午未) (大暑:將變)	甲申	未	未·午
		午(20:55:59).未(20:56以後)					未(14:20:59).午(14:21以後)		
							神藏殺沒 (未月將:巳亥. 午月將: 辰戌)		
7	乙亥(申酉)	甲戌	未	未	23	辛卯(午未)	甲申	未	午
8	丙子(申酉)	甲戌	未	未	24	壬辰(午未)	甲申	未	午
9	丁丑(申酉)	甲戌	未	未	25	癸巳(午未)	甲申	未	午
10	戊寅(申酉)	甲戌	未	未 神藏殺沒 (巳亥)	26	甲午(辰巳)	甲午	未	午
11	己卯(申酉)	甲戌	未	未	27	乙未(辰巳)	甲午	未	午
12	庚辰(申酉)	甲戌	未	未 神藏殺沒 (巳亥)	28	丙申(辰巳)	甲午	未	午
13	辛巳(申酉)	甲戌	未	未	29	丁酉(辰巳)	甲午	未	午
14	壬午(申酉)	甲戌	未	未	30	戊戌(辰巳)	甲午	未	午 神藏殺沒 (辰戌)
15	癸未(申酉)	甲戌	未	未	31	己亥(辰巳)	甲午	未	午
16	甲申(午未)	甲申	未	未					

2036(丙辰)年 8月[陽曆]

日	日辰(空亡)	旬	月建	月將	日	日辰(空亡)	旬	月建	月將
1	庚子(辰巳)	甲午	未	午	17	丙辰(子丑)	甲寅	申	午
2	辛丑(辰巳)	甲午	未	午	18	丁巳(子丑)	甲寅	申	午
3	壬寅(辰巳)	甲午	未	午	19	戊午(子丑)	甲寅	申	午 神藏殺沒 (辰戌)
4	癸卯(辰巳)	甲午	未	午	20	己未(子丑)	甲寅	申	午
5	甲辰(寅卯)	甲辰	未	午	21	庚申(子丑)	甲寅	申	午 神藏殺沒 (辰戌)
6	乙巳(寅卯)	甲辰	未	午	22	辛酉(子丑) (處暑:將變)	甲寅	申	午·巳 午(21:30:59).巳(21:31以後)
7	丙午(寅卯) (立秋:建變)	甲辰	未·申 未(06:47:59).申(06:48以後)	午	23	壬戌(子丑)	甲寅	申	巳
8	丁未(寅卯)	甲辰	申	午	24	癸亥(子丑)	甲寅	申	巳
9	戊申(寅卯)	甲辰	申	午 神藏殺沒 (辰戌)	25	甲子(戌亥)	甲子	申	巳 神藏殺沒 (酉卯)
10	己酉(寅卯)	甲辰	申	午	26	乙丑(戌亥)	甲子	申	巳
11	庚戌(寅卯)	甲辰	申	午 神藏殺沒 (辰戌)	27	丙寅(戌亥)	甲子	申	巳
12	辛亥(寅卯)	甲辰	申	午	28	丁卯(戌亥)	甲子	申	巳
13	壬子(寅卯)	甲辰	申	午	29	戊辰(戌亥)	甲子	申	巳 神藏殺沒 (卯酉)
14	癸丑(寅卯)	甲辰	申	午	30	己巳(戌亥)	甲子	申	巳
15	甲寅(子丑)	甲寅	申	午	31	庚午(戌亥)	甲子	申	巳 神藏殺沒 (卯酉)
16	乙卯(子丑)	甲寅	申	午					

2036(丙辰)年 9月[陽曆]

日	日辰(空亡)	旬	月建	月將	日	日辰(空亡)	旬	月建	月將
1	辛未(戌亥)	甲子	申	巳	17	丁亥(午未)	甲申	酉	巳
2	壬申(戌亥)	甲子	申	巳	18	戊子(午未)	甲申	酉	巳 神藏殺沒 (卯酉)
3	癸酉(戌亥)	甲子	申	巳	19	己丑(午未)	甲申	酉	巳
4	甲戌(申酉)	甲戌	申	巳 神藏殺沒 (酉卯)	20	庚寅(午未)	甲申	酉	巳 神藏殺沒 (卯酉)
5	乙亥(申酉)	甲戌	申	巳	21	辛卯(午未)	甲申	酉	巳
6	丙子(申酉)	甲戌	申	巳	22	壬辰(午未) (秋分:將變)	甲申	酉	巳·辰 巳(19:21:59).辰(19:22以後)
7	丁丑(申酉) (白露:建變)	甲戌	申·酉 申(09:53:59).酉(09:54以後)	巳	23	癸巳(午未)	甲申	酉	辰
8	戊寅(申酉)	甲戌	酉	巳 神藏殺沒 (卯酉)	24	甲午(辰巳)	甲午	酉	辰 神藏殺沒 (申寅)
9	己卯(申酉)	甲戌	酉	巳	25	乙未(辰巳)	甲午	酉	辰
10	庚辰(申酉)	甲戌	酉	巳 神藏殺沒 (卯酉)	26	丙申(辰巳)	甲午	酉	辰
11	辛巳(申酉)	甲戌	酉	巳	27	丁酉(辰巳)	甲午	酉	辰
12	壬午(申酉)	甲戌	酉	巳	28	戊戌(辰巳)	甲午	酉	辰
13	癸未(申酉)	甲戌	酉	巳	29	己亥(辰巳)	甲午	酉	辰
14	甲申(午未)	甲申	酉	巳 神藏殺沒 (酉卯)	30	庚子(辰巳)	甲午	酉	辰
15	乙酉(午未)	甲申	酉	巳					
16	丙戌(午未)	甲申	酉	巳					

2036(丙辰)年 10月[陽曆]

日	日辰(空亡)	旬	月建	月將	日	日辰(空亡)	旬	月建	月將
1	辛丑(辰巳)	甲午	酉	辰	17	丁巳(子丑)	甲寅	戌	辰
2	壬寅(辰巳)	甲午	酉	辰	18	戊午(子丑)	甲寅	戌	辰
3	癸卯(辰巳)	甲午	酉	辰	19	己未(子丑)	甲寅	戌	辰
4	甲辰(寅卯)	甲辰	酉	辰 神藏殺沒 (申寅)	20	庚申(子丑)	甲寅	戌	辰
5	乙巳(寅卯)	甲辰	酉	辰	21	辛酉(子丑)	甲寅	戌	辰
6	丙午(寅卯)	甲辰	酉	辰	22	壬戌(子丑)	甲寅	戌	辰
7	丁未(寅卯)	甲辰	酉	辰	23	癸亥(子丑) (霜降:將變)	甲寅	戌	辰·卯 辰(04:56:59).卯(04:57以後)
8	戊申(寅卯) (寒露:建變)	甲辰	酉·戌 酉(01:47:59).戌(01:48以後)	辰	24	甲子(戌亥)	甲子	戌	卯 神藏殺沒 (未丑)
9	己酉(寅卯)	甲辰	戌	辰	25	乙丑(戌亥)	甲子	戌	卯
10	庚戌(寅卯)	甲辰	戌	辰	26	丙寅(戌亥)	甲子	戌	卯
11	辛亥(寅卯)	甲辰	戌	辰	27	丁卯(戌亥)	甲子	戌	卯
12	壬子(寅卯)	甲辰	戌	辰	28	戊辰(戌亥)	甲子	戌	卯
13	癸丑(寅卯)	甲辰	戌	辰	29	己巳(戌亥)	甲子	戌	卯
14	甲寅(子丑)	甲寅	戌	辰 神藏殺沒 (申寅)	30	庚午(戌亥)	甲子	戌	卯
15	乙卯(子丑)	甲寅	戌	辰	31	辛未(戌亥)	甲子	戌	卯
16	丙辰(子丑)	甲寅	戌	辰					

2036(丙辰)年 11月[陽曆]

日	日辰(空亡)	旬	月建	月將	日	日辰(空亡)	旬	月建	月將
1	壬申(戌亥)	甲子	戌	卯	17	戊子(午未)	甲申	亥	卯
2	癸酉(戌亥)	甲子	戌	卯	18	己丑(午未)	甲申	亥	卯
3	甲戌(申酉)	甲戌	戌	卯 神藏殺沒 (未丑)	19	庚寅(午未)	甲申	亥	卯
4	乙亥(申酉)	甲戌	戌	卯	20	辛卯(午未)	甲申	亥	卯
5	丙子(申酉)	甲戌	戌	卯	21	壬辰(午未)	甲申	亥	卯
6	丁丑(申酉)	甲戌	戌	卯	22	癸巳(午未) (小雪:將變)	甲申 卯(02:43:59).寅(02:44以後)	亥	卯·寅
7	戊寅(申酉) (立冬:建變)	甲戌 戌(05:12:59).亥(05:13以後)	戌·亥	卯	23	甲午(辰巳)	甲午	亥	寅 神藏殺沒 (午子)
8	己卯(申酉)	甲戌	亥	卯	24	乙未(辰巳)	甲午	亥	寅
9	庚辰(申酉)	甲戌	亥	卯	25	丙申(辰巳)	甲午	亥	寅
10	辛巳(申酉)	甲戌	亥	卯	26	丁酉(辰巳)	甲午	亥	寅
11	壬午(申酉)	甲戌	亥	卯	27	戊戌(辰巳)	甲午	亥	寅
12	癸未(申酉)	甲戌	亥	卯	28	己亥(辰巳)	甲午	亥	寅
13	甲申(午未)	甲申	亥	卯 神藏殺沒 (未丑)	29	庚子(辰巳)	甲午	亥	寅
14	乙酉(午未)	甲申	亥	卯	30	辛丑(辰巳)	甲午	亥	寅
15	丙戌(午未)	甲申	亥	卯					
16	丁亥(午未)	甲申	亥	卯					

2036(丙辰)年 12月[陽曆]

<table>
<tr><th>日</th><th>日辰(空亡)</th><th>旬</th><th>月建</th><th>月將</th><th>日</th><th>日辰(空亡)</th><th>旬</th><th>月建</th><th>月將</th></tr>
<tr><td>1</td><td>壬寅(辰巳)</td><td>甲午</td><td>亥</td><td>寅</td><td>17</td><td>戊午(子丑)</td><td>甲寅</td><td>子</td><td>寅</td></tr>
<tr><td>2</td><td>癸卯(辰巳)</td><td>甲午</td><td>亥</td><td>寅</td><td>18</td><td>己未(子丑)</td><td>甲寅</td><td>子</td><td>寅</td></tr>
<tr><td>3</td><td>甲辰(寅卯)</td><td>甲辰</td><td>亥</td><td>寅
神藏殺沒
(午子)</td><td>19</td><td>庚申(子丑)</td><td>甲寅</td><td>子</td><td>寅</td></tr>
<tr><td>4</td><td>乙巳(寅卯)</td><td>甲辰</td><td>亥</td><td>寅</td><td>20</td><td>辛酉(子丑)</td><td>甲寅</td><td>子</td><td>寅</td></tr>
<tr><td rowspan="2">5</td><td rowspan="2">丙午(寅卯)</td><td rowspan="2">甲辰</td><td rowspan="2">亥</td><td rowspan="2">寅</td><td rowspan="2">21</td><td rowspan="2">壬戌(子丑)
(冬至:將變)</td><td>甲寅</td><td>子</td><td>寅·丑</td></tr>
<tr><td colspan="3">寅(16:10:59).丑(16:11以後)</td></tr>
<tr><td rowspan="2">6</td><td rowspan="2">丁未(寅卯)
(大雪:建變)</td><td>甲辰</td><td>亥·子</td><td>寅</td><td rowspan="2">22</td><td rowspan="2">癸亥(子丑)</td><td rowspan="2">甲寅</td><td rowspan="2">子</td><td rowspan="2">丑</td></tr>
<tr><td colspan="3">亥(22:14:59).子(22:15以後)</td></tr>
<tr><td>7</td><td>戊申(寅卯)</td><td>甲辰</td><td>子</td><td>寅</td><td>23</td><td>甲子(戌亥)</td><td>甲子</td><td>子</td><td>丑
神藏殺沒
(巳亥)</td></tr>
<tr><td>8</td><td>己酉(寅卯)</td><td>甲辰</td><td>子</td><td>寅</td><td>24</td><td>乙丑(戌亥)</td><td>甲子</td><td>子</td><td>丑</td></tr>
<tr><td>9</td><td>庚戌(寅卯)</td><td>甲辰</td><td>子</td><td>寅</td><td>25</td><td>丙寅(戌亥)</td><td>甲子</td><td>子</td><td>丑</td></tr>
<tr><td>10</td><td>辛亥(寅卯)</td><td>甲辰</td><td>子</td><td>寅</td><td>26</td><td>丁卯(戌亥)</td><td>甲子</td><td>子</td><td>丑</td></tr>
<tr><td>11</td><td>壬子(寅卯)</td><td>甲辰</td><td>子</td><td>寅</td><td>27</td><td>戊辰(戌亥)</td><td>甲子</td><td>子</td><td>丑</td></tr>
<tr><td>12</td><td>癸丑(寅卯)</td><td>甲辰</td><td>子</td><td>寅</td><td>28</td><td>己巳(戌亥)</td><td>甲子</td><td>子</td><td>丑</td></tr>
<tr><td>13</td><td>甲寅(子丑)</td><td>甲寅</td><td>子</td><td>寅
神藏殺沒
(午子)</td><td>29</td><td>庚午(戌亥)</td><td>甲子</td><td>子</td><td>丑</td></tr>
<tr><td>14</td><td>乙卯(子丑)</td><td>甲寅</td><td>子</td><td>寅</td><td>30</td><td>辛未(戌亥)</td><td>甲子</td><td>子</td><td>丑</td></tr>
<tr><td>15</td><td>丙辰(子丑)</td><td>甲寅</td><td>子</td><td>寅</td><td>31</td><td>壬申(戌亥)</td><td>甲子</td><td>子</td><td>丑</td></tr>
<tr><td>16</td><td>丁巳(子丑)</td><td>甲寅</td><td>子</td><td>寅</td><td></td><td></td><td></td><td></td><td></td></tr>
</table>

2037(丁巳)年 1月[陽曆]

日	日辰(空亡)	旬	月建	月將	日	日辰(空亡)	旬	月建	月將
1	癸酉(戌亥)	甲子	子	丑	17	己丑(午未)	甲申	丑	丑
2	甲戌(申酉)	甲戌	子	丑 神藏殺沒 (巳亥)	18	庚寅(午未)	甲申	丑	丑
3	乙亥(申酉)	甲戌	子	丑	19	辛卯(午未)	甲申	丑	丑
4	丙子(申酉)	甲戌	子	丑	20	壬辰(午未) (大寒:將變)	甲申	丑	丑·子 丑(02:51:59).子(02:52以後)
5	丁丑(申酉) (小寒:建變)	甲戌	子·丑 子(09:32:59).丑(09:33以後)	丑	21	癸巳(午未)	甲申	丑	子
6	戊寅(申酉)	甲戌	丑	丑	22	甲午(辰巳)	甲午	丑	子 神藏殺沒 (辰戌)
7	己卯(申酉)	甲戌	丑	丑	23	乙未(辰巳)	甲午	丑	子
8	庚辰(申酉)	甲戌	丑	丑	24	丙申(辰巳)	甲午	丑	子
9	辛巳(申酉)	甲戌	丑	丑	25	丁酉(辰巳)	甲午	丑	子
10	壬午(申酉)	甲戌	丑	丑	26	戊戌(辰巳)	甲午	丑	子
11	癸未(申酉)	甲戌	丑	丑	27	己亥(辰巳)	甲午	丑	子
12	甲申(午未)	甲申	丑	丑 神藏殺沒 (巳亥)	28	庚子(辰巳)	甲午	丑	子
13	乙酉(午未)	甲申	丑	丑	29	辛丑(辰巳)	甲午	丑	子
14	丙戌(午未)	甲申	丑	丑	30	壬寅(辰巳)	甲午	丑	子
15	丁亥(午未)	甲申	丑	丑	31	癸卯(辰巳)	甲午	丑	子
16	戊子(午未)	甲申	丑	丑					

2037(丁巳)年 2月[陽曆]

日	日辰(空亡)	旬	月建	月將	日	日辰(空亡)	旬	月建	月將
1	甲辰(寅卯)	甲辰	丑	子 神藏殺沒 (辰戌)	17	庚申(子丑)	甲寅	寅	子
2	乙巳(寅卯)	甲辰	丑	子	18	辛酉(子丑) (雨水:將變)	甲寅	寅	子·亥 子(16:56:59).亥(16:57以後)
3	丙午(寅卯) (立春:建變)	甲辰	丑·寅 丑(21:09:59).寅(21:10以後)	子	19	壬戌(子丑)	甲寅	寅	亥
4	丁未(寅卯)	甲辰	寅	子	20	癸亥(子丑)	甲寅	寅	亥
5	戊申(寅卯)	甲辰	寅	子	21	甲子(戌亥)	甲子	寅	亥 神藏殺沒 (卯酉)
6	己酉(寅卯)	甲辰	寅	子	22	乙丑(戌亥)	甲子	寅	亥
7	庚戌(寅卯)	甲辰	寅	子	23	丙寅(戌亥)	甲子	寅	亥
8	辛亥(寅卯)	甲辰	寅	子	24	丁卯(戌亥)	甲子	寅	亥
9	壬子(寅卯)	甲辰	寅	子	25	戊辰(戌亥)	甲子	寅	亥 神藏殺沒 (酉卯)
10	癸丑(寅卯)	甲辰	寅	子	26	己巳(戌亥)	甲子	寅	亥
11	甲寅(子丑)	甲寅	寅	子 神藏殺沒 (辰戌)	27	庚午(戌亥)	甲子	寅	亥 神藏殺沒 (酉卯)
12	乙卯(子丑)	甲寅	寅	子	28	辛未(戌亥)	甲子	寅	亥
13	丙辰(子丑)	甲寅	寅	子					
14	丁巳(子丑)	甲寅	寅	子					
15	戊午(子丑)	甲寅	寅	子					
16	己未(子丑)	甲寅	寅	子					

2037(丁巳)年 3月[陽曆]

日	日辰(空亡)	旬	月建	月將	日	日辰(空亡)	旬	月建	月將
1	壬申(戌亥)	甲子	寅	亥	17	戊子(午未)	甲申	卯	亥 神藏殺沒 (酉卯)
2	癸酉(戌亥)	甲子	寅	亥	18	己丑(午未)	甲申	卯	亥
3	甲戌(申酉)	甲戌	寅	亥 神藏殺沒 (卯酉)	19	庚寅(午未)	甲申	卯	亥 神藏殺沒 (酉卯)
4	乙亥(申酉)	甲戌	寅	亥	20	辛卯(午未) (春分:將變)	甲申	卯	亥·戌 亥(15:48:59).戌(15:49以後)
5	丙子(申酉) (驚蟄:建變)	甲戌	寅·卯 寅(15:04:59).卯(15:05以後)	亥	21	壬辰(午未)	甲申	卯	戌
6	丁丑(申酉)	甲戌	卯	亥	22	癸巳(午未)	甲申	卯	戌
7	戊寅(申酉)	甲戌	卯	亥 神藏殺沒 (酉卯)	23	甲午(辰巳)	甲午	卯	戌
8	己卯(申酉)	甲戌	卯	亥	24	乙未(辰巳)	甲午	卯	戌
9	庚辰(申酉)	甲戌	卯	亥 神藏殺沒 (酉卯)	25	丙申(辰巳)	甲午	卯	戌
10	辛巳(申酉)	甲戌	卯	亥	26	丁酉(辰巳)	甲午	卯	戌
11	壬午(申酉)	甲戌	卯	亥	27	戊戌(辰巳)	甲午	卯	戌 神藏殺沒 (申寅)
12	癸未(申酉)	甲戌	卯	亥	28	己亥(辰巳)	甲午	卯	戌
13	甲申(午未)	甲申	卯	亥 神藏殺沒 (卯酉)	29	庚子(辰巳)	甲午	卯	戌 神藏殺沒 (申寅)
14	乙酉(午未)	甲申	卯	亥	30	辛丑(辰巳)	甲午	卯	戌
15	丙戌(午未)	甲申	卯	亥	31	壬寅(辰巳)	甲午	卯	戌
16	丁亥(午未)	甲申	卯	亥					

2037(丁巳)年 4月[陽曆]

日	日辰(空亡)	旬	月建	月將	日	日辰(空亡)	旬	月建	月將
1	癸卯(辰巳)	甲午	卯	戌	17	己未(子丑)	甲寅	辰	戌
2	甲辰(寅卯)	甲辰	卯	戌	18	庚申(子丑)	甲寅	辰	戌 神藏殺沒 (申寅)
3	乙巳(寅卯)	甲辰	卯	戌	19	辛酉(子丑)	甲寅	辰	戌
4	丙午(寅卯) (清明:建變)	甲辰	卯·辰	戌	20	壬戌(子丑) (穀雨:將變)	甲寅	辰	戌·酉
		卯(19:42:59).辰(19:43以後)					戌(02:38:59).酉(02:39以後)		
5	丁未(寅卯)	甲辰	辰	戌	21	癸亥(子丑)	甲寅	辰	酉
6	戊申(寅卯)	甲辰	辰	戌 神藏殺沒 (申寅)	22	甲子(戌亥)	甲子	辰	酉
7	己酉(寅卯)	甲辰	辰	戌	23	乙丑(戌亥)	甲子	辰	酉
8	庚戌(寅卯)	甲辰	辰	戌 神藏殺沒 (申寅)	24	丙寅(戌亥)	甲子	辰	酉
9	辛亥(寅卯)	甲辰	辰	戌	25	丁卯(戌亥)	甲子	辰	酉
10	壬子(寅卯)	甲辰	辰	戌	26	戊辰(戌亥)	甲子	辰	酉 神藏殺沒 (未丑)
11	癸丑(寅卯)	甲辰	辰	戌	27	己巳(戌亥)	甲子	辰	酉
12	甲寅(子丑)	甲寅	辰	戌	28	庚午(戌亥)	甲子	辰	酉 神藏殺沒 (未丑)
13	乙卯(子丑)	甲寅	辰	戌	29	辛未(戌亥)	甲子	辰	酉
14	丙辰(子丑)	甲寅	辰	戌	30	壬申(戌亥)	甲子	辰	酉
15	丁巳(子丑)	甲寅	辰	戌					
16	戊午(子丑)	甲寅	辰	戌 神藏殺沒 (申寅)					

2037(丁巳)年 5月[陽曆]

日	日辰(空亡)	旬	月建	月將	日	日辰(空亡)	旬	月建	月將
1	癸酉(戌亥)	甲子	辰	酉	17	己丑(午未)	甲申	巳	酉
2	甲戌(申酉)	甲戌	辰	酉	18	庚寅(午未)	甲申	巳	酉 神藏殺沒 (未丑)
3	乙亥(申酉)	甲戌	辰	酉	19	辛卯(午未)	甲申	巳	酉
4	丙子(申酉)	甲戌	辰	酉	20	壬辰(午未)	甲申	巳	酉
5	丁丑(申酉) (立夏:建變)	甲戌	辰·巳	酉	21	癸巳(午未) (小滿:將變)	甲申	巳	酉·申
		辰(12:47:59).巳(12:48以後)					酉(01:33:59).申(01:34以後)		
6	戊寅(申酉)	甲戌	巳	酉 神藏殺沒 (未丑)	22	甲午(辰巳)	甲午	巳	申
7	己卯(申酉)	甲戌	巳	酉	23	乙未(辰巳)	甲午	巳	申
8	庚辰(申酉)	甲戌	巳	酉 神藏殺沒 (未丑)	24	丙申(辰巳)	甲午	巳	申
9	辛巳(申酉)	甲戌	巳	酉	25	丁酉(辰巳)	甲午	巳	申
10	壬午(申酉)	甲戌	巳	酉	26	戊戌(辰巳)	甲午	巳	申 神藏殺沒 (午子)
11	癸未(申酉)	甲戌	巳	酉	27	己亥(辰巳)	甲午	巳	申
12	甲申(午未)	甲申	巳	酉	28	庚子(辰巳)	甲午	巳	申 神藏殺沒 (午子)
13	乙酉(午未)	甲申	巳	酉	29	辛丑(辰巳)	甲午	巳	申
14	丙戌(午未)	甲申	巳	酉	30	壬寅(辰巳)	甲午	巳	申
15	丁亥(午未)	甲申	巳	酉	31	癸卯(辰巳)	甲午	巳	申
16	戊子(午未)	甲申	巳	酉 神藏殺沒 (未丑)					

2037(丁巳)年 6月[陽曆]

日	日辰(空亡)	旬	月建	月將	日	日辰(空亡)	旬	月建	月將
1	甲辰(寅卯)	甲辰	巳	申	17	庚申(子丑)	甲寅	午	申 神藏殺沒 (午子)
2	乙巳(寅卯)	甲辰	巳	申	18	辛酉(子丑)	甲寅	午	申
3	丙午(寅卯)	甲辰	巳	申	19	壬戌(子丑)	甲寅	午	申
4	丁未(寅卯)	甲辰	巳	申	20	癸亥(子丑)	甲寅	午	申
5	戊申(寅卯) (芒種:建變)	甲辰	巳·午	申	21	甲子(戌亥) (夏至:將變)	甲子	午	申·未
		巳(16:44:59).午(16:45以後)					申(09:20:59).未(09:21以後)		
		神藏殺沒(午子)							
6	己酉(寅卯)	甲辰	午	申	22	乙丑(戌亥)	甲子	午	未
7	庚戌(寅卯)	甲辰	午	申 神藏殺沒 (午子)	23	丙寅(戌亥)	甲子	午	未
8	辛亥(寅卯)	甲辰	午	申	24	丁卯(戌亥)	甲子	午	未
9	壬子(寅卯)	甲辰	午	申	25	戊辰(戌亥)	甲子	午	未 神藏殺沒 (巳亥)
10	癸丑(寅卯)	甲辰	午	申	26	己巳(戌亥)	甲子	午	未
11	甲寅(子丑)	甲寅	午	申	27	庚午(戌亥)	甲子	午	未 神藏殺沒 (巳亥)
12	乙卯(子丑)	甲寅	午	申	28	辛未(戌亥)	甲子	午	未
13	丙辰(子丑)	甲寅	午	申	29	壬申(戌亥)	甲子	午	未
14	丁巳(子丑)	甲寅	午	申	30	癸酉(戌亥)	甲子	午	未
15	戊午(子丑)	甲寅	午	申 神藏殺沒 (午子)					
16	己未(子丑)	甲寅	午	申					

2037(丁巳)年 7月[陽曆]

日	日辰(空亡)	旬	月建	月將	日	日辰(空亡)	旬	月建	月將
1	甲戌(申酉)	甲戌	午	未	17	庚寅(午未)	甲申	未	未 神藏殺沒 (巳亥)
2	乙亥(申酉)	甲戌	午	未	18	辛卯(午未)	甲申	未	未
3	丙子(申酉)	甲戌	午	未	19	壬辰(午未)	甲申	未	未
4	丁丑(申酉)	甲戌	午	未	20	癸巳(午未)	甲申	未	未
5	戊寅(申酉)	甲戌	午	未 神藏殺沒 (巳亥)	21	甲午(辰巳)	甲午	未	未
6	己卯(申酉)	甲戌	午	未	22	乙未(辰巳) (大暑:將變)	甲午	未	未·午
							未(20:10:59).午(20:11以後)		
7	庚辰(申酉) (小暑:建變)	甲戌	午·未	未	23	丙申(辰巳)	甲午	未	午
		午(02:53:59).未(02:54以後)							
		神藏殺沒(巳亥)							
8	辛巳(申酉)	甲戌	未	未	24	丁酉(辰巳)	甲午	未	午
9	壬午(申酉)	甲戌	未	未	25	戊戌(辰巳)	甲午	未	午 神藏殺沒 (辰戌)
10	癸未(申酉)	甲戌	未	未	26	己亥(辰巳)	甲午	未	午
11	甲申(午未)	甲申	未	未	27	庚子(辰巳)	甲午	未	午 神藏殺沒 (辰戌)
12	乙酉(午未)	甲申	未	未	28	辛丑(辰巳)	甲午	未	午
13	丙戌(午未)	甲申	未	未	29	壬寅(辰巳)	甲午	未	午
14	丁亥(午未)	甲申	未	未	30	癸卯(辰巳)	甲午	未	午
15	戊子(午未)	甲申	未	未 神藏殺沒 (巳亥)	31	甲辰(寅卯)	甲辰	未	午
16	己丑(午未)	甲申	未	未					

2037(丁巳)年 8月[陽曆]

日	日辰(空亡)	旬	月建	月將	日	日辰(空亡)	旬	月建	月將
1	乙巳(寅卯)	甲辰	未	午	17	辛酉(子丑)	甲寅	申	午
2	丙午(寅卯)	甲辰	未	午	18	壬戌(子丑)	甲寅	申	午
3	丁未(寅卯)	甲辰	未	午	19	癸亥(子丑)	甲寅	申	午
4	戊申(寅卯)	甲辰	未	午 神藏殺沒 (辰戌)	20	甲子(戌亥)	甲子	申	午
5	己酉(寅卯)	甲辰	未	午	21	乙丑(戌亥)	甲子	申	午
6	庚戌(寅卯)	甲辰	未	午 神藏殺沒 (辰戌)	22	丙寅(戌亥)	甲子	申	午
7	辛亥(寅卯) (立秋:建變)	甲辰	未·申	午	23	丁卯(戌亥) (處暑:將變)	甲子	申	午·巳
		未(12:41:59).申(12:42以後)					午(03:20:59).巳(03:21以後)		
8	壬子(寅卯)	甲辰	申	午	24	戊辰(戌亥)	甲子	申	巳 神藏殺沒 (卯酉)
9	癸丑(寅卯)	甲辰	申	午	25	己巳(戌亥)	甲子	申	巳
10	甲寅(子丑)	甲寅	申	午	26	庚午(戌亥)	甲子	申	巳 神藏殺沒 (卯酉)
11	乙卯(子丑)	甲寅	申	午	27	辛未(戌亥)	甲子	申	巳
12	丙辰(子丑)	甲寅	申	午	28	壬申(戌亥)	甲子	申	巳
13	丁巳(子丑)	甲寅	申	午	29	癸酉(戌亥)	甲子	申	巳
14	戊午(子丑)	甲寅	申	午 神藏殺沒 (辰戌)	30	甲戌(申酉)	甲戌	申	巳 神藏殺沒 (酉卯)
15	己未(子丑)	甲寅	申	午	31	乙亥(申酉)	甲戌	申	巳
16	庚申(子丑)	甲寅	申	午 神藏殺沒 (辰戌)					

2037(丁巳)年 9月[陽曆]

日	日辰(空亡)	旬	月建	月將	日	日辰(空亡)	旬	月建	月將
1	丙子(申酉)	甲戌	申	巳	17	壬辰(午未)	甲申	酉	巳
2	丁丑(申酉)	甲戌	申	巳	18	癸巳(午未)	甲申	酉	巳
3	戊寅(申酉)	甲戌	申	巳 神藏殺沒 (卯酉)	19	甲午(辰巳)	甲午	酉	巳 神藏殺沒 (酉卯)
4	己卯(申酉)	甲戌	申	巳	20	乙未(辰巳)	甲午	酉	巳
5	庚辰(申酉)	甲戌	申	巳 神藏殺沒 (卯酉)	21	丙申(辰巳)	甲午	酉	巳
6	辛巳(申酉)	甲戌	申	巳	22	丁酉(辰巳)	甲午	酉	巳
7	壬午(申酉) (白露:建變)	甲戌	申·酉	巳	23	戊戌(辰巳) (秋分:將變)	甲午	酉	巳·辰
		申(15:43:59).酉(15:44以後)					巳(01:11:59).辰(01:12以後) 神藏殺沒 (巳月將:卯酉)		
8	癸未(申酉)	甲戌	酉	巳	24	己亥(辰巳)	甲午	酉	辰
9	甲申(午未)	甲申	酉	巳 神藏殺沒 (酉卯)	25	庚子(辰巳)	甲午	酉	辰
10	乙酉(午未)	甲申	酉	巳	26	辛丑(辰巳)	甲午	酉	辰
11	丙戌(午未)	甲申	酉	巳	27	壬寅(辰巳)	甲午	酉	辰
12	丁亥(午未)	甲申	酉	巳	28	癸卯(辰巳)	甲午	酉	辰
13	戊子(午未)	甲申	酉	巳 神藏殺沒 (卯酉)	29	甲辰(寅卯)	甲辰	酉	辰 神藏殺沒 (申寅)
14	己丑(午未)	甲申	酉	巳	30	乙巳(寅卯)	甲辰	酉	辰
15	庚寅(午未)	甲申	酉	巳 神藏殺沒 (卯酉)					
16	辛卯(午未)	甲申	酉	巳					

2037(丁巳)年 10月[陽曆]

日	日辰(空亡)	旬	月建	月將	日	日辰(空亡)	旬	月建	月將
1	丙午(寅卯)	甲辰	酉	辰	17	壬戌(子丑)	甲寅	戌	辰
2	丁未(寅卯)	甲辰	酉	辰	18	癸亥(子丑)	甲寅	戌	辰
3	戊申(寅卯)	甲辰	酉	辰	19	甲子(戌亥)	甲子	戌	辰 神藏殺沒 (申寅)
4	己酉(寅卯)	甲辰	酉	辰	20	乙丑(戌亥)	甲子	戌	辰
5	庚戌(寅卯)	甲辰	酉	辰	21	丙寅(戌亥)	甲子	戌	辰
6	辛亥(寅卯)	甲辰	酉	辰	22	丁卯(戌亥)	甲子	戌	辰
7	壬子(寅卯)	甲辰	酉	辰	23	戊辰(戌亥) (霜降:將變)	甲子	戌	辰·卯
							辰(10:47:59).卯(10:48以後)		
8	癸丑(寅卯) (寒露:建變)	甲辰	酉·戌	辰	24	己巳(戌亥)	甲子	戌	卯
		酉(07:35:59).戌(07:36以後)							
9	甲寅(子丑)	甲寅	戌	辰 神藏殺沒 (申寅)	25	庚午(戌亥)	甲子	戌	卯
10	乙卯(子丑)	甲寅	戌	辰	26	辛未(戌亥)	甲子	戌	卯
11	丙辰(子丑)	甲寅	戌	辰	27	壬申(戌亥)	甲子	戌	卯
12	丁巳(子丑)	甲寅	戌	辰	28	癸酉(戌亥)	甲子	戌	卯
13	戊午(子丑)	甲寅	戌	辰	29	甲戌(申酉)	甲戌	戌	卯 神藏殺沒 (未丑)
14	己未(子丑)	甲寅	戌	辰	30	乙亥(申酉)	甲戌	戌	卯
15	庚申(子丑)	甲寅	戌	辰	31	丙子(申酉)	甲戌	戌	卯
16	辛酉(子丑)	甲寅	戌	辰					

2037(丁巳)年 11月[陽曆]

日	日辰(空亡)	旬	月建	月將	日	日辰(空亡)	旬	月建	月將
1	丁丑(申酉)	甲戌	戌	卯	17	癸巳(午未)	甲申	亥	卯
2	戊寅(申酉)	甲戌	戌	卯	18	甲午(辰巳)	甲午	亥	卯 神藏殺沒 (未丑)
3	己卯(申酉)	甲戌	戌	卯	19	乙未(辰巳)	甲午	亥	卯
4	庚辰(申酉)	甲戌	戌	卯	20	丙申(辰巳)	甲午	亥	卯
5	辛巳(申酉)	甲戌	戌	卯	21	丁酉(辰巳)	甲午	亥	卯
6	壬午(申酉)	甲戌	戌	卯	22	戊戌(辰巳) (小雪:將變)	甲午	亥	卯·寅 卯(08:36:59).寅(08:37以後)
7	癸未(申酉) (立冬:建變)	甲戌	戌·亥 戌(11:02:59).亥(11:03以後)	卯	23	己亥(辰巳)	甲午	亥	寅
8	甲申(午未)	甲申	亥	卯 神藏殺沒 (未丑)	24	庚子(辰巳)	甲午	亥	寅
9	乙酉(午未)	甲申	亥	卯	25	辛丑(辰巳)	甲午	亥	寅
10	丙戌(午未)	甲申	亥	卯	26	壬寅(辰巳)	甲午	亥	寅
11	丁亥(午未)	甲申	亥	卯	27	癸卯(辰巳)	甲午	亥	寅
12	戊子(午未)	甲申	亥	卯	28	甲辰(寅卯)	甲辰	亥	寅 神藏殺沒 (午子)
13	己丑(午未)	甲申	亥	卯	29	乙巳(寅卯)	甲辰	亥	寅
14	庚寅(午未)	甲申	亥	卯	30	丙午(寅卯)	甲辰	亥	寅
15	辛卯(午未)	甲申	亥	卯					
16	壬辰(午未)	甲申	亥	卯					

2037(丁巳)年 12月[陽曆]

日	日辰(空亡)	旬	月建	月將	日	日辰(空亡)	旬	月建	月將
1	丁未(寅卯)	甲辰	亥	寅	17	癸亥(子丑)	甲寅	子	寅
2	戊申(寅卯)	甲辰	亥	寅	18	甲子(戌亥)	甲子	子	寅 神藏殺沒(午子)
3	己酉(寅卯)	甲辰	亥	寅	19	乙丑(戌亥)	甲子	子	寅
4	庚戌(寅卯)	甲辰	亥	寅	20	丙寅(戌亥)	甲子	子	寅
5	辛亥(寅卯)	甲辰	亥	寅	21	丁卯(戌亥) (冬至:將變)	甲子	子	寅·丑
							寅(22:05:59).丑(22:06以後)		
6	壬子(寅卯)	甲辰	亥	寅	22	戊辰(戌亥)	甲子	子	丑
7	癸丑(寅卯) (大雪:建變)	甲辰	亥·子	寅	23	己巳(戌亥)	甲子	子	丑
		亥(04:05:59).子(04:06以後)							
8	甲寅(子丑)	甲寅	子	寅 神藏殺沒(午子)	24	庚午(戌亥)	甲子	子	丑
9	乙卯(子丑)	甲寅	子	寅	25	辛未(戌亥)	甲子	子	丑
10	丙辰(子丑)	甲寅	子	寅	26	壬申(戌亥)	甲子	子	丑
11	丁巳(子丑)	甲寅	子	寅	27	癸酉(戌亥)	甲子	子	丑
12	戊午(子丑)	甲寅	子	寅	28	甲戌(申酉)	甲戌	子	丑 神藏殺沒(巳亥)
13	己未(子丑)	甲寅	子	寅	29	乙亥(申酉)	甲戌	子	丑
14	庚申(子丑)	甲寅	子	寅	30	丙子(申酉)	甲戌	子	丑
15	辛酉(子丑)	甲寅	子	寅	31	丁丑(申酉)	甲戌	子	丑
16	壬戌(子丑)	甲寅	子	寅					

2038(戊午)年 1月[陽曆]

<table>
<tr><th>日</th><th>日辰(空亡)</th><th>旬</th><th>月建</th><th>月將</th><th>日</th><th>日辰(空亡)</th><th>旬</th><th>月建</th><th>月將</th></tr>
<tr><td>1</td><td>戊寅(申酉)</td><td>甲戌</td><td>子</td><td>丑</td><td>17</td><td>甲午(辰巳)</td><td>甲午</td><td>丑</td><td>丑
神藏殺沒
(巳亥)</td></tr>
<tr><td>2</td><td>己卯(申酉)</td><td>甲戌</td><td>子</td><td>丑</td><td>18</td><td>乙未(辰巳)</td><td>甲午</td><td>丑</td><td>丑</td></tr>
<tr><td>3</td><td>庚辰(申酉)</td><td>甲戌</td><td>子</td><td>丑</td><td>19</td><td>丙申(辰巳)</td><td>甲午</td><td>丑</td><td>丑</td></tr>
<tr><td rowspan="2">4</td><td rowspan="2">辛巳(申酉)</td><td rowspan="2">甲戌</td><td rowspan="2">子</td><td rowspan="2">丑</td><td rowspan="2">20</td><td rowspan="2">丁酉(辰巳)
(大寒:將變)</td><td>甲午</td><td>丑</td><td>丑·子</td></tr>
<tr><td colspan="3">丑(08:46:59).子(08:47以後)</td></tr>
<tr><td rowspan="2">5</td><td rowspan="2">壬午(申酉)
(小寒:建變)</td><td>甲戌</td><td>子·丑</td><td>丑</td><td rowspan="2">21</td><td rowspan="2">戊戌(辰巳)</td><td rowspan="2">甲午</td><td rowspan="2">丑</td><td rowspan="2">子</td></tr>
<tr><td colspan="3">子(15:24:59).丑(15:25以後)</td></tr>
<tr><td>6</td><td>癸未(申酉)</td><td>甲戌</td><td>丑</td><td>丑</td><td>22</td><td>己亥(辰巳)</td><td>甲午</td><td>丑</td><td>子</td></tr>
<tr><td>7</td><td>甲申(午未)</td><td>甲申</td><td>丑</td><td>丑
神藏殺沒
(巳亥)</td><td>23</td><td>庚子(辰巳)</td><td>甲午</td><td>丑</td><td>子</td></tr>
<tr><td>8</td><td>乙酉(午未)</td><td>甲申</td><td>丑</td><td>丑</td><td>24</td><td>辛丑(辰巳)</td><td>甲午</td><td>丑</td><td>子</td></tr>
<tr><td>9</td><td>丙戌(午未)</td><td>甲申</td><td>丑</td><td>丑</td><td>25</td><td>壬寅(辰巳)</td><td>甲午</td><td>丑</td><td>子</td></tr>
<tr><td>10</td><td>丁亥(午未)</td><td>甲申</td><td>丑</td><td>丑</td><td>26</td><td>癸卯(辰巳)</td><td>甲午</td><td>丑</td><td>子</td></tr>
<tr><td>11</td><td>戊子(午未)</td><td>甲申</td><td>丑</td><td>丑</td><td>27</td><td>甲辰(寅卯)</td><td>甲辰</td><td>丑</td><td>子
神藏殺沒
(辰戌)</td></tr>
<tr><td>12</td><td>己丑(午未)</td><td>甲申</td><td>丑</td><td>丑</td><td>28</td><td>乙巳(寅卯)</td><td>甲辰</td><td>丑</td><td>子</td></tr>
<tr><td>13</td><td>庚寅(午未)</td><td>甲申</td><td>丑</td><td>丑</td><td>29</td><td>丙午(寅卯)</td><td>甲辰</td><td>丑</td><td>子</td></tr>
<tr><td>14</td><td>辛卯(午未)</td><td>甲申</td><td>丑</td><td>丑</td><td>30</td><td>丁未(寅卯)</td><td>甲辰</td><td>丑</td><td>子</td></tr>
<tr><td>15</td><td>壬辰(午未)</td><td>甲申</td><td>丑</td><td>丑</td><td>31</td><td>戊申(寅卯)</td><td>甲辰</td><td>丑</td><td>子</td></tr>
<tr><td>16</td><td>癸巳(午未)</td><td>甲申</td><td>丑</td><td>丑</td><td></td><td></td><td></td><td></td><td></td></tr>
</table>

2038(戊午)年 2月[陽曆]

日	日辰(空亡)	旬	月建	月將	日	日辰(空亡)	旬	月建	月將
1	己酉(寅卯)	甲辰	丑	子	17	乙丑(戌亥)	甲子	寅	子
2	庚戌(寅卯)	甲辰	丑	子	18	丙寅(戌亥) (雨水:將變)	甲子	寅	子·亥 子(22:50:59).亥(22:51以後)
3	辛亥(寅卯)	甲辰	丑	子	19	丁卯(戌亥)	甲子	寅	亥
4	壬子(寅卯) (立春:建變)	甲辰	丑·寅	子 丑(03:01:59).寅(03:02以後)	20	戊辰(戌亥)	甲子	寅	亥 神藏殺沒 (酉卯)
5	癸丑(寅卯)	甲辰	寅	子	21	己巳(戌亥)	甲子	寅	亥
6	甲寅(子丑)	甲寅	寅	子 神藏殺沒 (辰戌)	22	庚午(戌亥)	甲子	寅	亥 神藏殺沒 (酉卯)
7	乙卯(子丑)	甲寅	寅	子	23	辛未(戌亥)	甲子	寅	亥
8	丙辰(子丑)	甲寅	寅	子	24	壬申(戌亥)	甲子	寅	亥
9	丁巳(子丑)	甲寅	寅	子	25	癸酉(戌亥)	甲子	寅	亥
10	戊午(子丑)	甲寅	寅	子	26	甲戌(申酉)	甲戌	寅	亥 神藏殺沒 (卯酉)
11	己未(子丑)	甲寅	寅	子	27	乙亥(申酉)	甲戌	寅	亥
12	庚申(子丑)	甲寅	寅	子	28	丙子(申酉)	甲戌	寅	亥
13	辛酉(子丑)	甲寅	寅	子					
14	壬戌(子丑)	甲寅	寅	子					
15	癸亥(子丑)	甲寅	寅	子					
16	甲子(戌亥)	甲子	寅	子 神藏殺沒 (辰戌)					

2038(戊午)年 3月[陽曆]

<table>
<tr><th>日</th><th>日辰(空亡)</th><th>旬</th><th>月建</th><th>月將</th><th>日</th><th>日辰(空亡)</th><th>旬</th><th>月建</th><th>月將</th></tr>
<tr><td>1</td><td>丁丑(申酉)</td><td>甲戌</td><td>寅</td><td>亥</td><td>17</td><td>癸巳(午未)</td><td>甲申</td><td>卯</td><td>亥</td></tr>
<tr><td>2</td><td>戊寅(申酉)</td><td>甲戌</td><td>寅</td><td>亥
神藏殺沒
(酉卯)</td><td>18</td><td>甲午(辰巳)</td><td>甲午</td><td>卯</td><td>亥
神藏殺沒
(卯酉)</td></tr>
<tr><td>3</td><td>己卯(申酉)</td><td>甲戌</td><td>寅</td><td>亥</td><td>19</td><td>乙未(辰巳)</td><td>甲午</td><td>卯</td><td>亥</td></tr>
<tr><td rowspan="2">4</td><td rowspan="2">庚辰(申酉)</td><td rowspan="2">甲戌</td><td rowspan="2">寅</td><td rowspan="2">亥
神藏殺沒
(酉卯)</td><td rowspan="2">20</td><td rowspan="2">丙申(辰巳)
(春分:將變)</td><td>甲午</td><td>卯</td><td>亥·戌</td></tr>
<tr><td colspan="3">亥(21:38:59).戌(21:39以後)</td></tr>
<tr><td rowspan="2">5</td><td rowspan="2">辛巳(申酉)
(驚蟄:建變)</td><td>甲戌</td><td>寅·卯</td><td>亥</td><td rowspan="2">21</td><td rowspan="2">丁酉(辰巳)</td><td rowspan="2">甲午</td><td rowspan="2">卯</td><td rowspan="2">戌</td></tr>
<tr><td colspan="3">寅(20:53:59).卯(20:54以後)</td></tr>
<tr><td>6</td><td>壬午(申酉)</td><td>甲戌</td><td>卯</td><td>亥</td><td>22</td><td>戊戌(辰巳)</td><td>甲午</td><td>卯</td><td>戌
神藏殺沒
(申寅)</td></tr>
<tr><td>7</td><td>癸未(申酉)</td><td>甲戌</td><td>卯</td><td>亥</td><td>23</td><td>己亥(辰巳)</td><td>甲午</td><td>卯</td><td>戌</td></tr>
<tr><td>8</td><td>甲申(午未)</td><td>甲申</td><td>卯</td><td>亥
神藏殺沒
(卯酉)</td><td>24</td><td>庚子(辰巳)</td><td>甲午</td><td>卯</td><td>戌
神藏殺沒
(申寅)</td></tr>
<tr><td>9</td><td>乙酉(午未)</td><td>甲申</td><td>卯</td><td>亥</td><td>25</td><td>辛丑(辰巳)</td><td>甲午</td><td>卯</td><td>戌</td></tr>
<tr><td>10</td><td>丙戌(午未)</td><td>甲申</td><td>卯</td><td>亥</td><td>26</td><td>壬寅(辰巳)</td><td>甲午</td><td>卯</td><td>戌</td></tr>
<tr><td>11</td><td>丁亥(午未)</td><td>甲申</td><td>卯</td><td>亥</td><td>27</td><td>癸卯(辰巳)</td><td>甲午</td><td>卯</td><td>戌</td></tr>
<tr><td>12</td><td>戊子(午未)</td><td>甲申</td><td>卯</td><td>亥
神藏殺沒
(酉卯)</td><td>28</td><td>甲辰(寅卯)</td><td>甲辰</td><td>卯</td><td>戌</td></tr>
<tr><td>13</td><td>己丑(午未)</td><td>甲申</td><td>卯</td><td>亥</td><td>29</td><td>乙巳(寅卯)</td><td>甲辰</td><td>卯</td><td>戌</td></tr>
<tr><td>14</td><td>庚寅(午未)</td><td>甲申</td><td>卯</td><td>亥
神藏殺沒
(酉卯)</td><td>30</td><td>丙午(寅卯)</td><td>甲辰</td><td>卯</td><td>戌</td></tr>
<tr><td>15</td><td>辛卯(午未)</td><td>甲申</td><td>卯</td><td>亥</td><td>31</td><td>丁未(寅卯)</td><td>甲辰</td><td>卯</td><td>戌</td></tr>
<tr><td>16</td><td>壬辰(午未)</td><td>甲申</td><td>卯</td><td>亥</td><td></td><td></td><td></td><td></td><td></td></tr>
</table>

2038(戊午)年 4月[陽曆]

日	日辰(空亡)	旬	月建	月將	日	日辰(空亡)	旬	月建	月將
1	戊申(寅卯)	甲辰	卯	戌 神藏殺沒 (申寅)	17	甲子(戌亥)	甲子	辰	戌
2	己酉(寅卯)	甲辰	卯	戌	18	乙丑(戌亥)	甲子	辰	戌
3	庚戌(寅卯)	甲辰	卯	戌 神藏殺沒 (申寅)	19	丙寅(戌亥)	甲子	辰	戌
4	辛亥(寅卯)	甲辰	卯	戌	20	丁卯(戌亥) (穀雨:將變)	甲子	辰	戌·酉 戌(08:26:59).酉(08:27以後)
5	壬子(寅卯) (清明:建變)	甲辰	卯·辰 卯(01:27:59).辰(01:28以後)	戌	21	戊辰(戌亥)	甲子	辰	酉 神藏殺沒 (未丑)
6	癸丑(寅卯)	甲辰	辰	戌	22	己巳(戌亥)	甲子	辰	酉
7	甲寅(子丑)	甲寅	辰	戌	23	庚午(戌亥)	甲子	辰	酉 神藏殺沒 (未丑)
8	乙卯(子丑)	甲寅	辰	戌	24	辛未(戌亥)	甲子	辰	酉
9	丙辰(子丑)	甲寅	辰	戌	25	壬申(戌亥)	甲子	辰	酉
10	丁巳(子丑)	甲寅	辰	戌	26	癸酉(戌亥)	甲子	辰	酉
11	戊午(子丑)	甲寅	辰	戌 神藏殺沒 (申寅)	27	甲戌(申酉)	甲戌	辰	酉
12	己未(子丑)	甲寅	辰	戌	28	乙亥(申酉)	甲戌	辰	酉
13	庚申(子丑)	甲寅	辰	戌 神藏殺沒 (申寅)	29	丙子(申酉)	甲戌	辰	酉
14	辛酉(子丑)	甲寅	辰	戌	30	丁丑(申酉)	甲戌	辰	酉
15	壬戌(子丑)	甲寅	辰	戌					
16	癸亥(子丑)	甲寅	辰	戌					

2038(戊午)年 5月[陽曆]

日	日辰(空亡)	旬	月建	月將	日	日辰(空亡)	旬	月建	月將
1	戊寅(申酉)	甲戌	辰	酉 神藏殺沒 (未丑)	17	甲午(辰巳)	甲午	巳	酉
2	己卯(申酉)	甲戌	辰	酉	18	乙未(辰巳)	甲午	巳	酉
3	庚辰(申酉)	甲戌	辰	酉 神藏殺沒 (未丑)	19	丙申(辰巳)	甲午	巳	酉
4	辛巳(申酉)	甲戌	辰	酉	20	丁酉(辰巳)	甲午	巳	酉
5	壬午(申酉) (立夏:建變)	甲戌	辰·巳 辰(18:29:59).巳(18:30以後)	酉	21	戊戌(辰巳) (小滿:將變)	甲午	巳	酉·申 酉(07:20:59).申(07:21以後) 神藏殺沒 (酉月將:未丑. 申月將:午子)
6	癸未(申酉)	甲戌	巳	酉	22	己亥(辰巳)	甲午	巳	申
7	甲申(午未)	甲申	巳	酉	23	庚子(辰巳)	甲午	巳	申 神藏殺沒 (午子)
8	乙酉(午未)	甲申	巳	酉	24	辛丑(辰巳)	甲午	巳	申
9	丙戌(午未)	甲申	巳	酉	25	壬寅(辰巳)	甲午	巳	申
10	丁亥(午未)	甲申	巳	酉	26	癸卯(辰巳)	甲午	巳	申
11	戊子(午未)	甲申	巳	酉 神藏殺沒 (未丑)	27	甲辰(寅卯)	甲辰	巳	申
12	己丑(午未)	甲申	巳	酉	28	乙巳(寅卯)	甲辰	巳	申
13	庚寅(午未)	甲申	巳	酉 神藏殺沒 (未丑)	29	丙午(寅卯)	甲辰	巳	申
14	辛卯(午未)	甲申	巳	酉	30	丁未(寅卯)	甲辰	巳	申
15	壬辰(午未)	甲申	巳	酉	31	戊申(寅卯)	甲辰	巳	申 神藏殺沒 (午子)
16	癸巳(午未)	甲申	巳	酉					

2038(戊午)年 6月[陽曆]

日	日辰(空亡)	旬	月建	月將	日	日辰(空亡)	旬	月建	月將
1	己酉(寅卯)	甲辰	巳	申	17	乙丑(戌亥)	甲子	午	申
2	庚戌(寅卯)	甲辰	巳	申 神藏殺沒 (午子)	18	丙寅(戌亥)	甲子	午	申
3	辛亥(寅卯)	甲辰	巳	申	19	丁卯(戌亥)	甲子	午	申
4	壬子(寅卯)	甲辰	巳	申	20	戊辰(戌亥)	甲子	午	申 神藏殺沒 (午子)
5	癸丑(寅卯)	甲辰	巳·午	申	21	己巳(戌亥)	甲子	午	申·未
	(芒種:建變)	巳(22:23:59).午(22:24以後)				(夏至:將變)	申(15:07:59).未(15:08以後)		
6	甲寅(子丑)	甲寅	午	申	22	庚午(戌亥)	甲子	午	未 神藏殺沒 (巳亥)
7	乙卯(子丑)	甲寅	午	申	23	辛未(戌亥)	甲子	午	未
8	丙辰(子丑)	甲寅	午	申	24	壬申(戌亥)	甲子	午	未
9	丁巳(子丑)	甲寅	午	申	25	癸酉(戌亥)	甲子	午	未
10	戊午(子丑)	甲寅	午	申 神藏殺沒 (午子)	26	甲戌(申酉)	甲戌	午	未
11	己未(子丑)	甲寅	午	申	27	乙亥(申酉)	甲戌	午	未
12	庚申(子丑)	甲寅	午	申 神藏殺沒 (午子)	28	丙子(申酉)	甲戌	午	未
13	辛酉(子丑)	甲寅	午	申	29	丁丑(申酉)	甲戌	午	未
14	壬戌(子丑)	甲寅	午	申	30	戊寅(申酉)	甲戌	午	未 神藏殺沒 (巳亥)
15	癸亥(子丑)	甲寅	午	申					
16	甲子(戌亥)	甲子	午	申					

2038(戊午)年 7月[陽曆]

日	日辰(空亡)	旬	月建	月將	日	日辰(空亡)	旬	月建	月將
1	己卯(申酉)	甲戌	午	未	17	乙未(辰巳)	甲午	未	未
2	庚辰(申酉)	甲戌	午	未 神藏殺沒 (巳亥)	18	丙申(辰巳)	甲午	未	未
3	辛巳(申酉)	甲戌	午	未	19	丁酉(辰巳)	甲午	未	未
4	壬午(申酉)	甲戌	午	未	20	戊戌(辰巳)	甲午	未	未 神藏殺沒 (巳亥)
5	癸未(申酉)	甲戌	午	未	21	己亥(辰巳)	甲午	未	未
6	甲申(午未)	甲申	午	未	22	庚子(辰巳)	甲午	未	未 神藏殺沒 (巳亥)
7	乙酉(午未) (小暑:建變)	甲申	午·未	未	23	辛丑(辰巳) (大暑:將變)	甲午	未	未·午
		午(08:30:59).未(08:31以後)					未(01:57:59).午(01:58以後)		
8	丙戌(午未)	甲申	未	未	24	壬寅(辰巳)	甲午	未	午
9	丁亥(午未)	甲申	未	未	25	癸卯(辰巳)	甲午	未	午
10	戊子(午未)	甲申	未	未 神藏殺沒 (巳亥)	26	甲辰(寅卯)	甲辰	未	午
11	己丑(午未)	甲申	未	未	27	乙巳(寅卯)	甲辰	未	午
12	庚寅(午未)	甲申	未	未 神藏殺沒 (巳亥)	28	丙午(寅卯)	甲辰	未	午
13	辛卯(午未)	甲申	未	未	29	丁未(寅卯)	甲辰	未	午
14	壬辰(午未)	甲申	未	未	30	戊申(寅卯)	甲辰	未	午 神藏殺沒 (辰戌)
15	癸巳(午未)	甲申	未	未	31	己酉(寅卯)	甲辰	未	午
16	甲午(辰巳)	甲午	未	未					

2038(戊午)年 8月[陽曆]

日	日辰(空亡)	旬	月建	月將	日	日辰(空亡)	旬	月建	月將
1	庚戌(寅卯)	甲辰	未	午 神藏殺沒 (辰戌)	17	丙寅(戌亥)	甲子	申	午
2	辛亥(寅卯)	甲辰	未	午	18	丁卯(戌亥)	甲子	申	午
3	壬子(寅卯)	甲辰	未	午	19	戊辰(戌亥)	甲子	申	午 神藏殺沒 (辰戌)
4	癸丑(寅卯)	甲辰	未	午	20	己巳(戌亥)	甲子	申	午
5	甲寅(子丑)	甲寅	未	午	21	庚午(戌亥)	甲子	申	午 神藏殺沒 (辰戌)
6	乙卯(子丑)	甲寅	未	午	22	辛未(戌亥)	甲子	申	午
7	丙辰(子丑) (立秋:建變)	甲寅	未·申	午	23	壬申(戌亥) (處暑:將變)	甲子	申	午·巳
		未(18:19:59).申(18:20以後)					午(09:08:59).巳(09:09以後)		
8	丁巳(子丑)	甲寅	申	午	24	癸酉(戌亥)	甲子	申	巳
9	戊午(子丑)	甲寅	申	午 神藏殺沒 (辰戌)	25	甲戌(申酉)	甲戌	申	巳 神藏殺沒 (酉卯)
10	己未(子丑)	甲寅	申	午	26	乙亥(申酉)	甲戌	申	巳
11	庚申(子丑)	甲寅	申	午 神藏殺沒 (辰戌)	27	丙子(申酉)	甲戌	申	巳
12	辛酉(子丑)	甲寅	申	午	28	丁丑(申酉)	甲戌	申	巳
13	壬戌(子丑)	甲寅	申	午	29	戊寅(申酉)	甲戌	申	巳 神藏殺沒 (卯酉)
14	癸亥(子丑)	甲寅	申	午	30	己卯(申酉)	甲戌	申	巳
15	甲子(戌亥)	甲子	申	午	31	庚辰(申酉)	甲戌	申	巳 神藏殺沒 (卯酉)
16	乙丑(戌亥)	甲子	申	午					

2038(戊午)年 9月[陽曆]

<table>
<tr><th>日</th><th>日辰(空亡)</th><th>旬</th><th>月建</th><th>月將</th><th>日</th><th>日辰(空亡)</th><th>旬</th><th>月建</th><th>月將</th></tr>
<tr><td>1</td><td>辛巳(申酉)</td><td>甲戌</td><td>申</td><td>巳</td><td>17</td><td>丁酉(辰巳)</td><td>甲午</td><td>酉</td><td>巳</td></tr>
<tr><td>2</td><td>壬午(申酉)</td><td>甲戌</td><td>申</td><td>巳</td><td>18</td><td>戊戌(辰巳)</td><td>甲午</td><td>酉</td><td>巳
神藏殺沒
(卯酉)</td></tr>
<tr><td>3</td><td>癸未(申酉)</td><td>甲戌</td><td>申</td><td>巳</td><td>19</td><td>己亥(辰巳)</td><td>甲午</td><td>酉</td><td>巳</td></tr>
<tr><td>4</td><td>甲申(午未)</td><td>甲申</td><td>申</td><td>巳
神藏殺沒
(酉卯)</td><td>20</td><td>庚子(辰巳)</td><td>甲午</td><td>酉</td><td>巳
神藏殺沒
(卯酉)</td></tr>
<tr><td>5</td><td>乙酉(午未)</td><td>甲申</td><td>申</td><td>巳</td><td>21</td><td>辛丑(辰巳)</td><td>甲午</td><td>酉</td><td>巳</td></tr>
<tr><td>6</td><td>丙戌(午未)</td><td>甲申</td><td>申</td><td>巳</td><td>22</td><td>壬寅(辰巳)</td><td>甲午</td><td>酉</td><td>巳</td></tr>
<tr><td rowspan="2">7</td><td rowspan="2">丁亥(午未)
(白露:建變)</td><td>甲申</td><td>申·酉</td><td>巳</td><td rowspan="2">23</td><td rowspan="2">癸卯(辰巳)
(秋分:將變)</td><td>甲午</td><td>酉</td><td>巳·辰</td></tr>
<tr><td colspan="3">申(21:24:59).酉(21:25以後)</td><td colspan="3">巳(07:00:59).辰(07:01以後)</td></tr>
<tr><td>8</td><td>戊子(午未)</td><td>甲申</td><td>酉</td><td>巳
神藏殺沒
(卯酉)</td><td>24</td><td>甲辰(寅卯)</td><td>甲辰</td><td>酉</td><td>辰
神藏殺沒
(申寅)</td></tr>
<tr><td>9</td><td>己丑(午未)</td><td>甲申</td><td>酉</td><td>巳</td><td>25</td><td>乙巳(寅卯)</td><td>甲辰</td><td>酉</td><td>辰</td></tr>
<tr><td>10</td><td>庚寅(午未)</td><td>甲申</td><td>酉</td><td>巳
神藏殺沒
(卯酉)</td><td>26</td><td>丙午(寅卯)</td><td>甲辰</td><td>酉</td><td>辰</td></tr>
<tr><td>11</td><td>辛卯(午未)</td><td>甲申</td><td>酉</td><td>巳</td><td>27</td><td>丁未(寅卯)</td><td>甲辰</td><td>酉</td><td>辰</td></tr>
<tr><td>12</td><td>壬辰(午未)</td><td>甲申</td><td>酉</td><td>巳</td><td>28</td><td>戊申(寅卯)</td><td>甲辰</td><td>酉</td><td>辰</td></tr>
<tr><td>13</td><td>癸巳(午未)</td><td>甲申</td><td>酉</td><td>巳</td><td>29</td><td>己酉(寅卯)</td><td>甲辰</td><td>酉</td><td>辰</td></tr>
<tr><td>14</td><td>甲午(辰巳)</td><td>甲午</td><td>酉</td><td>巳
神藏殺沒
(酉卯)</td><td>30</td><td>庚戌(寅卯)</td><td>甲辰</td><td>酉</td><td>辰</td></tr>
<tr><td>15</td><td>乙未(辰巳)</td><td>甲午</td><td>酉</td><td>巳</td><td></td><td></td><td></td><td></td><td></td></tr>
<tr><td>16</td><td>丙申(辰巳)</td><td>甲午</td><td>酉</td><td>巳</td><td></td><td></td><td></td><td></td><td></td></tr>
</table>

2038(戊午)年 10月[陽曆]

日	日辰(空亡)	旬	月建	月將	日	日辰(空亡)	旬	月建	月將
1	辛亥(寅卯)	甲辰	酉	辰	17	丁卯(戌亥)	甲子	戌	辰
2	壬子(寅卯)	甲辰	酉	辰	18	戊辰(戌亥)	甲子	戌	辰
3	癸丑(寅卯)	甲辰	酉	辰	19	己巳(戌亥)	甲子	戌	辰
4	甲寅(子丑)	甲寅	酉	辰 神藏殺沒 (申寅)	20	庚午(戌亥)	甲子	戌	辰
5	乙卯(子丑)	甲寅	酉	辰	21	辛未(戌亥)	甲子	戌	辰
6	丙辰(子丑)	甲寅	酉	辰	22	壬申(戌亥)	甲子	戌	辰
7	丁巳(子丑)	甲寅	酉	辰	23	癸酉(戌亥) (霜降:將變)	甲子	戌	辰·卯 辰(16:38:59).卯(16:39以後)
8	戊午(子丑) (寒露:建變)	甲寅	酉·戌 酉(13:19:59).戌(13:20以後)	辰	24	甲戌(申酉)	甲戌	戌	卯 神藏殺沒 (未丑)
9	己未(子丑)	甲寅	戌	辰	25	乙亥(申酉)	甲戌	戌	卯
10	庚申(子丑)	甲寅	戌	辰	26	丙子(申酉)	甲戌	戌	卯
11	辛酉(子丑)	甲寅	戌	辰	27	丁丑(申酉)	甲戌	戌	卯
12	壬戌(子丑)	甲寅	戌	辰	28	戊寅(申酉)	甲戌	戌	卯
13	癸亥(子丑)	甲寅	戌	辰	29	己卯(申酉)	甲戌	戌	卯
14	甲子(戌亥)	甲子	戌	辰 神藏殺沒 (申寅)	30	庚辰(申酉)	甲戌	戌	卯
15	乙丑(戌亥)	甲子	戌	辰	31	辛巳(申酉)	甲戌	戌	卯
16	丙寅(戌亥)	甲子	戌	辰					

2038(戊午)年 11月[陽曆]

日	日辰(空亡)	旬	月建	月將	日	日辰(空亡)	旬	月建	月將
1	壬午(申酉)	甲戌	戌	卯	17	戊戌(辰巳)	甲午	亥	卯
2	癸未(申酉)	甲戌	戌	卯	18	己亥(辰巳)	甲午	亥	卯
3	甲申(午未)	甲申	戌	卯 神藏殺沒 (未丑)	19	庚子(辰巳)	甲午	亥	卯
4	乙酉(午未)	甲申	戌	卯	20	辛丑(辰巳)	甲午	亥	卯
5	丙戌(午未)	甲申	戌	卯	21	壬寅(辰巳)	甲午	亥	卯
6	丁亥(午未)	甲申	戌	卯	22	癸卯(辰巳) (小雪:將變)	甲午	亥	卯·寅 卯(14:29:59).寅(14:30以後)
7	戊子(午未) (立冬:建變)	甲申	戌·亥 戌(16:48:59).亥(16:49以後)	卯	23	甲辰(寅卯)	甲辰	亥	寅 神藏殺沒 (午子)
8	己丑(午未)	甲申	亥	卯	24	乙巳(寅卯)	甲辰	亥	寅
9	庚寅(午未)	甲申	亥	卯	25	丙午(寅卯)	甲辰	亥	寅
10	辛卯(午未)	甲申	亥	卯	26	丁未(寅卯)	甲辰	亥	寅
11	壬辰(午未)	甲申	亥	卯	27	戊申(寅卯)	甲辰	亥	寅
12	癸巳(午未)	甲申	亥	卯	28	己酉(寅卯)	甲辰	亥	寅
13	甲午(辰巳)	甲午	亥	卯 神藏殺沒 (未丑)	29	庚戌(寅卯)	甲辰	亥	寅
14	乙未(辰巳)	甲午	亥	卯	30	辛亥(寅卯)	甲辰	亥	寅
15	丙申(辰巳)	甲午	亥	卯					
16	丁酉(辰巳)	甲午	亥	卯					

2038(戊午)年 12月[陽曆]

日	日辰(空亡)	旬	月建	月將	日	日辰(空亡)	旬	月建	月將
1	壬子(寅卯)	甲辰	亥	寅	17	戊辰(戌亥)	甲子	子	寅
2	癸丑(寅卯)	甲辰	亥	寅	18	己巳(戌亥)	甲子	子	寅
3	甲寅(子丑)	甲寅	亥	寅 神藏殺沒 (午子)	19	庚午(戌亥)	甲子	子	寅
4	乙卯(子丑)	甲寅	亥	寅	20	辛未(戌亥)	甲子	子	寅
5	丙辰(子丑)	甲寅	亥	寅	21	壬申(戌亥)	甲子	子	寅
6	丁巳(子丑)	甲寅	亥	寅	22	癸酉(戌亥) (冬至:將變)	甲子	子	寅·丑 寅(04:00:59).丑(04:01以後)
7	戊午(子丑) (大雪:建變)	甲寅	亥·子 亥(09:54:59).子(09:55以後)	寅	23	甲戌(申酉)	甲戌	子	丑 神藏殺沒 (巳亥)
8	己未(子丑)	甲寅	子	寅	24	乙亥(申酉)	甲戌	子	丑
9	庚申(子丑)	甲寅	子	寅	25	丙子(申酉)	甲戌	子	丑
10	辛酉(子丑)	甲寅	子	寅	26	丁丑(申酉)	甲戌	子	丑
11	壬戌(子丑)	甲寅	子	寅	27	戊寅(申酉)	甲戌	子	丑
12	癸亥(子丑)	甲寅	子	寅	28	己卯(申酉)	甲戌	子	丑
13	甲子(戌亥)	甲子	子	寅 神藏殺沒 (午子)	29	庚辰(申酉)	甲戌	子	丑
14	乙丑(戌亥)	甲子	子	寅	30	辛巳(申酉)	甲戌	子	丑
15	丙寅(戌亥)	甲子	子	寅	31	壬午(申酉)	甲戌	子	丑
16	丁卯(戌亥)	甲子	子	寅					

2039(己未)年 1月[陽曆]

日	日辰(空亡)	旬	月建	月將	日	日辰(空亡)	旬	月建	月將
1	癸未(申酉)	甲戌	子	丑	17	己亥(辰巳)	甲午	丑	丑
2	甲申(午未)	甲申	子	丑 神藏殺沒 (巳亥)	18	庚子(辰巳)	甲午	丑	丑
3	乙酉(午未)	甲申	子	丑	19	辛丑(辰巳)	甲午	丑	丑
4	丙戌(午未)	甲申	子	丑	20	壬寅(辰巳) (大寒:將變)	甲午	丑	丑·子 丑(14:41:59).子(14:42以後)
5	丁亥(午未) (小寒:建變)	甲申	子·丑 子(21:14:59).丑(21:15以後)	丑	21	癸卯(辰巳)	甲午	丑	子
6	戊子(午未)	甲申	丑	丑	22	甲辰(寅卯)	甲辰	丑	子 神藏殺沒 (辰戌)
7	己丑(午未)	甲申	丑	丑	23	乙巳(寅卯)	甲辰	丑	子
8	庚寅(午未)	甲申	丑	丑	24	丙午(寅卯)	甲辰	丑	子
9	辛卯(午未)	甲申	丑	丑	25	丁未(寅卯)	甲辰	丑	子
10	壬辰(午未)	甲申	丑	丑	26	戊申(寅卯)	甲辰	丑	子
11	癸巳(午未)	甲申	丑	丑	27	己酉(寅卯)	甲辰	丑	子
12	甲午(辰巳)	甲午	丑	丑 神藏殺沒 (巳亥)	28	庚戌(寅卯)	甲辰	丑	子
13	乙未(辰巳)	甲午	丑	丑	29	辛亥(寅卯)	甲辰	丑	子
14	丙申(辰巳)	甲午	丑	丑	30	壬子(寅卯)	甲辰	丑	子
15	丁酉(辰巳)	甲午	丑	丑	31	癸丑(寅卯)	甲辰	丑	子
16	戊戌(辰巳)	甲午	丑	丑					

2039(己未)年 2月[陽曆]

日	日辰(空亡)	旬	月建	月將	日	日辰(空亡)	旬	月建	月將
1	甲寅(子丑)	甲寅	丑	子 神藏殺沒 (辰戌)	17	庚午(戌亥)	甲子	寅	子
2	乙卯(子丑)	甲寅	丑	子	18	辛未(戌亥)	甲子	寅	子
3	丙辰(子丑)	甲寅	丑	子	19	壬申(戌亥) (雨水:將變)	甲子 子(04:43:59).亥(04:44以後)	寅	子·亥
4	丁巳(子丑) (立春:建變)	甲寅 丑(08:50:59).寅(08:51以後)	丑·寅	子	20	癸酉(戌亥)	甲子	寅	亥
5	戊午(子丑)	甲寅	寅	子	21	甲戌(申酉)	甲戌	寅	亥 神藏殺沒 (卯酉)
6	己未(子丑)	甲寅	寅	子	22	乙亥(申酉)	甲戌	寅	亥
7	庚申(子丑)	甲寅	寅	子	23	丙子(申酉)	甲戌	寅	亥
8	辛酉(子丑)	甲寅	寅	子	24	丁丑(申酉)	甲戌	寅	亥
9	壬戌(子丑)	甲寅	寅	子	25	戊寅(申酉)	甲戌	寅	亥 神藏殺沒 (酉卯)
10	癸亥(子丑)	甲寅	寅	子	26	己卯(申酉)	甲戌	寅	亥
11	甲子(戌亥)	甲子	寅	子 神藏殺沒 (辰戌)	27	庚辰(申酉)	甲戌	寅	亥 神藏殺沒 (酉卯)
12	乙丑(戌亥)	甲子	寅	子	28	辛巳(申酉)	甲戌	寅	亥
13	丙寅(戌亥)	甲子	寅	子					
14	丁卯(戌亥)	甲子	寅	子					
15	戊辰(戌亥)	甲子	寅	子					
16	己巳(戌亥)	甲子	寅	子					

2039(己未)年 3月[陽曆]

日	日辰(空亡)	旬	月建	月將	日	日辰(空亡)	旬	月建	月將
1	壬午(申酉)	甲戌	寅	亥	17	戊戌(辰巳)	甲午	卯	亥 神藏殺沒 (酉卯)
2	癸未(申酉)	甲戌	寅	亥	18	己亥(辰巳)	甲午	卯	亥
3	甲申(午未)	甲申	寅	亥 神藏殺沒 (卯酉)	19	庚子(辰巳)	甲午	卯	亥 神藏殺沒 (酉卯)
4	乙酉(午未)	甲申	寅	亥	20	辛丑(辰巳)	甲午	卯	亥
5	丙戌(午未)	甲申	寅	亥	21	壬寅(辰巳) (春分:將變)	甲午 亥(03:30:59).戌(03:31以後)	卯	亥·戌
6	丁亥(午未) (驚蟄:建變)	甲申 寅(02:41:59).卯(02:42以後)	寅·卯	亥	22	癸卯(辰巳)	甲午	卯	戌
7	戊子(午未)	甲申	卯	亥 神藏殺沒 (酉卯)	23	甲辰(寅卯)	甲辰	卯	戌
8	己丑(午未)	甲申	卯	亥	24	乙巳(寅卯)	甲辰	卯	戌
9	庚寅(午未)	甲申	卯	亥 神藏殺沒 (酉卯)	25	丙午(寅卯)	甲辰	卯	戌
10	辛卯(午未)	甲申	卯	亥	26	丁未(寅卯)	甲辰	卯	戌
11	壬辰(午未)	甲申	卯	亥	27	戊申(寅卯)	甲辰	卯	戌 神藏殺沒 (申寅)
12	癸巳(午未)	甲申	卯	亥	28	己酉(寅卯)	甲辰	卯	戌
13	甲午(辰巳)	甲午	卯	亥 神藏殺沒 (卯酉)	29	庚戌(寅卯)	甲辰	卯	戌 神藏殺沒 (申寅)
14	乙未(辰巳)	甲午	卯	亥	30	辛亥(寅卯)	甲辰	卯	戌
15	丙申(辰巳)	甲午	卯	亥	31	壬子(寅卯)	甲辰	卯	戌
16	丁酉(辰巳)	甲午	卯	亥					

2039(己未)年 4月[陽曆]

日	日辰(空亡)	旬	月建	月將	日	日辰(空亡)	旬	月建	月將
1	癸丑(寅卯)	甲辰	卯	戌	17	己巳(戌亥)	甲子	辰	戌
2	甲寅(子丑)	甲寅	卯	戌	18	庚午(戌亥)	甲子	辰	戌 神藏殺沒 (申寅)
3	乙卯(子丑)	甲寅	卯	戌	19	辛未(戌亥)	甲子	辰	戌
4	丙辰(子丑)	甲寅	卯	戌	20	壬申(戌亥) (穀雨:將變)	甲子 戌(14:15:59).酉(14:16以後)	辰	戌·酉
5	丁巳(子丑) (淸明:建變)	甲寅 卯(07:13:59).辰(07:14以後)	卯·辰	戌	21	癸酉(戌亥)	甲子	辰	酉
6	戊午(子丑)	甲寅	辰	戌 神藏殺沒 (申寅)	22	甲戌(申酉)	甲戌	辰	酉
7	己未(子丑)	甲寅	辰	戌	23	乙亥(申酉)	甲戌	辰	酉
8	庚申(子丑)	甲寅	辰	戌 神藏殺沒 (申寅)	24	丙子(申酉)	甲戌	辰	酉
9	辛酉(子丑)	甲寅	辰	戌	25	丁丑(申酉)	甲戌	辰	酉
10	壬戌(子丑)	甲寅	辰	戌	26	戊寅(申酉)	甲戌	辰	酉 神藏殺沒 (未丑)
11	癸亥(子丑)	甲寅	辰	戌	27	己卯(申酉)	甲戌	辰	酉
12	甲子(戌亥)	甲子	辰	戌	28	庚辰(申酉)	甲戌	辰	酉 神藏殺沒 (未丑)
13	乙丑(戌亥)	甲子	辰	戌	29	辛巳(申酉)	甲戌	辰	酉
14	丙寅(戌亥)	甲子	辰	戌	30	壬午(申酉)	甲戌	辰	酉
15	丁卯(戌亥)	甲子	辰	戌					
16	戊辰(戌亥)	甲子	辰	戌 神藏殺沒 (申寅)					

2039(己未)年 5月[陽曆]

<table>
<tr><th>日</th><th>日辰(空亡)</th><th>旬</th><th>月建</th><th>月將</th><th>日</th><th>日辰(空亡)</th><th>旬</th><th>月建</th><th>月將</th></tr>
<tr><td>1</td><td>癸未(申酉)</td><td>甲戌</td><td>辰</td><td>酉</td><td>17</td><td>己亥(辰巳)</td><td>甲午</td><td>巳</td><td>酉</td></tr>
<tr><td>2</td><td>甲申(午未)</td><td>甲申</td><td>辰</td><td>酉</td><td>18</td><td>庚子(辰巳)</td><td>甲午</td><td>巳</td><td>酉
神藏殺沒
(未丑)</td></tr>
<tr><td>3</td><td>乙酉(午未)</td><td>甲申</td><td>辰</td><td>酉</td><td>19</td><td>辛丑(辰巳)</td><td>甲午</td><td>巳</td><td>酉</td></tr>
<tr><td>4</td><td>丙戌(午未)</td><td>甲申</td><td>辰</td><td>酉</td><td>20</td><td>壬寅(辰巳)</td><td>甲午</td><td>巳</td><td>酉</td></tr>
<tr><td rowspan="2">5</td><td rowspan="2">丁亥(午未)</td><td rowspan="2">甲申</td><td rowspan="2">辰</td><td rowspan="2">酉</td><td rowspan="2">21</td><td rowspan="2">癸卯(辰巳)
(小滿:將變)</td><td>甲午</td><td>巳</td><td>酉·申</td></tr>
<tr><td colspan="3">酉(13:08:59).申(13:09以後)</td></tr>
<tr><td rowspan="3">6</td><td rowspan="3">戊子(午未)
(立夏:建變)</td><td>甲申</td><td>辰·巳</td><td>酉</td><td rowspan="3">22</td><td rowspan="3">甲辰(寅卯)</td><td rowspan="3">甲辰</td><td rowspan="3">巳</td><td rowspan="3">申</td></tr>
<tr><td colspan="3">辰(00:16:59).巳(00:17以後)</td></tr>
<tr><td colspan="3">神藏殺沒(未丑)</td></tr>
<tr><td>7</td><td>己丑(午未)</td><td>甲申</td><td>巳</td><td>酉</td><td>23</td><td>乙巳(寅卯)</td><td>甲辰</td><td>巳</td><td>申</td></tr>
<tr><td>8</td><td>庚寅(午未)</td><td>甲申</td><td>巳</td><td>酉
神藏殺沒
(未丑)</td><td>24</td><td>丙午(寅卯)</td><td>甲辰</td><td>巳</td><td>申</td></tr>
<tr><td>9</td><td>辛卯(午未)</td><td>甲申</td><td>巳</td><td>酉</td><td>25</td><td>丁未(寅卯)</td><td>甲辰</td><td>巳</td><td>申</td></tr>
<tr><td>10</td><td>壬辰(午未)</td><td>甲申</td><td>巳</td><td>酉</td><td>26</td><td>戊申(寅卯)</td><td>甲辰</td><td>巳</td><td>申
神藏殺沒
(午子)</td></tr>
<tr><td>11</td><td>癸巳(午未)</td><td>甲申</td><td>巳</td><td>酉</td><td>27</td><td>己酉(寅卯)</td><td>甲辰</td><td>巳</td><td>申</td></tr>
<tr><td>12</td><td>甲午(辰巳)</td><td>甲午</td><td>巳</td><td>酉</td><td>28</td><td>庚戌(寅卯)</td><td>甲辰</td><td>巳</td><td>申
神藏殺沒
(午子)</td></tr>
<tr><td>13</td><td>乙未(辰巳)</td><td>甲午</td><td>巳</td><td>酉</td><td>29</td><td>辛亥(寅卯)</td><td>甲辰</td><td>巳</td><td>申</td></tr>
<tr><td>14</td><td>丙申(辰巳)</td><td>甲午</td><td>巳</td><td>酉</td><td>30</td><td>壬子(寅卯)</td><td>甲辰</td><td>巳</td><td>申</td></tr>
<tr><td>15</td><td>丁酉(辰巳)</td><td>甲午</td><td>巳</td><td>酉</td><td>31</td><td>癸丑(寅卯)</td><td>甲辰</td><td>巳</td><td>申</td></tr>
<tr><td>16</td><td>戊戌(辰巳)</td><td>甲午</td><td>巳</td><td>酉
神藏殺沒
(未丑)</td><td></td><td></td><td></td><td></td><td></td></tr>
</table>

2039(己未)年 6月[陽曆]

日	日辰(空亡)	旬	月建	月將	日	日辰(空亡)	旬	月建	月將
1	甲寅(子丑)	甲寅	巳	申	17	庚午(戌亥)	甲子	午	申 神藏殺沒 (午子)
2	乙卯(子丑)	甲寅	巳	申	18	辛未(戌亥)	甲子	午	申
3	丙辰(子丑)	甲寅	巳	申	19	壬申(戌亥)	甲子	午	申
4	丁巳(子丑)	甲寅	巳	申	20	癸酉(戌亥)	甲子	午	申
5	戊午(子丑)	甲寅	巳	申 神藏殺沒 (午子)	21	甲戌(申酉) (夏至:將變)	甲戌	午 申(20:55:59).未(20:56以後)	申·未
6	己未(子丑) (芒種:建變)	甲寅	巳·午 巳(04:13:59).午(04:14以後)	申	22	乙亥(申酉)	甲戌	午	未
7	庚申(子丑)	甲寅	午	申 神藏殺沒 (午子)	23	丙子(申酉)	甲戌	午	未
8	辛酉(子丑)	甲寅	午	申	24	丁丑(申酉)	甲戌	午	未
9	壬戌(子丑)	甲寅	午	申	25	戊寅(申酉)	甲戌	午	未 神藏殺沒 (巳亥)
10	癸亥(子丑)	甲寅	午	申	26	己卯(申酉)	甲戌	午	未
11	甲子(戌亥)	甲子	午	申	27	庚辰(申酉)	甲戌	午	未 神藏殺沒 (巳亥)
12	乙丑(戌亥)	甲子	午	申	28	辛巳(申酉)	甲戌	午	未
13	丙寅(戌亥)	甲子	午	申	29	壬午(申酉)	甲戌	午	未
14	丁卯(戌亥)	甲子	午	申	30	癸未(申酉)	甲戌	午	未
15	戊辰(戌亥)	甲子	午	申 神藏殺沒 (午子)					
16	己巳(戌亥)	甲子	午	申					

2039(己未)年 7月[陽曆]

日	日辰(空亡)	旬	月建	月將	日	日辰(空亡)	旬	月建	月將
1	甲申(午未)	甲申	午	未	17	庚子(辰巳)	甲午	未	未 神藏殺沒 (巳亥)
2	乙酉(午未)	甲申	午	未	18	辛丑(辰巳)	甲午	未	未
3	丙戌(午未)	甲申	午	未	19	壬寅(辰巳)	甲午	未	未
4	丁亥(午未)	甲申	午	未	20	癸卯(辰巳)	甲午	未	未
5	戊子(午未)	甲申	午	未 神藏殺沒 (巳亥)	21	甲辰(寅卯)	甲辰	未	未
6	己丑(午未)	甲申	午	未	22	乙巳(寅卯)	甲辰	未	未
7	庚寅(午未) (小暑:建變)	甲申	午·未	未	23	丙午(寅卯) (大暑:將變)	甲辰	未	未·午
		午(14:24:59).未(14:25以後)					未(07:46:59).午(07:47以後)		
		神藏殺沒(巳亥)							
8	辛卯(午未)	甲申	未	未	24	丁未(寅卯)	甲辰	未	午
9	壬辰(午未)	甲申	未	未	25	戊申(寅卯)	甲辰	未	午 神藏殺沒 (辰戌)
10	癸巳(午未)	甲申	未	未	26	己酉(寅卯)	甲辰	未	午
11	甲午(辰巳)	甲午	未	未	27	庚戌(寅卯)	甲辰	未	午 神藏殺沒 (辰戌)
12	乙未(辰巳)	甲午	未	未	28	辛亥(寅卯)	甲辰	未	午
13	丙申(辰巳)	甲午	未	未	29	壬子(寅卯)	甲辰	未	午
14	丁酉(辰巳)	甲午	未	未	30	癸丑(寅卯)	甲辰	未	午
15	戊戌(辰巳)	甲午	未	未 神藏殺沒 (巳亥)	31	甲寅(子丑)	甲寅	未	午
16	己亥(辰巳)	甲午	未	未					

2039(己未)年 8月[陽曆]

日	日辰(空亡)	旬	月建	月將	日	日辰(空亡)	旬	月建	月將
1	乙卯(子丑)	甲寅	未	午	17	辛未(戌亥)	甲子	申	午
2	丙辰(子丑)	甲寅	未	午	18	壬申(戌亥)	甲子	申	午
3	丁巳(子丑)	甲寅	未	午	19	癸酉(戌亥)	甲子	申	午
4	戊午(子丑)	甲寅	未	午 神藏殺沒 (辰戌)	20	甲戌(申酉)	甲戌	申	午
5	己未(子丑)	甲寅	未	午	21	乙亥(申酉)	甲戌	申	午
6	庚申(子丑)	甲寅	未	午 神藏殺沒 (辰戌)	22	丙子(申酉)	甲戌	申	午
7	辛酉(子丑)	甲寅	未	午	23	丁丑(申酉) (處暑:將變)	甲戌	申	午·巳 午(14:56:59).巳(14:57以後)
8	壬戌(子丑) (立秋:建變)	甲寅	未·申 未(00:16:59).申(00:17以後)	午	24	戊寅(申酉)	甲戌	申	巳 神藏殺沒 (卯酉)
9	癸亥(子丑)	甲寅	申	午	25	己卯(申酉)	甲戌	申	巳
10	甲子(戌亥)	甲子	申	午	26	庚辰(申酉)	甲戌	申	巳 神藏殺沒 (卯酉)
11	乙丑(戌亥)	甲子	申	午	27	辛巳(申酉)	甲戌	申	巳
12	丙寅(戌亥)	甲子	申	午	28	壬午(申酉)	甲戌	申	巳
13	丁卯(戌亥)	甲子	申	午	29	癸未(申酉)	甲戌	申	巳
14	戊辰(戌亥)	甲子	申	午 神藏殺沒 (辰戌)	30	甲申(午未)	甲申	申	巳 神藏殺沒 (酉卯)
15	己巳(戌亥)	甲子	申	午	31	乙酉(午未)	甲申	申	巳
16	庚午(戌亥)	甲子	申	午 神藏殺沒 (辰戌)					

2039(己未)年 9月[陽曆]

日	日辰(空亡)	旬	月建	月將	日	日辰(空亡)	旬	月建	月將
1	丙戌(午未)	甲申	申	巳	17	壬寅(辰巳)	甲午	酉	巳
2	丁亥(午未)	甲申	申	巳	18	癸卯(辰巳)	甲午	酉	巳
3	戊子(午未)	甲申	申	巳 神藏殺沒 (卯酉)	19	甲辰(寅卯)	甲辰	酉	巳 神藏殺沒 (酉卯)
4	己丑(午未)	甲申	申	巳	20	乙巳(寅卯)	甲辰	酉	巳
5	庚寅(午未)	甲申	申	巳 神藏殺沒 (卯酉)	21	丙午(寅卯)	甲辰	酉	巳
6	辛卯(午未)	甲申	申	巳	22	丁未(寅卯)	甲辰	酉	巳
7	壬辰(午未)	甲申	申	巳	23	戊申(寅卯) (秋分:將變)	甲辰	酉	巳·辰 巳(12:47:59).辰(12:48以後) 神藏殺沒(巳月將: 卯酉)
8	癸巳(午未) (白露:建變)	甲申	申·酉 申(03:22:59).酉(03:23以後)	巳	24	己酉(寅卯)	甲辰	酉	辰
9	甲午(辰巳)	甲午	酉	巳 神藏殺沒 (酉卯)	25	庚戌(寅卯)	甲辰	酉	辰
10	乙未(辰巳)	甲午	酉	巳	26	辛亥(寅卯)	甲辰	酉	辰
11	丙申(辰巳)	甲午	酉	巳	27	壬子(寅卯)	甲辰	酉	辰
12	丁酉(辰巳)	甲午	酉	巳	28	癸丑(寅卯)	甲辰	酉	辰
13	戊戌(辰巳)	甲午	酉	巳 神藏殺沒 (卯酉)	29	甲寅(子丑)	甲寅	酉	辰 神藏殺沒 (申寅)
14	己亥(辰巳)	甲午	酉	巳	30	乙卯(子丑)	甲寅	酉	辰
15	庚子(辰巳)	甲午	酉	巳 神藏殺沒 (卯酉)					
16	辛丑(辰巳)	甲午	酉	巳					

2039(己未)年 10月[陽曆]

日	日辰(空亡)	旬	月建	月將	日	日辰(空亡)	旬	月建	月將
1	丙辰(子丑)	甲寅	酉	辰	17	壬申(戌亥)	甲子	戌	辰
2	丁巳(子丑)	甲寅	酉	辰	18	癸酉(戌亥)	甲子	戌	辰
3	戊午(子丑)	甲寅	酉	辰	19	甲戌(申酉)	甲戌	戌	辰 神藏殺沒 (申寅)
4	己未(子丑)	甲寅	酉	辰	20	乙亥(申酉)	甲戌	戌	辰
5	庚申(子丑)	甲寅	酉	辰	21	丙子(申酉)	甲戌	戌	辰
6	辛酉(子丑)	甲寅	酉	辰	22	丁丑(申酉)	甲戌	戌	辰
7	壬戌(子丑)	甲寅	酉	辰	23	戊寅(申酉) (霜降:將變)	甲戌	戌	辰·卯 辰(22:23:59).卯(22:24以後)
8	癸亥(子丑) (寒露:建變)	甲寅	酉·戌 酉(19:15:59).戌(19:16以後)	辰	24	己卯(申酉)	甲戌	戌	卯
9	甲子(戌亥)	甲子	戌	辰 神藏殺沒 (申寅)	25	庚辰(申酉)	甲戌	戌	卯
10	乙丑(戌亥)	甲子	戌	辰	26	辛巳(申酉)	甲戌	戌	卯
11	丙寅(戌亥)	甲子	戌	辰	27	壬午(申酉)	甲戌	戌	卯
12	丁卯(戌亥)	甲子	戌	辰	28	癸未(申酉)	甲戌	戌	卯
13	戊辰(戌亥)	甲子	戌	辰	29	甲申(午未)	甲申	戌	卯 神藏殺沒 (未丑)
14	己巳(戌亥)	甲子	戌	辰	30	乙酉(午未)	甲申	戌	卯
15	庚午(戌亥)	甲子	戌	辰	31	丙戌(午未)	甲申	戌	卯
16	辛未(戌亥)	甲子	戌	辰					

2039(己未)年 11月[陽曆]

日	日辰(空亡)	旬	月建	月將	日	日辰(空亡)	旬	月建	月將
1	丁亥(午未)	甲申	戌	卯	17	癸卯(辰巳)	甲午	亥	卯
2	戊子(午未)	甲申	戌	卯	18	甲辰(寅卯)	甲辰	亥	卯 神藏殺沒(未丑)
3	己丑(午未)	甲申	戌	卯	19	乙巳(寅卯)	甲辰	亥	卯
4	庚寅(午未)	甲申	戌	卯	20	丙午(寅卯)	甲辰	亥	卯
5	辛卯(午未)	甲申	戌	卯	21	丁未(寅卯)	甲辰	亥	卯
6	壬辰(午未)	甲申	戌	卯	22	戊申(寅卯) (小雪:將變)	甲辰	亥	卯·寅 卯(20:10:59).寅(20:11以後)
7	癸巳(午未) (立冬:建變)	甲申	戌·亥 戌(22:40:59).亥(22:41以後)	卯	23	己酉(寅卯)	甲辰	亥	寅
8	甲午(辰巳)	甲午	亥	卯 神藏殺沒(未丑)	24	庚戌(寅卯)	甲辰	亥	寅
9	乙未(辰巳)	甲午	亥	卯	25	辛亥(寅卯)	甲辰	亥	寅
10	丙申(辰巳)	甲午	亥	卯	26	壬子(寅卯)	甲辰	亥	寅
11	丁酉(辰巳)	甲午	亥	卯	27	癸丑(寅卯)	甲辰	亥	寅
12	戊戌(辰巳)	甲午	亥	卯	28	甲寅(子丑)	甲寅	亥	寅 神藏殺沒(午子)
13	己亥(辰巳)	甲午	亥	卯	29	乙卯(子丑)	甲寅	亥	寅
14	庚子(辰巳)	甲午	亥	卯	30	丙辰(子丑)	甲寅	亥	寅
15	辛丑(辰巳)	甲午	亥	卯					
16	壬寅(辰巳)	甲午	亥	卯					

2039(己未)年 12月[陽曆]

日	日辰(空亡)	旬	月建	月將	日	日辰(空亡)	旬	月建	月將
1	丁巳(子丑)	甲寅	亥	寅	17	癸酉(戌亥)	甲子	子	寅
2	戊午(子丑)	甲寅	亥	寅	18	甲戌(申酉)	甲戌	子	寅 神藏殺沒 (午子)
3	己未(子丑)	甲寅	亥	寅	19	乙亥(申酉)	甲戌	子	寅
4	庚申(子丑)	甲寅	亥	寅	20	丙子(申酉)	甲戌	子	寅
5	辛酉(子丑)	甲寅	亥	寅	21	丁丑(申酉)	甲戌	子	寅
6	壬戌(子丑)	甲寅	亥	寅	22	戊寅(申酉) (冬至:將變)	甲戌	子	寅·丑
							寅(09:38:59).丑(09:39以後)		
7	癸亥(子丑) (大雪:建變)	甲寅	亥·子	寅	23	己卯(申酉)	甲戌	子	丑
		亥(15:43:59).子(15:44以後)							
8	甲子(戌亥)	甲子	子	寅 神藏殺沒 (午子)	24	庚辰(申酉)	甲戌	子	丑
9	乙丑(戌亥)	甲子	子	寅	25	辛巳(申酉)	甲戌	子	丑
10	丙寅(戌亥)	甲子	子	寅	26	壬午(申酉)	甲戌	子	丑
11	丁卯(戌亥)	甲子	子	寅	27	癸未(申酉)	甲戌	子	丑
12	戊辰(戌亥)	甲子	子	寅	28	甲申(午未)	甲申	子	丑 神藏殺沒 (巳亥)
13	己巳(戌亥)	甲子	子	寅	29	乙酉(午未)	甲申	子	丑
14	庚午(戌亥)	甲子	子	寅	30	丙戌(午未)	甲申	子	丑
15	辛未(戌亥)	甲子	子	寅	31	丁亥(午未)	甲申	子	丑
16	壬申(戌亥)	甲子	子	寅					

2040(庚申)年 1月[陽曆]

<table>
<tr><th>日</th><th>日辰(空亡)</th><th>旬</th><th>月建</th><th>月將</th><th>日</th><th>日辰(空亡)</th><th>旬</th><th>月建</th><th>月將</th></tr>
<tr><td>1</td><td>戊子(午未)</td><td>甲申</td><td>子</td><td>丑</td><td>17</td><td>甲辰(寅卯)</td><td>甲辰</td><td>丑</td><td>丑
神藏殺沒
(巳亥)</td></tr>
<tr><td>2</td><td>己丑(午未)</td><td>甲申</td><td>子</td><td>丑</td><td>18</td><td>乙巳(寅卯)</td><td>甲辰</td><td>丑</td><td>丑</td></tr>
<tr><td>3</td><td>庚寅(午未)</td><td>甲申</td><td>子</td><td>丑</td><td>19</td><td>丙午(寅卯)</td><td>甲辰</td><td>丑</td><td>丑</td></tr>
<tr><td rowspan="2">4</td><td rowspan="2">辛卯(午未)</td><td rowspan="2">甲申</td><td rowspan="2">子</td><td rowspan="2">丑</td><td rowspan="2">20</td><td rowspan="2">丁未(寅卯)
(大寒:將變)</td><td>甲辰</td><td>丑</td><td>丑·子</td></tr>
<tr><td colspan="3">丑(20:19:59).子(20:20以後)</td></tr>
<tr><td>5</td><td>壬辰(午未)</td><td>甲申</td><td>子</td><td>丑</td><td>21</td><td>戊申(寅卯)</td><td>甲辰</td><td>丑</td><td>子</td></tr>
<tr><td rowspan="2">6</td><td rowspan="2">癸巳(午未)
(小寒:建變)</td><td>甲申</td><td>子·丑</td><td>丑</td><td rowspan="2">22</td><td rowspan="2">己酉(寅卯)</td><td rowspan="2">甲辰</td><td rowspan="2">丑</td><td rowspan="2">子</td></tr>
<tr><td colspan="3">子(03:01:59).丑(03:02以後)</td></tr>
<tr><td>7</td><td>甲午(辰巳)</td><td>甲午</td><td>丑</td><td>丑
神藏殺沒
(巳亥)</td><td>23</td><td>庚戌(寅卯)</td><td>甲辰</td><td>丑</td><td>子</td></tr>
<tr><td>8</td><td>乙未(辰巳)</td><td>甲午</td><td>丑</td><td>丑</td><td>24</td><td>辛亥(寅卯)</td><td>甲辰</td><td>丑</td><td>子</td></tr>
<tr><td>9</td><td>丙申(辰巳)</td><td>甲午</td><td>丑</td><td>丑</td><td>25</td><td>壬子(寅卯)</td><td>甲辰</td><td>丑</td><td>子</td></tr>
<tr><td>10</td><td>丁酉(辰巳)</td><td>甲午</td><td>丑</td><td>丑</td><td>26</td><td>癸丑(寅卯)</td><td>甲辰</td><td>丑</td><td>子</td></tr>
<tr><td>11</td><td>戊戌(辰巳)</td><td>甲午</td><td>丑</td><td>丑</td><td>27</td><td>甲寅(子丑)</td><td>甲寅</td><td>丑</td><td>子
神藏殺沒
(辰戌)</td></tr>
<tr><td>12</td><td>己亥(辰巳)</td><td>甲午</td><td>丑</td><td>丑</td><td>28</td><td>乙卯(子丑)</td><td>甲寅</td><td>丑</td><td>子</td></tr>
<tr><td>13</td><td>庚子(辰巳)</td><td>甲午</td><td>丑</td><td>丑</td><td>29</td><td>丙辰(子丑)</td><td>甲寅</td><td>丑</td><td>子</td></tr>
<tr><td>14</td><td>辛丑(辰巳)</td><td>甲午</td><td>丑</td><td>丑</td><td>30</td><td>丁巳(子丑)</td><td>甲寅</td><td>丑</td><td>子</td></tr>
<tr><td>15</td><td>壬寅(辰巳)</td><td>甲午</td><td>丑</td><td>丑</td><td>31</td><td>戊午(子丑)</td><td>甲寅</td><td>丑</td><td>子</td></tr>
<tr><td>16</td><td>癸卯(辰巳)</td><td>甲午</td><td>丑</td><td>丑</td><td></td><td></td><td></td><td></td><td></td></tr>
</table>

2040(庚申)年 2月[陽曆]

日	日辰(空亡)	旬	月建	月將	日	日辰(空亡)	旬	月建	月將
1	己未(子丑)	甲寅	丑	子	17	乙亥(申酉)	甲戌	寅	子
2	庚申(子丑)	甲寅	丑	子	18	丙子(申酉)	甲戌	寅	子
3	辛酉(子丑)	甲寅	丑	子	19	丁丑(申酉) (雨水:將變)	甲戌	寅	子·亥 子(10:21:59).亥(10:22以後)
4	壬戌(子丑) (立春:建變)	甲寅	丑·寅 丑(14:37:59).寅(14:38以後)	子	20	戊寅(申酉)	甲戌	寅	亥 神藏殺沒 (酉卯)
5	癸亥(子丑)	甲寅	寅	子	21	己卯(申酉)	甲戌	寅	亥
6	甲子(戌亥)	甲子	寅	子 神藏殺沒 (辰戌)	22	庚辰(申酉)	甲戌	寅	亥 神藏殺沒 (酉卯)
7	乙丑(戌亥)	甲子	寅	子	23	辛巳(申酉)	甲戌	寅	亥
8	丙寅(戌亥)	甲子	寅	子	24	壬午(申酉)	甲戌	寅	亥
9	丁卯(戌亥)	甲子	寅	子	25	癸未(申酉)	甲戌	寅	亥
10	戊辰(戌亥)	甲子	寅	子	26	甲申(午未)	甲申	寅	亥 神藏殺沒 (卯酉)
11	己巳(戌亥)	甲子	寅	子	27	乙酉(午未)	甲申	寅	亥
12	庚午(戌亥)	甲子	寅	子	28	丙戌(午未)	甲申	寅	亥
13	辛未(戌亥)	甲子	寅	子	29	丁亥(午未)	甲申	寅	亥
14	壬申(戌亥)	甲子	寅	子					
15	癸酉(戌亥)	甲子	寅	子					
16	甲戌(申酉)	甲戌	寅	子 神藏殺沒 (辰戌)					

2040(庚申)年 3月[陽曆]

日	日辰(空亡)	旬	月建	月將	日	日辰(空亡)	旬	月建	月將
1	戊子(午未)	甲申	寅	亥 神藏殺沒 (酉卯)	17	甲辰(寅卯)	甲辰	卯	亥 神藏殺沒 (卯酉)
2	己丑(午未)	甲申	寅	亥	18	乙巳(寅卯)	甲辰	卯	亥
3	庚寅(午未)	甲申	寅	亥 神藏殺沒 (酉卯)	19	丙午(寅卯)	甲辰	卯	亥
4	辛卯(午未)	甲申	寅	亥	20	丁未(寅卯) (春分:將變)	甲辰	卯	亥·戌 亥(09:09:59).戌(09:10以後)
5	壬辰(午未) (驚蟄:建變)	甲申	寅·卯 寅(08:29:59).卯(08:30以後)	亥	21	戊申(寅卯)	甲辰	卯	戌 神藏殺沒 (申寅)
6	癸巳(午未)	甲申	卯	亥	22	己酉(寅卯)	甲辰	卯	戌
7	甲午(辰巳)	甲午	卯	亥 神藏殺沒 (卯酉)	23	庚戌(寅卯)	甲辰	卯	戌 神藏殺沒 (申寅)
8	乙未(辰巳)	甲午	卯	亥	24	辛亥(寅卯)	甲辰	卯	戌
9	丙申(辰巳)	甲午	卯	亥	25	壬子(寅卯)	甲辰	卯	戌
10	丁酉(辰巳)	甲午	卯	亥	26	癸丑(寅卯)	甲辰	卯	戌
11	戊戌(辰巳)	甲午	卯	亥 神藏殺沒 (酉卯)	27	甲寅(子丑)	甲寅	卯	戌
12	己亥(辰巳)	甲午	卯	亥	28	乙卯(子丑)	甲寅	卯	戌
13	庚子(辰巳)	甲午	卯	亥 神藏殺沒 (酉卯)	29	丙辰(子丑)	甲寅	卯	戌
14	辛丑(辰巳)	甲午	卯	亥	30	丁巳(子丑)	甲寅	卯	戌
15	壬寅(辰巳)	甲午	卯	亥	31	戊午(子丑)	甲寅	卯	戌 神藏殺沒 (申寅)
16	癸卯(辰巳)	甲午	卯	亥					

2040(庚申)年 4月[陽曆]

日	日辰(空亡)	旬	月建	月將	日	日辰(空亡)	旬	月建	月將
1	己未(子丑)	甲寅	卯	戌	17	乙亥(申酉)	甲戌	辰	戌
2	庚申(子丑)	甲寅	卯	戌 神藏殺沒 (申寅)	18	丙子(申酉)	甲戌	辰	戌
3	辛酉(子丑)	甲寅	卯	戌	19	丁丑(申酉) (穀雨:將變)	甲戌	辰 戌(19:57:59).酉(19:58以後)	戌·酉
4	壬戌(子丑) (淸明:建變)	甲寅	卯·辰 卯(13:03:59).辰(13:04以後)	戌	20	戊寅(申酉)	甲戌	辰	酉 神藏殺沒 (未丑)
5	癸亥(子丑)	甲寅	辰	戌	21	己卯(申酉)	甲戌	辰	酉
6	甲子(戌亥)	甲子	辰	戌	22	庚辰(申酉)	甲戌	辰	酉 神藏殺沒 (未丑)
7	乙丑(戌亥)	甲子	辰	戌	23	辛巳(申酉)	甲戌	辰	酉
8	丙寅(戌亥)	甲子	辰	戌	24	壬午(申酉)	甲戌	辰	酉
9	丁卯(戌亥)	甲子	辰	戌	25	癸未(申酉)	甲戌	辰	酉
10	戊辰(戌亥)	甲子	辰	戌 神藏殺沒 (申寅)	26	甲申(午未)	甲申	辰	酉
11	己巳(戌亥)	甲子	辰	戌	27	乙酉(午未)	甲申	辰	酉
12	庚午(戌亥)	甲子	辰	戌 神藏殺沒 (申寅)	28	丙戌(午未)	甲申	辰	酉
13	辛未(戌亥)	甲子	辰	戌	29	丁亥(午未)	甲申	辰	酉
14	壬申(戌亥)	甲子	辰	戌	30	戊子(午未)	甲申	辰	酉 神藏殺沒 (未丑)
15	癸酉(戌亥)	甲子	辰	戌					
16	甲戌(申酉)	甲戌	辰	戌					

2040(庚申)年 5月[陽曆]

日	日辰(空亡)	旬	月建	月將	日	日辰(空亡)	旬	月建	月將
1	己丑(午未)	甲申	辰	酉	17	乙巳(寅卯)	甲辰	巳	酉
2	庚寅(午未)	甲申	辰	酉 神藏殺沒 (未丑)	18	丙午(寅卯)	甲辰	巳	酉
3	辛卯(午未)	甲申	辰	酉	19	丁未(寅卯)	甲辰	巳	酉
4	壬辰(午未)	甲申	辰	酉	20	戊申(寅卯) (小滿:將變)	甲辰	巳	酉·申 酉(18:53:59).申(18:54以後) 神藏殺沒 (酉月將:未丑. 申月將:午子)
5	癸巳(午未) (立夏:建變)	甲申	辰·巳 辰(06:07:59).巳(06:08以後)	酉	21	己酉(寅卯)	甲辰	巳	申
6	甲午(辰巳)	甲午	巳	酉	22	庚戌(寅卯)	甲辰	巳	申 神藏殺沒 (午子)
7	乙未(辰巳)	甲午	巳	酉	23	辛亥(寅卯)	甲辰	巳	申
8	丙申(辰巳)	甲午	巳	酉	24	壬子(寅卯)	甲辰	巳	申
9	丁酉(辰巳)	甲午	巳	酉	25	癸丑(寅卯)	甲辰	巳	申
10	戊戌(辰巳)	甲午	巳	酉 神藏殺沒 (未丑)	26	甲寅(子丑)	甲寅	巳	申
11	己亥(辰巳)	甲午	巳	酉	27	乙卯(子丑)	甲寅	巳	申
12	庚子(辰巳)	甲午	巳	酉 神藏殺沒 (未丑)	28	丙辰(子丑)	甲寅	巳	申
13	辛丑(辰巳)	甲午	巳	酉	29	丁巳(子丑)	甲寅	巳	申
14	壬寅(辰巳)	甲午	巳	酉	30	戊午(子丑)	甲寅	巳	申 神藏殺沒 (午子)
15	癸卯(辰巳)	甲午	巳	酉	31	己未(子丑)	甲寅	巳	申
16	甲辰(寅卯)	甲辰	巳	酉					

2040(庚申)年 6月[陽曆]

日	日辰(空亡)	旬	月建	月將	日	日辰(空亡)	旬	月建	月將
1	庚申(子丑)	甲寅	巳	申 神藏殺沒 (午子)	17	丙子(申酉)	甲戌	午	申
2	辛酉(子丑)	甲寅	巳	申	18	丁丑(申酉)	甲戌	午	申
3	壬戌(子丑)	甲寅	巳	申	19	戊寅(申酉)	甲戌	午	申 神藏殺沒 (午子)
4	癸亥(子丑)	甲寅	巳	申	20	己卯(申酉)	甲戌	午	申
5	甲子(戌亥) (芒種:建變)	甲子 巳(10:06:59).午(10:07以後)	巳·午	申	21	庚辰(申酉) (夏至:將變)	甲戌 申(02:44:59).未(02:45以後) 神藏殺沒 (申月將:午子. 未月將:巳亥)	午	申·未
6	乙丑(戌亥)	甲子	午	申	22	辛巳(申酉)	甲戌	午	未
7	丙寅(戌亥)	甲子	午	申	23	壬午(申酉)	甲戌	午	未
8	丁卯(戌亥)	甲子	午	申	24	癸未(申酉)	甲戌	午	未
9	戊辰(戌亥)	甲子	午	申 神藏殺沒 (午子)	25	甲申(午未)	甲申	午	未
10	己巳(戌亥)	甲子	午	申	26	乙酉(午未)	甲申	午	未
11	庚午(戌亥)	甲子	午	申 神藏殺沒 (午子)	27	丙戌(午未)	甲申	午	未
12	辛未(戌亥)	甲子	午	申	28	丁亥(午未)	甲申	午	未
13	壬申(戌亥)	甲子	午	申	29	戊子(午未)	甲申	午	未 神藏殺沒 (巳亥)
14	癸酉(戌亥)	甲子	午	申	30	己丑(午未)	甲申	午	未
15	甲戌(申酉)	甲戌	午	申					
16	乙亥(申酉)	甲戌	午	申					

2040(庚申)年 7月[陽曆]

日	日辰(空亡)	旬	月建	月將	日	日辰(空亡)	旬	月建	月將
1	庚寅(午未)	甲申	午	未 神藏殺沒 (巳亥)	17	丙午(寅卯)	甲辰	未	未
2	辛卯(午未)	甲申	午	未	18	丁未(寅卯)	甲辰	未	未
3	壬辰(午未)	甲申	午	未	19	戊申(寅卯)	甲辰	未	未 神藏殺沒 (巳亥)
4	癸巳(午未)	甲申	午	未	20	己酉(寅卯)	甲辰	未	未
5	甲午(辰巳)	甲午	午	未	21	庚戌(寅卯)	甲辰	未	未 神藏殺沒 (巳亥)
6	乙未(辰巳) (小暑:建變)	甲午	午·未	未	22	辛亥(寅卯) (大暑:將變)	甲辰	未	未·午
		午(20:17:59).未(20:18以後)					未(13:38:59).午(13:39以後)		
7	丙申(辰巳)	甲午	未	未	23	壬子(寅卯)	甲辰	未	午
8	丁酉(辰巳)	甲午	未	未	24	癸丑(寅卯)	甲辰	未	午
9	戊戌(辰巳)	甲午	未	未 神藏殺沒 (巳亥)	25	甲寅(子丑)	甲寅	未	午
10	己亥(辰巳)	甲午	未	未	26	乙卯(子丑)	甲寅	未	午
11	庚子(辰巳)	甲午	未	未 神藏殺沒 (巳亥)	27	丙辰(子丑)	甲寅	未	午
12	辛丑(辰巳)	甲午	未	未	28	丁巳(子丑)	甲寅	未	午
13	壬寅(辰巳)	甲午	未	未	29	戊午(子丑)	甲寅	未	午 神藏殺沒 (辰戌)
14	癸卯(辰巳)	甲午	未	未	30	己未(子丑)	甲寅	未	午
15	甲辰(寅卯)	甲辰	未	未	31	庚申(子丑)	甲寅	未	午 神藏殺沒 (辰戌)
16	乙巳(寅卯)	甲辰	未	未					

2040(庚申)年 8月[陽曆]

日	日辰(空亡)	旬	月建	月將	日	日辰(空亡)	旬	月建	月將
1	辛酉(子丑)	甲寅	未	午	17	丁丑(申酉)	甲戌	申	午
2	壬戌(子丑)	甲寅	未	午	18	戊寅(申酉)	甲戌	申	午 神藏殺沒 (辰戌)
3	癸亥(子丑)	甲寅	未	午	19	己卯(申酉)	甲戌	申	午
4	甲子(戌亥)	甲子	未	午	20	庚辰(申酉)	甲戌	申	午 神藏殺沒 (辰戌)
5	乙丑(戌亥)	甲子	未	午	21	辛巳(申酉)	甲戌	申	午
6	丙寅(戌亥)	甲子	未	午	22	壬午(申酉) (處暑:將變)	甲戌 午(20:51:59).巳(20:52以後)	申	午·巳
7	丁卯(戌亥) (立秋:建變)	甲子 未(06:08:59).申(06:09以後)	未·申	午	23	癸未(申酉)	甲戌	申	巳
8	戊辰(戌亥)	甲子	申	午 神藏殺沒 (辰戌)	24	甲申(午未)	甲申	申	巳 神藏殺沒 (酉卯)
9	己巳(戌亥)	甲子	申	午	25	乙酉(午未)	甲申	申	巳
10	庚午(戌亥)	甲子	申	午 神藏殺沒 (辰戌)	26	丙戌(午未)	甲申	申	巳
11	辛未(戌亥)	甲子	申	午	27	丁亥(午未)	甲申	申	巳
12	壬申(戌亥)	甲子	申	午	28	戊子(午未)	甲申	申	巳 神藏殺沒 (卯酉)
13	癸酉(戌亥)	甲子	申	午	29	己丑(午未)	甲申	申	巳
14	甲戌(申酉)	甲戌	申	午	30	庚寅(午未)	甲申	申	巳 神藏殺沒 (卯酉)
15	乙亥(申酉)	甲戌	申	午	31	辛卯(午未)	甲申	申	巳
16	丙子(申酉)	甲戌	申	午					

2040(庚申)年 9月[陽曆]

日	日辰(空亡)	旬	月建	月將	日	日辰(空亡)	旬	月建	月將
1	壬辰(午未)	甲申	申	巳	17	戊申(寅卯)	甲辰	酉	巳 神藏殺沒 (卯酉)
2	癸巳(午未)	甲申	申	巳	18	己酉(寅卯)	甲辰	酉	巳
3	甲午(辰巳)	甲午	申	巳 神藏殺沒 (酉卯)	19	庚戌(寅卯)	甲辰	酉	巳 神藏殺沒 (卯酉)
4	乙未(辰巳)	甲午	申	巳	20	辛亥(寅卯)	甲辰	酉	巳
5	丙申(辰巳)	甲午	申	巳	21	壬子(寅卯)	甲辰	酉	巳
6	丁酉(辰巳)	甲午	申	巳	22	癸丑(寅卯) (秋分:將變)	甲辰	酉	巳·辰 巳(18:42:59).辰(18:43以後)
7	戊戌(辰巳) (白露:建變)	甲午	申·酉 申(09:12:59).酉(09:13以後)	巳 神藏殺沒(卯酉)	23	甲寅(子丑)	甲寅	酉	辰 神藏殺沒 (申寅)
8	己亥(辰巳)	甲午	酉	巳	24	乙卯(子丑)	甲寅	酉	辰
9	庚子(辰巳)	甲午	酉	巳 神藏殺沒 (卯酉)	25	丙辰(子丑)	甲寅	酉	辰
10	辛丑(辰巳)	甲午	酉	巳	26	丁巳(子丑)	甲寅	酉	辰
11	壬寅(辰巳)	甲午	酉	巳	27	戊午(子丑)	甲寅	酉	辰
12	癸卯(辰巳)	甲午	酉	巳	28	己未(子丑)	甲寅	酉	辰
13	甲辰(寅卯)	甲辰	酉	巳 神藏殺沒 (酉卯)	29	庚申(子丑)	甲寅	酉	辰
14	乙巳(寅卯)	甲辰	酉	巳	30	辛酉(子丑)	甲寅	酉	辰
15	丙午(寅卯)	甲辰	酉	巳					
16	丁未(寅卯)	甲辰	酉	巳					

2040(庚申)年 10月[陽曆]

<table>
<tr><th>日</th><th>日辰(空亡)</th><th>旬</th><th>月建</th><th>月將</th><th>日</th><th>日辰(空亡)</th><th>旬</th><th>月建</th><th>月將</th></tr>
<tr><td>1</td><td>壬戌(子丑)</td><td>甲寅</td><td>酉</td><td>辰</td><td>17</td><td>戊寅(申酉)</td><td>甲戌</td><td>戌</td><td>辰</td></tr>
<tr><td>2</td><td>癸亥(子丑)</td><td>甲寅</td><td>酉</td><td>辰</td><td>18</td><td>己卯(申酉)</td><td>甲戌</td><td>戌</td><td>辰</td></tr>
<tr><td>3</td><td>甲子(戌亥)</td><td>甲子</td><td>酉</td><td>辰
神藏殺沒
(申寅)</td><td>19</td><td>庚辰(申酉)</td><td>甲戌</td><td>戌</td><td>辰</td></tr>
<tr><td>4</td><td>乙丑(戌亥)</td><td>甲子</td><td>酉</td><td>辰</td><td>20</td><td>辛巳(申酉)</td><td>甲戌</td><td>戌</td><td>辰</td></tr>
<tr><td>5</td><td>丙寅(戌亥)</td><td>甲子</td><td>酉</td><td>辰</td><td>21</td><td>壬午(申酉)</td><td>甲戌</td><td>戌</td><td>辰</td></tr>
<tr><td>6</td><td>丁卯(戌亥)</td><td>甲子</td><td>酉</td><td>辰</td><td>22</td><td>癸未(申酉)</td><td>甲戌</td><td>戌</td><td>辰</td></tr>
<tr><td rowspan="3">7</td><td rowspan="3">戊辰(戌亥)</td><td rowspan="3">甲子</td><td rowspan="3">酉</td><td rowspan="3">辰</td><td rowspan="3">23</td><td rowspan="3">甲申(午未)
(霜降:將變)</td><td>甲申</td><td>戌</td><td>辰·卯</td></tr>
<tr><td colspan="3">辰(04:17:59).卯(04:18以後)</td></tr>
<tr><td colspan="3">神藏殺沒
(辰月將:申寅. 卯月將:未丑)</td></tr>
<tr><td rowspan="2">8</td><td rowspan="2">己巳(戌亥)
(寒露:建變)</td><td>甲子</td><td>酉·戌</td><td>辰</td><td rowspan="2">24</td><td rowspan="2">乙酉(午未)</td><td rowspan="2">甲申</td><td rowspan="2">戌</td><td rowspan="2">卯</td></tr>
<tr><td colspan="3">酉(01:03:59).戌(01:04以後)</td></tr>
<tr><td>9</td><td>庚午(戌亥)</td><td>甲子</td><td>戌</td><td>辰</td><td>25</td><td>丙戌(午未)</td><td>甲申</td><td>戌</td><td>卯</td></tr>
<tr><td>10</td><td>辛未(戌亥)</td><td>甲子</td><td>戌</td><td>辰</td><td>26</td><td>丁亥(午未)</td><td>甲申</td><td>戌</td><td>卯</td></tr>
<tr><td>11</td><td>壬申(戌亥)</td><td>甲子</td><td>戌</td><td>辰</td><td>27</td><td>戊子(午未)</td><td>甲申</td><td>戌</td><td>卯</td></tr>
<tr><td>12</td><td>癸酉(戌亥)</td><td>甲子</td><td>戌</td><td>辰</td><td>28</td><td>己丑(午未)</td><td>甲申</td><td>戌</td><td>卯</td></tr>
<tr><td>13</td><td>甲戌(申酉)</td><td>甲戌</td><td>戌</td><td>辰
神藏殺沒
(申寅)</td><td>29</td><td>庚寅(午未)</td><td>甲申</td><td>戌</td><td>卯</td></tr>
<tr><td>14</td><td>乙亥(申酉)</td><td>甲戌</td><td>戌</td><td>辰</td><td>30</td><td>辛卯(午未)</td><td>甲申</td><td>戌</td><td>卯</td></tr>
<tr><td>15</td><td>丙子(申酉)</td><td>甲戌</td><td>戌</td><td>辰</td><td>31</td><td>壬辰(午未)</td><td>甲申</td><td>戌</td><td>卯</td></tr>
<tr><td>16</td><td>丁丑(申酉)</td><td>甲戌</td><td>戌</td><td>辰</td><td></td><td></td><td></td><td></td><td></td></tr>
</table>

2040(庚申)年 11月[陽曆]

<table>
<tr><th>日</th><th>日辰(空亡)</th><th>旬</th><th>月建</th><th>月將</th><th>日</th><th>日辰(空亡)</th><th>旬</th><th>月建</th><th>月將</th></tr>
<tr><td>1</td><td>癸巳(午未)</td><td>甲申</td><td>戌</td><td>卯</td><td>17</td><td>己酉(寅卯)</td><td>甲辰</td><td>亥</td><td>卯</td></tr>
<tr><td>2</td><td>甲午(辰巳)</td><td>甲午</td><td>戌</td><td>卯
神藏殺沒
(未丑)</td><td>18</td><td>庚戌(寅卯)</td><td>甲辰</td><td>亥</td><td>卯</td></tr>
<tr><td>3</td><td>乙未(辰巳)</td><td>甲午</td><td>戌</td><td>卯</td><td>19</td><td>辛亥(寅卯)</td><td>甲辰</td><td>亥</td><td>卯</td></tr>
<tr><td>4</td><td>丙申(辰巳)</td><td>甲午</td><td>戌</td><td>卯</td><td>20</td><td>壬子(寅卯)</td><td>甲辰</td><td>亥</td><td>卯</td></tr>
<tr><td>5</td><td>丁酉(辰巳)</td><td>甲午</td><td>戌</td><td>卯</td><td>21</td><td>癸丑(寅卯)</td><td>甲辰</td><td>亥</td><td>卯</td></tr>
<tr><td rowspan="3">6</td><td rowspan="3">戊戌(辰巳)</td><td rowspan="3">甲午</td><td rowspan="3">戌</td><td rowspan="3">卯</td><td rowspan="3">22</td><td rowspan="3">甲寅(子丑)
(小雪:將變)</td><td>甲寅</td><td>亥</td><td>卯·寅</td></tr>
<tr><td colspan="3">卯(02:03:59).寅(02:04以後)</td></tr>
<tr><td colspan="3">神藏殺沒
(卯月將:未丑. 寅月將:午子)</td></tr>
<tr><td rowspan="2">7</td><td rowspan="2">己亥(辰巳)
(立冬:建變)</td><td>甲午</td><td>戌·亥</td><td>卯</td><td rowspan="2">23</td><td rowspan="2">乙卯(子丑)</td><td rowspan="2">甲寅</td><td rowspan="2">亥</td><td rowspan="2">寅</td></tr>
<tr><td colspan="3">戌(04:27:59).亥(04:28以後)</td></tr>
<tr><td>8</td><td>庚子(辰巳)</td><td>甲午</td><td>亥</td><td>卯</td><td>24</td><td>丙辰(子丑)</td><td>甲寅</td><td>亥</td><td>寅</td></tr>
<tr><td>9</td><td>辛丑(辰巳)</td><td>甲午</td><td>亥</td><td>卯</td><td>25</td><td>丁巳(子丑)</td><td>甲寅</td><td>亥</td><td>寅</td></tr>
<tr><td>10</td><td>壬寅(辰巳)</td><td>甲午</td><td>亥</td><td>卯</td><td>26</td><td>戊午(子丑)</td><td>甲寅</td><td>亥</td><td>寅</td></tr>
<tr><td>11</td><td>癸卯(辰巳)</td><td>甲午</td><td>亥</td><td>卯</td><td>27</td><td>己未(子丑)</td><td>甲寅</td><td>亥</td><td>寅</td></tr>
<tr><td>12</td><td>甲辰(寅卯)</td><td>甲辰</td><td>亥</td><td>卯
神藏殺沒
(未丑)</td><td>28</td><td>庚申(子丑)</td><td>甲寅</td><td>亥</td><td>寅</td></tr>
<tr><td>13</td><td>乙巳(寅卯)</td><td>甲辰</td><td>亥</td><td>卯</td><td>29</td><td>辛酉(子丑)</td><td>甲寅</td><td>亥</td><td>寅</td></tr>
<tr><td>14</td><td>丙午(寅卯)</td><td>甲辰</td><td>亥</td><td>卯</td><td>30</td><td>壬戌(子丑)</td><td>甲寅</td><td>亥</td><td>寅</td></tr>
<tr><td>15</td><td>丁未(寅卯)</td><td>甲辰</td><td>亥</td><td>卯</td><td></td><td></td><td></td><td></td><td></td></tr>
<tr><td>16</td><td>戊申(寅卯)</td><td>甲辰</td><td>亥</td><td>卯</td><td></td><td></td><td></td><td></td><td></td></tr>
</table>

2040(庚申)年 12月[陽曆]

<table>
<tr><th>日</th><th>日辰(空亡)</th><th>旬</th><th>月建</th><th>月將</th><th>日</th><th>日辰(空亡)</th><th>旬</th><th>月建</th><th>月將</th></tr>
<tr><td>1</td><td>癸亥(子丑)</td><td>甲寅</td><td>亥</td><td>寅</td><td>17</td><td>己卯(申酉)</td><td>甲戌</td><td>子</td><td>寅</td></tr>
<tr><td>2</td><td>甲子(戌亥)</td><td>甲子</td><td>亥</td><td>寅
神藏殺沒
(午子)</td><td>18</td><td>庚辰(申酉)</td><td>甲戌</td><td>子</td><td>寅</td></tr>
<tr><td>3</td><td>乙丑(戌亥)</td><td>甲子</td><td>亥</td><td>寅</td><td>19</td><td>辛巳(申酉)</td><td>甲戌</td><td>子</td><td>寅</td></tr>
<tr><td>4</td><td>丙寅(戌亥)</td><td>甲子</td><td>亥</td><td>寅</td><td>20</td><td>壬午(申酉)</td><td>甲戌</td><td>子</td><td>寅</td></tr>
<tr><td rowspan="2">5</td><td rowspan="2">丁卯(戌亥)</td><td rowspan="2">甲子</td><td rowspan="2">亥</td><td rowspan="2">寅</td><td rowspan="2">21</td><td rowspan="2">癸未(申酉)
(冬至:將變)</td><td>甲戌</td><td>子</td><td>寅·丑</td></tr>
<tr><td colspan="3">寅(15:30:59).丑(15:31以後)</td></tr>
<tr><td rowspan="2">6</td><td rowspan="2">戊辰(戌亥)
(大雪:建變)</td><td>甲子</td><td>亥·子</td><td>寅</td><td rowspan="2">22</td><td rowspan="2">甲申(午未)</td><td rowspan="2">甲申</td><td rowspan="2">子</td><td rowspan="2">丑
神藏殺沒
(巳亥)</td></tr>
<tr><td colspan="3">亥(21:28:59).子(21:29以後)</td></tr>
<tr><td>7</td><td>己巳(戌亥)</td><td>甲子</td><td>子</td><td>寅</td><td>23</td><td>乙酉(午未)</td><td>甲申</td><td>子</td><td>丑</td></tr>
<tr><td>8</td><td>庚午(戌亥)</td><td>甲子</td><td>子</td><td>寅</td><td>24</td><td>丙戌(午未)</td><td>甲申</td><td>子</td><td>丑</td></tr>
<tr><td>9</td><td>辛未(戌亥)</td><td>甲子</td><td>子</td><td>寅</td><td>25</td><td>丁亥(午未)</td><td>甲申</td><td>子</td><td>丑</td></tr>
<tr><td>10</td><td>壬申(戌亥)</td><td>甲子</td><td>子</td><td>寅</td><td>26</td><td>戊子(午未)</td><td>甲申</td><td>子</td><td>丑</td></tr>
<tr><td>11</td><td>癸酉(戌亥)</td><td>甲子</td><td>子</td><td>寅</td><td>27</td><td>己丑(午未)</td><td>甲申</td><td>子</td><td>丑</td></tr>
<tr><td>12</td><td>甲戌(申酉)</td><td>甲戌</td><td>子</td><td>寅
神藏殺沒
(午子)</td><td>28</td><td>庚寅(午未)</td><td>甲申</td><td>子</td><td>丑</td></tr>
<tr><td>13</td><td>乙亥(申酉)</td><td>甲戌</td><td>子</td><td>寅</td><td>29</td><td>辛卯(午未)</td><td>甲申</td><td>子</td><td>丑</td></tr>
<tr><td>14</td><td>丙子(申酉)</td><td>甲戌</td><td>子</td><td>寅</td><td>30</td><td>壬辰(午未)</td><td>甲申</td><td>子</td><td>丑</td></tr>
<tr><td>15</td><td>丁丑(申酉)</td><td>甲戌</td><td>子</td><td>寅</td><td>31</td><td>癸巳(午未)</td><td>甲申</td><td>子</td><td>丑</td></tr>
<tr><td>16</td><td>戊寅(申酉)</td><td>甲戌</td><td>子</td><td>寅</td><td></td><td></td><td></td><td></td><td></td></tr>
</table>

2041(辛酉)年 1月[陽曆]

<table>
<tr><th>日</th><th>日辰(空亡)</th><th>旬</th><th>月建</th><th>月將</th><th>日</th><th>日辰(空亡)</th><th>旬</th><th>月建</th><th>月將</th></tr>
<tr><td>1</td><td>甲午(辰巳)</td><td>甲午</td><td>子</td><td>丑
神藏殺沒
(巳亥)</td><td>17</td><td>庚戌(寅卯)</td><td>甲辰</td><td>丑</td><td>丑</td></tr>
<tr><td>2</td><td>乙未(辰巳)</td><td>甲午</td><td>子</td><td>丑</td><td>18</td><td>辛亥(寅卯)</td><td>甲辰</td><td>丑</td><td>丑</td></tr>
<tr><td>3</td><td>丙申(辰巳)</td><td>甲午</td><td>子</td><td>丑</td><td>19</td><td>壬子(寅卯)</td><td>甲辰</td><td>丑</td><td>丑</td></tr>
<tr><td rowspan="2">4</td><td rowspan="2">丁酉(辰巳)</td><td rowspan="2">甲午</td><td rowspan="2">子</td><td rowspan="2">丑</td><td rowspan="2">20</td><td rowspan="2">癸丑(寅卯)
(大寒:將變)</td><td>甲辰</td><td>丑</td><td>丑·子</td></tr>
<tr><td colspan="3">丑(02:11:59).子(02:12以後)</td></tr>
<tr><td rowspan="2">5</td><td rowspan="2">戊戌(辰巳)
(小寒:建變)</td><td>甲午</td><td>子·丑</td><td>丑</td><td rowspan="2">21</td><td rowspan="2">甲寅(子丑)</td><td rowspan="2">甲寅</td><td rowspan="2">丑</td><td rowspan="2">子
神藏殺沒
(辰戌)</td></tr>
<tr><td colspan="3">子(08:46:59).丑(08:47以後)</td></tr>
<tr><td>6</td><td>己亥(辰巳)</td><td>甲午</td><td>丑</td><td>丑</td><td>22</td><td>乙卯(子丑)</td><td>甲寅</td><td>丑</td><td>子</td></tr>
<tr><td>7</td><td>庚子(辰巳)</td><td>甲午</td><td>丑</td><td>丑</td><td>23</td><td>丙辰(子丑)</td><td>甲寅</td><td>丑</td><td>子</td></tr>
<tr><td>8</td><td>辛丑(辰巳)</td><td>甲午</td><td>丑</td><td>丑</td><td>24</td><td>丁巳(子丑)</td><td>甲寅</td><td>丑</td><td>子</td></tr>
<tr><td>9</td><td>壬寅(辰巳)</td><td>甲午</td><td>丑</td><td>丑</td><td>25</td><td>戊午(子丑)</td><td>甲寅</td><td>丑</td><td>子</td></tr>
<tr><td>10</td><td>癸卯(辰巳)</td><td>甲午</td><td>丑</td><td>丑</td><td>26</td><td>己未(子丑)</td><td>甲寅</td><td>丑</td><td>子</td></tr>
<tr><td>11</td><td>甲辰(寅卯)</td><td>甲辰</td><td>丑</td><td>丑
神藏殺沒
(巳亥)</td><td>27</td><td>庚申(子丑)</td><td>甲寅</td><td>丑</td><td>子</td></tr>
<tr><td>12</td><td>乙巳(寅卯)</td><td>甲辰</td><td>丑</td><td>丑</td><td>28</td><td>辛酉(子丑)</td><td>甲寅</td><td>丑</td><td>子</td></tr>
<tr><td>13</td><td>丙午(寅卯)</td><td>甲辰</td><td>丑</td><td>丑</td><td>29</td><td>壬戌(子丑)</td><td>甲寅</td><td>丑</td><td>子</td></tr>
<tr><td>14</td><td>丁未(寅卯)</td><td>甲辰</td><td>丑</td><td>丑</td><td>30</td><td>癸亥(子丑)</td><td>甲寅</td><td>丑</td><td>子</td></tr>
<tr><td>15</td><td>戊申(寅卯)</td><td>甲辰</td><td>丑</td><td>丑</td><td>31</td><td>甲子(戌亥)</td><td>甲子</td><td>丑</td><td>子
神藏殺沒
(辰戌)</td></tr>
<tr><td>16</td><td>己酉(寅卯)</td><td>甲辰</td><td>丑</td><td>丑</td><td></td><td></td><td></td><td></td><td></td></tr>
</table>

2041(辛酉)年 2月[陽曆]

日	日辰(空亡)	旬	月建	月將	日	日辰(空亡)	旬	月建	月將
1	乙丑(戌亥)	甲子	丑	子	17	辛巳(申酉)	甲戌	寅	子
2	丙寅(戌亥)	甲子	丑	子	18	壬午(申酉) (雨水:將變)	甲戌	寅	子·亥 子(16:15:59).亥(16:16以後)
3	丁卯(戌亥) (立春:建變)	甲子	丑·寅 丑(20:23:59).寅(20:24以後)	子	19	癸未(申酉)	甲戌	寅	亥
4	戊辰(戌亥)	甲子	寅	子	20	甲申(午未)	甲申	寅	亥 神藏殺沒 (卯酉)
5	己巳(戌亥)	甲子	寅	子	21	乙酉(午未)	甲申	寅	亥
6	庚午(戌亥)	甲子	寅	子	22	丙戌(午未)	甲申	寅	亥
7	辛未(戌亥)	甲子	寅	子	23	丁亥(午未)	甲申	寅	亥
8	壬申(戌亥)	甲子	寅	子	24	戊子(午未)	甲申	寅	亥 神藏殺沒 (酉卯)
9	癸酉(戌亥)	甲子	寅	子	25	己丑(午未)	甲申	寅	亥
10	甲戌(申酉)	甲戌	寅	子 神藏殺沒 (辰戌)	26	庚寅(午未)	甲申	寅	亥 神藏殺沒 (酉卯)
11	乙亥(申酉)	甲戌	寅	子	27	辛卯(午未)	甲申	寅	亥
12	丙子(申酉)	甲戌	寅	子	28	壬辰(午未)	甲申	寅	亥
13	丁丑(申酉)	甲戌	寅	子					
14	戊寅(申酉)	甲戌	寅	子					
15	己卯(申酉)	甲戌	寅	子					
16	庚辰(申酉)	甲戌	寅	子					

2041(辛酉)年 3月[陽曆]

日	日辰(空亡)	旬	月建	月將	日	日辰(空亡)	旬	月建	月將
1	癸巳(午未)	甲申	寅	亥	17	己酉(寅卯)	甲辰	卯	亥
2	甲午(辰巳)	甲午	寅	亥 神藏殺沒 (卯酉)	18	庚戌(寅卯)	甲辰	卯	亥 神藏殺沒 (酉卯)
3	乙未(辰巳)	甲午	寅	亥	19	辛亥(寅卯)	甲辰	卯	亥
4	丙申(辰巳)	甲午	寅	亥	20	壬子(寅卯) (春分:將變)	甲辰 亥(15:04:59).戌(15:05以後)	卯	亥·戌
5	丁酉(辰巳) (驚蟄:建變)	甲午 寅(14:15:59).卯(14:16以後)	寅·卯	亥	21	癸丑(寅卯)	甲辰	卯	戌
6	戊戌(辰巳)	甲午	卯	亥 神藏殺沒 (酉卯)	22	甲寅(子丑)	甲寅	卯	戌
7	己亥(辰巳)	甲午	卯	亥	23	乙卯(子丑)	甲寅	卯	戌
8	庚子(辰巳)	甲午	卯	亥 神藏殺沒 (酉卯)	24	丙辰(子丑)	甲寅	卯	戌
9	辛丑(辰巳)	甲午	卯	亥	25	丁巳(子丑)	甲寅	卯	戌
10	壬寅(辰巳)	甲午	卯	亥	26	戊午(子丑)	甲寅	卯	戌 神藏殺沒 (申寅)
11	癸卯(辰巳)	甲午	卯	亥	27	己未(子丑)	甲寅	卯	戌
12	甲辰(寅卯)	甲辰	卯	亥 神藏殺沒 (卯酉)	28	庚申(子丑)	甲寅	卯	戌 神藏殺沒 (申寅)
13	乙巳(寅卯)	甲辰	卯	亥	29	辛酉(子丑)	甲寅	卯	戌
14	丙午(寅卯)	甲辰	卯	亥	30	壬戌(子丑)	甲寅	卯	戌
15	丁未(寅卯)	甲辰	卯	亥	31	癸亥(子丑)	甲寅	卯	戌
16	戊申(寅卯)	甲辰	卯	亥 神藏殺沒 (酉卯)					

2041(辛酉)年 4月[陽曆]

日	日辰(空亡)	旬	月建	月將	日	日辰(空亡)	旬	月建	月將
1	甲子(戌亥)	甲子	卯	戌	17	庚辰(申酉)	甲戌	辰	戌 神藏殺沒 (申寅)
2	乙丑(戌亥)	甲子	卯	戌	18	辛巳(申酉)	甲戌	辰	戌
3	丙寅(戌亥)	甲子	卯	戌	19	壬午(申酉)	甲戌	辰	戌
4	丁卯(戌亥) (淸明:建變)	甲子	卯·辰	戌	20	癸未(申酉) (穀雨:將變)	甲戌	辰	戌·酉
		卯(18:50:59).辰(18:51以後)					戌(01:52:59).酉(01:53以後)		
5	戊辰(戌亥)	甲子	辰	戌 神藏殺沒 (申寅)	21	甲申(午未)	甲申	辰	酉
6	己巳(戌亥)	甲子	辰	戌	22	乙酉(午未)	甲申	辰	酉
7	庚午(戌亥)	甲子	辰	戌 神藏殺沒 (申寅)	23	丙戌(午未)	甲申	辰	酉
8	辛未(戌亥)	甲子	辰	戌	24	丁亥(午未)	甲申	辰	酉
9	壬申(戌亥)	甲子	辰	戌	25	戊子(午未)	甲申	辰	酉 神藏殺沒 (未丑)
10	癸酉(戌亥)	甲子	辰	戌	26	己丑(午未)	甲申	辰	酉
11	甲戌(申酉)	甲戌	辰	戌	27	庚寅(午未)	甲申	辰	酉 神藏殺沒 (未丑)
12	乙亥(申酉)	甲戌	辰	戌	28	辛卯(午未)	甲申	辰	酉
13	丙子(申酉)	甲戌	辰	戌	29	壬辰(午未)	甲申	辰	酉
14	丁丑(申酉)	甲戌	辰	戌	30	癸巳(午未)	甲申	辰	酉
15	戊寅(申酉)	甲戌	辰	戌 神藏殺沒 (申寅)					
16	己卯(申酉)	甲戌	辰	戌					

2041(辛酉)年 5月[陽曆]

日	日辰(空亡)	旬	月建	月將	日	日辰(空亡)	旬	月建	月將
1	甲午(辰巳)	甲午	辰	酉	17	庚戌(寅卯)	甲辰	巳	酉 神藏殺沒 (未丑)
2	乙未(辰巳)	甲午	辰	酉	18	辛亥(寅卯)	甲辰	巳	酉
3	丙申(辰巳)	甲午	辰	酉	19	壬子(寅卯)	甲辰	巳	酉
4	丁酉(辰巳)	甲午	辰	酉	20	癸丑(寅卯)	甲辰	巳	酉
5	戊戌(辰巳) (立夏:建變)	甲午	辰·巳 辰(11:52:59).巳(11:53以後)	酉 神藏殺沒(未丑)	21	甲寅(子丑) (小滿:將變)	甲寅	巳	酉·申 酉(00:46:59).申(00:47以後)
6	己亥(辰巳)	甲午	巳	酉	22	乙卯(子丑)	甲寅	巳	申
7	庚子(辰巳)	甲午	巳	酉 神藏殺沒 (未丑)	23	丙辰(子丑)	甲寅	巳	申
8	辛丑(辰巳)	甲午	巳	酉	24	丁巳(子丑)	甲寅	巳	申
9	壬寅(辰巳)	甲午	巳	酉	25	戊午(子丑)	甲寅	巳	申 神藏殺沒 (午子)
10	癸卯(辰巳)	甲午	巳	酉	26	己未(子丑)	甲寅	巳	申
11	甲辰(寅卯)	甲辰	巳	酉	27	庚申(子丑)	甲寅	巳	申 神藏殺沒 (午子)
12	乙巳(寅卯)	甲辰	巳	酉	28	辛酉(子丑)	甲寅	巳	申
13	丙午(寅卯)	甲辰	巳	酉	29	壬戌(子丑)	甲寅	巳	申
14	丁未(寅卯)	甲辰	巳	酉	30	癸亥(子丑)	甲寅	巳	申
15	戊申(寅卯)	甲辰	巳	酉 神藏殺沒 (未丑)	31	甲子(戌亥)	甲子	巳	申
16	己酉(寅卯)	甲辰	巳	酉					

2041(辛酉)年 6月[陽曆]

日	日辰(空亡)	旬	月建	月將	日	日辰(空亡)	旬	月建	月將
1	乙丑(戌亥)	甲子	巳	申	17	辛巳(申酉)	甲戌	午	申
2	丙寅(戌亥)	甲子	巳	申	18	壬午(申酉)	甲戌	午	申
3	丁卯(戌亥)	甲子	巳	申	19	癸未(申酉)	甲戌	午	申
4	戊辰(戌亥)	甲子	巳	申 神藏殺沒 (午子)	20	甲申(午未)	甲申	午	申
5	己巳(戌亥) (芒種:建變)	甲子	巳·午	申	21	乙酉(午未) (夏至:將變)	甲申	午	申·未
		巳(15:47:59).午(15:48以後)					申(08:33:59).未(08:34以後)		
6	庚午(戌亥)	甲子	午	申 神藏殺沒 (午子)	22	丙戌(午未)	甲申	午	未
7	辛未(戌亥)	甲子	午	申	23	丁亥(午未)	甲申	午	未
8	壬申(戌亥)	甲子	午	申	24	戊子(午未)	甲申	午	未 神藏殺沒 (巳亥)
9	癸酉(戌亥)	甲子	午	申	25	己丑(午未)	甲申	午	未
10	甲戌(申酉)	甲戌	午	申	26	庚寅(午未)	甲申	午	未 神藏殺沒 (巳亥)
11	乙亥(申酉)	甲戌	午	申	27	辛卯(午未)	甲申	午	未
12	丙子(申酉)	甲戌	午	申	28	壬辰(午未)	甲申	午	未
13	丁丑(申酉)	甲戌	午	申	29	癸巳(午未)	甲申	午	未
14	戊寅(申酉)	甲戌	午	申 神藏殺沒 (午子)	30	甲午(辰巳)	甲午	午	未
15	己卯(申酉)	甲戌	午	申					
16	庚辰(申酉)	甲戌	午	申 神藏殺沒 (午子)					

2041(辛酉)年 7月[陽曆]

<table>
<tr><th>日</th><th>日辰(空亡)</th><th>旬</th><th>月建</th><th>月將</th><th>日</th><th>日辰(空亡)</th><th>旬</th><th>月建</th><th>月將</th></tr>
<tr><td>1</td><td>乙未(辰巳)</td><td>甲午</td><td>午</td><td>未</td><td>17</td><td>辛亥(寅卯)</td><td>甲辰</td><td>未</td><td>未</td></tr>
<tr><td>2</td><td>丙申(辰巳)</td><td>甲午</td><td>午</td><td>未</td><td>18</td><td>壬子(寅卯)</td><td>甲辰</td><td>未</td><td>未</td></tr>
<tr><td>3</td><td>丁酉(辰巳)</td><td>甲午</td><td>午</td><td>未</td><td>19</td><td>癸丑(寅卯)</td><td>甲辰</td><td>未</td><td>未</td></tr>
<tr><td>4</td><td>戊戌(辰巳)</td><td>甲午</td><td>午</td><td>未
神藏殺沒
(巳亥)</td><td>20</td><td>甲寅(子丑)</td><td>甲寅</td><td>未</td><td>未</td></tr>
<tr><td>5</td><td>己亥(辰巳)</td><td>甲午</td><td>午</td><td>未</td><td>21</td><td>乙卯(子丑)</td><td>甲寅</td><td>未</td><td>未</td></tr>
<tr><td rowspan="2">6</td><td rowspan="2">庚子(辰巳)</td><td rowspan="2">甲午</td><td rowspan="2">午</td><td rowspan="2">未
神藏殺沒
(巳亥)</td><td rowspan="2">22</td><td rowspan="2">丙辰(子丑)
(大暑:將變)</td><td>甲寅</td><td>未</td><td>未·午</td></tr>
<tr><td colspan="3">未(19:24:59).午(19:25以後)</td></tr>
<tr><td rowspan="2">7</td><td rowspan="2">辛丑(辰巳)
(小暑:建變)</td><td>甲午</td><td>午·未</td><td>未</td><td rowspan="2">23</td><td rowspan="2">丁巳(子丑)</td><td rowspan="2">甲寅</td><td rowspan="2">未</td><td rowspan="2">午</td></tr>
<tr><td colspan="3">午(01:56:59).未(01:57以後)</td></tr>
<tr><td>8</td><td>壬寅(辰巳)</td><td>甲午</td><td>未</td><td>未</td><td>24</td><td>戊午(子丑)</td><td>甲寅</td><td>未</td><td>午
神藏殺沒
(辰戌)</td></tr>
<tr><td>9</td><td>癸卯(辰巳)</td><td>甲午</td><td>未</td><td>未</td><td>25</td><td>己未(子丑)</td><td>甲寅</td><td>未</td><td>午</td></tr>
<tr><td>10</td><td>甲辰(寅卯)</td><td>甲辰</td><td>未</td><td>未</td><td>26</td><td>庚申(子丑)</td><td>甲寅</td><td>未</td><td>午
神藏殺沒
(辰戌)</td></tr>
<tr><td>11</td><td>乙巳(寅卯)</td><td>甲辰</td><td>未</td><td>未</td><td>27</td><td>辛酉(子丑)</td><td>甲寅</td><td>未</td><td>午</td></tr>
<tr><td>12</td><td>丙午(寅卯)</td><td>甲辰</td><td>未</td><td>未</td><td>28</td><td>壬戌(子丑)</td><td>甲寅</td><td>未</td><td>午</td></tr>
<tr><td>13</td><td>丁未(寅卯)</td><td>甲辰</td><td>未</td><td>未</td><td>29</td><td>癸亥(子丑)</td><td>甲寅</td><td>未</td><td>午</td></tr>
<tr><td>14</td><td>戊申(寅卯)</td><td>甲辰</td><td>未</td><td>未
神藏殺沒
(巳亥)</td><td>30</td><td>甲子(戌亥)</td><td>甲子</td><td>未</td><td>午</td></tr>
<tr><td>15</td><td>己酉(寅卯)</td><td>甲辰</td><td>未</td><td>未</td><td>31</td><td>乙丑(戌亥)</td><td>甲子</td><td>未</td><td>午</td></tr>
<tr><td>16</td><td>庚戌(寅卯)</td><td>甲辰</td><td>未</td><td>未
神藏殺沒
(巳亥)</td><td></td><td></td><td></td><td></td><td></td></tr>
</table>

2041(辛酉)年 8月[陽曆]

日	日辰(空亡)	旬	月建	月將	日	日辰(空亡)	旬	月建	月將
1	丙寅(戌亥)	甲子	未	午	17	壬午(申酉)	甲戌	申	午
2	丁卯(戌亥)	甲子	未	午	18	癸未(申酉)	甲戌	申	午
3	戊辰(戌亥)	甲子	未	午 神藏殺沒 (辰戌)	19	甲申(午未)	甲申	申	午
4	己巳(戌亥)	甲子	未	午	20	乙酉(午未)	甲申	申	午
5	庚午(戌亥)	甲子	未	午 神藏殺沒 (辰戌)	21	丙戌(午未)	甲申	申	午
6	辛未(戌亥)	甲子	未	午	22	丁亥(午未)	甲申	申	午
7	壬申(戌亥) (立秋:建變)	甲子 未(11:46:59).申(11:47以後)	未·申	午	23	戊子(午未) (處暑:將變)	甲申 午(02:34:59).巳(02:35以後) 神藏殺沒 (午月將:辰戌. 巳月將:卯酉)	申	午·巳
8	癸酉(戌亥)	甲子	申	午	24	己丑(午未)	甲申	申	巳
9	甲戌(申酉)	甲戌	申	午	25	庚寅(午未)	甲申	申	巳 神藏殺沒 (卯酉)
10	乙亥(申酉)	甲戌	申	午	26	辛卯(午未)	甲申	申	巳
11	丙子(申酉)	甲戌	申	午	27	壬辰(午未)	甲申	申	巳
12	丁丑(申酉)	甲戌	申	午	28	癸巳(午未)	甲申	申	巳
13	戊寅(申酉)	甲戌	申	午 神藏殺沒 (辰戌)	29	甲午(辰巳)	甲午	申	巳 神藏殺沒 (酉卯)
14	己卯(申酉)	甲戌	申	午	30	乙未(辰巳)	甲午	申	巳
15	庚辰(申酉)	甲戌	申	午 神藏殺沒 (辰戌)	31	丙申(辰巳)	甲午	申	巳
16	辛巳(申酉)	甲戌	申	午					

2041(辛酉)年 9月[陽曆]

日	日辰(空亡)	旬	月建	月將	日	日辰(空亡)	旬	月建	月將
1	丁酉(辰巳)	甲午	申	巳	17	癸丑(寅卯)	甲辰	酉	巳
2	戊戌(辰巳)	甲午	申	巳 神藏殺沒 (卯酉)	18	甲寅(子丑)	甲寅	酉	巳 神藏殺沒 (酉卯)
3	己亥(辰巳)	甲午	申	巳	19	乙卯(子丑)	甲寅	酉	巳
4	庚子(辰巳)	甲午	申	巳 神藏殺沒 (卯酉)	20	丙辰(子丑)	甲寅	酉	巳
5	辛丑(辰巳)	甲午	申	巳	21	丁巳(子丑)	甲寅	酉	巳
6	壬寅(辰巳)	甲午	申	巳	22	戊午(子丑)	甲寅	酉	巳 神藏殺沒 (卯酉)
7	癸卯(辰巳) (白露:建變)	甲午	申·酉	巳	23	己未(子丑) (秋分:將變)	甲寅	酉	巳·辰
		申(14:51:59).酉(14:52以後)					巳(00:24:59).辰(00:25以後)		
8	甲辰(寅卯)	甲辰	酉	巳 神藏殺沒 (酉卯)	24	庚申(子丑)	甲寅	酉	辰
9	乙巳(寅卯)	甲辰	酉	巳	25	辛酉(子丑)	甲寅	酉	辰
10	丙午(寅卯)	甲辰	酉	巳	26	壬戌(子丑)	甲寅	酉	辰
11	丁未(寅卯)	甲辰	酉	巳	27	癸亥(子丑)	甲寅	酉	辰
12	戊申(寅卯)	甲辰	酉	巳 神藏殺沒 (卯酉)	28	甲子(戌亥)	甲子	酉	辰 神藏殺沒 (申寅)
13	己酉(寅卯)	甲辰	酉	巳	29	乙丑(戌亥)	甲子	酉	辰
14	庚戌(寅卯)	甲辰	酉	巳 神藏殺沒 (卯酉)	30	丙寅(戌亥)	甲子	酉	辰
15	辛亥(寅卯)	甲辰	酉	巳					
16	壬子(寅卯)	甲辰	酉	巳					

2041(辛酉)年 10月[陽曆]

<table>
<tr><th>日</th><th>日辰(空亡)</th><th>旬</th><th>月建</th><th>月將</th><th>日</th><th>日辰(空亡)</th><th>旬</th><th>月建</th><th>月將</th></tr>
<tr><td>1</td><td>丁卯(戌亥)</td><td>甲子</td><td>酉</td><td>辰</td><td>17</td><td>癸未(申酉)</td><td>甲戌</td><td>戌</td><td>辰</td></tr>
<tr><td>2</td><td>戊辰(戌亥)</td><td>甲子</td><td>酉</td><td>辰</td><td>18</td><td>甲申(午未)</td><td>甲申</td><td>戌</td><td>辰
神藏殺沒
(申寅)</td></tr>
<tr><td>3</td><td>己巳(戌亥)</td><td>甲子</td><td>酉</td><td>辰</td><td>19</td><td>乙酉(午未)</td><td>甲申</td><td>戌</td><td>辰</td></tr>
<tr><td>4</td><td>庚午(戌亥)</td><td>甲子</td><td>酉</td><td>辰</td><td>20</td><td>丙戌(午未)</td><td>甲申</td><td>戌</td><td>辰</td></tr>
<tr><td>5</td><td>辛未(戌亥)</td><td>甲子</td><td>酉</td><td>辰</td><td>21</td><td>丁亥(午未)</td><td>甲申</td><td>戌</td><td>辰</td></tr>
<tr><td>6</td><td>壬申(戌亥)</td><td>甲子</td><td>酉</td><td>辰</td><td>22</td><td>戊子(午未)</td><td>甲申</td><td>戌</td><td>辰</td></tr>
<tr><td rowspan="2">7</td><td rowspan="2">癸酉(戌亥)</td><td rowspan="2">甲子</td><td rowspan="2">酉</td><td rowspan="2">辰</td><td rowspan="2">23</td><td rowspan="2">己丑(午未)
(霜降:將變)</td><td>甲申</td><td>戌</td><td>辰·卯</td></tr>
<tr><td colspan="3">辰(09:59:59).卯(10:00以後)</td></tr>
<tr><td rowspan="3">8</td><td rowspan="3">甲戌(申酉)
(寒露:建變)</td><td>甲戌</td><td>酉·戌</td><td>辰</td><td rowspan="3">24</td><td rowspan="3">庚寅(午未)</td><td rowspan="3">甲申</td><td rowspan="3">戌</td><td rowspan="3">卯</td></tr>
<tr><td colspan="3">酉(06:44:59).戌(06:45以後)</td></tr>
<tr><td colspan="3">神藏殺沒(申寅)</td></tr>
<tr><td>9</td><td>乙亥(申酉)</td><td>甲戌</td><td>戌</td><td>辰</td><td>25</td><td>辛卯(午未)</td><td>甲申</td><td>戌</td><td>卯</td></tr>
<tr><td>10</td><td>丙子(申酉)</td><td>甲戌</td><td>戌</td><td>辰</td><td>26</td><td>壬辰(午未)</td><td>甲申</td><td>戌</td><td>卯</td></tr>
<tr><td>11</td><td>丁丑(申酉)</td><td>甲戌</td><td>戌</td><td>辰</td><td>27</td><td>癸巳(午未)</td><td>甲申</td><td>戌</td><td>卯</td></tr>
<tr><td>12</td><td>戊寅(申酉)</td><td>甲戌</td><td>戌</td><td>辰</td><td>28</td><td>甲午(辰巳)</td><td>甲午</td><td>戌</td><td>卯
神藏殺沒
(未丑)</td></tr>
<tr><td>13</td><td>己卯(申酉)</td><td>甲戌</td><td>戌</td><td>辰</td><td>29</td><td>乙未(辰巳)</td><td>甲午</td><td>戌</td><td>卯</td></tr>
<tr><td>14</td><td>庚辰(申酉)</td><td>甲戌</td><td>戌</td><td>辰</td><td>30</td><td>丙申(辰巳)</td><td>甲午</td><td>戌</td><td>卯</td></tr>
<tr><td>15</td><td>辛巳(申酉)</td><td>甲戌</td><td>戌</td><td>辰</td><td>31</td><td>丁酉(辰巳)</td><td>甲午</td><td>戌</td><td>卯</td></tr>
<tr><td>16</td><td>壬午(申酉)</td><td>甲戌</td><td>戌</td><td>辰</td><td></td><td></td><td></td><td></td><td></td></tr>
</table>

2041(辛酉)年 11月[陽曆]

日	日辰(空亡)	旬	月建	月將	日	日辰(空亡)	旬	月建	月將
1	戊戌(辰巳)	甲午	戌	卯	17	甲寅(子丑)	甲寅	亥	卯 神藏殺沒 (未丑)
2	己亥(辰巳)	甲午	戌	卯	18	乙卯(子丑)	甲寅	亥	卯
3	庚子(辰巳)	甲午	戌	卯	19	丙辰(子丑)	甲寅	亥	卯
4	辛丑(辰巳)	甲午	戌	卯	20	丁巳(子丑)	甲寅	亥	卯
5	壬寅(辰巳)	甲午	戌	卯	21	戊午(子丑)	甲寅	亥	卯
6	癸卯(辰巳)	甲午	戌	卯	22	己未(子丑) (小雪:將變)	甲寅	亥	卯·寅 卯(07:47:59).寅(07:48以後)
7	甲辰(寅卯) (立冬:建變)	甲辰	戌·亥 戌(10:11:59).亥(10:12以後)	卯 神藏殺沒(未丑)	23	庚申(子丑)	甲寅	亥	寅
8	乙巳(寅卯)	甲辰	亥	卯	24	辛酉(子丑)	甲寅	亥	寅
9	丙午(寅卯)	甲辰	亥	卯	25	壬戌(子丑)	甲寅	亥	寅
10	丁未(寅卯)	甲辰	亥	卯	26	癸亥(子丑)	甲寅	亥	寅
11	戊申(寅卯)	甲辰	亥	卯	27	甲子(戌亥)	甲子	亥	寅 神藏殺沒 (午子)
12	己酉(寅卯)	甲辰	亥	卯	28	乙丑(戌亥)	甲子	亥	寅
13	庚戌(寅卯)	甲辰	亥	卯	29	丙寅(戌亥)	甲子	亥	寅
14	辛亥(寅卯)	甲辰	亥	卯	30	丁卯(戌亥)	甲子	亥	寅
15	壬子(寅卯)	甲辰	亥	卯					
16	癸丑(寅卯)	甲辰	亥	卯					

2041(辛酉)年 12月[陽曆]

日	日辰(空亡)	旬	月建	月將	日	日辰(空亡)	旬	月建	月將
1	戊辰(戌亥)	甲子	亥	寅	17	甲申(午未)	甲申	子	寅 神藏殺沒 (午子)
2	己巳(戌亥)	甲子	亥	寅	18	乙酉(午未)	甲申	子	寅
3	庚午(戌亥)	甲子	亥	寅	19	丙戌(午未)	甲申	子	寅
4	辛未(戌亥)	甲子	亥	寅	20	丁亥(午未)	甲申	子	寅
5	壬申(戌亥)	甲子	亥	寅	21	戊子(午未) (冬至:將變)	甲申 寅(21:16:59).丑(21:17以後)	子	寅·丑
6	癸酉(戌亥)	甲子	亥	寅	22	己丑(午未)	甲申	子	丑
7	甲戌(申酉) (大雪:建變)	甲戌 亥(03:13:59).子(03:14以後) 神藏殺沒(午子)	亥·子	寅	23	庚寅(午未)	甲申	子	丑
8	乙亥(申酉)	甲戌	子	寅	24	辛卯(午未)	甲申	子	丑
9	丙子(申酉)	甲戌	子	寅	25	壬辰(午未)	甲申	子	丑
10	丁丑(申酉)	甲戌	子	寅	26	癸巳(午未)	甲申	子	丑
11	戊寅(申酉)	甲戌	子	寅	27	甲午(辰巳)	甲午	子	丑 神藏殺沒 (巳亥)
12	己卯(申酉)	甲戌	子	寅	28	乙未(辰巳)	甲午	子	丑
13	庚辰(申酉)	甲戌	子	寅	29	丙申(辰巳)	甲午	子	丑
14	辛巳(申酉)	甲戌	子	寅	30	丁酉(辰巳)	甲午	子	丑
15	壬午(申酉)	甲戌	子	寅	31	戊戌(辰巳)	甲午	子	丑
16	癸未(申酉)	甲戌	子	寅					

2042(壬戌)年 1月[陽曆]

日	日辰(空亡)	旬	月建	月將	日	日辰(空亡)	旬	月建	月將
1	己亥(辰巳)	甲午	子	丑	17	乙卯(子丑)	甲寅	丑	丑
2	庚子(辰巳)	甲午	子	丑	18	丙辰(子丑)	甲寅	丑	丑
3	辛丑(辰巳)	甲午	子	丑	19	丁巳(子丑)	甲寅	丑	丑
4	壬寅(辰巳)	甲午	子	丑	20	戊午(子丑) (大寒:將變)	甲寅	丑	丑·子
							丑(07:58:59).子(07:59以後)		
5	癸卯(辰巳) (小寒:建變)	甲午	子·丑	丑	21	己未(子丑)	甲寅	丑	子
		子(14:33:59).丑(14:34以後)							
6	甲辰(寅卯)	甲辰	丑	丑 神藏殺沒 (巳亥)	22	庚申(子丑)	甲寅	丑	子
7	乙巳(寅卯)	甲辰	丑	丑	23	辛酉(子丑)	甲寅	丑	子
8	丙午(寅卯)	甲辰	丑	丑	24	壬戌(子丑)	甲寅	丑	子
9	丁未(寅卯)	甲辰	丑	丑	25	癸亥(子丑)	甲寅	丑	子
10	戊申(寅卯)	甲辰	丑	丑	26	甲子(戌亥)	甲子	丑	子 神藏殺沒 (辰戌)
11	己酉(寅卯)	甲辰	丑	丑	27	乙丑(戌亥)	甲子	丑	子
12	庚戌(寅卯)	甲辰	丑	丑	28	丙寅(戌亥)	甲子	丑	子
13	辛亥(寅卯)	甲辰	丑	丑	29	丁卯(戌亥)	甲子	丑	子
14	壬子(寅卯)	甲辰	丑	丑	30	戊辰(戌亥)	甲子	丑	子
15	癸丑(寅卯)	甲辰	丑	丑	31	己巳(戌亥)	甲子	丑	子
16	甲寅(子丑)	甲寅	丑	丑 神藏殺沒 (巳亥)					

2042(壬戌)年 2月[陽曆]

<table>
<tr><th>日</th><th>日辰(空亡)</th><th>旬</th><th>月建</th><th>月將</th><th>日</th><th>日辰(空亡)</th><th>旬</th><th>月建</th><th>月將</th></tr>
<tr><td>1</td><td>庚午(戌亥)</td><td>甲子</td><td>丑</td><td>子</td><td>17</td><td>丙戌(午未)</td><td>甲申</td><td>寅</td><td>子</td></tr>
<tr><td rowspan="2">2</td><td rowspan="2">辛未(戌亥)</td><td rowspan="2">甲子</td><td rowspan="2">丑</td><td rowspan="2">子</td><td rowspan="2">18</td><td rowspan="2">丁亥(午未)
(雨水:將變)</td><td>甲申</td><td>寅</td><td>子·亥</td></tr>
<tr><td colspan="3">子(22:02:59).亥(22:03以後)</td></tr>
<tr><td>3</td><td>壬申(戌亥)</td><td>甲子</td><td>丑</td><td>子</td><td>19</td><td>戊子(午未)</td><td>甲申</td><td>寅</td><td>亥
神藏殺沒
(酉卯)</td></tr>
<tr><td rowspan="2">4</td><td rowspan="2">癸酉(戌亥)
(立春:建變)</td><td>甲子</td><td>丑·寅</td><td>子</td><td rowspan="2">20</td><td rowspan="2">己丑(午未)</td><td rowspan="2">甲申</td><td rowspan="2">寅</td><td rowspan="2">亥</td></tr>
<tr><td colspan="3">丑(02:10:59).寅(02:11以後)</td></tr>
<tr><td>5</td><td>甲戌(申酉)</td><td>甲戌</td><td>寅</td><td>子
神藏殺沒
(辰戌)</td><td>21</td><td>庚寅(午未)</td><td>甲申</td><td>寅</td><td>亥
神藏殺沒
(酉卯)</td></tr>
<tr><td>6</td><td>乙亥(申酉)</td><td>甲戌</td><td>寅</td><td>子</td><td>22</td><td>辛卯(午未)</td><td>甲申</td><td>寅</td><td>亥</td></tr>
<tr><td>7</td><td>丙子(申酉)</td><td>甲戌</td><td>寅</td><td>子</td><td>23</td><td>壬辰(午未)</td><td>甲申</td><td>寅</td><td>亥</td></tr>
<tr><td>8</td><td>丁丑(申酉)</td><td>甲戌</td><td>寅</td><td>子</td><td>24</td><td>癸巳(午未)</td><td>甲申</td><td>寅</td><td>亥</td></tr>
<tr><td>9</td><td>戊寅(申酉)</td><td>甲戌</td><td>寅</td><td>子</td><td>25</td><td>甲午(辰巳)</td><td>甲午</td><td>寅</td><td>亥
神藏殺沒
(卯酉)</td></tr>
<tr><td>10</td><td>己卯(申酉)</td><td>甲戌</td><td>寅</td><td>子</td><td>26</td><td>乙未(辰巳)</td><td>甲午</td><td>寅</td><td>亥</td></tr>
<tr><td>11</td><td>庚辰(申酉)</td><td>甲戌</td><td>寅</td><td>子</td><td>27</td><td>丙申(辰巳)</td><td>甲午</td><td>寅</td><td>亥</td></tr>
<tr><td>12</td><td>辛巳(申酉)</td><td>甲戌</td><td>寅</td><td>子</td><td>28</td><td>丁酉(辰巳)</td><td>甲午</td><td>寅</td><td>亥</td></tr>
<tr><td>13</td><td>壬午(申酉)</td><td>甲戌</td><td>寅</td><td>子</td><td></td><td></td><td></td><td></td><td></td></tr>
<tr><td>14</td><td>癸未(申酉)</td><td>甲戌</td><td>寅</td><td>子</td><td></td><td></td><td></td><td></td><td></td></tr>
<tr><td>15</td><td>甲申(午未)</td><td>甲申</td><td>寅</td><td>子
神藏殺沒
(辰戌)</td><td></td><td></td><td></td><td></td><td></td></tr>
<tr><td>16</td><td>乙酉(午未)</td><td>甲申</td><td>寅</td><td>子</td><td></td><td></td><td></td><td></td><td></td></tr>
</table>

2042(壬戌)年 3月[陽曆]

日	日辰(空亡)	旬	月建	月將	日	日辰(空亡)	旬	月建	月將
1	戊戌(辰巳)	甲午	寅	亥 神藏殺沒 (酉卯)	17	甲寅(子丑)	甲寅	卯	亥 神藏殺沒 (卯酉)
2	己亥(辰巳)	甲午	寅	亥	18	乙卯(子丑)	甲寅	卯	亥
3	庚子(辰巳)	甲午	寅	亥 神藏殺沒 (酉卯)	19	丙辰(子丑)	甲寅	卯	亥
4	辛丑(辰巳)	甲午	寅	亥	20	丁巳(子丑) (春分:將變)	甲寅	卯	亥·戌 亥(20:51:59).戌(20:52以後)
5	壬寅(辰巳) (驚蟄:建變)	甲午	寅·卯 寅(20:03:59).卯(20:04以後)	亥	21	戊午(子丑)	甲寅	卯	戌 神藏殺沒 (申寅)
6	癸卯(辰巳)	甲午	卯	亥	22	己未(子丑)	甲寅	卯	戌
7	甲辰(寅卯)	甲辰	卯	亥 神藏殺沒 (卯酉)	23	庚申(子丑)	甲寅	卯	戌 神藏殺沒 (申寅)
8	乙巳(寅卯)	甲辰	卯	亥	24	辛酉(子丑)	甲寅	卯	戌
9	丙午(寅卯)	甲辰	卯	亥	25	壬戌(子丑)	甲寅	卯	戌
10	丁未(寅卯)	甲辰	卯	亥	26	癸亥(子丑)	甲寅	卯	戌
11	戊申(寅卯)	甲辰	卯	亥 神藏殺沒 (酉卯)	27	甲子(戌亥)	甲子	卯	戌
12	己酉(寅卯)	甲辰	卯	亥	28	乙丑(戌亥)	甲子	卯	戌
13	庚戌(寅卯)	甲辰	卯	亥 神藏殺沒 (酉卯)	29	丙寅(戌亥)	甲子	卯	戌
14	辛亥(寅卯)	甲辰	卯	亥	30	丁卯(戌亥)	甲子	卯	戌
15	壬子(寅卯)	甲辰	卯	亥	31	戊辰(戌亥)	甲子	卯	戌 神藏殺沒 (申寅)
16	癸丑(寅卯)	甲辰	卯	亥					

2042(壬戌)年 4月[陽曆]

日	日辰(空亡)	旬	月建	月將	日	日辰(空亡)	旬	月建	月將
1	己巳(戌亥)	甲子	卯	戌	17	乙酉(午未)	甲申	辰	戌
2	庚午(戌亥)	甲子	卯	戌 神藏殺沒 (申寅)	18	丙戌(午未)	甲申	辰	戌
3	辛未(戌亥)	甲子	卯	戌	19	丁亥(午未)	甲申	辰	戌
4	壬申(戌亥)	甲子	卯	戌	20	戊子(午未) (穀雨:將變)	甲申	辰	戌·酉 戌(07:37:59).酉(07:38以後) 神藏殺沒 (戌月將:申寅. 酉月將:未丑)
5	癸酉(戌亥) (清明:建變)	甲子	卯·辰 卯(00:38:59).辰(00:39以後)	戌	21	己丑(午未)	甲申	辰	酉
6	甲戌(申酉)	甲戌	辰	戌	22	庚寅(午未)	甲申	辰	酉 神藏殺沒 (未丑)
7	乙亥(申酉)	甲戌	辰	戌	23	辛卯(午未)	甲申	辰	酉
8	丙子(申酉)	甲戌	辰	戌	24	壬辰(午未)	甲申	辰	酉
9	丁丑(申酉)	甲戌	辰	戌	25	癸巳(午未)	甲申	辰	酉
10	戊寅(申酉)	甲戌	辰	戌 神藏殺沒 (申寅)	26	甲午(辰巳)	甲午	辰	酉
11	己卯(申酉)	甲戌	辰	戌	27	乙未(辰巳)	甲午	辰	酉
12	庚辰(申酉)	甲戌	辰	戌 神藏殺沒 (申寅)	28	丙申(辰巳)	甲午	辰	酉
13	辛巳(申酉)	甲戌	辰	戌	29	丁酉(辰巳)	甲午	辰	酉
14	壬午(申酉)	甲戌	辰	戌	30	戊戌(辰巳)	甲午	辰	酉 神藏殺沒 (未丑)
15	癸未(申酉)	甲戌	辰	戌					
16	甲申(午未)	甲申	辰	戌					

2042(壬戌)年 5月[陽曆]

日	日辰(空亡)	旬	月建	月將	日	日辰(空亡)	旬	月建	月將
1	己亥(辰巳)	甲午	辰	酉	17	乙卯(子丑)	甲寅	巳	酉
2	庚子(辰巳)	甲午	辰	酉 神藏殺沒 (未丑)	18	丙辰(子丑)	甲寅	巳	酉
3	辛丑(辰巳)	甲午	辰	酉	19	丁巳(子丑)	甲寅	巳	酉
4	壬寅(辰巳)	甲午	辰	酉	20	戊午(子丑)	甲寅	巳	酉 神藏殺沒 (未丑)
5	癸卯(辰巳) (立夏:建變)	甲午	辰·巳	酉	21	己未(子丑) (小滿:將變)	甲寅	巳	酉·申
		辰(17:40:59).巳(17:41以後)					酉(06:29:59).申(06:30以後)		
6	甲辰(寅卯)	甲辰	巳	酉	22	庚申(子丑)	甲寅	巳	申
7	乙巳(寅卯)	甲辰	巳	酉	23	辛酉(子丑)	甲寅	巳	申
8	丙午(寅卯)	甲辰	巳	酉	24	壬戌(子丑)	甲寅	巳	申
9	丁未(寅卯)	甲辰	巳	酉	25	癸亥(子丑)	甲寅	巳	申
10	戊申(寅卯)	甲辰	巳	酉 神藏殺沒 (未丑)	26	甲子(戌亥)	甲子	巳	申
11	己酉(寅卯)	甲辰	巳	酉	27	乙丑(戌亥)	甲子	巳	申
12	庚戌(寅卯)	甲辰	巳	酉 神藏殺沒 (未丑)	28	丙寅(戌亥)	甲子	巳	申
13	辛亥(寅卯)	甲辰	巳	酉	29	丁卯(戌亥)	甲子	巳	申
14	壬子(寅卯)	甲辰	巳	酉	30	戊辰(戌亥)	甲子	巳	申 神藏殺沒 (午子)
15	癸丑(寅卯)	甲辰	巳	酉	31	己巳(戌亥)	甲子	巳	申
16	甲寅(子丑)	甲寅	巳	酉					

2042(壬戌)年 6月[陽曆]

<table>
<tr><th>日</th><th>日辰(空亡)</th><th>旬</th><th>月建</th><th>月將</th><th>日</th><th>日辰(空亡)</th><th>旬</th><th>月建</th><th>月將</th></tr>
<tr><td>1</td><td>庚午(戌亥)</td><td>甲子</td><td>巳</td><td>申
神藏殺沒
(午子)</td><td>17</td><td>丙辰(午未)</td><td>甲申</td><td>午</td><td>申</td></tr>
<tr><td>2</td><td>辛未(戌亥)</td><td>甲子</td><td>巳</td><td>申</td><td>18</td><td>丁亥(午未)</td><td>甲申</td><td>午</td><td>申</td></tr>
<tr><td>3</td><td>壬申(戌亥)</td><td>甲子</td><td>巳</td><td>申</td><td>19</td><td>戊子(午未)</td><td>甲申</td><td>午</td><td>申
神藏殺沒
(午子)</td></tr>
<tr><td>4</td><td>癸酉(戌亥)</td><td>甲子</td><td>巳</td><td>申</td><td>20</td><td>己丑(午未)</td><td>甲申</td><td>午</td><td>申</td></tr>
<tr><td rowspan="3">5</td><td rowspan="3">甲戌(申酉)
(芒種:建變)</td><td rowspan="2">甲戌</td><td rowspan="2">巳·午</td><td rowspan="2">申</td><td rowspan="3">21</td><td rowspan="3">庚寅(午未)
(夏至:將變)</td><td>甲申</td><td>午</td><td>申·未</td></tr>
<tr><td colspan="3">申(14:13:59).未(14:14以後)</td></tr>
<tr><td colspan="3">巳(21:36:59).午(21:37以後)</td><td colspan="3">神藏殺沒
(申月將:午子. 未月將:巳亥)</td></tr>
<tr><td>6</td><td>乙亥(申酉)</td><td>甲戌</td><td>午</td><td>申</td><td>22</td><td>辛卯(午未)</td><td>甲申</td><td>午</td><td>未</td></tr>
<tr><td>7</td><td>丙子(申酉)</td><td>甲戌</td><td>午</td><td>申</td><td>23</td><td>壬辰(午未)</td><td>甲申</td><td>午</td><td>未</td></tr>
<tr><td>8</td><td>丁丑(申酉)</td><td>甲戌</td><td>午</td><td>申</td><td>24</td><td>癸巳(午未)</td><td>甲申</td><td>午</td><td>未</td></tr>
<tr><td>9</td><td>戊寅(申酉)</td><td>甲戌</td><td>午</td><td>申
神藏殺沒
(午子)</td><td>25</td><td>甲午(辰巳)</td><td>甲午</td><td>午</td><td>未</td></tr>
<tr><td>10</td><td>己卯(申酉)</td><td>甲戌</td><td>午</td><td>申</td><td>26</td><td>乙未(辰巳)</td><td>甲午</td><td>午</td><td>未</td></tr>
<tr><td>11</td><td>庚辰(申酉)</td><td>甲戌</td><td>午</td><td>申
神藏殺沒
(午子)</td><td>27</td><td>丙申(辰巳)</td><td>甲午</td><td>午</td><td>未</td></tr>
<tr><td>12</td><td>辛巳(申酉)</td><td>甲戌</td><td>午</td><td>申</td><td>28</td><td>丁酉(辰巳)</td><td>甲午</td><td>午</td><td>未</td></tr>
<tr><td>13</td><td>壬午(申酉)</td><td>甲戌</td><td>午</td><td>申</td><td>29</td><td>戊戌(辰巳)</td><td>甲午</td><td>午</td><td>未
神藏殺沒
(巳亥)</td></tr>
<tr><td>14</td><td>癸未(申酉)</td><td>甲戌</td><td>午</td><td>申</td><td>30</td><td>己亥(辰巳)</td><td>甲午</td><td>午</td><td>未</td></tr>
<tr><td>15</td><td>甲申(午未)</td><td>甲申</td><td>午</td><td>申</td><td></td><td></td><td></td><td></td><td></td></tr>
<tr><td>16</td><td>乙酉(午未)</td><td>甲申</td><td>午</td><td>申</td><td></td><td></td><td></td><td></td><td></td></tr>
</table>

2042(壬戌)年 7月[陽曆]

日	日辰(空亡)	旬	月建	月將	日	日辰(空亡)	旬	月建	月將
1	庚子(辰巳)	甲午	午	未 神藏殺沒 (巳亥)	17	丙辰(子丑)	甲寅	未	未
2	辛丑(辰巳)	甲午	午	未	18	丁巳(子丑)	甲寅	未	未
3	壬寅(辰巳)	甲午	午	未	19	戊午(子丑)	甲寅	未	未 神藏殺沒 (巳亥)
4	癸卯(辰巳)	甲午	午	未	20	己未(子丑)	甲寅	未	未
5	甲辰(寅卯)	甲辰	午	未	21	庚申(子丑)	甲寅	未	未 神藏殺沒 (巳亥)
6	乙巳(寅卯)	甲辰	午	未	22	辛酉(子丑)	甲寅	未	未
7	丙午(寅卯) (小暑:建變)	甲辰	午·未	未	23	壬戌(子丑) (大暑:將變)	甲寅	未	未·午
		午(07:45:59).未(07:46以後)					未(01:04:59).午(01:05以後)		
8	丁未(寅卯)	甲辰	未	未	24	癸亥(子丑)	甲寅	未	午
9	戊申(寅卯)	甲辰	未	未 神藏殺沒 (巳亥)	25	甲子(戌亥)	甲子	未	午
10	己酉(寅卯)	甲辰	未	未	26	乙丑(戌亥)	甲子	未	午
11	庚戌(寅卯)	甲辰	未	未 神藏殺沒 (巳亥)	27	丙寅(戌亥)	甲子	未	午
12	辛亥(寅卯)	甲辰	未	未	28	丁卯(戌亥)	甲子	未	午
13	壬子(寅卯)	甲辰	未	未	29	戊辰(戌亥)	甲子	未	午 神藏殺沒 (辰戌)
14	癸丑(寅卯)	甲辰	未	未	30	己巳(戌亥)	甲子	未	午
15	甲寅(子丑)	甲寅	未	未	31	庚午(戌亥)	甲子	未	午 神藏殺沒 (辰戌)
16	乙卯(子丑)	甲寅	未	未					

2042(壬戌)年 8月[陽曆]

日	日辰(空亡)	旬	月建	月將	日	日辰(空亡)	旬	月建	月將
1	辛未(戌亥)	甲子	未	午	17	丁亥(午未)	甲申	申	午
2	壬申(戌亥)	甲子	未	午	18	戊子(午未)	甲申	申	午 神藏殺沒 (辰戌)
3	癸酉(戌亥)	甲子	未	午	19	己丑(午未)	甲申	申	午
4	甲戌(申酉)	甲戌	未	午	20	庚寅(午未)	甲申	申	午 神藏殺沒 (辰戌)
5	乙亥(申酉)	甲戌	未	午	21	辛卯(午未)	甲申	申	午
6	丙子(申酉)	甲戌	未	午	22	壬辰(午未)	甲申	申	午
7	丁丑(申酉) (立秋:建變)	甲戌	未·申	午	23	癸巳(午未) (處暑:將變)	甲申	申	午·巳
		未(17:36:59).申(17:37以後)					午(08:16:59).巳(08:17以後)		
8	戊寅(申酉)	甲戌	申	午 神藏殺沒 (辰戌)	24	甲午(辰巳)	甲午	申	巳 神藏殺沒 (酉卯)
9	己卯(申酉)	甲戌	申	午	25	乙未(辰巳)	甲午	申	巳
10	庚辰(申酉)	甲戌	申	午 神藏殺沒 (辰戌)	26	丙申(辰巳)	甲午	申	巳
11	辛巳(申酉)	甲戌	申	午	27	丁酉(辰巳)	甲午	申	巳
12	壬午(申酉)	甲戌	申	午	28	戊戌(辰巳)	甲午	申	巳 神藏殺沒 (卯酉)
13	癸未(申酉)	甲戌	申	午	29	己亥(辰巳)	甲午	申	巳
14	甲申(午未)	甲申	申	午	30	庚子(辰巳)	甲午	申	巳 神藏殺沒 (卯酉)
15	乙酉(午未)	甲申	申	午	31	辛丑(辰巳)	甲午	申	巳
16	丙戌(午未)	甲申	申	午					

2042(壬戌)年 9月[陽曆]

<table>
<tr><th>日</th><th>日辰(空亡)</th><th>旬</th><th>月建</th><th>月將</th><th>日</th><th>日辰(空亡)</th><th>旬</th><th>月建</th><th>月將</th></tr>
<tr><td>1</td><td>壬寅(辰巳)</td><td>甲午</td><td>申</td><td>巳</td><td>17</td><td>戊午(子丑)</td><td>甲寅</td><td>酉</td><td>巳
神藏殺沒
(卯酉)</td></tr>
<tr><td>2</td><td>癸卯(辰巳)</td><td>甲午</td><td>申</td><td>巳</td><td>18</td><td>己未(子丑)</td><td>甲寅</td><td>酉</td><td>巳</td></tr>
<tr><td>3</td><td>甲辰(寅卯)</td><td>甲辰</td><td>申</td><td>巳
神藏殺沒
(酉卯)</td><td>19</td><td>庚申(子丑)</td><td>甲寅</td><td>酉</td><td>巳
神藏殺沒
(卯酉)</td></tr>
<tr><td>4</td><td>乙巳(寅卯)</td><td>甲辰</td><td>申</td><td>巳</td><td>20</td><td>辛酉(子丑)</td><td>甲寅</td><td>酉</td><td>巳</td></tr>
<tr><td>5</td><td>丙午(寅卯)</td><td>甲辰</td><td>申</td><td>巳</td><td>21</td><td>壬戌(子丑)</td><td>甲寅</td><td>酉</td><td>巳</td></tr>
<tr><td>6</td><td>丁未(寅卯)</td><td>甲辰</td><td>申</td><td>巳</td><td>22</td><td>癸亥(子丑)</td><td>甲寅</td><td>酉</td><td>巳</td></tr>
<tr><td rowspan="3">7</td><td rowspan="3">戊申(寅卯)
(白露:建變)</td><td>甲辰</td><td>申·酉</td><td>巳</td><td rowspan="3">23</td><td rowspan="3">甲子(戌亥)
(秋分:將變)</td><td>甲子</td><td>酉</td><td>巳·辰</td></tr>
<tr><td colspan="3">申(20:43:59).酉(20:44以後)</td><td colspan="3">巳(06:09:59).辰(06:10以後)</td></tr>
<tr><td colspan="3">神藏殺沒(卯酉)</td><td colspan="3">神藏殺沒
(巳月將:酉卯. 辰月將:申寅)</td></tr>
<tr><td>8</td><td>己酉(寅卯)</td><td>甲辰</td><td>酉</td><td>巳</td><td>24</td><td>乙丑(戌亥)</td><td>甲子</td><td>酉</td><td>辰</td></tr>
<tr><td>9</td><td>庚戌(寅卯)</td><td>甲辰</td><td>酉</td><td>巳
神藏殺沒
(卯酉)</td><td>25</td><td>丙寅(戌亥)</td><td>甲子</td><td>酉</td><td>辰</td></tr>
<tr><td>10</td><td>辛亥(寅卯)</td><td>甲辰</td><td>酉</td><td>巳</td><td>26</td><td>丁卯(戌亥)</td><td>甲子</td><td>酉</td><td>辰</td></tr>
<tr><td>11</td><td>壬子(寅卯)</td><td>甲辰</td><td>酉</td><td>巳</td><td>27</td><td>戊辰(戌亥)</td><td>甲子</td><td>酉</td><td>辰</td></tr>
<tr><td>12</td><td>癸丑(寅卯)</td><td>甲辰</td><td>酉</td><td>巳</td><td>28</td><td>己巳(戌亥)</td><td>甲子</td><td>酉</td><td>辰</td></tr>
<tr><td>13</td><td>甲寅(子丑)</td><td>甲寅</td><td>酉</td><td>巳
神藏殺沒
(酉卯)</td><td>29</td><td>庚午(戌亥)</td><td>甲子</td><td>酉</td><td>辰</td></tr>
<tr><td>14</td><td>乙卯(子丑)</td><td>甲寅</td><td>酉</td><td>巳</td><td>30</td><td>辛未(戌亥)</td><td>甲子</td><td>酉</td><td>辰</td></tr>
<tr><td>15</td><td>丙辰(子丑)</td><td>甲寅</td><td>酉</td><td>巳</td><td></td><td></td><td></td><td></td><td></td></tr>
<tr><td>16</td><td>丁巳(子丑)</td><td>甲寅</td><td>酉</td><td>巳</td><td></td><td></td><td></td><td></td><td></td></tr>
</table>

2042(壬戌)年 10月[陽曆]

日	日辰(空亡)	旬	月建	月將	日	日辰(空亡)	旬	月建	月將
1	壬申(戌亥)	甲子	酉	辰	17	戊子(午未)	甲申	戌	辰
2	癸酉(戌亥)	甲子	酉	辰	18	己丑(午未)	甲申	戌	辰
3	甲戌(申酉)	甲戌	酉	辰 神藏殺沒 (申寅)	19	庚寅(午未)	甲申	戌	辰
4	乙亥(申酉)	甲戌	酉	辰	20	辛卯(午未)	甲申	戌	辰
5	丙子(申酉)	甲戌	酉	辰	21	壬辰(午未)	甲申	戌	辰
6	丁丑(申酉)	甲戌	酉	辰	22	癸巳(午未)	甲申	戌	辰
7	戊寅(申酉)	甲戌	酉	辰	23	甲午(辰巳) (霜降:將變)	甲午	戌	辰·卯 辰(15:47:59).卯(15:48以後) 神藏殺沒 (辰月將:申寅. 卯月將:未丑)
8	己卯(申酉) (寒露:建變)	甲戌	酉·戌 酉(12:38:59).戌(12:39以後)	辰	24	乙未(辰巳)	甲午	戌	卯
9	庚辰(申酉)	甲戌	戌	辰	25	丙申(辰巳)	甲午	戌	卯
10	辛巳(申酉)	甲戌	戌	辰	26	丁酉(辰巳)	甲午	戌	卯
11	壬午(申酉)	甲戌	戌	辰	27	戊戌(辰巳)	甲午	戌	卯
12	癸未(申酉)	甲戌	戌	辰	28	己亥(辰巳)	甲午	戌	卯
13	甲申(午未)	甲申	戌	辰 神藏殺沒 (申寅)	29	庚子(辰巳)	甲午	戌	卯
14	乙酉(午未)	甲申	戌	辰	30	辛丑(辰巳)	甲午	戌	卯
15	丙戌(午未)	甲申	戌	辰	31	壬寅(辰巳)	甲午	戌	卯
16	丁亥(午未)	甲申	戌	辰					

2042(壬戌)年 11月[陽曆]

日	日辰(空亡)	旬	月建	月將	日	日辰(空亡)	旬	月建	月將
1	癸卯(辰巳)	甲午	戌	卯	17	己未(子丑)	甲寅	亥	卯
2	甲辰(寅卯)	甲辰	戌	卯 神藏殺沒 (未丑)	18	庚申(子丑)	甲寅	亥	卯
3	乙巳(寅卯)	甲辰	戌	卯	19	辛酉(子丑)	甲寅	亥	卯
4	丙午(寅卯)	甲辰	戌	卯	20	壬戌(子丑)	甲寅	亥	卯
5	丁未(寅卯)	甲辰	戌	卯	21	癸亥(子丑)	甲寅	亥	卯
6	戊申(寅卯)	甲辰	戌	卯	22	甲子(戌亥) (小雪:將變)	甲子	亥	卯·寅 卯(13:35:59).寅(13:36以後) 神藏殺沒 (卯月將:未丑. 寅月將:午子)
7	己酉(寅卯) (立冬:建變)	甲辰	戌·亥 戌(16:05:59).亥(16:06以後)	卯	23	乙丑(戌亥)	甲子	亥	寅
8	庚戌(寅卯)	甲辰	亥	卯	24	丙寅(戌亥)	甲子	亥	寅
9	辛亥(寅卯)	甲辰	亥	卯	25	丁卯(戌亥)	甲子	亥	寅
10	壬子(寅卯)	甲辰	亥	卯	26	戊辰(戌亥)	甲子	亥	寅
11	癸丑(寅卯)	甲辰	亥	卯	27	己巳(戌亥)	甲子	亥	寅
12	甲寅(子丑)	甲寅	亥	卯 神藏殺沒 (未丑)	28	庚午(戌亥)	甲子	亥	寅
13	乙卯(子丑)	甲寅	亥	卯	29	辛未(戌亥)	甲子	亥	寅
14	丙辰(子丑)	甲寅	亥	卯	30	壬申(戌亥)	甲子	亥	寅
15	丁巳(子丑)	甲寅	亥	卯					
16	戊午(子丑)	甲寅	亥	卯					

2042(壬戌)年 12月[陽曆]

<table>
<tr><th>日</th><th>日辰(空亡)</th><th>旬</th><th>月建</th><th>月將</th><th>日</th><th>日辰(空亡)</th><th>旬</th><th>月建</th><th>月將</th></tr>
<tr><td>1</td><td>癸酉(戌亥)</td><td>甲子</td><td>亥</td><td>寅</td><td>17</td><td>己丑(午未)</td><td>甲申</td><td>子</td><td>寅</td></tr>
<tr><td>2</td><td>甲戌(申酉)</td><td>甲戌</td><td>亥</td><td>寅
神藏殺沒
(午子)</td><td>18</td><td>庚寅(午未)</td><td>甲申</td><td>子</td><td>寅</td></tr>
<tr><td>3</td><td>乙亥(申酉)</td><td>甲戌</td><td>亥</td><td>寅</td><td>19</td><td>辛卯(午未)</td><td>甲申</td><td>子</td><td>寅</td></tr>
<tr><td>4</td><td>丙子(申酉)</td><td>甲戌</td><td>亥</td><td>寅</td><td>20</td><td>壬辰(午未)</td><td>甲申</td><td>子</td><td>寅</td></tr>
<tr><td>5</td><td>丁丑(申酉)</td><td>甲戌</td><td>亥</td><td>寅</td><td>21</td><td>癸巳(午未)</td><td>甲申</td><td>子</td><td>寅</td></tr>
<tr><td rowspan="3">6</td><td rowspan="3">戊寅(申酉)</td><td rowspan="3">甲戌</td><td rowspan="3">亥</td><td rowspan="3">寅</td><td rowspan="3">22</td><td rowspan="3">甲午(辰巳)
(冬至:將變)</td><td>甲午</td><td>子</td><td>寅·丑</td></tr>
<tr><td colspan="3">寅(03:02:59).丑(03:03以後)</td></tr>
<tr><td colspan="3">神藏殺沒
(寅月將:午子. 丑月將:巳亥)</td></tr>
<tr><td rowspan="2">7</td><td rowspan="2">己卯(申酉)
(大雪:建變)</td><td>甲戌</td><td>亥·子</td><td>寅</td><td rowspan="2">23</td><td rowspan="2">乙未(辰巳)</td><td rowspan="2">甲午</td><td rowspan="2">子</td><td rowspan="2">丑</td></tr>
<tr><td colspan="3">亥(09:07:59).子(09:08以後)</td></tr>
<tr><td>8</td><td>庚辰(申酉)</td><td>甲戌</td><td>子</td><td>寅</td><td>24</td><td>丙申(辰巳)</td><td>甲午</td><td>子</td><td>丑</td></tr>
<tr><td>9</td><td>辛巳(申酉)</td><td>甲戌</td><td>子</td><td>寅</td><td>25</td><td>丁酉(辰巳)</td><td>甲午</td><td>子</td><td>丑</td></tr>
<tr><td>10</td><td>壬午(申酉)</td><td>甲戌</td><td>子</td><td>寅</td><td>26</td><td>戊戌(辰巳)</td><td>甲午</td><td>子</td><td>丑</td></tr>
<tr><td>11</td><td>癸未(申酉)</td><td>甲戌</td><td>子</td><td>寅</td><td>27</td><td>己亥(辰巳)</td><td>甲午</td><td>子</td><td>丑</td></tr>
<tr><td>12</td><td>甲申(午未)</td><td>甲申</td><td>子</td><td>寅
神藏殺沒
(午子)</td><td>28</td><td>庚子(辰巳)</td><td>甲午</td><td>子</td><td>丑</td></tr>
<tr><td>13</td><td>乙酉(午未)</td><td>甲申</td><td>子</td><td>寅</td><td>29</td><td>辛丑(辰巳)</td><td>甲午</td><td>子</td><td>丑</td></tr>
<tr><td>14</td><td>丙戌(午未)</td><td>甲申</td><td>子</td><td>寅</td><td>30</td><td>壬寅(辰巳)</td><td>甲午</td><td>子</td><td>丑</td></tr>
<tr><td>15</td><td>丁亥(午未)</td><td>甲申</td><td>子</td><td>寅</td><td>31</td><td>癸卯(辰巳)</td><td>甲午</td><td>子</td><td>丑</td></tr>
<tr><td>16</td><td>戊子(午未)</td><td>甲申</td><td>子</td><td>寅</td><td></td><td></td><td></td><td></td><td></td></tr>
</table>

2043(癸亥)年 1月[陽曆]

日	日辰(空亡)	旬	月建	月將	日	日辰(空亡)	旬	月建	月將
1	甲辰(寅卯)	甲辰	子	丑 神藏殺沒 (巳亥)	17	庚申(子丑)	甲寅	丑	丑
2	乙巳(寅卯)	甲辰	子	丑	18	辛酉(子丑)	甲寅	丑	丑
3	丙午(寅卯)	甲辰	子	丑	19	壬戌(子丑)	甲寅	丑	丑
4	丁未(寅卯)	甲辰	子	丑	20	癸亥(子丑) (大寒:將變)	甲寅 丑(13:39:59).子(13:40以後)	丑	丑·子
5	戊申(寅卯) (小寒:建變)	甲辰 子(20:23:59).丑(20:24以後)	子·丑	丑	21	甲子(戌亥)	甲子	丑	子 神藏殺沒 (辰戌)
6	己酉(寅卯)	甲辰	丑	丑	22	乙丑(戌亥)	甲子	丑	子
7	庚戌(寅卯)	甲辰	丑	丑	23	丙寅(戌亥)	甲子	丑	子
8	辛亥(寅卯)	甲辰	丑	丑	24	丁卯(戌亥)	甲子	丑	子
9	壬子(寅卯)	甲辰	丑	丑	25	戊辰(戌亥)	甲子	丑	子
10	癸丑(寅卯)	甲辰	丑	丑	26	己巳(戌亥)	甲子	丑	子
11	甲寅(子丑)	甲寅	丑	丑 神藏殺沒 (巳亥)	27	庚午(戌亥)	甲子	丑	子
12	乙卯(子丑)	甲寅	丑	丑	28	辛未(戌亥)	甲子	丑	子
13	丙辰(子丑)	甲寅	丑	丑	29	壬申(戌亥)	甲子	丑	子
14	丁巳(子丑)	甲寅	丑	丑	30	癸酉(戌亥)	甲子	丑	子
15	戊午(子丑)	甲寅	丑	丑	31	甲戌(申酉)	甲戌	丑	子 神藏殺沒 (辰戌)
16	己未(子丑)	甲寅	丑	丑					

2043(癸亥)年 2月[陽曆]

日	日辰(空亡)	旬	月建	月將	日	日辰(空亡)	旬	月建	月將
1	乙亥(申酉)	甲戌	丑	子	17	辛卯(午未)	甲申	寅	子
2	丙子(申酉)	甲戌	丑	子	18	壬辰(午未)	甲申	寅	子
3	丁丑(申酉)	甲戌	丑	子	19	癸巳(午未) (雨水:將變)	甲申	寅	子·亥 子(03:39:59).亥(03:40以後)
4	戊寅(申酉) (立春:建變)	甲戌	丑·寅 丑(07:56:59).寅(07:57以後)	子	20	甲午(辰巳)	甲午	寅	亥 神藏殺沒 (卯酉)
5	己卯(申酉)	甲戌	寅	子	21	乙未(辰巳)	甲午	寅	亥
6	庚辰(申酉)	甲戌	寅	子	22	丙申(辰巳)	甲午	寅	亥
7	辛巳(申酉)	甲戌	寅	子	23	丁酉(辰巳)	甲午	寅	亥
8	壬午(申酉)	甲戌	寅	子	24	戊戌(辰巳)	甲午	寅	亥 神藏殺沒 (酉卯)
9	癸未(申酉)	甲戌	寅	子	25	己亥(辰巳)	甲午	寅	亥
10	甲申(午未)	甲申	寅	子 神藏殺沒 (辰戌)	26	庚子(辰巳)	甲午	寅	亥 神藏殺沒 (酉卯)
11	乙酉(午未)	甲申	寅	子	27	辛丑(辰巳)	甲午	寅	亥
12	丙戌(午未)	甲申	寅	子	28	壬寅(辰巳)	甲午	寅	亥
13	丁亥(午未)	甲申	寅	子					
14	戊子(午未)	甲申	寅	子					
15	己丑(午未)	甲申	寅	子					
16	庚寅(午未)	甲申	寅	子					

2043(癸亥)年 3月[陽曆]

<table>
<tr><th>日</th><th>日辰(空亡)</th><th>旬</th><th>月建</th><th>月將</th><th>日</th><th>日辰(空亡)</th><th>旬</th><th>月建</th><th>月將</th></tr>
<tr><td>1</td><td>癸卯(辰巳)</td><td>甲午</td><td>寅</td><td>亥</td><td>17</td><td>己未(子丑)</td><td>甲寅</td><td>卯</td><td>亥</td></tr>
<tr><td>2</td><td>甲辰(寅卯)</td><td>甲辰</td><td>寅</td><td>亥
神藏殺沒
(卯酉)</td><td>18</td><td>庚申(子丑)</td><td>甲寅</td><td>卯</td><td>亥
神藏殺沒
(酉卯)</td></tr>
<tr><td>3</td><td>乙巳(寅卯)</td><td>甲辰</td><td>寅</td><td>亥</td><td>19</td><td>辛酉(子丑)</td><td>甲寅</td><td>卯</td><td>亥</td></tr>
<tr><td>4</td><td>丙午(寅卯)</td><td>甲辰</td><td>寅</td><td>亥</td><td>20</td><td>壬戌(子丑)</td><td>甲寅</td><td>卯</td><td>亥</td></tr>
<tr><td rowspan="2">5</td><td rowspan="2">丁未(寅卯)</td><td rowspan="2">甲辰</td><td rowspan="2">寅</td><td rowspan="2">亥</td><td rowspan="2">21</td><td rowspan="2">癸亥(子丑)
(春分:將變)</td><td>甲寅</td><td>卯</td><td>亥·戌</td></tr>
<tr><td colspan="3">亥(02:25:59).戌(02:26以後)</td></tr>
<tr><td rowspan="3">6</td><td rowspan="3">戊申(寅卯)
(驚蟄:建變)</td><td>甲辰</td><td>寅·卯</td><td>亥</td><td rowspan="3">22</td><td rowspan="3">甲子(戌亥)</td><td rowspan="3">甲子</td><td rowspan="3">卯</td><td rowspan="3">戌</td></tr>
<tr><td colspan="3">寅(01:45:59).卯(01:46以後)</td></tr>
<tr><td colspan="3">神藏殺沒(酉卯)</td></tr>
<tr><td>7</td><td>己酉(寅卯)</td><td>甲辰</td><td>卯</td><td>亥</td><td>23</td><td>乙丑(戌亥)</td><td>甲子</td><td>卯</td><td>戌</td></tr>
<tr><td>8</td><td>庚戌(寅卯)</td><td>甲辰</td><td>卯</td><td>亥
神藏殺沒
(酉卯)</td><td>24</td><td>丙寅(戌亥)</td><td>甲子</td><td>卯</td><td>戌</td></tr>
<tr><td>9</td><td>辛亥(寅卯)</td><td>甲辰</td><td>卯</td><td>亥</td><td>25</td><td>丁卯(戌亥)</td><td>甲子</td><td>卯</td><td>戌</td></tr>
<tr><td>10</td><td>壬子(寅卯)</td><td>甲辰</td><td>卯</td><td>亥</td><td>26</td><td>戊辰(戌亥)</td><td>甲子</td><td>卯</td><td>戌
神藏殺沒
(申寅)</td></tr>
<tr><td>11</td><td>癸丑(寅卯)</td><td>甲辰</td><td>卯</td><td>亥</td><td>27</td><td>己巳(戌亥)</td><td>甲子</td><td>卯</td><td>戌</td></tr>
<tr><td>12</td><td>甲寅(子丑)</td><td>甲寅</td><td>卯</td><td>亥
神藏殺沒
(卯酉)</td><td>28</td><td>庚午(戌亥)</td><td>甲子</td><td>卯</td><td>戌
神藏殺沒
(申寅)</td></tr>
<tr><td>13</td><td>乙卯(子丑)</td><td>甲寅</td><td>卯</td><td>亥</td><td>29</td><td>辛未(戌亥)</td><td>甲子</td><td>卯</td><td>戌</td></tr>
<tr><td>14</td><td>丙辰(子丑)</td><td>甲寅</td><td>卯</td><td>亥</td><td>30</td><td>壬申(戌亥)</td><td>甲子</td><td>卯</td><td>戌</td></tr>
<tr><td>15</td><td>丁巳(子丑)</td><td>甲寅</td><td>卯</td><td>亥</td><td>31</td><td>癸酉(戌亥)</td><td>甲子</td><td>卯</td><td>戌</td></tr>
<tr><td>16</td><td>戊午(子丑)</td><td>甲寅</td><td>卯</td><td>亥
神藏殺沒
(酉卯)</td><td></td><td></td><td></td><td></td><td></td></tr>
</table>

2043(癸亥)年 4月[陽曆]

日	日辰(空亡)	旬	月建	月將	日	日辰(空亡)	旬	月建	月將
1	甲戌(申酉)	甲戌	卯	戌	17	庚寅(午未)	甲申	辰	戌 神藏殺沒 (申寅)
2	乙亥(申酉)	甲戌	卯	戌	18	辛卯(午未)	甲申	辰	戌
3	丙子(申酉)	甲戌	卯	戌	19	壬辰(午未)	甲申	辰	戌
4	丁丑(申酉)	甲戌	卯	戌	20	癸巳(午未) (穀雨:將變)	甲申 戌(13:12:59).酉(13:13以後)	辰	戌·酉
5	戊寅(申酉) (淸明:建變)	甲戌 卯(06:18:59).辰(06:19以後) 神藏殺沒(申寅)	卯·辰	戌	21	甲午(辰巳)	甲午	辰	酉
6	己卯(申酉)	甲戌	辰	戌	22	乙未(辰巳)	甲午	辰	酉
7	庚辰(申酉)	甲戌	辰	戌 神藏殺沒 (申寅)	23	丙申(辰巳)	甲午	辰	酉
8	辛巳(申酉)	甲戌	辰	戌	24	丁酉(辰巳)	甲午	辰	酉
9	壬午(申酉)	甲戌	辰	戌	25	戊戌(辰巳)	甲午	辰	酉 神藏殺沒 (未丑)
10	癸未(申酉)	甲戌	辰	戌	26	己亥(辰巳)	甲午	辰	酉
11	甲申(午未)	甲申	辰	戌	27	庚子(辰巳)	甲午	辰	酉 神藏殺沒 (未丑)
12	乙酉(午未)	甲申	辰	戌	28	辛丑(辰巳)	甲午	辰	酉
13	丙戌(午未)	甲申	辰	戌	29	壬寅(辰巳)	甲午	辰	酉
14	丁亥(午未)	甲申	辰	戌	30	癸卯(辰巳)	甲午	辰	酉
15	戊子(午未)	甲申	辰	戌 神藏殺沒 (申寅)					
16	己丑(午未)	甲申	辰	戌					

2043(癸亥)年 5月[陽曆]

<table>
<tr><th>日</th><th>日辰(空亡)</th><th>旬</th><th>月建</th><th>月將</th><th>日</th><th>日辰(空亡)</th><th>旬</th><th>月建</th><th>月將</th></tr>
<tr><td>1</td><td>甲辰(寅卯)</td><td>甲辰</td><td>辰</td><td>酉</td><td>17</td><td>庚申(子丑)</td><td>甲寅</td><td>巳</td><td>酉
神藏殺沒
(未丑)</td></tr>
<tr><td>2</td><td>乙巳(寅卯)</td><td>甲辰</td><td>辰</td><td>酉</td><td>18</td><td>辛酉(子丑)</td><td>甲寅</td><td>巳</td><td>酉</td></tr>
<tr><td>3</td><td>丙午(寅卯)</td><td>甲辰</td><td>辰</td><td>酉</td><td>19</td><td>壬戌(子丑)</td><td>甲寅</td><td>巳</td><td>酉</td></tr>
<tr><td>4</td><td>丁未(寅卯)</td><td>甲辰</td><td>辰</td><td>酉</td><td>20</td><td>癸亥(子丑)</td><td>甲寅</td><td>巳</td><td>酉</td></tr>
<tr><td rowspan="3">5</td><td rowspan="3">戊申(寅卯)
(立夏:建變)</td><td>甲辰</td><td>辰·巳</td><td>酉</td><td rowspan="3">21</td><td rowspan="3">甲子(戌亥)
(小滿:將變)</td><td rowspan="2">甲子</td><td rowspan="2">巳</td><td rowspan="2">酉·申</td></tr>
<tr><td colspan="3">辰(23:20:59).巳(23:21以後)</td></tr>
<tr><td colspan="3">神藏殺沒(未丑)</td><td colspan="3">酉(12:07:59).申(12:08以後)</td></tr>
<tr><td>6</td><td>己酉(寅卯)</td><td>甲辰</td><td>巳</td><td>酉</td><td>22</td><td>乙丑(戌亥)</td><td>甲子</td><td>巳</td><td>申</td></tr>
<tr><td>7</td><td>庚戌(寅卯)</td><td>甲辰</td><td>巳</td><td>酉
神藏殺沒
(未丑)</td><td>23</td><td>丙寅(戌亥)</td><td>甲子</td><td>巳</td><td>申</td></tr>
<tr><td>8</td><td>辛亥(寅卯)</td><td>甲辰</td><td>巳</td><td>酉</td><td>24</td><td>丁卯(戌亥)</td><td>甲子</td><td>巳</td><td>申</td></tr>
<tr><td>9</td><td>壬子(寅卯)</td><td>甲辰</td><td>巳</td><td>酉</td><td>25</td><td>戊辰(戌亥)</td><td>甲子</td><td>巳</td><td>申
神藏殺沒
(午子)</td></tr>
<tr><td>10</td><td>癸丑(寅卯)</td><td>甲辰</td><td>巳</td><td>酉</td><td>26</td><td>己巳(戌亥)</td><td>甲子</td><td>巳</td><td>申</td></tr>
<tr><td>11</td><td>甲寅(子丑)</td><td>甲寅</td><td>巳</td><td>酉</td><td>27</td><td>庚午(戌亥)</td><td>甲子</td><td>巳</td><td>申
神藏殺沒
(午子)</td></tr>
<tr><td>12</td><td>乙卯(子丑)</td><td>甲寅</td><td>巳</td><td>酉</td><td>28</td><td>辛未(戌亥)</td><td>甲子</td><td>巳</td><td>申</td></tr>
<tr><td>13</td><td>丙辰(子丑)</td><td>甲寅</td><td>巳</td><td>酉</td><td>29</td><td>壬申(戌亥)</td><td>甲子</td><td>巳</td><td>申</td></tr>
<tr><td>14</td><td>丁巳(子丑)</td><td>甲寅</td><td>巳</td><td>酉</td><td>30</td><td>癸酉(戌亥)</td><td>甲子</td><td>巳</td><td>申</td></tr>
<tr><td>15</td><td>戊午(子丑)</td><td>甲寅</td><td>巳</td><td>酉
神藏殺沒
(未丑)</td><td>31</td><td>甲戌(申酉)</td><td>甲戌</td><td>巳</td><td>申</td></tr>
<tr><td>16</td><td>己未(子丑)</td><td>甲寅</td><td>巳</td><td>酉</td><td></td><td></td><td></td><td></td><td></td></tr>
</table>

2043(癸亥)年 6月[陽暦]

日	日辰(空亡)	旬	月建	月將	日	日辰(空亡)	旬	月建	月將
1	乙亥(申酉)	甲戌	巳	申	17	辛卯(午未)	甲申	午	申
2	丙子(申酉)	甲戌	巳	申	18	壬辰(午未)	甲申	午	申
3	丁丑(申酉)	甲戌	巳	申	19	癸巳(午未)	甲申	午	申
4	戊寅(申酉)	甲戌	巳	申 神藏殺沒 (午子)	20	甲午(辰巳)	甲午	午	申
5	己卯(申酉)	甲戌	巳	申	21	乙未(辰巳) (夏至:將變)	甲午 申(19:56:59).未(19:57以後)	午	申·未
6	庚辰(申酉) (芒種:建變)	甲戌 巳(03:16:59).午(03:17以後) 神藏殺沒(午子)	巳·午	申	22	丙申(辰巳)	甲午	午	未
7	辛巳(申酉)	甲戌	午	申	23	丁酉(辰巳)	甲午	午	未
8	壬午(申酉)	甲戌	午	申	24	戊戌(辰巳)	甲午	午	未 神藏殺沒 (巳亥)
9	癸未(申酉)	甲戌	午	申	25	己亥(辰巳)	甲午	午	未
10	甲申(午未)	甲申	午	申	26	庚子(辰巳)	甲午	午	未 神藏殺沒 (巳亥)
11	乙酉(午未)	甲申	午	申	27	辛丑(辰巳)	甲午	午	未
12	丙戌(午未)	甲申	午	申	28	壬寅(辰巳)	甲午	午	未
13	丁亥(午未)	甲申	午	申	29	癸卯(辰巳)	甲午	午	未
14	戊子(午未)	甲申	午	申 神藏殺沒 (午子)	30	甲辰(寅卯)	甲辰	午	未
15	己丑(午未)	甲申	午	申					
16	庚寅(午未)	甲申	午	申 神藏殺沒 (午子)					

2043(癸亥)年 7月[陽曆]

日	日辰(空亡)	旬	月建	月將	日	日辰(空亡)	旬	月建	月將
1	乙巳(寅卯)	甲辰	午	未	17	辛酉(子丑)	甲寅	未	未
2	丙午(寅卯)	甲辰	午	未	18	壬戌(子丑)	甲寅	未	未
3	丁未(寅卯)	甲辰	午	未	19	癸亥(子丑)	甲寅	未	未
4	戊申(寅卯)	甲辰	午	未 神藏殺沒 (巳亥)	20	甲子(戌亥)	甲子	未	未
5	己酉(寅卯)	甲辰	午	未	21	乙丑(戌亥)	甲子	未	未
6	庚戌(寅卯)	甲辰	午	未 神藏殺沒 (巳亥)	22	丙寅(戌亥)	甲子	未	未
7	辛亥(寅卯) (小暑:建變)	甲辰	午·未 午(13:25:59).未(13:26以後)	未	23	丁卯(戌亥) (大暑:將變)	甲子	未	未·午 未(06:51:59).午(06:52以後)
8	壬子(寅卯)	甲辰	未	未	24	戊辰(戌亥)	甲子	未	午 神藏殺沒 (辰戌)
9	癸丑(寅卯)	甲辰	未	未	25	己巳(戌亥)	甲子	未	午
10	甲寅(子丑)	甲寅	未	未	26	庚午(戌亥)	甲子	未	午 神藏殺沒 (辰戌)
11	乙卯(子丑)	甲寅	未	未	27	辛未(戌亥)	甲子	未	午
12	丙辰(子丑)	甲寅	未	未	28	壬申(戌亥)	甲子	未	午
13	丁巳(子丑)	甲寅	未	未	29	癸酉(戌亥)	甲子	未	午
14	戊午(子丑)	甲寅	未	未 神藏殺沒 (巳亥)	30	甲戌(申酉)	甲戌	未	午
15	己未(子丑)	甲寅	未	未	31	乙亥(申酉)	甲戌	未	午
16	庚申(子丑)	甲寅	未	未 神藏殺沒 (巳亥)					

2043(癸亥)年 8月[陽曆]

日	日辰(空亡)	旬	月建	月將	日	日辰(空亡)	旬	月建	月將
1	丙子(申酉)	甲戌	未	午	17	壬辰(午未)	甲申	申	午
2	丁丑(申酉)	甲戌	未	午	18	癸巳(午未)	甲申	申	午
3	戊寅(申酉)	甲戌	未	午 神藏殺沒 (辰戌)	19	甲午(辰巳)	甲午	申	午
4	己卯(申酉)	甲戌	未	午	20	乙未(辰巳)	甲午	申	午
5	庚辰(申酉)	甲戌	未	午 神藏殺沒 (辰戌)	21	丙申(辰巳)	甲午	申	午
6	辛巳(申酉)	甲戌	未	午	22	丁酉(辰巳)	甲午	申	午
7	壬午(申酉) (立秋:建變)	甲戌	未·申 未(23:18:59).申(23:19以後)	午	23	戊戌(辰巳) (處暑:將變)	甲午	申	午·巳 午(14:07:59).巳(14:08以後) 神藏殺沒 (午月將:辰戌. 巳月將:卯酉)
8	癸未(申酉)	甲戌	申	午	24	己亥(辰巳)	甲午	申	巳
9	甲申(午未)	甲申	申	午	25	庚子(辰巳)	甲午	申	巳 神藏殺沒 (卯酉)
10	乙酉(午未)	甲申	申	午	26	辛丑(辰巳)	甲午	申	巳
11	丙戌(午未)	甲申	申	午	27	壬寅(辰巳)	甲午	申	巳
12	丁亥(午未)	甲申	申	午	28	癸卯(辰巳)	甲午	申	巳
13	戊子(午未)	甲申	申	午 神藏殺沒 (辰戌)	29	甲辰(寅卯)	甲辰	申	巳 神藏殺沒 (酉卯)
14	己丑(午未)	甲申	申	午	30	乙巳(寅卯)	甲辰	申	巳
15	庚寅(午未)	甲申	申	午 神藏殺沒 (辰戌)	31	丙午(寅卯)	甲辰	申	巳
16	辛卯(午未)	甲申	申	午					

2043(癸亥)年 9月[陽曆]

<table>
<tr><th>日</th><th>日辰(空亡)</th><th>旬</th><th>月建</th><th>月將</th><th>日</th><th>日辰(空亡)</th><th>旬</th><th>月建</th><th>月將</th></tr>
<tr><td>1</td><td>丁未(寅卯)</td><td>甲辰</td><td>申</td><td>巳</td><td>17</td><td>癸亥(子丑)</td><td>甲寅</td><td>酉</td><td>巳</td></tr>
<tr><td>2</td><td>戊申(寅卯)</td><td>甲辰</td><td>申</td><td>巳
神藏殺沒
(卯酉)</td><td>18</td><td>甲子(戌亥)</td><td>甲子</td><td>酉</td><td>巳
神藏殺沒
(酉卯)</td></tr>
<tr><td>3</td><td>己酉(寅卯)</td><td>甲辰</td><td>申</td><td>巳</td><td>19</td><td>乙丑(戌亥)</td><td>甲子</td><td>酉</td><td>巳</td></tr>
<tr><td>4</td><td>庚戌(寅卯)</td><td>甲辰</td><td>申</td><td>巳
神藏殺沒
(卯酉)</td><td>20</td><td>丙寅(戌亥)</td><td>甲子</td><td>酉</td><td>巳</td></tr>
<tr><td>5</td><td>辛亥(寅卯)</td><td>甲辰</td><td>申</td><td>巳</td><td>21</td><td>丁卯(戌亥)</td><td>甲子</td><td>酉</td><td>巳</td></tr>
<tr><td>6</td><td>壬子(寅卯)</td><td>甲辰</td><td>申</td><td>巳</td><td>22</td><td>戊辰(戌亥)</td><td>甲子</td><td>酉</td><td>巳
神藏殺沒
(卯酉)</td></tr>
<tr><td rowspan="2">7</td><td rowspan="2">癸丑(寅卯)</td><td rowspan="2">甲辰</td><td rowspan="2">申</td><td rowspan="2">巳</td><td rowspan="2">23</td><td rowspan="2">己巳(戌亥)
(秋分:將變)</td><td>甲子</td><td>酉</td><td>巳·辰</td></tr>
<tr><td colspan="3">巳(12:04:59).辰(12:05以後)</td></tr>
<tr><td rowspan="3">8</td><td rowspan="3">甲寅(子丑)
(白露:建變)</td><td>甲寅</td><td>申·酉</td><td>巳</td><td rowspan="3">24</td><td rowspan="3">庚午(戌亥)</td><td rowspan="3">甲子</td><td rowspan="3">酉</td><td rowspan="3">辰</td></tr>
<tr><td colspan="3">申(02:28:59).酉(02:29以後)</td></tr>
<tr><td colspan="3">神藏殺沒(酉卯)</td></tr>
<tr><td>9</td><td>乙卯(子丑)</td><td>甲寅</td><td>酉</td><td>巳</td><td>25</td><td>辛未(戌亥)</td><td>甲子</td><td>酉</td><td>辰</td></tr>
<tr><td>10</td><td>丙辰(子丑)</td><td>甲寅</td><td>酉</td><td>巳</td><td>26</td><td>壬申(戌亥)</td><td>甲子</td><td>酉</td><td>辰</td></tr>
<tr><td>11</td><td>丁巳(子丑)</td><td>甲寅</td><td>酉</td><td>巳</td><td>27</td><td>癸酉(戌亥)</td><td>甲子</td><td>酉</td><td>辰</td></tr>
<tr><td>12</td><td>戊午(子丑)</td><td>甲寅</td><td>酉</td><td>巳
神藏殺沒
(卯酉)</td><td>28</td><td>甲戌(申酉)</td><td>甲戌</td><td>酉</td><td>辰
神藏殺沒
(申寅)</td></tr>
<tr><td>13</td><td>己未(子丑)</td><td>甲寅</td><td>酉</td><td>巳</td><td>29</td><td>乙亥(申酉)</td><td>甲戌</td><td>酉</td><td>辰</td></tr>
<tr><td>14</td><td>庚申(子丑)</td><td>甲寅</td><td>酉</td><td>巳
神藏殺沒
(卯酉)</td><td>30</td><td>丙子(申酉)</td><td>甲戌</td><td>酉</td><td>辰</td></tr>
<tr><td>15</td><td>辛酉(子丑)</td><td>甲寅</td><td>酉</td><td>巳</td><td></td><td></td><td></td><td></td><td></td></tr>
<tr><td>16</td><td>壬戌(子丑)</td><td>甲寅</td><td>酉</td><td>巳</td><td></td><td></td><td></td><td></td><td></td></tr>
</table>

2043(癸亥)年 10月[陽曆]

<table>
<tr><th>日</th><th>日辰(空亡)</th><th>旬</th><th>月建</th><th>月將</th><th>日</th><th>日辰(空亡)</th><th>旬</th><th>月建</th><th>月將</th></tr>
<tr><td>1</td><td>丁丑(申酉)</td><td>甲戌</td><td>酉</td><td>辰</td><td>17</td><td>癸巳(午未)</td><td>甲申</td><td>戌</td><td>辰</td></tr>
<tr><td>2</td><td>戊寅(申酉)</td><td>甲戌</td><td>酉</td><td>辰</td><td>18</td><td>甲午(辰巳)</td><td>甲午</td><td>戌</td><td>辰
神藏殺沒
(申寅)</td></tr>
<tr><td>3</td><td>己卯(申酉)</td><td>甲戌</td><td>酉</td><td>辰</td><td>19</td><td>乙未(辰巳)</td><td>甲午</td><td>戌</td><td>辰</td></tr>
<tr><td>4</td><td>庚辰(申酉)</td><td>甲戌</td><td>酉</td><td>辰</td><td>20</td><td>丙申(辰巳)</td><td>甲午</td><td>戌</td><td>辰</td></tr>
<tr><td>5</td><td>辛巳(申酉)</td><td>甲戌</td><td>酉</td><td>辰</td><td>21</td><td>丁酉(辰巳)</td><td>甲午</td><td>戌</td><td>辰</td></tr>
<tr><td>6</td><td>壬午(申酉)</td><td>甲戌</td><td>酉</td><td>辰</td><td>22</td><td>戊戌(辰巳)</td><td>甲午</td><td>戌</td><td>辰</td></tr>
<tr><td rowspan="2">7</td><td rowspan="2">癸未(申酉)</td><td rowspan="2">甲戌</td><td rowspan="2">酉</td><td rowspan="2">辰</td><td rowspan="2">23</td><td rowspan="2">己亥(辰巳)
(霜降:將變)</td><td>甲午</td><td>戌</td><td>辰·卯</td></tr>
<tr><td colspan="3">辰(21:44:59).卯(21:45以後)</td></tr>
<tr><td rowspan="3">8</td><td rowspan="3">甲申(午未)
(寒露:建變)</td><td>甲申</td><td>酉·戌</td><td>辰</td><td rowspan="3">24</td><td rowspan="3">庚子(辰巳)</td><td rowspan="3">甲午</td><td rowspan="3">戌</td><td rowspan="3">卯</td></tr>
<tr><td colspan="3">酉(18:25:59).戌(18:26以後)</td></tr>
<tr><td colspan="3">神藏殺沒(申寅)</td></tr>
<tr><td>9</td><td>乙酉(午未)</td><td>甲申</td><td>戌</td><td>辰</td><td>25</td><td>辛丑(辰巳)</td><td>甲午</td><td>戌</td><td>卯</td></tr>
<tr><td>10</td><td>丙戌(午未)</td><td>甲申</td><td>戌</td><td>辰</td><td>26</td><td>壬寅(辰巳)</td><td>甲午</td><td>戌</td><td>卯</td></tr>
<tr><td>11</td><td>丁亥(午未)</td><td>甲申</td><td>戌</td><td>辰</td><td>27</td><td>癸卯(辰巳)</td><td>甲午</td><td>戌</td><td>卯</td></tr>
<tr><td>12</td><td>戊子(午未)</td><td>甲申</td><td>戌</td><td>辰</td><td>28</td><td>甲辰(寅卯)</td><td>甲辰</td><td>戌</td><td>卯
神藏殺沒
(未丑)</td></tr>
<tr><td>13</td><td>己丑(午未)</td><td>甲申</td><td>戌</td><td>辰</td><td>29</td><td>乙巳(寅卯)</td><td>甲辰</td><td>戌</td><td>卯</td></tr>
<tr><td>14</td><td>庚寅(午未)</td><td>甲申</td><td>戌</td><td>辰</td><td>30</td><td>丙午(寅卯)</td><td>甲辰</td><td>戌</td><td>卯</td></tr>
<tr><td>15</td><td>辛卯(午未)</td><td>甲申</td><td>戌</td><td>辰</td><td>31</td><td>丁未(寅卯)</td><td>甲辰</td><td>戌</td><td>卯</td></tr>
<tr><td>16</td><td>壬辰(午未)</td><td>甲申</td><td>戌</td><td>辰</td><td></td><td></td><td></td><td></td><td></td></tr>
</table>

2043(癸亥)年 11月[陽曆]

日	日辰(空亡)	旬	月建	月將	日	日辰(空亡)	旬	月建	月將
1	戊申(寅卯)	甲辰	戌	卯	17	甲子(戌亥)	甲子	亥	卯 神藏殺沒 (未丑)
2	己酉(寅卯)	甲辰	戌	卯	18	乙丑(戌亥)	甲子	亥	卯
3	庚戌(寅卯)	甲辰	戌	卯	19	丙寅(戌亥)	甲子	亥	卯
4	辛亥(寅卯)	甲辰	戌	卯	20	丁卯(戌亥)	甲子	亥	卯
5	壬子(寅卯)	甲辰	戌	卯	21	戊辰(戌亥)	甲子	亥	卯
6	癸丑(寅卯)	甲辰	戌	卯	22	己巳(戌亥) (小雪:將變)	甲子	亥	卯·寅 卯(19:33:59).寅(19:34以後)
7	甲寅(子丑) (立冬:建變)	甲寅	戌·亥 戌(21:53:59).亥(21:54以後) 神藏殺沒(未丑)	卯	23	庚午(戌亥)	甲子	亥	寅
8	乙卯(子丑)	甲寅	亥	卯	24	辛未(戌亥)	甲子	亥	寅
9	丙辰(子丑)	甲寅	亥	卯	25	壬申(戌亥)	甲子	亥	寅
10	丁巳(子丑)	甲寅	亥	卯	26	癸酉(戌亥)	甲子	亥	寅
11	戊午(子丑)	甲寅	亥	卯	27	甲戌(申酉)	甲戌	亥	寅 神藏殺沒 (午子)
12	己未(子丑)	甲寅	亥	卯	28	乙亥(申酉)	甲戌	亥	寅
13	庚申(子丑)	甲寅	亥	卯	29	丙子(申酉)	甲戌	亥	寅
14	辛酉(子丑)	甲寅	亥	卯	30	丁丑(申酉)	甲戌	亥	寅
15	壬戌(子丑)	甲寅	亥	卯					
16	癸亥(子丑)	甲寅	亥	卯					

2043(癸亥)年 12月[陽曆]

<table>
<tr><th>日</th><th>日辰(空亡)</th><th>旬</th><th>月建</th><th>月將</th><th>日</th><th>日辰(空亡)</th><th>旬</th><th>月建</th><th>月將</th></tr>
<tr><td>1</td><td>戊寅(申酉)</td><td>甲戌</td><td>亥</td><td>寅</td><td>17</td><td>甲午(辰巳)</td><td>甲午</td><td>子</td><td>寅
神藏殺沒
(午子)</td></tr>
<tr><td>2</td><td>己卯(申酉)</td><td>甲戌</td><td>亥</td><td>寅</td><td>18</td><td>乙未(辰巳)</td><td>甲午</td><td>子</td><td>寅</td></tr>
<tr><td>3</td><td>庚辰(申酉)</td><td>甲戌</td><td>亥</td><td>寅</td><td>19</td><td>丙申(辰巳)</td><td>甲午</td><td>子</td><td>寅</td></tr>
<tr><td>4</td><td>辛巳(申酉)</td><td>甲戌</td><td>亥</td><td>寅</td><td>20</td><td>丁酉(辰巳)</td><td>甲午</td><td>子</td><td>寅</td></tr>
<tr><td>5</td><td>壬午(申酉)</td><td>甲戌</td><td>亥</td><td>寅</td><td>21</td><td>戊戌(辰巳)</td><td>甲午</td><td>子</td><td>寅</td></tr>
<tr><td rowspan="2">6</td><td rowspan="2">癸未(申酉)</td><td rowspan="2">甲戌</td><td rowspan="2">亥</td><td rowspan="2">寅</td><td rowspan="2">22</td><td rowspan="2">己亥(辰巳)
(冬至:將變)</td><td>甲午</td><td>子</td><td>寅·丑</td></tr>
<tr><td colspan="3">寅(08:59:59).丑(09:00以後)</td></tr>
<tr><td rowspan="3">7</td><td rowspan="3">甲申(午未)
(大雪:建變)</td><td>甲申</td><td>亥·子</td><td>寅</td><td rowspan="3">23</td><td rowspan="3">庚子(辰巳)</td><td rowspan="3">甲午</td><td rowspan="3">子</td><td rowspan="3">丑</td></tr>
<tr><td colspan="3">亥(14:55:59).子(14:56以後)</td></tr>
<tr><td colspan="3">神藏殺沒(午子)</td></tr>
<tr><td>8</td><td>乙酉(午未)</td><td>甲申</td><td>子</td><td>寅</td><td>24</td><td>辛丑(辰巳)</td><td>甲午</td><td>子</td><td>丑</td></tr>
<tr><td>9</td><td>丙戌(午未)</td><td>甲申</td><td>子</td><td>寅</td><td>25</td><td>壬寅(辰巳)</td><td>甲午</td><td>子</td><td>丑</td></tr>
<tr><td>10</td><td>丁亥(午未)</td><td>甲申</td><td>子</td><td>寅</td><td>26</td><td>癸卯(辰巳)</td><td>甲午</td><td>子</td><td>丑</td></tr>
<tr><td>11</td><td>戊子(午未)</td><td>甲申</td><td>子</td><td>寅</td><td>27</td><td>甲辰(寅卯)</td><td>甲辰</td><td>子</td><td>丑
神藏殺沒
(巳亥)</td></tr>
<tr><td>12</td><td>己丑(午未)</td><td>甲申</td><td>子</td><td>寅</td><td>28</td><td>乙巳(寅卯)</td><td>甲辰</td><td>子</td><td>丑</td></tr>
<tr><td>13</td><td>庚寅(午未)</td><td>甲申</td><td>子</td><td>寅</td><td>29</td><td>丙午(寅卯)</td><td>甲辰</td><td>子</td><td>丑</td></tr>
<tr><td>14</td><td>辛卯(午未)</td><td>甲申</td><td>子</td><td>寅</td><td>30</td><td>丁未(寅卯)</td><td>甲辰</td><td>子</td><td>丑</td></tr>
<tr><td>15</td><td>壬辰(午未)</td><td>甲申</td><td>子</td><td>寅</td><td>31</td><td>戊申(寅卯)</td><td>甲辰</td><td>子</td><td>丑</td></tr>
<tr><td>16</td><td>癸巳(午未)</td><td>甲申</td><td>子</td><td>寅</td><td></td><td></td><td></td><td></td><td></td></tr>
</table>

2044(甲子)年 1月[陽曆]

日	日辰(空亡)	旬	月建	月將	日	日辰(空亡)	旬	月建	月將
1	己酉(寅卯)	甲辰	子	丑	17	乙丑(戌亥)	甲子	丑	丑
2	庚戌(寅卯)	甲辰	子	丑	18	丙寅(戌亥)	甲子	丑	丑
3	辛亥(寅卯)	甲辰	子	丑	19	丁卯(戌亥)	甲子	丑	丑
4	壬子(寅卯)	甲辰	子	丑	20	戊辰(戌亥) (大寒:將變)	甲子	丑	丑·子
							丑(19:35:59).子(19:36以後)		
5	癸丑(寅卯)	甲辰	子	丑	21	己巳(戌亥)	甲子	丑	子
6	甲寅(子丑) (小寒:建變)	甲寅	子·丑	丑	22	庚午(戌亥)	甲子	丑	子
		子(02:10:59).丑(02:11以後)							
		神藏殺沒(巳亥)							
7	乙卯(子丑)	甲寅	丑	丑	23	辛未(戌亥)	甲子	丑	子
8	丙辰(子丑)	甲寅	丑	丑	24	壬申(戌亥)	甲子	丑	子
9	丁巳(子丑)	甲寅	丑	丑	25	癸酉(戌亥)	甲子	丑	子
10	戊午(子丑)	甲寅	丑	丑	26	甲戌(申酉)	甲戌	丑	子 神藏殺沒 (辰戌)
11	己未(子丑)	甲寅	丑	丑	27	乙亥(申酉)	甲戌	丑	子
12	庚申(子丑)	甲寅	丑	丑	28	丙子(申酉)	甲戌	丑	子
13	辛酉(子丑)	甲寅	丑	丑	29	丁丑(申酉)	甲戌	丑	子
14	壬戌(子丑)	甲寅	丑	丑	30	戊寅(申酉)	甲戌	丑	子
15	癸亥(子丑)	甲寅	丑	丑	31	己卯(申酉)	甲戌	丑	子
16	甲子(戌亥)	甲子	丑	丑 神藏殺沒 (巳亥)					

2044(甲子)年 2月[陽曆]

<table>
<tr><th>日</th><th>日辰(空亡)</th><th>旬</th><th>月建</th><th>月將</th><th>日</th><th>日辰(空亡)</th><th>旬</th><th>月建</th><th>月將</th></tr>
<tr><td>1</td><td>庚辰(申酉)</td><td>甲戌</td><td>丑</td><td>子</td><td>17</td><td>丙申(辰巳)</td><td>甲午</td><td>寅</td><td>子</td></tr>
<tr><td>2</td><td>辛巳(申酉)</td><td>甲戌</td><td>丑</td><td>子</td><td>18</td><td>丁酉(辰巳)</td><td>甲午</td><td>寅</td><td>子</td></tr>
<tr><td rowspan="3">3</td><td rowspan="3">壬午(申酉)</td><td rowspan="3">甲戌</td><td rowspan="3">丑</td><td rowspan="3">子</td><td rowspan="3">19</td><td rowspan="3">戊戌(辰巳)
(雨水:將變)</td><td>甲午</td><td>寅</td><td>子·亥</td></tr>
<tr><td colspan="3">子(09:33:59).亥(09:34以後)</td></tr>
<tr><td colspan="3">神藏殺沒(亥月將: 酉卯)</td></tr>
<tr><td rowspan="2">4</td><td rowspan="2">癸未(申酉)
(立春:建變)</td><td>甲戌</td><td>丑·寅</td><td>子</td><td rowspan="2">20</td><td rowspan="2">己亥(辰巳)</td><td rowspan="2">甲午</td><td rowspan="2">寅</td><td rowspan="2">亥</td></tr>
<tr><td colspan="3">丑(13:42:59).寅(13:43以後)</td></tr>
<tr><td>5</td><td>甲申(午未)</td><td>甲申</td><td>寅</td><td>子
神藏殺沒
(辰戌)</td><td>21</td><td>庚子(辰巳)</td><td>甲午</td><td>寅</td><td>亥
神藏殺沒
(酉卯)</td></tr>
<tr><td>6</td><td>乙酉(午未)</td><td>甲申</td><td>寅</td><td>子</td><td>22</td><td>辛丑(辰巳)</td><td>甲午</td><td>寅</td><td>亥</td></tr>
<tr><td>7</td><td>丙戌(午未)</td><td>甲申</td><td>寅</td><td>子</td><td>23</td><td>壬寅(辰巳)</td><td>甲午</td><td>寅</td><td>亥</td></tr>
<tr><td>8</td><td>丁亥(午未)</td><td>甲申</td><td>寅</td><td>子</td><td>24</td><td>癸卯(辰巳)</td><td>甲午</td><td>寅</td><td>亥</td></tr>
<tr><td>9</td><td>戊子(午未)</td><td>甲申</td><td>寅</td><td>子</td><td>25</td><td>甲辰(寅卯)</td><td>甲辰</td><td>寅</td><td>亥
神藏殺沒
(卯酉)</td></tr>
<tr><td>10</td><td>己丑(午未)</td><td>甲申</td><td>寅</td><td>子</td><td>26</td><td>乙巳(寅卯)</td><td>甲辰</td><td>寅</td><td>亥</td></tr>
<tr><td>11</td><td>庚寅(午未)</td><td>甲申</td><td>寅</td><td>子</td><td>27</td><td>丙午(寅卯)</td><td>甲辰</td><td>寅</td><td>亥</td></tr>
<tr><td>12</td><td>辛卯(午未)</td><td>甲申</td><td>寅</td><td>子</td><td>28</td><td>丁未(寅卯)</td><td>甲辰</td><td>寅</td><td>亥</td></tr>
<tr><td>13</td><td>壬辰(午未)</td><td>甲申</td><td>寅</td><td>子</td><td>29</td><td>戊申(寅卯)</td><td>甲辰</td><td>寅</td><td>亥
神藏殺沒
(酉卯)</td></tr>
<tr><td>14</td><td>癸巳(午未)</td><td>甲申</td><td>寅</td><td>子</td><td></td><td></td><td></td><td></td><td></td></tr>
<tr><td>15</td><td>甲午(辰巳)</td><td>甲午</td><td>寅</td><td>子
神藏殺沒
(辰戌)</td><td></td><td></td><td></td><td></td><td></td></tr>
<tr><td>16</td><td>乙未(辰巳)</td><td>甲午</td><td>寅</td><td>子</td><td></td><td></td><td></td><td></td><td></td></tr>
</table>

2044(甲子)年 3月[陽曆]

日	日辰(空亡)	旬	月建	月將	日	日辰(空亡)	旬	月建	月將
1	己酉(寅卯)	甲辰	寅	亥	17	乙丑(戌亥)	甲子	卯	亥
2	庚戌(寅卯)	甲辰	寅	亥 神藏殺沒 (酉卯)	18	丙寅(戌亥)	甲子	卯	亥
3	辛亥(寅卯)	甲辰	寅	亥	19	丁卯(戌亥)	甲子	卯	亥
4	壬子(寅卯)	甲辰	寅	亥	20	戊辰(戌亥) (春分:將變)	甲子	卯	亥·戌 亥(08:18:59).戌(08:19以後) 神藏殺沒 (亥月將:酉卯. 戌月將:申寅)
5	癸丑(寅卯) (驚蟄:建變)	甲辰	寅·卯 寅(07:29:59).卯(07:30以後)	亥	21	己巳(戌亥)	甲子	卯	戌
6	甲寅(子丑)	甲寅	卯	亥 神藏殺沒 (卯酉)	22	庚午(戌亥)	甲子	卯	戌 神藏殺沒 (申寅)
7	乙卯(子丑)	甲寅	卯	亥	23	辛未(戌亥)	甲子	卯	戌
8	丙辰(子丑)	甲寅	卯	亥	24	壬申(戌亥)	甲子	卯	戌
9	丁巳(子丑)	甲寅	卯	亥	25	癸酉(戌亥)	甲子	卯	戌
10	戊午(子丑)	甲寅	卯	亥 神藏殺沒 (酉卯)	26	甲戌(申酉)	甲戌	卯	戌
11	己未(子丑)	甲寅	卯	亥	27	乙亥(申酉)	甲戌	卯	戌
12	庚申(子丑)	甲寅	卯	亥 神藏殺沒 (酉卯)	28	丙子(申酉)	甲戌	卯	戌
13	辛酉(子丑)	甲寅	卯	亥	29	丁丑(申酉)	甲戌	卯	戌
14	壬戌(子丑)	甲寅	卯	亥	30	戊寅(申酉)	甲戌	卯	戌 神藏殺沒 (申寅)
15	癸亥(子丑)	甲寅	卯	亥	31	己卯(申酉)	甲戌	卯	戌
16	甲子(戌亥)	甲子	卯	亥 神藏殺沒 (卯酉)					

2044(甲子)年 4月[陽曆]

日	日辰(空亡)	旬	月建	月將	日	日辰(空亡)	旬	月建	月將
1	庚辰(申酉)	甲戌	卯	戌 神藏殺沒 (申寅)	17	丙申(辰巳)	甲午	辰	戌
2	辛巳(申酉)	甲戌	卯	戌	18	丁酉(辰巳)	甲午	辰	戌
3	壬午(申酉)	甲戌	卯	戌	19	戊戌(辰巳) (穀雨:將變)	甲午	辰	戌·酉 戌(19:04:59).酉(19:05以後) 神藏殺沒 (戌月將:申寅. 酉月將:未丑)
4	癸未(申酉) (淸明:建變)	甲戌	卯·辰 卯(12:01:59).辰(12:02以後)	戌	20	己亥(辰巳)	甲午	辰	酉
5	甲申(午未)	甲申	辰	戌	21	庚子(辰巳)	甲午	辰	酉 神藏殺沒 (未丑)
6	乙酉(午未)	甲申	辰	戌	22	辛丑(辰巳)	甲午	辰	酉
7	丙戌(午未)	甲申	辰	戌	23	壬寅(辰巳)	甲午	辰	酉
8	丁亥(午未)	甲申	辰	戌	24	癸卯(辰巳)	甲午	辰	酉
9	戊子(午未)	甲申	辰	戌 神藏殺沒 (申寅)	25	甲辰(寅卯)	甲辰	辰	酉
10	己丑(午未)	甲申	辰	戌	26	乙巳(寅卯)	甲辰	辰	酉
11	庚寅(午未)	甲申	辰	戌 神藏殺沒 (申寅)	27	丙午(寅卯)	甲辰	辰	酉
12	辛卯(午未)	甲申	辰	戌	28	丁未(寅卯)	甲辰	辰	酉
13	壬辰(午未)	甲申	辰	戌	29	戊申(寅卯)	甲辰	辰	酉 神藏殺沒 (未丑)
14	癸巳(午未)	甲申	辰	戌	30	己酉(寅卯)	甲辰	辰	酉
15	甲午(辰巳)	甲午	辰	戌					
16	乙未(辰巳)	甲午	辰	戌					

2044(甲子)年 5月[陽曆]

日	日辰(空亡)	旬	月建	月將	日	日辰(空亡)	旬	月建	月將
1	庚戌(寅卯)	甲辰	辰	酉 神藏殺沒 (未丑)	17	丙寅(戌亥)	甲子	巳	酉
2	辛亥(寅卯)	甲辰	辰	酉	18	丁卯(戌亥)	甲子	巳	酉
3	壬子(寅卯)	甲辰	辰	酉	19	戊辰(戌亥)	甲子	巳	酉 神藏殺沒 (未丑)
4	癸丑(寅卯)	甲辰	辰	酉	20	己巳(戌亥) (小滿:將變)	甲子	巳	酉·申 酉(17:59:59).申(18:00以後)
5	甲寅(子丑) (立夏:建變)	甲寅	辰·巳 辰(05:03:59).巳(05:04以後)	酉	21	庚午(戌亥)	甲子	巳	申 神藏殺沒 (午子)
6	乙卯(子丑)	甲寅	巳	酉	22	辛未(戌亥)	甲子	巳	申
7	丙辰(子丑)	甲寅	巳	酉	23	壬申(戌亥)	甲子	巳	申
8	丁巳(子丑)	甲寅	巳	酉	24	癸酉(戌亥)	甲子	巳	申
9	戊午(子丑)	甲寅	巳	酉 神藏殺沒 (未丑)	25	甲戌(申酉)	甲戌	巳	申
10	己未(子丑)	甲寅	巳	酉	26	乙亥(申酉)	甲戌	巳	申
11	庚申(子丑)	甲寅	巳	酉 神藏殺沒 (未丑)	27	丙子(申酉)	甲戌	巳	申
12	辛酉(子丑)	甲寅	巳	酉	28	丁丑(申酉)	甲戌	巳	申
13	壬戌(子丑)	甲寅	巳	酉	29	戊寅(申酉)	甲戌	巳	申 神藏殺沒 (午子)
14	癸亥(子丑)	甲寅	巳	酉	30	己卯(申酉)	甲戌	巳	申
15	甲子(戌亥)	甲子	巳	酉	31	庚辰(申酉)	甲戌	巳	申 神藏殺沒 (午子)
16	乙丑(戌亥)	甲子	巳	酉					

2044(甲子)年 6月[陽曆]

<table>
<tr><th>日</th><th>日辰(空亡)</th><th>旬</th><th>月建</th><th>月將</th><th>日</th><th>日辰(空亡)</th><th>旬</th><th>月建</th><th>月將</th></tr>
<tr><td>1</td><td>辛巳(申酉)</td><td>甲戌</td><td>巳</td><td>申</td><td>17</td><td>丁酉(辰巳)</td><td>甲午</td><td>午</td><td>申</td></tr>
<tr><td>2</td><td>壬午(申酉)</td><td>甲戌</td><td>巳</td><td>申</td><td>18</td><td>戊戌(辰巳)</td><td>甲午</td><td>午</td><td>申
神藏殺沒
(午子)</td></tr>
<tr><td>3</td><td>癸未(申酉)</td><td>甲戌</td><td>巳</td><td>申</td><td>19</td><td>己亥(辰巳)</td><td>甲午</td><td>午</td><td>申</td></tr>
<tr><td>4</td><td>甲申(午未)</td><td>甲申</td><td>巳</td><td>申</td><td>20</td><td>庚子(辰巳)</td><td>甲午</td><td>午</td><td>申
神藏殺沒
(午子)</td></tr>
<tr><td rowspan="2">5</td><td rowspan="2">乙酉(午未)
(芒種:建變)</td><td>甲申</td><td>巳·午</td><td>申</td><td rowspan="2">21</td><td rowspan="2">辛丑(辰巳)
(夏至:將變)</td><td>甲午</td><td>午</td><td>申·未</td></tr>
<tr><td colspan="3">巳(09:01:59).午(09:02以後)</td><td colspan="3">申(01:49:59).未(01:50以後)</td></tr>
<tr><td>6</td><td>丙戌(午未)</td><td>甲申</td><td>午</td><td>申</td><td>22</td><td>壬寅(辰巳)</td><td>甲午</td><td>午</td><td>未</td></tr>
<tr><td>7</td><td>丁亥(午未)</td><td>甲申</td><td>午</td><td>申</td><td>23</td><td>癸卯(辰巳)</td><td>甲午</td><td>午</td><td>未</td></tr>
<tr><td>8</td><td>戊子(午未)</td><td>甲申</td><td>午</td><td>申
神藏殺沒
(午子)</td><td>24</td><td>甲辰(寅卯)</td><td>甲辰</td><td>午</td><td>未</td></tr>
<tr><td>9</td><td>己丑(午未)</td><td>甲申</td><td>午</td><td>申</td><td>25</td><td>乙巳(寅卯)</td><td>甲辰</td><td>午</td><td>未</td></tr>
<tr><td>10</td><td>庚寅(午未)</td><td>甲申</td><td>午</td><td>申
神藏殺沒
(午子)</td><td>26</td><td>丙午(寅卯)</td><td>甲辰</td><td>午</td><td>未</td></tr>
<tr><td>11</td><td>辛卯(午未)</td><td>甲申</td><td>午</td><td>申</td><td>27</td><td>丁未(寅卯)</td><td>甲辰</td><td>午</td><td>未</td></tr>
<tr><td>12</td><td>壬辰(午未)</td><td>甲申</td><td>午</td><td>申</td><td>28</td><td>戊申(寅卯)</td><td>甲辰</td><td>午</td><td>未
神藏殺沒
(巳亥)</td></tr>
<tr><td>13</td><td>癸巳(午未)</td><td>甲申</td><td>午</td><td>申</td><td>29</td><td>己酉(寅卯)</td><td>甲辰</td><td>午</td><td>未</td></tr>
<tr><td>14</td><td>甲午(辰巳)</td><td>甲午</td><td>午</td><td>申</td><td>30</td><td>庚戌(寅卯)</td><td>甲辰</td><td>午</td><td>未
神藏殺沒
(巳亥)</td></tr>
<tr><td>15</td><td>乙未(辰巳)</td><td>甲午</td><td>午</td><td>申</td><td></td><td></td><td></td><td></td><td></td></tr>
<tr><td>16</td><td>丙申(辰巳)</td><td>甲午</td><td>午</td><td>申</td><td></td><td></td><td></td><td></td><td></td></tr>
</table>

2044(甲子)年 7月[陽曆]

日	日辰(空亡)	旬	月建	月將	日	日辰(空亡)	旬	月建	月將
1	辛亥(寅卯)	甲辰	午	未	17	丁卯(戌亥)	甲子	未	未
2	壬子(寅卯)	甲辰	午	未	18	戊辰(戌亥)	甲子	未	未 神藏殺沒 (巳亥)
3	癸丑(寅卯)	甲辰	午	未	19	己巳(戌亥)	甲子	未	未
4	甲寅(子丑)	甲寅	午	未	20	庚午(戌亥)	甲子	未	未 神藏殺沒 (巳亥)
5	乙卯(子丑)	甲寅	午	未	21	辛未(戌亥)	甲子	未	未
6	丙辰(子丑) (小暑:建變)	甲寅 午(19:13:59).未(19:14以後)	午·未	未	22	壬申(戌亥) (大暑:將變)	甲子 未(12:41:59).午(12:42以後)	未	未·午
7	丁巳(子丑)	甲寅	未	未	23	癸酉(戌亥)	甲子	未	午
8	戊午(子丑)	甲寅	未	未 神藏殺沒 (巳亥)	24	甲戌(申酉)	甲戌	未	午
9	己未(子丑)	甲寅	未	未	25	乙亥(申酉)	甲戌	未	午
10	庚申(子丑)	甲寅	未	未 神藏殺沒 (巳亥)	26	丙子(申酉)	甲戌	未	午
11	辛酉(子丑)	甲寅	未	未	27	丁丑(申酉)	甲戌	未	午
12	壬戌(子丑)	甲寅	未	未	28	戊寅(申酉)	甲戌	未	午 神藏殺沒 (辰戌)
13	癸亥(子丑)	甲寅	未	未	29	己卯(申酉)	甲戌	未	午
14	甲子(戌亥)	甲子	未	未	30	庚辰(申酉)	甲戌	未	午 神藏殺沒 (辰戌)
15	乙丑(戌亥)	甲子	未	未	31	辛巳(申酉)	甲戌	未	午
16	丙寅(戌亥)	甲子	未	未					

2044(甲子)年 8月[陽曆]

日	日辰(空亡)	旬	月建	月將	日	日辰(空亡)	旬	月建	月將
1	壬午(申酉)	甲戌	未	午	17	戊戌(辰巳)	甲午	申	午 神藏殺沒 (辰戌)
2	癸未(申酉)	甲戌	未	午	18	己亥(辰巳)	甲午	申	午
3	甲申(午未)	甲申	未	午	19	庚子(辰巳)	甲午	申	午 神藏殺沒 (辰戌)
4	乙酉(午未)	甲申	未	午	20	辛丑(辰巳)	甲午	申	午
5	丙戌(午未)	甲申	未	午	21	壬寅(辰巳)	甲午	申	午
6	丁亥(午未)	甲申	未	午	22	癸卯(辰巳) (處暑:將變)	甲午 午(19:52:59).巳(19:53以後)	申	午·巳
7	戊子(午未) (立秋:建變)	甲申 未(05:06:59).申(05:07以後) 神藏殺沒(辰戌)	未·申	午	23	甲辰(寅卯)	甲辰	申	巳 神藏殺沒 (酉卯)
8	己丑(午未)	甲申	申	午	24	乙巳(寅卯)	甲辰	申	巳
9	庚寅(午未)	甲申	申	午 神藏殺沒 (辰戌)	25	丙午(寅卯)	甲辰	申	巳
10	辛卯(午未)	甲申	申	午	26	丁未(寅卯)	甲辰	申	巳
11	壬辰(午未)	甲申	申	午	27	戊申(寅卯)	甲辰	申	巳 神藏殺沒 (卯酉)
12	癸巳(午未)	甲申	申	午	28	己酉(寅卯)	甲辰	申	巳
13	甲午(辰巳)	甲午	申	午	29	庚戌(寅卯)	甲辰	申	巳 神藏殺沒 (卯酉)
14	乙未(辰巳)	甲午	申	午	30	辛亥(寅卯)	甲辰	申	巳
15	丙申(辰巳)	甲午	申	午	31	壬子(寅卯)	甲辰	申	巳
16	丁酉(辰巳)	甲午	申	午					

2044(甲子)年 9月[陽曆]

日	日辰(空亡)	旬	月建	月將	日	日辰(空亡)	旬	月建	月將
1	癸丑(寅卯)	甲辰	申	巳	17	己巳(戌亥)	甲子	酉	巳
2	甲寅(子丑)	甲寅	申	巳 神藏殺沒 (酉卯)	18	庚午(戌亥)	甲子	酉	巳 神藏殺沒 (卯酉)
3	乙卯(子丑)	甲寅	申	巳	19	辛未(戌亥)	甲子	酉	巳
4	丙辰(子丑)	甲寅	申	巳	20	壬申(戌亥)	甲子	酉	巳
5	丁巳(子丑)	甲寅	申	巳	21	癸酉(戌亥)	甲子	酉	巳
6	戊午(子丑)	甲寅	申	巳 神藏殺沒 (卯酉)	22	甲戌(申酉) (秋分:將變)	甲戌	酉	巳·辰 巳(17:45:59).辰(17:46以後) 神藏殺沒 (巳月將:酉卯. 辰月將: 申寅)
7	己未(子丑) (白露:建變)	甲寅	申·酉 申(08:14:59).酉(08:15以後)	巳	23	乙亥(申酉)	甲戌	酉	辰
8	庚申(子丑)	甲寅	酉	巳 神藏殺沒 (卯酉)	24	丙子(申酉)	甲戌	酉	辰
9	辛酉(子丑)	甲寅	酉	巳	25	丁丑(申酉)	甲戌	酉	辰
10	壬戌(子丑)	甲寅	酉	巳	26	戊寅(申酉)	甲戌	酉	辰
11	癸亥(子丑)	甲寅	酉	巳	27	己卯(申酉)	甲戌	酉	辰
12	甲子(戌亥)	甲子	酉	巳 神藏殺沒 (酉卯)	28	庚辰(申酉)	甲戌	酉	辰
13	乙丑(戌亥)	甲子	酉	巳	29	辛巳(申酉)	甲戌	酉	辰
14	丙寅(戌亥)	甲子	酉	巳	30	壬午(申酉)	甲戌	酉	辰
15	丁卯(戌亥)	甲子	酉	巳					
16	戊辰(戌亥)	甲子	酉	巳 神藏殺沒 (卯酉)					

2044(甲子)年 10月[陽曆]

日	日辰(空亡)	旬	月建	月將	日	日辰(空亡)	旬	月建	月將
1	癸未(申酉)	甲戌	酉	辰	17	己亥(辰巳)	甲午	戌	辰
2	甲申(午未)	甲申	酉	辰 神藏殺沒 (申寅)	18	庚子(辰巳)	甲午	戌	辰
3	乙酉(午未)	甲申	酉	辰	19	辛丑(辰巳)	甲午	戌	辰
4	丙戌(午未)	甲申	酉	辰	20	壬寅(辰巳)	甲午	戌	辰
5	丁亥(午未)	甲申	酉	辰	21	癸卯(辰巳)	甲午	戌	辰
6	戊子(午未)	甲申	酉	辰	22	甲辰(寅卯)	甲辰	戌	辰 神藏殺沒 (申寅)
7	己丑(午未)	甲申	酉	辰	23	乙巳(寅卯) (霜降:將變)	甲辰	戌	辰·卯 辰(03:24:59).卯(03:25以後)
8	庚寅(午未) (寒露:建變)	甲申	酉·戌	辰 酉(00:11:59).戌(00:12以後)	24	丙午(寅卯)	甲辰	戌	卯
9	辛卯(午未)	甲申	戌	辰	25	丁未(寅卯)	甲辰	戌	卯
10	壬辰(午未)	甲申	戌	辰	26	戊申(寅卯)	甲辰	戌	卯
11	癸巳(午未)	甲申	戌	辰	27	己酉(寅卯)	甲辰	戌	卯
12	甲午(辰巳)	甲午	戌	辰 神藏殺沒 (申寅)	28	庚戌(寅卯)	甲辰	戌	卯
13	乙未(辰巳)	甲午	戌	辰	29	辛亥(寅卯)	甲辰	戌	卯
14	丙申(辰巳)	甲午	戌	辰	30	壬子(寅卯)	甲辰	戌	卯
15	丁酉(辰巳)	甲午	戌	辰	31	癸丑(寅卯)	甲辰	戌	卯
16	戊戌(辰巳)	甲午	戌	辰					

2044(甲子)年 11月[陽曆]

<table>
<tr><th>日</th><th>日辰(空亡)</th><th>旬</th><th>月建</th><th>月將</th><th>日</th><th>日辰(空亡)</th><th>旬</th><th>月建</th><th>月將</th></tr>
<tr><td>1</td><td>甲寅(子丑)</td><td>甲寅</td><td>戌</td><td>卯
神藏殺沒
(未丑)</td><td>17</td><td>庚午(戌亥)</td><td>甲子</td><td>亥</td><td>卯</td></tr>
<tr><td>2</td><td>乙卯(子丑)</td><td>甲寅</td><td>戌</td><td>卯</td><td>18</td><td>辛未(戌亥)</td><td>甲子</td><td>亥</td><td>卯</td></tr>
<tr><td>3</td><td>丙辰(子丑)</td><td>甲寅</td><td>戌</td><td>卯</td><td>19</td><td>壬申(戌亥)</td><td>甲子</td><td>亥</td><td>卯</td></tr>
<tr><td>4</td><td>丁巳(子丑)</td><td>甲寅</td><td>戌</td><td>卯</td><td>20</td><td>癸酉(戌亥)</td><td>甲子</td><td>亥</td><td>卯</td></tr>
<tr><td>5</td><td>戊午(子丑)</td><td>甲寅</td><td>戌</td><td>卯</td><td>21</td><td>甲戌(申酉)</td><td>甲戌</td><td>亥</td><td>卯
神藏殺沒
(未丑)</td></tr>
<tr><td rowspan="2">6</td><td rowspan="2">己未(子丑)</td><td rowspan="2">甲寅</td><td rowspan="2">戌</td><td rowspan="2">卯</td><td rowspan="2">22</td><td rowspan="2">乙亥(申酉)
(小雪:將變)</td><td>甲戌</td><td>亥</td><td>卯·寅</td></tr>
<tr><td colspan="3">卯(01:13:59).寅(01:14以後)</td></tr>
<tr><td rowspan="2">7</td><td rowspan="2">庚申(子丑)
(立冬:建變)</td><td>甲寅</td><td>戌·亥</td><td>卯</td><td rowspan="2">23</td><td rowspan="2">丙子(申酉)</td><td rowspan="2">甲戌</td><td rowspan="2">亥</td><td rowspan="2">寅</td></tr>
<tr><td colspan="3">戌(03:39:59).亥(03:40以後)</td></tr>
<tr><td>8</td><td>辛酉(子丑)</td><td>甲寅</td><td>亥</td><td>卯</td><td>24</td><td>丁丑(申酉)</td><td>甲戌</td><td>亥</td><td>寅</td></tr>
<tr><td>9</td><td>壬戌(子丑)</td><td>甲寅</td><td>亥</td><td>卯</td><td>25</td><td>戊寅(申酉)</td><td>甲戌</td><td>亥</td><td>寅</td></tr>
<tr><td>10</td><td>癸亥(子丑)</td><td>甲寅</td><td>亥</td><td>卯</td><td>26</td><td>己卯(申酉)</td><td>甲戌</td><td>亥</td><td>寅</td></tr>
<tr><td>11</td><td>甲子(戌亥)</td><td>甲子</td><td>亥</td><td>卯
神藏殺沒
(未丑)</td><td>27</td><td>庚辰(申酉)</td><td>甲戌</td><td>亥</td><td>寅</td></tr>
<tr><td>12</td><td>乙丑(戌亥)</td><td>甲子</td><td>亥</td><td>卯</td><td>28</td><td>辛巳(申酉)</td><td>甲戌</td><td>亥</td><td>寅</td></tr>
<tr><td>13</td><td>丙寅(戌亥)</td><td>甲子</td><td>亥</td><td>卯</td><td>29</td><td>壬午(申酉)</td><td>甲戌</td><td>亥</td><td>寅</td></tr>
<tr><td>14</td><td>丁卯(戌亥)</td><td>甲子</td><td>亥</td><td>卯</td><td>30</td><td>癸未(申酉)</td><td>甲戌</td><td>亥</td><td>寅</td></tr>
<tr><td>15</td><td>戊辰(戌亥)</td><td>甲子</td><td>亥</td><td>卯</td><td></td><td></td><td></td><td></td><td></td></tr>
<tr><td>16</td><td>己巳(戌亥)</td><td>甲子</td><td>亥</td><td>卯</td><td></td><td></td><td></td><td></td><td></td></tr>
</table>

2044(甲子)年 12月[陽曆]

日	日辰(空亡)	旬	月建	月將	日	日辰(空亡)	旬	月建	月將
1	甲申(午未)	甲申	亥	寅 神藏殺沒 (午子)	17	庚子(辰巳)	甲午	子	寅
2	乙酉(午未)	甲申	亥	寅	18	辛丑(辰巳)	甲午	子	寅
3	丙戌(午未)	甲申	亥	寅	19	壬寅(辰巳)	甲午	子	寅
4	丁亥(午未)	甲申	亥	寅	20	癸卯(辰巳)	甲午	子	寅
5	戊子(午未)	甲申	亥	寅	21	甲辰(寅卯) (冬至:將變)	甲辰	子	寅·丑 寅(14:41:59).丑(14:42以後) 神藏殺沒 (寅月將:午子. 丑月將:巳亥)
6	己丑(午未) (大雪:建變)	甲申	亥·子 亥(20:43:59).子(20:44以後)	寅	22	乙巳(寅卯)	甲辰	子	丑
7	庚寅(午未)	甲申	子	寅	23	丙午(寅卯)	甲辰	子	丑
8	辛卯(午未)	甲申	子	寅	24	丁未(寅卯)	甲辰	子	丑
9	壬辰(午未)	甲申	子	寅	25	戊申(寅卯)	甲辰	子	丑
10	癸巳(午未)	甲申	子	寅	26	己酉(寅卯)	甲辰	子	丑
11	甲午(辰巳)	甲午	子	寅 神藏殺沒 (午子)	27	庚戌(寅卯)	甲辰	子	丑
12	乙未(辰巳)	甲午	子	寅	28	辛亥(寅卯)	甲辰	子	丑
13	丙申(辰巳)	甲午	子	寅	29	壬子(寅卯)	甲辰	子	丑
14	丁酉(辰巳)	甲午	子	寅	30	癸丑(寅卯)	甲辰	子	丑
15	戊戌(辰巳)	甲午	子	寅	31	甲寅(子丑)	甲寅	子	丑 神藏殺沒 (巳亥)
16	己亥(辰巳)	甲午	子	寅					

2045(乙丑)年 1月[陽曆]

日	日辰(空亡)	旬	月建	月將	日	日辰(空亡)	旬	月建	月將
1	乙卯(子丑)	甲寅	子	丑	17	辛未(戌亥)	甲子	丑	丑
2	丙辰(子丑)	甲寅	子	丑	18	壬申(戌亥)	甲子	丑	丑
3	丁巳(子丑)	甲寅	子	丑	19	癸酉(戌亥)	甲子	丑	丑
4	戊午(子丑)	甲寅	子	丑	20	甲戌(申酉) (大寒:將變)	甲戌	丑	丑·子 丑(01:20:59).子(01:21以後) 神藏殺沒 (丑月將:巳亥. 子月將:辰戌)
5	己未(子丑) (小寒:建變)	甲寅	子·丑 子(08:00:59).丑(08:01以後)	丑	21	乙亥(申酉)	甲戌	丑	子
6	庚申(子丑)	甲寅	丑	丑	22	丙子(申酉)	甲戌	丑	子
7	辛酉(子丑)	甲寅	丑	丑	23	丁丑(申酉)	甲戌	丑	子
8	壬戌(子丑)	甲寅	丑	丑	24	戊寅(申酉)	甲戌	丑	子
9	癸亥(子丑)	甲寅	丑	丑	25	己卯(申酉)	甲戌	丑	子
10	甲子(戌亥)	甲子	丑	丑 神藏殺沒 (巳亥)	26	庚辰(申酉)	甲戌	丑	子
11	乙丑(戌亥)	甲子	丑	丑	27	辛巳(申酉)	甲戌	丑	子
12	丙寅(戌亥)	甲子	丑	丑	28	壬午(申酉)	甲戌	丑	子
13	丁卯(戌亥)	甲子	丑	丑	29	癸未(申酉)	甲戌	丑	子
14	戊辰(戌亥)	甲子	丑	丑	30	甲申(午未)	甲申	丑	子 神藏殺沒 (辰戌)
15	己巳(戌亥)	甲子	丑	丑	31	乙酉(午未)	甲申	丑	子
16	庚午(戌亥)	甲子	丑	丑					

2045(乙丑)年 2月[陽曆]

<table>
<tr><th>日</th><th>日辰(空亡)</th><th>旬</th><th>月建</th><th>月將</th><th>日</th><th>日辰(空亡)</th><th>旬</th><th>月建</th><th>月將</th></tr>
<tr><td>1</td><td>丙戌(午未)</td><td>甲申</td><td>丑</td><td>子</td><td>17</td><td>壬寅(辰巳)</td><td>甲午</td><td>寅</td><td>子</td></tr>
<tr><td rowspan="2">2</td><td rowspan="2">丁亥(午未)</td><td rowspan="2">甲申</td><td rowspan="2">丑</td><td rowspan="2">子</td><td rowspan="2">18</td><td rowspan="2">癸卯(辰巳)
(雨水:將變)</td><td>甲午</td><td>寅</td><td>子·亥</td></tr>
<tr><td colspan="3">子(15:20:59).亥(15:21以後)</td></tr>
<tr><td rowspan="2">3</td><td rowspan="2">戊子(午未)
(立春:建變)</td><td>甲申</td><td>丑·寅</td><td>子</td><td rowspan="2">19</td><td rowspan="2">甲辰(寅卯)</td><td rowspan="2">甲辰</td><td rowspan="2">寅</td><td rowspan="2">亥
神藏殺沒
(卯酉)</td></tr>
<tr><td colspan="3">丑(19:34:59).寅(19:35以後)</td></tr>
<tr><td>4</td><td>己丑(午未)</td><td>甲申</td><td>寅</td><td>子</td><td>20</td><td>乙巳(寅卯)</td><td>甲辰</td><td>寅</td><td>亥</td></tr>
<tr><td>5</td><td>庚寅(午未)</td><td>甲申</td><td>寅</td><td>子</td><td>21</td><td>丙午(寅卯)</td><td>甲辰</td><td>寅</td><td>亥</td></tr>
<tr><td>6</td><td>辛卯(午未)</td><td>甲申</td><td>寅</td><td>子</td><td>22</td><td>丁未(寅卯)</td><td>甲辰</td><td>寅</td><td>亥</td></tr>
<tr><td>7</td><td>壬辰(午未)</td><td>甲申</td><td>寅</td><td>子</td><td>23</td><td>戊申(寅卯)</td><td>甲辰</td><td>寅</td><td>亥
神藏殺沒
(酉卯)</td></tr>
<tr><td>8</td><td>癸巳(午未)</td><td>甲申</td><td>寅</td><td>子</td><td>24</td><td>己酉(寅卯)</td><td>甲辰</td><td>寅</td><td>亥</td></tr>
<tr><td>9</td><td>甲午(辰巳)</td><td>甲午</td><td>寅</td><td>子
神藏殺沒
(辰戌)</td><td>25</td><td>庚戌(寅卯)</td><td>甲辰</td><td>寅</td><td>亥
神藏殺沒
(酉卯)</td></tr>
<tr><td>10</td><td>乙未(辰巳)</td><td>甲午</td><td>寅</td><td>子</td><td>26</td><td>辛亥(寅卯)</td><td>甲辰</td><td>寅</td><td>亥</td></tr>
<tr><td>11</td><td>丙申(辰巳)</td><td>甲午</td><td>寅</td><td>子</td><td>27</td><td>壬子(寅卯)</td><td>甲辰</td><td>寅</td><td>亥</td></tr>
<tr><td>12</td><td>丁酉(辰巳)</td><td>甲午</td><td>寅</td><td>子</td><td>28</td><td>癸丑(寅卯)</td><td>甲辰</td><td>寅</td><td>亥</td></tr>
<tr><td>13</td><td>戊戌(辰巳)</td><td>甲午</td><td>寅</td><td>子</td><td></td><td></td><td></td><td></td><td></td></tr>
<tr><td>14</td><td>己亥(辰巳)</td><td>甲午</td><td>寅</td><td>子</td><td></td><td></td><td></td><td></td><td></td></tr>
<tr><td>15</td><td>庚子(辰巳)</td><td>甲午</td><td>寅</td><td>子</td><td></td><td></td><td></td><td></td><td></td></tr>
<tr><td>16</td><td>辛丑(辰巳)</td><td>甲午</td><td>寅</td><td>子</td><td></td><td></td><td></td><td></td><td></td></tr>
</table>

2045(乙丑)年 3月[陽曆]

日	日辰(空亡)	旬	月建	月將	日	日辰(空亡)	旬	月建	月將
1	甲寅(子丑)	甲寅	寅	亥 神藏殺沒 (卯酉)	17	庚午(戌亥)	甲子	卯	亥 神藏殺沒 (酉卯)
2	乙卯(子丑)	甲寅	寅	亥	18	辛未(戌亥)	甲子	卯	亥
3	丙辰(子丑)	甲寅	寅	亥	19	壬申(戌亥)	甲子	卯	亥
4	丁巳(子丑)	甲寅	寅	亥	20	癸酉(戌亥) (春分:將變)	甲子	卯	亥·戌
							亥(14:05:59).戌(14:06以後)		
5	戊午(子丑) (驚蟄:建變)	甲寅	寅·卯	亥	21	甲戌(申酉)	甲戌	卯	戌
		寅(13:22:59).卯(13:23以後)							
		神藏殺沒(酉卯)							
6	己未(子丑)	甲寅	卯	亥	22	乙亥(申酉)	甲戌	卯	戌
7	庚申(子丑)	甲寅	卯	亥 神藏殺沒 (酉卯)	23	丙子(申酉)	甲戌	卯	戌
8	辛酉(子丑)	甲寅	卯	亥	24	丁丑(申酉)	甲戌	卯	戌
9	壬戌(子丑)	甲寅	卯	亥	25	戊寅(申酉)	甲戌	卯	戌 神藏殺沒 (申寅)
10	癸亥(子丑)	甲寅	卯	亥	26	己卯(申酉)	甲戌	卯	戌
11	甲子(戌亥)	甲子	卯	亥 神藏殺沒 (卯酉)	27	庚辰(申酉)	甲戌	卯	戌 神藏殺沒 (申寅)
12	乙丑(戌亥)	甲子	卯	亥	28	辛巳(申酉)	甲戌	卯	戌
13	丙寅(戌亥)	甲子	卯	亥	29	壬午(申酉)	甲戌	卯	戌
14	丁卯(戌亥)	甲子	卯	亥	30	癸未(申酉)	甲戌	卯	戌
15	戊辰(戌亥)	甲子	卯	亥 神藏殺沒 (酉卯)	31	甲申(午未)	甲申	卯	戌
16	己巳(戌亥)	甲子	卯	亥					

2045(乙丑)年 4月[陽曆]

日	日辰(空亡)	旬	月建	月將	日	日辰(空亡)	旬	月建	月將
1	乙酉(午未)	甲申	卯	戌	17	辛丑(辰巳)	甲午	辰	戌
2	丙戌(午未)	甲申	卯	戌	18	壬寅(辰巳)	甲午	辰	戌
3	丁亥(午未)	甲申	卯	戌	19	癸卯(辰巳)	甲午	辰	戌
4	戊子(午未) (清明:建變)	甲申	卯·辰 卯(17:55:59).辰(17:56以後)	戌 神藏殺沒(申寅)	20	甲辰(寅卯) (穀雨:將變)	甲辰	辰	戌·酉 戌(00:50:59).酉(00:51以後)
5	己丑(午未)	甲申	辰	戌	21	乙巳(寅卯)	甲辰	辰	酉
6	庚寅(午未)	甲申	辰	戌 神藏殺沒 (申寅)	22	丙午(寅卯)	甲辰	辰	酉
7	辛卯(午未)	甲申	辰	戌	23	丁未(寅卯)	甲辰	辰	酉
8	壬辰(午未)	甲申	辰	戌	24	戊申(寅卯)	甲辰	辰	酉 神藏殺沒 (未丑)
9	癸巳(午未)	甲申	辰	戌	25	己酉(寅卯)	甲辰	辰	酉
10	甲午(辰巳)	甲午	辰	戌	26	庚戌(寅卯)	甲辰	辰	酉 神藏殺沒 (未丑)
11	乙未(辰巳)	甲午	辰	戌	27	辛亥(寅卯)	甲辰	辰	酉
12	丙申(辰巳)	甲午	辰	戌	28	壬子(寅卯)	甲辰	辰	酉
13	丁酉(辰巳)	甲午	辰	戌	29	癸丑(寅卯)	甲辰	辰	酉
14	戊戌(辰巳)	甲午	辰	戌 神藏殺沒 (申寅)	30	甲寅(子丑)	甲寅	辰	酉
15	己亥(辰巳)	甲午	辰	戌					
16	庚子(辰巳)	甲午	辰	戌 神藏殺沒 (申寅)					

2045(乙丑)年 5月[陽曆]

<table>
<tr><th>日</th><th>日辰(空亡)</th><th>旬</th><th>月建</th><th>月將</th><th>日</th><th>日辰(空亡)</th><th>旬</th><th>月建</th><th>月將</th></tr>
<tr><td>1</td><td>乙卯(子丑)</td><td>甲寅</td><td>辰</td><td>酉</td><td>17</td><td>辛未(戌亥)</td><td>甲子</td><td>巳</td><td>酉</td></tr>
<tr><td>2</td><td>丙辰(子丑)</td><td>甲寅</td><td>辰</td><td>酉</td><td>18</td><td>壬申(戌亥)</td><td>甲子</td><td>巳</td><td>酉</td></tr>
<tr><td>3</td><td>丁巳(子丑)</td><td>甲寅</td><td>辰</td><td>酉</td><td>19</td><td>癸酉(戌亥)</td><td>甲子</td><td>巳</td><td>酉</td></tr>
<tr><td rowspan="2">4</td><td rowspan="2">戊午(子丑)</td><td rowspan="2">甲寅</td><td rowspan="2">辰</td><td rowspan="2">酉
神藏殺沒
(未丑)</td><td rowspan="2">20</td><td rowspan="2">甲戌(申酉)
(小滿:將變)</td><td>甲戌</td><td>巳</td><td>酉·申</td></tr>
<tr><td colspan="3">酉(23:43:59).申(23:44以後)</td></tr>
<tr><td rowspan="2">5</td><td rowspan="2">己未(子丑)
(立夏:建變)</td><td>甲寅</td><td>辰·巳</td><td>酉</td><td rowspan="2">21</td><td rowspan="2">乙亥(申酉)</td><td rowspan="2">甲戌</td><td rowspan="2">巳</td><td rowspan="2">申</td></tr>
<tr><td colspan="3">辰(10:57:59).巳(10:58以後)</td></tr>
<tr><td>6</td><td>庚申(子丑)</td><td>甲寅</td><td>巳</td><td>酉
神藏殺沒
(未丑)</td><td>22</td><td>丙子(申酉)</td><td>甲戌</td><td>巳</td><td>申</td></tr>
<tr><td>7</td><td>辛酉(子丑)</td><td>甲寅</td><td>巳</td><td>酉</td><td>23</td><td>丁丑(申酉)</td><td>甲戌</td><td>巳</td><td>申</td></tr>
<tr><td>8</td><td>壬戌(子丑)</td><td>甲寅</td><td>巳</td><td>酉</td><td>24</td><td>戊寅(申酉)</td><td>甲戌</td><td>巳</td><td>申
神藏殺沒
(午子)</td></tr>
<tr><td>9</td><td>癸亥(子丑)</td><td>甲寅</td><td>巳</td><td>酉</td><td>25</td><td>己卯(申酉)</td><td>甲戌</td><td>巳</td><td>申</td></tr>
<tr><td>10</td><td>甲子(戌亥)</td><td>甲子</td><td>巳</td><td>酉</td><td>26</td><td>庚辰(申酉)</td><td>甲戌</td><td>巳</td><td>申
神藏殺沒
(午子)</td></tr>
<tr><td>11</td><td>乙丑(戌亥)</td><td>甲子</td><td>巳</td><td>酉</td><td>27</td><td>辛巳(申酉)</td><td>甲戌</td><td>巳</td><td>申</td></tr>
<tr><td>12</td><td>丙寅(戌亥)</td><td>甲子</td><td>巳</td><td>酉</td><td>28</td><td>壬午(申酉)</td><td>甲戌</td><td>巳</td><td>申</td></tr>
<tr><td>13</td><td>丁卯(戌亥)</td><td>甲子</td><td>巳</td><td>酉</td><td>29</td><td>癸未(申酉)</td><td>甲戌</td><td>巳</td><td>申</td></tr>
<tr><td>14</td><td>戊辰(戌亥)</td><td>甲子</td><td>巳</td><td>酉
神藏殺沒
(未丑)</td><td>30</td><td>甲申(午未)</td><td>甲申</td><td>巳</td><td>申</td></tr>
<tr><td>15</td><td>己巳(戌亥)</td><td>甲子</td><td>巳</td><td>酉</td><td>31</td><td>乙酉(午未)</td><td>甲申</td><td>巳</td><td>申</td></tr>
<tr><td>16</td><td>庚午(戌亥)</td><td>甲子</td><td>巳</td><td>酉
神藏殺沒
(未丑)</td><td></td><td></td><td></td><td></td><td></td></tr>
</table>

2045(乙丑)年 6月[陽曆]

<table>
<tr><th>日</th><th>日辰(空亡)</th><th>旬</th><th>月建</th><th>月將</th><th>日</th><th>日辰(空亡)</th><th>旬</th><th>月建</th><th>月將</th></tr>
<tr><td>1</td><td>丙戌(午未)</td><td>甲申</td><td>巳</td><td>申</td><td>17</td><td>壬寅(辰巳)</td><td>甲午</td><td>午</td><td>申</td></tr>
<tr><td>2</td><td>丁亥(午未)</td><td>甲申</td><td>巳</td><td>申</td><td>18</td><td>癸卯(辰巳)</td><td>甲午</td><td>午</td><td>申</td></tr>
<tr><td>3</td><td>戊子(午未)</td><td>甲申</td><td>巳</td><td>申
神藏殺沒
(午子)</td><td>19</td><td>甲辰(寅卯)</td><td>甲辰</td><td>午</td><td>申</td></tr>
<tr><td>4</td><td>己丑(午未)</td><td>甲申</td><td>巳</td><td>申</td><td>20</td><td>乙巳(寅卯)</td><td>甲辰</td><td>午</td><td>申</td></tr>
<tr><td rowspan="3">5</td><td rowspan="3">庚寅(午未)
(芒種:建變)</td><td>甲申</td><td>巳·午</td><td>申</td><td rowspan="3">21</td><td rowspan="3">丙午(寅卯)
(夏至:將變)</td><td rowspan="2">甲辰</td><td rowspan="2">午</td><td rowspan="2">申·未</td></tr>
<tr><td colspan="3">巳(14:54:59).午(14:55以後)</td></tr>
<tr><td colspan="3">神藏殺沒(午子)</td><td colspan="3">申(07:31:59).未(07:32以後)</td></tr>
<tr><td>6</td><td>辛卯(午未)</td><td>甲申</td><td>午</td><td>申</td><td>22</td><td>丁未(寅卯)</td><td>甲辰</td><td>午</td><td>未</td></tr>
<tr><td>7</td><td>壬辰(午未)</td><td>甲申</td><td>午</td><td>申</td><td>23</td><td>戊申(寅卯)</td><td>甲辰</td><td>午</td><td>未
神藏殺沒
(巳亥)</td></tr>
<tr><td>8</td><td>癸巳(午未)</td><td>甲申</td><td>午</td><td>申</td><td>24</td><td>己酉(寅卯)</td><td>甲辰</td><td>午</td><td>未</td></tr>
<tr><td>9</td><td>甲午(辰巳)</td><td>甲午</td><td>午</td><td>申</td><td>25</td><td>庚戌(寅卯)</td><td>甲辰</td><td>午</td><td>未
神藏殺沒
(巳亥)</td></tr>
<tr><td>10</td><td>乙未(辰巳)</td><td>甲午</td><td>午</td><td>申</td><td>26</td><td>辛亥(寅卯)</td><td>甲辰</td><td>午</td><td>未</td></tr>
<tr><td>11</td><td>丙申(辰巳)</td><td>甲午</td><td>午</td><td>申</td><td>27</td><td>壬子(寅卯)</td><td>甲辰</td><td>午</td><td>未</td></tr>
<tr><td>12</td><td>丁酉(辰巳)</td><td>甲午</td><td>午</td><td>申</td><td>28</td><td>癸丑(寅卯)</td><td>甲辰</td><td>午</td><td>未</td></tr>
<tr><td>13</td><td>戊戌(辰巳)</td><td>甲午</td><td>午</td><td>申
神藏殺沒
(午子)</td><td>29</td><td>甲寅(子丑)</td><td>甲寅</td><td>午</td><td>未</td></tr>
<tr><td>14</td><td>己亥(辰巳)</td><td>甲午</td><td>午</td><td>申</td><td>30</td><td>乙卯(子丑)</td><td>甲寅</td><td>午</td><td>未</td></tr>
<tr><td>15</td><td>庚子(辰巳)</td><td>甲午</td><td>午</td><td>申
神藏殺沒
(午子)</td><td></td><td></td><td></td><td></td><td></td></tr>
<tr><td>16</td><td>辛丑(辰巳)</td><td>甲午</td><td>午</td><td>申</td><td></td><td></td><td></td><td></td><td></td></tr>
</table>

2045(乙丑)年 7月[陽曆]

日	日辰(空亡)	旬	月建	月將	日	日辰(空亡)	旬	月建	月將
1	丙辰(子丑)	甲寅	午	未	17	壬申(戌亥)	甲子	未	未
2	丁巳(子丑)	甲寅	午	未	18	癸酉(戌亥)	甲子	未	未
3	戊午(子丑)	甲寅	午	未 神藏殺沒 (巳亥)	19	甲戌(申酉)	甲戌	未	未
4	己未(子丑)	甲寅	午	未	20	乙亥(申酉)	甲戌	未	未
5	庚申(子丑)	甲寅	午	未 神藏殺沒 (巳亥)	21	丙子(申酉)	甲戌	未	未
6	辛酉(子丑)	甲寅	午	未	22	丁丑(申酉) (大暑:將變)	甲戌 未(18:24:59).午(18:25以後)	未	未·午
7	壬戌(子丑) (小暑:建變)	甲寅 午(01:06:59).未(01:07以後)	午·未	未	23	戊寅(申酉)	甲戌	未	午 神藏殺沒 (辰戌)
8	癸亥(子丑)	甲寅	未	未	24	己卯(申酉)	甲戌	未	午
9	甲子(戌亥)	甲子	未	未	25	庚辰(申酉)	甲戌	未	午 神藏殺沒 (辰戌)
10	乙丑(戌亥)	甲子	未	未	26	辛巳(申酉)	甲戌	未	午
11	丙寅(戌亥)	甲子	未	未	27	壬午(申酉)	甲戌	未	午
12	丁卯(戌亥)	甲子	未	未	28	癸未(申酉)	甲戌	未	午
13	戊辰(戌亥)	甲子	未	未 神藏殺沒 (巳亥)	29	甲申(午未)	甲申	未	午
14	己巳(戌亥)	甲子	未	未	30	乙酉(午未)	甲申	未	午
15	庚午(戌亥)	甲子	未	未 神藏殺沒 (巳亥)	31	丙戌(午未)	甲申	未	午
16	辛未(戌亥)	甲子	未	未					

2045(乙丑)年 8月[陽曆]

日	日辰(空亡)	旬	月建	月將	日	日辰(空亡)	旬	月建	月將
1	丁亥(午未)	甲申	未	午	17	癸卯(辰巳)	甲午	申	午
2	戊子(午未)	甲申	未	午 神藏殺沒 (辰戌)	18	甲辰(寅卯)	甲辰	申	午
3	己丑(午未)	甲申	未	午	19	乙巳(寅卯)	甲辰	申	午
4	庚寅(午未)	甲申	未	午 神藏殺沒 (辰戌)	20	丙午(寅卯)	甲辰	申	午
5	辛卯(午未)	甲申	未	午	21	丁未(寅卯)	甲辰	申	午
6	壬辰(午未)	甲申	未	午	22	戊申(寅卯)	甲辰	申	午 神藏殺沒 (辰戌)
7	癸巳(午未) (立秋:建變)	甲申	未·申	午	23	己酉(寅卯) (處暑:將變)	甲辰	申	午·巳
		未(10:57:59).申(10:58以後)					午(01:37:59).巳(01:38以後)		
8	甲午(辰巳)	甲午	申	午	24	庚戌(寅卯)	甲辰	申	巳 神藏殺沒 (卯酉)
9	乙未(辰巳)	甲午	申	午	25	辛亥(寅卯)	甲辰	申	巳
10	丙申(辰巳)	甲午	申	午	26	壬子(寅卯)	甲辰	申	巳
11	丁酉(辰巳)	甲午	申	午	27	癸丑(寅卯)	甲辰	申	巳
12	戊戌(辰巳)	甲午	申	午 神藏殺沒 (辰戌)	28	甲寅(子丑)	甲寅	申	巳 神藏殺沒 (酉卯)
13	己亥(辰巳)	甲午	申	午	29	乙卯(子丑)	甲寅	申	巳
14	庚子(辰巳)	甲午	申	午 神藏殺沒 (辰戌)	30	丙辰(子丑)	甲寅	申	巳
15	辛丑(辰巳)	甲午	申	午	31	丁巳(子丑)	甲寅	申	巳
16	壬寅(辰巳)	甲午	申	午					

2045(乙丑)年 9月[陽曆]

<table>
<tr><th>日</th><th>日辰(空亡)</th><th>旬</th><th>月建</th><th>月將</th><th>日</th><th>日辰(空亡)</th><th>旬</th><th>月建</th><th>月將</th></tr>
<tr><td>1</td><td>戊午(子丑)</td><td>甲寅</td><td>申</td><td>巳
神藏殺沒
(卯酉)</td><td>17</td><td>甲戌(申酉)</td><td>甲戌</td><td>酉</td><td>巳
神藏殺沒
(酉卯)</td></tr>
<tr><td>2</td><td>己未(子丑)</td><td>甲寅</td><td>申</td><td>巳</td><td>18</td><td>乙亥(申酉)</td><td>甲戌</td><td>酉</td><td>巳</td></tr>
<tr><td>3</td><td>庚申(子丑)</td><td>甲寅</td><td>申</td><td>巳
神藏殺沒
(卯酉)</td><td>19</td><td>丙子(申酉)</td><td>甲戌</td><td>酉</td><td>巳</td></tr>
<tr><td>4</td><td>辛酉(子丑)</td><td>甲寅</td><td>申</td><td>巳</td><td>20</td><td>丁丑(申酉)</td><td>甲戌</td><td>酉</td><td>巳</td></tr>
<tr><td>5</td><td>壬戌(子丑)</td><td>甲寅</td><td>申</td><td>巳</td><td>21</td><td>戊寅(申酉)</td><td>甲戌</td><td>酉</td><td>巳
神藏殺沒
(卯酉)</td></tr>
<tr><td rowspan="2">6</td><td rowspan="2">癸亥(子丑)</td><td rowspan="2">甲寅</td><td rowspan="2">申</td><td rowspan="2">巳</td><td rowspan="2">22</td><td rowspan="2">己卯(申酉)
(秋分:將變)</td><td>甲戌</td><td>酉</td><td>巳·辰</td></tr>
<tr><td colspan="3">巳(23:30:59).辰(23:31以後)</td></tr>
<tr><td rowspan="3">7</td><td rowspan="3">甲子(戌亥)
(白露:建變)</td><td>甲子</td><td>申·酉</td><td>巳</td><td rowspan="3">23</td><td rowspan="3">庚辰(申酉)</td><td rowspan="3">甲戌</td><td rowspan="3">酉</td><td rowspan="3">辰</td></tr>
<tr><td colspan="3">申(14:03:59).酉(14:04以後)</td></tr>
<tr><td colspan="3">神藏殺沒(酉卯)</td></tr>
<tr><td>8</td><td>乙丑(戌亥)</td><td>甲子</td><td>酉</td><td>巳</td><td>24</td><td>辛巳(申酉)</td><td>甲戌</td><td>酉</td><td>辰</td></tr>
<tr><td>9</td><td>丙寅(戌亥)</td><td>甲子</td><td>酉</td><td>巳</td><td>25</td><td>壬午(申酉)</td><td>甲戌</td><td>酉</td><td>辰</td></tr>
<tr><td>10</td><td>丁卯(戌亥)</td><td>甲子</td><td>酉</td><td>巳</td><td>26</td><td>癸未(申酉)</td><td>甲戌</td><td>酉</td><td>辰</td></tr>
<tr><td>11</td><td>戊辰(戌亥)</td><td>甲子</td><td>酉</td><td>巳
神藏殺沒
(卯酉)</td><td>27</td><td>甲申(午未)</td><td>甲申</td><td>酉</td><td>辰
神藏殺沒
(申寅)</td></tr>
<tr><td>12</td><td>己巳(戌亥)</td><td>甲子</td><td>酉</td><td>巳</td><td>28</td><td>乙酉(午未)</td><td>甲申</td><td>酉</td><td>辰</td></tr>
<tr><td>13</td><td>庚午(戌亥)</td><td>甲子</td><td>酉</td><td>巳
神藏殺沒
(卯酉)</td><td>29</td><td>丙戌(午未)</td><td>甲申</td><td>酉</td><td>辰</td></tr>
<tr><td>14</td><td>辛未(戌亥)</td><td>甲子</td><td>酉</td><td>巳</td><td>30</td><td>丁亥(午未)</td><td>甲申</td><td>酉</td><td>辰</td></tr>
<tr><td>15</td><td>壬申(戌亥)</td><td>甲子</td><td>酉</td><td>巳</td><td></td><td></td><td></td><td></td><td></td></tr>
<tr><td>16</td><td>癸酉(戌亥)</td><td>甲子</td><td>酉</td><td>巳</td><td></td><td></td><td></td><td></td><td></td></tr>
</table>

2045(乙丑)年 10月[陽曆]

日	日辰(空亡)	旬	月建	月將	日	日辰(空亡)	旬	月建	月將
1	戊子(午未)	甲申	酉	辰	17	甲辰(寅卯)	甲辰	戌	辰 神藏殺沒 (申寅)
2	己丑(午未)	甲申	酉	辰	18	乙巳(寅卯)	甲辰	戌	辰
3	庚寅(午未)	甲申	酉	辰	19	丙午(寅卯)	甲辰	戌	辰
4	辛卯(午未)	甲申	酉	辰	20	丁未(寅卯)	甲辰	戌	辰
5	壬辰(午未)	甲申	酉	辰	21	戊申(寅卯)	甲辰	戌	辰
6	癸巳(午未)	甲申	酉	辰	22	己酉(寅卯)	甲辰	戌	辰
7	甲午(辰巳)	甲午	酉	辰 神藏殺沒 (申寅)	23	庚戌(寅卯) (霜降:將變)	甲辰	戌	辰·卯 辰(09:10:59).卯(09:11以後)
8	乙未(辰巳) (寒露:建變)	甲午	酉·戌 酉(05:58:59).戌(05:59以後)	辰	24	辛亥(寅卯)	甲辰	戌	卯
9	丙申(辰巳)	甲午	戌	辰	25	壬子(寅卯)	甲辰	戌	卯
10	丁酉(辰巳)	甲午	戌	辰	26	癸丑(寅卯)	甲辰	戌	卯
11	戊戌(辰巳)	甲午	戌	辰	27	甲寅(子丑)	甲寅	戌	卯 神藏殺沒 (未丑)
12	己亥(辰巳)	甲午	戌	辰	28	乙卯(子丑)	甲寅	戌	卯
13	庚子(辰巳)	甲午	戌	辰	29	丙辰(子丑)	甲寅	戌	卯
14	辛丑(辰巳)	甲午	戌	辰	30	丁巳(子丑)	甲寅	戌	卯
15	壬寅(辰巳)	甲午	戌	辰	31	戊午(子丑)	甲寅	戌	卯
16	癸卯(辰巳)	甲午	戌	辰					

2045(乙丑)年 11月[陽曆]

日	日辰(空亡)	旬	月建	月將	日	日辰(空亡)	旬	月建	月將
1	己未(子丑)	甲寅	戌	卯	17	乙亥(申酉)	甲戌	亥	卯
2	庚申(子丑)	甲寅	戌	卯	18	丙子(申酉)	甲戌	亥	卯
3	辛酉(子丑)	甲寅	戌	卯	19	丁丑(申酉)	甲戌	亥	卯
4	壬戌(子丑)	甲寅	戌	卯	20	戊寅(申酉)	甲戌	亥	卯
5	癸亥(子丑)	甲寅	戌	卯	21	己卯(申酉)	甲戌	亥	卯
6	甲子(戌亥)	甲子	戌	卯 神藏殺沒 (未丑)	22	庚辰(申酉) (小雪:將變)	甲戌	亥	卯·寅
							卯(07:01:59).寅(07:02以後)		
7	乙丑(戌亥) (立冬:建變)	甲子	戌·亥	卯	23	辛巳(申酉)	甲戌	亥	寅
		戌(09:27:59).亥(09:28以後)							
8	丙寅(戌亥)	甲子	亥	卯	24	壬午(申酉)	甲戌	亥	寅
9	丁卯(戌亥)	甲子	亥	卯	25	癸未(申酉)	甲戌	亥	寅
10	戊辰(戌亥)	甲子	亥	卯	26	甲申(午未)	甲申	亥	寅 神藏殺沒 (午子)
11	己巳(戌亥)	甲子	亥	卯	27	乙酉(午未)	甲申	亥	寅
12	庚午(戌亥)	甲子	亥	卯	28	丙戌(午未)	甲申	亥	寅
13	辛未(戌亥)	甲子	亥	卯	29	丁亥(午未)	甲申	亥	寅
14	壬申(戌亥)	甲子	亥	卯	30	戊子(午未)	甲申	亥	寅
15	癸酉(戌亥)	甲子	亥	卯					
16	甲戌(申酉)	甲戌	亥	卯 神藏殺沒 (未丑)					

2045(乙丑)年 12月[陽曆]

日	日辰(空亡)	旬	月建	月將	日	日辰(空亡)	旬	月建	月將
1	己丑(午未)	甲申	亥	寅	17	乙巳(寅卯)	甲辰	子	寅
2	庚寅(午未)	甲申	亥	寅	18	丙午(寅卯)	甲辰	子	寅
3	辛卯(午未)	甲申	亥	寅	19	丁未(寅卯)	甲辰	子	寅
4	壬辰(午未)	甲申	亥	寅	20	戊申(寅卯)	甲辰	子	寅
5	癸巳(午未)	甲申	亥	寅	21	己酉(寅卯) (冬至:將變)	甲辰	子	寅·丑 寅(20:33:59).丑(20:34以後)
6	甲午(辰巳)	甲午	亥	寅 神藏殺沒 (午子)	22	庚戌(寅卯)	甲辰	子	丑
7	乙未(辰巳) (大雪:建變)	甲午	亥·子 亥(02:33:59).子(02:34以後)	寅	23	辛亥(寅卯)	甲辰	子	丑
8	丙申(辰巳)	甲午	子	寅	24	壬子(寅卯)	甲辰	子	丑
9	丁酉(辰巳)	甲午	子	寅	25	癸丑(寅卯)	甲辰	子	丑
10	戊戌(辰巳)	甲午	子	寅	26	甲寅(子丑)	甲寅	子	丑 神藏殺沒 (巳亥)
11	己亥(辰巳)	甲午	子	寅	27	乙卯(子丑)	甲寅	子	丑
12	庚子(辰巳)	甲午	子	寅	28	丙辰(子丑)	甲寅	子	丑
13	辛丑(辰巳)	甲午	子	寅	29	丁巳(子丑)	甲寅	子	丑
14	壬寅(辰巳)	甲午	子	寅	30	戊午(子丑)	甲寅	子	丑
15	癸卯(辰巳)	甲午	子	寅	31	己未(子丑)	甲寅	子	丑
16	甲辰(寅卯)	甲辰	子	寅 神藏殺沒 (午子)					

2046(丙寅)年 1月[陽曆]

<table>
<tr><th>日</th><th>日辰(空亡)</th><th>旬</th><th>月建</th><th>月將</th><th>日</th><th>日辰(空亡)</th><th>旬</th><th>月建</th><th>月將</th></tr>
<tr><td>1</td><td>庚申(子丑)</td><td>甲寅</td><td>子</td><td>丑</td><td>17</td><td>丙子(申酉)</td><td>甲戌</td><td>丑</td><td>丑</td></tr>
<tr><td>2</td><td>辛酉(子丑)</td><td>甲寅</td><td>子</td><td>丑</td><td>18</td><td>丁丑(申酉)</td><td>甲戌</td><td>丑</td><td>丑</td></tr>
<tr><td>3</td><td>壬戌(子丑)</td><td>甲寅</td><td>子</td><td>丑</td><td>19</td><td>戊寅(申酉)</td><td>甲戌</td><td>丑</td><td>丑</td></tr>
<tr><td rowspan="2">4</td><td rowspan="2">癸亥(子丑)</td><td rowspan="2">甲寅</td><td rowspan="2">子</td><td rowspan="2">丑</td><td rowspan="2">20</td><td rowspan="2">己卯(申酉)
(大寒:將變)</td><td>甲戌</td><td>丑</td><td>丑·子</td></tr>
<tr><td colspan="3">丑(07:13:59).子(07:14以後)</td></tr>
<tr><td rowspan="3">5</td><td rowspan="3">甲子(戌亥)
(小寒:建變)</td><td>甲子</td><td>子·丑</td><td>丑</td><td rowspan="3">21</td><td rowspan="3">庚辰(申酉)</td><td rowspan="3">甲戌</td><td rowspan="3">丑</td><td rowspan="3">子</td></tr>
<tr><td colspan="3">子(13:53:59).丑(13:54以後)</td></tr>
<tr><td colspan="3">神藏殺沒(巳亥)</td></tr>
<tr><td>6</td><td>乙丑(戌亥)</td><td>甲子</td><td>丑</td><td>丑</td><td>22</td><td>辛巳(申酉)</td><td>甲戌</td><td>丑</td><td>子</td></tr>
<tr><td>7</td><td>丙寅(戌亥)</td><td>甲子</td><td>丑</td><td>丑</td><td>23</td><td>壬午(申酉)</td><td>甲戌</td><td>丑</td><td>子</td></tr>
<tr><td>8</td><td>丁卯(戌亥)</td><td>甲子</td><td>丑</td><td>丑</td><td>24</td><td>癸未(申酉)</td><td>甲戌</td><td>丑</td><td>子</td></tr>
<tr><td>9</td><td>戊辰(戌亥)</td><td>甲子</td><td>丑</td><td>丑</td><td>25</td><td>甲申(午未)</td><td>甲申</td><td>丑</td><td>子
神藏殺沒
(辰戌)</td></tr>
<tr><td>10</td><td>己巳(戌亥)</td><td>甲子</td><td>丑</td><td>丑</td><td>26</td><td>乙酉(午未)</td><td>甲申</td><td>丑</td><td>子</td></tr>
<tr><td>11</td><td>庚午(戌亥)</td><td>甲子</td><td>丑</td><td>丑</td><td>27</td><td>丙戌(午未)</td><td>甲申</td><td>丑</td><td>子</td></tr>
<tr><td>12</td><td>辛未(戌亥)</td><td>甲子</td><td>丑</td><td>丑</td><td>28</td><td>丁亥(午未)</td><td>甲申</td><td>丑</td><td>子</td></tr>
<tr><td>13</td><td>壬申(戌亥)</td><td>甲子</td><td>丑</td><td>丑</td><td>29</td><td>戊子(午未)</td><td>甲申</td><td>丑</td><td>子</td></tr>
<tr><td>14</td><td>癸酉(戌亥)</td><td>甲子</td><td>丑</td><td>丑</td><td>30</td><td>己丑(午未)</td><td>甲申</td><td>丑</td><td>子</td></tr>
<tr><td>15</td><td>甲戌(申酉)</td><td>甲戌</td><td>丑</td><td>丑
神藏殺沒
(巳亥)</td><td>31</td><td>庚寅(午未)</td><td>甲申</td><td>丑</td><td>子</td></tr>
<tr><td>16</td><td>乙亥(申酉)</td><td>甲戌</td><td>丑</td><td>丑</td><td></td><td></td><td></td><td></td><td></td></tr>
</table>

2046(丙寅)年 2月[陽曆]

<table>
<tr><th>日</th><th>日辰(空亡)</th><th>旬</th><th>月建</th><th>月將</th><th>日</th><th>日辰(空亡)</th><th>旬</th><th>月建</th><th>月將</th></tr>
<tr><td>1</td><td>辛卯(午未)</td><td>甲申</td><td>丑</td><td>子</td><td>17</td><td>丁未(寅卯)</td><td>甲辰</td><td>寅</td><td>子</td></tr>
<tr><td rowspan="3">2</td><td rowspan="3">壬辰(午未)</td><td rowspan="3">甲申</td><td rowspan="3">丑</td><td rowspan="3">子</td><td rowspan="3">18</td><td rowspan="3">戊申(寅卯)
(雨水:將變)</td><td>甲辰</td><td>寅</td><td>子·亥</td></tr>
<tr><td colspan="3">子(21:13:59).亥(21:14以後)</td></tr>
<tr><td colspan="3">神藏殺沒(亥月將: 酉卯)</td></tr>
<tr><td>3</td><td>癸巳(午未)</td><td>甲申</td><td>丑</td><td>子</td><td>19</td><td>己酉(寅卯)</td><td>甲辰</td><td>寅</td><td>亥</td></tr>
<tr><td rowspan="3">4</td><td rowspan="3">甲午(辰巳)
(立春:建變)</td><td>甲午</td><td>丑·寅</td><td>子</td><td rowspan="3">20</td><td rowspan="3">庚戌(寅卯)</td><td rowspan="3">甲辰</td><td rowspan="3">寅</td><td rowspan="3">亥
神藏殺沒
(酉卯)</td></tr>
<tr><td colspan="3">丑(01:29:59).寅(01:30以後)</td></tr>
<tr><td colspan="3">神藏殺沒(辰戌)</td></tr>
<tr><td>5</td><td>乙未(辰巳)</td><td>甲午</td><td>寅</td><td>子</td><td>21</td><td>辛亥(寅卯)</td><td>甲辰</td><td>寅</td><td>亥</td></tr>
<tr><td>6</td><td>丙申(辰巳)</td><td>甲午</td><td>寅</td><td>子</td><td>22</td><td>壬子(寅卯)</td><td>甲辰</td><td>寅</td><td>亥</td></tr>
<tr><td>7</td><td>丁酉(辰巳)</td><td>甲午</td><td>寅</td><td>子</td><td>23</td><td>癸丑(寅卯)</td><td>甲辰</td><td>寅</td><td>亥</td></tr>
<tr><td>8</td><td>戊戌(辰巳)</td><td>甲午</td><td>寅</td><td>子</td><td>24</td><td>甲寅(子丑)</td><td>甲寅</td><td>寅</td><td>亥
神藏殺沒
(卯酉)</td></tr>
<tr><td>9</td><td>己亥(辰巳)</td><td>甲午</td><td>寅</td><td>子</td><td>25</td><td>乙卯(子丑)</td><td>甲寅</td><td>寅</td><td>亥</td></tr>
<tr><td>10</td><td>庚子(辰巳)</td><td>甲午</td><td>寅</td><td>子</td><td>26</td><td>丙辰(子丑)</td><td>甲寅</td><td>寅</td><td>亥</td></tr>
<tr><td>11</td><td>辛丑(辰巳)</td><td>甲午</td><td>寅</td><td>子</td><td>27</td><td>丁巳(子丑)</td><td>甲寅</td><td>寅</td><td>亥</td></tr>
<tr><td>12</td><td>壬寅(辰巳)</td><td>甲午</td><td>寅</td><td>子</td><td>28</td><td>戊午(子丑)</td><td>甲寅</td><td>寅</td><td>亥
神藏殺沒
(酉卯)</td></tr>
<tr><td>13</td><td>癸卯(辰巳)</td><td>甲午</td><td>寅</td><td>子</td><td>29</td><td></td><td></td><td></td><td></td></tr>
<tr><td>14</td><td>甲辰(寅卯)</td><td>甲辰</td><td>寅</td><td>子
神藏殺沒
(辰戌)</td><td>30</td><td></td><td></td><td></td><td></td></tr>
<tr><td>15</td><td>乙巳(寅卯)</td><td>甲辰</td><td>寅</td><td>子</td><td>31</td><td></td><td></td><td></td><td></td></tr>
<tr><td>16</td><td>丙午(寅卯)</td><td>甲辰</td><td>寅</td><td>子</td><td></td><td></td><td></td><td></td><td></td></tr>
</table>

2046(丙寅)年 3月[陽曆]

日	日辰(空亡)	旬	月建	月將	日	日辰(空亡)	旬	月建	月將
1	己未(子丑)	甲寅	寅	亥	17	乙亥(申酉)	甲戌	卯	亥
2	庚申(子丑)	甲寅	寅	亥 神藏殺沒 (酉卯)	18	丙子(申酉)	甲戌	卯	亥
3	辛酉(子丑)	甲寅	寅	亥	19	丁丑(申酉)	甲戌	卯	亥
4	壬戌(子丑)	甲寅	寅	亥	20	戊寅(申酉) (春分:將變)	甲戌 亥(19:55:59).戌(19:56以後) 神藏殺沒 (亥月將:酉卯. 戌月將:申寅)	卯	亥·戌
5	癸亥(子丑) (驚蟄:建變)	甲寅 寅(19:15:59).卯(19:16以後)	寅·卯	亥	21	己卯(申酉)	甲戌	卯	戌
6	甲子(戌亥)	甲子	卯	亥 神藏殺沒 (卯酉)	22	庚辰(申酉)	甲戌	卯	戌 神藏殺沒 (申寅)
7	乙丑(戌亥)	甲子	卯	亥	23	辛巳(申酉)	甲戌	卯	戌
8	丙寅(戌亥)	甲子	卯	亥	24	壬午(申酉)	甲戌	卯	戌
9	丁卯(戌亥)	甲子	卯	亥	25	癸未(申酉)	甲戌	卯	戌
10	戊辰(戌亥)	甲子	卯	亥 神藏殺沒 (酉卯)	26	甲申(午未)	甲申	卯	戌
11	己巳(戌亥)	甲子	卯	亥	27	乙酉(午未)	甲申	卯	戌
12	庚午(戌亥)	甲子	卯	亥 神藏殺沒 (酉卯)	28	丙戌(午未)	甲申	卯	戌
13	辛未(戌亥)	甲子	卯	亥	29	丁亥(午未)	甲申	卯	戌
14	壬申(戌亥)	甲子	卯	亥	30	戊子(午未)	甲申	卯	戌 神藏殺沒 (申寅)
15	癸酉(戌亥)	甲子	卯	亥	31	己丑(午未)	甲申	卯	戌
16	甲戌(申酉)	甲戌	卯	亥 神藏殺沒 (卯酉)					

2046(丙寅)年 4月[陽曆]

日	日辰(空亡)	旬	月建	月將	日	日辰(空亡)	旬	月建	月將
1	庚寅(午未)	甲申	卯	戌 神藏殺沒 (申寅)	17	丙午(寅卯)	甲辰	辰	戌
2	辛卯(午未)	甲申	卯	戌	18	丁未(寅卯)	甲辰	辰	戌
3	壬辰(午未)	甲申	卯	戌	19	戊申(寅卯)	甲辰	辰	戌 神藏殺沒 (申寅)
4	癸巳(午未) (淸明:建變)	甲申	卯·辰	戌	20	己酉(寅卯) (穀雨:將變)	甲辰	辰	戌·酉
		卯(23:42:59).辰(23:43以後)					戌(06:36:59).酉(06:37以後)		
5	甲午(辰巳)	甲午	辰	戌	21	庚戌(寅卯)	甲辰	辰	酉 神藏殺沒 (未丑)
6	乙未(辰巳)	甲午	辰	戌	22	辛亥(寅卯)	甲辰	辰	酉
7	丙申(辰巳)	甲午	辰	戌	23	壬子(寅卯)	甲辰	辰	酉
8	丁酉(辰巳)	甲午	辰	戌	24	癸丑(寅卯)	甲辰	辰	酉
9	戊戌(辰巳)	甲午	辰	戌 神藏殺沒 (申寅)	25	甲寅(子丑)	甲寅	辰	酉
10	己亥(辰巳)	甲午	辰	戌	26	乙卯(子丑)	甲寅	辰	酉
11	庚子(辰巳)	甲午	辰	戌 神藏殺沒 (申寅)	27	丙辰(子丑)	甲寅	辰	酉
12	辛丑(辰巳)	甲午	辰	戌	28	丁巳(子丑)	甲寅	辰	酉
13	壬寅(辰巳)	甲午	辰	戌	29	戊午(子丑)	甲寅	辰	酉 神藏殺沒 (未丑)
14	癸卯(辰巳)	甲午	辰	戌	30	己未(子丑)	甲寅	辰	酉
15	甲辰(寅卯)	甲辰	辰	戌					
16	乙巳(寅卯)	甲辰	辰	戌					

2046(丙寅)年 5月[陽曆]

日	日辰(空亡)	旬	月建	月將	日	日辰(空亡)	旬	月建	月將
1	庚申(子丑)	甲寅	辰	酉 神藏殺沒 (未丑)	17	丙子(申酉)	甲戌	巳	酉
2	辛酉(子丑)	甲寅	辰	酉	18	丁丑(申酉)	甲戌	巳	酉
3	壬戌(子丑)	甲寅	辰	酉	19	戊寅(申酉)	甲戌	巳	酉 神藏殺沒 (未丑)
4	癸亥(子丑)	甲寅	辰	酉	20	己卯(申酉)	甲戌	巳	酉
5	甲子(戌亥) (立夏:建變)	甲子	辰·巳 辰(16:38:59). 巳(16:39以後)	酉	21	庚辰(申酉) (小滿:將變)	甲戌	巳	酉·申 酉(05:26:59). 申(05:27以後) 神藏殺沒 (酉月將:未丑. 申月將:午子)
6	乙丑(戌亥)	甲子	巳	酉	22	辛巳(申酉)	甲戌	巳	申
7	丙寅(戌亥)	甲子	巳	酉	23	壬午(申酉)	甲戌	巳	申
8	丁卯(戌亥)	甲子	巳	酉	24	癸未(申酉)	甲戌	巳	申
9	戊辰(戌亥)	甲子	巳	酉 神藏殺沒 (未丑)	25	甲申(午未)	甲申	巳	申
10	己巳(戌亥)	甲子	巳	酉	26	乙酉(午未)	甲申	巳	申
11	庚午(戌亥)	甲子	巳	酉 神藏殺沒 (未丑)	27	丙戌(午未)	甲申	巳	申
12	辛未(戌亥)	甲子	巳	酉	28	丁亥(午未)	甲申	巳	申
13	壬申(戌亥)	甲子	巳	酉	29	戊子(午未)	甲申	巳	申 神藏殺沒 (午子)
14	癸酉(戌亥)	甲子	巳	酉	30	己丑(午未)	甲申	巳	申
15	甲戌(申酉)	甲戌	巳	酉	31	庚寅(午未)	甲申	巳	申 神藏殺沒 (午子)
16	乙亥(申酉)	甲戌	巳	酉					

2046(丙寅)年 6月[陽曆]

日	日辰(空亡)	旬	月建	月將	日	日辰(空亡)	旬	月建	月將
1	辛卯(午未)	甲申	巳	申	17	丁未(寅卯)	甲辰	午	申
2	壬辰(午未)	甲申	巳	申	18	戊申(寅卯)	甲辰	午	申 神藏殺沒 (午子)
3	癸巳(午未)	甲申	巳	申	19	己酉(寅卯)	甲辰	午	申
4	甲午(辰巳)	甲午	巳	申	20	庚戌(寅卯)	甲辰	午	申 神藏殺沒 (午子)
5	乙未(辰巳) (芒種:建變)	甲午	巳·午	申	21	辛亥(寅卯) (夏至:將變)	甲寅	午	申·未
		巳(20:30:59).午(20:31以後)					申(13:12:59).未(13:13以後)		
6	丙申(辰巳)	甲午	午	申	22	壬子(寅卯)	甲辰	午	未
7	丁酉(辰巳)	甲午	午	申	23	癸丑(寅卯)	甲辰	午	未
8	戊戌(辰巳)	甲午	午	申 神藏殺沒 (午子)	24	甲寅(子丑)	甲寅	午	未
9	己亥(辰巳)	甲午	午	申	25	乙卯(子丑)	甲寅	午	未
10	庚子(辰巳)	甲午	午	申 神藏殺沒 (午子)	26	丙辰(子丑)	甲寅	午	未
11	辛丑(辰巳)	甲午	午	申	27	丁巳(子丑)	甲寅	午	未
12	壬寅(辰巳)	甲午	午	申	28	戊午(子丑)	甲寅	午	未 神藏殺沒 (巳亥)
13	癸卯(辰巳)	甲午	午	申	29	己未(子丑)	甲寅	午	未
14	甲辰(寅卯)	甲辰	午	申	30	庚申(子丑)	甲寅	午	未 神藏殺沒 (巳亥)
15	乙巳(寅卯)	甲辰	午	申					
16	丙午(寅卯)	甲辰	午	申					

2046(丙寅)年 7月[陽曆]

<table>
<tr><th>日</th><th>日辰(空亡)</th><th>旬</th><th>月建</th><th>月將</th><th>日</th><th>日辰(空亡)</th><th>旬</th><th>月建</th><th>月將</th></tr>
<tr><td>1</td><td>辛酉(子丑)</td><td>甲寅</td><td>午</td><td>未</td><td>17</td><td>丁丑(申酉)</td><td>甲戌</td><td>未</td><td>未</td></tr>
<tr><td>2</td><td>壬戌(子丑)</td><td>甲寅</td><td>午</td><td>未</td><td>18</td><td>戊寅(申酉)</td><td>甲戌</td><td>未</td><td>未
神藏殺沒
(巳亥)</td></tr>
<tr><td>3</td><td>癸亥(子丑)</td><td>甲寅</td><td>午</td><td>未</td><td>19</td><td>己卯(申酉)</td><td>甲戌</td><td>未</td><td>未</td></tr>
<tr><td>4</td><td>甲子(戌亥)</td><td>甲子</td><td>午</td><td>未</td><td>20</td><td>庚辰(申酉)</td><td>甲戌</td><td>未</td><td>未
神藏殺沒
(巳亥)</td></tr>
<tr><td>5</td><td>乙丑(戌亥)</td><td>甲子</td><td>午</td><td>未</td><td>21</td><td>辛巳(申酉)</td><td>甲戌</td><td>未</td><td>未</td></tr>
<tr><td>6</td><td>丙寅(戌亥)</td><td>甲子</td><td>午</td><td>未</td><td>22</td><td>壬午(申酉)</td><td>甲戌</td><td>未</td><td>未</td></tr>
<tr><td rowspan="2">7</td><td rowspan="2">丁卯(戌亥)
(小暑:建變)</td><td>甲子</td><td>午·未</td><td>未</td><td rowspan="2">23</td><td rowspan="2">癸未(申酉)
(大暑:將變)</td><td>甲戌</td><td>未</td><td>未·午</td></tr>
<tr><td colspan="3">午(06:38:59).未(06:39以後)</td><td colspan="3">未(00:06:59).午(00:07以後)</td></tr>
<tr><td>8</td><td>戊辰(戌亥)</td><td>甲子</td><td>未</td><td>未
神藏殺沒
(巳亥)</td><td>24</td><td>甲申(午未)</td><td>甲申</td><td>未</td><td>午</td></tr>
<tr><td>9</td><td>己巳(戌亥)</td><td>甲子</td><td>未</td><td>未</td><td>25</td><td>乙酉(午未)</td><td>甲申</td><td>未</td><td>午</td></tr>
<tr><td>10</td><td>庚午(戌亥)</td><td>甲子</td><td>未</td><td>未
神藏殺沒
(巳亥)</td><td>26</td><td>丙戌(午未)</td><td>甲申</td><td>未</td><td>午</td></tr>
<tr><td>11</td><td>辛未(戌亥)</td><td>甲子</td><td>未</td><td>未</td><td>27</td><td>丁亥(午未)</td><td>甲申</td><td>未</td><td>午</td></tr>
<tr><td>12</td><td>壬申(戌亥)</td><td>甲子</td><td>未</td><td>未</td><td>28</td><td>戊子(午未)</td><td>甲申</td><td>未</td><td>午
神藏殺沒
(辰戌)</td></tr>
<tr><td>13</td><td>癸酉(戌亥)</td><td>甲子</td><td>未</td><td>未</td><td>29</td><td>己丑(午未)</td><td>甲申</td><td>未</td><td>午</td></tr>
<tr><td>14</td><td>甲戌(申酉)</td><td>甲戌</td><td>未</td><td>未</td><td>30</td><td>庚寅(午未)</td><td>甲申</td><td>未</td><td>午
神藏殺沒
(辰戌)</td></tr>
<tr><td>15</td><td>乙亥(申酉)</td><td>甲戌</td><td>未</td><td>未</td><td>31</td><td>辛卯(午未)</td><td>甲申</td><td>未</td><td>午</td></tr>
<tr><td>16</td><td>丙子(申酉)</td><td>甲戌</td><td>未</td><td>未</td><td></td><td></td><td></td><td></td><td></td></tr>
</table>

2046(丙寅)年 8月[陽曆]

日	日辰(空亡)	旬	月建	月將	日	日辰(空亡)	旬	月建	月將
1	壬辰(午未)	甲申	未	午	17	戊申(寅卯)	甲辰	申	午 神藏殺沒 (辰戌)
2	癸巳(午未)	甲申	未	午	18	己酉(寅卯)	甲辰	申	午
3	甲午(辰巳)	甲午	未	午	19	庚戌(寅卯)	甲辰	申	午 神藏殺沒 (辰戌)
4	乙未(辰巳)	甲午	未	午	20	辛亥(寅卯)	甲辰	申	午
5	丙申(辰巳)	甲午	未	午	21	壬子(寅卯)	甲辰	申	午
6	丁酉(辰巳)	甲午	未	午	22	癸丑(寅卯)	甲辰	申	午
7	戊戌(辰巳) (立秋:建變)	甲午	未·申 未(16:31:59).申(16:32以後) 神藏殺沒(辰戌)	午	23	甲寅(子丑) (處暑:將變)	甲寅	申	午·巳 午(07:22:59).巳(07:23以後) 神藏殺沒(巳月將: 酉卯)
8	己亥(辰巳)	甲午	申	午	24	乙卯(子丑)	甲寅	申	巳
9	庚子(辰巳)	甲午	申	午 神藏殺沒 (辰戌)	25	丙辰(子丑)	甲寅	申	巳
10	辛丑(辰巳)	甲午	申	午	26	丁巳(子丑)	甲寅	申	巳
11	壬寅(辰巳)	甲午	申	午	27	戊午(子丑)	甲寅	申	巳 神藏殺沒 (卯酉)
12	癸卯(辰巳)	甲午	申	午	28	己未(子丑)	甲寅	申	巳
13	甲辰(寅卯)	甲辰	申	午	29	庚申(子丑)	甲寅	申	巳 神藏殺沒 (卯酉)
14	乙巳(寅卯)	甲辰	申	午	30	辛酉(子丑)	甲寅	申	巳
15	丙午(寅卯)	甲辰	申	午	31	壬戌(子丑)	甲寅	申	巳
16	丁未(寅卯)	甲辰	申	午					

2046(丙寅)年 9月[陽曆]

日	日辰(空亡)	旬	月建	月將	日	日辰(空亡)	旬	月建	月將
1	癸亥(子丑)	甲寅	申	巳	17	己卯(申酉)	甲戌	酉	巳
2	甲子(戌亥)	甲子	申	巳 神藏殺沒 (酉卯)	18	庚辰(申酉)	甲戌	酉	巳 神藏殺沒 (卯酉)
3	乙丑(戌亥)	甲子	申	巳	19	辛巳(申酉)	甲戌	酉	巳
4	丙寅(戌亥)	甲子	申	巳	20	壬午(申酉)	甲戌	酉	巳
5	丁卯(戌亥)	甲子	申	巳	21	癸未(申酉)	甲戌	酉	巳
6	戊辰(戌亥)	甲子	申	巳 神藏殺沒 (卯酉)	22	甲申(午未)	甲申	酉	巳 神藏殺沒 (酉卯)
7	己巳(戌亥) (白露:建變)	甲子 申(19:41:59).酉(19:42以後)	申·酉	巳	23	乙酉(午未) (秋分:將變)	甲申 巳(05:19:59).辰(05:20以後)	酉	巳·辰
8	庚午(戌亥)	甲子	酉	巳 神藏殺沒 (卯酉)	24	丙戌(午未)	甲申	酉	辰
9	辛未(戌亥)	甲子	酉	巳	25	丁亥(午未)	甲申	酉	辰
10	壬申(戌亥)	甲子	酉	巳	26	戊子(午未)	甲申	酉	辰
11	癸酉(戌亥)	甲子	酉	巳	27	己丑(午未)	甲申	酉	辰
12	甲戌(申酉)	甲戌	酉	巳 神藏殺沒 (酉卯)	28	庚寅(午未)	甲申	酉	辰
13	乙亥(申酉)	甲戌	酉	巳	29	辛卯(午未)	甲申	酉	辰
14	丙子(申酉)	甲戌	酉	巳	30	壬辰(午未)	甲申	酉	辰
15	丁丑(申酉)	甲戌	酉	巳					
16	戊寅(申酉)	甲戌	酉	巳 神藏殺沒 (卯酉)					

2046(丙寅)年 10月[陽曆]

<table>
<tr><th>日</th><th>日辰(空亡)</th><th>旬</th><th>月建</th><th>月將</th><th>日</th><th>日辰(空亡)</th><th>旬</th><th>月建</th><th>月將</th></tr>
<tr><td>1</td><td>癸巳(午未)</td><td>甲申</td><td>酉</td><td>辰</td><td>17</td><td>己酉(寅卯)</td><td>甲辰</td><td>戌</td><td>辰</td></tr>
<tr><td>2</td><td>甲午(辰巳)</td><td>甲午</td><td>酉</td><td>辰
神藏殺沒
(申寅)</td><td>18</td><td>庚戌(寅卯)</td><td>甲辰</td><td>戌</td><td>辰</td></tr>
<tr><td>3</td><td>乙未(辰巳)</td><td>甲午</td><td>酉</td><td>辰</td><td>19</td><td>辛亥(寅卯)</td><td>甲辰</td><td>戌</td><td>辰</td></tr>
<tr><td>4</td><td>丙申(辰巳)</td><td>甲午</td><td>酉</td><td>辰</td><td>20</td><td>壬子(寅卯)</td><td>甲辰</td><td>戌</td><td>辰</td></tr>
<tr><td>5</td><td>丁酉(辰巳)</td><td>甲午</td><td>酉</td><td>辰</td><td>21</td><td>癸丑(寅卯)</td><td>甲辰</td><td>戌</td><td>辰</td></tr>
<tr><td>6</td><td>戊戌(辰巳)</td><td>甲午</td><td>酉</td><td>辰</td><td>22</td><td>甲寅(子丑)</td><td>甲寅</td><td>戌</td><td>辰
神藏殺沒
(申寅)</td></tr>
<tr><td rowspan="2">7</td><td rowspan="2">己亥(辰巳)</td><td rowspan="2">甲午</td><td rowspan="2">酉</td><td rowspan="2">辰</td><td rowspan="2">23</td><td rowspan="2">乙卯(子丑)
(霜降:將變)</td><td>甲寅</td><td>戌</td><td>辰·卯</td></tr>
<tr><td colspan="3">辰(15:01:59).卯(15:02以後)</td></tr>
<tr><td rowspan="2">8</td><td rowspan="2">庚子(辰巳)
(寒露:建變)</td><td>甲午</td><td>酉·戌</td><td>辰</td><td rowspan="2">24</td><td rowspan="2">丙辰(子丑)</td><td rowspan="2">甲寅</td><td rowspan="2">戌</td><td rowspan="2">卯</td></tr>
<tr><td colspan="3">酉(11:40:59).戌(01:41以後)</td></tr>
<tr><td>9</td><td>辛丑(辰巳)</td><td>甲午</td><td>戌</td><td>辰</td><td>25</td><td>丁巳(子丑)</td><td>甲寅</td><td>戌</td><td>卯</td></tr>
<tr><td>10</td><td>壬寅(辰巳)</td><td>甲午</td><td>戌</td><td>辰</td><td>26</td><td>戊午(子丑)</td><td>甲寅</td><td>戌</td><td>卯</td></tr>
<tr><td>11</td><td>癸卯(辰巳)</td><td>甲午</td><td>戌</td><td>辰</td><td>27</td><td>己未(子丑)</td><td>甲寅</td><td>戌</td><td>卯</td></tr>
<tr><td>12</td><td>甲辰(寅卯)</td><td>甲辰</td><td>戌</td><td>辰
神藏殺沒
(申寅)</td><td>28</td><td>庚申(子丑)</td><td>甲寅</td><td>戌</td><td>卯</td></tr>
<tr><td>13</td><td>乙巳(寅卯)</td><td>甲辰</td><td>戌</td><td>辰</td><td>29</td><td>辛酉(子丑)</td><td>甲寅</td><td>戌</td><td>卯</td></tr>
<tr><td>14</td><td>丙午(寅卯)</td><td>甲辰</td><td>戌</td><td>辰</td><td>30</td><td>壬戌(子丑)</td><td>甲寅</td><td>戌</td><td>卯</td></tr>
<tr><td>15</td><td>丁未(寅卯)</td><td>甲辰</td><td>戌</td><td>辰</td><td>31</td><td>癸亥(子丑)</td><td>甲寅</td><td>戌</td><td>卯</td></tr>
<tr><td>16</td><td>戊申(寅卯)</td><td>甲辰</td><td>戌</td><td>辰</td><td></td><td></td><td></td><td></td><td></td></tr>
</table>

2046(丙寅)年 11月[陽曆]

<table>
<tr><th>日</th><th>日辰(空亡)</th><th>旬</th><th>月建</th><th>月將</th><th>日</th><th>日辰(空亡)</th><th>旬</th><th>月建</th><th>月將</th></tr>
<tr><td>1</td><td>甲子(戌亥)</td><td>甲子</td><td>戌</td><td>卯
神藏殺沒
(未丑)</td><td>17</td><td>庚辰(申酉)</td><td>甲戌</td><td>亥</td><td>卯</td></tr>
<tr><td>2</td><td>乙丑(戌亥)</td><td>甲子</td><td>戌</td><td>卯</td><td>18</td><td>辛巳(申酉)</td><td>甲戌</td><td>亥</td><td>卯</td></tr>
<tr><td>3</td><td>丙寅(戌亥)</td><td>甲子</td><td>戌</td><td>卯</td><td>19</td><td>壬午(申酉)</td><td>甲戌</td><td>亥</td><td>卯</td></tr>
<tr><td>4</td><td>丁卯(戌亥)</td><td>甲子</td><td>戌</td><td>卯</td><td>20</td><td>癸未(申酉)</td><td>甲戌</td><td>亥</td><td>卯</td></tr>
<tr><td>5</td><td>戊辰(戌亥)</td><td>甲子</td><td>戌</td><td>卯</td><td>21</td><td>甲申(午未)</td><td>甲申</td><td>亥</td><td>卯
神藏殺沒
(未丑)</td></tr>
<tr><td rowspan="2">6</td><td rowspan="2">己巳(戌亥)</td><td rowspan="2">甲子</td><td rowspan="2">戌</td><td rowspan="2">卯</td><td rowspan="2">22</td><td rowspan="2">乙酉(午未)
(小雪:將變)</td><td>甲申</td><td>亥</td><td>卯·寅</td></tr>
<tr><td colspan="3">卯(12:54:59).寅(12:55以後)</td></tr>
<tr><td rowspan="2">7</td><td rowspan="2">庚午(戌亥)
(立冬:建變)</td><td>甲子</td><td>戌·亥</td><td>卯</td><td rowspan="2">23</td><td rowspan="2">丙戌(午未)</td><td rowspan="2">甲申</td><td rowspan="2">亥</td><td rowspan="2">寅</td></tr>
<tr><td colspan="3">戌(15:12:59).亥(15:13以後)</td></tr>
<tr><td>8</td><td>辛未(戌亥)</td><td>甲子</td><td>亥</td><td>卯</td><td>24</td><td>丁亥(午未)</td><td>甲申</td><td>亥</td><td>寅</td></tr>
<tr><td>9</td><td>壬申(戌亥)</td><td>甲子</td><td>亥</td><td>卯</td><td>25</td><td>戊子(午未)</td><td>甲申</td><td>亥</td><td>寅</td></tr>
<tr><td>10</td><td>癸酉(戌亥)</td><td>甲子</td><td>亥</td><td>卯</td><td>26</td><td>己丑(午未)</td><td>甲申</td><td>亥</td><td>寅</td></tr>
<tr><td>11</td><td>甲戌(申酉)</td><td>甲戌</td><td>亥</td><td>卯
神藏殺沒
(未丑)</td><td>27</td><td>庚寅(午未)</td><td>甲申</td><td>亥</td><td>寅</td></tr>
<tr><td>12</td><td>乙亥(申酉)</td><td>甲戌</td><td>亥</td><td>卯</td><td>28</td><td>辛卯(午未)</td><td>甲申</td><td>亥</td><td>寅</td></tr>
<tr><td>13</td><td>丙子(申酉)</td><td>甲戌</td><td>亥</td><td>卯</td><td>29</td><td>壬辰(午未)</td><td>甲申</td><td>亥</td><td>寅</td></tr>
<tr><td>14</td><td>丁丑(申酉)</td><td>甲戌</td><td>亥</td><td>卯</td><td>30</td><td>癸巳(午未)</td><td>甲申</td><td>亥</td><td>寅</td></tr>
<tr><td>15</td><td>戊寅(申酉)</td><td>甲戌</td><td>亥</td><td>卯</td><td></td><td></td><td></td><td></td><td></td></tr>
<tr><td>16</td><td>己卯(申酉)</td><td>甲戌</td><td>亥</td><td>卯</td><td></td><td></td><td></td><td></td><td></td></tr>
</table>

2046(丙寅)年 12月[陽曆]

<table>
<tr><th>日</th><th>日辰(空亡)</th><th>旬</th><th>月建</th><th>月將</th><th>日</th><th>日辰(空亡)</th><th>旬</th><th>月建</th><th>月將</th></tr>
<tr><td>1</td><td>甲午(辰巳)</td><td>甲午</td><td>亥</td><td>寅
神藏殺沒
(午子)</td><td>17</td><td>庚戌(寅卯)</td><td>甲辰</td><td>子</td><td>寅</td></tr>
<tr><td>2</td><td>乙未(辰巳)</td><td>甲午</td><td>亥</td><td>寅</td><td>18</td><td>辛亥(寅卯)</td><td>甲辰</td><td>子</td><td>寅</td></tr>
<tr><td>3</td><td>丙申(辰巳)</td><td>甲午</td><td>亥</td><td>寅</td><td>19</td><td>壬子(寅卯)</td><td>甲辰</td><td>子</td><td>寅</td></tr>
<tr><td>4</td><td>丁酉(辰巳)</td><td>甲午</td><td>亥</td><td>寅</td><td>20</td><td>癸丑(寅卯)</td><td>甲辰</td><td>子</td><td>寅</td></tr>
<tr><td>5</td><td>戊戌(辰巳)</td><td>甲午</td><td>亥</td><td>寅</td><td>21</td><td>甲寅(子丑)</td><td>甲寅</td><td>子</td><td>寅
神藏殺沒
(午子)</td></tr>
<tr><td rowspan="2">6</td><td rowspan="2">己亥(辰巳)</td><td rowspan="2">甲午</td><td rowspan="2">亥</td><td rowspan="2">寅</td><td rowspan="2">22</td><td rowspan="2">乙卯(子丑)
(冬至:將變)</td><td>甲寅</td><td>子</td><td>寅·丑</td></tr>
<tr><td colspan="3">寅(02:26:59).丑(02:27以後)</td></tr>
<tr><td rowspan="2">7</td><td rowspan="2">庚子(辰巳)
(大雪:建變)</td><td>甲午</td><td>亥·子</td><td>寅</td><td rowspan="2">23</td><td rowspan="2">丙辰(子丑)</td><td rowspan="2">甲寅</td><td rowspan="2">子</td><td rowspan="2">丑</td></tr>
<tr><td colspan="3">亥(08:19:59).子(08:20以後)</td></tr>
<tr><td>8</td><td>辛丑(辰巳)</td><td>甲午</td><td>子</td><td>寅</td><td>24</td><td>丁巳(子丑)</td><td>甲寅</td><td>子</td><td>丑</td></tr>
<tr><td>9</td><td>壬寅(辰巳)</td><td>甲午</td><td>子</td><td>寅</td><td>25</td><td>戊午(子丑)</td><td>甲寅</td><td>子</td><td>丑</td></tr>
<tr><td>10</td><td>癸卯(辰巳)</td><td>甲午</td><td>子</td><td>寅</td><td>26</td><td>己未(子丑)</td><td>甲寅</td><td>子</td><td>丑</td></tr>
<tr><td>11</td><td>甲辰(寅卯)</td><td>甲辰</td><td>子</td><td>寅
神藏殺沒
(午子)</td><td>27</td><td>庚申(子丑)</td><td>甲寅</td><td>子</td><td>丑</td></tr>
<tr><td>12</td><td>乙巳(寅卯)</td><td>甲辰</td><td>子</td><td>寅</td><td>28</td><td>辛酉(子丑)</td><td>甲寅</td><td>子</td><td>丑</td></tr>
<tr><td>13</td><td>丙午(寅卯)</td><td>甲辰</td><td>子</td><td>寅</td><td>29</td><td>壬戌(子丑)</td><td>甲寅</td><td>子</td><td>丑</td></tr>
<tr><td>14</td><td>丁未(寅卯)</td><td>甲辰</td><td>子</td><td>寅</td><td>30</td><td>癸亥(子丑)</td><td>甲寅</td><td>子</td><td>丑</td></tr>
<tr><td>15</td><td>戊申(寅卯)</td><td>甲辰</td><td>子</td><td>寅</td><td>31</td><td>甲子(戌亥)</td><td>甲子</td><td>子</td><td>丑
神藏殺沒
(巳亥)</td></tr>
<tr><td>16</td><td>己酉(寅卯)</td><td>甲辰</td><td>子</td><td>寅</td><td></td><td></td><td></td><td></td><td></td></tr>
</table>

2047(丁卯)年 1月[陽曆]

日	日辰(空亡)	旬	月建	月將	日	日辰(空亡)	旬	月建	月將
1	乙丑(戌亥)	甲子	子	丑	17	辛巳(申酉)	甲戌	丑	丑
2	丙寅(戌亥)	甲子	子	丑	18	壬午(申酉)	甲戌	丑	丑
3	丁卯(戌亥)	甲子	子	丑	19	癸未(申酉)	甲戌	丑	丑
4	戊辰(戌亥)	甲子	子	丑	20	甲申(午未) (大寒:將變)	甲申	丑	丑·子
							丑(13:07:59).子(13:08以後) 神藏殺沒 (丑月將:巳亥. 子月將:辰戌)		
5	己巳(戌亥) (小寒:建變)	甲子	子·丑	丑	21	乙酉(午未)	甲申	丑	子
		子(19:40:59).丑(19:41以後)							
6	庚午(戌亥)	甲子	丑	丑	22	丙戌(午未)	甲申	丑	子
7	辛未(戌亥)	甲子	丑	丑	23	丁亥(午未)	甲申	丑	子
8	壬申(戌亥)	甲子	丑	丑	24	戊子(午未)	甲申	丑	子
9	癸酉(戌亥)	甲子	丑	丑	25	己丑(午未)	甲申	丑	子
10	甲戌(申酉)	甲戌	丑	丑 神藏殺沒 (巳亥)	26	庚寅(午未)	甲申	丑	子
11	乙亥(申酉)	甲戌	丑	丑	27	辛卯(午未)	甲申	丑	子
12	丙子(申酉)	甲戌	丑	丑	28	壬辰(午未)	甲申	丑	子
13	丁丑(申酉)	甲戌	丑	丑	29	癸巳(午未)	甲申	丑	子
14	戊寅(申酉)	甲戌	丑	丑	30	甲午(辰巳)	甲午	丑	子 神藏殺沒 (辰戌)
15	己卯(申酉)	甲戌	丑	丑	31	乙未(辰巳)	甲午	丑	子
16	庚辰(申酉)	甲戌	丑	丑					

2047(丁卯)年 2月[陽曆]

<table>
<tr><th>日</th><th>日辰(空亡)</th><th>旬</th><th>月建</th><th>月將</th><th>日</th><th>日辰(空亡)</th><th>旬</th><th>月建</th><th>月將</th></tr>
<tr><td>1</td><td>丙申(辰巳)</td><td>甲午</td><td>丑</td><td>子</td><td>17</td><td>壬子(寅卯)</td><td>甲辰</td><td>寅</td><td>子</td></tr>
<tr><td>2</td><td>丁酉(辰巳)</td><td>甲午</td><td>丑</td><td>子</td><td>18</td><td>癸丑(寅卯)</td><td>甲辰</td><td>寅</td><td>子</td></tr>
<tr><td rowspan="3">3</td><td rowspan="3">戊戌(辰巳)</td><td rowspan="3">甲午</td><td rowspan="3">丑</td><td rowspan="3">子</td><td rowspan="3">19</td><td rowspan="3">甲寅(子丑)
(雨水:將變)</td><td>甲寅</td><td>寅</td><td>子·亥</td></tr>
<tr><td colspan="3">子(03:08:59).亥(03:09以後)</td></tr>
<tr><td colspan="3">神藏殺沒
(子月將:辰戌. 亥月將: 卯酉)</td></tr>
<tr><td rowspan="2">4</td><td rowspan="2">己亥(辰巳)
(立春:建變)</td><td>甲午</td><td>丑·寅</td><td>子</td><td rowspan="2">20</td><td rowspan="2">乙卯(子丑)</td><td rowspan="2">甲寅</td><td rowspan="2">寅</td><td rowspan="2">亥</td></tr>
<tr><td colspan="3">丑(07:15:59).寅(07:16以後)</td></tr>
<tr><td>5</td><td>庚子(辰巳)</td><td>甲午</td><td>寅</td><td>子</td><td>21</td><td>丙辰(子丑)</td><td>甲寅</td><td>寅</td><td>亥</td></tr>
<tr><td>6</td><td>辛丑(辰巳)</td><td>甲午</td><td>寅</td><td>子</td><td>22</td><td>丁巳(子丑)</td><td>甲寅</td><td>寅</td><td>亥</td></tr>
<tr><td>7</td><td>壬寅(辰巳)</td><td>甲午</td><td>寅</td><td>子</td><td>23</td><td>戊午(子丑)</td><td>甲寅</td><td>寅</td><td>亥
神藏殺沒
(酉卯)</td></tr>
<tr><td>8</td><td>癸卯(辰巳)</td><td>甲午</td><td>寅</td><td>子</td><td>24</td><td>己未(子丑)</td><td>甲寅</td><td>寅</td><td>亥</td></tr>
<tr><td>9</td><td>甲辰(寅卯)</td><td>甲辰</td><td>寅</td><td>子
神藏殺沒
(辰戌)</td><td>25</td><td>庚申(子丑)</td><td>甲寅</td><td>寅</td><td>亥
神藏殺沒
(酉卯)</td></tr>
<tr><td>10</td><td>乙巳(寅卯)</td><td>甲辰</td><td>寅</td><td>子</td><td>26</td><td>辛酉(子丑)</td><td>甲寅</td><td>寅</td><td>亥</td></tr>
<tr><td>11</td><td>丙午(寅卯)</td><td>甲辰</td><td>寅</td><td>子</td><td>27</td><td>壬戌(子丑)</td><td>甲寅</td><td>寅</td><td>亥</td></tr>
<tr><td>12</td><td>丁未(寅卯)</td><td>甲辰</td><td>寅</td><td>子</td><td>28</td><td>癸亥(子丑)</td><td>甲寅</td><td>寅</td><td>亥</td></tr>
<tr><td>13</td><td>戊申(寅卯)</td><td>甲辰</td><td>寅</td><td>子</td><td></td><td></td><td></td><td></td><td></td></tr>
<tr><td>14</td><td>己酉(寅卯)</td><td>甲辰</td><td>寅</td><td>子</td><td></td><td></td><td></td><td></td><td></td></tr>
<tr><td>15</td><td>庚戌(寅卯)</td><td>甲辰</td><td>寅</td><td>子</td><td></td><td></td><td></td><td></td><td></td></tr>
<tr><td>16</td><td>辛亥(寅卯)</td><td>甲辰</td><td>寅</td><td>子</td><td></td><td></td><td></td><td></td><td></td></tr>
</table>

2047(丁卯)年 3月[陽曆]

日	日辰(空亡)	旬	月建	月將	日	日辰(空亡)	旬	月建	月將
1	甲子(戌亥)	甲子	寅	亥 神藏殺沒 (卯酉)	17	庚辰(申酉)	甲戌	卯	亥 神藏殺沒 (酉卯)
2	乙丑(戌亥)	甲子	寅	亥	18	辛巳(申酉)	甲戌	卯	亥
3	丙寅(戌亥)	甲子	寅	亥	19	壬午(申酉)	甲戌	卯	亥
4	丁卯(戌亥)	甲子	寅	亥	20	癸未(申酉)	甲戌	卯	亥
5	戊辰(戌亥)	甲子	寅	亥 神藏殺沒 (酉卯)	21	甲申(午未) (春分:將變)	甲申 亥(01:50:59).戌(01:51以後) 神藏殺沒(亥月將: 卯酉)	卯	亥·戌
6	己巳(戌亥) (驚蟄:建變)	甲子 寅(01:03:59).卯(01:04以後)	寅·卯	亥	22	乙酉(午未)	甲申	卯	戌
7	庚午(戌亥)	甲子	卯	亥 神藏殺沒 (酉卯)	23	丙戌(午未)	甲申	卯	戌
8	辛未(戌亥)	甲子	卯	亥	24	丁亥(午未)	甲申	卯	戌
9	壬申(戌亥)	甲子	卯	亥	25	戊子(午未)	甲申	卯	戌 神藏殺沒 (申寅)
10	癸酉(戌亥)	甲子	卯	亥	26	己丑(午未)	甲申	卯	戌
11	甲戌(申酉)	甲戌	卯	亥 神藏殺沒 (卯酉)	27	庚寅(午未)	甲申	卯	戌 神藏殺沒 (申寅)
12	乙亥(申酉)	甲戌	卯	亥	28	辛卯(午未)	甲申	卯	戌
13	丙子(申酉)	甲戌	卯	亥	29	壬辰(午未)	甲申	卯	戌
14	丁丑(申酉)	甲戌	卯	亥	30	癸巳(午未)	甲申	卯	戌
15	戊寅(申酉)	甲戌	卯	亥 神藏殺沒 (酉卯)	31	甲午(辰巳)	甲午	卯	戌
16	己卯(申酉)	甲戌	卯	亥					

2047(丁卯)年 4月[陽曆]

<table>
<tr><th>日</th><th>日辰(空亡)</th><th>旬</th><th>月建</th><th>月將</th><th>日</th><th>日辰(空亡)</th><th>旬</th><th>月建</th><th>月將</th></tr>
<tr><td>1</td><td>乙未(辰巳)</td><td>甲午</td><td>卯</td><td>戌</td><td>17</td><td>辛亥(寅卯)</td><td>甲辰</td><td>辰</td><td>戌</td></tr>
<tr><td>2</td><td>丙申(辰巳)</td><td>甲午</td><td>卯</td><td>戌</td><td>18</td><td>壬子(寅卯)</td><td>甲辰</td><td>辰</td><td>戌</td></tr>
<tr><td>3</td><td>丁酉(辰巳)</td><td>甲午</td><td>卯</td><td>戌</td><td>19</td><td>癸丑(寅卯)</td><td>甲辰</td><td>辰</td><td>戌</td></tr>
<tr><td rowspan="2">4</td><td rowspan="2">戊戌(辰巳)</td><td rowspan="2">甲午</td><td rowspan="2">卯</td><td rowspan="2">戌
神藏殺沒
(申寅)</td><td rowspan="2">20</td><td rowspan="2">甲寅(子丑)
(穀雨:將變)</td><td>甲寅</td><td>辰</td><td>戌·酉</td></tr>
<tr><td colspan="3">戌(12:30:59).酉(12:31以後)</td></tr>
<tr><td rowspan="2">5</td><td rowspan="2">己亥(辰巳)
(淸明:建變)</td><td>甲午</td><td>卯·辰</td><td>戌</td><td rowspan="2">21</td><td rowspan="2">乙卯(子丑)</td><td rowspan="2">甲寅</td><td rowspan="2">辰</td><td rowspan="2">酉</td></tr>
<tr><td colspan="3">卯(05:30:59).辰(05:31以後)</td></tr>
<tr><td>6</td><td>庚子(辰巳)</td><td>甲午</td><td>辰</td><td>戌
神藏殺沒
(申寅)</td><td>22</td><td>丙辰(子丑)</td><td>甲寅</td><td>辰</td><td>酉</td></tr>
<tr><td>7</td><td>辛丑(辰巳)</td><td>甲午</td><td>辰</td><td>戌</td><td>23</td><td>丁巳(子丑)</td><td>甲寅</td><td>辰</td><td>酉</td></tr>
<tr><td>8</td><td>壬寅(辰巳)</td><td>甲午</td><td>辰</td><td>戌</td><td>24</td><td>戊午(子丑)</td><td>甲寅</td><td>辰</td><td>酉
神藏殺沒
(未丑)</td></tr>
<tr><td>9</td><td>癸卯(辰巳)</td><td>甲午</td><td>辰</td><td>戌</td><td>25</td><td>己未(子丑)</td><td>甲寅</td><td>辰</td><td>酉</td></tr>
<tr><td>10</td><td>甲辰(寅卯)</td><td>甲辰</td><td>辰</td><td>戌</td><td>26</td><td>庚申(子丑)</td><td>甲寅</td><td>辰</td><td>酉
神藏殺沒
(未丑)</td></tr>
<tr><td>11</td><td>乙巳(寅卯)</td><td>甲辰</td><td>辰</td><td>戌</td><td>27</td><td>辛酉(子丑)</td><td>甲寅</td><td>辰</td><td>酉</td></tr>
<tr><td>12</td><td>丙午(寅卯)</td><td>甲辰</td><td>辰</td><td>戌</td><td>28</td><td>壬戌(子丑)</td><td>甲寅</td><td>辰</td><td>酉</td></tr>
<tr><td>13</td><td>丁未(寅卯)</td><td>甲辰</td><td>辰</td><td>戌</td><td>29</td><td>癸亥(子丑)</td><td>甲寅</td><td>辰</td><td>酉</td></tr>
<tr><td>14</td><td>戊申(寅卯)</td><td>甲辰</td><td>辰</td><td>戌
神藏殺沒
(申寅)</td><td>30</td><td>甲子(戌亥)</td><td>甲子</td><td>辰</td><td>酉</td></tr>
<tr><td>15</td><td>己酉(寅卯)</td><td>甲辰</td><td>辰</td><td>戌</td><td></td><td></td><td></td><td></td><td></td></tr>
<tr><td>16</td><td>庚戌(寅卯)</td><td>甲辰</td><td>辰</td><td>戌
神藏殺沒
(申寅)</td><td></td><td></td><td></td><td></td><td></td></tr>
</table>

2047(丁卯)年 5月[陽曆]

日	日辰(空亡)	旬	月建	月將	日	日辰(空亡)	旬	月建	月將
1	乙丑(戌亥)	甲子	辰	酉	17	辛巳(申酉)	甲戌	巳	酉
2	丙寅(戌亥)	甲子	辰	酉	18	壬午(申酉)	甲戌	巳	酉
3	丁卯(戌亥)	甲子	辰	酉	19	癸未(申酉)	甲戌	巳	酉
4	戊辰(戌亥)	甲子	辰	酉 神藏殺沒 (未丑)	20	甲申(午未)	甲申	巳	酉
5	己巳(戌亥) (立夏:建變)	甲子	辰·巳	酉	21	乙酉(午未) (小滿:將變)	甲申	巳	酉·申
		辰(22:26:59).巳(22:27以後)					酉(11:17:59).申(11:18以後)		
6	庚午(戌亥)	甲子	巳	酉 神藏殺沒 (未丑)	22	丙戌(午未)	甲申	巳	申
7	辛未(戌亥)	甲子	巳	酉	23	丁亥(午未)	甲申	巳	申
8	壬申(戌亥)	甲子	巳	酉	24	戊子(午未)	甲申	巳	申 神藏殺沒 (午子)
9	癸酉(戌亥)	甲子	巳	酉	25	己丑(午未)	甲申	巳	申
10	甲戌(申酉)	甲戌	巳	酉	26	庚寅(午未)	甲申	巳	申 神藏殺沒 (午子)
11	乙亥(申酉)	甲戌	巳	酉	27	辛卯(午未)	甲申	巳	申
12	丙子(申酉)	甲戌	巳	酉	28	壬辰(午未)	甲申	巳	申
13	丁丑(申酉)	甲戌	巳	酉	29	癸巳(午未)	甲申	巳	申
14	戊寅(申酉)	甲戌	巳	酉 神藏殺沒 (未丑)	30	甲午(辰巳)	甲午	巳	申
15	己卯(申酉)	甲戌	巳	酉	31	乙未(辰巳)	甲午	巳	申
16	庚辰(申酉)	甲戌	巳	酉 神藏殺沒 (未丑)					

2047(丁卯)年 6月[陽曆]

日	日辰(空亡)	旬	月建	月將	日	日辰(空亡)	旬	月建	月將
1	丙申(辰巳)	甲午	巳	申	17	壬子(寅卯)	甲辰	午	申
2	丁酉(辰巳)	甲午	巳	申	18	癸丑(寅卯)	甲辰	午	申
3	戊戌(辰巳)	甲午	巳	申 神藏殺沒 (午子)	19	甲寅(子丑)	甲寅	午	申
4	己亥(辰巳)	甲午	巳	申	20	乙卯(子丑)	甲寅	午	申
5	庚子(辰巳)	甲午	巳	申 神藏殺沒 (午子)	21	丙辰(子丑) (夏至:將變)	甲寅 申(19:01:59).未(19:02以後)	午	申·未
6	辛丑(辰巳) (芒種:建變)	甲午 巳(02:18:59).午(02:19以後)	巳·午	申	22	丁巳(子丑)	甲寅	午	未
7	壬寅(辰巳)	甲午	午	申	23	戊午(子丑)	甲寅	午	未 神藏殺沒 (巳亥)
8	癸卯(辰巳)	甲午	午	申	24	己未(子丑)	甲寅	午	未
9	甲辰(寅卯)	甲辰	午	申	25	庚申(子丑)	甲寅	午	未 神藏殺沒 (巳亥)
10	乙巳(寅卯)	甲辰	午	申	26	辛酉(子丑)	甲寅	午	未
11	丙午(寅卯)	甲辰	午	申	27	壬戌(子丑)	甲寅	午	未
12	丁未(寅卯)	甲辰	午	申	28	癸亥(子丑)	甲寅	午	未
13	戊申(寅卯)	甲辰	午	申 神藏殺沒 (午子)	29	甲子(戌亥)	甲子	午	未
14	己酉(寅卯)	甲辰	午	申	30	乙丑(戌亥)	甲子	午	未
15	庚戌(寅卯)	甲辰	午	申 神藏殺沒 (午子)					
16	辛亥(寅卯)	甲辰	午	申					

2047(丁卯)年 7月[陽曆]

日	日辰(空亡)	旬	月建	月將	日	日辰(空亡)	旬	月建	月將
1	丙寅(戌亥)	甲子	午	未	17	壬午(申酉)	甲戌	未	未
2	丁卯(戌亥)	甲子	午	未	18	癸未(申酉)	甲戌	未	未
3	戊辰(戌亥)	甲子	午	未 神藏殺沒 (巳亥)	19	甲申(午未)	甲申	未	未
4	己巳(戌亥)	甲子	午	未	20	乙酉(午未)	甲申	未	未
5	庚午(戌亥)	甲子	午	未 神藏殺沒 (巳亥)	21	丙戌(午未)	甲申	未	未
6	辛未(戌亥)	甲子	午	未	22	丁亥(午未)	甲申	未	未
7	壬申(戌亥) (小暑:建變)	甲子	午·未 午(12:28:59).未(12:29以後)	未	23	戊子(午未) (大暑:將變)	甲申	未	未·午 未(05:53:59).午(05:54以後) 神藏殺沒 (未月將:巳亥. 午月將:辰戌)
8	癸酉(戌亥)	甲子	未	未	24	己丑(午未)	甲申	未	午
9	甲戌(申酉)	甲戌	未	未	25	庚寅(午未)	甲申	未	午 神藏殺沒 (辰戌)
10	乙亥(申酉)	甲戌	未	未	26	辛卯(午未)	甲申	未	午
11	丙子(申酉)	甲戌	未	未	27	壬辰(午未)	甲申	未	午
12	丁丑(申酉)	甲戌	未	未	28	癸巳(午未)	甲申	未	午
13	戊寅(申酉)	甲戌	未	未 神藏殺沒 (巳亥)	29	甲午(辰巳)	甲午	未	午
14	己卯(申酉)	甲戌	未	未	30	乙未(辰巳)	甲午	未	午
15	庚辰(申酉)	甲戌	未	未 神藏殺沒 (巳亥)	31	丙申(辰巳)	甲午	未	午
16	辛巳(申酉)	甲戌	未	未					

2047(丁卯)年 8月[陽曆]

日	日辰(空亡)	旬	月建	月將	日	日辰(空亡)	旬	月建	月將
1	丁酉(辰巳)	甲午	未	午	17	癸丑(寅卯)	甲辰	申	午
2	戊戌(辰巳)	甲午	未	午 神藏殺沒 (辰戌)	18	甲寅(子丑)	甲寅	申	午
3	己亥(辰巳)	甲午	未	午	19	乙卯(子丑)	甲寅	申	午
4	庚子(辰巳)	甲午	未	午 神藏殺沒 (辰戌)	20	丙辰(子丑)	甲寅	申	午
5	辛丑(辰巳)	甲午	未	午	21	丁巳(子丑)	甲寅	申	午
6	壬寅(辰巳)	甲午	未	午	22	戊午(子丑)	甲寅	申	午 神藏殺沒 (辰戌)
7	癸卯(辰巳) (立秋:建變)	甲午	未·申 未(22:23:59).申(22:24以後)	午	23	己未(子丑) (處暑:將變)	甲寅	申	午·巳 午(13:08:59).巳(13:09以後)
8	甲辰(寅卯)	甲辰	申	午	24	庚申(子丑)	甲寅	申	巳 神藏殺沒 (卯酉)
9	乙巳(寅卯)	甲辰	申	午	25	辛酉(子丑)	甲寅	申	巳
10	丙午(寅卯)	甲辰	申	午	26	壬戌(子丑)	甲寅	申	巳
11	丁未(寅卯)	甲辰	申	午	27	癸亥(子丑)	甲寅	申	巳
12	戊申(寅卯)	甲辰	申	午 神藏殺沒 (辰戌)	28	甲子(戌亥)	甲子	申	巳 神藏殺沒 (酉卯)
13	己酉(寅卯)	甲辰	申	午	29	乙丑(戌亥)	甲子	申	巳
14	庚戌(寅卯)	甲辰	申	午 神藏殺沒 (辰戌)	30	丙寅(戌亥)	甲子	申	巳
15	辛亥(寅卯)	甲辰	申	午	31	丁卯(戌亥)	甲子	申	巳
16	壬子(寅卯)	甲辰	申	午					

2047(丁卯)年 9月[陽曆]

日	日辰(空亡)	旬	月建	月將	日	日辰(空亡)	旬	月建	月將
1	戊辰(戌亥)	甲子	申	巳 神藏殺沒 (卯酉)	17	甲申(午未)	甲申	酉	巳 神藏殺沒 (酉卯)
2	己巳(戌亥)	甲子	申	巳	18	乙酉(午未)	甲申	酉	巳
3	庚午(戌亥)	甲子	申	巳 神藏殺沒 (卯酉)	19	丙戌(午未)	甲申	酉	巳
4	辛未(戌亥)	甲子	申	巳	20	丁亥(午未)	甲申	酉	巳
5	壬申(戌亥)	甲子	申	巳	21	戊子(午未)	甲申	酉	巳 神藏殺沒 (卯酉)
6	癸酉(戌亥)	甲子	申	巳	22	己丑(午未)	甲申	酉	巳
7	甲戌(申酉)	甲戌	申	巳 神藏殺沒 (酉卯)	23	庚寅(午未) (秋分:將變)	甲申 巳(11:06:59).辰(11:07以後) 神藏殺沒(巳月將: 卯酉)	酉	巳·辰
8	乙亥(申酉) (白露:建變)	甲戌 申(01:36:59).酉(01:37以後)	申·酉	巳	24	辛卯(午未)	甲申	酉	辰
9	丙子(申酉)	甲戌	酉	巳	25	壬辰(午未)	甲申	酉	辰
10	丁丑(申酉)	甲戌	酉	巳	26	癸巳(午未)	甲申	酉	辰
11	戊寅(申酉)	甲戌	酉	巳 神藏殺沒 (卯酉)	27	甲午(辰巳)	甲午	酉	辰 神藏殺沒 (申寅)
12	己卯(申酉)	甲戌	酉	巳	28	乙未(辰巳)	甲午	酉	辰
13	庚辰(申酉)	甲戌	酉	巳 神藏殺沒 (卯酉)	29	丙申(辰巳)	甲午	酉	辰
14	辛巳(申酉)	甲戌	酉	巳	30	丁酉(辰巳)	甲午	酉	辰
15	壬午(申酉)	甲戌	酉	巳					
16	癸未(申酉)	甲戌	酉	巳					

2047(丁卯)年 10月[陽曆]

日	日辰(空亡)	旬	月建	月將	日	日辰(空亡)	旬	月建	月將
1	戊戌(辰巳)	甲午	酉	辰	17	甲寅(子丑)	甲寅	戌	辰 神藏殺沒 (申寅)
2	己亥(辰巳)	甲午	酉	辰	18	乙卯(子丑)	甲寅	戌	辰
3	庚子(辰巳)	甲午	酉	辰	19	丙辰(子丑)	甲寅	戌	辰
4	辛丑(辰巳)	甲午	酉	辰	20	丁巳(子丑)	甲寅	戌	辰
5	壬寅(辰巳)	甲午	酉	辰	21	戊午(子丑)	甲寅	戌	辰
6	癸卯(辰巳)	甲午	酉	辰	22	己未(子丑)	甲寅	戌	辰
7	甲辰(寅卯)	甲辰	酉	辰 神藏殺沒 (申寅)	23	庚申(子丑) (霜降:將變)	甲寅	戌	辰·卯 辰(20:46:59).卯(20:47以後)
8	乙巳(寅卯) (寒露:建變)	甲辰	酉·戌 酉(17:35:59).戌(17:36以後)	辰	24	辛酉(子丑)	甲寅	戌	卯
9	丙午(寅卯)	甲辰	戌	辰	25	壬戌(子丑)	甲寅	戌	卯
10	丁未(寅卯)	甲辰	戌	辰	26	癸亥(子丑)	甲寅	戌	卯
11	戊申(寅卯)	甲辰	戌	辰	27	甲子(戌亥)	甲子	戌	卯 神藏殺沒 (未丑)
12	己酉(寅卯)	甲辰	戌	辰	28	乙丑(戌亥)	甲子	戌	卯
13	庚戌(寅卯)	甲辰	戌	辰	29	丙寅(戌亥)	甲子	戌	卯
14	辛亥(寅卯)	甲辰	戌	辰	30	丁卯(戌亥)	甲子	戌	卯
15	壬子(寅卯)	甲辰	戌	辰	31	戊辰(戌亥)	甲子	戌	卯
16	癸丑(寅卯)	甲辰	戌	辰					

2047(丁卯)年 11月[陽曆]

日	日辰(空亡)	旬	月建	月將	日	日辰(空亡)	旬	月建	月將
1	己巳(戌亥)	甲子	戌	卯	17	乙酉(午未)	甲申	亥	卯
2	庚午(戌亥)	甲子	戌	卯	18	丙戌(午未)	甲申	亥	卯
3	辛未(戌亥)	甲子	戌	卯	19	丁亥(午未)	甲申	亥	卯
4	壬申(戌亥)	甲子	戌	卯	20	戊子(午未)	甲申	亥	卯
5	癸酉(戌亥)	甲子	戌	卯	21	己丑(午未)	甲申	亥	卯
6	甲戌(申酉)	甲戌	戌	卯 神藏殺沒 (未丑)	22	庚寅(午未) (小雪:將變)	甲申	亥	卯·寅 卯(18:36:59).寅(18:37以後)
7	乙亥(申酉) (立冬:建變)	甲戌	戌·亥 戌(21:05:59).亥(21:06以後)	卯	23	辛卯(午未)	甲申	亥	寅
8	丙子(申酉)	甲戌	亥	卯	24	壬辰(午未)	甲申	亥	寅
9	丁丑(申酉)	甲戌	亥	卯	25	癸巳(午未)	甲申	亥	寅
10	戊寅(申酉)	甲戌	亥	卯	26	甲午(辰巳)	甲午	亥	寅 神藏殺沒 (午子)
11	己卯(申酉)	甲戌	亥	卯	27	乙未(辰巳)	甲午	亥	寅
12	庚辰(申酉)	甲戌	亥	卯	28	丙申(辰巳)	甲午	亥	寅
13	辛巳(申酉)	甲戌	亥	卯	29	丁酉(辰巳)	甲午	亥	寅
14	壬午(申酉)	甲戌	亥	卯	30	戊戌(辰巳)	甲午	亥	寅
15	癸未(申酉)	甲戌	亥	卯					
16	甲申(午未)	甲申	亥	卯 神藏殺沒 (未丑)					

2047(丁卯)年 12月[陽曆]

日	日辰(空亡)	旬	月建	月將	日	日辰(空亡)	旬	月建	月將
1	己亥(辰巳)	甲午	亥	寅	17	乙卯(子丑)	甲寅	子	寅
2	庚子(辰巳)	甲午	亥	寅	18	丙辰(子丑)	甲寅	子	寅
3	辛丑(辰巳)	甲午	亥	寅	19	丁巳(子丑)	甲寅	子	寅
4	壬寅(辰巳)	甲午	亥	寅	20	戊午(子丑)	甲寅	子	寅
5	癸卯(辰巳)	甲午	亥	寅	21	己未(子丑)	甲寅	子	寅
6	甲辰(寅卯)	甲辰	亥	寅 神藏殺沒 (午子)	22	庚申(子丑) (冬至:將變)	甲寅 寅(08:05:59).丑(08:06以後)	子	寅·丑
7	乙巳(寅卯) (大雪:建變)	甲辰 亥(14:08:59).子(14:09以後)	亥·子	寅	23	辛酉(子丑)	甲寅	子	丑
8	丙午(寅卯)	甲辰	子	寅	24	壬戌(子丑)	甲寅	子	丑
9	丁未(寅卯)	甲辰	子	寅	25	癸亥(子丑)	甲寅	子	丑
10	戊申(寅卯)	甲辰	子	寅	26	甲子(戌亥)	甲子	子	丑 神藏殺沒 (巳亥)
11	己酉(寅卯)	甲辰	子	寅	27	乙丑(戌亥)	甲子	子	丑
12	庚戌(寅卯)	甲辰	子	寅	28	丙寅(戌亥)	甲子	子	丑
13	辛亥(寅卯)	甲辰	子	寅	29	丁卯(戌亥)	甲子	子	丑
14	壬子(寅卯)	甲辰	子	寅	30	戊辰(戌亥)	甲子	子	丑
15	癸丑(寅卯)	甲辰	子	寅	31	己巳(戌亥)	甲子	子	丑
16	甲寅(子丑)	甲寅	子	寅 神藏殺沒 (午子)					

2048(戊辰)年 1月[陽曆]

日	日辰(空亡)	旬	月建	月將	日	日辰(空亡)	旬	月建	月將
1	庚午(戌亥)	甲子	子	丑	17	丙戌(午未)	甲申	丑	丑
2	辛未(戌亥)	甲子	子	丑	18	丁亥(午未)	甲申	丑	丑
3	壬申(戌亥)	甲子	子	丑	19	戊子(午未)	甲申	丑	丑
4	癸酉(戌亥)	甲子	子	丑	20	己丑(午未) (大寒:將變)	甲申	丑	丑·子 丑(18:45:59).子(18:46以後)
5	甲戌(申酉)	甲戌	子	丑 神藏殺沒 (巳亥)	21	庚寅(午未)	甲申	丑	子
6	乙亥(申酉) (小寒:建變)	甲戌	子·丑 子(01:27:59).丑(01:28以後)	丑	22	辛卯(午未)	甲申	丑	子
7	丙子(申酉)	甲戌	丑	丑	23	壬辰(午未)	甲申	丑	子
8	丁丑(申酉)	甲戌	丑	丑	24	癸巳(午未)	甲申	丑	子
9	戊寅(申酉)	甲戌	丑	丑	25	甲午(辰巳)	甲午	丑	子 神藏殺沒 (辰戌)
10	己卯(申酉)	甲戌	丑	丑	26	乙未(辰巳)	甲午	丑	子
11	庚辰(申酉)	甲戌	丑	丑	27	丙申(辰巳)	甲午	丑	子
12	辛巳(申酉)	甲戌	丑	丑	28	丁酉(辰巳)	甲午	丑	子
13	壬午(申酉)	甲戌	丑	丑	29	戊戌(辰巳)	甲午	丑	子
14	癸未(申酉)	甲戌	丑	丑	30	己亥(辰巳)	甲午	丑	子
15	甲申(午未)	甲申	丑	丑 神藏殺沒 (巳亥)	31	庚子(辰巳)	甲午	丑	子
16	乙酉(午未)	甲申	丑	丑					

2048(戊辰)年 2月[陽曆]

<table>
<tr><th>日</th><th>日辰(空亡)</th><th>旬</th><th>月建</th><th>月將</th><th>日</th><th>日辰(空亡)</th><th>旬</th><th>月建</th><th>月將</th></tr>
<tr><td>1</td><td>辛丑(辰巳)</td><td>甲午</td><td>丑</td><td>子</td><td>17</td><td>丁巳(子丑)</td><td>甲寅</td><td>寅</td><td>子</td></tr>
<tr><td>2</td><td>壬寅(辰巳)</td><td>甲午</td><td>丑</td><td>子</td><td>18</td><td>戊午(子丑)</td><td>甲寅</td><td>寅</td><td>子</td></tr>
<tr><td rowspan="2">3</td><td rowspan="2">癸卯(辰巳)</td><td rowspan="2">甲午</td><td rowspan="2">丑</td><td rowspan="2">子</td><td rowspan="2">19</td><td rowspan="2">己未(子丑)
(雨水:將變)</td><td>甲寅</td><td>寅</td><td>子·亥</td></tr>
<tr><td colspan="3">子(08:46:59).亥(08:47以後)</td></tr>
<tr><td rowspan="3">4</td><td rowspan="3">甲辰(寅卯)
(立春:建變)</td><td>甲辰</td><td>丑·寅</td><td>子</td><td rowspan="3">20</td><td rowspan="3">庚申(子丑)</td><td rowspan="3">甲寅</td><td rowspan="3">寅</td><td rowspan="3">亥
神藏殺沒
(酉卯)</td></tr>
<tr><td colspan="3">丑(13:02:59).寅(13:03以後)</td></tr>
<tr><td colspan="3">神藏殺沒(辰戌)</td></tr>
<tr><td>5</td><td>乙巳(寅卯)</td><td>甲辰</td><td>寅</td><td>子</td><td>21</td><td>辛酉(子丑)</td><td>甲寅</td><td>寅</td><td>亥</td></tr>
<tr><td>6</td><td>丙午(寅卯)</td><td>甲辰</td><td>寅</td><td>子</td><td>22</td><td>壬戌(子丑)</td><td>甲寅</td><td>寅</td><td>亥</td></tr>
<tr><td>7</td><td>丁未(寅卯)</td><td>甲辰</td><td>寅</td><td>子</td><td>23</td><td>癸亥(子丑)</td><td>甲寅</td><td>寅</td><td>亥</td></tr>
<tr><td>8</td><td>戊申(寅卯)</td><td>甲辰</td><td>寅</td><td>子</td><td>24</td><td>甲子(戌亥)</td><td>甲子</td><td>寅</td><td>亥
神藏殺沒
(卯酉)</td></tr>
<tr><td>9</td><td>己酉(寅卯)</td><td>甲辰</td><td>寅</td><td>子</td><td>25</td><td>乙丑(戌亥)</td><td>甲子</td><td>寅</td><td>亥</td></tr>
<tr><td>10</td><td>庚戌(寅卯)</td><td>甲辰</td><td>寅</td><td>子</td><td>26</td><td>丙寅(戌亥)</td><td>甲子</td><td>寅</td><td>亥</td></tr>
<tr><td>11</td><td>辛亥(寅卯)</td><td>甲辰</td><td>寅</td><td>子</td><td>27</td><td>丁卯(戌亥)</td><td>甲子</td><td>寅</td><td>亥</td></tr>
<tr><td>12</td><td>壬子(寅卯)</td><td>甲辰</td><td>寅</td><td>子</td><td>28</td><td>戊辰(戌亥)</td><td>甲子</td><td>寅</td><td>亥
神藏殺沒
(酉卯)</td></tr>
<tr><td>13</td><td>癸丑(寅卯)</td><td>甲辰</td><td>寅</td><td>子</td><td>29</td><td>己巳(戌亥)</td><td>甲子</td><td>寅</td><td>亥</td></tr>
<tr><td>14</td><td>甲寅(子丑)</td><td>甲寅</td><td>寅</td><td>子
神藏殺沒
(辰戌)</td><td></td><td></td><td></td><td></td><td></td></tr>
<tr><td>15</td><td>乙卯(子丑)</td><td>甲寅</td><td>寅</td><td>子</td><td></td><td></td><td></td><td></td><td></td></tr>
<tr><td>16</td><td>丙辰(子丑)</td><td>甲寅</td><td>寅</td><td>子</td><td></td><td></td><td></td><td></td><td></td></tr>
</table>

2048(戊辰)年 3月[陽曆]

日	日辰(空亡)	旬	月建	月將	日	日辰(空亡)	旬	月建	月將
1	庚午(戌亥)	甲子	寅	亥 神藏殺沒 (酉卯)	17	丙戌(午未)	甲申	卯	亥
2	辛未(戌亥)	甲子	寅	亥	18	丁亥(午未)	甲申	卯	亥
3	壬申(戌亥)	甲子	寅	亥	19	戊子(午未)	甲申	卯	亥 神藏殺沒 (酉卯)
4	癸酉(戌亥)	甲子	寅	亥	20	己丑(午未) (春分:將變)	甲申	卯	亥·戌 亥(07:31:59).戌(07:32以後)
5	甲戌(申酉) (驚蟄:建變)	甲戌	寅·卯 寅(06:52:59).卯(06:53以後)	亥 神藏殺沒(卯酉)	21	庚寅(午未)	甲申	卯	戌 神藏殺沒 (申寅)
6	乙亥(申酉)	甲戌	卯	亥	22	辛卯(午未)	甲申	卯	戌
7	丙子(申酉)	甲戌	卯	亥	23	壬辰(午未)	甲申	卯	戌
8	丁丑(申酉)	甲戌	卯	亥	24	癸巳(午未)	甲申	卯	戌
9	戊寅(申酉)	甲戌	卯	亥 神藏殺沒 (酉卯)	25	甲午(辰巳)	甲午	卯	戌
10	己卯(申酉)	甲戌	卯	亥	26	乙未(辰巳)	甲午	卯	戌
11	庚辰(申酉)	甲戌	卯	亥 神藏殺沒 (酉卯)	27	丙申(辰巳)	甲午	卯	戌
12	辛巳(申酉)	甲戌	卯	亥	28	丁酉(辰巳)	甲午	卯	戌
13	壬午(申酉)	甲戌	卯	亥	29	戊戌(辰巳)	甲午	卯	戌 神藏殺沒 (申寅)
14	癸未(申酉)	甲戌	卯	亥	30	己亥(辰巳)	甲午	卯	戌
15	甲申(午未)	甲申	卯	亥 神藏殺沒 (卯酉)	31	庚子(辰巳)	甲午	卯	戌 神藏殺沒 (申寅)
16	乙酉(午未)	甲申	卯	亥					

2048(戊辰)年 4月[陽曆]

日	日辰(空亡)	旬	月建	月將	日	日辰(空亡)	旬	月建	月將
1	辛丑(辰巳)	甲午	卯	戌	17	丁巳(子丑)	甲寅	辰	戌
2	壬寅(辰巳)	甲午	卯	戌	18	戊午(子丑)	甲寅	辰	戌 神藏殺沒 (申寅)
3	癸卯(辰巳)	甲午	卯	戌	19	己未(子丑) (穀雨:將變)	甲寅	辰	戌·酉 戌(18:15:59).酉(18:16以後)
4	甲辰(寅卯) (淸明:建變)	甲辰	卯·辰 卯(11:23:59).辰(11:24以後)	戌	20	庚申(子丑)	甲寅	辰	酉 神藏殺沒 (未丑)
5	乙巳(寅卯)	甲辰	辰	戌	21	辛酉(子丑)	甲寅	辰	酉
6	丙午(寅卯)	甲辰	辰	戌	22	壬戌(子丑)	甲寅	辰	酉
7	丁未(寅卯)	甲辰	辰	戌	23	癸亥(子丑)	甲寅	辰	酉
8	戊申(寅卯)	甲辰	辰	戌 神藏殺沒 (申寅)	24	甲子(戌亥)	甲子	辰	酉
9	己酉(寅卯)	甲辰	辰	戌	25	乙丑(戌亥)	甲子	辰	酉
10	庚戌(寅卯)	甲辰	辰	戌 神藏殺沒 (申寅)	26	丙寅(戌亥)	甲子	辰	酉
11	辛亥(寅卯)	甲辰	辰	戌	27	丁卯(戌亥)	甲子	辰	酉
12	壬子(寅卯)	甲辰	辰	戌	28	戊辰(戌亥)	甲子	辰	酉 神藏殺沒 (未丑)
13	癸丑(寅卯)	甲辰	辰	戌	29	己巳(戌亥)	甲子	辰	酉
14	甲寅(子丑)	甲寅	辰	戌	30	庚午(戌亥)	甲子	辰	酉 神藏殺沒 (未丑)
15	乙卯(子丑)	甲寅	辰	戌					
16	丙辰(子丑)	甲寅	辰	戌					

2048(戊辰)年 5月[陽曆]

<table>
<tr><th>日</th><th>日辰(空亡)</th><th>旬</th><th>月建</th><th>月將</th><th>日</th><th>日辰(空亡)</th><th>旬</th><th>月建</th><th>月將</th></tr>
<tr><td>1</td><td>辛未(戌亥)</td><td>甲子</td><td>辰</td><td>酉</td><td>17</td><td>丁亥(午未)</td><td>甲申</td><td>巳</td><td>酉</td></tr>
<tr><td>2</td><td>壬申(戌亥)</td><td>甲子</td><td>辰</td><td>酉</td><td>18</td><td>戊子(午未)</td><td>甲申</td><td>巳</td><td>酉
神藏殺沒
(未丑)</td></tr>
<tr><td>3</td><td>癸酉(戌亥)</td><td>甲子</td><td>辰</td><td>酉</td><td>19</td><td>己丑(午未)</td><td>甲申</td><td>巳</td><td>酉</td></tr>
<tr><td rowspan="3">4</td><td rowspan="3">甲戌(申酉)</td><td rowspan="3">甲戌</td><td rowspan="3">辰</td><td rowspan="3">酉</td><td rowspan="3">20</td><td rowspan="3">庚寅(午未)
(小滿:將變)</td><td>甲申</td><td>巳</td><td>酉·申</td></tr>
<tr><td colspan="3">酉(17:05:59).申(17:06以後)</td></tr>
<tr><td colspan="3">神藏殺沒
(酉月將:未丑. 申月將:午子)</td></tr>
<tr><td rowspan="2">5</td><td rowspan="2">乙亥(申酉)
(立夏:建變)</td><td>甲戌</td><td>辰·巳</td><td>酉</td><td rowspan="2">21</td><td rowspan="2">辛卯(午未)</td><td rowspan="2">甲申</td><td rowspan="2">巳</td><td rowspan="2">申</td></tr>
<tr><td colspan="3">辰(04:22:59).巳(04:23以後)</td></tr>
<tr><td>6</td><td>丙子(申酉)</td><td>甲戌</td><td>巳</td><td>酉</td><td>22</td><td>壬辰(午未)</td><td>甲申</td><td>巳</td><td>申</td></tr>
<tr><td>7</td><td>丁丑(申酉)</td><td>甲戌</td><td>巳</td><td>酉</td><td>23</td><td>癸巳(午未)</td><td>甲申</td><td>巳</td><td>申</td></tr>
<tr><td>8</td><td>戊寅(申酉)</td><td>甲戌</td><td>巳</td><td>酉
神藏殺沒
(未丑)</td><td>24</td><td>甲午(辰巳)</td><td>甲午</td><td>巳</td><td>申</td></tr>
<tr><td>9</td><td>己卯(申酉)</td><td>甲戌</td><td>巳</td><td>酉</td><td>25</td><td>乙未(辰巳)</td><td>甲午</td><td>巳</td><td>申</td></tr>
<tr><td>10</td><td>庚辰(申酉)</td><td>甲戌</td><td>巳</td><td>酉
神藏殺沒
(未丑)</td><td>26</td><td>丙申(辰巳)</td><td>甲午</td><td>巳</td><td>申</td></tr>
<tr><td>11</td><td>辛巳(申酉)</td><td>甲戌</td><td>巳</td><td>酉</td><td>27</td><td>丁酉(辰巳)</td><td>甲午</td><td>巳</td><td>申</td></tr>
<tr><td>12</td><td>壬午(申酉)</td><td>甲戌</td><td>巳</td><td>酉</td><td>28</td><td>戊戌(辰巳)</td><td>甲午</td><td>巳</td><td>申
神藏殺沒
(午子)</td></tr>
<tr><td>13</td><td>癸未(申酉)</td><td>甲戌</td><td>巳</td><td>酉</td><td>29</td><td>己亥(辰巳)</td><td>甲午</td><td>巳</td><td>申</td></tr>
<tr><td>14</td><td>甲申(午未)</td><td>甲申</td><td>巳</td><td>酉</td><td>30</td><td>庚子(辰巳)</td><td>甲午</td><td>巳</td><td>申
神藏殺沒
(午子)</td></tr>
<tr><td>15</td><td>乙酉(午未)</td><td>甲申</td><td>巳</td><td>酉</td><td>31</td><td>辛丑(辰巳)</td><td>甲午</td><td>巳</td><td>申</td></tr>
<tr><td>16</td><td>丙戌(午未)</td><td>甲申</td><td>巳</td><td>酉</td><td></td><td></td><td></td><td></td><td></td></tr>
</table>

2048(戊辰)年 6月[陽曆]

日	日辰(空亡)	旬	月建	月將	日	日辰(空亡)	旬	月建	月將
1	壬寅(辰巳)	甲午	巳	申	17	戊午(子丑)	甲寅	午	申 神藏殺沒 (午子)
2	癸卯(辰巳)	甲午	巳	申	18	己未(子丑)	甲寅	午	申
3	甲辰(寅卯)	甲辰	巳	申	19	庚申(子丑)	甲寅	午	申 神藏殺沒 (午子)
4	乙巳(寅卯)	甲辰	巳	申	20	辛酉(子丑)	甲寅	午	申
5	丙午(寅卯) (芒種:建變)	甲辰	巳·午	申	21	壬戌(子丑) (夏至:將變)	甲寅	午	申·未
		巳(18:16:59).午(18:17以後)					申(00:51:59).未(00:52以後)		
6	丁未(寅卯)	甲辰	午	申	22	癸亥(子丑)	甲寅	午	未
7	戊申(寅卯)	甲辰	午	申 神藏殺沒 (午子)	23	甲子(戌亥)	甲子	午	未
8	己酉(寅卯)	甲辰	午	申	24	乙丑(戌亥)	甲子	午	未
9	庚戌(寅卯)	甲辰	午	申 神藏殺沒 (午子)	25	丙寅(戌亥)	甲子	午	未
10	辛亥(寅卯)	甲辰	午	申	26	丁卯(戌亥)	甲子	午	未
11	壬子(寅卯)	甲辰	午	申	27	戊辰(戌亥)	甲子	午	未 神藏殺沒 (巳亥)
12	癸丑(寅卯)	甲辰	午	申	28	己巳(戌亥)	甲子	午	未
13	甲寅(子丑)	甲寅	午	申	29	庚午(戌亥)	甲子	午	未 神藏殺沒 (巳亥)
14	乙卯(子丑)	甲寅	午	申	30	辛未(戌亥)	甲子	午	未
15	丙辰(子丑)	甲寅	午	申					
16	丁巳(子丑)	甲寅	午	申					

2048(戊辰)年 7月[陽曆]

日	日辰(空亡)	旬	月建	月將	日	日辰(空亡)	旬	月建	月將
1	壬申(戌亥)	甲子	午	未	17	戊子(午未)	甲申	未	未 神藏殺沒 (巳亥)
2	癸酉(戌亥)	甲子	午	未	18	己丑(午未)	甲申	未	未
3	甲戌(申酉)	甲戌	午	未	19	庚寅(午未)	甲申	未	未 神藏殺沒 (巳亥)
4	乙亥(申酉)	甲戌	午	未	20	辛卯(午未)	甲申	未	未
5	丙子(申酉)	甲戌	午	未	21	壬辰(午未)	甲申	未	未
6	丁丑(申酉) (小暑:建變)	甲戌	午·未	未	22	癸巳(午未) (大暑:將變)	甲申	未	未·午
		午(18:24:59).未(18:25以後)					未(11:44:59).午(11:45以後)		
7	戊寅(申酉)	甲戌	未	未 神藏殺沒 (巳亥)	23	甲午(辰巳)	甲午	未	午
8	己卯(申酉)	甲戌	未	未	24	乙未(辰巳)	甲午	未	午
9	庚辰(申酉)	甲戌	未	未 神藏殺沒 (巳亥)	25	丙申(辰巳)	甲午	未	午
10	辛巳(申酉)	甲戌	未	未	26	丁酉(辰巳)	甲午	未	午
11	壬午(申酉)	甲戌	未	未	27	戊戌(辰巳)	甲午	未	午 神藏殺沒 (辰戌)
12	癸未(申酉)	甲戌	未	未	28	己亥(辰巳)	甲午	未	午
13	甲申(午未)	甲申	未	未	29	庚子(辰巳)	甲午	未	午 神藏殺沒 (辰戌)
14	乙酉(午未)	甲申	未	未	30	辛丑(辰巳)	甲午	未	午
15	丙戌(午未)	甲申	未	未	31	壬寅(辰巳)	甲午	未	午
16	丁亥(午未)	甲申	未	未					

2048(戊辰)年 8月[陽曆]

日	日辰(空亡)	旬	月建	月將	日	日辰(空亡)	旬	月建	月將
1	癸卯(辰巳)	甲午	未	午	17	己未(子丑)	甲寅	申	午
2	甲辰(寅卯)	甲辰	未	午	18	庚申(子丑)	甲寅	申	午 神藏殺沒 (辰戌)
3	乙巳(寅卯)	甲辰	未	午	19	辛酉(子丑)	甲寅	申	午
4	丙午(寅卯)	甲辰	未	午	20	壬戌(子丑)	甲寅	申	午
5	丁未(寅卯)	甲辰	未	午	21	癸亥(子丑)	甲寅	申	午
6	戊申(寅卯)	甲辰	未	午 神藏殺沒 (辰戌)	22	甲子(戌亥) (處暑:將變)	甲子	申	午·巳 午(19:00:59).巳(19:01以後) 神藏殺沒(巳月將: 酉卯)
7	己酉(寅卯) (立秋:建變)	甲辰	未·申 未(04:16:59).申(04:17以後)	午	23	乙丑(戌亥)	甲子	申	巳
8	庚戌(寅卯)	甲辰	申	午 神藏殺沒 (辰戌)	24	丙寅(戌亥)	甲子	申	巳
9	辛亥(寅卯)	甲辰	申	午	25	丁卯(戌亥)	甲子	申	巳
10	壬子(寅卯)	甲辰	申	午	26	戊辰(戌亥)	甲子	申	巳 神藏殺沒 (卯酉)
11	癸丑(寅卯)	甲辰	申	午	27	己巳(戌亥)	甲子	申	巳
12	甲寅(子丑)	甲寅	申	午	28	庚午(戌亥)	甲子	申	巳 神藏殺沒 (卯酉)
13	乙卯(子丑)	甲寅	申	午	29	辛未(戌亥)	甲子	申	巳
14	丙辰(子丑)	甲寅	申	午	30	壬申(戌亥)	甲子	申	巳
15	丁巳(子丑)	甲寅	申	午	31	癸酉(戌亥)	甲子	申	巳
16	戊午(子丑)	甲寅	申	午 神藏殺沒 (辰戌)					

2048(戊辰)年 9月[陽曆]

日	日辰(空亡)	旬	月建	月將	日	日辰(空亡)	旬	月建	月將
1	甲戌(申酉)	甲戌	申	巳 神藏殺沒 (酉卯)	17	庚寅(午未)	甲申	酉	巳 神藏殺沒 (卯酉)
2	乙亥(申酉)	甲戌	申	巳	18	辛卯(午未)	甲申	酉	巳
3	丙子(申酉)	甲戌	申	巳	19	壬辰(午未)	甲申	酉	巳
4	丁丑(申酉)	甲戌	申	巳	20	癸巳(午未)	甲申	酉	巳
5	戊寅(申酉)	甲戌	申	巳 神藏殺沒 (卯酉)	21	甲午(辰巳)	甲午	酉	巳 神藏殺沒 (酉卯)
6	己卯(申酉)	甲戌	申	巳	22	乙未(辰巳) (秋分:將變)	甲午 巳(16:58:59).辰(16:59以後)	酉	巳·辰
7	庚辰(申酉) (白露:建變)	甲戌 申(07:25:59).酉(07:26以後) 神藏殺沒(卯酉)	申·酉	巳	23	丙申(辰巳)	甲午	酉	辰
8	辛巳(申酉)	甲戌	酉	巳	24	丁酉(辰巳)	甲午	酉	辰
9	壬午(申酉)	甲戌	酉	巳	25	戊戌(辰巳)	甲午	酉	辰
10	癸未(申酉)	甲戌	酉	巳	26	己亥(辰巳)	甲午	酉	辰
11	甲申(午未)	甲申	酉	巳 神藏殺沒 (酉卯)	27	庚子(辰巳)	甲午	酉	辰
12	乙酉(午未)	甲申	酉	巳	28	辛丑(辰巳)	甲午	酉	辰
13	丙戌(午未)	甲申	酉	巳	29	壬寅(辰巳)	甲午	酉	辰
14	丁亥(午未)	甲申	酉	巳	30	癸卯(辰巳)	甲午	酉	辰
15	戊子(午未)	甲申	酉	巳 神藏殺沒 (卯酉)					
16	己丑(午未)	甲申	酉	巳					

2048(戊辰)年 10月[陽曆]

日	日辰(空亡)	旬	月建	月將	日	日辰(空亡)	旬	月建	月將
1	甲辰(寅卯)	甲辰	酉	辰 神藏殺沒 (申寅)	17	庚申(子丑)	甲寅	戌	辰
2	乙巳(寅卯)	甲辰	酉	辰	18	辛酉(子丑)	甲寅	戌	辰
3	丙午(寅卯)	甲辰	酉	辰	19	壬戌(子丑)	甲寅	戌	辰
4	丁未(寅卯)	甲辰	酉	辰	20	癸亥(子丑)	甲寅	戌	辰
5	戊申(寅卯)	甲辰	酉	辰	21	甲子(戌亥)	甲子	戌	辰 神藏殺沒 (申寅)
6	己酉(寅卯)	甲辰	酉	辰	22	乙丑(戌亥)	甲子	戌	辰
7	庚戌(寅卯) (寒露:建變)	甲辰	酉·戌	辰	23	丙寅(戌亥) (霜降:將變)	甲子	戌	辰·卯
		酉(23:24:59).戌(23:25以後)					辰(02:40:59).卯(02:41以後)		
8	辛亥(寅卯)	甲辰	戌	辰	24	丁卯(戌亥)	甲子	戌	卯
9	壬子(寅卯)	甲辰	戌	辰	25	戊辰(戌亥)	甲子	戌	卯
10	癸丑(寅卯)	甲辰	戌	辰	26	己巳(戌亥)	甲子	戌	卯
11	甲寅(子丑)	甲寅	戌	辰 神藏殺沒 (申寅)	27	庚午(戌亥)	甲子	戌	卯
12	乙卯(子丑)	甲寅	戌	辰	28	辛未(戌亥)	甲子	戌	卯
13	丙辰(子丑)	甲寅	戌	辰	29	壬申(戌亥)	甲子	戌	卯
14	丁巳(子丑)	甲寅	戌	辰	30	癸酉(戌亥)	甲子	戌	卯
15	戊午(子丑)	甲寅	戌	辰	31	甲戌(申酉)	甲戌	戌	卯 神藏殺沒 (未丑)
16	己未(子丑)	甲寅	戌	辰					

2048(戊辰)年 11月[陽曆]

日	日辰(空亡)	旬	月建	月將	日	日辰(空亡)	旬	月建	月將
1	乙亥(申酉)	甲戌	戌	卯	17	辛卯(午未)	甲申	亥	卯
2	丙子(申酉)	甲戌	戌	卯	18	壬辰(午未)	甲申	亥	卯
3	丁丑(申酉)	甲戌	戌	卯	19	癸巳(午未)	甲申	亥	卯
4	戊寅(申酉)	甲戌	戌	卯	20	甲午(辰巳)	甲午	亥	卯 神藏殺沒 (未丑)
5	己卯(申酉)	甲戌	戌	卯	21	乙未(辰巳)	甲午	亥	卯
6	庚辰(申酉)	甲戌	戌	卯	22	丙申(辰巳) (小雪:將變)	甲午	亥	卯·寅 卯(00:31:59).寅(00:32以後)
7	辛巳(申酉) (立冬:建變)	甲戌	戌·亥 戌(02:54:59).亥(02:55以後)	卯	23	丁酉(辰巳)	甲午	亥	寅
8	壬午(申酉)	甲戌	亥	卯	24	戊戌(辰巳)	甲午	亥	寅
9	癸未(申酉)	甲戌	亥	卯	25	己亥(辰巳)	甲午	亥	寅
10	甲申(午未)	甲申	亥	卯 神藏殺沒 (未丑)	26	庚子(辰巳)	甲午	亥	寅
11	乙酉(午未)	甲申	亥	卯	27	辛丑(辰巳)	甲午	亥	寅
12	丙戌(午未)	甲申	亥	卯	28	壬寅(辰巳)	甲午	亥	寅
13	丁亥(午未)	甲申	亥	卯	29	癸卯(辰巳)	甲午	亥	寅
14	戊子(午未)	甲申	亥	卯	30	甲辰(寅卯)	甲辰	亥	寅 神藏殺沒 (午子)
15	己丑(午未)	甲申	亥	卯					
16	庚寅(午未)	甲申	亥	卯					

2048(戊辰)年 12月[陽曆]

<table>
<tr><th>日</th><th>日辰(空亡)</th><th>旬</th><th>月建</th><th>月將</th><th>日</th><th>日辰(空亡)</th><th>旬</th><th>月建</th><th>月將</th></tr>
<tr><td>1</td><td>乙巳(寅卯)</td><td>甲辰</td><td>亥</td><td>寅</td><td>17</td><td>辛酉(子丑)</td><td>甲寅</td><td>子</td><td>寅</td></tr>
<tr><td>2</td><td>丙午(寅卯)</td><td>甲辰</td><td>亥</td><td>寅</td><td>18</td><td>壬戌(子丑)</td><td>甲寅</td><td>子</td><td>寅</td></tr>
<tr><td>3</td><td>丁未(寅卯)</td><td>甲辰</td><td>亥</td><td>寅</td><td>19</td><td>癸亥(子丑)</td><td>甲寅</td><td>子</td><td>寅</td></tr>
<tr><td>4</td><td>戊申(寅卯)</td><td>甲辰</td><td>亥</td><td>寅</td><td>20</td><td>甲子(戌亥)</td><td>甲子</td><td>子</td><td>寅
神藏殺沒
(午子)</td></tr>
<tr><td rowspan="2">5</td><td rowspan="2">己酉(寅卯)</td><td rowspan="2">甲辰</td><td rowspan="2">亥</td><td rowspan="2">寅</td><td rowspan="2">21</td><td rowspan="2">乙丑(戌亥)
(冬至:將變)</td><td>甲子</td><td>子</td><td>寅·丑</td></tr>
<tr><td colspan="3">寅(14:00:59).丑(14:01以後)</td></tr>
<tr><td rowspan="2">6</td><td rowspan="2">庚戌(寅卯)
(大雪:建變)</td><td>甲辰</td><td>亥·子</td><td>寅</td><td rowspan="2">22</td><td rowspan="2">丙寅(戌亥)</td><td rowspan="2">甲子</td><td rowspan="2">子</td><td rowspan="2">丑</td></tr>
<tr><td colspan="3">亥(19:58:59).子(19:59以後)</td></tr>
<tr><td>7</td><td>辛亥(寅卯)</td><td>甲辰</td><td>子</td><td>寅</td><td>23</td><td>丁卯(戌亥)</td><td>甲子</td><td>子</td><td>丑</td></tr>
<tr><td>8</td><td>壬子(寅卯)</td><td>甲辰</td><td>子</td><td>寅</td><td>24</td><td>戊辰(戌亥)</td><td>甲子</td><td>子</td><td>丑</td></tr>
<tr><td>9</td><td>癸丑(寅卯)</td><td>甲辰</td><td>子</td><td>寅</td><td>25</td><td>己巳(戌亥)</td><td>甲子</td><td>子</td><td>丑</td></tr>
<tr><td>10</td><td>甲寅(子丑)</td><td>甲寅</td><td>子</td><td>寅
神藏殺沒
(午子)</td><td>26</td><td>庚午(戌亥)</td><td>甲子</td><td>子</td><td>丑</td></tr>
<tr><td>11</td><td>乙卯(子丑)</td><td>甲寅</td><td>子</td><td>寅</td><td>27</td><td>辛未(戌亥)</td><td>甲子</td><td>子</td><td>丑</td></tr>
<tr><td>12</td><td>丙辰(子丑)</td><td>甲寅</td><td>子</td><td>寅</td><td>28</td><td>壬申(戌亥)</td><td>甲子</td><td>子</td><td>丑</td></tr>
<tr><td>13</td><td>丁巳(子丑)</td><td>甲寅</td><td>子</td><td>寅</td><td>29</td><td>癸酉(戌亥)</td><td>甲子</td><td>子</td><td>丑</td></tr>
<tr><td>14</td><td>戊午(子丑)</td><td>甲寅</td><td>子</td><td>寅</td><td>30</td><td>甲戌(申酉)</td><td>甲戌</td><td>子</td><td>丑
神藏殺沒
(巳亥)</td></tr>
<tr><td>15</td><td>己未(子丑)</td><td>甲寅</td><td>子</td><td>寅</td><td>31</td><td>乙亥(申酉)</td><td>甲戌</td><td>子</td><td>丑</td></tr>
<tr><td>16</td><td>庚申(子丑)</td><td>甲寅</td><td>子</td><td>寅</td><td></td><td></td><td></td><td></td><td></td></tr>
</table>

2049(己巳)年 1月[陽曆]

日	日辰(空亡)	旬	月建	月將	日	日辰(空亡)	旬	月建	月將
1	丙子(申酉)	甲戌	子	丑	17	壬辰(午未)	甲申	丑	丑
2	丁丑(申酉)	甲戌	子	丑	18	癸巳(午未)	甲申	丑	丑
3	戊寅(申酉)	甲戌	子	丑	19	甲午(辰巳)	甲午	丑	丑 神藏殺沒 (巳亥)
4	己卯(申酉)	甲戌	子	丑	20	乙未(辰巳) (大寒:將變)	甲午	丑	丑·子 丑(00:39:59).子(00:40以後)
5	庚辰(申酉) (小寒:建變)	甲戌	子·丑 子(07:16:59).丑(07:17以後)	丑	21	丙申(辰巳)	甲午	丑	子
6	辛巳(申酉)	甲戌	丑	丑	22	丁酉(辰巳)	甲午	丑	子
7	壬午(申酉)	甲戌	丑	丑	23	戊戌(辰巳)	甲午	丑	子
8	癸未(申酉)	甲戌	丑	丑	24	己亥(辰巳)	甲午	丑	子
9	甲申(午未)	甲申	丑	丑 神藏殺沒 (巳亥)	25	庚子(辰巳)	甲午	丑	子
10	乙酉(午未)	甲申	丑	丑	26	辛丑(辰巳)	甲午	丑	子
11	丙戌(午未)	甲申	丑	丑	27	壬寅(辰巳)	甲午	丑	子
12	丁亥(午未)	甲申	丑	丑	28	癸卯(辰巳)	甲午	丑	子
13	戊子(午未)	甲申	丑	丑	29	甲辰(寅卯)	甲辰	丑	子 神藏殺沒 (辰戌)
14	己丑(午未)	甲申	丑	丑	30	乙巳(寅卯)	甲辰	丑	子
15	庚寅(午未)	甲申	丑	丑	31	丙午(寅卯)	甲辰	丑	子
16	辛卯(午未)	甲申	丑	丑					

2049(己巳)年 2月[陽曆]

日	日辰(空亡)	旬	月建	月將	日	日辰(空亡)	旬	月建	月將
1	丁未(寅卯)	甲辰	丑	子	17	癸亥(子丑)	甲寅	寅	子
2	戊申(寅卯)	甲辰	丑	子	18	甲子(戌亥) (雨水:將變)	甲子	寅	子·亥 子(14:40:59).亥(14:41以後) 神藏殺沒 (子月將:辰戌. 亥月將:卯酉)
3	己酉(寅卯) (立春:建變)	甲辰	丑·寅 丑(18:51:59).寅(18:52以後)	子	19	乙丑(戌亥)	甲子	寅	亥
4	庚戌(寅卯)	甲辰	寅	子	20	丙寅(戌亥)	甲子	寅	亥
5	辛亥(寅卯)	甲辰	寅	子	21	丁卯(戌亥)	甲子	寅	亥
6	壬子(寅卯)	甲辰	寅	子	22	戊辰(戌亥)	甲子	寅	亥 神藏殺沒 (酉卯)
7	癸丑(寅卯)	甲辰	寅	子	23	己巳(戌亥)	甲子	寅	亥
8	甲寅(子丑)	甲寅	寅	子 神藏殺沒 (辰戌)	24	庚午(戌亥)	甲子	寅	亥 神藏殺沒 (酉卯)
9	乙卯(子丑)	甲寅	寅	子	25	辛未(戌亥)	甲子	寅	亥
10	丙辰(子丑)	甲寅	寅	子	26	壬申(戌亥)	甲子	寅	亥
11	丁巳(子丑)	甲寅	寅	子	27	癸酉(戌亥)	甲子	寅	亥
12	戊午(子丑)	甲寅	寅	子	28	甲戌(申酉)	甲戌	寅	亥 神藏殺沒 (卯酉)
13	己未(子丑)	甲寅	寅	子					
14	庚申(子丑)	甲寅	寅	子					
15	辛酉(子丑)	甲寅	寅	子					
16	壬戌(子丑)	甲寅	寅	子					

2049(己巳)年 3月[陽曆]

日	日辰(空亡)	旬	月建	月將	日	日辰(空亡)	旬	月建	月將
1	乙亥(申酉)	甲戌	寅	亥	17	辛卯(午未)	甲申	卯	亥
2	丙子(申酉)	甲戌	寅	亥	18	壬辰(午未)	甲申	卯	亥
3	丁丑(申酉)	甲戌	寅	亥	19	癸巳(午未)	甲申	卯	亥
4	戊寅(申酉)	甲戌	寅	亥 神藏殺沒 (酉卯)	20	甲午(辰巳) (春分:將變)	甲午	卯	亥·戌 亥(13:26:59).戌(13:27以後) 神藏殺沒(亥月將: 卯酉)
5	己卯(申酉) (驚蟄:建變)	甲戌	寅·卯 寅(12:40:59).卯(12:41以後)	亥	21	乙未(辰巳)	甲午	卯	戌
6	庚辰(申酉)	甲戌	卯	亥 神藏殺沒 (酉卯)	22	丙申(辰巳)	甲午	卯	戌
7	辛巳(申酉)	甲戌	卯	亥	23	丁酉(辰巳)	甲午	卯	戌
8	壬午(申酉)	甲戌	卯	亥	24	戊戌(辰巳)	甲午	卯	戌 神藏殺沒 (申寅)
9	癸未(申酉)	甲戌	卯	亥	25	己亥(辰巳)	甲午	卯	戌
10	甲申(午未)	甲申	卯	亥 神藏殺沒 (卯酉)	26	庚子(辰巳)	甲午	卯	戌 神藏殺沒 (申寅)
11	乙酉(午未)	甲申	卯	亥	27	辛丑(辰巳)	甲午	卯	戌
12	丙戌(午未)	甲申	卯	亥	28	壬寅(辰巳)	甲午	卯	戌
13	丁亥(午未)	甲申	卯	亥	29	癸卯(辰巳)	甲午	卯	戌
14	戊子(午未)	甲申	卯	亥 神藏殺沒 (酉卯)	30	甲辰(寅卯)	甲辰	卯	戌
15	己丑(午未)	甲申	卯	亥	31	乙巳(寅卯)	甲辰	卯	戌
16	庚寅(午未)	甲申	卯	亥 神藏殺沒 (酉卯)					

2049(己巳)年 4月[陽曆]

日	日辰(空亡)	旬	月建	月將	日	日辰(空亡)	旬	月建	月將
1	丙午(寅卯)	甲辰	卯	戌	17	壬戌(子丑)	甲寅	辰	戌
2	丁未(寅卯)	甲辰	卯	戌	18	癸亥(子丑)	甲寅	辰	戌
3	戊申(寅卯)	甲辰	卯	戌 神藏殺沒 (申寅)	19	甲子(戌亥)	甲子	辰	戌
4	己酉(寅卯) (淸明:建變)	甲辰	卯·辰	戌	20	乙丑(戌亥) (穀雨:將變)	甲子	辰	戌·酉
		卯(17:12:59).辰(17:13以後)					戌(00:11:59).酉(00:12以後)		
5	庚戌(寅卯)	甲辰	辰	戌 神藏殺沒 (申寅)	21	丙寅(戌亥)	甲子	辰	酉
6	辛亥(寅卯)	甲辰	辰	戌	22	丁卯(戌亥)	甲子	辰	酉
7	壬子(寅卯)	甲辰	辰	戌	23	戊辰(戌亥)	甲子	辰	酉 神藏殺沒 (未丑)
8	癸丑(寅卯)	甲辰	辰	戌	24	己巳(戌亥)	甲子	辰	酉
9	甲寅(子丑)	甲寅	辰	戌	25	庚午(戌亥)	甲子	辰	酉 神藏殺沒 (未丑)
10	乙卯(子丑)	甲寅	辰	戌	26	辛未(戌亥)	甲子	辰	酉
11	丙辰(子丑)	甲寅	辰	戌	27	壬申(戌亥)	甲子	辰	酉
12	丁巳(子丑)	甲寅	辰	戌	28	癸酉(戌亥)	甲子	辰	酉
13	戊午(子丑)	甲寅	辰	戌 神藏殺沒 (申寅)	29	甲戌(申酉)	甲戌	辰	酉
14	己未(子丑)	甲寅	辰	戌	30	乙亥(申酉)	甲戌	辰	酉
15	庚申(子丑)	甲寅	辰	戌 神藏殺沒 (申寅)					
16	辛酉(子丑)	甲寅	辰	戌					

2049(己巳)年 5月[陽曆]

日	日辰(空亡)	旬	月建	月將	日	日辰(空亡)	旬	月建	月將
1	丙子(申酉)	甲戌	辰	酉	17	壬辰(午未)	甲申	巳	酉
2	丁丑(申酉)	甲戌	辰	酉	18	癸巳(午未)	甲申	巳	酉
3	戊寅(申酉)	甲戌	辰	酉 神藏殺沒 (未丑)	19	甲午(辰巳)	甲午	巳	酉
4	己卯(申酉)	甲戌	辰	酉	20	乙未(辰巳) (小滿:將變)	甲午	巳	酉·申 酉(23:01:59).申(23:02以後)
5	庚辰(申酉) (立夏:建變)	甲戌	辰·巳 辰(10:10:59).巳(10:11以後)	酉 神藏殺沒(未丑)	21	丙申(辰巳)	甲午	巳	申
6	辛巳(申酉)	甲戌	巳	酉	22	丁酉(辰巳)	甲午	巳	申
7	壬午(申酉)	甲戌	巳	酉	23	戊戌(辰巳)	甲午	巳	申 神藏殺沒 (午子)
8	癸未(申酉)	甲戌	巳	酉	24	己亥(辰巳)	甲午	巳	申
9	甲申(午未)	甲申	巳	酉	25	庚子(辰巳)	甲午	巳	申 神藏殺沒 (午子)
10	乙酉(午未)	甲申	巳	酉	26	辛丑(辰巳)	甲午	巳	申
11	丙戌(午未)	甲申	巳	酉	27	壬寅(辰巳)	甲午	巳	申
12	丁亥(午未)	甲申	巳	酉	28	癸卯(辰巳)	甲午	巳	申
13	戊子(午未)	甲申	巳	酉 神藏殺沒 (未丑)	29	甲辰(寅卯)	甲辰	巳	申
14	己丑(午未)	甲申	巳	酉	30	乙巳(寅卯)	甲辰	巳	申
15	庚寅(午未)	甲申	巳	酉 神藏殺沒 (未丑)	31	丙午(寅卯)	甲辰	巳	申
16	辛卯(午未)	甲申	巳	酉					

2049(己巳)年 6月[陽曆]

日	日辰(空亡)	旬	月建	月將	日	日辰(空亡)	旬	月建	月將
1	丁未(寅卯)	甲辰	巳	申	17	癸亥(子丑)	甲寅	午	申
2	戊申(寅卯)	甲辰	巳	申 神藏殺沒 (午子)	18	甲子(戌亥)	甲子	午	申
3	己酉(寅卯)	甲辰	巳	申	19	乙丑(戌亥)	甲子	午	申
4	庚戌(寅卯)	甲辰	巳	申 神藏殺沒 (午子)	20	丙寅(戌亥)	甲子	午	申
5	辛亥(寅卯) (芒種:建變)	甲辰	巳·午	申	21	丁卯(戌亥) (夏至:將變)	甲子	午	申·未
		巳(14:01:59).午(14:02以後)					申(06:45:59).未(06:46以後)		
6	壬子(寅卯)	甲辰	午	申	22	戊辰(戌亥)	甲子	午	未 神藏殺沒 (巳亥)
7	癸丑(寅卯)	甲辰	午	申	23	己巳(戌亥)	甲子	午	未
8	甲寅(子丑)	甲寅	午	申	24	庚午(戌亥)	甲子	午	未 神藏殺沒 (巳亥)
9	乙卯(子丑)	甲寅	午	申	25	辛未(戌亥)	甲子	午	未
10	丙辰(子丑)	甲寅	午	申	26	壬申(戌亥)	甲子	午	未
11	丁巳(子丑)	甲寅	午	申	27	癸酉(戌亥)	甲子	午	未
12	戊午(子丑)	甲寅	午	申 神藏殺沒 (午子)	28	甲戌(申酉)	甲戌	午	未
13	己未(子丑)	甲寅	午	申	29	乙亥(申酉)	甲戌	午	未
14	庚申(子丑)	甲寅	午	申 神藏殺沒 (午子)	30	丙子(申酉)	甲戌	午	未
15	辛酉(子丑)	甲寅	午	申					
16	壬戌(子丑)	甲寅	午	申					

2049(己巳)年 7月[陽曆]

<table>
<tr><th>日</th><th>日辰(空亡)</th><th>旬</th><th>月建</th><th>月將</th><th>日</th><th>日辰(空亡)</th><th>旬</th><th>月建</th><th>月將</th></tr>
<tr><td>1</td><td>丁丑(申酉)</td><td>甲戌</td><td>午</td><td>未</td><td>17</td><td>癸巳(午未)</td><td>甲申</td><td>未</td><td>未</td></tr>
<tr><td>2</td><td>戊寅(申酉)</td><td>甲戌</td><td>午</td><td>未
神藏殺沒
(巳亥)</td><td>18</td><td>甲午(辰巳)</td><td>甲午</td><td>未</td><td>未</td></tr>
<tr><td>3</td><td>己卯(申酉)</td><td>甲戌</td><td>午</td><td>未</td><td>19</td><td>乙未(辰巳)</td><td>甲午</td><td>未</td><td>未</td></tr>
<tr><td>4</td><td>庚辰(申酉)</td><td>甲戌</td><td>午</td><td>未
神藏殺沒
(巳亥)</td><td>20</td><td>丙申(辰巳)</td><td>甲午</td><td>未</td><td>未</td></tr>
<tr><td>5</td><td>辛巳(申酉)</td><td>甲戌</td><td>午</td><td>未</td><td>21</td><td>丁酉(辰巳)</td><td>甲午</td><td>未</td><td>未</td></tr>
<tr><td rowspan="3">6</td><td rowspan="3">壬午(申酉)</td><td rowspan="3">甲戌</td><td rowspan="3">午</td><td rowspan="3">未</td><td rowspan="3">22</td><td rowspan="3">戊戌(辰巳)
(大暑:將變)</td><td>甲午</td><td>未</td><td>未·午</td></tr>
<tr><td colspan="3">未(17:34:59).午(17:35以後)</td></tr>
<tr><td colspan="3">神藏殺沒
(未月將:巳亥. 午月將:辰戌)</td></tr>
<tr><td rowspan="2">7</td><td rowspan="2">癸未(申酉)
(小暑:建變)</td><td>甲戌</td><td>午·未</td><td>未</td><td rowspan="2">23</td><td rowspan="2">己亥(辰巳)</td><td rowspan="2">甲午</td><td rowspan="2">未</td><td rowspan="2">午</td></tr>
<tr><td colspan="3">午(00:06:59).未(00:07以後)</td></tr>
<tr><td>8</td><td>甲申(午未)</td><td>甲申</td><td>未</td><td>未</td><td>24</td><td>庚子(辰巳)</td><td>甲午</td><td>未</td><td>午
神藏殺沒
(辰戌)</td></tr>
<tr><td>9</td><td>乙酉(午未)</td><td>甲申</td><td>未</td><td>未</td><td>25</td><td>辛丑(辰巳)</td><td>甲午</td><td>未</td><td>午</td></tr>
<tr><td>10</td><td>丙戌(午未)</td><td>甲申</td><td>未</td><td>未</td><td>26</td><td>壬寅(辰巳)</td><td>甲午</td><td>未</td><td>午</td></tr>
<tr><td>11</td><td>丁亥(午未)</td><td>甲申</td><td>未</td><td>未</td><td>27</td><td>癸卯(辰巳)</td><td>甲午</td><td>未</td><td>午</td></tr>
<tr><td>12</td><td>戊子(午未)</td><td>甲申</td><td>未</td><td>未
神藏殺沒
(巳亥)</td><td>28</td><td>甲辰(寅卯)</td><td>甲辰</td><td>未</td><td>午</td></tr>
<tr><td>13</td><td>己丑(午未)</td><td>甲申</td><td>未</td><td>未</td><td>29</td><td>乙巳(寅卯)</td><td>甲辰</td><td>未</td><td>午</td></tr>
<tr><td>14</td><td>庚寅(午未)</td><td>甲申</td><td>未</td><td>未
神藏殺沒
(巳亥)</td><td>30</td><td>丙午(寅卯)</td><td>甲辰</td><td>未</td><td>午</td></tr>
<tr><td>15</td><td>辛卯(午未)</td><td>甲申</td><td>未</td><td>未</td><td>31</td><td>丁未(寅卯)</td><td>甲辰</td><td>未</td><td>午</td></tr>
<tr><td>16</td><td>壬辰(午未)</td><td>甲申</td><td>未</td><td>未</td><td></td><td></td><td></td><td></td><td></td></tr>
</table>

2049(己巳)年 8月[陽曆]

日	日辰(空亡)	旬	月建	月將	日	日辰(空亡)	旬	月建	月將
1	戊申(寅卯)	甲辰	未	午 神藏殺沒 (辰戌)	17	甲子(戌亥)	甲子	申	午
2	己酉(寅卯)	甲辰	未	午	18	乙丑(戌亥)	甲子	申	午
3	庚戌(寅卯)	甲辰	未	午 神藏殺沒 (辰戌)	19	丙寅(戌亥)	甲子	申	午
4	辛亥(寅卯)	甲辰	未	午	20	丁卯(戌亥)	甲子	申	午
5	壬子(寅卯)	甲辰	未	午	21	戊辰(戌亥)	甲子	申	午 神藏殺沒 (辰戌)
6	癸丑(寅卯)	甲辰	未	午	22	己巳(戌亥)	甲子	申	午
7	甲寅(子丑) (立秋:建變)	甲寅	未·申 未(09:55:59).申(09:56以後)	午	23	庚午(戌亥) (處暑:將變)	甲子	申	午·巳 午(00:45:59).巳(00:46以後) 神藏殺沒 (午月將:辰戌. 巳月將:卯酉)
8	乙卯(子丑)	甲寅	申	午	24	辛未(戌亥)	甲子	申	巳
9	丙辰(子丑)	甲寅	申	午	25	壬申(戌亥)	甲子	申	巳
10	丁巳(子丑)	甲寅	申	午	26	癸酉(戌亥)	甲子	申	巳
11	戊午(子丑)	甲寅	申	午 神藏殺沒 (辰戌)	27	甲戌(申酉)	甲戌	申	巳 神藏殺沒 (酉卯)
12	己未(子丑)	甲寅	申	午	28	乙亥(申酉)	甲戌	申	巳
13	庚申(子丑)	甲寅	申	午 神藏殺沒 (辰戌)	29	丙子(申酉)	甲戌	申	巳
14	辛酉(子丑)	甲寅	申	午	30	丁丑(申酉)	甲戌	申	巳
15	壬戌(子丑)	甲寅	申	午	31	戊寅(申酉)	甲戌	申	巳 神藏殺沒 (卯酉)
16	癸亥(子丑)	甲寅	申	午					

2049(己巳)年 9月[陽曆]

<table>
<tr><th>日</th><th>日辰(空亡)</th><th>旬</th><th>月建</th><th>月將</th><th>日</th><th>日辰(空亡)</th><th>旬</th><th>月建</th><th>月將</th></tr>
<tr><td>1</td><td>己卯(申酉)</td><td>甲戌</td><td>申</td><td>巳</td><td>17</td><td>乙未(辰巳)</td><td>甲午</td><td>酉</td><td>巳</td></tr>
<tr><td>2</td><td>庚辰(申酉)</td><td>甲戌</td><td>申</td><td>巳
神藏殺沒
(卯酉)</td><td>18</td><td>丙申(辰巳)</td><td>甲午</td><td>酉</td><td>巳</td></tr>
<tr><td>3</td><td>辛巳(申酉)</td><td>甲戌</td><td>申</td><td>巳</td><td>19</td><td>丁酉(辰巳)</td><td>甲午</td><td>酉</td><td>巳</td></tr>
<tr><td>4</td><td>壬午(申酉)</td><td>甲戌</td><td>申</td><td>巳</td><td>20</td><td>戊戌(辰巳)</td><td>甲午</td><td>酉</td><td>巳
神藏殺沒
(卯酉)</td></tr>
<tr><td>5</td><td>癸未(申酉)</td><td>甲戌</td><td>申</td><td>巳</td><td>21</td><td>己亥(辰巳)</td><td>甲午</td><td>酉</td><td>巳</td></tr>
<tr><td rowspan="3">6</td><td rowspan="3">甲申(午未)</td><td rowspan="3">甲申</td><td rowspan="3">申</td><td rowspan="3">巳
神藏殺沒
(酉卯)</td><td rowspan="3">22</td><td rowspan="3">庚子(辰巳)
(秋分:將變)</td><td>甲午</td><td>酉</td><td>巳·辰</td></tr>
<tr><td colspan="3">巳(22:40:59).辰(22:41以後)</td></tr>
<tr><td colspan="3">神藏殺沒(巳月將: 卯酉)</td></tr>
<tr><td rowspan="2">7</td><td rowspan="2">乙酉(午未)
(白露:建變)</td><td>甲申</td><td>申·酉</td><td>巳</td><td rowspan="2">23</td><td rowspan="2">辛丑(辰巳)</td><td rowspan="2">甲午</td><td rowspan="2">酉</td><td rowspan="2">辰</td></tr>
<tr><td colspan="3">申(13:03:59).酉(13:04以後)</td></tr>
<tr><td>8</td><td>丙戌(午未)</td><td>甲申</td><td>酉</td><td>巳</td><td>24</td><td>壬寅(辰巳)</td><td>甲午</td><td>酉</td><td>辰</td></tr>
<tr><td>9</td><td>丁亥(午未)</td><td>甲申</td><td>酉</td><td>巳</td><td>25</td><td>癸卯(辰巳)</td><td>甲午</td><td>酉</td><td>辰</td></tr>
<tr><td>10</td><td>戊子(午未)</td><td>甲申</td><td>酉</td><td>巳
神藏殺沒
(卯酉)</td><td>26</td><td>甲辰(寅卯)</td><td>甲辰</td><td>酉</td><td>辰
神藏殺沒
(申寅)</td></tr>
<tr><td>11</td><td>己丑(午未)</td><td>甲申</td><td>酉</td><td>巳</td><td>27</td><td>乙巳(寅卯)</td><td>甲辰</td><td>酉</td><td>辰</td></tr>
<tr><td>12</td><td>庚寅(午未)</td><td>甲申</td><td>酉</td><td>巳
神藏殺沒
(卯酉)</td><td>28</td><td>丙午(寅卯)</td><td>甲辰</td><td>酉</td><td>辰</td></tr>
<tr><td>13</td><td>辛卯(午未)</td><td>甲申</td><td>酉</td><td>巳</td><td>29</td><td>丁未(寅卯)</td><td>甲辰</td><td>酉</td><td>辰</td></tr>
<tr><td>14</td><td>壬辰(午未)</td><td>甲申</td><td>酉</td><td>巳</td><td>30</td><td>戊申(寅卯)</td><td>甲辰</td><td>酉</td><td>辰</td></tr>
<tr><td>15</td><td>癸巳(午未)</td><td>甲申</td><td>酉</td><td>巳</td><td></td><td></td><td></td><td></td><td></td></tr>
<tr><td>16</td><td>甲午(辰巳)</td><td>甲午</td><td>酉</td><td>巳
神藏殺沒
(酉卯)</td><td></td><td></td><td></td><td></td><td></td></tr>
</table>

2049(己巳)年 10月[陽曆]

日	日辰(空亡)	旬	月建	月將	日	日辰(空亡)	旬	月建	月將
1	己酉(寅卯)	甲辰	酉	辰	17	乙丑(戌亥)	甲子	戌	辰
2	庚戌(寅卯)	甲辰	酉	辰	18	丙寅(戌亥)	甲子	戌	辰
3	辛亥(寅卯)	甲辰	酉	辰	19	丁卯(戌亥)	甲子	戌	辰
4	壬子(寅卯)	甲辰	酉	辰	20	戊辰(戌亥)	甲子	戌	辰
5	癸丑(寅卯)	甲辰	酉	辰	21	己巳(戌亥)	甲子	戌	辰
6	甲寅(子丑)	甲寅	酉	辰 神藏殺沒 (申寅)	22	庚午(戌亥)	甲子	戌	辰
7	乙卯(子丑)	甲寅	酉	辰	23	辛未(戌亥) (霜降:將變)	甲子	戌	辰·卯 辰(08:23:59).卯(08:24以後)
8	丙辰(子丑) (寒露:建變)	甲寅	酉·戌 酉(05:02:59).戌(05:03以後)	辰	24	壬申(戌亥)	甲子	戌	卯
9	丁巳(子丑)	甲寅	戌	辰	25	癸酉(戌亥)	甲子	戌	卯
10	戊午(子丑)	甲寅	戌	辰	26	甲戌(申酉)	甲戌	戌	卯 神藏殺沒 (未丑)
11	己未(子丑)	甲寅	戌	辰	27	乙亥(申酉)	甲戌	戌	卯
12	庚申(子丑)	甲寅	戌	辰	28	丙子(申酉)	甲戌	戌	卯
13	辛酉(子丑)	甲寅	戌	辰	29	丁丑(申酉)	甲戌	戌	卯
14	壬戌(子丑)	甲寅	戌	辰	30	戊寅(申酉)	甲戌	戌	卯
15	癸亥(子丑)	甲寅	戌	辰	31	己卯(申酉)	甲戌	戌	卯
16	甲子(戌亥)	甲子	戌	辰 神藏殺沒 (申寅)					

2049(己巳)年 11月[陽曆]

日	日辰(空亡)	旬	月建	月將	日	日辰(空亡)	旬	月建	月將
1	庚辰(申酉)	甲戌	戌	卯	17	丙申(辰巳)	甲午	亥	卯
2	辛巳(申酉)	甲戌	戌	卯	18	丁酉(辰巳)	甲午	亥	卯
3	壬午(申酉)	甲戌	戌	卯	19	戊戌(辰巳)	甲午	亥	卯
4	癸未(申酉)	甲戌	戌	卯	20	己亥(辰巳)	甲午	亥	卯
5	甲申(午未)	甲申	戌	卯 神藏殺沒 (未丑)	21	庚子(辰巳)	甲午	亥	卯
6	乙酉(午未)	甲申	戌	卯	22	辛丑(辰巳) (小雪:將變)	甲午	亥	卯·寅 卯(06:17:59).寅(06:18以後)
7	丙戌(午未) (立冬:建變)	甲申	戌·亥 戌(08:36:59).亥(08:37以後)	卯	23	壬寅(辰巳)	甲午	亥	寅
8	丁亥(午未)	甲申	亥	卯	24	癸卯(辰巳)	甲午	亥	寅
9	戊子(午未)	甲申	亥	卯	25	甲辰(寅卯)	甲辰	亥	寅 神藏殺沒 (午子)
10	己丑(午未)	甲申	亥	卯	26	乙巳(寅卯)	甲辰	亥	寅
11	庚寅(午未)	甲申	亥	卯	27	丙午(寅卯)	甲辰	亥	寅
12	辛卯(午未)	甲申	亥	卯	28	丁未(寅卯)	甲辰	亥	寅
13	壬辰(午未)	甲申	亥	卯	29	戊申(寅卯)	甲辰	亥	寅
14	癸巳(午未)	甲申	亥	卯	30	己酉(寅卯)	甲辰	亥	寅
15	甲午(辰巳)	甲午	亥	卯 神藏殺沒 (未丑)					
16	乙未(辰巳)	甲午	亥	卯					

2049(己巳)年 12月[陽曆]

<table>
<tr><th>日</th><th>日辰(空亡)</th><th>旬</th><th>月建</th><th>月將</th><th>日</th><th>日辰(空亡)</th><th>旬</th><th>月建</th><th>月將</th></tr>
<tr><td>1</td><td>庚戌(寅卯)</td><td>甲辰</td><td>亥</td><td>寅</td><td>17</td><td>丙寅(戌亥)</td><td>甲子</td><td>子</td><td>寅</td></tr>
<tr><td>2</td><td>辛亥(寅卯)</td><td>甲辰</td><td>亥</td><td>寅</td><td>18</td><td>丁卯(戌亥)</td><td>甲子</td><td>子</td><td>寅</td></tr>
<tr><td>3</td><td>壬子(寅卯)</td><td>甲辰</td><td>亥</td><td>寅</td><td>19</td><td>戊辰(戌亥)</td><td>甲子</td><td>子</td><td>寅</td></tr>
<tr><td>4</td><td>癸丑(寅卯)</td><td>甲辰</td><td>亥</td><td>寅</td><td>20</td><td>己巳(戌亥)</td><td>甲子</td><td>子</td><td>寅</td></tr>
<tr><td rowspan="2">5</td><td rowspan="2">甲寅(子丑)</td><td rowspan="2">甲寅</td><td rowspan="2">亥</td><td rowspan="2">寅
神藏殺沒
(午子)</td><td rowspan="2">21</td><td rowspan="2">庚午(戌亥)
(冬至:將變)</td><td>甲子</td><td>子</td><td>寅·丑</td></tr>
<tr><td colspan="3">寅(19:50:59).丑(19:51以後)</td></tr>
<tr><td>6</td><td>乙卯(子丑)</td><td>甲寅</td><td>亥</td><td>寅</td><td>22</td><td>辛未(戌亥)</td><td>甲子</td><td>子</td><td>丑</td></tr>
<tr><td rowspan="2">7</td><td rowspan="2">丙辰(子丑)
(大雪:建變)</td><td>甲寅</td><td>亥·子</td><td>寅</td><td rowspan="2">23</td><td rowspan="2">壬申(戌亥)</td><td rowspan="2">甲子</td><td rowspan="2">子</td><td rowspan="2">丑</td></tr>
<tr><td colspan="3">亥(01:44:59).子(01:45以後)</td></tr>
<tr><td>8</td><td>丁巳(子丑)</td><td>甲寅</td><td>子</td><td>寅</td><td>24</td><td>癸酉(戌亥)</td><td>甲子</td><td>子</td><td>丑</td></tr>
<tr><td>9</td><td>戊午(子丑)</td><td>甲寅</td><td>子</td><td>寅</td><td>25</td><td>甲戌(申酉)</td><td>甲戌</td><td>子</td><td>丑
神藏殺沒
(巳亥)</td></tr>
<tr><td>10</td><td>己未(子丑)</td><td>甲寅</td><td>子</td><td>寅</td><td>26</td><td>乙亥(申酉)</td><td>甲戌</td><td>子</td><td>丑</td></tr>
<tr><td>11</td><td>庚申(子丑)</td><td>甲寅</td><td>子</td><td>寅</td><td>27</td><td>丙子(申酉)</td><td>甲戌</td><td>子</td><td>丑</td></tr>
<tr><td>12</td><td>辛酉(子丑)</td><td>甲寅</td><td>子</td><td>寅</td><td>28</td><td>丁丑(申酉)</td><td>甲戌</td><td>子</td><td>丑</td></tr>
<tr><td>13</td><td>壬戌(子丑)</td><td>甲寅</td><td>子</td><td>寅</td><td>29</td><td>戊寅(申酉)</td><td>甲戌</td><td>子</td><td>丑</td></tr>
<tr><td>14</td><td>癸亥(子丑)</td><td>甲寅</td><td>子</td><td>寅</td><td>30</td><td>己卯(申酉)</td><td>甲戌</td><td>子</td><td>丑</td></tr>
<tr><td>15</td><td>甲子(戌亥)</td><td>甲子</td><td>子</td><td>寅
神藏殺沒
(午子)</td><td>31</td><td>庚辰(申酉)</td><td>甲戌</td><td>子</td><td>丑</td></tr>
<tr><td>16</td><td>乙丑(戌亥)</td><td>甲子</td><td>子</td><td>寅</td><td></td><td></td><td></td><td></td><td></td></tr>
</table>

2050(庚午)年 1月[陽曆]

日	日辰(空亡)	旬	月建	月將	日	日辰(空亡)	旬	月建	月將
1	辛巳(申酉)	甲戌	子	丑	17	丁酉(辰巳)	甲午	丑	丑
2	壬午(申酉)	甲戌	子	丑	18	戊戌(辰巳)	甲午	丑	丑
3	癸未(申酉)	甲戌	子	丑	19	己亥(辰巳)	甲午	丑	丑
4	甲申(午未)	甲申	子	丑 神藏殺沒 (巳亥)	20	庚子(辰巳) (大寒:將變)	甲午	丑	丑·子
							丑(06:31:59).子(06:32以後)		
5	乙酉(午未) (小寒:建變)	甲申	子·丑	丑	21	辛丑(辰巳)	甲午	丑	子
		子(13:05:59).丑(13:06以後)							
6	丙戌(午未)	甲申	丑	丑	22	壬寅(辰巳)	甲午	丑	子
7	丁亥(午未)	甲申	丑	丑	23	癸卯(辰巳)	甲午	丑	子
8	戊子(午未)	甲申	丑	丑	24	甲辰(寅卯)	甲辰	丑	子 神藏殺沒 (辰戌)
9	己丑(午未)	甲申	丑	丑	25	乙巳(寅卯)	甲辰	丑	子
10	庚寅(午未)	甲申	丑	丑	26	丙午(寅卯)	甲辰	丑	子
11	辛卯(午未)	甲申	丑	丑	27	丁未(寅卯)	甲辰	丑	子
12	壬辰(午未)	甲申	丑	丑	28	戊申(寅卯)	甲辰	丑	子
13	癸巳(午未)	甲申	丑	丑	29	己酉(寅卯)	甲辰	丑	子
14	甲午(辰巳)	甲午	丑	丑 神藏殺沒 (巳亥)	30	庚戌(寅卯)	甲辰	丑	子
15	乙未(辰巳)	甲午	丑	丑	31	辛亥(寅卯)	甲辰	丑	子
16	丙申(辰巳)	甲午	丑	丑					

2050(庚午)年 2月[陽曆]

日	日辰(空亡)	旬	月建	月將	日	日辰(空亡)	旬	月建	月將
1	壬子(寅卯)	甲辰	丑	子	17	戊辰(戌亥)	甲子	寅	子
2	癸丑(寅卯)	甲辰	丑	子	18	己巳(戌亥) (雨水:將變)	甲子	寅	子·亥 子(20:33:59).亥(20:34以後)
3	甲寅(子丑)	甲寅	丑	子 神藏殺沒 (辰戌)	19	庚午(戌亥)	甲子	寅	亥 神藏殺沒 (酉卯)
4	乙卯(子丑) (立春:建變)	甲寅	丑·寅 丑(00:41:59).寅(00:42以後)	子	20	辛未(戌亥)	甲子	寅	亥
5	丙辰(子丑)	甲寅	寅	子	21	壬申(戌亥)	甲子	寅	亥
6	丁巳(子丑)	甲寅	寅	子	22	癸酉(戌亥)	甲子	寅	亥
7	戊午(子丑)	甲寅	寅	子	23	甲戌(申酉)	甲戌	寅	亥 神藏殺沒 (卯酉)
8	己未(子丑)	甲寅	寅	子	24	乙亥(申酉)	甲戌	寅	亥
9	庚申(子丑)	甲寅	寅	子	25	丙子(申酉)	甲戌	寅	亥
10	辛酉(子丑)	甲寅	寅	子	26	丁丑(申酉)	甲戌	寅	亥
11	壬戌(子丑)	甲寅	寅	子	27	戊寅(申酉)	甲戌	寅	亥 神藏殺沒 (酉卯)
12	癸亥(子丑)	甲寅	寅	子	28	己卯(申酉)	甲戌	寅	亥
13	甲子(戌亥)	甲子	寅	子 神藏殺沒 (辰戌)					
14	乙丑(戌亥)	甲子	寅	子					
15	丙寅(戌亥)	甲子	寅	子					
16	丁卯(戌亥)	甲子	寅	子					

2050(庚午)年 3月[陽曆]

日	日辰(空亡)	旬	月建	月將	日	日辰(空亡)	旬	月建	月將
1	庚辰(申酉)	甲戌	寅	亥 神藏殺沒 (酉卯)	17	丙申(辰巳)	甲午	卯	亥
2	辛巳(申酉)	甲戌	寅	亥	18	丁酉(辰巳)	甲午	卯	亥
3	壬午(申酉)	甲戌	寅	亥	19	戊戌(辰巳)	甲午	卯	亥 神藏殺沒 (酉卯)
4	癸未(申酉)	甲戌	寅	亥	20	己亥(辰巳) (春分:將變)	甲午	卯	亥·戌 亥(19:17:59).戌(19:18以後)
5	甲申(午未) (驚蟄:建變)	甲申	寅·卯 寅(18:30:59).卯(18:31以後) 神藏殺沒(卯酉)	亥	21	庚子(辰巳)	甲午	卯	戌 神藏殺沒 (申寅)
6	乙酉(午未)	甲申	卯	亥	22	辛丑(辰巳)	甲午	卯	戌
7	丙戌(午未)	甲申	卯	亥	23	壬寅(辰巳)	甲午	卯	戌
8	丁亥(午未)	甲申	卯	亥	24	癸卯(辰巳)	甲午	卯	戌
9	戊子(午未)	甲申	卯	亥 神藏殺沒 (酉卯)	25	甲辰(寅卯)	甲辰	卯	戌
10	己丑(午未)	甲申	卯	亥	26	乙巳(寅卯)	甲辰	卯	戌
11	庚寅(午未)	甲申	卯	亥 神藏殺沒 (酉卯)	27	丙午(寅卯)	甲辰	卯	戌
12	辛卯(午未)	甲申	卯	亥	28	丁未(寅卯)	甲辰	卯	戌
13	壬辰(午未)	甲申	卯	亥	29	戊申(寅卯)	甲辰	卯	戌 神藏殺沒 (申寅)
14	癸巳(午未)	甲申	卯	亥	30	己酉(寅卯)	甲辰	卯	戌
15	甲午(辰巳)	甲午	卯	亥 神藏殺沒 (卯酉)	31	庚戌(寅卯)	甲辰	卯	戌 神藏殺沒 (申寅)
16	乙未(辰巳)	甲午	卯	亥					

2050(庚午)年 4月[陽曆]

<table>
<tr><th>日</th><th>日辰(空亡)</th><th>旬</th><th>月建</th><th>月將</th><th>日</th><th>日辰(空亡)</th><th>旬</th><th>月建</th><th>月將</th></tr>
<tr><td>1</td><td>辛亥(寅卯)</td><td>甲辰</td><td>卯</td><td>戌</td><td>17</td><td>丁卯(戌亥)</td><td>甲子</td><td>辰</td><td>戌</td></tr>
<tr><td>2</td><td>壬子(寅卯)</td><td>甲辰</td><td>卯</td><td>戌</td><td>18</td><td>戊辰(戌亥)</td><td>甲子</td><td>辰</td><td>戌
神藏殺沒
(申寅)</td></tr>
<tr><td>3</td><td>癸丑(寅卯)</td><td>甲辰</td><td>卯</td><td>戌</td><td>19</td><td>己巳(戌亥)</td><td>甲子</td><td>辰</td><td>戌</td></tr>
<tr><td rowspan="3">4</td><td rowspan="3">甲寅(子丑)
(淸明:建變)</td><td rowspan="2">甲寅</td><td rowspan="2">卯·辰</td><td rowspan="2">戌</td><td rowspan="3">20</td><td rowspan="3">庚午(戌亥)
(穀雨:將變)</td><td>甲子</td><td>辰</td><td>戌·酉</td></tr>
<tr><td colspan="3">戌(06:00:59).酉(06:01以後)</td></tr>
<tr><td colspan="3">卯(23:01:59).辰(23:02以後)</td><td colspan="3">神藏殺沒
(戌月將:申寅. 酉月將:未丑)</td></tr>
<tr><td>5</td><td>乙卯(子丑)</td><td>甲寅</td><td>辰</td><td>戌</td><td>21</td><td>辛未(戌亥)</td><td>甲子</td><td>辰</td><td>酉</td></tr>
<tr><td>6</td><td>丙辰(子丑)</td><td>甲寅</td><td>辰</td><td>戌</td><td>22</td><td>壬申(戌亥)</td><td>甲子</td><td>辰</td><td>酉</td></tr>
<tr><td>7</td><td>丁巳(子丑)</td><td>甲寅</td><td>辰</td><td>戌</td><td>23</td><td>癸酉(戌亥)</td><td>甲子</td><td>辰</td><td>酉</td></tr>
<tr><td>8</td><td>戊午(子丑)</td><td>甲寅</td><td>辰</td><td>戌
神藏殺沒
(申寅)</td><td>24</td><td>甲戌(申酉)</td><td>甲戌</td><td>辰</td><td>酉</td></tr>
<tr><td>9</td><td>己未(子丑)</td><td>甲寅</td><td>辰</td><td>戌</td><td>25</td><td>乙亥(申酉)</td><td>甲戌</td><td>辰</td><td>酉</td></tr>
<tr><td>10</td><td>庚申(子丑)</td><td>甲寅</td><td>辰</td><td>戌
神藏殺沒
(申寅)</td><td>26</td><td>丙子(申酉)</td><td>甲戌</td><td>辰</td><td>酉</td></tr>
<tr><td>11</td><td>辛酉(子丑)</td><td>甲寅</td><td>辰</td><td>戌</td><td>27</td><td>丁丑(申酉)</td><td>甲戌</td><td>辰</td><td>酉</td></tr>
<tr><td>12</td><td>壬戌(子丑)</td><td>甲寅</td><td>辰</td><td>戌</td><td>28</td><td>戊寅(申酉)</td><td>甲戌</td><td>辰</td><td>酉
神藏殺沒
(未丑)</td></tr>
<tr><td>13</td><td>癸亥(子丑)</td><td>甲寅</td><td>辰</td><td>戌</td><td>29</td><td>己卯(申酉)</td><td>甲戌</td><td>辰</td><td>酉</td></tr>
<tr><td>14</td><td>甲子(戌亥)</td><td>甲子</td><td>辰</td><td>戌</td><td>30</td><td>庚辰(申酉)</td><td>甲戌</td><td>辰</td><td>酉
神藏殺沒
(未丑)</td></tr>
<tr><td>15</td><td>乙丑(戌亥)</td><td>甲子</td><td>辰</td><td>戌</td><td></td><td></td><td></td><td></td><td></td></tr>
<tr><td>16</td><td>丙寅(戌亥)</td><td>甲子</td><td>辰</td><td>戌</td><td></td><td></td><td></td><td></td><td></td></tr>
</table>

2050(庚午)年 5月[陽曆]

日	日辰(空亡)	旬	月建	月將	日	日辰(空亡)	旬	月建	月將
1	辛巳(申酉)	甲戌	辰	酉	17	丁酉(辰巳)	甲午	巳	酉
2	壬午(申酉)	甲戌	辰	酉	18	戊戌(辰巳)	甲午	巳	酉 神藏殺沒 (未丑)
3	癸未(申酉)	甲戌	辰	酉	19	己亥(辰巳)	甲午	巳	酉
4	甲申(午未)	甲申	辰	酉	20	庚子(辰巳)	甲午	巳	酉 神藏殺沒 (未丑)
5	乙酉(午未) (立夏:建變)	甲申	辰·巳	酉	21	辛丑(辰巳) (小滿:將變)	甲午	巳	酉·申
		辰(15:59:59).巳(16:00以後)					酉(04:48:59).申(04:49以後)		
6	丙戌(午未)	甲申	巳	酉	22	壬寅(辰巳)	甲午	巳	申
7	丁亥(午未)	甲申	巳	酉	23	癸卯(辰巳)	甲午	巳	申
8	戊子(午未)	甲申	巳	酉 神藏殺沒 (未丑)	24	甲辰(寅卯)	甲辰	巳	申
9	己丑(午未)	甲申	巳	酉	25	乙巳(寅卯)	甲辰	巳	申
10	庚寅(午未)	甲申	巳	酉 神藏殺沒 (未丑)	26	丙午(寅卯)	甲辰	巳	申
11	辛卯(午未)	甲申	巳	酉	27	丁未(寅卯)	甲辰	巳	申
12	壬辰(午未)	甲申	巳	酉	28	戊申(寅卯)	甲辰	巳	申 神藏殺沒 (午子)
13	癸巳(午未)	甲申	巳	酉	29	己酉(寅卯)	甲辰	巳	申
14	甲午(辰巳)	甲午	巳	酉	30	庚戌(寅卯)	甲辰	巳	申 神藏殺沒 (午子)
15	乙未(辰巳)	甲午	巳	酉	31	辛亥(寅卯)	甲辰	巳	申
16	丙申(辰巳)	甲午	巳	酉					

2050(庚午)年 6月[陽曆]

日	日辰(空亡)	旬	月建	月將	日	日辰(空亡)	旬	月建	月將
1	壬子(寅卯)	甲辰	巳	申	17	戊辰(戌亥)	甲子	午	申 神藏殺沒 (午子)
2	癸丑(寅卯)	甲辰	巳	申	18	己巳(戌亥)	甲子	午	申
3	甲寅(子丑)	甲寅	巳	申	19	庚午(戌亥)	甲子	午	申 神藏殺沒 (午子)
4	乙卯(子丑)	甲寅	巳	申	20	辛未(戌亥)	甲子	午	申
5	丙辰(子丑) (芒種:建變)	甲寅	巳·午 巳(19:52:59).午(19:53以後)	申	21	壬申(戌亥) (夏至:將變)	甲子	午	申·未 申(12:30:59).未(12:31以後)
6	丁巳(子丑)	甲寅	午	申	22	癸酉(戌亥)	甲子	午	未
7	戊午(子丑)	甲寅	午	申 神藏殺沒 (午子)	23	甲戌(申酉)	甲戌	午	未
8	己未(子丑)	甲寅	午	申	24	乙亥(申酉)	甲戌	午	未
9	庚申(子丑)	甲寅	午	申 神藏殺沒 (午子)	25	丙子(申酉)	甲戌	午	未
10	辛酉(子丑)	甲寅	午	申	26	丁丑(申酉)	甲戌	午	未
11	壬戌(子丑)	甲寅	午	申	27	戊寅(申酉)	甲戌	午	未 神藏殺沒 (巳亥)
12	癸亥(子丑)	甲寅	午	申	28	己卯(申酉)	甲戌	午	未
13	甲子(戌亥)	甲子	午	申	29	庚辰(申酉)	甲戌	午	未 神藏殺沒 (巳亥)
14	乙丑(戌亥)	甲子	午	申	30	辛巳(申酉)	甲戌	午	未
15	丙寅(戌亥)	甲子	午	申					
16	丁卯(戌亥)	甲子	午	申					

2050(庚午)年 7月[陽曆]

日	日辰(空亡)	旬	月建	月將	日	日辰(空亡)	旬	月建	月將
1	壬午(申酉)	甲戌	午	未	17	戊戌(辰巳)	甲午	未	未 神藏殺沒 (巳亥)
2	癸未(申酉)	甲戌	午	未	18	己亥(辰巳)	甲午	未	未
3	甲申(午未)	甲申	午	未	19	庚子(辰巳)	甲午	未	未 神藏殺沒 (巳亥)
4	乙酉(午未)	甲申	午	未	20	辛丑(辰巳)	甲午	未	未
5	丙戌(午未)	甲申	午	未	21	壬寅(辰巳)	甲午	未	未
6	丁亥(午未)	甲申	午	未	22	癸卯(辰巳) (大暑:將變)	甲午	未	未·午 未(23:19:59).午(23:20以後)
7	戊子(午未) (小暑:建變)	甲申	午·未 午(05:59:59).未(06:00以後)	未 神藏殺沒(巳亥)	23	甲辰(寅卯)	甲辰	未	午
8	己丑(午未)	甲申	未	未	24	乙巳(寅卯)	甲辰	未	午
9	庚寅(午未)	甲申	未	未 神藏殺沒 (巳亥)	25	丙午(寅卯)	甲辰	未	午
10	辛卯(午未)	甲申	未	未	26	丁未(寅卯)	甲辰	未	午
11	壬辰(午未)	甲申	未	未	27	戊申(寅卯)	甲辰	未	午 神藏殺沒 (辰戌)
12	癸巳(午未)	甲申	未	未	28	己酉(寅卯)	甲辰	未	午
13	甲午(辰巳)	甲午	未	未	29	庚戌(寅卯)	甲辰	未	午 神藏殺沒 (辰戌)
14	乙未(辰巳)	甲午	未	未	30	辛亥(寅卯)	甲辰	未	午
15	丙申(辰巳)	甲午	未	未	31	壬子(寅卯)	甲辰	未	午
16	丁酉(辰巳)	甲午	未	未					

2050(庚午)年 8月[陽曆]

<table>
<tr><th>日</th><th>日辰(空亡)</th><th>旬</th><th>月建</th><th>月將</th><th>日</th><th>日辰(空亡)</th><th>旬</th><th>月建</th><th>月將</th></tr>
<tr><td>1</td><td>癸丑(寅卯)</td><td>甲辰</td><td>未</td><td>午</td><td>17</td><td>己巳(戌亥)</td><td>甲子</td><td>申</td><td>午</td></tr>
<tr><td>2</td><td>甲寅(子丑)</td><td>甲寅</td><td>未</td><td>午</td><td>18</td><td>庚午(戌亥)</td><td>甲子</td><td>申</td><td>午
神藏殺沒
(辰戌)</td></tr>
<tr><td>3</td><td>乙卯(子丑)</td><td>甲寅</td><td>未</td><td>午</td><td>19</td><td>辛未(戌亥)</td><td>甲子</td><td>申</td><td>午</td></tr>
<tr><td>4</td><td>丙辰(子丑)</td><td>甲寅</td><td>未</td><td>午</td><td>20</td><td>壬申(戌亥)</td><td>甲子</td><td>申</td><td>午</td></tr>
<tr><td>5</td><td>丁巳(子丑)</td><td>甲寅</td><td>未</td><td>午</td><td>21</td><td>癸酉(戌亥)</td><td>甲子</td><td>申</td><td>午</td></tr>
<tr><td>6</td><td>戊午(子丑)</td><td>甲寅</td><td>未</td><td>午
神藏殺沒
(辰戌)</td><td>22</td><td>甲戌(申酉)</td><td>甲戌</td><td>申</td><td>午</td></tr>
<tr><td rowspan="2">7</td><td rowspan="2">己未(子丑)
(立秋:建變)</td><td>甲寅</td><td>未·申</td><td>午</td><td rowspan="2">23</td><td rowspan="2">乙亥(申酉)
(處暑:將變)</td><td>甲戌</td><td>申</td><td>午·巳</td></tr>
<tr><td colspan="3">未(15:50:59). 申(15:51以後)</td><td colspan="3">午(06:30:59). 巳(06:31以後)</td></tr>
<tr><td>8</td><td>庚申(子丑)</td><td>甲寅</td><td>申</td><td>午
神藏殺沒
(辰戌)</td><td>24</td><td>丙子(申酉)</td><td>甲戌</td><td>申</td><td>巳</td></tr>
<tr><td>9</td><td>辛酉(子丑)</td><td>甲寅</td><td>申</td><td>午</td><td>25</td><td>丁丑(申酉)</td><td>甲戌</td><td>申</td><td>巳</td></tr>
<tr><td>10</td><td>壬戌(子丑)</td><td>甲寅</td><td>申</td><td>午</td><td>26</td><td>戊寅(申酉)</td><td>甲戌</td><td>申</td><td>巳
神藏殺沒
(卯酉)</td></tr>
<tr><td>11</td><td>癸亥(子丑)</td><td>甲寅</td><td>申</td><td>午</td><td>27</td><td>己卯(申酉)</td><td>甲戌</td><td>申</td><td>巳</td></tr>
<tr><td>12</td><td>甲子(戌亥)</td><td>甲子</td><td>申</td><td>午</td><td>28</td><td>庚辰(申酉)</td><td>甲戌</td><td>申</td><td>巳
神藏殺沒
(卯酉)</td></tr>
<tr><td>13</td><td>乙丑(戌亥)</td><td>甲子</td><td>申</td><td>午</td><td>29</td><td>辛巳(申酉)</td><td>甲戌</td><td>申</td><td>巳</td></tr>
<tr><td>14</td><td>丙寅(戌亥)</td><td>甲子</td><td>申</td><td>午</td><td>30</td><td>壬午(申酉)</td><td>甲戌</td><td>申</td><td>巳</td></tr>
<tr><td>15</td><td>丁卯(戌亥)</td><td>甲子</td><td>申</td><td>午</td><td>31</td><td>癸未(申酉)</td><td>甲戌</td><td>申</td><td>巳</td></tr>
<tr><td>16</td><td>戊辰(戌亥)</td><td>甲子</td><td>申</td><td>午
神藏殺沒
(辰戌)</td><td></td><td></td><td></td><td></td><td></td></tr>
</table>

2050(庚午)年 9月[陽曆]

<table>
<tr><th>日</th><th>日辰(空亡)</th><th>旬</th><th>月建</th><th>月將</th><th>日</th><th>日辰(空亡)</th><th>旬</th><th>月建</th><th>月將</th></tr>
<tr><td>1</td><td>甲申(午未)</td><td>甲申</td><td>申</td><td>巳
神藏殺沒
(酉卯)</td><td>17</td><td>庚子(辰巳)</td><td>甲午</td><td>酉</td><td>巳
神藏殺沒
(卯酉)</td></tr>
<tr><td>2</td><td>乙酉(午未)</td><td>甲申</td><td>申</td><td>巳</td><td>18</td><td>辛丑(辰巳)</td><td>甲午</td><td>酉</td><td>巳</td></tr>
<tr><td>3</td><td>丙戌(午未)</td><td>甲申</td><td>申</td><td>巳</td><td>19</td><td>壬寅(辰巳)</td><td>甲午</td><td>酉</td><td>巳</td></tr>
<tr><td>4</td><td>丁亥(午未)</td><td>甲申</td><td>申</td><td>巳</td><td>20</td><td>癸卯(辰巳)</td><td>甲午</td><td>酉</td><td>巳</td></tr>
<tr><td>5</td><td>戊子(午未)</td><td>甲申</td><td>申</td><td>巳
神藏殺沒
(卯酉)</td><td>21</td><td>甲辰(寅卯)</td><td>甲辰</td><td>酉</td><td>巳
神藏殺沒
(酉卯)</td></tr>
<tr><td>6</td><td>己丑(午未)</td><td>甲申</td><td>申</td><td>巳</td><td>22</td><td>乙巳(寅卯)</td><td>甲辰</td><td>酉</td><td>巳</td></tr>
<tr><td rowspan="3">7</td><td rowspan="3">庚寅(午未)
(白露:建變)</td><td>甲申</td><td>申·酉</td><td>巳</td><td rowspan="3">23</td><td rowspan="3">丙午(寅卯)
(秋分:將變)</td><td rowspan="2">甲辰</td><td rowspan="2">酉</td><td rowspan="2">巳·辰</td></tr>
<tr><td colspan="3">申(18:58:59).酉(18:59以後)</td></tr>
<tr><td colspan="3">神藏殺沒(酉卯)</td><td colspan="3">巳(04:26:59).辰(04:27以後)</td></tr>
<tr><td>8</td><td>辛卯(午未)</td><td>甲申</td><td>酉</td><td>巳</td><td>24</td><td>丁未(寅卯)</td><td>甲辰</td><td>酉</td><td>辰</td></tr>
<tr><td>9</td><td>壬辰(午未)</td><td>甲申</td><td>酉</td><td>巳</td><td>25</td><td>戊申(寅卯)</td><td>甲辰</td><td>酉</td><td>辰</td></tr>
<tr><td>10</td><td>癸巳(午未)</td><td>甲申</td><td>酉</td><td>巳</td><td>26</td><td>己酉(寅卯)</td><td>甲辰</td><td>酉</td><td>辰</td></tr>
<tr><td>11</td><td>甲午(辰巳)</td><td>甲午</td><td>酉</td><td>巳
神藏殺沒
(酉卯)</td><td>27</td><td>庚戌(寅卯)</td><td>甲辰</td><td>酉</td><td>辰</td></tr>
<tr><td>12</td><td>乙未(辰巳)</td><td>甲午</td><td>酉</td><td>巳</td><td>28</td><td>辛亥(寅卯)</td><td>甲辰</td><td>酉</td><td>辰</td></tr>
<tr><td>13</td><td>丙申(辰巳)</td><td>甲午</td><td>酉</td><td>巳</td><td>29</td><td>壬子(寅卯)</td><td>甲辰</td><td>酉</td><td>辰</td></tr>
<tr><td>14</td><td>丁酉(辰巳)</td><td>甲午</td><td>酉</td><td>巳</td><td>30</td><td>癸丑(寅卯)</td><td>甲辰</td><td>酉</td><td>辰</td></tr>
<tr><td>15</td><td>戊戌(辰巳)</td><td>甲午</td><td>酉</td><td>巳
神藏殺沒
(卯酉)</td><td></td><td></td><td></td><td></td><td></td></tr>
<tr><td>16</td><td>己亥(辰巳)</td><td>甲午</td><td>酉</td><td>巳</td><td></td><td></td><td></td><td></td><td></td></tr>
</table>

2050(庚午)年 10月[陽曆]

日	日辰(空亡)	旬	月建	月將	日	日辰(空亡)	旬	月建	月將
1	甲寅(子丑)	甲寅	酉	辰 神藏殺沒 (申寅)	17	庚午(戌亥)	甲子	戌	辰
2	乙卯(子丑)	甲寅	酉	辰	18	辛未(戌亥)	甲子	戌	辰
3	丙辰(子丑)	甲寅	酉	辰	19	壬申(戌亥)	甲子	戌	辰
4	丁巳(子丑)	甲寅	酉	辰	20	癸酉(戌亥)	甲子	戌	辰
5	戊午(子丑)	甲寅	酉	辰	21	甲戌(申酉)	甲戌	戌	辰 神藏殺沒 (申寅)
6	己未(子丑)	甲寅	酉	辰	22	乙亥(申酉)	甲戌	戌	辰
7	庚申(子丑)	甲寅	酉	辰	23	丙子(申酉) (霜降:將變)	甲戌	戌	辰·卯 辰(14:09:59).卯(14:10以後)
8	辛酉(子丑) (寒露:建變)	甲寅	酉·戌 酉(10:58:59).戌(10:59以後)	辰	24	丁丑(申酉)	甲戌	戌	卯
9	壬戌(子丑)	甲寅	戌	辰	25	戊寅(申酉)	甲戌	戌	卯
10	癸亥(子丑)	甲寅	戌	辰	26	己卯(申酉)	甲戌	戌	卯
11	甲子(戌亥)	甲子	戌	辰 神藏殺沒 (申寅)	27	庚辰(申酉)	甲戌	戌	卯
12	乙丑(戌亥)	甲子	戌	辰	28	辛巳(申酉)	甲戌	戌	卯
13	丙寅(戌亥)	甲子	戌	辰	29	壬午(申酉)	甲戌	戌	卯
14	丁卯(戌亥)	甲子	戌	辰	30	癸未(申酉)	甲戌	戌	卯
15	戊辰(戌亥)	甲子	戌	辰	31	甲申(午未)	甲申	戌	卯 神藏殺沒 (未丑)
16	己巳(戌亥)	甲子	戌	辰					

2050(庚午)年 11月[陽曆]

日	日辰(空亡)	旬	月建	月將	日	日辰(空亡)	旬	月建	月將
1	乙酉(午未)	甲申	戌	卯	17	辛丑(辰巳)	甲午	亥	卯
2	丙戌(午未)	甲申	戌	卯	18	壬寅(辰巳)	甲午	亥	卯
3	丁亥(午未)	甲申	戌	卯	19	癸卯(辰巳)	甲午	亥	卯
4	戊子(午未)	甲申	戌	卯	20	甲辰(寅卯)	甲辰	亥	卯 神藏殺沒 (未丑)
5	己丑(午未)	甲申	戌	卯	21	乙巳(寅卯)	甲辰	亥	卯
6	庚寅(午未)	甲申	戌	卯	22	丙午(寅卯) (小雪:將變)	甲辰	亥	卯·寅 卯(12:04:59).寅(12:05以後)
7	辛卯(午未) (立冬:建變)	甲申	戌·亥 戌(14:31:59).亥(14:32以後)	卯	23	丁未(寅卯)	甲辰	亥	寅
8	壬辰(午未)	甲申	亥	卯	24	戊申(寅卯)	甲辰	亥	寅
9	癸巳(午未)	甲申	亥	卯	25	己酉(寅卯)	甲辰	亥	寅
10	甲午(辰巳)	甲午	亥	卯 神藏殺沒 (未丑)	26	庚戌(寅卯)	甲辰	亥	寅
11	乙未(辰巳)	甲午	亥	卯	27	辛亥(寅卯)	甲辰	亥	寅
12	丙申(辰巳)	甲午	亥	卯	28	壬子(寅卯)	甲辰	亥	寅
13	丁酉(辰巳)	甲午	亥	卯	29	癸丑(寅卯)	甲辰	亥	寅
14	戊戌(辰巳)	甲午	亥	卯	30	甲寅(子丑)	甲寅	亥	寅 神藏殺沒 (午子)
15	己亥(辰巳)	甲午	亥	卯					
16	庚子(辰巳)	甲午	亥	卯					

2050(庚午)年 12月[陽曆]

<table>
<tr><th>日</th><th>日辰(空亡)</th><th>旬</th><th>月建</th><th>月將</th><th>日</th><th>日辰(空亡)</th><th>旬</th><th>月建</th><th>月將</th></tr>
<tr><td>1</td><td>乙卯(子丑)</td><td>甲寅</td><td>亥</td><td>寅</td><td>17</td><td>辛未(戌亥)</td><td>甲子</td><td>子</td><td>寅</td></tr>
<tr><td>2</td><td>丙辰(子丑)</td><td>甲寅</td><td>亥</td><td>寅</td><td>18</td><td>壬申(戌亥)</td><td>甲子</td><td>子</td><td>寅</td></tr>
<tr><td>3</td><td>丁巳(子丑)</td><td>甲寅</td><td>亥</td><td>寅</td><td>19</td><td>癸酉(戌亥)</td><td>甲子</td><td>子</td><td>寅</td></tr>
<tr><td>4</td><td>戊午(子丑)</td><td>甲寅</td><td>亥</td><td>寅</td><td>20</td><td>甲戌(申酉)</td><td>甲戌</td><td>子</td><td>寅
神藏殺沒
(午子)</td></tr>
<tr><td>5</td><td>己未(子丑)</td><td>甲寅</td><td>亥</td><td>寅</td><td>21</td><td>乙亥(申酉)</td><td>甲戌</td><td>子</td><td>寅</td></tr>
<tr><td rowspan="2">6</td><td rowspan="2">庚申(子丑)</td><td rowspan="2">甲寅</td><td rowspan="2">亥</td><td rowspan="2">寅</td><td rowspan="2">22</td><td rowspan="2">丙子(申酉)
(冬至:將變)</td><td>甲戌</td><td>子</td><td>寅·丑</td></tr>
<tr><td colspan="3">寅(01:36:59).丑(01:37以後)</td></tr>
<tr><td rowspan="2">7</td><td rowspan="2">辛酉(子丑)
(大雪:建變)</td><td>甲寅</td><td>亥·子</td><td>寅</td><td rowspan="2">23</td><td rowspan="2">丁丑(申酉)</td><td rowspan="2">甲戌</td><td rowspan="2">子</td><td rowspan="2">丑</td></tr>
<tr><td colspan="3">亥(07:39:59).子(07:40以後)</td></tr>
<tr><td>8</td><td>壬戌(子丑)</td><td>甲寅</td><td>子</td><td>寅</td><td>24</td><td>戊寅(申酉)</td><td>甲戌</td><td>子</td><td>丑</td></tr>
<tr><td>9</td><td>癸亥(子丑)</td><td>甲寅</td><td>子</td><td>寅</td><td>25</td><td>己卯(申酉)</td><td>甲戌</td><td>子</td><td>丑</td></tr>
<tr><td>10</td><td>甲子(戌亥)</td><td>甲子</td><td>子</td><td>寅
神藏殺沒
(午子)</td><td>26</td><td>庚辰(申酉)</td><td>甲戌</td><td>子</td><td>丑</td></tr>
<tr><td>11</td><td>乙丑(戌亥)</td><td>甲子</td><td>子</td><td>寅</td><td>27</td><td>辛巳(申酉)</td><td>甲戌</td><td>子</td><td>丑</td></tr>
<tr><td>12</td><td>丙寅(戌亥)</td><td>甲子</td><td>子</td><td>寅</td><td>28</td><td>壬午(申酉)</td><td>甲戌</td><td>子</td><td>丑</td></tr>
<tr><td>13</td><td>丁卯(戌亥)</td><td>甲子</td><td>子</td><td>寅</td><td>29</td><td>癸未(申酉)</td><td>甲戌</td><td>子</td><td>丑</td></tr>
<tr><td>14</td><td>戊辰(戌亥)</td><td>甲子</td><td>子</td><td>寅</td><td>30</td><td>甲申(午未)</td><td>甲申</td><td>子</td><td>丑
神藏殺沒
(巳亥)</td></tr>
<tr><td>15</td><td>己巳(戌亥)</td><td>甲子</td><td>子</td><td>寅</td><td>31</td><td>乙酉(午未)</td><td>甲申</td><td>子</td><td>丑</td></tr>
<tr><td>16</td><td>庚午(戌亥)</td><td>甲子</td><td>子</td><td>寅</td><td></td><td></td><td></td><td></td><td></td></tr>
</table>

參考文獻

編·著者 님들에게 感謝의 마음을 드립니다.

1. 四柱命理學 敎科書 命1,命2 (祿平 金相淵 著)
2. 컴퓨터 萬歲曆(祿平 金相淵 著)
3. 四柱命理學大事典(申六泉 編著)
4. 六壬神斷極秘傳(祿平 金相淵, 南橋 金泰均 編著)
5. 大六壬眞鏡(1~3)(朴度映,金玉姬 編著)
6. 大六壬眞鏡(4~5)(如海 金甫恩 著)
7. 六壬來情秘法(鼓卜子 曉史 著)
8. 百超歸藏術(上,下)(靑山百超 스님)
9. 核心來情擇日誌((靑山百超 스님)
10. 奇門遁甲 講義(東軒 安承錫 著)
11. 玄空風水(崔明宇 著)
12. 風水地理學槪論(白山 金其仙)
13. 風水地理 實技槪論(周山 朴寅泰 編著)
14. 麻衣相法(三空 曺誠宇 譯)
15. 氣란 무엇인가[마루야마 도시아끼(丸山敏秋 著)]

來情萬歲曆

印 刷 / 2014年 6月 18日
發 行 / 2014年 6月 27日

著 者 / 鄭 大 堯
發行人 / 金 昌 錫
發行處 / 弘 益 出 版 社

大邱廣域市 中區 三德 3街 245-2
(053) 421-6700, 427-3627
登錄 1987年 11月 26日 第1-107號

정가 28,000원

ISBN 978-89-7826-259-0 03100

◈ 파본은 구입처에서 교환해 드립니다.

「이 도서의 국립중앙도서관 출판예정도서목록(CIP)은 서지정보유통지원시스템 홈페이지(http://seoji.nl.go.kr)와 국가자료공동목록시스템(http://www.nl.go.kr/kolisnet)에서 이용하실 수 있습니다.(CIP제어번호: CIP2014018678)」